Antoni

n Gindely

Geschichte des dreißigjährigen Krieges

Geschichte des Böhmischen Aufstandes von 1618

Antoni

n Gindely

Geschichte des dreißigjährigen Krieges
Geschichte des Böhmischen Aufstandes von 1618

ISBN/EAN: 9783742808264

Hergestellt in Europa, USA, Kanada, Australien, Japan

Cover: Foto ©ninafisch / pixelio.de

Manufactured and distributed by brebook publishing software (www.brebook.com)

Antoni n Gindely

Geschichte des dreißigjährigen Krieges

GESCHICHTE

des

DREISSIGJÄHRIGEN KRIEGES

von

ANTON GINDELY.

ERSTE ABTHEILUNG

GESCHICHTE DES BÖHMISCHEN AUFSTANDES
VON 1618.

ERSTER BAND.

PRAG, 1869.
VERLAG VON F. TEMPSKY.
BERLIN BEI WILHELM HERTZ (BESSER'SCHE BUCHHANDLUNG)

GESCHICHTE
DER
BÖHMISCHEN AUFSTANDES
VON 1618

VON

ANTON GINDELY.

ERSTER BAND.

PRAG, 1869.
VERLAG VON F. TEMPSKY.
BERLIN BEI WILHELM HERTZ (BESSER'SCHE BUCHHANDLUNG)

Vorrede.

Es bedarf wohl keiner näheren Auseinandersetzung, dass die staatlichen Verhältnisse, welche sich in Mitteleuropa in Folge des 30jährigen Krieges entwickelten, im Ganzen und Grossen ihre Geltung bis zum Ausbruche der französischen Revolution behielten. Wie viel über diesen Krieg geschrieben wurde, ist sattsam bekannt, dessen ungeachtet ist die Behauptung nur zu begründet, dass es an einer Darstellung desselben fehlt, in der das Eingreifen der verschiedenen europäischen Staaten in den grossen Gang der Ereignisse mit Sachkenntniss geschildert wird, so gelehrt und vorzüglich auch einzelne Specialarbeiten sein mögen. Dass ich mich entschloss, an die Lösung einer so umfassenden Aufgabe heranzutreten, geschah nicht aus Zufall, sondern ging naturgemäss aus meinem wissenschaftlichen Entwickelungsgange hervor. Als ich vor fast sechzehn Jahren meine archivalischen Studien über die neuere böhmische Geschichte begann, führten mich dieselben bald auf jenen Theil des 30jährigen Krieges, der vorzugsweise in diesem Lande zur Entscheidung kam. Mein Interesse für eine nicht bloss auf Böhmen sich beschränkende Durchforschung desselben wurde um so mehr angeregt, als ich bald fand, dass für die Aufhellung gerade dieses Theiles das meiste zu thun sei. Weitere Studien zeigten mir, dass auch die folgenden Perioden des schicksalsschweren Kampfes einer umfassenden Bearbeitung bedürfen, da die wichtigsten Archive bezüglich der bedeutendsten Ereignisse noch wenig durchforscht worden sind. So habe ich allmälig mein Lebensziel in der Lösung einer doppelten Aufgabe erfasst, in der Weiterführung der böhmischen Geschichte, welche trotz der vierzigjährigen Arbeiten eines berühmten Gelehrten unvollendet geblieben ist, und in der Darstellung der Geschichte des 30jährigen Krieges, der Böhmen insbesondere und Oesterreich überhaupt nicht minder tief berührt als Deutschland selbst.

Indem ich hier das erste Resultat meiner Studien vorlege, bemerke ich, dass meine Arbeit über den 30jährigen Krieg in vier Abtheilungen zerfallen wird. Die erste umfasst den böhmischen Aufstand von 1618—1620, die zweite die Zeit von 1621—1629, welche als das Nachspiel des böhmischen Krieges zu betrachten ist und hauptsächlich als die Zeit des dänischen Krieges bezeichnet wird. Die dritte Abtheilung liefert die Geschichte Gustav Adolfs, Waldsteins und der grossen, an diese Namen sich anschliessenden Kämpfe und Bestrebungen; die vierte Abtheilung endlich beginnt mit der Darstellung der Ereignisse seit dem prager Frieden und führt bis zum westphälischen Friedensschlusse. Jede dieser Abtheilungen ist selbstverständlich ein Werk für sich. Was die erste Abtheilung betrifft, so steht deren rascher Beendigung nichts im Wege, da ich die darauf bezüglichen Forschungen beendet habe.

Wenn man es versuchen will, das Ineinandergreifen aller Staaten Europa's in den Verlauf der hier angedeuteten Ereignisse wahr und sachgemäss zu schildern und sich nicht eine Unzahl unrichtiger Conjecturen und falscher Urtheile über die Politik einzelner Staatsmänner zu Schulden kommen lassen mag, so bleibt nichts übrig, als sich an ein Studium aller bedeutenden Archive Europa's, so weit sie zugänglich sind, zu wagen und wenige Ausnahmen abgerechnet, nur die Quellenpublicationen als eine Erleichterung der grossen Arbeit zuzulassen. Leicht hätte ich mich wohl verleiten lassen können, in solchen gründlichen Bearbeitungen, wie denen von Müller auf Grund des sächsischen Archivs, Wolf-Breier auf Grund der münchner Archive, um anderer von grösserem Umfange, aber von zweifelhafterem Werthe zu geschweigen, eine Erleichterung meiner Mühe zu suchen, ich that es jedoch nicht und fand den besten Lohn in dem erreichten Resultate; denn die wichtigen Actenstücke der münchner Archive sind von Wolf und Breier, soweit es sich um die allgemeinen Verhältnisse handelt, nur zu einem kleinen Theile durchforscht worden und was das dresdner Archiv betrifft, so enthält es eine grosse Masse von Correspondenzen, die ein auf Sachsen sich beschränkender Historiker nicht im rechten Maasse verwerthen kann. Ein so umfassend angelegtes Archivstudium erscheint allerdings wie ein Wagestück, doch bebte ich vor demselben nicht zurück und der erste Band des vorliegenden Werkes kann hievon Zeugniss geben. Vielleicht dass solche Forschungen wie die von Erdmannsdörffer begonnene Publication der Urkunden und Actenstücke zur Geschichte des Kurfürsten Wilhelm von Brandenburg im Laufe der nächsten Jahre häufiger erscheinen und mir für die spätere Zeit des 30jährigen Krieges eine Hilfe bieten werden, deren ich für den Anfang so sehr entbehrte.

Die wichtigsten Archive, aus denen ich den Stoff für meine Arbeit geschöpft habe, sind folgende: *in Böhmen*: Das böhmische Statthaltereiarchiv in Prag, das Archiv der Fürsten von Lobkowitz in Raudnitz, der Fürsten von Schwarzenberg in Wittingau, der Grafen Černín in Neuhaus, das kuttenberger Stadtarchiv und ausserdem noch zahlreiche kleine Archive, die ich nicht weiter anführen will; *in Mähren*: Das Landesarchiv in Brünn; *in Oesterreich*: Das Staatsarchiv in Wien, die Archive des Ministeriums des Innern und des Ministeriums für Cultus und Unterricht; *in Tirol*: Das innsbrucker Statthaltereiarchiv; *in Kärnthen*: Das gräflich Thurnische Familienarchiv in Bleiburg; *in Deutschland*: Das münchner Staatsarchiv, das münchner Reichsarchiv, das bamberger Archiv, das bernburger Archiv, das sächsische Staatsarchiv, die weimarer Archive; *in Belgien*: Das belgische Staatsarchiv in Brüssel; *in den Niederlanden*: Das holländische Staatsarchiv im Haag; *in Frankreich*: Das Archiv des Ministeriums der auswärtigen Angelegenheiten in Paris; *in Spanien*: Das Archiv von Simancas. — Was Handschriftensammlungen betrifft, so boten mir die des wiener Staatsarchivs, der Bibliothèque Impériale zu Paris, des Archivs von Raudnitz, der fürstlich Lobkowitz'schen Bibliothek zu Prag, der kaiserlichen Bibliothek ebendaselbst, des brünner Landesarchivs u. s. w. vielfach reiche Ausbeute. Die deutschen, französischen und englischen Quellenausgaben oder Bearbeitungen, die für den Beginn des dreissigjährigen Krieges von Bedeutung sind, sind hinreichend bekannt, so dass sie nicht angeführt zu werden brauchen. Was böhmische Quellenpublicationen betrifft, so ist in dieser Beziehung in den jüngsten Zeiten einiges bedeutende zu Tage gefördert worden und zwar sind dies Paul Skala's böhmische Geschichte von 1600—23, herausgegeben von Tieftrunk und Slawata's Memoiren, publicirt von Joseph Jireček, welche beiden Werke von Zeitgenossen des böhmischen Aufstandes herrühren und für einen wichtigen Theil der Ereignisse als die alleinige Quelle anzusehen sind. Besonders muss ich noch eines dritten Werkes gedenken, das, wiewohl seit mehr als sechs Jahren zu Ende gedruckt, doch immer noch nicht in die Oeffentlichkeit gelangt ist; es ist dies ein Theil von Žerotins Briefwechsel, dessen Drucklegung der leider zu früh verstorbene Historiker Peter Ritter von Chlumecky veranstaltet hat. Durch freundliche Vermittlung ist mir dieses Werk, das für die genauere Kenntniss des böhmischen Aufstandes von entscheidender Wichtigkeit ist, zugänglich gemacht worden. — Von den genannten Archiven in Wien, Prag, Dresden, München, Paris und Simancas kann ich behaupten, dass sich in ihnen kaum ein auf die erste Abtheilung dieses Werkes bezügliches, wichtigeres Actenstück vorfinden dürfte, das ich nicht abgeschrieben oder excerpirt hätte, wofern es durch andere Forscher nicht bereits publicirt und mir also ohnedies zugänglich gemacht war. Meine sämmtlichen allmälig ein kleines Archiv bildenden Abschriften dürften einmal in den Besitz des böhmischen Landesarchivs gelangen und daselbst der Benützung zugänglich sein. Mit Rücksicht auf diesen Umstand, der späteren Forschern eine genaue Kenntniss meines Quellenapparates ermöglichen wird, habe ich mich auch in der Citirung der betreffenden Actenstücke auf das kleinste Maass beschränkt, um den Leser des Werkes nicht allzusehr zu ermüden und dasselbe auch nicht über Gebühr zu erweitern.

Was speciell den Beginn des 30jährigen Krieges betrifft, nämlich den Aufstand in Böhmen, so ist dessen Schilderung eine Schuld, welche die böhmische Historiographie der europäischen Geschichte abzutragen hat. Die verschiedenen Fäden des Aufstandes wurzeln in den eigenthümlichen kirchlichen und socialen Zuständen meiner Heimat, ihre Auffindung und Blosslegung ist, abgesehen von den sprachlichen Schwierigkeiten, Fremden schon deshalb nicht möglich, weil sie in Bezug auf die böhmischen Verfassungsverhältnisse vollständig im Unklaren sind und nicht leicht aus den Quellen eine Belehrung schöpfen können. Den böhmischen Historikern darf man übrigens nicht zur Last legen, dass sie bis jetzt diese ihnen zunächst obliegende Aufgabe nicht erfüllt haben; denn die geistigen Nachwirkungen des 30jährigen Krieges haben sich in dem Kaiserstaate nicht bloss bis an das Ende des vorigen Jahrhunderts, sondern sogar bis zu dem Jahre 1848 in einer Weise geltend gemacht, dass es bis dahin nicht möglich war, ein Werk dieses Inhalts zu veröffentlichen. Woran auch immer der österreichische Staat kranken mag, jedenfalls ist der Bann, der auf der Durchforschung der Vergangenheit ruhte, hinweggenommen.

Die Wichtigkeit, welche die inneren Verhältnisse Böhmens und der übrigen Besitzungen der deutschen Habsburger für die richtige Beurtheilung der Ereignisse haben, hat mich veranlasst, auf dieselben näher einzugehen. Es geschah dies theils im dritten Kapitel, welches in der ersten Hälfte einer Erläuterung der ständischen, bäuerlichen, finanziellen und Bevölkerungsverhältnisse Böhmens gewidmet ist, sowie im zweiten und vierten, welches den Mangel einer organischen Gliederung des österreichischen Staates näher beleuchtet und die Art und Weise des Zusammenhanges der einzelnen Theile an der Hand ständischer Verhandlungen zur Anschauung bringt. Auch musste ich die ungarischen Zustände in den Rahmen meiner Darstellung einbeziehen, theils weil sie die Erklärung zu den meisten österreichischen Schwierigkeiten bieten, theils weil Ungarn auf den Verlauf des 30jährigen Krieges durch die Fürsten Bethlen Gabor und Georg Ragoczy einen hervorragenden Einfluss ausgeübt hat.

Eine Erörterung über die ideelle Grundlage und die treibenden Kräfte im 30jährigen Kriege habe ich nicht an die Spitze meines Werkes gestellt, denn sie ist nirgends anders als am Schlusse der einzelnen Abtheilungen und des ganzen Werkes am Platze und wird sich also erst diesem als das Endresultat der vorausgehenden Darstellung anschliessen. Ich bemerke nur noch, dass ich nicht glauben würde, meiner Aufgabe zu genügen, wenn ich bloss die politischen und religiösen Motive des Kampfes und die Stärke, mit der sich die einen oder die anderen Geltung verschafft haben, klar zu machen suchen würde, ohne dabei auch auf den socialen Umschwung, den der Krieg auf seinem eigentlichen Schauplatze herbeiführte, im Detail einzugehen. Zwischen der Zeit vor dem 30jährigen Kriege und jener nach seiner Beendigung liegt eine ungeheure Kluft; jeder Stand und jede Beschäftigung, das öffentliche wie das private Leben gingen unter seiner Einwirkung einer so totalen Umformung entgegen, dass es geboten erscheint, die Verhältnisse beim Beginne desselben und zur Zeit seiner Beendigung zu einem Gesammtbilde zu vereinen und dadurch zu der eigentlichen Verwerthung der ganzen historischen Untersuchung zu gelangen. So wie ich dies am Schlusse meiner ersten Abtheilung bezüglich Böhmens thun werde, so am Ende der gesammten Arbeit bezüglich Deutschlands.

Schliesslich bemerke ich noch, dass ich bei allen Datirungen im Texte die Zeit nach dem gregorianischen Kalender berechnet habe. Wenn unterhalb des Textes in den Quellencitaten nur ein Datum angeführt ist, so ist damit immer der neue Stil gemeint, bei Anführung von Correspondenzen, bei denen der alte Stil angewandt wurde, habe ich eigens noch das neue Datum hinzugefügt, um keinem Zweifel Raum zu lassen, obwohl in den Quellen nur äusserst selten solche doppelte Datirungen vorkommen. Aus Versehen und im Widerspruche mit diesen Grundsätzen ist auf Seite 2 am Rande der 3. statt des 13. Juni 1612 als Datum für die Erhebung des Mathias auf den deutschen Thron angegeben.

Prag, den 11. Mai 1869.

Der Verfasser.

Inhalt.

Erstes Kapitel.

Die Verhandlungen über die Festsetzung der Nachfolge nach dem Tode des Kaisers Mathias.

I Charakter und Lebensweise des Kaisers und der Kaiserin. Beginn der Verhandlungen zur Festsetzung der Nachfolge (1612). Philipps III Absichten. Erzherzog Maximilians Bemühungen zu Gunsten Ferdinands. Entschädigungsansprüche Spaniens. Verhandlungen in Linz (1613) 1

II Der regensburger Reichstag von 1613. Verhalten der geistlichen Kurfürsten in der Successionsfrage. Die Entschädigungsverhandlungen. Die böhmische Nachfolge im Vordergrunde. Calderons und des spanischen Staatsrathes Auffassung der Entschädigungsfrage. Die vermuthete Schwangerschaft der Kaiserin (1615) 15

III Maximilians und Khlesls Verhältniss zu einander. Stellung des letzteren zur Successionsfrage. Maximilian in Brüssel, am Rhein und in Prag (1615—6). Winkelzüge Khlesls. Maximilians Gutachten (Feb. 1616). Westernachs Sendung. Feindselige Absichten Maximilians gegen Khlesl. Maximilian in Prag (Januar 1617) 30

IV Die Stellung der spanischen Gesandten am kaiserlichen Hofe. Oñate in Graz. Geheimer Vertrag mit Ferdinand (31 Jan. 1617). Verhandlungen in Prag über die spanischen Ansprüche. Zweiter geheimer Vertrag zwischen Ferdinand und Philipp III. Krankheit des Kaisers. Festsetzung des böhmischen Wahllandtages auf den 5. Juni 1617. Khlesls Intriguen. Der Hofnarr Nelli 47

Zweites Kapitel.

Die religiösen und politischen Zerwürfnisse zwischen Mathias und seinen Unterthanen, insbesondere den Böhmen, vor dem Ausbruche des 30jährigen Krieges.

I Beginn der religiösen Streitigkeiten in Böhmen unter Mathias. Streit, ob die Kirchengüter als königliche anzusehen seien. Braunau. Lösung dieser Frage auf Grund der böhmischen Verfassungsverhältnisse. Opposition der Protestanten gegen die königliche Entscheidung. Die Reformation auf den königlichen Gütern. Neustraschitz 59

II Des Kaisers Bemühungen zur Aufstellung eines Heeres. Die Opposition in Gesammtösterreich im Wachsen. Landtag von Budweis (Januar 1614). Die Versprechungen von 1611. . Thurn und Fels. Der Generalconvent in Linz (August 1614) 78

III Die Vorbereitungen zum prager Generallandtag von 1615. Die Verhandlungen zwischen den Ländern der böhmischen Krone über die Conföderation und Defension. Die Verhandlungen mit Nieder- und Oberösterreich. Die Verhandlungen über die Kreistage und Erbeinigungen. Die Steuerbewilligungen der Stände 100

IV Die Beschwerdeschrift der böhmischen Protestanten zur Zeit des Generallandtages. Die brandeiser Erklärung (Mai 1616). Eigenthümliche Bedeutung des „Vergleichs". Bittschrift der protestantischen Beamten und Räthe. Verletzung des Majestätsbriefes 124

Drittes Kapitel.

Ferdinands Erhebung auf den böhmischen Thron.

I Das Gebiet der böhmischen Krone. Die Stellung Böhmens unter den Habsburgern. Die böhmische Verfassung. Der Adel. Die königlichen Städte. Die Bauern. Die Freibauern. Die Geistlichkeit. Die Juden. Böhmische Finanz- und Bevölkerungsverhältnisse . . . 132

II Stimmung im Lande bei der Ausschreibung des Landtags von 1617. Bemühungen der Regierung, Ferdinand den Thron auf Grund des Erbrechtes zu sichern. Annahme oder Wahl? Schlick. Thurn. Sieg der Regierung. Verhandlungen über die Bestätigung der Privilegien. Slawata's Opposition gegen den Majestätsbrief. Die Krönung. Das Krönungsmahl. Bestrafung der Opposition. Thurns Entfernung vom Burggrafenamte von Karlstein 159

XIII

Viertes Kapitel.

Verhandlungen über die Erhebung Ferdinands auf den deutschen und ungarischen Thron.

I Der Kaiser in Dresden (4. Aug. 1617). Verhandlungen wegen Berufung eines Kurfürstenconventes. Bestrebungen des heidelberger Cabinets zur Benachtheiligung Ferdinands. Dohna und Camerarius in Prag (1617). Bemühungen des Kurfürsten Friedrich, neue Bewerber um die deutsche Krone aufzustellen. Haltung Maximilians von Baiern. Zusammenkunft der weltlichen Kurfürsten (Nov. 1617). Friedrich V in München (6. Feb. 1618). Das heidelberger Cabinet in seinen Bestrebungen isolirt. Khlesls Bemühungen zur Verschiebung des Kurfürstenconvents 181

II Erbansprüche der Habsburger auf den ungarischen Thron. Absicht sie mit Gewalt durchzusetzen. Eröffnung des pressburger Reichstages (27. März 1618). Ansprüche der Opposition auf ein Wahlrecht. Untersuchung, ob die ungarische Krone eine Erb- oder Wahlkrone sei. Die „Erläuterung" des Reichstags. Die Diplomsverhandlungen. Ablehnung des Diploms. Die neue Wahlformel. Das Krönungsdiplom. Die Wahl (16. Mai 1618). Die Reichstagsgravamina. Krönung Ferdinands 203

III Neue Verzögerung betreffs der Berufung des Kurfürstentags. Mangel an Geld bei der Hofkammer. Steigende Erbitterung Maximilians gegen Khlesl. Oñate's Haltung. Bitte um spanische Subsidien. Khlesls Versuch einer Aussöhnung mit Maximilian 225

Fünftes Kapitel.

Der Fenstersturz (23. Mai 1618).

I Schroffe Zuspitzung der Parteiverhältnisse in Böhmen. Neue Bedrükkungen der Protestanten auf königlichen und geistlichen Gütern. Eingriffe in die Autonomie der prager Gemeinde. Neues Pressgesetz. Ernennung der Statthalter vor der Abreise des Kaisers nach Wien. Die braunauer Deputation in Pardubitz. Vorgänge in Braunau. Zerstörung der klostergraber Kirche 237

II Die Defensoren berufen einen Protestantentag nach Prag (6. März 1618). Beschlüsse desselben. Drohschreiben des Kaisers. Entschlossene

XIV

Haltung der Defensoren. Versuche der Regierung zur Trennung der königlichen Städte vom Adel. Loyalitätsadressen der Städte. Michna's Bestrebungen zur Wiedererweckung des alten Utraquismus. Der Streit um die Bethlehemskirche. Der Kaiser bedient sich einer beschwichtigendern Sprache 250

III Eröffnung des zweiten Protestantentages am 21. Mai. Verhandlungen desselben. Verschwörung zur Ermordung der Statthalter. Die Theilnehmer an derselben. Die Stände in der Kanzlei. Der Fenstersturz. Merkwürdige Rettung der Statthalter und des Secretärs Fabricius . 269

Sechstes Kapitel.

Die Entwicklung des Aufstandes. Khlesls Sturz. Freunde und Feinde des Kaisers.

I Errichtung einer provisorischen Regierung durch die Wahl von 30 Directoren. Ruppa, Präsident der Directorialregierung. Thurn Generallieutenant. Die Beschlüsse des Landtags zur Organisirung der Vertheidigungsmittel. Die Apologie. Befreiungen und Racheacte. Thurn rückt ins Feld. Financielle Schwierigkeiten. Einberufung des Landtags auf den 25. Juni 1618 300

II Die Nachricht vom Fenstersturz in Wien und Pressburg. Khuen in Prag, seine Berathungen mit den Statthaltern. Gutachten über den böhmischen Aufstand. Rüstungen des Kaisers. Kaiserliche Patente. Ihre Behandlung von Seite der Directoren. Schriftenwechsel des Kaisers mit den Ständen. Wachsendes Zerwürfniss mit Khlesl. Gefangennehmung des Cardinals (20. Juli 1618.) Des Kaisers schliessliche Billigung dieser Gewaltthat. Die späteren Schicksale Khesls . 320

III Verhältniss des heidelberger Cabinets zum böhmischen Aufstande. Graf Solms in Prag. Entwicklung einer engen Allianz zwischen Böhmen und Kurpfalz. Graf Hohenlohe tritt als Generallieutenant in böhmische Dienste. Des Kaisers Versuche in Deutschland Hilfe zu erhalten. Hilfeanerbietungen von Seite des Königs von Polen und des Erzherzogs Albrecht. Frankreichs Stellung zum böhmischen Aufstande 340

IV Das Verhältniss der übrigen Länder der österreichischen Monarchie zum böhmischen Streite. Jessenius in Ungarn. Oesterreich. Mähren. Merkwürdige Haltung Karls von Žerotin. Schlesien. Der Markgraf von Jägerndorf. Die Lausitze 359

Siebentes Kapitel.

Der Ausbruch des Krieges.

I Buquoy Oberbefehlshaber des kaiserlichen Heeres. Hoffnungen in Wien in Bezug auf rasche Beendigung des Feldzugs. Dampierre bricht in Böhmen ein. Böhmischer Landtag vom 28. August. Adam von Waldstein. Versuch einer Gegenrevolution im Landtage. Allgemeines Aufgebot. Mansfeld. Karl Emanuel von Savoyen. Buquoy in Böhmen. 376

II Die mährische Deputation in Wien. Ihre Reise nach Prag. Unfreundlicher Empfang derselben in Böhmen. Žerotíns Wirksamkeit. Ruppa's Benehmen. Fehlschlagen der auf Schlesien begründeten Hoffnungen. Bescheid an die Mährer. Verhandlungen des sächsischen Gesandten in Wien. Der schlesische Fürstentag beschliesst die Unterstützung der Böhmen. Wirkung dieses Beschlusses in Wien. Entlassung des allgemeinen Aufgebots. Misliche Seiten desselben. Böhmische Finanzschwierigkeiten 396

III Buquoy in grosser Gefahr. Dampierre in Wien. Grosse Verlegenheiten des Hofes. Vergebliche Hülfegesuche in Salzburg und München. Erzherzog Maximilian † (2. Nov. 1618). Niederlage der kaiserlichen Truppen in Böhmen. Eroberung Pilsens durch Mansfeld 410

IV Thurn in Oesterreich. Zerwürfnisse des Kaisers mit den Niederösterreichern. Thonradel. Haltung der Oberösterreicher. Žerotín. Der Landtag in Brünn. Der Stand der Kriegsangelegenheiten in den Wintermonaten 426

Achtes Kapitel.

Die letzten Ausgleichsversuche. Des Kaisers Tod.

I Christoph von Dohna in Turin (Oct. 1618). Der Herzog von Savoyen wünscht den Abschluss einer umfassenden Allianz. Versammlung der pfälzischen Staatsmänner in Krailsheim. Dem Pfalzgrafen wird die böhmische Krone angeboten. Mansfeld und Nen in Turin. Plan zur Zertrümmerung der österreichischen Monarchie. Christoph von Dohna in England. Jakob I im Schlepptau der spanischen Politik 442

II Waldstein in Prag und Dresden. Widerstand Maximilians von Baiern gegen jeden Antheil an der Interposition. Seine endliche Zusage. Bedingungen derselben. Verhandlungen Kursachsens mit Böhmen wegen des Waffenstillstandes. Stimmung in Prag. Verschiebung des Waffenstillstandes bis zum Beginn der Ausgleichsverhandlungen zu Eger am 14. April 456

III Landtag in Prag (18. März 1619). Erneuerte Anordnung des Aufgebots. Steuerbewilligungen. Das Confiscations- und Aemterdecret. Verhalten des Landtags gegenüber der Interposition. Mathias und die Niederösterreicher. Des Kaisers Tod (20. März 1619) 470

Erstes Kapitel.

Die Verhandlungen über die Festsetzung der Nachfolge nach dem Tode des Kaisers Mathias.

I Charakter und Lebensweise des Kaisers und der Kaiserin. Beginn der Verhandlungen zur Festsetzung der Nachfolge (1612). Philipps III Absichten. Erzherzog Maximilians Bemühungen zu Gunsten Ferdinands. Entschädigungsansprüche Spaniens. Verhandlungen in Linz (1613).
II Der regensburger Reichstag von 1613. Verhalten der geistlichen Kurfürsten in der Successionsfrage. Die Entschädigungsverhandlungen. Die böhmische Nachfolge im Vordergrunde. Calderons und des spanischen Staatsrathes Auffassung der Entschädigungsfrage. Die vermuthete Schwangerschaft der Kaiserin (1615).
III Maximilians und Khlesls Verhältniss zu einander. Stellung des letzteren zur Successionsfrage. Maximilian in Brüssel, am Rhein und in Prag (1615—6). Winkelzüge Khlesls. Maximilians Gutachten (Feb. 1616). Wertenbachs Sendung. Feindseelige Absichten Maximilians gegen Khlesl. Maximilian in Prag (Januar 1617).
IV Die Stellung der spanischen Gesandten am kaiserlichen Hofe. Oñate in Graz. Geheimer Vertrag mit Ferdinand (31 Jan. 1617). Verhandlungen in Prag über die spanischen Ansprüche. Zweiter geheimer Vertrag zwischen Ferdinand und Philipp III. Krankheit des Kaisers. Festsetzung des böhmischen Wahllandtages auf den 5. Juni 1617. Khlesls Intriguen. Der Hofnarr Nelli.

I

Jahre lang hatte Erzherzog Mathias seinen Bruder Rudolf II um die Festsetzung der deutschen Nachfolge bestürmt, damit die Feinde des habsburgischen Hauses diese Krone nach seinem Tode nicht einem Gegner auf das Haupt setzen und so das ganze Gebäude habsburgischer Grösse erschüttern möchten. Die Weigerung des Kaisers, verbunden mit seiner Unfähigkeit, die Zügel der Regierung zu führen, hatte gewaltige Erschütterungen in den österreichischen Ländern zur Folge, die schliesslich mit der Absetzung Rudolfs endeten. Bis an das Grab begleitete ihn nur der, zwar wesenlose, aber für die Habsburger so wichtige Glanz der deutschen Kaiserkrone. Mathias, der sich jetzt um dieselbe in Bewerbung setzte, hatte Anfangs nur geringe Aussicht auf Erfolg, da sein Auftreten gegen den Bruder der Mehrzahl der Kurfürsten missliebig war. Nur der Mangel eines Candidaten, der sich ernstlich um die Kaiserwürde bewarb, dann die überaus grossen Anstrengungen, denen sich Don Balthasar Zuñiga, der spanische Gesandte in Deutschland, im Namen Philipps III zu seinen Gunsten unterzog, verhalfen ihm nach langen Verhandlungen an das ersehnte Ziel. *)

Mathias, der dritte Sohn Kaiser Maximilians II, war im Jahre 1557 geboren und stand jetzt im Alter von 55 Jahren. In seiner Jugend hatte er sich durch einen thörichten Streich bemerklich gemacht, den er sich gegen Philipp II zu Schulden kommen liess. Der unthätigen Rolle überdrüssig, zu der er von seinem Bruder verurtheilt wurde, liess er sich durch den Herzog von Aerschot nach den Niederlanden verlocken und wollte in den Streitigkeiten derselben mit Spanien eine Art von Vermittler spielen. Die Folge davon war, dass er es mit beiden Parteien verdarb und, ohne besondern Ruhm geerntet zu haben, die Heimkehr antreten musste. Eine erspriesslichere, wenn auch keine überaus hervorragende Rolle spielte er während des darauf folgenden Türkenkrieges, in dem er durch einige Zeit die kaiserlichen Truppen in Ungarn befehligte. Als er später mit seinem Bruder in den langwierigen Streit wegen der Bestimmung der Nachfolge geriet, ging er aus demselben als Sieger hervor, dankte aber den Erfolg nicht sowohl seiner eigenen staatsmännischen Begabung, als den ihn begünstigenden Verhältnissen und der grossen Gewandheit seines ersten Rathgebers, des Bischofs Khlesl. Man nimmt zwar an, dass er sich mit einer gewissen Geschicklichkeit und Unparteilichkeit zwischen den verschiedenen Religionsparteien bewegt und dadurch seine Zwecke nicht wenig gefördert habe, allein geht man der Sache näher auf den Grund, so zeigt sich, dass seine Geschicklichkeit in nichts anderem bestand, als in der Leichtigkeit, mit der er sich den Protestanten gegenüber zu grossen Versprechungen hinreissen

---

*) Dass Zuñiga das meiste Verdienst um die Erhebung des Mathias hatte, ergibt sich aus den Papieren von Simancas.

liess, deren Erfüllung er nicht ernstlich beabsichtigte. Die Schwierigkeiten, die er auf diese Weise für den Augenblick beseitigte, oder vielmehr übertünchte, kehrten später mit verzehnfachter Stärke zurück und beschworen über das Ende seiner Regierung weit grössere Stürme herauf, als jene waren, unter denen Rudolf II zu Grunde gegangen war. Er wusste ihnen eben so wenig wie dieser zu begegnen; das geringe Mass von Kraft und Energie, das die Natur ihm zugemessen, war bei seiner Thronbesteigung bereits aufgezehrt. In dem Augenblicke, wo er beider am meisten bedurfte, war seine Seele für die grossen Aufgaben, die mit seiner Stellung verbunden waren, fast abgestorben und nur noch für Spielereien und eitle Ehrenbezeugungen empfänglich.

Kaum zur Regierung gelangt mied nämlich Mathias, gleich seinem Bruder, mit sichtlicher Aengstlichkeit jede geschäftliche Thätigkeit, seine Trägheit trat nur deshalb nicht besonders hervor, weil er nie Anstand erhob, seinen Namen, so oft es nöthig war, zu unterzeichnen, was bekanntlich bei Rudolf nicht so leicht zu bewirken war. Auf die Unterzeichnung des Namens beschränkte sich aber in der That sein Antheil an den Geschäften; man wird kaum in den Acten einem Briefe oder einem Schriftstücke begegnen, das, seit er den Kaiserthron bestiegen, ganz aus seiner Feder hervorgegangen wäre; ebenso wenig war bei ihm von einer Theilnahme an den Berathungen der obersten Rathscollegien oder von einem directen Einflusse auf die Regierung der einzelnen ihm unterthanen Länder, die Rede, alles ging seinen gewohnten Gang oder wurde ihm von Khlesl mundgerecht gemacht, der für ihn dachte, sprach, schrieb und handelte. Machte sich irgendwo eine Neuerung geltend, sei es im Guten oder im Bösen, so ging der Anstoss sicherlich nicht von Mathias aus. Darin war er jedoch seinem Bruder, der sich scheu von der Welt zurückzog und dem kein unberufenes Auge nahen durfte, ganz und gar unähnlich, dass er sich gern zeigte und den Glanz seiner Würde entfaltete. Als er seinen ersten Reichstag nach Regensburg berief, hielt er daselbst einen glänzenden Einzug und liess sich wiederholt bei passenden Veranlassungen mit einem prachtvollen und zahlreichen Gefolge sehen. Die Mitglieder des Reichstages, die seine Schwäche kennen

mochten und die sonst mit unerbittlicher Knauserei oder mit
ausgesprochen feindlichen Absichten ihre Taschen zuhielten und
den Kaiser vergeblich um Subsidien flehen liessen, thaten ihm
wenigstens darin einen Gefallen, dass sie ab und zu sein Gefolge vermehrten und so den Schein einer Würde wahren halfen, deren Wesen sich längst verflüchtigt hatte. Fremde Gesandtschaften wurden doppelt gern gesehen, wenn sie durch die
Pracht des Aufzuges ihre hohe Meinung von seiner Stellung an
den Tag zu legen schienen. Seiner Freude an Aeusserlichkeiten
entsprach es, dass er sich bei festlichen Gelegenheiten gern im
ungarischen Costüme blicken liess, selbst bei der Krönung als
König von Böhmen war er in dieser Weise gekleidet. Er liebte
es auch nicht, seine Mahlzeiten in der Zurückgezogenheit einzunehmen, im Gegentheil that er dies mit seiner Gemahlin in
Gegenwart zahlreicher Höflinge, denen so die Gunst zu Theil
wurde, sich in dem kaiserlichen Antlitz zu sonnen. Grosse Unterhaltung fand er an den Spässen seines Hofnarren Nelli, der ihm
selten von der Seite wich und ihm selbst in die inneren Gemächer folgte. Sonst gehörte auch die Musik zu den Liebhabereien des Kaisers, die grösste Freude gewährten ihm jedoch die
Kunstschätze, die er von seinem Bruder ererbt hatte. Täglich
brachte er einen bedeutenden Theil seiner Zeit damit zu, diese
prachtvollen Sammlungen zu besichtigen, Stück für Stück in die
Hand zu nehmen und in eine neue Ordnung zu bringen. Diese
Neigung begleitete ihn bis an das Ende seines Lebens. Seine
letzten Anordnungen betrafen die Umarbeitung eines Kunstwerkes
und seine letzte Unterhaltung die wiederholte Besichtigung tausendmal gesehener Herrlichkeiten. Von seinen Kenntnissen weiss
man nur so viel, dass er sich geläufig im deutschen, lateinischen
und italienischen auszudrücken wusste.

Alles in allem war Mathias ein gutmüthiger alter Mann,
der die Ruhe liebte und froh war, wenn man ihn in Frieden
liess. Und doch, wenn man den Verlauf seiner Regierung näher
ins Auge fasst, nahmen gerade unter ihm und durch ihn die
öffentlichen Angelegenheiten eine Wendung, die einen furchtbaren Kampf zur nothwendigen Folge haben musste. Die Ursache lag darin, dass Mathias in seiner Friedensliebe nicht so

weit ging, um den gefürchteten Gegner, und das waren ihm die Protestanten, ruhig gewähren zu lassen. In seiner Angst vor ihnen trug er sich Jahre lang mit der Absicht, ein Heer gegen sie auszurüsten, und sie zu Boden zu werfen. Als sich seine Mittel für diesen Zweck unzureichend erwiesen, gab er wenigstens zu allen Maassregeln seine Zustimmung, welche die Verbreitung der Protestanten beschränken und eine religiöse Restauration anbahnen sollten. Er gab sich auf diese Weise einer Politik hin, welche bei seiner Schwäche und seinen geringen Fähigkeiten das herbeiführen musste, was er vermeiden wollte: das Ende des Friedens und einen allgemeinen Umsturz.

Mathias hatte sich erst im Jahre 1611, also im Alter von 54 Jahren, verheiratet. Die Schuld dieser langen Zögerung lag nicht an ihm, sondern an seinem Bruder Rudolf, der seine Heiratspläne mehrfach durchkreuzte, so dass Mathias erst dann zur Abschliessung einer Ehe schreiten konnte, als er sich von diesem bevormundenden Einflusse frei fühlte. Er wählte zu seiner Gemahlin die Erzherzogin Anna, eine Tochter seines Oheims Ferdinand von Tirol aus dessen zweiter Ehe mit einer Prinzessin von Mantua; in erster Ehe hatte der letztere die bekannte Patriciertochter Philippine Welser geheiratet. Anna war im Jahre 1585 geboren und lebte bis zu ihrer Verheiratung an der Seite ihrer verwittweten Mutter, einer frommen Dame, die ein Kloster in Innsbruck begründet und sich in dasselbe als Nonne zurückgezogen hatte. Anna war eine schöne Frau mit herrlichen Augen und blendend weisser Hautfarbe, deren ruhiges Temperament zu den Liebhabereien ihres Gemahls passte. Ihre einzigen Genüsse bestanden in der Betrachtung der rudolfinischen Schätze, denen sie in Gemeinschaft des Kaisers täglich einige Stunden widmete und in den Freuden, die eine wohlbesetzte Tafel gewährte. Sie ass gern mehr, als sie verdauen konnte und zog sich dadurch frühzeitig körperliche Leiden zu. Im übrigen lebte sie sehr zurückgezogen und trachtete für den Fall einer frühen Wittwenschaft einen ausgiebigen Sparpfennig bei Seite zu legen. In Betreff der Protestanten benahm sie sich im Sinne der schärfsten Kirchengesetze, wich jedem Zusammenhang mit denselben aus und mied es in auffallender

Weise, hochgestellten Personen dieser ihr antipathischen religiösen Richtung die Hand zu reichen, selbst wenn die Sitte es forderte. Bei ihrer Verheiratung war sie erst 26 Jahre alt, ihr und ihres Gemahls Alter hätte an und für sich eine fruchtbare Ehe erwarten lassen, doch knüpften sich schon von Anfang her keine Hoffnungen an dieselbe. Die Ursache suchte man in Mathias, dem man nachsagte, dass er mit keiner der Frauen, zu denen er in nähern Beziehungen gestanden war, ein Kind gehabt habe. Man faselte dabei etwas von einem Zauberknoten, durch den er an der Erfüllung ehelicher Pflichten gehindert werde, und dessen Lösung erst dann eintreten könnte, wenn ein Licht, das in einem unbekannten Kloster Tag und Nacht brenne, ausgelöscht würde. Der Herzog Wilhelm von Baiern, der einige Jahre vordem nicht ungeneigt war, seine Tochter dem Mathias zur Ehe zu geben, erkundigte sich eifrig nach dem Kloster, wahrscheinlich um das Licht dort auslöschen zu lassen, erfuhr aber nichts Näheres. — So war das Herrscherpaar beschaffen, das im Jahre 1612 zu dem österreichischen Länderbesitz die deutsche Krone erlangte. *)

Der Kampf zwischen Rudolf und Mathias hatte in Oesterreich der Herrschaft der Katholiken schwere Schläge versetzt und auch in Deutschland litten sie unter der Nachwirkung derselben. Ging ihr Bestreben dahin, das verlorene Ansehen wieder zu erlangen und überhaupt ihrer erschütterten Macht eine solide Grundlage zu geben, so konnten sie beides nur dann erreichen, wenn sie an dem Haupte der deutschen Habsburger eine energische Unterstützung fanden. Es war deshalb für die Katholiken ein Gegenstand nicht geringer Betrübniss, dass sie Mathias nicht als den Mann ansehen durften, auf den sie ihre Hoffnungen begründen konnten. Seine Kraftlosigkeit liess sie von seiner Regierung nichts hoffen, sein Alter aber liess sie befürchten, dass die Protestanten nach seinem baldigen Ableben mit doppeltem Eifer und gesteigerter Aussicht auf Erfolg versuchen würden, einen der Ihrigen auf den deutschen, böhmischen oder un-

---

*) Soranzo, Relation von 1614. Correspondenz Oñate's. Dohna's Bericht dd. 21/31 Jan. 1617 im münchner Staatsarchiv. Hammer, Khlesl II, 42.

garischen Thron zu erheben und damit den völligen Sturz des
katholischen Staatswesens herbeizuführen. Allen diesen Gefahren
liess sich nur dadurch einigermassen begegnen, wenn Mathias
frühzeitig für die Bestimmung eines tüchtigen Nachfolgers gewonnen werden konnte, damit dieser das Restaurationswerk
übernehme, für das er selbst weder verlässlich noch tüchtig
genug schien.

In der That beherrschte dieser Wunsch alle jene, deren
politische Combinationen die Herrschaft der Katholiken zur Voraussetzung hatten, oder deren kirchliche Ueberzeugung auf
katholischer Grundlage fusste. Der erste, welcher der allgemeinen
Meinung das Wort lieh, war der spanische Gesandte. Als sich
Mathias, nach Beendigung des Wahlactes in Frankfurt, aus der
Domkirche nach Hause begab, erschien Zuñiga bei ihm und fügte
dem Glückwunsche die Bitte bei, er möge, durch das Beispiel
des Bruders gewarnt, nicht säumen, bei seinen Lebzeiten für
die Nachfolge eines habsburgischen Prinzen auf dem deutschen
Throne zu sorgen. *) Am Abende, als er sich mit seiner Gemahlin allein unterhielt, fand sich auch sein Rathgeber, der
Bischof Khlesl, bei ihm ein und der Mund dieses vertrauten
Dieners wiederholte die Bitte Zuñiga's. **) Noch hatte Mathias
sein eigenes Haupt nicht mit der deutschen Krone geschmückt,
und schon baten ihn also die Seele seines Geheimrathes und
der Vertreter der befreundetsten Macht, dieselbe auf ein fremdes
Haupt zu setzen. Verriet dies nicht ein absolutes Misstrauen
in die längere Dauer seines Lebens und in die Fruchtbarkeit
seiner erst vor wenigen Monaten abgeschlossenen Ehe und konnte
er hoffen, fortan einen Tag erleben zu können, ohne dass ihm
das Wort „Bestimmung der Nachfolge" aus jeder Schrift ent-
gegenstarrte oder aus jedem Munde entgegentönte? In der That
beherrschte diese Angelegenheit so sehr den ganzen Verlauf
seiner Regierung, dass selbst der Kampf mit dem Protestantismus zeitweise in den Hintergrund trat.

---

*) Simancas $\frac{2482}{216}$ Zuñiga an Philipp III dd. 1. Juli 1612.
**) Khlesl an Erzb. Maximilian dd. 26. Juni 1616. Archiv des k. k. Minist.
des Innern.

Das frühzeitige Drängen Zuñiga's entsprach einem tief gehegten Wunsche Philipps III von Spanien und fand dessen Billigung. Es war nicht blos die Sorge für die Aufrechthaltung der habsburgischen Macht, die dem Könige eine solche Eile räthlich erscheinen liess, sondern auch der Wunsch, seit langem gehegte und mehrfach vertagte Pläne endlich zur Ausführung zu bringen. Während der österreichischen Wirren der Jahre 1608—11 war im spanischen Cabinet mehrmals die Frage aufgetaucht, ob die Verhältnisse nicht für eine Erhebung Philipps III auf den deutschen Thron günstig seien. Damals hatte das consequente Abrathen Zuñiga's, der die Erfolglosigkeit derartiger Bestrebungen bei den in Deutschland herrschenden Ansichten kannte, den spanischen König veranlasst, sich im Hintergrunde zu halten und die Candidatur des Mathias energisch zu unterstützen. Jetzt tauchte dieser Plan von neuem auf und gewann in der Anschauung des Königs eine festere Gestaltung. Darnach sollte der Kaiser so frühzeitig als möglich für die Wahl eines Nachfolgers in Deutschland sorgen und hiefür den zweiten Sohn Philipps, den Infanten Don Carlos bestimmen. Sollte es Mathias vorziehen, für die Erhebung seines eigenen Bruders Albrecht zu wirken, so wollte sich der König unter der Bedingung damit zufrieden geben, dass der letztere nach seiner eventuellen Thronbesteigung den Don Carlos zum Nachfolger bestimme. Da Albrecht nur um weniges jünger war als Mathias, so würde durch seine etwaige Erhebung die des Infanten in keine viel bedeutendere Ferne gerückt.

Um die Verhandlungen in rascheren Fluss zu bringen, hielt man in Spanien die Absendung eines zweiten Gesandten an den kaiserlichen Hof für nothwendig und wählte hiezu den Marques Spinola, einen berühmten Kriegsmann seiner Zeit. Er traf am Hoflager des Kaisers ein, als sich letzterer, auf der Rückreise von Frankfurt, in Prag aufhielt. Seinem Auftrage gemäss erneuerte er die frühere Bitte Zuñiga's um die Bestimmung der Nachfolge in der dringendsten Weise. In wieder-

<small>Oct. 1612</small> holten Audienzen sagte Mathias ihre Gewährung zu, nur wollte er früher das Gutachten seiner Brüder, Maximilian und Albrecht, einholen. Khlesl, der von Spinola und Zuñiga um die Beschleu-

nigung der kaiserlichen Beschlüsse ersucht wurde, erwiederte, dass alles von den Erklärungen der beiden Erzherzoge abhänge. Wolle Maximilian den deutschen Thron besteigen, so sprächen dieselben Gründe für ihn, wie früher für Mathias, verzichte er auf seine Erhebung, so müsse man Albrecht befragen. Gleichzeitig bemerkte Khlesl, dass die Succession in den österreichischen Ländern und in Deutschland als ein Ganzes aufgefasst und auf einmal entschieden werden müsse, eine Andeutung, die für die spanischen Wünsche nicht günstig schien, denn wenn der erbliche Besitz der jüngern habsburgischen Linie mit dem Kaiserthrone verbunden bleiben sollte, so war für einen Infanten nichts zu hoffen. *)

Maximilian, der sich zur selben Zeit in Prag eingefunden hatte, wurde jetzt von Spinola über seine Ansichten sondirt und bereitete demselben keine geringe Ueberraschung. Der Erzherzog erklärte offen und ehrlich, dass er weder sich noch seinen Bruder Albrecht für taugliche Stützen halte, an denen sich die gesunkene Macht der deutschen Habsburger von neuem erheben könnte. Die Länder Rudolfs dürften nicht von einem Greise auf den andern übergehen, sondern müssten in den Besitz eines kräftigen Mannes gelangen. Indem er auf diese Weise von vornherein auf jede Erhebung Verzicht leistete, verhehlte er auch nicht, dass er seinen Bruder Albrecht zu einer ähnlichen Resignation zu bewegen trachten werde und dass alle seine Hoffnungen und Wünsche auf seinen Vetter, den Erzherzog Ferdinand, gerichtet seien. Dieser sollte deutscher Kaiser, König von Ungarn und Böhmen und Herr des übrigen österreichischen Erbes werden.

So schien also für Philipp keine Aussicht vorhanden, seinem Sohne in Deutschland eine Stellung zu verschaffen, wenn die Untrennbarkeit der Kaiserwürde von den Kronen von Ungarn und Böhmen ausgesprochen wurde. Allein nicht diese Untrennbarkeit war es, die seine Absichten durchkreuzte, sondern die Vorliebe, welche Maximilian für Ferdinand an den Tag legte.

---

*) Simancas $\frac{2198}{76}$, Spinola an Philipp III dd. Prag 4. Oct. 1612.

Denn Philipp hatte sich im Verlaufe der letzten Jahre von der eigenen Selbstsucht und einigen Höflingen überreden lassen, dass er von seiner Mutter Anna, einer Tochter Maximilians II, nach dem Erlöschen der männlichen Nachkommenschaft desselben, ein näheres Anrecht auf den Thron von Ungarn und Böhmen besitze, als die grazer Seitenlinie, von der Ferdinand abstammte. Nun erfuhr er, dass man in Prag von Ferdinands Ansprüchen auf Ungarn und Böhmen, wie von einem zweifellosen Rechte spreche. Spinola, der sich besser auf den Degen wie auf das Erbrecht der Habsburger verstand, fühlte sich in seinem Herrn verkürzt und meinte, man müsse um jeden Preis Ferdinand vom deutschen Throne fern halten, weil sonst für Philipp auch die Aussicht auf die Erbschaft seines Schwiegervaters schwinden würde. *)

Es ist hier am Platze, vor der Erzählung über den weiteren Verlauf der Ereignisse zu berichten, aus welchen Gründen Philipp seiner Mutter und sich einen Vorrang vor Ferdinand vindicirte. Er stützte sich zunächst auf die Urkunde, mittelst welcher seine Mutter allen ihren Erbrechten auf die Länder der deutschen Habsburger für sich und ihre Nachkommen entsagt hatte. Also gerade eine Urkunde, die ihn aller Ansprüche entkleiden sollte, führte Philipp zur Behauptung derselben an und eigenthümlich genug, nicht ganz mit Unrecht. Denn in dem betreffenden Actenstücke verzichtete Anna zu Gunsten ihrer Brüder und Oheime und deren legitimer Nachkommenschaft auf alle ihre Erbrechte, „*insoweit sie hiezu durch die Rechte und Privilegien der Königreiche* (Ungarn und Böhmen) *und der übrigen Provinzen verpflichtet sei.*" **) Jedermann, der mit dem alten Staatsrechte Ungarns und Böhmens etwas vertraut ist,

---

*) Der habsburgische Stammbaum, soweit er zur Erklärung der spanischen Ansprüche dient, ist mit Hinweglassung der nicht in Betracht kommenden Personen folgender:

		Ferdinand I † 1564	
	Maximilian II † 1576	Ferdinand von Tirol	Karl von Steiermark
Rudolf II, Mathias, Maximilian, Albrecht, Anna	Anna	Gem. Maria von Baiern
† 1611 † 1619 † 1618 † 1621 Gem. Philipp II	Gem. Mathias	Ferdinand II, Leopold, Karl
	Philipp III		geb. 1578 † 1637 † 1678 † 1624

**) Simancas 2965. Copie der Verzichtleistungsurkunde Annas.

weiss, dass in den genannten Ländern eine Prinzessin vor ihrer Verheiratung durch kein Gesetz zur Verzichtleistung auf ihre etwaigen Rechte gehalten war. Hatte also Anna nur in sofern Verzicht geleistet, als sie hiezu nach dem Staatsrechte von Ungarn und Böhmen verpflichtet war, so war ihre Verzichtleistung nicht bindend, weil keine derartige Verpflichtung bestand und Philipp III konnte mit Recht, trotz der Verzichtleistungsurkunde oder gerade auf Grundlage derselben, Erbansprüche erheben.

Gewiss konnte aber Philipp von der für ihn so glücklich stilisirten Urkunde erst dann einen entscheidenden Gebrauch machen, wenn erstens die Kronen von Ungarn und Böhmen erblich waren und wenn zweitens das betreffende Erbgesetz der directen weiblichen Linie einen Vorzug vor der männlichen Seitenlinie gab, wie das z. B. heute in England der Fall ist. Beides behauptete Philipp natürlicherweise, weil es ihm so passte und weil sein juristischer Rathgeber, der spanische Cardinal Gabriel von Trexo ihn darin bestärkte, während thatsächlich der eine Theil seiner Behauptung sich einigermassen schwer beweisen liess und der andere unbedingt falsch war. Denn bezüglich der ungarischen Krone war die Erblichkeit nicht ganz ausgemacht, und selbst auf das böhmische Erbrecht hatten die Vorgänge von 1608 einigen Schatten geworfen. *) In beiden Ländern aber hatte unter allen Umständen die männliche Nachkommenschaft ein unbestrittenes Vorrecht und schloss die weiblichen Ansprüche aus; nie war das Gegentheil behauptet worden.

Man kennt nun den ganzen Umfang der spanischen Ansprüche und ihre Begründung. Die Nachrichten Spinola's aus Prag änderten nichts an Philipps Beschlüssen, sondern beschleunigten höchstens seine Thätigkeit. Entschlossen den Erzherzog Albrecht vorläufig zu fördern und durch diesen den Infanten emporzubringen, schrieb er an ersteren nach Brüssel, forderte ihn zur Darlegung seiner etwaigen Wünsche auf und versprach ihm jegliche Unterstützung. **) Zu Philipps Unglück hatte Albrecht

---

*) Was vom ungarischen und böhmischen Erbrechte zu halten sei, wird umständlicher im Capitel III und IV erörtert werden.

**) Simancas 2326. Relation in der Successionsangelegenheit.

aufgegeben habe und selbst mit ihm Verhandlungen beginnen
wolle, so hätte er sich gehütet, dieselben zu beschleunigen, denn
Forderung und Angebot mussten grösser werden, je nachdem
man den anderen zur Eröffnung der Verhandlungen nöthigte
und ihn dadurch als Bittsteller erscheinen liess. Ferdinand
suchte nach einer möglichst natürlichen Gelegenheit zur Anbahnung der Verhandlungen und diese bot sich ihm im Jahre 1613
gleichsam von selbst. Im Juli dieses Jahres traf Mathias in Linz
ein und hielt sich daselbst einige Tage auf, bevor er die Reise
zum regensburger Reichstage antrat. Gleichzeitig mit ihm
fanden sich in dieser Stadt Maximilian und Ferdinand ein, mit
letzterem war auch dessen vertrauter Rathgeber, der Freiherr
von Eggenberg, erschienen, dem die unwandelbare Gunst seines
Herrn später zu riesigem Vermögen und fürstlichem Range
emporhalf. Auch Zuñiga kam nach Linz. Anfangs hoffte Ferdinand, dass dieser durch eine Anspielung auf die brennende
Tagesfrage ihm die Zunge lösen werde, allein da der Spanier
hartnäckig schwieg, hielt der Erzherzog nicht länger an sich
und knüpfte durch Eggenberg die Verhandlungen an. Ein
Kloster in Linz wurde als passender Ort hiezu gewählt, um jede
Auffälligkeit zu vermeiden.

Als Eggenberg mit Zuñiga zusammentraf, äusserte er im
Namen Ferdinands seine Verwunderung über die Erbansprüche
Philipps. Der Gesandte bestätigte dieselben und erklärte sie für
besser begründet, als die des Erzherzogs. Auf diese Unterredung folgte eine zweite zwischen Zuñiga und Ferdinand selbst;
unter wiederholten Versicherungen des tiefsten Respectes und
unwandelbarer Liebe gegen Philipp betonte letzterer, dass sein
Recht das unanfechtbare sei und brachte dabei zum Beweise
die Urkunde vor, mittelst deren Anna, die Tochter Maximilians II,
bei ihrer Verheiratung mit Philipp II auf alle Erbansprüche
Verzicht geleistet hatte. Zuñiga, der von dieser Urkunde noch
keine Kenntniss hatte, geriet in Verlegenheit und schien vorläufig besiegt. Als er sie aber später allein durchlas und fand,
dass sie nur bedingungsweise ausgestellt sei, fühlte er sich noch
sicherer als früher. Denn ohne ein Kenner des böhmischen
und ungarischen Staatsrechtes zu sein, glaubte er mit Grund

Denn Tirol mit dem Elsass und der Franche Comté verbunden
bildete eine natürliche Brücke von Mailand nach Belgien, das
bei der Kinderlosigkeit des dortigen Herrscherpaares bald wieder
an Spanien heimfallen musste. Und wenn er mit dem neuen
Erwerb sowie mit Belgien die spanische Monarchie nicht belasten wollte, so stand es ihm frei, aus Tirol, dem Elsass, der
Franche Comté und Belgien den Besitz einer Secundogenitur
unter Don Carlos zu bilden. Er beschäftigte sich viel mit diesem Gedanken, doch hatte er noch keinen festen Entschluss
gefasst, da er zuerst der verlangten Entschädigung gewiss sein
musste. *) Zuñiga wurde instruirt, die Verhandlungen in diesem
Sinne anzubahnen.

Erzherzog Ferdinand von Steiermark, der später unter dem
Namen Kaiser Ferdinand II den wichtigsten Platz in der Geschichte von Oesterreich erlangte, hatte seit längerer Zeit, zu
seiner nicht geringen Beunruhigung, von den spanischen Ansprüchen gehört. Schon im Jahre 1611 brachte er nämlich in
Erfahrung, dass Philipp III Ansprüche auf Böhmen und Ungarn
erhebe und die Vorgänge der jüngsten Zeit bewiesen ihm, dass
der König dieselben allen Ernstes behaupten wolle. Ferdinand
war in der unangenehmen Lage, sich vorläufig schweigend verhalten zu müssen, denn wenn er sein Recht laut vertheidigte,
so verletzte er gröblich die Empfindlichkeit des jungen kaiserlichen Ehemannes, der sich der Hoffnung auf Nachkommenschaft noch nicht völlig entschlagen hatte. Auch wollte
Ferdinand um jeden Preis mit Philipp auf einem guten Fusse
bleiben, weil er fürchtete, den Stürmen, die seiner harrten, ohne
spanische Hülfe nicht die Stirn bieten zu können. Er musste
sich begnügen, dass Erzherzog Maximilian seine Interessen wahr-
nahm und mit diesem Vorkämpfer durfte er allerdings zufrieden sein.

Mit der Zeit wurde ihm jedoch seine Lage drückend und
er beschloss aus der gezwungenen Zurückhaltung herauszutreten,
um eine Verständigung mit Philipp III herbeizuführen. Hätte
er gewusst, dass letzterer bereits seinen ursprünglichen Plan

---

*) Simancas, Relation in der Successionsangelegenheit.

rufung desselben veranlasst hatte, lag in dem Wunsche nach einer Geldhilfe, um die er die Reichsstände unter dem Vorwande von Rüstungen, die gegen die Türken nöthig seien, ersuchen wollte. Seine eigentliche Absicht ging jedoch nicht so sehr dahin, den äussern Feind zu bekämpfen, als vielmehr in den inneren Streitigkeiten seiner Erbländer den Ständen gegenüber eine starke und Achtung gebietende Stellung einzunehmen. Der regensburger Reichstag von 1613 ist der letzte, der in alter Weise zusammentrat. Der unvereinbare Gegensatz zwischen dem äusserlich zu Recht bestehenden Gesammtstaate mit monarchischer Spitze und dem Streben der Reichsstände nach voller Souverainität kam hier zum entscheidenden Ausbruch. Mathias ahnte wohl die Dinge, die da kommen würden, und deutete sie einige Monate vorher in einem wahren Trauerschreiben an den Kurfürsten von Sachsen an;[*] allein er konnte ihnen nicht begegnen. In herkömmlicher Weise eröffnete er den Reichstag und legte ihm mehrere Propositionen vor, unter denen das Gesuch um eine Geldhilfe wegen des nach seiner Behauptung drohenden Türkenkrieges die wichtigste war.

Die katholischen und protestantischen Reichsstände waren nicht in Regensburg erschienen, um der Noth des Kaisers ein besonders aufmerksames Ohr zu leihen. Für beide war die in Deutschland noch immer unerledigte Religionsfrage der wichtigste Gegenstand ihrer Sorgen und Wünsche. Beide Parteien wollten dieselbe zum eigentlichen Gegenstande ihrer Verhandlungen machen und jede hatte sich deshalb, schon vor der Eröffnung des Reichstages, über ihr Verhalten geeint. Die Mitglieder der katholischen Liga waren im Februar in Frankfurt am Main zusammengekommen und hatten daselbst beschlossen, auf dem augsburger Religionsfrieden zu beharren und die seither eingetretenen Besitzänderungen als nicht zu Recht bestehende Gewaltthaten der Protestanten anzusehen. In Folge dessen wollten sie auch nicht dulden, dass jene, die sich der seit 1555 säcularisirten Güter bemächtigt hatten, zu deren Vertretung im

---

[*] Mathias an Kursachsen dd. 10. Febr. 1613 im böhm. Statthaltereiarchiv.

Reichstage zugelassen würden, denn dies bedrohte sie mit der Gefahr, dass die Majorität des Fürstenrathes, die noch immer katholisch war, in protestantische Hände gerathe. Dagegen hatten sich die Mitglieder der Union auf dem Tage zu Rothenburg dahin geeint, nicht etwa bloss die Erweiterung des Religionsfriedens auf die Anhänger des kalvinischen Glaubensbekenntnisses und die Anerkennung der seit 1555 vielfach zu Gunsten der Protestanten geänderten Besitzverhältnisse zu verlangen, sondern dem Reichstage jede Befugniss zur Entscheidung von Glaubenssachen abzusprechen. Obwohl die religiösen Angelegenheiten in Deutschland sehr stark in materiellen Beziehungen standen, bezüglich deren dem Reiche nicht von vornherein jede Einflussnahme bestritten werden konnte, so hätte dieser Beschluss der Union für sich nicht hingereicht, das deutsche Staatsgebäude über den Haufen zu werfen, wenn dieselbe in ihrer separatistischen Richtung nicht noch weiter gegangen wäre. Denn was sie ausserdem der Entscheidung des Reichstages entzogen wissen wollte, war überhaupt alles, was zu den fundamentalen Befugnissen aller Reichstage und Parlamente gehört. So wollte die Union in Steuersachen keinen Majoritätsbeschluss gelten lassen, weil „keiner dem andern vorschreiben könne, Geld auszugeben," und ebensowenig wollte sie einen Majoritätsbeschluss in jenen Sachen für bindend ansehen, die des gemeinsamen Vaterlandes Wohlstand, Heil und Ruhe angingen. Es bedarf keiner vollständigen Aufzählung der übrigen von der Union noch angeführten Punkte, denn der letzte war weit genug, um alles Beliebige in sich aufzunehmen und der scheinbaren Einheit des deutschen Staatswesens auch äusserlich ein Ende zu machen. Mit diesen Absichten und Gesinnungen fanden sich die Katholiken und Protestanten in Regensburg ein. Der unausgleichbare Widerspruch in der Politik beider Parteien ergab sich gleich im Beginne der Verhandlungen und liess der Hoffnung keinen Raum, dass irgend ein gemeinschaftlicher Beschluss gefasst werden könnte.

Die Katholiken, die sonst auch nicht für eine kräftige Entwicklung des deutschen Staatswesens geschwärmt hatten, traten diesmal als Vertheidiger desselben auf. Sie säumten nicht, den Kaiser auf die Bedeutung der protestantischen Opposition aufmerksam zu machen, und forderten ihn auf, nicht zu dulden, dass „wegen einiger Particularstände die Reichsjustiz gestört werde." In diese einfachen Worte war nichts geringeres als die Mahnung gekleidet, der Kaiser solle die Widerspänstigen mit Gewalt zur Nachgiebigkeit zwingen, damit die Verfassung des Reiches nicht in Frage gestellt werde. Um ihn bei gutem Willen zu erhalten, lehnten die Katholiken auch seine Bitte um eine Geldhilfe nicht ab, sondern bewilligten ihm 80 Römermonate, zahlbar innerhalb zweier Jahre. An dieser Geldbewilligung betheiligten sich auch einige protestantischen Stände, wogegen die Correspondirenden, d. i. die Union und ihre Anhänger ohne Unterlass gegen dieselbe protestirten. Vergebens bemühte sich der Kaiser die Gegner dadurch zum Versprechen der Zahlung zu bewegen, dass er den Reichstag vertagen und einen eigenen Compositionstag zu berufen versprach, an dem namentlich die religiösen Beschwerden der Correspondirenden untersucht und wo möglich beseitigt werden sollten. Die letzteren, die am besten wussten, wie wenig der Kaiser mit Benachtheiligung der katholischen Stände ernstlich an eine Befriedigung ihrer Wünsche gehen könne und wolle, liessen sich durch keine Versprechungen gewinnen, sondern beharrten bei ihrem Proteste gegen jede Betheiligung an der Türkensteuer. Der Kaiser sah sich endlich genöthigt den Reichstag zu schliessen, ohne die Protestirenden zur Nachgiebigkeit gebracht zu haben. Er sah sich so in der Hoffnung auf eine Unterstützung vom Reiche bitter getäuscht, denn abgesehen davon, dass die Correspondirenden die von der Reichstagsmajorität bewilligten 30 Römermonate nicht bezahlten, war diese selbst in der Erfüllung der eingegangenen Verbindlichkeit so säumig, dass der Kaiser unseres Wissens gar nichts oder eine kaum nennenswerthe Summe erhielt. *)

So kriegslustig sich auch die Katholiken in Regensburg geberdeten, thatsächlich waren sie diejenigen, die von der meisten Furcht erfüllt waren und einen Angriff von Seite der Protestanten besorgten. Sie dachten deshalb nur mit Bangen an den

---

*) Näheres bei Menzel und Häberlin-Senkenberg.

Augenblick eines neuen Thronwechsels in Deutschland. Die
Bischöfe und insbesondere die geistlichen Kurfürsten fürchteten,
dass die Protestanten trachten würden, Jemanden aus ihrer Mitte
zu erheben und dass es dann um den geistlichen Besitz geschehen sein dürfte. In den vertraulichen Unterredungen der
Katholiken war sonach von keinem Kriege die Rede, sondern
nur von den Mitteln, ihrer Partei den Kaiserthron zu sichern.
Die wenigen Lebenstage, die nach ihrer furchtsamen Berechnung
dem Kaiser noch zugemessen waren, sollte dieser zur Festsetzung
der deutschen Nachfolge benützen. Die geistlichen Kurfürsten
baten ihn „inständig" darum, und auch der päpstliche Nuncius
schloss sich in Regensburg ihrer Bitte an. *) Als die Personen
ihres Vertrauens bezeichneten die Kurfürsten die Erzherzoge
Albrecht und Ferdinand, obwohl sie sich nicht verhehlten, dass
deren Erhebung mit grossen Schwierigkeiten verbunden sein
würde, da man den einen in Deutschland als Spanier bezeichne,
den andern, wegen seines dem Theatinerorden angehörigen
Beichtvaters, einen Theatinermönch nenne und beide gleichmässig verabscheue. Der Kurfürst von Köln unterschied sich in
der Empfehlung beider Candidaten von seinen Collegen nur
dadurch, dass er sich besonders für Ferdinand erklärte, wobei
er von dem Nuncius nicht wenig unterstützt wurde. Erzherzog
Maximilian, der sich ebenfalls in Regensburg eingefunden hatte,
feuerte diesen Eifer an und die Kurfürsten waren schliesslich
geneigt, sich schon jetzt über eine bestimmte Person zu einigen,
die nach der Sachlage nur Ferdinand gewesen wäre. Dass dies
nicht geschah, daran war allein Zuñiga Schuld. Auch er war
dem Kaiser nach Regensburg gefolgt und hatte hier das seinige
gethan, um die Kurfürsten für eine frühzeitige Bestimmung der
Nachfolge zu gewinnen. Seine Absicht war es jedoch keineswegs, dass die Personenfrage früher entschieden werde, als vor
Beendigung der zwischen Ferdinand und Philipp schwebenden
Verhandlungen über die zu leistende Entschädigung. Denn er
fürchtete, dass durch die Erhebung des ersteren die Verhandlungen ganz und gar ins Stocken gerathen, wo nicht gar abge-

----

*) Simancas, Relation Zuñiga's dd. 14 Aug. 1613.

brochen würden und deshalb bemühte er sich, die Kurfürsten dahin zu bringen, die Festsetzung des Throncandidaten vorläufig zu vertagen. Die Kurfürsten schenkten seinen Einflüsterungen Gehör und trieben die Rücksicht auf Spanien so weit, dass sie den König baten, er möchte ihnen seine Meinung bezüglich der deutschen Nachfolge kundthun. Damit hatten die Verhandlungen über die Succession auf dem Reichstage ihr Ende erreicht.

Als der König von Spanien von den Vorgängen in Regensburg Kunde erhielt, war er mit dem Benehmen seines Gesandten zufrieden. Er gab ihm die Erlaubniss, energisch für Ferdinands Erhebung zu wirken, sobald die Entschädigungsfrage geordnet sei; ziehe sich die letztere zu lange hin, so solle er für Albrecht und selbst für Maximilian eintreten, denn die Unterstützung Ferdinands ohne eine Entschädigung vertrage sich nicht mit dem spanischen Interesse. Zuñiga deutete diesem Auftrage gemäss den deutschen Habsburgern jetzt klar die Entschädigungsansprüche Philipps III an, er verlangte für denselben Tirol und Vorderösterreich, damit daraus im Verein mit Belgien eine spanische Secundogenitur begründet würde. Er bemerkte zur Unterstützung dieser Forderung, dass seinem Herrn allzuviel Uneigennützigkeit zugemuthet würde, wenn man von ihm nicht bloss die Verzichtleistung auf Ungarn und Böhmen verlange, sondern auch die künftige Vertheidigung dieser Länder gegen die Ketzer, die sicherlich nicht gutwillig Ferdinands Herrschaft tragen würden. Eggenberg fühlte das Gewicht dieser letzten Bemerkung nur zu sehr, doch erklärte er sich nicht für besiegt und suchte sowohl bei dieser wie bei den späteren Unterredungen mit Zuñiga, denselben für eine bedingungslose Verzichtleistung zu gewinnen. *) Der Gesandte, der hierüber nach Spanien berichtete, bekam die wiederholte Weisung, die zu hoch gespannten Ansprüche auf die spanische Uneigennützigkeit abzulehnen und mit Beiseitesetzung Ferdinands für Maximilians Erhebung zu wirken. Zuñiga sah wohl ein, dass die genaue Befolgung dieses Befehls unmöglich sei, da man doch nicht

---

*) Simancas. Brief Zuñiga's dd. 12. December 1613, 6. und 21. Januar und 10. Feb. 1614.

Maximilian gegen seinen Willen zum Kaiser machen konnte, und liess sich desto mehr angelegen sein, mit Ferdinand ins Reine zu kommen. Ungewiss über die eigentliche Quelle der Schwierigkeit, wandte er sich an Mathias und bat ihn, er möchte doch, da die Verzögerung so viele Gefahren im Gefolge habe, den Ausgleich zwischen Philipp und Ferdinand fördern und letzteren zu einem Opfer vermögen. Mathias sagte seinen Beistand zu, that aber nichts.

In diesem Stadium der Verhandlungen trat endlich Ferdinand mit einem Entschädigungsantrag hervor, den er vor dem Kaiser geheim hielt und durch seinen Beichtvater, den bereits erwähnten Theatinermönch, dem Gesandten mittheilen liess. Er war erbötig, die sämmtlichen ihm gehörigen Seehäfen im adriatischen Meere an Spanien abzutreten, ein Vorschlag, der von einer merkwürdigen Blindheit für die Wichtigkeit der Seegrenze zeugte. Zuñiga fand das Anerbieten zu gering und verlangte zu den Seehäfen das Hinterland, also Kärnthen, Krain, Görz und Ferdinands Antheil an Friaul. Vielleicht würde sich der Erzherzog selbst zu diesem Opfer entschlossen haben, wenn man in Spanien die angebotene Küste, als zu fern gelegen, nicht abgelehnt hätte. Spinola war es, der die Verwerfung dieses Vorschlags anrieth und Philipp pflichtete ihm bei. Zuñiga wurde beauftragt, die Entschädigung jenseits der Alpen zu suchen, den Elsass zu verlangen und ausserdem so viel, als er erreichen könne, und für den Fall eines befriedigenden Uebereinkommens Ferdinands Candidatur zu unterstützen. *)

Mehrere Monate lang hatten die geistlichen Kurfürsten vergebens geharrt, dass ihnen auf ihre in Regensburg gestellte Bitte wegen der Succession eine definitive Antwort zu Theil werde. In der Zwischenzeit änderte sich einigermassen ihre Ansicht über diesen Gegenstand; von der in Deutschland geläufigen Meinung ausgehend, dass die deutsche Krone mit der böhmischen eng verbunden sei, stellten sie jetzt die Bitte an den Kaiser, er möchte doch zuerst die Succession in Böhmen festsetzen. Damit schufen sie aber eine Schwierigkeit, welche

---

*) Simancas. Spinola's Schreiben. Philipps Auftrag.

die ganze Angelegenheit ins Stocken brachte. Sie bedachten nicht, dass Mathias leichter seine Zustimmung zur unverweilten Festsetzung der deutschen Nachfolge geben könne, als zur Wahl eines böhmischen Königs; denn so lange er noch einige Hoffnung auf eine eigene Nachkommenschaft bewahrte, konnte er doch den eigenen Sohn nicht seines Erbrechtes berauben. Dazu kamen noch besondere Schwierigkeiten von Seite der böhmischen Stände. Im Jahre 1611 hatten sie Mathias das Versprechen abgenöthigt, dass bei Lebzeiten eines Königs nie dessen Nachfolger gewählt werden solle. Wenn er sich überhaupt von diesem Versprechen losmachen konnte, so war dies nur durch Verhandlungen möglich, die nicht alsogleich, sondern erst bei einem Landtage beginnen konnten, vor der Berufung eines solchen scheute sich aber Mathias aus mancherlei wichtigen Gründen.

Durch die Vorschiebung der böhmischen Nachfolge wurde also von den Kurfürsten selbst der Grund zu einer unberechenbaren Verzögerung gelegt und das um so mehr, als ihre Meinung bei Philipp III Billigung fand. Die spanischen Diplomaten in Deutschland, Zuñiga und Spinola, von dem kurfürstlichen Rathschlage in Kenntniss gesetzt, trennten sich in seiner Beurtheilung. Der erstere hielt die Schwierigkeiten in Böhmen für so gross, dass er den Kaiser zu ihrer Beseitigung für unfähig hielt und obwohl er die Gefahr wohl einsah, die dessen Tod für die habsburgischen Erbansprüche herbeiführen konnte, riet er doch seinem Herrn, nicht auf die unmittelbare Besetzung des böhmischen Thrones zu dringen, sondern des Mathias Tod abzuwarten und dann Ferdinand mit aller Macht zu unterstützen.[*] Spinola verwarf diese zögernde Haltung: gerade die Schwierigkeiten waren für ihn ein Grund auf den Rath der Kurfürsten einzugehen, er sah voraus, dass die Ungarn und Böhmen nach dem Tode des gegenwärtigen Herrschers einen fremden Prinzen auf ihren Thron berufen würden und wollte dieser unvermeidlichen Gefahr durch die frühzeitige Bestimmung der Nachfolge begegnen. Keine Schwierigkeit und kein Opfer dürfe man scheuen, so schrieb er an Philipp, um das Wahlgeschäft in

---

[*] Simancas. Zuñiga an Spinola dd. 3. April 1614.

Böhmen in Gang zu bringen und wenn nichts anderes helfen würde, zur Bestechung der Stände schreiten. Der König stimmte dem Rathe seines vorsichtig gewordenen Generals auf das entschiedenste bei. So trat die böhmische Successionsfrage in den Vordergrund.*)

Alle Beschlüsse Philipps, den Erzherzog Ferdinand in Böhmen oder in Deutschland zu unterstützen, setzten allemal die Ordnung der Entschädigungsfrage voraus. Da er nach seinen letzten in dieser Beziehung ergangenen Weisungen lange nichts von einem befriedigenden Resultate hörte und bei den damaligen Verkehrsverhältnissen nicht hören konnte, erfasste ihn die Ungeduld in einem so bedeutenden Grade, dass er die Verhandlungen ganz abbrechen und doch noch den Versuch wagen wollte, ob er die Erbansprüche seiner Mutter nicht vollends geltend machen könnte. Zuñiga's Erstaunen war nicht gering, als seine Weisungen diesen Wünschen entsprechend geändert wurden. Er erhielt dieselben in Linz gerade zur Zeit, als Mathias die Stände seiner sämmtlichen Länder zu einem Generalconvent, dessen noch näher erwähnt werden wird, berief. Als gehorsamer Diener kam er den geänderten Befehlen nach, wie er nicht anders konnte, und bereitete damit den Erzherzogen Ferdinand und Maximilian, die gleichfalls in Linz anwesend waren, eine ebenso grosse, als unangenehme Ueberraschung. Da die geänderten Weisungen seiner eigenen Ueberzeugung nicht entsprachen, unterliess er es nicht, seinen Herrn mit einem gewissenhaften Freimuth auf das Undurchführbare seiner Wünsche aufmerksam zu machen. Den Ketzern, die, so schrieb er nach Hause, leider in Deutschland zahlreich seien, gefalle die Inquisition zu wenig und was die Katholiken betreffe, so seien sie von „den ausgezeichneten Tugenden" Ferdinands geradezu bezaubert. — Erzherzog Maximilian wurde ganz wild und heftig, als er von den neuen Ansprüchen Philipps hörte und bemerkte, wenn er selbst zu Gunsten Ferdinands entsage, so könne dies jeder andere Prinz des Hauses auch

---

*) Simancas 2965. Spinola an Zuñiga dd. 26. April 1614. Dann ebend. Relation in der Successionsangelegenheit.

ihnn. Ohne erst von seinem Herrn eine Zustimmung zu erwarten, liess sich Zuñiga nach diesem Intermezzo in die Wiederaufnahme der Entschädigungsverhandlungen ein. An den betreffenden Conferenzen betheiligten sich diesmal sowohl die Erzherzoge, als auch Khlesl. Zuñiga legte in denselben zur Begründung der Rechtsansprüche seines Herrn das Gutachten des Cardinals Gabriel von Trexo vor, der aus dem Wortlaute der Verzichtleistungsurkunde Anna's die Rechte Philipps ableitete. Auf gegnerischer Seite musste man zugeben, dass die Verzichtleistung, auf die man früher nicht wenig gepocht hatte, nichts weniger als ungünstig für Philipp laute. Man hatte indessen neue Gründe für das Vorrecht Ferdinands ausfindig gemacht. Zunächst wies man auf das Testament Ferdinands I hin, dann auf eine Urkunde, in der Karl V seinem Bruder die Investitur mit der Krone von Böhmen ertheilte; in beiden Schriftstücken war ausdrücklich der männlichen Nachkommenschaft Ferdinands I der Vorzug vor der weiblichen gegeben und letztere erst nach dem Erlöschen der ersteren zur Erbschaft berufen. Dann wurde auf den Vertrag gewiesen, den Rudolf II nach dem Tode seines Vaters mit seinen Brüdern geschlossen hatte und in dem bestimmt wurde, dass Erzherzog Ernst (Rudolfs ältester frühverstorbener Bruder) auf die Regierung von Böhmen und Ungarn vor den etwaigen Töchtern Rudolfs den ersten Anspruch haben solle. Wiewohl dieser letztere Vertrag den etwaigen Rechten Anna's nicht präjudiciren konnte, so hatte er doch insofern ein Gewicht, als auch er zum Beweise dienen konnte, dass die alleinige Zulassung der männlichen Succession in Ungarn und Böhmen eine, im habsburgischen Hause selbst, stets geübte und lange vor den jetzigen Wirren sanctionirte Rechtsgewohnheit war.

Auf alle diese Gründe blieb Zuñiga, der sich in dem Reichshofrath Strahlendorf einen Rathgeber gesucht hatte, die Antwort nicht schuldig. Da er indessen nicht mehr das ganze Erbe, sondern nur eine Entschädigung in Anspruch nehmen wollte, so lenkte er die Verhandlungen auf diesen Punkt. Khlesl schloss sich den spanischen Ansprüchen an und verlangte im Namen Zuñiga's für Philipp III den Elsass und Tirol. Auf diese Weise wurde die Forderung Spaniens ganz präcis hingestellt. Wie schon die erste Andeutung derselben von den Betheiligten ungünstig aufgenommen worden war, so auch jetzt. Ferdinand lehnte mit aller Entschiedenheit die Gewährung dieser Forderung ab und fand an Maximilian selbstverständlich die eifrigste Unterstützung. Beide betonten, dass, da ihr Recht ein besseres sei, keine Entschädigung für die Abtretung eines schlechteren geleistet werden könne. Die Gründe für und gegen das Recht des einen und anderen wurden darauf nochmals erörtert, während gleichzeitig von Ferdinands Seite auf die grossen Gefahren, welche die verlangte Gebietsabtretung für die deutschen Habsburger im Gefolge haben würde, immer und immer wieder hingewiesen wurde. Als Zuñiga zuletzt die Gegenpartei selbst zu einem Vorschlage aufforderte, ergriff Ferdinand das Wort und sagte: Wiewohl seine Nachkommenschaft sowohl männlicher als weiblicher Linie ein besseres Recht auf die Herrschaft in den Königreichen besitze, so wolle er doch aus Liebe und um des Wunsches willen, dem Könige von Spanien zu Diensten zu sein, der männlichen Nachkommenschaft desselben vor der eigenen weiblichen Linie den Vorzug einräumen. Da Ferdinand um diese Zeit bereits Vater dreier Söhne war und die Zahl derselben bei seiner verhältnissmässigen Jugend sich noch leicht vermehren konnte, so schob dies Angebot die allfällige Befriedigung der spanischen Ansprüche in eine ganz ungewisse Zukunft hinaus, abgesehen davon, dass Spanien dann noch mit den Ansprüchen von Ferdinands Brüdern zu rechten hatte. Zuñiga sprach sich in diesem Sinne aus und verlangte, dass Ferdinand sein Angebot mit einer reellen Zugabe vermehre, aber Ferdinand und Maximilian blieben hartnäckig bei der früheren Weigerung, Zuñiga brach zuletzt die Conferenz ab, um nach Hause zu berichten.

Bevor er dies that, lud ihn Ferdinand zu einer vertraulichen Unterredung ein. Ohne in derselben sein früheres Anerbieten zu erweitern, versicherte der Erzherzog doch hoch und theuer, dass ihm nichts mehr am Herzen liege, als sich dem Könige dankbar zu erweisen. Indem er so die Aussicht auf irgend eine andere Entschädigung oder auf irgend welche wichtigen Dienstleistungen eröffnete, hat er den Gesandten auf das inständigste, derselbe möge doch den Abschluss des Vergleiches beschleunigen, weil die Gefahr mit der Verschleppung des Successionsgeschäftes zunehme. *) Gleichzeitig richtete er ein eigenes Schreiben an Philipp, erörterte umständlich die Gründe, die ihm eine weitere Nachgiebigkeit unmöglich machten und betonte namentlich, dass eine Abtretung des Elsasses deshalb nicht thunlich sei, weil sich die Elsasser selbst der Einverleibung in die spanische Monarchie am meisten widersetzen würden. Auch Mathias und Maximilian baten in besonderen Schreiben um die Beschleunigung des Ausgleiches. **)

Eine solche unnachgiebige Haltung der deutschen Habsburger gegen die spanischen Wünsche wurde von einigen Personen in Philipps Umgebung kaum für etwas anderes als für Anmassung angesehen. Bevor sich der König zu einem weiteren Schritte entschloss, übergab er die Streitfrage zur nochmaligen Untersuchung einem seiner bevorzugten Rathgeber, dem Don Rodrigo Calderon. Sonst war mit derartigen wichtigen Geschäften der erste Minister, der Herzog von Lerma betraut, allein dieser erfreute sich jetzt nur noch des Titels, an seine Stelle im königlichen Vertrauen und in der königlichen Gunst war allmälig sein Sohn, der Herzog von Uçeda getreten und mit ihm auch der genannte Calderon. Der letztere stand ursprünglich im Dienste des Herzogs von Lerma als dessen Secretär, gelangte aber durch die Gunst dieses Herrn zu hohen Würden und Ehren, bis er selbst des Königs Günstling wurde und als solcher mit dem Titel eines Marques von Siete Iglesias eine der ersten Stellen im Staatsrathe erlangte und daher mit einer so wichtigen Angelegenheit betraut wurde. Calderon, der die von Ferdinand neuerdings zur Unterstützung seiner Ansprüche beigebrachten Urkunden dem Cardinal Trexo zur Begutachtung übergeben hatte, eignete sich den absprechenden Ton der von letzterem abgegebenen Meinung dahin an, dass er die Rechte seines Herrn auf das ganze strittige Erbe für unantastbar erklärte und ihn in dem Begehren nach einer reellen Entschä-

---

*) Simancas. Zuñiga an Philipp III dd. 3. Aug. 1614.
**) Simancas. Relation in der Successionsangelegenheit.

digung ermunterte. Tirol und der Elsass sollten nach wie vor gefordert und höchstens in Bezug auf ersteres nachgegeben werden. Die Besorgnisse über die Folgen, welche die Abtretung des Elsasses haben könnte und denen Ferdinand so deutlich Ausdruck geliehen hatte, behandelte der Marques in wegwerfender Weise. „Die eigenthümlichen Gesetze und Gewohnheiten des Elsasses können, meinte er, durchaus keinen Grund abgeben, weshalb dieses Gebiet der spanischen Monarchie nicht einverleibt werden dürfte, man kann ja den Elsass nach seinen Gesetzen regieren. Oder geschieht solches nicht in Aragonien, Portugal, Sicilien, Neapel, den Niederlanden und anderen Staaten Euer Majestät, deren Freiheiten und Gesetze von Euer Majestät beschworen und gehalten werden? Warum sollte dies nicht auch im Elsass der Fall sein, dessen Einwohnern das Glück zu Theil würde, fortan einem weit mächtigeren Monarchen anzugehören?" *) Allerdings, wenn die Elsässer an die Niederlande dachten und wenn sie sich einiger für die Aragonesen so glücklich beendeten Streitigkeiten unter Philipp II erinnerten, musste ihnen vor Lust nach der spanischen Herrschaft der Mund wässrig werden.

Glücklicherweise begnügte sich der König nicht mit Calderons Rathschlägen, sondern übergab sie dem Staatsrathe zur Prüfung. Die Aeusserungen desselben klangen ziemlich verschieden von denen des Günstlings; der Staatsrath wies darauf hin, dass gegen den Willen der deutschen Prinzen des Hauses die Erwerbung des Elsasses nicht möglich sei, ausser wenn man einen Krieg begönne, dessen Resultate gewiss dem Könige nicht zu Statten kämen. Jeder andere als der friedliche Ausgleich sei unbedingt auszuschliessen. Könne der König durch weitere Verhandlungen eine Entschädigung erlangen, so sei dies anzustreben, wenn nicht, so müsse er sich zufrieden geben, um so mehr als die Uneigennützigkeit des Erzherzogs Maximilian auf den König einen moralischen Druck ausübe. Es sei übrigens zu bedenken, dass es der Erzherzog Ferdinand sei, zu dessen Gun-

———
*) Simancas. Votum des Marques von Siete Iglesia dd. Lerma den 29. Oct. 1614.

sen der König auf seine Rechte verzichte. Abgesehen davon,
dass man auf seine Thatkraft die grossen Hoffnungen in diesen
gefahrvollen Zeiten setzen müsse, sei von seiner Dankbarkeit
das Beste zu erwarten. Indem der Staatsrath dem Könige auf
diese Weise eine bedingungslose Verzichtleistung empfahl, wollte
er ihm nicht verwehren, die Comitiale zu benützen, falls er doch
eine Entschädigung erlangen könne. Zur Beschleunigung der
ganzen Angelegenheit solle der König einen eigenen Gesandten
nach Deutschland abschicken, der dieselbe neben Zuñiga definitiv ordnen sollte. *) Philipp III. eignete sich die Meinung des
Staatsrathes an und beseitigte so das Hinderniss des Ausgleiches.

Während man im spanischen Cabinete in etwas längerer
Weise die Absendung eines ausserordentlichen Gesandten betrieb, vergingen darüber die Wintermonate und als das Frühjahr 1615 herannahte, trat ein Ereigniss ein, welches die Absendung eines Gesandten für immer unnöthig zu machen schien;
von Prag verbreitete sich nämlich die Nachricht von der Schwangerschaft der Kaiserin.

Es ist im Eingange unserer Erzählung angedeutet worden,
welche geringen Hoffnungen im allgemeinen an die Ehe des
Kaisers geknüpft wurden. Die unmittelbar nach deren Abschluss mit so grossem Eifer betriebenen Verhandlungen wegen
der Bestimmung der Nachfolge zeigten dies auf eine handgreif-
liche Weise. Da aut einemmale verbreitete sich zu Anfang des
Jahres 1615 das Gerücht, die Kaiserin befinde sich in ge-
segneten Umständen. Es war dies ein Ereigniss von grosser
Tragweite, das zunächst allen Successionsverhandlungen Einhalt
thun musste. Erzherzog Maximilian, der seine Wirksamkeit zu
Gunsten Ferdinands auf die erste Nachricht hin nicht gleich
einstellte, sondern einige diesen Gegenstand betreffende Verhandlungen mit den geistlichen Kurfürsten weiterführte, wurde
vom Kaiser gemahnt, inne zu halten, da er bei der Aussicht
„auf einen Erben, die ihm seine Gemahlin gebe, der Sache
tiefer nachsinnen müsse, damit nicht die Krone von seines Va-

---

*) Simancas. Votum des Staatsrathes in der Successionsangelegenheit
dd. 24. Januar 1615.

ters Linie wegkomme." *) Niemand konnte es in der That dem Kaiser verübeln, wenn er Anstand nahm, die Zukunft des erwarteten Erben zu beeinträchtigen. Wie schwere Sorge auch seine Brüder und die Freunde seines Hauses bei dem Gedanken überkommen mochte, dass die drohenden Gefahren von einem Kinde statt von einem Manne wie Ferdinand bekämpft werden sollten, so konnte dies Mathias nicht weiter kümmern. Sein eigener Sohn stand ihm näher, als alle Hoffnungen und Befürchtungen seiner Brüder, Vetter und Freunde.

In die Successionsverhandlungen kam somit ein plötzlicher Stillstand, dagegen war die allgemeine Aufmerksamkeit auf die Schwangerschaft der Kaiserin gerichtet. Um ihr die nöthige Pflege angedeihen zu lassen, wurde beschlossen, die Mutter der Kaiserin zur Reise nach Prag zu vermögen, woselbst das Wochenbett abgehalten werden sollte. Da sie seit ihrer Wittwenschaft als Nonne in dem von ihr in Innsbruck begründeten Servitenkloster lebte, bedurfte es päpstlicher Erlaubniss zum Besuche ihrer Tochter. Die Erlaubniss wurde natürlich ertheilt, und die fürstliche Nonne traf gegen Ende Juni in Prag ein. **) Man erwartete die Entbindung gegen Ende Juli oder Anfang August und es gehörte bereits bei öffentlichen Anlässen zur Höflichkeit, von dem zu erwartenden Erben zu sprechen und über die Möglichkeit der Geburt einer Prinzessin stillschweigend hinwegzugehen. Auch eine türkische Botschaft, die sich um diese Zeit an dem kaiserlichen Hofe eingefunden hatte, schied mit Glückwünschen für den ersehnten Prinzen. ***) Die böhmischen Stände hatten dem Kaiser gleich bei seiner Verheiratung eine kostbare Wiege verehrt, noch hatte diese keine Verwendung gefunden, als von dem Grossherzoge von Toskana ein gleiches Geschenk anlangte, das in seiner äusseren Ausstattung überaus prachtvoll war. †) Schon wurde der 15. August als der Termin für die Geburt angesagt und da die

---

*) Hurter: Ferdinand II, Bd. III S. 30.
**) Simancas. Zuñiga an Philipp dd. 26. Juni 1615 Prag.
***) Wiener Staatsarchiv, Miscell. 491. Aus Prag dd. 21. Sept. 1615.
†) Skala I und II.

Kaiserin an diesem Tage die Kirche wegen Unwohlsein etwas früher verlassen musste, glaubte man den entscheidenden Moment herangekommen. Allein es verging dieser und die folgenden Tage, ohne dass das erwartete Ereigniss eingetreten wäre, bis sich allmälig die Kunde verbreitete, dass alle Hoffnungen vereitelt seien. Die Nachrichten, die sich über diesen Gegenstand erhalten haben, machen es wahrscheinlich, dass die Kaiserin einen krankhaften Zustand für einen hoffnungsvollen gehalten habe, wenigstens enthalten die Quellen keine Andeutung von einer Fehlgeburt. *)

III

Die vermuthete und schliesslich als eitel sich erweisende Schwangerschaft der Kaiserin brachte in den Parteiverhältnissen am Hofe einen bedeutenden Umschwung hervor. Erzherzog Maximilian hatte sein Missfallen über die allfällige Geburt eines Erben in einer fast an Unanständigkeit streifenden Weise an den Tag gelegt und äusserte ohne Scheu seine Befriedigung, als seine Befürchtungen sich nicht erfüllten. Jene Warnung des Kaisers, in den Verhandlungen mit den geistlichen Kurfürsten inne zu halten, hatte er in den Wind geschlagen, ja er hatte den Bruder geradezu um seine Unterstützung für Ferdinands Erhebung auf den deutschen Thron ersucht, damit dieser dem etwaigen Erben eine kräftige Stütze und ein rechter Vormund sein könne. **) Auch alle hervorragenden Katholiken in und ausserhalb des habsburgischen Besitzes hatten unverholen die Geburt eines kaiserlichen Erben als ein Unglück angesehen und lebten vor Freude auf, als sie die Gefahr einer Regentschaft beseitigt sahen. Nur Khlesl mit seinem nächsten Anhange hatte eine ganz andere Stellung eingenommen. Mit einer Lebhaftigkeit, der man die freudige Genugthuung an-

---

*) Skala (2, 18) erzählt, die Kaiserin habe eine Mola gehabt.
**) Archiv des k. k. Minist. des Innern. [...] ale's des Secretärs Maximilians für Khlesl dd. 18.

merken konnte, sprach er wiederholt von dem zu erwartenden Erben und zeigte sich von den Hoffnungen seines Herrn persönlich beglückt. Es war dies keine blosse Theilnahme an dem Familienglücke des Kaisers, dem er seine glänzende Stellung zu danken hatte, sondern Freude über die Folgen, welche die Geburt eines Prinzen für ihn selbst haben mussten. Denn was andere scheuten und befürchteten, eine Regentschaft, war seine Hoffnung und was andere herbeiwünschten, die Regierung Ferdinands, war der Gegenstand seiner Abneigung.

In Khlesl hatte sich nämlich in Bezug auf die Successionsfrage eine eigenthümliche Wandlung vollzogen. Als Mathias die Kaiserkrone erlangt hatte, schien er mit allen jenen eines Sinnes zu sein, welche die Nachfolge geordnet wissen wollten; es liegt kein Grund vor, ihn der Unaufrichtigkeit zu zeihen und seine in diesem Sinne gemachten Aeusserungen für erheuchelt zu halten. Wenn trotzdem weder im Jahre 1613 noch 1614 die Successionsfrage erledigt wurde, so lag die Schuld nicht an ihm, sondern an den spanischen Ansprüchen, die immer noch nicht ausgeglichen waren. Thatsache ist aber auch, dass er nichts zu ihrer rascheren Erledigung beigetragen hatte, dass er überhaupt in den genannten Jahren gar keine Vorbereitungen getroffen hatte, um, wenn die Vorfrage erledigt war, mit der Uebertragung der einen oder der anderen Krone an Ferdinand den Anfang zu machen. Seine gleichgiltige Lässigkeit blieb nicht unbemerkt und fand an Erzherzog Maximilian einen herben Tadler. Je mehr dieser Prinz sich in Uneigennützigkeit und Anstrengungen für Ferdinand überbot, desto mehr verlangte er eine gleiche Hingebung von jenen, die dazu verpflichtet waren. Hinter der Unthätigkeit Khlesls vermuthete er heimtückische Nichtswürdigkeit, und er begann fortan den Bischof als einen Feind seiner, auf das Wohl der Habsburger, abzielenden Pläne und als einen Feind der Dynastie überhaupt anzusehen.

Nun war Khlesls ungewohnte Lässigkeit bei einem so wichtigen Gegenstande in der That nicht zufällig und nicht unverschuldet und hatte ihren Grund in der Besorgniss, durch die frühzeitige Bestimmung der Nachfolge um seinen Einfluss zu kommen. Die Schwäche und Arbeitsscheu des Kaisers hatte ihn in den Besitz aller Macht gebracht, über die der letztere zu gebieten hatte. Ehrgeizig und von Natur thätig, hatte der Bischof von dieser Macht mit Eifer Besitz ergriffen und Niemanden zu einer gleichen Theilnahme an derselben zugelassen. Er hatte es erreicht, dass sich der ehemalige Präsident des Geheimrathes unter Rudolf II, der reiche und mächtige Karl von Liechtenstein, der lange mit ihm nicht um die erste, sondern nur um eine ebenbürtige Stelle im Vertrauen des Kaisers gerungen hatte, besiegt zurückziehen musste. Seitdem hatte es keiner unter den kaiserlichen Räthen mit dem ehrgeizigen Bischof aufzunehmen gewagt, er war der wahre Herrscher, dem der Kaiser nur zur nothwendigen Folie diente. Diese hervorragende Stellung war bedroht, wenn der Nachfolger des Kaisers bestimmt war; denn dieser musste als eine Art Coadjutor desselben nothwendig die erste Stelle am Hofe einnehmen und Khlesl sich mit einer untergeordneten begnügen. Vielleicht würde er sich trotzdem der Ordnung der Nachfolge nicht widersetzt und mit der Hoffnung beruhigt haben, bei Ferdinand denselben Einfluss zu erringen, wie bei Mathias, wäre das Vertrauen und die Gunst des Erzherzogs nicht bereits verschenkt gewesen. In Herrn von Eggenburg erkannte aber Khlesl einen unbesiegbaren Nebenbuhler.

Der Ehrgeiz war es also, der den Director des geheimen Kabinetes — diesen Titel führte Khlesl — in der Successionsfrage lässig machte und ihn mit Freuden eine etwaige Regentschaft begrüssen liess, da ihm durch eine Testamentsbestimmung des Kaisers in derselben ein hervorragender Platz eingeräumt werden konnte. Eine feindliche Stellung gegen die Hoffnungen Ferdinands nahm er aber noch immer nicht ein, sie machte sich erst gegen das Ende des Jahres 1615 geltend und scheint die Folge von Maximilians Heftigkeit gewesen zu sein. Als die vereitelte Schwangerschaft der Kaiserin diesen Prinzen von der erzwungenen Zurückhaltung befreite, ging er in seiner leidenschaftlichen Sprache so weit, gegen den Bischof die schwere Beschuldigung zu erheben, dass dieser „schelmische Pfaff" die ganze Schwangerschaft nur ersonnen habe, um das Successionsgeschäft in Verwirrung zu bringen." *) Wenn solche Worte zur Kenntniss des Angeschuldigten kamen, wie das nur zu wahrscheinlich ist, konnte dies andere Folgen haben, als dass derselbe zuletzt dem Successionsgeschäft jener heimtückische Feind wurde, für den man ihn ursprünglich mit Unrecht gehalten? Maximilian würde übrigens seine Zunge besser im Zaume gehalten haben, wenn er bedacht hätte, dass er mit seinen Anschuldigungen nicht bloss den Minister angreife, sondern seinem eigenen Hause einen Schandfleck anhefte. Denn auf Rechnung der unüberlegten Reden des Erzherzogs ist wohl das kindische, aber seiner Zeit vielfach verbreitete und geglaubte Gerücht zu setzen, dass Mathias seiner Gemahlin einen fremden Knaben unterschieben wollte und von diesem Entschlusse nur in Folge des Misstrauens seiner Unterthanen, namentlich der Oberösterreicher, abgelassen habe. **)

Als nun Maximilian nach den vereitelten Hoffnungen entschiedener hervortreten konnte, verlangte er mit vieler Heftigkeit vom Kaiser die gleichzeitige Ordnung der österreichischen und deutschen Nachfolge. Er hatte sich die Ansicht der geistlichen Kurfürsten angeeignet, dass zuerst der Hausbesitz und namentlich Böhmen an Ferdinand übertragen werden solle, bevor man in Deutschland handelnd auftrat. Mathias wies seine Forderung nicht zurück, sondern antwortete, er könne nicht eher einen Beschluss fassen, als bis Erzherzog Albrecht seine Verzichtleistung eingeschickt habe. Maximilian liess sich dies nicht zweimal sagen, sondern reiste im Spätherbste (1615) nach Brüssel, um den Bruder zu der verlangten Abtretung zu bewegen. Albrecht machte keine Schwierigkeiten und knüpfte nur die eine Bedingung an dieselbe, dass Ferdinand, falls er einmal alle Besitzungen des Kaisers geerbt haben würde, seine bisherige Apanage auf 100.000 Gulden jährlich erhöhe. Die Verzichtleistung Maximilians und Albrechts sollte nichtig sein, wenn Ferdinand vor Mathias mit Tode abginge; für diesen Fall behielten sich beide Brüder ihre Rechte vor.

---

*) Brüssler Staatsarchiv. Vischer an Erzh. Albrecht dd. 10. Oct. 1615.
**) Münchner Staatsarchiv 118, Christophs von Dohna Bericht an Kurpfalz dd. 21/31. Januar 1617.

Auf der Reise nach Brüssel sprach Maximilian auch bei dem Erzbischof Schweikhard von Mainz vor. Der letztere hatte stets am lautesten den Wunsch nach der Bestimmung der deutschen Nachfolge ausgesprochen und da ihm der kaiserliche Hof zu langsam vorwärts ging, lud er den Erzherzog zu einem Besuche ein, um mit ihm die Wegräumung der etwaigen Hindernisse zu berathen. Bevor Maximilian, der sich beeilte der Einladung nachzukommen, bei ihm erschien, meldete sich der Reichshofrath Hegenmüller als kaiserlicher Gesandter bei dem Kurfürsten an. Khlesl, den die Ungeduld des letzteren sehr bedenklich machte, suchte ihn durch den genannten Gesandten zu überzeugen, dass die etwaige Berufung eines Kurfürstenconvents zur Vornahme der deutschen Königswahl aus vielen Gründen vorläufig nicht angehe, der wichtigste sei der, dass sich die protestantischen Kurfürsten zu keiner Wahl überreden lassen würden.*) Schweikhard liess sich durch diese Vorstellungen um so weniger irre machen, als er unmittelbar darauf durch Maximilian gegen Khlesl misstrauisch gemacht wurde und zudem die Gefahren, welche den Katholiken drohten, wenn der Kaiser ohne Festsetzung der Nachfolge starb, für tausendmal bedeutender erachtete, als die Schwierigkeiten, welche mit der Berufung eines Kurfürstenconvents verknüpft sein konnten. Der Kurfürst und der Erzherzog bestärkten sich wechselseitig in dem Entschlusse, dem Kaiser die Erhebung Ferdinands unablässig anzurathen und sich durch keine eingeschobenen Zwischenfragen irre machen zu lassen.

Die Zwischenfrage, die eingeschoben werden konnte, betraf einen zwischen den katholischen und protestantischen Reichsständen herzustellenden Vergleich. Seit der regensburger Reichstag durch die Haltung der sogenannten „Correspondirenden" resultatlos auseinander gegangen war, wurde vielfach auf die Nothwendigkeit hingewiesen, einen Ausgleich über die Forderungen der Protestanten zuwege zu bringen, damit sich die Spaltung in Deutschland nicht ins endlose hinausspinne. Da jedoch die katholischen Stände nicht geneigt waren, den Preis des Aus-

---

*) Hammer-Purgstall Khlesl III, Urkunden S. 206.

gleiches zu zahlen, liess sich nicht absehen, wie derselbe zu Stande kommen sollte. Von Seiten des kaiserlichen Hofes war die Idee eines „Compositionstages" schon auf dem regensburger Reichstage angeregt worden, wo die streitenden Parteien — minder beengt durch die hemmenden Reichstagsformen — über ihre Forderungen verhandeln sollten. So oft nun dessen Zustandekommen etwas ernstlicher betrieben wurde, erklärten beide Parteien, dass sie nur dann an dem Compositionstage sich betheiligen würden, wenn ihnen in vorhinein gewisse Bedingungen zugestanden würden.*) Bedarf es der Erwähnung, dass sich diese Bedingungen wechselseitig ausschlossen? Wenn der kaiserliche Hof die Festsetzung der Nachfolge erst nach dem Gelingen der Composition vornehmen wollte, dann war Ferdinands Erhebung am Sanct Nimmerstag zu erwarten. Maximilian und Schweikhard hatten sonach guten Grund, wenn sie die Einschiebung von Zwischenfragen abzulehnen gedachten.

Auf seiner Rheinreise kam Maximilian auch mit den anderen geistlichen Kurfürsten zusammen und begegnete bei allen einer freundlichen Gesinnung. Als er darauf nach Prag zurückkehrte und hierüber dem Kaiser Bericht erstattete, drängte er ihn, allen weiteren Zögerungen ein Ende zu machen und trotz Khlesls Furcht vor einem für die Königswahl anzuberaumenden Kurfürstentage, die Berufung desselben in Angriff zu nehmen. Als vorbereitende Schritte empfahl er dem Bruder einen Besuch bei dem Kurfürsten Johann Georg von Sachsen, um diesen persönlich für die Vornahme der Wahl günstig zu stimmen. Die Kurfürsten von der Pfalz und von Brandenburg sollten theils durch Johann Georg, theils durch eigene an sie abzusendende Gesandten gewonnen werden. Sollte dies nicht möglich sein, dann müsse der Kaiser sich begnügen, wenn bei dem Convente nur vier Kurfürsten sich einfinden würden und mit diesen die Wahl

---

*) Wir haben über die Berufung des Compositionstages zahlreiche Correspondenzen des wiener Staatsarchivs zur Hand, doch nehmen wir Anstand die Phasen, welche die Verhandlungen durchmachten, im Detail zu beschreiben, weil absolut kein Resultat erzielt wurde und die späteren Ereignisse allen diesen Verhandlungen vollends ein Ende machten.

wagen. Maximilian riet schliesslich dem Kaiser, auf alle Fälle gefasst zu sein und die nöthigen Rüstungen nicht zu versäumen. *)

Der Kaiser schien die Vorschläge seines Bruders zu billigen, übergab sie jedoch einer Conferenz zur Begutachtung. An derselben betheiligten sich neben Khlesl, Meggau und Harrach, auch die im Vertrauen und im Dienste der Erzherzoge stehenden Herren von Stadion und Eggenberg. Sie billigten die Vorschläge Maximilians und auch Khlesl sonderte sich nicht von der allgemeinen Meinung ab. In einem Zwiegespräche, das er in dieser Zeit mit dem Erzherzog hatte und in dem ihm letzterer eindringlich ins Gewissen redete, schien es, als ob er alle Hintergedanken bei Seite werfen und sich dem Interesse des Herrscherhauses ehrlich zuneigen wollte. Mit Wort und „Handschlag" und bei „Verlust seiner Seligkeit" verhiess er seine sorgfältigste Unterstützung. Als darauf der Kaiser seinen Bruder benachrichtigte, dass er sich den von ihm vorgeschlagenen Weg gefallen lasse und den Kurfürsten von Sachsen besuchen wolle, **) ja gleichzeitig die Festsetzung der Nachfolge in den österreichischen Ländern selbst in Angriff zu nehmen versprach, glaubte sich Maximilian ruhig von Prag entfernen und auf den Heimweg begeben zu können. Den Abschied erleichterte ihm Khlesl mit der Zusicherung, dass Ferdinand hoffentlich bis Weihnachten im Besitz der böhmischen Krone sein werde. ***)

Woche für Woche wartete Maximilian auf die Erfüllung der ihm gemachten Zusicherungen, aber er hörte weder etwas von der Reise des Kaisers nach Dresden, noch von der versprochenen Absendung eines Gesandten nach Berlin und Heidelberg. Seine Enttäuschung verwandelte sich in Grimm, als man nachträglich am kaiserlichen Hofe die Verzichtleistungsurkunde bemängelte, über die er sich in Brüssel mit Albrecht

---

*) Archiv des k. k. Minist. des Innern. Max an Mathias dd. 19. Feb. Prag 1616. — Gutachten des Erzherzogs vom selben Datum. Ebend.
**) Archiv des k. k. Minist. des Innern. Mathias an Max. dd. 14. März 1616.
***) Die Nachrichten über die von Khlesl gemachten Versprechungen in Westernachs Instruction. Archiv des k. k. Minist. des Innern.

geeint hatte. Er sah in diesen Ausstellungen, die Khlesl bei seiner Anwesenheit in Prag nicht gemacht hatte, nichts als eben so viele Versuche, durch langwierige Correspondenzen eine kostbare Zeit verstreichen zu lassen. Auch verlangte jetzt Khlesl von Ferdinand einen Revers zur Sicherstellung der Rechte der noch immer möglichen Nachkommen des Mathias. Falls nämlich der Kaiser einen Sohn haben sollte, so solle sich Ferdinand, auch wenn er schon als Nachfolger in dessen ganzen Besitz anerkannt und gekrönt wäre, nur als Vormund des minderjährigen wahren Erben ansehen und diesem seiner Zeit ungeschmälert den ganzen Besitz übergehen. Sollte Mathias eine Tochter haben, so sollte diese mit Ferdinands ältestem Sohne vermählt werden. Gewiss war es nur billig, wenn Khlesl im Namen des Kaisers von Ferdinand einen derartigen Revers verlangte, allein er hätte dies schon bei Maximilians Anwesenheit in Prag thun, und mit ihm den Wortlaut des so wichtigen Actenstückes vereinbaren können. Seine Vergesslichkeit kam ihm jetzt trefflich zu Statten, denn sie bahnte auch in diesem Punkte eine langwierige Correspondenz an. *)

Alle diese Winkelzüge reizten den Erzherzog auf das äusserste und sein Zorn begann sich in der Correspondenz mit dem Gegner selbst Luft zu machen. Er warf ihm vor, dass durch seine Schuld der Erfolg der so gut angebahnten Verhandlungen vereitelt werde und dass, wenn die Dinge nicht vorwärts gingen, dies nur ihm zur Last falle. Er solle sich indess hüten, denn die Verzögerung dürfte „ihm nicht wohl zu statten kommen." **) Auf diese Drohung blieb Khlesl, der gerade den Cardinalshut empfangen hatte, die Antwort nicht schuldig. Mit eben so viel Höflichkeit als Hohn erwiederte er: wenn der Erzherzog behaupte, dass von ihm und nicht von dem Kaiser der Fortgang des Successionsgeschäftes abhänge, so sei dies wohl nur figürlich gesprochen, da alle Welt den Verstand und die feste Entschlossenheit des Kaisers kenne. Ebenso müsse

---

*) Die betreffende Correspondenz sammt dem Reversentwurf im Archiv des k. k. Minist. des Innern.
**) Khevenhiller VIII. 893.

dem Erzherzoge bekannt sein, dass Niemand eifriger die Succession befördert habe, als er (Khlesl) selbst. *) Der Cardinal begnügte sich jedoch nicht mit dieser Antwort, sondern spielte seinem Gegner den Streich, dass er den erhaltenen Drohbrief dem Kaiser mittheilte. Klug hatte er letzterem zu verheimlichen gewusst, dass sein eigener Ehrgeiz den Bemühungen zu Ferdinands Erhebung feindlich gegenüber stehe und geschickt dafür den Samen des Argwohns in das Gemüth seines Herrn gestreut. Bald ängstigte er ihn mit der Furcht, es könne ihm von seinen Brüdern und Vettern dasselbe geschehen, was er selbst seinem Bruder Rudolf gethan, bald bedrohte er ihn mit dem Zorne der Gegner seines Hauses, die durch die eilige Betreibung der Nachfolge auf das äusserste gereizt, gleichfalls seinen Sturz herbeiführen könnten. Auf jede Weise sollte also Mathias seinen Untergang im Anzuge sehen, wenn er die Nachfolge bestimmen würde: entweder übernahmen die Freunde oder die Feinde dieses Werk. Zugleich bezeichnete Khlesl den Erzherzog Maximilian mit seinem leidenschaftlichen Drängen als die eigentliche Ursache jenes unentwirrbaren Labyrinths von Gefahren, die den Kaiser bedrohten. So suchte er das Misstrauen seines Herrn allseitig rege zu machen und hielt es durch Einstreuungen und Gerüchte, die er geschickt unter dem ganzen Hofstaate zu verbreiten wusste, wach. Mathias war wie von einem undurchdringlichen Nebel von Angst und Lüge umgeben, der ihm keinen freien Blick gestattete und das Absurde der Anschuldigung, als könnten die Erzherzoge einen Anschlag gegen ihn im Sinne führen, nicht erkennen liess. Maximilian sah sich zuletzt genöthigt, in einem Briefe an die Kaiserin den zu seiner Kenntniss gekommenen verläumderischen Gerüchten zu widersprechen. **) Die Verhandlungen über die Succession waren darüber völlig ins Stocken gerathen, so dass selbst Erzherzog Albrecht ungeduldig wurde und den Kaiser zu mehr Eile mahnte. „Juden und Türken, schrieb er ihm, in- und ausländische Feinde, heuchlerische Freunde schaaren sich gegen uns, es ist demnach Zeit, dass

---

*) Khevenhüller a. a. O.
**) Archiv des k. k. Min. des Innern.

wir uns selbst helfen. Zwiespalt und Empörung sind sicher,
wenn Euer Majestät nicht bei Lebzeiten denselben vorbeugen."

Schon war indessen eine neue Bombe geplatzt, welche
Maximilians Werk ganz und gar zu zerstören drohte, ohne dass
Khlesl sich zu bemühen brauchte. Die Denkschrift, welche der
Erzherzog im Februar (1616) überreicht hatte und in der er
zur Vornahme der römischen Königswahl, selbst gegen den
Willen der Kurfürsten von der Pfalz und von Brandenburg und
zugleich zu Rüstungen riet, war nicht länger ein Geheimniss
des kaiserlichen Cabinets, sondern allgemein bekannt geworden.
Die erste Nachricht scheint sich der Graf Thurn verschafft zu
haben, auf welchem Wege er zu ihr gelangte, ist nicht bekannt.
Er zog die Häupter der böhmischen Opposition ins Vertrauen
und rief bei diesen keinen geringen Schrecken hervor, als er
ihnen mittheilte, dass es sich auch um die vorsorgliche Bestimmung der Nachfolge in Böhmen handle. Durch Thurn mag das
heidelberger Cabinet zur Kenntniss des betreffenden Memorials
gekommen sein. Eine Abschrift hievon suchte sich auch der
sächsische Agent Zeidler für seinen Herrn zu verschaffen, aber
Thurn verweigerte die Herausgabe einer solchen. Zeidler wandte
sich darauf an den Reichshofrath, Freiherrn von Limburg, mit
der Bitte um eine Abschrift und scheint sie ohne Schwierigkeit
erhalten zu haben. So war auch Kursachsen und allmälig ganz
Deutschland von dem Inhalte dieses Schriftstückes in Kenntniss
gesetzt. *)

Das Aufsehen, welches das Bekanntwerden des Memorials
in Deutschland machte, war ungeheuer; für das pfälzische Cabinet, welches sich seit Jahren an die Spitze der protestantischen
Bewegung gestellt hatte, bot es eine willkommene Gelegenheit,
um mit einem schlagenden Beweise in der Hand, die oft erhobenen Anschuldigungen gegen die Habsburger zu wiederholen.
Es durfte ihnen die Anklage ins Gesicht schleudern, dass sie

---

*) Die Erzählung dieser Vorgänge geben wir nach Zeidler: Schreiben an
  Kursachsen dd. 1/11. Juli Prag 1616, Sächs. Staatsarchiv. Es ist damit
  zum erstenmal Licht in diese Sache gebracht, die ihrer Zeit viel
  Aufsehen machte.

die Vergewaltigung der Fürsten, die Annullirung der kurfürstlichen Wahlrechte und die Erblichmachung des Reiches im Sinne führten, dass sie ungeheure Rüstungen in Aussicht genommen hätten, um jedwede Freiheit zu vernichten und was sonst mehr. Von Heidelberg aus wurde Kurbrandenburg gewarnt, nach Sachsen wurde ein eigener Gesandte in der Person des kurfürstlichen Rathes Camerarius abgeschickt, um Johann Georg vor den gewaltsamen Plänen der Habsburger in Angst zu versetzen. Letzterer schenkte jedoch bei seiner bekannten, freundlichen Gesinnung für den kaiserlichen Hof den Warnungen um so weniger ein besonders aufmerksames Ohr, als er der Erhebung Ferdinands nicht feindlich gesinnt und durch seinen Agenten in Prag zu wohl über die österreichischen Verhältnisse unterrichtet war, um von Seite des Kaisers die Angriffnahme von Rüstungen zu befürchten. Er hielt die Rathschläge Maximilians, in ihrem auf gewaltsame Massregeln hindeutenden Theile, mehr für das Ergebniss einer augenblicklichen Aufregung des Erzherzogs, hervorgerufen durch Khlesls Machinationen, als für das Resultat reifer Erwägung; kurz er liess sich in seinem Vertrauen zu der kaiserlichen Politik nicht stören. Das Memorial machte nur bei jenen einen bleibenden Eindruck, bei welchen für die Habsburger nichts mehr zu gewinnen und zu verlieren war.

Als Maximilian die Nachricht von der Veröffentlichung seines Memorials erhielt, steigerte dies seinen Grimm gegen den Cardinal auf die höchste Stufe, denn er hielt denselben für den Urheber des Verraths, eine Vermuthung, für die keine entscheidenden Beweise vorliegen. Dieser Verdacht, so wie die über seine Absichten am Hofe ausgestreuten Verläumdungen bewogen ihn zur Absendung eines Gesandten nach Prag in der Person des Herrn von Westernach, eines der hohen Würdenträger im deutschen Orden, dessen Grossmeister der Erzherzog selbst war. Westernach sollte dem Kaiser sagen, dass es nur ehrvergessene, falsche und betrügerische Leute sein könnten, die Misstrauen in sein Gemüth säeten und andeuteten, als ob die Erzherzoge mit der Festsetzung der Nachfolge etwas anderes als das Wohl des Hauses bezweckten. Dem Cardinal sollte Westernach zu verstehen geben, man achte ihn als einen gewandten Redner und vortrefflichen Stilisten und erwarte von seiner Verwendung in der Successionsfrage das Beste. Es sei aber einmal Zeit, dass er die Versprechungen erfülle, die er dem Erzherzog unaufgefordert mit Wort und Handschlag und bei Verlust seiner Seligkeit gethan. Thäte er dies, so könne er auf Dankbarkeit rechnen, wenn nicht, so werde man ihn für den „Feind und Verderber des Hauses halten" und „auf Mittel und Wege sinnen", wie man sich „eines solchen Feindes erwehren" könnte. *)

Westernach kam dem ihm gewordenen Auftrage nach und machte in einer Audienz dem Kaiser und darauf dem Cardinal die anbefohlenen Mittheilungen. Die Antwort, die er von Mathias erhielt, war voll Höflichkeit, liess aber der Hoffnung wenig Raum, dass er fortan die gewünschte Eile bethätigen werde. Was den Cardinal betrifft, so kann man sich denken, in welcher Weise er die Complimente und unverhüllten Drohungen des Gesandten aufnahm und wie der Zorn des ehrgeizigen und herrschsüchtigen Emporkömmlings aufloderte; nichts destoweniger wusste er sich zu beherrschen und dem Gesandten einige Phrasen von seinem Eifer und guten Willen, sowie von der Nothwendigkeit eines wechselseitigen Vertrauens vorzureden. Doch war er selbst in seinen Versprechungen karger, als sonst, denn er erwähnte nichts mehr von der bevorstehenden Königskrönung in Böhmen, die er noch im Frühjahre dem Erzherzog Ferdinand für das Weihnachtsfest als eine Art Christgeschenk in Aussicht gestellt hatte. Mit Khlesls Versprechungen verhielt es sich wie mit einem Irrlichte, man jagt und müht sich ab, es zu erreichen und sieht sich stets durch einen gleich weiten Raum von demselben getrennt.

Von Prag begab sich Westernach nach Dresden, um bei dem Kurfürsten das etwa noch bestehende Missbehagen über den kundgewordenen Rathschlag Maximilians zu verscheuchen. Er hatte den Auftrag, das Memorial nicht abzuleugnen, sondern

---

*) Archiv des k. k. Minist. des Innern. Correspondenz mit Westernach Instruction für denselben dd. 12. Sept. 1616.

seinem vollen Inhalte nach, soweit dasselbe durch die zahlreichen seither verfertigten Abschriften nicht absichtlich entstellt war, zuzugeben und sogar zu bemerken, dass schliesslich wohl nichts anders übrig bleiben werde, als zu den Waffen zu greifen. *) Der Kurfürst nahm den Gesandten sehr wohlwollend auf und erklärte, dass er nie jenem kriegerischen Rathschlage des Erzherzogs ein unverdientes Gewicht beigelegt habe und dass seine freundschaftliche Gesinnung gegen denselben, so wie gegen sein Haus keinen Abbruch erlitten habe. So blieb also Sachsens Stellung gegen Ferdinand und seinen Beschützer eine freundliche.

Maximilian hatte an die Sendung Westernachs nach Prag keine Hoffnung geknüpft, er glaubte nicht mehr, dass sich der Cardinal durch Versprechungen oder Drohungen zu einer anderen Haltung bestimmen lassen werde und begann deshalb gleichzeitig in seinem Gemüthe die Mittel zu erwägen, wie er diesen Gegner mit einem Schlage unschädlich machen könnte. Nach mancherlei Nachdenken bot sich ihm ein dreifaches Auskunftsmittel dar. Das erste bestand darin, dass sich die Erzherzoge an den Kaiser mit einer Klage gegen Khlesl wenden, dessen Falschheiten nachweisen und seine Entfernung verlangen sollten. Als ein zweites Mittel empfahl sich eine Klage bei dem Papste, auf dass er Khlesl wegen seiner die katholischen Interessen gefährdenden Haltung excommunicire. Das dritte und allerdings wirksamste Mittel war die Ermordung des Cardinals, sei es durch Gift oder auf andere heimliche Weise. Letzteres Mittel wollte der Erzherzog jedoch nur dann angewendet wissen, wenn einige Theologen, denen die kirchenfeindliche Haltung des Cardinals zur Begutachtung vorgelegt werden sollte, demselben beistimmen würden. Von diesen seinen Absichten setzte er den Erzherzog Ferdinand in Kenntniss und bat ihn um seine Meinung. Letzterer, der sich weder von seinem Ehrgeize noch von dem Hasse gegen den Cardinal so beherrschen liess, um die

---

*) Die Acten über die Verhandlungen mit Dresden theils im sächsischen Staatsarchiv, theils im Archiv des k. k. Minist. des Innern. Insbesondere wichtig ist Westernachs Relation aus Dresden dd. 19. Oct. 1616.

ruhige Ueberlegung zu verlieren, verwarf alle vorgeschlagenen Auskunftsmittel. Von dem ersten erwartete er keine Wirkung, weil der Kaiser von seinem Minister trotz aller Klagen nicht ablassen werde. Ebenso wenig Erfolg versprach er sich von dem zweiten, da man dem Cardinal kaum solche kirchliche Verbrechen nachweisen könne, die eine Excommunication rechtfertigen würden, und das dritte verwarf er, weil ein derartiger gewaltsamer Vorgang im habsburgischen Hause nicht üblich sei und kein Theolog seine Zustimmung zu demselben geben würde. Doch wollte auch Ferdinand den Cardinal nicht weiter gewähren lassen, sondern suchte nach einem Mittel, das, ohne hart zu sein, denselben unschädlich machen könnte. Er schlug vor, man solle ihn unter dem Vorwande einer Gesandtschaft von der Person des Kaisers zu entfernen suchen. Diese Trennung müsste man benützen, um dem letzteren mit Hilfe der geistlichen Kurfürsten die Ueberzeugung von Khlesls schädlicher Wirksamkeit beizubringen; sei dies geschehen, so müsste man sich rasch der Person des Cardinals bemächtigen, ihn in sichere Haft bringen und ihm alle Mittel zur Thätigkeit abschneiden. Dann habe man Zeit genug, eine ordentliche Untersuchung einzuleiten und der Gerechtigkeit freien Lauf zu lassen.*) War also auch Ferdinand nicht geneigt seine Zwecke durch ein Verbrechen zu fördern, so war er doch herzlich gern bereit allen Maasregeln seine Zustimmung zu geben, durch die der Cardinal ohne Gefährde für sein leibliches Wohl fortan dem sündhaften Treiben der Welt entrückt werden konnte, um seine Aufmerksamkeit bloss auf höhere Dinge zu richten.

Bei der Wichtigkeit des Gegenstandes machte Maximilian nicht allein seinen Vetter zum Vertrauten der auf das Verderben des Cardinals abzielenden Pläne, auch dem Erzbischof von Mainz theilte er durch Westernach, der den Auftrag bekam von Dresden an den Rhein zu reisen, mit, dass wohl nichts übrig bleiben werde, als „den schädlichen Menschen" von der Person des Kaisers zu entfernen. Er bat ihn um die Angabe eines

---

*) Archiv des k. k. Minist. des Innern. Erklärung Ferdinands durch den Kanzler Götz über Maximilians Vorschläge d.d. 31. Oct. 1616.

passenden Mittels hiefür, ohne zu verrathen, wie geschäftig seine
Phantasie in dieser Beziehung schon gewesen. *) Ob eine ähnliche Mittheilung auch an Köln und Trier gemacht wurde und
welche Aufnahme sie fand, darüber ist nichts näheres bekannt. Wir wissen nur so viel, dass die drei Kurfürsten in
einem Collectivschreiben Maximilians bisherige Thätigkeit be-
lobten und ihm ihre Unterstützung bei dem Papste verhiessen,
zugleich richteten sie an den vielgenannten Cardinal selbst ein
Schreiben und verwarnten ihn in scharfer Weise. **)

Khlesl hatte bisher mit ziemlich freundlicher Miene die an
Bitterkeit zunehmenden Ausbrüche Maximilians entgegen genommen und ebenso den Tadel, der ihn wegen seiner Haltung
von verschiedener Seite traf. Er war stets bei der Hand mit
süssen Worten und Entschuldigungen, gepaart mit Versprechungen; seine Sprache war nur heftig, wenn sie für den Kaiser
allein bestimmt war. Dennoch erschöpften die ununterbrochenen
Nadelstiche und Bedrohungen auch seine Geduld und er erwiederte
den rheinischen Fürsten auf ihr Schreiben in den derbsten Aus-
drücken, die nicht so wohl für sie, als für ihren Inspirator, den
Erzherzog, bestimmt waren. Er bezeichnete das Benehmen
jener, die ihm die Verzögerung des Successionsgeschäftes zur
Last legten, als boshaft, gottlos, unverschämt und verläumderisch
und als hätten diese Ausdrücke die lang verhaltene Wuth in
ihm nicht erschöpft, schalt er auch noch seine Gegner böse
Buben und rechtfertigte zugleich alle seine Verschleppungen mit
tausend Geschäften, mit einer Krankheit des Kaisers und ähnlichen Gründen, die wohl an sich manche Verzögerung entschuldigen mochten, den Cardinal aber doch nie verhindert
hätten, in Betreff der Nachfolge vorwärts zu schreiten, wenn
sie ihm ernstlich am Herzen gelegen wäre. Nachdem das hier
charakterisirte Schreiben verfasst und von Khlesls Hand vielfach
corrigirt worden war, legte sich sein Zorn wieder. Der schlaue
Mann besann sich eines andern, hielt weitere Verstellung für

---

*) Archiv des k. k. Minist. des Innern. Instruction für Westernach zur
Reise nach Mainz dd. 23. Sept. 1616.
**) Archiv des k. k. Minist. des Innern.

besser als blind zuschlagenden Zorn und schloss das Schreiben in den Tisch ein, ohne es abzusenden.*) Vielleicht trug zur Aenderung seines Entschlusses auch das Bewusstsein bei, dass der Kaiser mit ihm völlig eines Sinnes sei, wovon er gerade in diesen Tagen einen erfreulichen Beweis erhielt. Mathias, in dessen Seele das Misstrauen gegen Brüder und Vetter tiefe Wurzeln geschlagen und sich durch Westernachs Sendung keineswegs beschwichtigt hatte, hoffte in dem Briefwechsel zwischen Maximilian, Albrecht und den geistlichen Kurfürsten die Fäden der gegen ihn gesponnenen Pläne aufzufinden. Er gab deshalb auf die Nachricht hin, dass von Wien ein eigener Courier nach Brüssel abgeschickt wurde, dem Cardinal den Befehl, denselben auf seiner Reise durch Böhmen überfallen und ihm alle Briefe abnehmen zu lassen.**) Wenn Khlesl seinen Herrn in dieser Stimmung sah, dann durfte er es für überflüssig halten, sich mit seinen Feinden herumzuzanken.

Da während aller dieser Schreibereien das Successionsgeschäft wieder in vollständige Stockung gerathen und der Vorschlag zur Entfernung Khlesls nicht aus dem Stadium der Berathung getreten war, sah sich Erzherzog Maximilian genöthigt nach Prag zu reisen, um durch seine mahnende Anwesenheit die Sache, die ihm so sehr am Herzen lag, in besseren Gang zu bringen. Er scheute hiebei nicht die Beschwerlichkeiten einer Winterreise, um nichts an sich ermangeln zu lassen und traf nach Neujahr (1617) am kaiserlichen Hofe ein. Von Seite des Mathias wurden ihm einige freundlichen Versicherungen zu Theil, an die sich die Aufforderung knüpfte, in einem Gutachten die Mittel und Wege zur Bestimmung der deutschen Nachfolge zu erörtern. ***) Das also, was so oftmal mündlich und schriftlich verhandelt worden war, sollte noch einmal von dem Erzherzog vorgekäuet werden. Er liess sich nicht ermüden, sondern wieder-

---

*) Archiv des k. k. Min. d. I. Die Antwort Khlesls vom 8. Dec. 1616 ist im Concept vorhanden; auf dem Rubrum aber die Bemerkung beigefügt, dass die Antwort nicht abgeschickt wurde.

**) Innsbrucker Statthaltereiarchiv. Mathias an Khlesl dd. 5. Dec. 1616 Brandeis.

***) Archiv des k. k. Min. d. I. Mathias an Maximilian. 10. Jan. 1617.

richten werde, und war deshalb entschlossen, mit allem Eifer und ohne Rücksicht auf etwaige Widersprüche mit seinem früheren Verhalten den Satz aufrecht zu erhalten, dass Ferdinand zu gar keiner Entschädigung verpflichtet sei. So wollte er, trotz und gegen Ferdinand, die Parteien in einen endlosen Streit verwickeln und sich mittlerweile des ungeschmälerten Genusses seiner Macht erfreuen. Seine geriebene Klugheit würde wohl ihren Zweck erreicht haben, wenn seine Gegner von dem biblischen Ausspruche: „Seid klug wie die Schlangen und einfältig wie die Tauben" nur die zweite Hälfte sich zur Richtschnur ihrer Handlungsweise genommen hätten. Ferdinand merkte aber wohl, wohin der Cardinal ziele, und beschloss deshalb, ihm die Waffe zu entwinden, mit der er ihn bekämpfen wollte.

Als man in Spanien im Anfange des J. 1615 die Absendung eines ausserordentlichen Gesandten nach Deutschland beschlossen hatte, beabsichtigte man wegen der juristischen Seite der Entschädigungsfrage einen Gelehrten dazu zu wählen. Später ging man von dieser Ansicht ab und beschloss die Absendung des Grafen Oñate, nach dessen Ankunft in Deutschland sich Zuñiga nach Hause begeben sollte. Was die Ursache dieser Rückberufung war, tritt aus der spanischen Correspondenz nicht mit Bestimmtheit hervor. Zuñiga hatte mit vielem Geschick das spanische Interesse, insofern dasselbe mit der ungeschmälerten Erhaltung der katholischen Kirche und der Macht der deutschen Habsburger zusammenhing, zu wahren gewusst. Es war fraglich, ob sein Nachfolger von einem gleich richtigen Tacte geleitet werden würde und sehr gefährlich, wenn dies nicht der Fall war.

Die Stellung eines spanischen Gesandten am kaiserlichen Hofe war nämlich keine gewöhnliche, sondern eine exceptionelle. Als Philipp sich entschlossen hatte den Gesandtenposten anders zu besetzen, wurde Zuñiga ersucht, auf Grund des reichen Schatzes seiner Erfahrungen einen Entwurf für die Instruction seines Nachfolgers einzusenden. Die Antwort, welche er einsandte, enthielt einen Abriss seiner bisherigen Thätigkeit und Haltung und auch eine scharfe Charakteristik seiner eigenartigen Stellung. Die Religionsfrage, erzählte er, sei gegenwärtig in Oesterreich die dominirendste und für den spanischen Gesandten die wichtigste. Bei jeder Gelegenheit wende man sich an ihn und frage, welche Antwort den Ketzern auf ihre Forderungen zu geben sei. Es sei sehr schwer, hiebei den rechten Weg einzuschlagen. Bei der geringen Macht der österreichischen Fürsten müsse man sich hüten, die Sachen auf das äusserste kommen zu lassen und doch dürfe der Gesandte Spaniens nicht den Schein auf sich laden, als ob er den rechten Weg verlasse. Das beste in dieser Beziehung sei, sich genau nach dem Beispiele des Nuncius zu richten, der in der Regel ein kluger und sachverständiger Mann sei, und sich vor verzweifelten Rathschlägen hüte. Ausserdem müsse der spanische Gesandte stets ein offenes Ohr für die deutschen Katholiken haben; alle Bischöfe und Prälaten des Reiches wenden sich mit tausend Anliegen an ihn, er müsse ihre Vertretung bei dem Kaiser und den Ministern übernehmen, und sie auf die verschiedenste Weise unterstützen. „Denn die Gunst, welche Spanien den Katholiken zu Theil werden lässt, ist nächst Gottes Hilfe das erhaltende Lebensprincip der deutschen Kirche. Wenn man hiebei die eifrige Mitwirkung der gutgesinnten Geistlichkeit dankbar in Anschlag bringt, so darf man vor allem die Thätigkeit der Jesuiten nicht vergessen, denen der spanische Gesandte deshalb seinen besondern Schutz zukommen lassen muss." Nicht genug aber, dass der Gesandte das Centrum des kirchlichen Lebens in diesen Gegenden abzugeben habe, müsse er auch die Macht des Hauses auf der gegenwärtigen Höhe erhalten, und hiezu vor allem die Nachfolge in Deutschland wie in den Erbländern sicherzustellen helfen. — Man sieht aus dem Mitgotheilten, in wie tiefgehender Weise der spanische Gesandte am wiener Hofe in die Leitung der deutschen und österreichischen Angelegenheiten eingriff; er war eine besondere Art von Minister, dessen Einfluss auch auf den Kaiser von Bedeutung war, da die heiss begehrten und stets nöthigen spanischen Subsidien theilweise von des Gesandten Zufriedenheit und guter Meinung abhingen.

Nachdem Zuñiga in seinem Gutachten noch die wichtigsten Personen am kaiserlichen Hofe und in Deutschland aufwählt und seinem Nachfolger Winke für deren Behandlung gibt, lässt er sich über Khlesl dahin aus, dass derselbe eine schwer definirbare, eigenartige und von allen andern verschiedene Persönlichkeit sei. Seine Macht am Hofe stelle jede andere in Schatten, man sei ihm gegenüber in einer schwierigen Lage. Er theile nicht die Meinung jener, die Khlesl für einen Verräther halten, sondern glaube ihn dem Interesse des Hauses Oesterreich aufrichtig ergeben. Furcht vor inneren Unruhen und grossen Anslagen sei es, die ihn so zurückhaltend mache und ihn für die Interessen des habsburgischen Hauses nicht immer mit dem wünschenswerthen Eifer auftreten lasse. *) — Dieses massvolle und gewichtige Urtheil über Khlesl gab Zuñiga im Februar 1616 ab; es ist wahrscheinlich, dass er sich nach den Vorgängen des genannten Jahres der Beurtheilung Maximilians um ein beträchtliches genähert haben mag. Wenigstens war dies bei dem nicht minder umsichtigen Oñate bald der Fall.

Als Oñate von Spanien abreiste, bekam er von seinem Herrn den Auftrag, auf den frühern Entschädigungsforderungen zu beharren, sollte jedoch nichts zu erreichen sein, sich mit allfälligen dankbaren Versicherungen Ferdinands zu begnügen.**) Obgleich damit die Möglichkeit eines raschen Abschlusses gegeben war, so stand doch zu befürchten, dass Oñate nur langsam nachgeben, sich lange mit Ferdinand herumstreiten und dadurch Khlesls Hoffnungen, der nämlich das Odium der Verschleppung auf spanische Schultern zu wälzen wünschte, erfüllen würde. Allein Ferdinands Klugheit beugte der weiteren Zeitversplitterung vor. Da Oñate seinen Weg nach Prag über Graz nehmen musste, wollte der Erzherzog dies Zusammentreffen mit dem Gesandten dazu benützen, um sich mit ihm hinter dem Rücken Khlesls zu einigen, in welcher Absicht er nicht wenig durch den Secretär der spanischen Gesandtschaft in Prag, Bruneau, bestärkt wurde. Letzterer kam noch vor Oñate in Graz an und bat den Erzherzog auf das inständigste, er möchte in seinem eigenen Interesse dem Könige nicht jede Entschädigung

---

*) Simancas $\frac{2567}{144}$. Zuñiga an Juan de Ciriça dd. Prag den 18. Feb. 1616.
**) Archiv von Simancas.

abschlagen.*) Er wies auf Italien, das in seinen, vom deutschen Kaiserthum abhängigen und von Zeit zu Zeit vacanten Lehen, ein vortreffliches Compensationsmaterial biete. Ferdinand könne sich verpflichten, wenn er einmal den Kaiserthron bestiegen haben würde, den König von Spanien mit allen vacanten italienischen Lehen zu betheilen. Auf diesen Ausweg war Ferdinand bisher nicht verfallen, er betrat ihn um so williger, als diese Art von Entschädigung ihn nichts kostete und die Erweiterung des spanischen Einflusses in Italien dem Familieninteresse entsprach. Doch stellte er ausdrücklich die Bedingung, dass Khlesl von seiner etwaigen Zusage nicht in Kenntniss gesetzt werde, da er befürchtete, dass sich derselbe auch dieser Entschädigung widersetzen würde.

Als der Graf Oñate in Graz anlangte, stellte ihm der Erzherzog in tiefem Geheimniss eine Urkunde aus, in der er sich verpflichtete, sobald er den Kaiserthron inne haben würde, dem Könige von Spanien jedes deutsche Lehen in Italien, das vacant würde, namentlich aber Finale und Piombino zu übertragen. **) Oñate verlangte noch die Abtretung des Elsasses, darüber wurde aber vorläufig keine Einigung erzielt, sondern dieselbe bis zur Ankunft des Erzherzogs Ferdinand in Prag, wohin der Gesandte voraus reisen sollte, verschoben. Letzterer verpflichtete sich, unmittelbar nach seiner Ankunft die Successionsfrage bei dem Kaiser anzuregen.

In Prag langte Oñate am 8. Februar an und suchte seinem Versprechen unverweilt nachzukommen. Es war dies gerade zur Zeit, als man am kaiserlichen Hofe unter einem plausiblen Vorwande den lästigen Besuch des Erzherzogs Maximilian abkürzen und den alten Mahner an den Rhein schicken wollte.

---

*) Simancas 711.
**) Simancas 2326/36. Der Staatsrath an Philipp III dd. 1. Juni 1617. — Hurter erzählt in Ferd. II, Bd. VII., S. 74, Oñate habe in Graz von dem Erzherzog Ferdinand das schriftliche Versprechen erhalten, dereinst den Elsass abzutreten. Aus obigen Angaben, die den zweifellosen Documenten von Simancas entnommen sind, ist ersichtlich, dass dies nicht der Fall war. Weiter unten wird sich zeigen, dass Ferdinand sich erst in Prag zur Abtretung des Elsasses verstand.

Oñate blieb sonach nicht lange im Zweifel, wo das Hinderniss einer raschen Lösung liege, und er fasste in Folge dessen bald einen so heftigen Groll gegen Khlesl, dass er hierin nur von Maximilian überboten wurde. Trotz des frühern Verbotes langte auch Ferdinand in Prag an. Khlesl sah einen Sturm gegen sich im Anzuge, in dem die beiden Erzherzoge sammt Oñate die Rolle von Wetterwolken übernahmen. Ferdinand gab als Grund seiner Ankunft die Absicht an, die spanischen Entschädigungsforderungen ins Reine zu bringen; thatsächlich war er aber mit seinen beiden Gesinnungsgenossen entschlossen, den Kaiser um die Festsetzung eines Termins, bis zu welchem der böhmische Wahllandtag berufen werden sollte, zu ersuchen und nicht vom Platze zu weichen, bis sich der Kaiser unwiderruflich gebunden haben würde.*) Khlesl, gute Miene zum bösen Spiele machend, zögerte nicht, die Verhandlungen mit Spanien zu beginnen. Eine Conferenz, an der sich neben dem Cardinal und einigen Geheimräthen auch Oñate und Eggenberg betheiligten, erörterte von neuem die spanischen Forderungen. Oñate verlangte die Abtretung des Elsasses und das Zugeständniss, dass der männlichen Nachkommenschaft Philipps III vor der weiblichen Descendenz Ferdinands ein Vorrecht zugestanden werde.**) Die zweite For-

---

*) Simancas $\frac{2324}{17}$, Briefe Oñate's vom 13. und 14. März 1617 im Staatsrathsbericht dd. 9. April 1617.

**) Unwillkürlich drängt sich bei der Erwägung dieser Erbschaftsverhandlungen die Frage auf, in wie fern der Vertrag zwischen Ferdinand und Philipp die Rechte der Brüder des genannten Erzherzogs, Leopold und Karl berührte. Von diesen Brüdern war keiner zu den Verhandlungen herbeigezogen worden und keiner hatte zu ihrem Resultate seine Zustimmung gegeben. Was wäre nun Rechtens gewesen für den Fall, als Ferdinands männliche Nachkommenschaft erloschen wäre? Unzweifelhaft hätten nun Philipps männliche Nachkommen Ungarn und Böhmen gegen eine allfällige männliche Descendenz Leopolds und Karls in Anspruch genommen und der Streit, der eben zwischen Ferdinand und Philipp III beigelegt worden war, wäre von neuem ausgebrochen. Unserer Ansicht nach waren die österreichischen Erzherzoge gegen die spanischen Prätensionen immer im Rechte und jeder Streit hätte also mit dem Aufgeben der spanischen Ansprüche enden müssen. Die österreichischen Prinzen selbst waren aber nicht

derung wurde bereitwillig zugegeben, dagegen die erste allseitig bekämpft.

Um alle weitern Verhandlungen abzuschneiden, griff Ferdinand mit Vorwissen Eggenbergs, der allein ins Vertrauen gezogen wurde*), zu dem schon in Graz betretenen Ausweg eines geheimen Vertrags. Er stellte dem Grafen Oñate eine zweite Urkunde aus, in der er der männlichen Nachkommenschaft des Königs den Vorzug vor der eigenen weiblichen einräumte und den Anerbietungen, die er in Graz gethan, noch das Versprechen zufügte, den Elsass sammt den dazu gehörigen Dependenzen nach seinem Regierungsantritte abtreten zu wollen; somit entschloss er sich zu dem früher so standhaft abgelehnten Opfer. Die heimlich ausgestellte Urkunde schickte Oñate nach Spanien mit dem Beisatze, dass es Ferdinand dem Könige überlasse, zwischen dem geringeren Anbote von Graz oder dem um-

---

so ganz von ihrem Rechte überzeugt, denn als im Jahre 1623 Ferdinand II mit Leopold wegen der Errichtung einer Primogeniturerbfolge verhandelte, verlangte letzterer, dass nach Erlöschen der männlichen Linie seines ältern Bruders ihm und seinen männlichen Nachkommen die Erbfolge in Gesammtösterreich (also auch in Böhmen und Ungarn) förmlich zuerkannt werde. Ferdinand entschuldigte sich, dass er dies Zugeständniss wegen seines Vertrages mit Spanien nicht machen könne. So kam der Vertrag zur Kenntniss Leopolds und dieser, statt über die anmassenden Ansprüche Spaniens aufzufahren, schwieg einfach zu denselben und liess die Sache auf sich beruhen. (Erbschaftsverhandlungen zwischen Ferdinand II und Leopold im Archiv des k. k. Minist. des Innern). — Nach dieser Seite ist indessen der Vertrag nicht praktisch geworden. Bekanntlich starb die männliche Nachkommenschaft Philipps III schon im Jahre 1700 aus, während die Ferdinands II erst im Jahre 1740 erlosch. Von Seite der in Spanien regierenden Bourbonen konnten füglich keine Ansprüche auf die österreichische Succession erhoben werden und doch geschah solches auf Grund des Vertrags von 1617. Spanien behauptete im Jahre 1740, dass der Vertrag von 1617 auch der weiblichen Nachkommenschaft Philipps III einen Vorzug vor der weiblichen Ferdinands II einräume, eine Behauptung, die einfach unwahr ist. Wir fügen dies hier deshalb hinzu, um zu zeigen, welchen Gehalt die im Jahre 1740 aufgetauchte Streitfrage hatte.

*) Simancas. Oñate's Schreiben dd. 14. Febr. 1620.

fangreicheren von Prag zu wählen. Zu allen diesen Anerbietungen fügte der Erzherzog bald darauf noch das Versprechen, er werde später in Ungarn und Böhmen dafür sorgen, dass daselbst die eventuelle Nachfolge der spanischen Prinzen auf gesetzliche Weise sichergestellt werde. Alle diese Verabredungen und Erklärungen blieben dem Kaiser und dem Cardinal gegenüber ein Geheimniss. Die Verhandlungen mit Spanien nahmen sonst bekannt für dieses mit der Erklärung Oñate's ein Ende, dass er sich im Namen seines Herrn mit dem Vorzuge begnüge, welcher der männlichen Nachkommenschaft Philipps III vor der weiblichen Nachkommenschaft Ferdinands eingeräumt wurde.*) Die Frage wegen einer weitern Entschädigung wurde in dem für Mathias und Khlesl bestimmten Ausgleichsvertrage ausdrücklich auf eine gelegene Zeit verschoben, wodurch Ferdinand vorläufig zu nichts verpflichtet wurde. Khlesl musste es geschehen lassen, dass hiemit die Verhandlungen mit Spanien als beendet angesehen wurden.

Ein wie grosses Gewicht man den geheimen Verträgen beilegte, so blieben sie doch ohne praktische Folgen. Als Ferdinand nach der Schlacht am weissen Berge in den Vollbesitz seines Erbes und des Kaisertitels gelangte und an Spanien den so sehr begehrten Elsass abtreten konnte, war es Philipp IV selbst, der freiwillig auf die Erfüllung des Versprechens verzichtete, weil er wohl einsah, dass diese Gebietsvermehrung auf den grössten Widerstand von Seite Frankreichs und wohl auch Deutschlands stossen würde, und eben so wenig gelangten die übrigen Bestimmungen des Vertrags zwischen Ferdinand II und Philipp III im Verlaufe des 30jährigen Krieges zur Verwirklichung. Ferdinand blieb dauernd im Gesammtbesitz des bestrittenen Erbes und die geheimnisvollen und weitaussehenden Verhandlungen über die österreichische Succession hatten thatsächlich kein nennenswerthes Resultat.**)

Nach Beseitigung der spanischen Ansprüche war Khlesl

aus seinem letzten Schlupfwinkel herausgetrieben. Die Erzherzoge verlangten nun kategorisch eine definitive Sicherstellung des Tages, an welchem mit der Uebertragung der Nachfolge an Ferdinand Ernst gemacht werden sollte. Die Ausflüchte, welche der Cardinal hiebei gebrauchte, bestimmten sie, ihm ins Angesicht mit dem Schicksale zu drohen, das sie ihm heimlich zugedacht hatten. Auch Oñate, ihr nunmehriger Vertrauensmann, fand sich bei Khlesl ein, um ihn zu einem festen Versprechen für die Einberufung des Wahllandtages zu veranlassen. Als er trotz aller Argumente nicht zum Ziele gelangen konnte, drohte auch er dem Cardinal, und zwar mit einer Klage beim Papste, die seine Entfernung zum Zwecke haben sollte. Erschreckt durch die mehrfachen Drohungen, gab der Cardinal nach und bestimmte den Monat August für die Einberufung des Landtags und für die Erhebung Ferdinands auf den böhmischen Thron. Die Erzherzoge gaben sich mit diesem ziemlich langen Aufschub zufrieden, erklärten aber zugleich vor Oñate, dass sie entschlossen seien, sich der Person des Cardinals zu bemächtigen, wenn der Termin nicht eingehalten würde. Oñate missbilligte diesen Entschluss nicht und berichtete hierüber nach Spanien.*)

Khlesl würde vielleicht dennoch Mittel und Wege gefunden haben, seinem Versprechen zu entgehen, wenn nicht ein für ihn sehr widriger Zwischenfall dies unmöglich gemacht und den Termin sogar abgekürzt hätte. Der Kaiser erkrankte gegen Ende April in der bedenklichsten Weise, so dass man seinem Tode entgegensah. Die Kaiserin, auf das äusserste besorgt, wollte den Erzherzog Maximilian, der sich mittlerweile mit Ferdinand von Prag entfernt hatte, zurückberufen, aber Khlesl verbot es geradezu, weil er mit Recht von der Ankunft des Erzherzogs unter solchen Umständen nichts gutes für sich prophezeien konnte. Die Gefahr verschlimmerte sich indessen so, dass der katholische Theil der böhmischen Oberstlandoffiziere den Kaiser trotz seines deutlichen Widerwillens um die unverweilte Festsetzung der böhmischen Nachfolge bestürmte. Ihre Mahnungen wurden von dem obersten Kämmerer, Herrn von Meggau, erfolgreich unter-

---

*) Simancas 711. Oñate's Briefe vom 19. und 20. April 1617.

stützt, so dass sich Mathias, unter dem doppelten Eindrucke
dieses Drängens und der nahen Todesgefahr, zur Einberufung
1617 des böhmischen Landtages auf den 5. Juni bereit erklärte.
Khlesl war in dem entscheidenden Augenblicke nicht in dem
Krankenzimmer, sondern in dem anstossenden Gemache, wo er
seiner tiefen Herzensangst in frommen Betrachtungen über den
Unterschied der Stände Luft machte, wie z. B. der Kaiser vor
Gott viel weniger bedeute als der geringste Mensch vor dem
Kaiser, wobei er sich zeitweise mit Jammern und Wehklagen
1617 unterbrach.*) — Schon am ersten Mai wurden die königlichen
Patente, welche den böhmischen Landtag zur Bestimmung der
Nachfolge beriefen, veröffentlicht.

In dem Befinden des Kaisers trat darauf eine Besserung
ein, für Khlesl leider viel zu spät. Man schrieb die glückliche
Wendung der Krankheit einem besonderen Medicamente zu, welches einer der kaiserlichen Aerzte, Dr. Scato, verordnet hatte.
Mathias weigerte sich Anfangs hartnäckig, dasselbe einzunehmen,
da man sich aber davon in voraus eine grosse Wirkung versprach, so übernahm es Khlesl selbst, den Patienten nachgiebiger zu stimmen. Er trat vor ihn hin, erinnerte ihn an die
Feldzüge in Ungarn und an mancherlei überstandene Gefahren,
in denen er sich muthvoll benommen, und knüpfte daran die
Nutzanwendung, dass er auch jetzt das Medicament einnehmen
solle. Mathias liess sich überreden und sein Zustand besserte
sich so bedeutend, dass er im Laufe des Monats Mai das Krankenlager verlassen konnte. — In den Tagen der Gefahr besprach
sich Erzherzog Maximilian mit dem Herrn von Harrach über
die nach dem etwaigen Tode des Kaisers zu ergreifenden Massregeln und gab demselben bei seiner Abreise nach Prag
die weitgehendsten Vollmachten. Er wollte ihm auch den Auftrag
geben, auf die erste Kunde von dem Tode des Kaisers den
Cardinal zu verhaften, liess aber auf die Mahnung des vor-
sichtigern Ferdinand davon ab. **)

---

*) Sächs. Staatsarchiv 10676 Wahlacten Ferdinands. Zeidler an Kur-
sachsen dd. $\frac{1.\ Juni}{22.\ Mai}$ 1617.

**) Archiv des k. k. Minist. des Innern. Ferdinand an Max. dd. 17. Mai 1617.

Die Krankheit war gewichen, aber zum Verdrusse für Mathias und seinen Rathgeber blieb die Landtagsausschreibung mit der ausdrücklichen Hinweisung auf die Bestimmung der Nachfolge eine unvertilgbare Thatsache. Dagegen überraschte die so frühzeitige Berufung des Landtages die Erzherzoge auf das angenehmste, doch verminderte die Freude nicht ihre Wachsamkeit, denn Maximilian fürchtete beständig des Kaisers Schwäche oder irgend eine neue Tücke des Cardinals. Um letzterer vorzubeugen, verfiel er auf eine eigenthümliche List. Er sandte den Herrn von Wolkenstein nach Prag, angeblich um dem Bruder zu seiner Genesung Glück zu wünschen, thatsächlich aber um den Cardinal zu überwachen. Zugleich sollte der Gesandte an mehreren Orten unter dem Siegel tiefster Verschwiegenheit das Gerücht verbreiten, dass der Papst gegen Khlesl ebenso erbittert sei, wie die beiden Erzherzoge und den letzteren eine Vollmacht gegeben habe, gegen denselben ohne Rücksicht auf seine Würde vorzugehen, wenn er der Successionsangelegenheit noch weiter hinderlich sein werde. Diese Vollmacht existirte, wie man leicht begreifen kann, nur im Reiche der Phantasie und die geheimnissvollen Mittheilungen Wolkensteins waren darauf berechnet, durch Zwischenträger zur Kenntniss des Cardinals zu gelangen, damit die Angst ihn abhalte, das gegebene Wort zu brechen.

Die Wirkung war fast zu stark, denn es hiess, dass Khlesl plötzlich seine sämmtliche Habe in Prag zusammenpacken lasse und an einen sichern Ort absende. Indessen dauerte seine Befangenheit nicht lange, denn schon nach einigen Tagen verbreitete sich das Gerücht, Khlesl habe ein neues Mittel gefunden, um noch in der letzten Stunde Ferdinands Erhebung zu hindern. Er schlug nämlich dem Kaiser vor, statt Ferdinand dessen Sohn Johann Karl, einen damals kaum 12jährigen schwächlichen Prinzen — er starb im J. 1619 — für die Nachfolge zu bestimmen. Dieser Plan zerfloss jedoch gleich einer Seifenblase, da es zu derartigen künstlichen Verzögerungen an Zeit gebrach. Der 5. Juni stand vor der Thür und der Adel von Böhmen so wie die königlichen Städte rüsteten sich zu ihrer Betheiligung an dem unaufschiebbaren und unvermeidlichen Landtage. Auch Ferdinand war abermals in Prag eingetroffen und er war nicht der Mann, der zu Gunsten eines dritten, auch wenn es sein eigener Sohn war, auf seine Rechte verzichtet hätte. Doch erreichte er sein Ziel nicht, ohne noch eine bittere Pille verschlucken zu müssen, die ihm wahrscheinlich Khlesls wohlwollendes Gemüth gedreht hatte. Bei einer Hoftafel, der Ferdinand einige Tage vor der Landtagseröffnung beiwohnte, erlustigte der Hofnarr Nelli die Tischgesellschaft durch mancherlei Schwänke, als er plötzlich dem Kaiser mit lauter, allen Anwesenden vernehmlicher Stimme zurief: „Alter, Alter, lege du das Haupt nicht nieder, sonst werden diese Beiden sich zusammenfinden!" Dabei wies er auf die noch jugendliche tief erröthende Kaiserin und den vor kurzem verwittweten Erzherzog hin. Diese Anspielung, deren Sinn Niemandem entging, war mehr als ein Scherz, sie war eine Verläumdung, die keine Berechtigung hatte, da sich die Kaiserin den Ansprüchen Ferdinands gegenüber stets abweisend oder mindestens gleichgiltig benommen und sie bei ihrem phlegmatischen Temperamente, ihrer zurückgezogenen und frommen Lebensweise eine derartige Verdächtigung in Gegenwart ihres Gatten nicht verdient hatte. Man darf es bezweifeln, dass Nelli sich einen so frechen Scherz erlaubt hätte, wenn er von dem Cardinal nicht dazu aufgemuntert worden wäre und an ihm nicht einen Rückhalt gefunden hätte. Der Zweck des Angriffes war aber erreicht, wenn des Kaisers Gemüth mit Misstrauen und heimlichem Groll gegen Ferdinand erfüllt wurde.*)

---

*) Sächs. Staatsarchiv. Zeidler an Kursachsen dd. $\frac{22. \text{Mai}}{1. \text{Juni}}$ 1617.

Zweites Kapitel.

Die religiösen und politischen Zerwürfnisse zwischen Mathias und seinen
Unterthanen, insbesondere den Böhmen, vor dem Ausbruche des 30jährigen
Krieges.

I Beginn der religiösen Streitigkeiten in Böhmen unter Mathias. Streit, ob die
Kirchengüter als königliche anzusehen seien. Braunau. Lösung dieser Frage auf
Grund der böhmischen Verfassungsverhältnisse. Opposition der Protestanten
gegen die königliche Entscheidung. Die Reformation auf den königlichen Gütern.
Neustraschitz.
II Des Kaisers Bemühungen zur Aufstellung eines Heeres. Die Opposition in Gesammtösterreich im Wachsen. Landtag von Budweis (Januar 1614). Die Versprechungen von 1611. Thurn und Fels. Der Generalconvent in Linz (August 1614).
III Die Vorbereitungen zum prager Generallandtag von 1615. Die Verhandlungen
zwischen den Ländern der böhmischen Krone über die Confoederation und Defension. Die Verhandlungen mit Nieder- und Oberösterreich. Die Verhandlungen
über die Kreistage und Erbeinigungen. Die Steuerbewilligungen der Stände.
IV Die Beschwerdeschrift der böhmischen Protestanten zur Zeit des Generallandtages. Die brandeiser Erklärung (Mai 1616). Eigenthümliche Bedeutung des
„Vergleichs". Bittschrift der protestantischen Beamten und Räthe. Verletzung
des Majestätsbriefes.

1

Die Erzählung über die Verhandlungen in der Successionsfrage zwischen dem kaiserlichen Hofe, Spanien und den geistlichen Kurfürsten zeigte, dass Furcht bei denselben die treibende
Ursache war. In Deutschland besorgten die Habsburger, dass
die Protestanten ihnen um jeden Preis die Reichskrone entziehen wollten, in Böhmen und Ungarn, ja selbst in dem Erz-
herzogthume Oesterreich fürchteten die Anhänger dieser Dynastie
einen allgemeinen Aufstand und damit im Zusammenhange die
völlige Veränderung der Besitzverhältnisse. War diese Sorge
in der That so tief begründet oder heuchelte man sie bloss, um
auf leichtere Weise zu einem ersehnten Ziele zu gelangen und
die besorgten Gemüther zu Concessionen zu bewegen, welche

eine Erweiterung und Befestigung der habsburgischen Herrschaft zur Folge haben mussten? Nein, die Sorge hatte mehr Begründung, als die Bedrohten selbst glauben mochten. Sie hatte erstens ihren Grund in der tiefen Kluft, welche die religiösen Wirren zwischen den Habsburgern und ihren Unterthanen geschaffen hatten, zweitens in der damit in Zusammenhang stehenden Zersetzung des staatlichen Lebens in Oesterreich und endlich drittens in der Entschlossenheit der von dem heidelberger Cabinete geleiteten protestantischen Fürsten, welche den morschen deutschen Zuständen ein Ende machen und sie durch neue ersetzen wollten. Die Gefahr für die Habsburger bestand nicht so sehr in einer einzigen dieser Ursachen, sondern in ihrem Zusammentreffen und ihrer Zusammenwirkung. Die einander verwandten Elemente hatten sich kennen gelernt und waren zu einem gemeinschaftlichen Angriffe gegen den gemeinsamen Gegner entschlossen. Es fehlte nur an einem tüchtigen Führer.

Wir haben an die Spitze der die habsburgische Herrschaft untergrabenden Elemente die religiösen Zerwürfnisse zwischen diesem Hause und seinen protestantischen Unterthanen gesetzt. Man dürfte wohl fragen, ob die grossen Bewegungen von 1608 und 1609 diese Wirren nicht beigelegt hatten. In Ungarn, in Oesterreich und Mähren hatte sich Mathias zu den bedeutendsten Concessionen an die Protestanten verstanden, in Böhmen wurde ihnen von Rudolf II. der Majestätsbrief gegeben und nach dem Muster desselben den übrigen böhmischen Nebenländern gleiche Privilegien ertheilt. Weshalb haben diese Gesetze nicht genügt, um ein erträgliches Zusammenleben der Katholiken und Protestanten herbeizuführen und den letztern die Ursache zu Klagen gegen ihre Herrscher zu benehmen? Wie kam es, dass alle die Concessionen die alten Wunden nicht schlossen, sondern ununterbrochen eitern liessen?

Der Grund liegt darin, dass alle die Concessionen und Majestätsbriefe nur durch Gewalt abgerungen und von den Herrschern wider ihre Neigung und bessere Ueberzeugung gegeben worden waren, dass die Katholiken die neuen Gesetze als einen Angriff auf ihre Rechte betrachteten und verabscheuten und dass sie bei ihren Herrschern, zu denen sie allein in vertraulichen Beziehungen standen, eine ähnliche Gesinnung wachhielten. Am selben Tage, an dem die neuen Religionsgesetze gegeben wurden, dachten die Katholiken auch schon an ihre Beseitigung. Es ist eine lange Geschichte, wie sie Schritt für Schritt diesem Ziele nachstrebten, wie sie, trotz manches erzwungenen Rückzuges, immer wieder auf diesem Wege weiter gingen, bis der wechselseitige Hass der Gegner so arg wurde, dass er nur mit dem Untergange der einen Partei enden konnte. In Böhmen war die Scheidung der Gegner am schroffsten, hier bekam der Kampf seine grösste Ausdehnung und wurde mit höchster Erbitterung geführt, bis er endlich die unmittelbare Veranlassung zu einem 30jährigen Kampfe wurde, der die Mitte von Europa zerfleischte. Die ersten Ursachen seiner Entstehung knüpfen sich fast unmittelbar an den Majestätsbrief von 1609.

Man nimmt gewöhnlich an, dass die protestantischen Beschwerden im J. 1609 durch die Ertheilung des Majestätsbriefes ausgeglichen wurden. Indessen war es nicht diese Urkunde allein, welche den damaligen Streit schlichten sollte, neben und gleichzeitig mit ihr wurde ein sogenannter „Vergleich zwischen den katholischen und protestantischen Ständen" mit Zustimmung des Kaisers abgeschlossen, der einige Detailfragen über das wechselseitige Verhältniss der beiden Religionsparteien, die durch den Majestätsbrief nicht entschieden wurden, „ordnete." Der „*Majestätsbrief*" und der „*Vergleich*" waren also die neuen religiösen Grundgesetze des Landes. Aus ihrem beiderseitigen Inhalt ging hervor, dass sich *jeder* (ob freie oder unfreie) Bewohner Böhmens fortan zu der sogenannten „böhmischen Confession" *) bekennen und Niemand zum katholischen Glauben ge-

---

*) Die böhmischen Protestanten erlangten durch den Majestätsbrief die Freiheit des Bekenntnisses für jene, die sich zur sogenannten „böhmischen Confession" bekennen würden. Dieselbe war ein Gemenge husitischer, lutherischer und kalvinischer Lehren. Die Anhänger derselben wollten sich die Bezeichnung „evangelische Christen" beilegen, Kaiser Rudolf II bewilligte dies nicht, sondern verlangte, sie sollten sich Utraquisten nennen, und setzte diesen seinen Wunsch durch. Wir wenden die Bezeichnung „Utraquisten" nicht an, sondern bedienen uns der passenderen „Protestanten", weil man unter Utraquisten zunächst

zwungen werden durfte. Das Recht des Kirchenbaues sollte jedoch nur den drei höheren Ständen, d. i. den Herren, Rittern und königlichen Städten, überdies aber auch den Bewohnern der „königlichen Güter" freigestellt sein. Diese letztere, die königlichen Güter betreffende Bestimmung fand sich nicht im Majestätsbriefe, sondern nur im Vergleiche vor, der ausserdem noch einige Verfügungen enthält, durch welche die Besitzverhältnisse der Katholiken und Protestanten in Bezug auf die Kirchen und Pfarren geregelt werden. Die weiter greifenden Bestimmungen des Vergleiches sind es, die später die bittersten Streitigkeiten hervorriefen, und schliesslich mit einem unheilbaren Zerwürfnisse endeten.

Der erste Streitfall trat schon unter Rudolf II ein und betraf die Braunauer. Die Bürger dieser dem Benedictinerstift Braunau gehörigen Stadt waren schon seit Jahren in heftigen Glaubensstreitigkeiten mit dem Abte Wolfgang Selender begriffen. Mit der Ertheilung des Majestätsbriefes nahm der mannigfache, von ihrem geistlichen Oberherrn gegen sie ausgeübte Zwang ein Ende, sie konnten ungehindert ihrer Meinung folgen und die Mehrzahl bekannte sich offen zum Protestantismus. Bald darauf beriefen sie, trotz des Verbotes ihres Grundherrn, einen Prediger in die Stadt und führten ihn in die Stadtkirche ein. Der Abt verklagte sie deshalb bei der böhmischen Kanzlei und diese entschied, dass die Braunauer zu einem derartigen Eingriffe in die Patronatsrechte nicht befugt seien. Die Entscheidung war völlig gesetzlich, sie schützte den durch den Vergleich gewährleisteten katholischen Besitzstand und die Patronatsrechte des Grundherrn. Die protestantischen Stände selbst, obwohl eifersüchtige Hüter ihrer neuen Freiheiten, wussten gegen ihre Gesetzmässigkeit nichts einzuwenden.

Die Braunauer schlugen jetzt einen andern Weg zur Be-

---

nur die Nachfolger des Hus, wie sie sich im 15. und 16. Jahrhunderte in Böhmen entwickelt haben, versteht. Diese alten Utraquisten waren nur wenig von den Katholiken verschieden, während jene, die den Majestätsbrief errungen haben, sich ausschliesslich auf protestantischem Boden bewegten und sonach als Protestanten bezeichnet werden müssen.

friedigung ihrer geistlichen Bedürfnisse ein. Mit Hilfe von Sammlungen, die sie theils unter sich selbst, theils in der Fremde anstellten, begannen sie den Bau einer eigenen Kirche gerade zur Zeit, als Rudolf genöthigt wurde, Böhmen an Mathias abzutreten. 1611 Auch gegen diesen Vorgang klagte der Abt bei Mathias als gegen eine Verletzung der bestehenden Gesetze. Bevor dieser die Entscheidung fällte, wandte er sich an die obersten Beamten um ein Gutachten, *ob den Bewohnern geistlicher Güter der Bau eigener Kirchen ohne Bewilligung ihrer Grundobrigkeit gestattet sei.* Eine Anzahl katholischer Kronbeamten antwortete auf diese Anfrage verneinend, worauf Mathias den Braunauern die Weiterführung des Baues verbot.*) Dagegen erhoben die protestan- 25. Aug. tischen Stände Einsprache als gegen eine Verletzung der religiösen Gesetze von 1609. 1611

Der Grund, weshalb Mathias zur allgemeinen Ueberraschung die Entscheidung treffen konnte, dass die Bewohner geistlicher Güter nicht das Recht des Kirchenbaues hätten und weshalb wiederum die Protestanten das Gegentheil behaupteten, lag in einer verschiedenartigen Auffassung der böhmischen Verfassungsverhältnisse. Wie oben erzählt worden, ertheilte der Majestätsbrief den drei Ständen das Recht des Kirchenbaues, der Vergleich überdies noch den Bewohnern der königlichen Güter. Unter den königlichen Gütern verstanden nun die Protestanten nicht bloss das, was man gewöhnlich darunter versteht, sondern auch den geistlichen Besitz und behaupteten, im Vergleiche sei letzterer in der allgemeinen Bezeichnung „königliches Gut" mit einbegriffen. Die Katholiken und mit ihnen Mathias bestritten

---

*) In der anderen Apologie ist dieser Befehl des Kaisers zweimal abgedruckt N. 73 und N. 87, einmal ist er vom 25. Aug., das anderemal vom 20. Aug. datirt. Da unter N. 86 das Gutachten der kath. Kronbeamten vom 23. Aug. datirt ist, so nehmen wir den 25. Aug. als das wahrscheinlichere Datum des kaiserlichen Befehles an. Wir sagen nur als das wahrscheinlichere Datum, weil die andere Apologie in Bezug auf Genauigkeit alles zu wünschen übrig lässt. Ihre im Ganzen richtigen Angaben sind durch die geistige Beschränktheit des Zusammenstellers so confus untereinander gemengt, dass es trotz der genauesten archivalischen Studien oft unmöglich ist, von ihnen den entsprechenden Gebrauch zu machen.

die Richtigkeit dieser Auslegung; jeder Theil führte für sich eine Reihe von Beweisgründen an.

Die Beweisgründe der Protestanten gipfelten in dem Satze, dass nach der Verfassung der Clerus nicht der Eigenthümer der geistlichen Güter, sondern nur ihr Nutzniesser sei, das wahre Eigenthumsrecht stehe dem Könige zu, der die genannten Güter beliebig verschenken, verkaufen und verpfänden könne. Zur Begründung dieser den Besitzverhältnissen und Rechtsanschauungen des Mittelalters so diametral widerstreitenden Theorie, die sich in Böhmen erst nach den Husitenstürmen geltend machte, führten sie die Artikel A 11, D 49, Q 6 und Q 11 der Landesordnung an. Im Artikel A 11 verbot die Landesordnung den Klöstern und überhaupt den geistlichen Besitzern etwas von ihrem Besitze ohne Bewilligung des Königs zu verpfänden oder zu vertauschen. In diesem wie im Artikel D 49 wird der geistliche Besitz ausdrücklich als „zur königlichen Kammer" gehörig anerkannt. Indessen dürfte sich aus diesen zwei Bestimmungen der Landesordnung nicht, wie die Protestanten wollen, ein Obereigenthumsrecht des Königs ableiten lassen, sondern nur ein Oberaufsichtsrecht desselben, das allerdings für ihn mit finanziellen Vortheilen verknüpft war. Schwerer jedoch fielen in die Wagschale zu Gunsten der Protestanten zwei andere Bestimmungen der Landesordnung, nämlich die Artikel Q 6 und Q 11. Der erstere, Q 6, bezieht sich auf die Auslösung von Pfandschaften und setzt die Art und Weise fest, wie diese Auslösung geschehen dürfe. Bezüglich der geistlichen Güter wird hiebei ausdrücklich bestimmt, dass die Klöster und alle übrigen geistlichen Besitzer die Verschreibungen zu respectiren hätten, welche die böhmischen Könige Jemandem auf ihr Besitzthum ertheilt hätten oder in Zukunft ertheilen würden. Diese Verschreibungen bestanden nach den weiteren Angaben des erwähnten Artikels entweder darin, dass der König geistliche Besitzungen für eine oder mehrere Lebensdauern an Laien verschenkte oder aber mit Pfandsummen belastete, deren Auszahlung den betreffenden Klöstern oder Geistlichen zur Last fiel.

Das durch diesen Artikel den böhmischen Königen ausdrücklich für die Zukunft vorbehaltene Recht, geistliche Güter zu belasten oder (für ein oder mehrere Geschlechtsfolgen) zu verschenken, wurde von den Habsburgern selbst häufig geübt, so dass diese für die Interpretation der Protestanten einen thatsächlichen Beweis lieferten. Insbesondere hatte Ferdinand I in seinen mannigfachen Bedrängnissen die geistlichen Güter in Böhmen nicht bloss verpfändet oder belastet, sondern auch geradezu verkauft und sonach von der im Artikel Q 6 ihm ertheilten Befugniss den ausgedehntesten Gebrauch gemacht. Allerdings fühlte er dabei einige Gewissensskrupel und gab ihnen den lebhaftesten Ausdruck in dem Codicill, das er im J. 1547 zu seinem schon im J. 1543 verfassten Testamente hinzufügte. Die für uns höchlich interessante Stelle desselben lautet wörtlich also: „Da Jedermann für ehrbar und recht erkennt, dass keiner „seinem Nächsten das Seinige wider seinen Willen nehme und „hingebe, so schliessen wir mit wohlbedachtem Muthe und rechter „Wissenheit, dass auch weder wir, unsere Nachkommen, noch „die Stände und Unterthanen Gott dem Allmächtigen, unserem „Schöpfer und Erlöser, und seinen Kirchen oder den Ihm ergebenen „geistlichen Personen das Ihrige nehmen, hingeben, noch entziehen sollen. Und da entgegen mag uns und die Stände unserer „Krone Böhmen nicht schirmen oder fürtragen obberürte Unsere und Ihre *Freiheit, Brauch und Landesordnung* ... Darum „und dieweil sich Niemand schämen soll, seinen Irrthum zu bekennen und zu bessern, so erkennen wir unseres Theils solche „Freiheit, Gebrauch und Landesordnung in dem Artikel*) für „unkräftig und unbündig und ist uns leid, dass wir darin bewilligt und darauf mit der That etliche geistliche Güter erblich „hinzugeben fürgenommen haben."

Nach diesem Geständnisse mahnt Ferdinand seine Söhne, der Kirche den von ihm zugefügten Schaden zu ersetzen und die böhmischen Stände zu einer Aenderung ihrer bisherigen Behandlung der geistlichen Güter zu vermögen. Da er nach Abfassung des Codicills noch 17 Jahre lebte, so hatte er wohl hinreichend Gelegenheit gehabt, das gegebene Aergerniss selbst gut zu

---

*) Ferdinand kann hier speciell nur den Artikel Q 6 im Sinne haben, in zweiter Linie mochte er wohl an A 11 und D 49 denken.

machen oder bei den Ständen eine Besserung der bisherigen rechtlichen Stellung der geistlichen Besitzer zu beantragen; allein er benützte die lange Frist, die ihm zu leben vergönnt war, sehr unvollkommen und erfüllte nur zum kleinsten Theil die Erwartungen, die man nach den frommen Worten seines Codicills von ihm zu hegen berechtigt war. Im J. 1558 brachte er auf die Bitte des prager Domkapitels bei dem Landtage den Vorschlag ein, dass die Güter des Kapitels und der Domkirche für alle Zukunft ihren jetzigen Nutzniessern gehören und von dem Könige weder verkauft noch verpfändet werden dürften. Die Stände nahmen den Vorschlag an und so erlangte er Gesetzeskraft. Dagegen blieb der ganze übrige geistliche Besitz auch ferner von dem Belieben des Königs abhängig, denn in dem betreffenden Landtagsbeschlusse von 1538 hiess es ausdrücklich nach der zu Gunsten des Kapitels und der Domkirche gemachten Ausnahme, dass „dieselbe der bisherigen Landesordnung betreffs der übrigen geistlichen Güter, die der Verfügung des Königs und seiner Nachfolger anheimgestellt seien, nicht zum Nachtheile gereichen solle." Dieser Beschluss wurde zur grösseren Sicherheit der Landesordnung einverleibt und bildete fortan in derselben den Absatz Q 11. Wenn einerseits Ferdinand durch die dem Kapitel zu Theil gewordene Begünstigung einen Theil des geistlichen Besitzes von jeder willkürlichen Behandlung befreite, so war er andererseits Ursache, dass bezüglich des Restes dem Könige die freie Verfügbarkeit entschiedener als je zugesprochen wurde. Der der Landesordnung neu einverleibte Artikel Q 11 liess über die Frage bezüglich des Charakters des geistlichen Besitzes die für den Clerus nachtheiligste Antwort zu.

Die Protestanten führten weiter für sich an, dass die Nachfolger Ferdinands I in der Behandlung des geistlichen Eigenthums in die Fussstapfen dieses Königs getreten seien und konnten aus der späteren Zeit sogar den Beweis liefern, dass die Katholiken dies Verfahren mit Rücksicht auf die böhmische Verfassung correct fanden. Im J. 1598 verlangte nämlich Rudolf II, als er in seinen mancherlei Nöthen daran war, einige geistliche Besitzthümer zu seinen Gunsten zu verwenden, von den obersten Landesbeamten ein Gutachten, ob er dazu berechtigt sei. Zdeněk von Lobkowitz, der schon damals Kanzler war, erwiederte, dass der Kaiser ohne Zustimmung des Papstes geistliche Güter verpfänden, belasten und verkaufen könne, denn der ganze geistliche Besitz in Böhmen sei nach der Verfassung des Landes königliches Eigenthum und die Vorfahren des Kaisers, Ferdinand I und Maximilian II, hätten sich darnach gerichtet. *) Dem Gutachten des Kanzlers stimmten damals die sämmtlichen obersten Beamten bei, so dass sich kein Zwiespalt unter ihnen geltend machte. Nach dieser landläufigen und den Katholiken wohlbekannten Theorie deuteten also die Protestanten im J. 1609 die Bezeichnung „königliche Güter" im weiteren Umfange und stilisirten nach dieser Deutung jene Bestimmungen des Vergleichs, vermöge welcher den Bewohnern der „königlichen Güter" das Recht des Kirchenbaues zuerkannt wurde. Slawata selbst bezeugt, dass sie ihre eigentliche Meinung bei den Verhandlungen nicht verhehlt hätten. **) — Schliesslich beriefen sich auch die Protestanten zur Bekräftigung ihrer Ansprüche auf den Wortlaut des Majestätsbriefes, den sich die Schlesier mit böhmischer Hilfe im J. 1609 errungen hatten und in dem den Bewohnern geistlicher Güter alle Freiheit der religiösen Uebung zugesprochen wurde. Wenn sich die Schlesier — argumentirten die Böhmen — durch unsere Hilfe diese Freiheit errungen haben, um viel eher hätten auch wir in unseren Glaubensprivilegien den Zusatz betreffs der geistlichen Güter einführen können, wenn er uns nöthig erschienen wäre.

Gegen diese Auffassung argumentirten die Katholiken und namentlich das von den obersten Landesbeamten dem Mathias im J. 1611 übergebene Gutachten in folgender Weise. Sie fanden den Hauptmangel in der Berechtigung der protestantischen Forderung vor allem darin, dass der Majestätsbrief und der Vergleich von den Bewohnern der geistlichen Güter schwiegen; ein so wichtiges, einem Theile der unfreien Bevölkerung ertheiltes Recht hätte klar und deutlich, nicht aber stillschweigend festgesetzt werden sollen. Ferner bestritten sie, dass durch die

---

*) Slawata's Memoiren Theil VIII.
**) Andere Apologie, Gutachten des Kanzlers. S. 850.

Artikel A 11 und D 49, in welchen die geistlichen Güter als
zur königlichen Kammer gehörig bezeichnet werden, den Königen ein Obereigenthumsrecht über dieselben zugesprochen
werde. Die genannten Artikel seien nur dahin zu deuten, dass
sie den König zum obersten Schutzherrn des geistlichen Besitzes
machen. Die Artikel Q 6 und 11 übergingen sie entweder mit
Stillschweigen, weil sich ihre den Katholiken ungünstige Deutung nicht hinwegläugnen liess, oder sie bekämpften geradezu
die Rechtsgiltigkeit derselben. Kein Katholik, sagten sie, könne
je zugeben, dass Bestimmungen, die so sehr gegen alle kirchlichen Gesetze und gegen die Heiligkeit des geistlichen Besitzes
verstossen, Giltigkeit haben könnten; auch sei Artikel Q 6 unter
Wladislaw II von den utraquistisch gesinnten Ständen beschlossen
und schon von Ferdinand in seinem Testament als im höchsten
Grade verwerflich bezeichnet worden. Sie vergassen dabei, dass
Ferdinand trotzdem den Artikel Q 6 nicht umstiess, sondern
durch den noch gefährlicheren Artikel Q 11 vervollständigte. —
Mit mehr Recht verwahrten sich die Katholiken gegen die Herbeiziehung des schlesischen Majestätsbriefes, um damit die in
den böhmischen Glaubensprivilegien vorhandene Lücke zu ergänzen. Aber selbst für den Fall, dass die Subsumtion der
geistlichen Güter unter den Begriff des königlichen Besitzes Giltigkeit habe, verwahrten sie sich gegen die daraus gezogenen
Consequenzen. Die Eigenthumsfrage sei nämlich verschieden
von der, welche gutsherrlichen Rechte der geistliche Besitzer
auf seinen Gütern auszuüben befugt sei. Das allfällige Recht
der Könige, geistliche Güter in Beschlag zu nehmen, sei nie so
weit gegangen, dass die geistlichen Besitzer, so lange sie dieselben inne hatten, nicht alle herrschaftlichen Rechte genossen
hätten, wie ein jeder Edelmann auf seinen Gütern. Stets hätten
die Unterthanen geistlicher Herren diesen die Unterthänigkeit
und Leibeigenschaft angelobt, wie einem weltlichen Herrn,
und wenn also ein geistlicher Besitzer bis auf den heutigen
Tag alle Rechte eines weltlichen ausgeübt habe, so könne
er eines derselben nicht willkürlich entkleidet werden. Darf
auf dem Besitze eines Laien ein Unterthan ohne Erlaubniss
seiner Herren sich keine Kirche bauen, so darf er dies auch

nicht auf einem geistlichen Gute ohne Erlaubniss seiner Obrigkeit thun.

Fasst man die Argumente beider Parteien zusammen, so lässt sich nicht in Abrede stellen, dass die Protestanten für ihre Behauptung bezüglich der üblichen Subsumtion des geistlichen Besitzes unter die Bezeichnung „königliche Güter" gewichtige Beweise aus der Geschichte und der Landesordnung beibringen konnten. Am Schlusse aller dieser Beweise und Gegenbeweise kommt man allemal zu der Frage: Wie hat man im J. 1609 bei Abfassung des Vergleiches die Bezeichnung „königliche Güter" verstanden? Und hier lautet die Antwort zu Gunsten der Protestanten. Sie hatten damals mit dem Ausdruck „königliche Güter" sowohl den königlichen als den geistlichen Besitz bezeichnet, sie hatten damit vor den Katholiken kein Hehl gemacht und letztere hatten also kein Recht, die Worte „königliche Güter" jetzt in einer engeren, ihnen zusagenden Weise zu deuten. Wer hätte übrigens die Protestanten im J. 1609 hindern können, in die betreffenden Glaubensgesetze jene Bestimmungen einzutragen, die ihnen gut dünkten?

Und schliesslich, warum setzten die Protestanten im Vergleiche fest, dass den Bewohnern der königlichen Güter das Recht des Kirchenbaues zustehen solle? Offenbar aus dem Grunde, damit denselben nicht für immer die Aussicht benommen werde, ihren religiösen Bedürfnissen in aller Bequemlichkeit zu genügen und in passender Nähe die nöthigen Kirchen zu besitzen. Denn von den Königen als Katholiken konnte nie angenommen werden, dass sie freiwillig auf ihren Gütern den Protestanten Kirchen zu bauen gestatten würden, wenn die letzteren nicht durch ein Gesetz in Schutz genommen wurden. Machte sich aber nicht derselbe Grund auch bei den geistlichen Besitzern geltend? Waren diese bezüglich ihres Glaubensbekenntnisses nicht noch unwandelbarer als der König? Weshalb sollten die Protestanten mehr Bedenken getragen haben, den geistlichen Besitzern eine Fessel anzulegen, die sie ohne alle Skrupel dem Könige angelegt hatten? Ob es übrigens für die Protestanten nicht ein Gebot gewöhnlicher Klugheit gewesen wäre, sich in ihren von ihnen selbst entworfenen Glaubensgesetzen einer ausführlicheren Sprache zu bedienen, ist eine andere Frage und kann allerdings, mit Rücksicht auf die folgenden Ereignisse und in Betracht gleichzeitiger ähnlicher Vorgänge, unbedingt bejaht werden.*)

Gegen die Entscheidung des Kaisers in der braunauer Streitfrage erhoben sich zuerst die Defensoren. Die Entstehung ihres Amtes datirte aus dem J. 1609; damals hatten es die Protestanten durchgesetzt, dass der Schutz ihrer Glaubensinteressen fortan einem Collegium, dessen Mitglieder den drei Ständen angehörten, anvertraut wurde. Die Mitglieder dieses Collegiums führten den Namen Defensoren. Bei der ungeheuern Tragweite der braunauer Angelegenheit getrauten sich die letzteren nicht selbstständig vorzugehen, sondern hielten es für ihre Pflicht, die Entscheidung einer zahlreicheren Versammlung zu überlassen. Nach den von Rudolf sanctionirten Beschlüssen des J. 1609 durften sie in wichtigen Fällen alle protestantischen Landesbeamten und königlichen Räthe sowie sechs ständische Vertreter aus jedem Kreise des Landes zu einer gemeinsamen Berathung einladen. Sie machten von ihrer Befugniss Gebrauch und so

---

*) Unwillkürlich stellt man sich die Frage, wie es kam, dass die Protestanten nicht auch für ihre Glaubensgenossen auf den Gütern katholischer Herren sorgten und nicht auch ihnen das Recht des Kirchenbaues erwirkten. Die Antwort darauf lautet, dass sie dies mit merkwürdiger Naivität für überflüssig ansahen und glaubten, dass, wenn den Bauern das Recht des protestantischen Bekenntnisses gewahrt würde, katholische Gutsherren ihnen von selbst den Bau von Kirchen gestatten würden. Die beste Illustration hiezu liefert Slawata. Als die Verhandlungen über den Majestätsbrief im J. 1609 im Gange waren und dessen Bestätigung schon nahe bevorstand, fand sich bei ihm in Prag eine Deputation seiner neuhauser Unterthanen ein und bat ihn um die Erlaubniss für den Bau einer protestantischen Kirche. Budowec selbst empfahl das Anliegen der Deputation. Slawata entschuldigte sich, dass er die Erlaubniss nicht eher geben werde, als bis das neue Religionsgesetz in der Landtafel eingetragen sei und damit Gesetzeskraft erlangt habe, bis dahin möchten sich die Bittsteller gedulden. Als sie später ihre Bitte wiederholten, wies er sie einfach ab, weil den Unterthanen auf den Gütern des Adels das Recht des Kirchenbaues nicht zustehe. Hätte er ihnen früher alle Hoffnung benommen, so würde Budowec wahrscheinlich für die Erweiterung des Majestätsbriefes Sorge getragen haben. (Slawata's Memoiren Theil VIII.)

kam am 11. November in Prag eine an 100 Theilnehmer zählende Versammlung zu Stande, in der Glaubenseifer, Entschlossenheit und Erbitterung die Herrschaft führten. — In einer Sitzung, die im Karolingebäude stattfand, wurde beschlossen, die Braunauer zum Weiterbau ihrer Kirche aufzufordern und sich dabei weder durch geistliche noch weltliche Verbote stören zu lassen.*) Zugleich wurde den Statthaltern, die seit des Mathias Abreise von Prag die Regierung führten — es waren dies die Inhaber der obersten Aemter — angezeigt, dass die Protestanten nicht geneigt seien, sich mit Jemandem über den Sinn der Religionsgesetze in einen Streit einzulassen, sondern dass sie sich an den klaren und unzweifelhaften Inhalt derselben halten würden. Von diesen Beschlüssen setzten die Defensoren auch Mathias in Kenntniss und verwahrten sich energisch gegen die vom braunauer Abte in Anspruch genommenen obrigkeitlichen Rechte, „Alle Aebte, Pröpste und in Summa der ganze Clerus in Böhmen sind Euer Majestät Kammer, d. h. ihre Besitzungen sind königliches Eigenthum, sie sind nur aus königlicher Gnade Nutzniesser gewisser Besitzungen, so lange es Euer Majestät gefällt."**)

Das Auftreten der Defensoren hatte den Erfolg, dass die Braunauer eifrig im Bau ihrer Kirche fortfuhren und dieselbe im Laufe des Jahres 1612 ihrer Vollendung entgegen brachten, worauf ein Prediger unverweilt die geistlichen Functionen in derselben zu verrichten anfing. Die königliche Auctorität erlitt durch das entschlossene Vorgehen einiger Klosterunterthanen eine Schlappe, wie sie nicht grösser sein konnte. Mathias beschränkte sich während des Weiterbaues darauf, den braunauer Streitfall von einigen Personen seines Vertrauens nochmals untersuchen zu lassen. Ihr Gutachten erörterte die rechtliche Seite des Streites, stützte sich meist auf die oben angeführten katholischen Argumente und empfahl dem Kaiser keinen Schritt breit nachzugeben. ***) Diesem ausschliesslich juristischen Gutachten

---

*) Andere Apologie Nr. 72.
**) Andere Apologie Nr. 74.
***) Archiv des k. k. Unterrichtsministeriums in Wien. Gutachten einiger Räthe an Mathias.

schloss sich ziemlich bald ein anderes, mehr politisches an, dessen Verfasser uns unbekannt, wahrscheinlich aber unter den Mitgliedern des kaiserlichen Geheimrathes zu suchen sind und das die Mittel und Wege angab, wie der Kaiser in dem ausgebrochenen Streite Recht behalten könnte. *) Da sich manche Stimmen erhoben hatten, welche zur Schlichtung des braunauer Streites dem Kaiser eine gütliche Verhandlung zwischen den katholischen und protestantischen Ständen oder die Abforderung eines neuen Gutachtens von Seite der obersten Landesbeamten anrieten, so erörterten die kaiserlichen Rathgeber das passende dieser Rathschläge und verwarfen schliesslich beide, weil eine gütliche Verhandlung höchst wahrscheinlich zum Nachtheile der Katholiken enden und eine Aufforderung an die Landesbeamten zur abermaligen Meinungsäusserung leicht einen oder den andern wankend machen könnte. Aus diesen Gründen solle der Kaiser den ganzen Streit selbständig entscheiden, den Braunauern den Befehl überschicken, ihre Kirche niederzureissen und einige ihrer Rädelsführer ins Gefängniss abzuliefern, den Defensoren aber verbieten, die Unterthanen einer fremden Obrigkeit gegen dieselbe aufzuwiegeln. Diese Entscheidung sollte der Kaiser den Defensoren in Gegenwart der obersten Beamten durch den Kanzler zustellen lassen. Im Falle Jemand an dem kaiserlichen Ausspruche rütteln wollte, so müsste mit aller Strenge gegen ihn vorgegangen werden. — Das Gutachten sah der Möglichkeit eines Aufstandes kühn entgegen und hielt die Bewältigung desselben für keine besonders schwierige Sache.

Diese entschlossenen Vorschläge, deren Befolgung die Entscheidung in Böhmen rasch herbeigeführt hätte, fanden vorläufig nicht die Billigung des Kaisers. Die braunauer Angelegenheit ruhte durch zwei Jahre, während welcher Zeit sich die Protestanten daselbst im thatsächlichen Genusse ihrer Kirche befanden.

---

*) Das zweite Gutachten im obgenannten Archiv des k. k. Unterrichtsministeriums. — Zu welcher Zeit dies Gutachten übergeben wurde, ist sehr schwer zu bestimmen, da es undatirt ist; wir halten aus innern Gründen dafür, dass es in den ersten Tagen des Jahres 1612 verfasst wurde.

Erst im J. 1615 trat dieser Streitpunkt, im Verein mit einem zweiten, wieder in den Vordergrund.

Das lange Schweigen und damit verbundene scheinbare Zurückweichen des Kaisers war nicht die Folge eines den Protestanten günstigen Beschlusses, sondern nur die einer veränderten Taktik. Des Mathias bisheriges Vorgehen litt an einer Inconsequenz, er wollte dem Kirchenbesitz in Böhmen den katholischen Charakter wahren, während er auf den ihm unmittelbar gehörigen Gütern den Protestanten völlige Freiheit gewährte. In seinem Rathe wurde, offenbar unter dem Einflusse der böhmischen Katholiken, beschlossen, dieser Inconsequenz ein Ende zu machen und auf dem eigentlich königlichen Besitze eine religiöse Reformation vorzunehmen. Man zählte auf demselben im J. 1605 132 theils katholische theils utraquistische Pfarren, während sich in ganz Böhmen ihre Zahl damals auf 1366 belief.

Die Reformation wurde auf den ausgedehnten Territorien des königlichen Besitzes dadurch eingeleitet, dass Mathias dem Erzbischof von Prag, Johann Lohelius, die geistliche Oberaufsicht über seine Güter auftrug. Er sollte bezüglich der Besetzung der ²⁴·Oct. Beneficien alle Rechte des Königs ausüben, „doch innerhalb der Schranken, welche durch den Majestätsbrief und den Vergleich" gezogen seien.*) — Das Normaljahr 1609 traf auf dem königlichen Besitz zahlreiche utraquistische Pfarren, die damals die böhmische Confession als ihr Symbol annahmen und von da an dem protestantischen Consistorium in Prag unterstanden. Es war jedenfalls eine sonderbare Sache, wenn der Erzbischof fortan die Besetzung nicht bloss der katholischen, sondern auch der protestantischen Pfarren in seine Hand nahm, allein es liess sich gesetzlich nichts dagegen einwenden, wenn er sich genau an die Schranken hielt, welche Mathias angedeutet hatte.

Es dauerte jedoch nicht lange, so zeigte sich, dass der Erzbischof sich so bewegte, als ob keine Schranken bestünden. Kaum waren im Laufe des Jahres 1613 mehrere protestantische Pfarren erledigt worden, so besetzte er sie mit katholischen Prie-

---
*) Andere Apologie Nr. 85.

stern. Da jedoch auf diesem Wege die Neubesetzung aller protestantischen Pfarren zu lange gedauert hätte, so beschloss er die angestrebte Reformation durch die Entfernung der missliebigen Prediger zu beschleunigen. Den Anfang machte er mit dem Städtchen Neustraschitz, das zu dem damals königlichen Gute Pürglitz gehörte. Er erwirkte bei dem böhmischen Kammerpräsidenten Slawata, der dies Amt neben dem eines Obersthoflehenrichters versah, einen Befehl an die Bürger des genannten Städtchens, in dem ihnen die Entfernung ihres bisherigen Seelsorgers aufgetragen wurde. Die Neustraschitzer weigerten sich dem Befehle nachzukommen und wiesen darauf hin, dass ihre Kirche schon im 16. Jahrhunderte eine utraquistische gewesen. Ihre Einwendung fand kein Gehör; auf Befehl des Erzbischofs wurde ihre Kirche in Beschlag genommen und einem katholischen Priester, der ihnen als ihr künftiger Seelsorger zugeschickt wurde, eingeräumt. Dieser entfernte sofort alles aus dem Innern des Gebäudes, was an die frühere Benützung mahnte und beeilte sich darauf, eine gleiche Umgestaltung in den religiösen Ueberzeugungen der ihm zugewiesenen Gemeinde zu bewirken.*)

Diese keineswegs auf Neustraschitz allein beschränkten Massregeln zeigen zur Genüge, dass Mathias, obgleich er die Benützung der protestantischen Kirche in Braunau duldete, an ein Gewährenlassen der Protestanten nicht dachte und dass seine Weisung an den Erzbischof, sich an den Majestätsbrief und den Vergleich zu halten, nicht ernst gemeint war. Nachdem er in solcher Weise die Reformation auf seinen Gütern angebahnt hatte, wandte er der Kirchengüter-Frage die frühere Aufmerksamkeit zu. Die braunauer Angelegenheit war mittlerweile nicht vereinzelt geblieben, sondern hatte ein Seitenstück in Klostergrab bekommen. Die Bürger dieses in der Nähe des Klosters Ossegg gelegenen Städtchens hatten nach der Ertheilung des Majestätsbriefes ebenfalls den Aufbau einer eigenen protestantischen Kirche in Angriff genommen, dazu Beiträge selbst in Deutschland und namentlich bei dem Kurfürsten von Sachsen gesammelt und das begonnene Werk glücklich zu Ende gebracht.

---

*) Andere Apologie Nr. 64 u. folg.

Sie entgingen den Hindernissen, die sich den Braunauern anfänglich entgegenstellten, dadurch, dass es nicht sicher stand, wem die Gutsherrlichkeit in Klostergrab zustehe. Die Bürger selbst behaupteten, sie seien eine freie Bergstadt und wollten sich zu dem Range einer königlichen Stadt aufschwingen. Diese Ansprüche mögen einmal begründet gewesen sein, jetzt waren sie seit langem vergessen und das Stift Ossegg übte unbestritten seine Herrschaft über Klostergrab aus. Seit dem J. 1609 ward jedoch dieser Streit wieder aufgeregt und bei der damaligen bis nach Rudolfs Tode dauernden Niedergeschlagenheit der Katholiken geschah es, dass die Klostergraber ihren Bau aufführen und einen Prediger anstellen konnten, ohne sich um ihren Grundherrn zu kümmern. Nun wandte aber der Erzbischof von Prag, der als Nutzniesser der Güter des ossegger Klosters auch die Gutsherrlichkeit über Klostergrab in Anspruch nahm, seine Aufmerksamkeit dieser Stadt zu. Die Bürger wurden durch alle Mittel, die zu jener Zeit in der Hand eines Gutsherrn lagen, zum Besuche des katholischen Gottesdienstes genöthigt, der Prediger entfernt und die Kirche durch Anlegung von Siegeln <small>Ende 1614</small> der ferneren Benützung entzogen. *) — Jetzt erhob sich auch der Abt von Braunau und hinderte die protestantischen Bürger der genannten Stadt ebenfalls an dem weiteren Besuche ihrer Kirche.

Man darf nicht glauben, dass die Defensoren den immer weiter gehenden Angriffen gegen die protestantischen Glaubensinteressen gleichgiltig zusahen. Kaum hatte die Reformation auf den königlichen Gütern begonnen, als sie auch gegen diese Vorgänge protestirten. **) Ihr Protest erhielt jedoch keine andere Antwort, als dass der Erzbischof seine Reformation, namentlich in Neustraschitz und Klostergrab, mit grösserem Eifer betrieb und der Abt von Braunau Muth zu dem angedeuteten Schritte bekam. In dem Generallandtage, der im Jahre 1615 in Prag zusammenkam, glaubten die Protestanten endlich die Ge-

---

*) Andere Apologie Nr. 75—79 und 82.
**) Supplik der Defensoren in der andern Apologie. Ausgabe Schubert S. 298.

legenheit gefunden zu haben, dem Kaiser selbst ihre Beschwerden vorzulegen und mit Nachdruck eine Aenderung der Regierungspolitik zu verlangen.

Es ist hier am Orte anzudeuten, welche Stellung Mathias persönlich zu den kirchlichen Streitigkeiten einnahm, wann er sich der religiösen Restaurationspolitik, die seit 1613 aller Welt klar vor Augen lag, zuerst hingab und ob er die Stürme, die sich im Jahre 1615 in Böhmen gegen ihn vorbereiteten, nicht ahnte und fürchtete? Diese Untersuchungen nöthigen uns auf die gesammtösterreichischen Verhältnisse und den bisherigen Verlauf der kaiserlichen Regierung näher einzugehen.

II

Mathias hatte trotz seiner Neigung zur Ruhe, vom Anfange seiner Regierung an, keine andere Ansicht von seiner Aufgabe, als dass dieselbe in einer möglichst weit gehenden Schmälerung der neuen Religionsgesetze bestehen müsse. In Wahrheit stand er also auf demselben Boden wie Ferdinand II, er unterschied sich von demselben nicht in seiner Ueberzeugung und seinen Wünschen, sondern nur in der Entschlossenheit seiner Regierungsmassregeln. Wie weit der vorsichtige Khlesl zu dieser Ueberzeugung des Kaisers beigetragen hatte, ist am Ende gleichgiltig, Herr und Diener befanden sich stets in voller Uebereinstimmung. Beide waren nicht blind für die Gefahren einer, wenn auch nur bedächtigen Restaurationspolitik; aber da sie dieselbe für ein zwingendes Gebot gewöhnlicher Klugheit hielten, so wiesen sie dieselbe nicht zurück, sondern suchten sich nur vor den Folgen sicher zu stellen. Aus diesem Grunde hielten beide frühzeitig die Aufstellung eines Heeres innerhalb Oesterreich für eine gebieterische Nothwendigkeit und suchten seit Jahren nach den hiezu nöthigen Mitteln. Gleich von Frankfurt aus schickte Mathias, unmittelbar nach dem Empfange der Kaiserkrone, einen Gesandten nach Madrid und ersuchte Philipp III um Geld zur Ausrüstung eines Heeres gegen seine ketzerischen Unterthanen. Der König war selbst in zu grosse Schwierigkeiten verwickelt, um diese Bitte befriedigen und neben dem niederländischen Heere auch noch ein österreichisches sich auf den Hals laden zu können. Hunderttausend Gulden jährlich und die Unterhaltung von 3000 Mann für den Kriegsfall war alles, wozu er sich verbindlich machen wollte. *)

Etwas später schickte der Kaiser den Grafen Colalto nach Rom und liess den Papst um eine Unterstützung gegen die Türken, von denen er mit einem Kriege bedroht werde, ersuchen. In der Audienz, die Paul V dem Gesandten gewährte, erzählte derselbe, die Anmassungen der Türken gingen so weit, dass sie sich Siebenbürgens zu bemächtigen suchten, und dadurch den Kaiser zu Rüstungen nöthigten. Es komme nun Alles darauf an, ob er mit eigenen Mitteln ein Heer zu Stande bringen werde, oder ob er sich deshalb an seine protestantischen Unterthanen wenden müsse. Im ersten Falle stehe das Heer in seiner Macht, im zweiten Falle seien die Ketzer die Herren der Armee und er vollständig in ihrer Gewalt. Von dem Beistande Seiner Heiligkeit und anderer christlicher Fürsten hänge es ab, ob Mathias den einen oder den anderen Weg betreten werde. Sei der Kaiser im Stande, sich auf die eigenen Mittel und die seiner Freunde zu stützen, so könne er den Türken nicht nur besser widerstehen, sondern sich auch seines Heeres gegen die einheimischen Feinde bedienen und ganz „wunderbare" Wirkungen mit demselben hervorbringen. Alles dies sei so leicht ausführbar und zugleich so folgenreich, dass der Kaiser in gewisser Beziehung den Türken für ihre Anmassung dankbar sein müsse, weil sie ihm Gelegenheit zu Rüstungen gäben, ohne dass die Ketzer einen Argwohn schöpfen könnten. Vergebens malte jedoch Colalto's Beredsamkeit dieses Zauberbild aus; Paul V, obwohl ein Sparmeister, hatte keine so grossen Summen zur Verfügung, um die Kosten einer Restaurationspolitik zu tragen, wenn die Endziele ihm auch noch so sehr gefielen und wenn er überhaupt geneigt gewesen wäre, seine Ersparnisse andern Personen als seinen Verwandten zuzuwenden. **) So waren die Bitten des

---

*) Simancas, Correspondenz Zuñiga's in den J. 1612 u. 1613.
**) Simancas. El Conde de Castro a Felipe III dd. Roma 16. Nov. 1613. Dieser Brief enthält einen umständlichen Bericht über Colalto's Sendung.

Kaisers in Madrid und in Rom auf unfruchtbaren Boden gefallen. Sein letzter Ausweg war der Reichstag von Regensburg: wir wissen, wie wenig es ihm auch da gelang, ein günstiges Resultat zu erreichen.

Fast anderthalb Jahre waren so für Mathias unter der Bemühung verflossen, mit fremdem Gelde Rüstungen anzustellen. Die Verhältnisse hatten sich mittlerweile derart zu seinen Ungunsten verschlechtert, dass er die Armee, deren er ursprünglich zum Angriffe bedurfte, bald zu seiner Vertheidigung nöthig haben konnte. Seine anderthalbjährige Restaurationspolitik trug endlich ihre Früchte. Obgleich dieselbe sich überall nur zögernd und tappend geltend gemacht hatte und nur in einzelnen Streitfällen den Protestanten auf den Leib gerückt war, so waren die letzteren doch überall und namentlich in Böhmen auf das heftigste gereizt. Im Frühjahr 1613 berichtete der bairische Agent Viepeckh nach Hause, dass es in diesem Lande wie bei einem heranxahenden Sturme anssehe und man daselbst überzeugt sei, dass der Kaiser seinen Zusagen in Betreff der Religion nicht nachkommen wolle.*) Und so wie man in Böhmen dachte, so war dies auch in den andern Ländern der habsburgischen Monarchie der Fall.

Für Mathias war diese Stimmung kein Geheimniss, er wusste recht wohl, dass er das Vertrauen, welches die Protestanten überall zu ihm gefasst, gründlich zerstört habe und dass der Zustand sämmtlicher ihm unterthanen Länder im höchsten Grade bedenklich sei. Man kann die gefährliche Sachlage nicht mit kräftigeren Farben schildern, als er es selbst in einem Schreiben an Ferdinand gegen Ende des J. 1613, also zu einer Zeit that, in der das gute Einvernehmen zwischen beiden noch nicht gestört war. Als er vom regensburger Reichstage nur die ungewissen Versprechungen der Majorität nach Hause brachte, und den Versuch, sich mit Hilfe des Reiches zu rüsten, als eitel aufgeben musste, öffnete er sein, man kann sagen, bis in den Tod betrübtes Gemüth rückhaltlos dem Vetter und zeigte ihm alle die Schwierigkeiten, unter denen er leide. Er sei, sagte er,

*) Münchner Staatsarchiv. Viepeckh an H. Max. dd. 21. April 1613, Prag.

am Ende seiner Hilfsmittel, um die Herrschaft seines Hauses unversehrt zu erhalten. So lange er lebe, werde der Bau noch zusammenhalten, aber nach seinem Tode werde wohl alles aus den Fugen gehen und, was die Ahnen erworben, auf die Nachkommenschaft nicht vererbt werden. Er liess hierauf die einzelnen Länder vor seinen Augen die Revue passiren und schilderte dem Erzherzog in wenigen, aber treffenden Zügen sein Verhältniss zu denselben. Was das Erzherzogthum Oesterreich betraf, so war er im Zweifel, ob er den Ständen von Ober- oder denen von Niederösterreich schlechtere Absichten zutrauen solle. Er habe durch die äusserste Nachgiebigkeit bisher eine offene Empörung derselben zu verhüten getrachtet, aber die Stände harrten doch nur der Gelegenheit, sich seiner Herrschaft zu entwinden und conspirirten mit den Ungarn und mit der Union. Den Zustand der Dinge in Ungarn schilderte er einfach damit, dass er sich für völlig machtlos daselbst erklärte. Der Palatin — so ungefähr liess er sich aus — thut, was er will, und kümmert sich weder um meine Befehle, noch um meine Verbote. Wenn es sich darum handelt, dass die Ungarn mich gegen die Türken unterstützen sollen, rührt sich kein Mensch, sucht aber der Fürst von Siebenbürgen bei ihnen um Hilfe an, so wird in allen Comitaten die Sturmglocke geläutet. Ihr Plan geht auf die Absetzung unseres Hauses, der Palatin selbst äusserte sich darüber beifällig in einer Gesellschaft. Da er keine Deutschen in den Festungen dulden mag, sich die königliche Gewalt auf alle Weise aneignet, die Comitate und den Adel auf seine Seite zieht und überhaupt nichts thut, als die Mittel vorzubereiten, selbst oder durch seinen Nachfolger im Palatinate Uns die Krone zu entreissen, was bleibt Uns übrig, als Tag und Nacht auf Mittel zu sinnen, diesem Uebel zu begegnen? — Was Böhmen betrifft, so wissen Euer Liebden, wie es damit steht, ich kann daselbst keinen Landtag berufen, wenn ich nicht die ständischen Conföderationen zugeben (d. i. die im Jahre 1611 den Protestanten gemachten Versprechungen einlösen) will, und berufe ich keinen Landtag, so habe ich auf keine Steuern aus diesem Lande zu rechnen. In Schlesien zettelt der Markgraf von Jägerndorf schändliche Umtriebe wider Unser Haus an. Mit Mähren steht es wie mit Ungarn. Der Landeshauptmann Karl von Žerotin regiert im Lande, als ob er der Herrscher wäre und knüpft mit dem Auslande Verbindungen an, wo und wie es ihm gefällt. Kein Befehl von mir langt in Mähren an, ohne dass er seine Ausführung an Bedingungen knüpfen würde. *)

Es wurde bemerkt, dass die Gefahren, welche die habsburgische Herrschaft bedrohten und die Mathias selbst in dem eben angeführten Vertrauenssergusse so zutreffend schilderte, auf die Rechnung seiner kirchlichen Restaurationspolitik zu setzen waren. Ungarn machte indessen hierin eine wesentliche Ausnahme. Die Schwierigkeiten, denen der Kaiser daselbst begegnete, hatten zum geringen Theile in den religiösen Zwistigkeiten ihren Grund und wurzelten hauptsächlich in den politischen Bestrebungen der Magnaten und diesmal (1613) insbesondere in den ehrgeizigen Plänen des Palatins Thurso und in den Bewegungen, von denen Siebenbürgen seit mehreren Jahren zerrüttet wurde. Durch den Frieden von Wien (1606) war Stephan Bocskay von Rudolf und Mathias als Fürst von Siebenbürgen anerkannt und ihm zugleich der Besitz einiger ungarischen Comitate unter der Bedingung eingeräumt worden, dass nach seinem Tode alles an die ungarische Krone heimfallen solle. Bocskay starb noch im Jahre 1606, worauf die Siebenbürger an seine Stelle den Sigmund Ragoczy wählten. Obwohl diese Wahl nach der Bestimmung des wiener Vertrags nicht hätte vorgenommen werden sollen, so wurde sie doch von Rudolf II anerkannt, denn er besass keine Mittel, um sich Siebenbürgens zu bemächtigen. Schon 1608 entsagte Ragoczy seiner Würde, worauf Gabriel Báthory an seine Stelle trat. Auch diese zweite Verletzung des wiener Vertrags musste Mathias, der jetzt den ungarischen Thron einnahm, dulden und Bathory im Besitze Siebenbürgens und der angrenzenden ungarischen Comitate lassen. Der neue Fürst, ein verächtlicher Wüstling, vermochte sich nicht lange in seiner Würde zu behaupten. Bethlen Gabor, sein ehemaliger Feldoberster, erhob

---

*) Mathias an Ferdinand dd. 10. Nov. 1618 Linz. Archiv des k. k. Min. des Innern.

sich gegen ihn und diesem gelang es mit türkischer Hilfe nach einem längeren Kampfe, der einen Theil des Jahres 1613 ausfüllte, sich der Herrschaft von Siebenbürgen zu bemächtigen.

Der Streit der beiden Nebenbuhler wäre für den Kaiser eine günstige Gelegenheit gewesen, seine Rechte auf Siebenbürgen geltend zu machen. Allein abgesehen davon, dass ihm die Mittel fehlten, waren die Ungarn selbst einer solchen Machtvergrösserung keineswegs gewogen. Bethlen Gabors Auftreten begegnete bei ihnen den wärmsten Sympathien und der Palatin Thurzo blieb in ihrer Kundgebung hinter anderen nicht zurück. Es war nicht der Kaiser allein, dessen Furchtsamkeit den Palatin um dieses und anderer Gründe willen verwegener Absicht beschuldigte, auch unbetheiligte, aber wohl unterrichtete Beobachter urtheilten nicht anders. Der venetianische Botschafter Soranzo, der bis zum Jahre 1614 am kaiserlichen Hofe weilte, erzählte in seinem an den Senat von Venedig erstatteten Schlussberichte, dass Thurzo, dessen überaus grosse Klugheit er rühmt, nur auf eine passende Gelegenheit harre, um die Herrschaft in Ungarn an sich zu reissen. *) Der Kaiser kenne seine Absichten wohl, da er aber zu schwach sei, um seinen ehrgeizigen Gegner zu unterdrücken, müsse er vorläufig Vertrauen heucheln. Auch Soranzo findet die Ursache der ungarischen Gefahren nicht in der religiösen Restaurationspolitik des Kaisers, sondern in dem allgemeinen Hasse gegen die habsburgische Herrschaft. Die Ungarn gewöhnten sich sogar im Geiste an die Herrschaft der Türken, von denen sie sich ohnedies in Kleidung und Sitten nur wenig unterschieden. **)

Indem der Kaiser alle Gefahren, die ihn zu erdrücken

---

*) Fiedler: Soranzo's Bericht im XXVI Band der Fontes rerum Austriacarum.

**) Soranzo sagt, dass die Ungarn odiano naturalmente la casa d'Austria, et si come nelli habiti et nelle lor maniere poco discostano da Turchi: cosi van accomodando il lor animo et il lor pensieri à rendersi soggetti alle leggi et alla tirannide Mahomettana, massime che il popolo viene tenuto da quei Baroni come veri schiavi in tanto che molti d' essi desiderano sottrarsi da tanta barbarie et render si affatto soggetti à Turchi.

Gindely: Geschichte des böhmischen Aufstandes von 1618.

drohten, in dem Schreiben an Ferdinand richtig würdigte, dachte er doch keineswegs an eine Aenderung seiner inneren Politik. Er blieb bei seinem frankfurter Entschlusse; wie er damals den künftigen Gefahren durch ein Heer begegnen wollte, so jetzt den gegenwärtigen. Die bisherigen Misserfolge in Madrid, Rom und Regensburg hatten ihn nicht auf andere Gedanken gebracht, sondern sein Verlangen nach einem Heere nur gesteigert und Ferdinand sollte ihm nun Rath ertheilen, wie die nöthigen Mittel herbeizuschaffen seien. Als habe er diese Mittel schon in den Händen, äusserte er auch in dem Schreiben an den Erzherzog seine Freude über Bethlen Gabors Auftreten, da ihm dies eine passende Gelegenheit biete, ohne allzugrosses Aufsehen die nöthigen Rüstungen anzustellen und mit einem Schlage nicht bloss die Gegner in Ungarn niederzuwerfen, sondern auch seine übrigen Provinzen an einen grösseren Gehorsam zu gewöhnen. Denn das gestand er dem Erzherzoge zum Troste ein, dass der Krieg gegen die Türken und Bothlen Gabor nur „der Schein" (d. i. der scheinbare Vorwand) sei, das „Fundament aber, um dessentwillen er das Schwert ziehen wolle, ist Gottes und unseres Hauses Erhaltung."

Wie sehr Ferdinand die Befürchtungen und Wünsche des Kaisers theilen mochte, Geld konnte er ihm keines geben. So konnte es scheinen, als sei Mathias am Ende seiner Combinationen angelangt, allein das war nicht der Fall. Mit einer eigenthümlich raschen Biegsamkeit des Willens beschloss er jetzt, von seinen Unterthanen selbst zu verlangen, was er zu ihrer Bekämpfung von fremden Fürsten nicht erlangen konnte: ein Entschluss, der von keiner grösseren Voraussicht zeigte, als jener, der ihn in Rom und Regensburg um ein Almosen bitten liess. Zu diesem Ende wollte er die verschiedenen Landtage berufen und von den Ständen neben den gewöhnlichen Steuern auch noch einen entsprechenden Beitrag für die Ausrüstung eines Heeres verlangen, dessen Zweck in den officiellen Ansprachen natürlich nur der Marsch nach Siebenbürgen sein sollte. Der Anfang sollte mit Böhmen gemacht werden. Mathias wollte sich den grössten Schwierigkeiten zuerst entgegenstellen, denn er musste erwarten, dass sich die böhmischen

Stände nicht einfach in eine Verhandlung seiner Forderungen, sondern in eine Erörterung seiner religiösen Restaurationspolitik einlassen würden, dass sie ihn namentlich an seine Versprechungen von 1611 erinnern und deren Einlösung von ihm verlangen würden.

Die Versprechungen von 1611 hatten ihre nächste Veranlassung in den Vorgängen zur Zeit des passauer Einfalls. Als in Folge desselben Rudolf abgesetzt und Mathias hauptsächlich durch Zuthun der Protestanten auf den böhmischen Thron erhoben wurde, verlangten die letzteren Garantien, um für die Zukunft vor einer gewaltsamen Unterdrückung sicher zu sein. Mit vier Schlagworten: *Conföderation*, *Defension*, *Kreistage* und *Erbeinigung* wurden diese Garantien bezeichnet. Die böhmischen Stände wünschten nämlich den Abschluss eines Bündnisses (Conföderation genannt) mit den Ständen sämmtlicher übrigen unter des Mathias Scepter vereinten Länder, zum wechselseitigen Schutze ihrer Rechte und Freiheiten. Zur Grundlage dieses Bündnisses sollte eine Organisirung der gemeinsamen Wehrkräfte, oder wie man es nannte, eine neue Defensionsordnung dienen. Ferner verlangten die böhmischen Stände für sich das ihnen von Ferdinand I entrissene Recht, sich beliebig in den einzelnen Kreisen, in die Böhmen zerfiel, auf sogenannten Kreistagen versammeln und ihre Angelegenheiten berathen zu dürfen. Endlich wünschten sie die Erneuerung der Bündnisse, die in alten Zeiten mit Kursachsen, Kurbrandenburg, Polen u. s. w. abgeschlossen worden waren. Mathias war im Jahre 1611 den böhmischen Ständen gegenüber das bindende Versprechen eingegangen, wegen dieser vier Punkte seiner Zeit einen Generallandtag einberufen und zu den betreffenden Berathungen auch die Stände von Ungarn und Oesterreich einladen zu wollen. Er gab das Versprechen nicht gern, denn er sah recht gut ein, welche Gefahr darin liege, wenn bei einem gemeinsamen Bündnisse sämmtlicher österreichischen Länder die Stände *allein* zu bestimmen hatten, ob ihre Rechte und Freiheiten verletzt worden seien oder nicht, und sie demgemäss auch *allein* über anzustellende Rüstungen entscheiden sollten. In einer so beschaffenen allgemeinen Conföderation lag die Möglichkeit, dass die Stände auf gesetzlichem Wege sich der ganzen Executive bemächtigen und ihren Herrscher ohne Mühe beseitigen konnten.

Trotz der augenscheinlichen Gefahr, welche selbst bei normalen Verhältnissen in der Conföderation lag, gab indessen Mathias nicht nur das Versprechen ab, über diesen und die andern Punkte gleich den ersten böhmischen Landtag im Verein mit den Deputationen der übrigen Provinzen berathen zu lassen, sondern auch die voraussichtlichen Beschlüsse der Stände bestätigen zu wollen. So ausserordentliche Versprechungen konnten nur gemacht werden, wenn ihre Erfüllung nicht ernstlich beabsichtigt wurde, und in der That war dies bei Mathias der Fall. Deshalb mied er im Jahre 1612 und 1613 die Berufung eines böhmischen Landtages und zog es trotz seiner financiellen Noth vor, Böhmen in den beiden genannten Jahren unbesteuert zu lassen! Die böhmischen Protestanten, die sich im Jahre 1611 grossen Hoffnungen hingegeben hatten und die in der künftig abzuschliessenden Conföderation den ausgiebigsten Schutz für ihre religiöse Sicherheit zu finden hofften, bemerkten mit steigendem Misstrauen die lange Zögerung in der Berufung des Generallandtages. Ueber die wahren Ursachen derselben konnten sie nicht im Zweifel bleiben, wenn sie die gleichzeitig sich entfaltende religiöse Restaurationspolitik betrachteten. Und wenn bei ihnen noch eine Täuschung über das Fahrwasser, in dem sich das Regierungsschiff bewegte, obwaltete, so wurden sie darüber durch zahlreiche vertrauliche Mittheilungen über die kriegerischen Absichten des Kaisers vollends belehrt; denn die an alle Welt gerichteten Bitten des kaiserlichen Cabinetes um Geld zur Anstellung von Rüstungen gegen die Türken, die dabei hie und da im Vertrauen gemachten Mittheilungen, dass dies eigentlich mehr den Protestanten als den Türken gelte, waren auch zur Kenntniss der Bedrohten gekommen und ergänzten dadurch jene Vermuthungen, denen sich ihr Misstrauen ohnedies hingegeben hatte.

Gegen Ende des Jahres 1613 reiste Mathias nach Tabor und berief die obersten Beamten von Böhmen dahin. Er theilte ihnen seinen Entschluss wegen Berufung eines Landtages mit und bestimmte dessen Zusammenkunft, unter dem Vorwande einer in Prag wüthenden Pest, nach Budweis auf den 29. Januar 1614. Rasch verbreitete sich im Lande die Nachricht, dass der Kaiser weder einen Generallandtag berufen, noch die vier Punkte des Jahres 1611 berathen lassen wolle. Die Aufregung über diesen Wortbruch war gross, fast der gesammte Adel erklärte im ersten Augenblick, sich in Budweis nicht einfinden zu wollen.*) Das grösste Aufsehen erregte hiebei die Nachricht, dass der Kaiser den obersten Beamten erklärt habe, der Landtag müsse sich mit der Bewaffnung beschäftigen, damit ein Feldzug gegen Bethlen Gabor unternommen werden könne. So hatten die Befürchtungen vor den kaiserlichen Rüstungen eine greifbare Gestalt bekommen. Als die Zeit der Eröffnung des Landtages heranrückte, wurde jedoch die Opposition in einem Punkte nachgiebiger, nämlich in Betreff der Beschickung; es fanden sich zwar die Vertreter des Landes minder zahlreich in Budweis ein, als sonst, doch that dies der Vollständigkeit des Landtages keinen Abbruch. Insbesondere erschienen die Häupter der Opposition vollzählig auf dem parlamentarischen Kampfplatze.

Der Kaiser fand sich bei der Eröffnung des Landtages mit einem stattlichen Gefolge in Budweis ein. In seiner Begleitung erschien auch Graf Buquoy, der sich im Kampfe gegen die Holländer nicht wenig ausgezeichnet hatte und von dem man sich in die Ohren raunte, dass er zum Commandanten über die künftige österreichische Armee ausersehen sei. Da sämmtlichen in spanischen Diensten geschulten Generalen etwas von der Inquisition anzukleben schien, so wurde seine Erscheinung in Böhmen als eine Art Drohung aufgenommen und das Betragen der Katholiken selbst gab hierzu nicht geringe Veranlassung. Die Jesuiten, welche man, obwohl mit Unrecht, als die Mitwisser aller Geheimnisse des kaiserlichen Cabinets ansah, beurkundeten doch ein richtiges Ahnungsvermögen, als sie dem General zu Ehren ein Schauspiel in Budweis aufführen liessen, welches verblümt und unverblümt andeutete, was die

---

*) Sächs. Staatsarchiv 6239. Zeidlers Avisen dd. 18/28 Dec. 1613.

Katholiken in Bezug auf die österreichischen Länder von ihm hofften und erwarteten.

Am 29. Januar wurde der Landtag in Budweis eröffnet. In der königlichen Proposition wurde die bedrohliche Lage der Dinge in Ungarn auseinandergesetzt und daran die Forderung geknüpft, die Stände sollten die Kosten zur Unterhaltung von 6000 Mann zu Fuss und 2000 Reitern tragen, einen Beitrag zur Instandhaltung der ungarischen Grenzfestungen leisten und endlich die Bezahlung eines Theiles der königlichen Schulden auf sich nehmen. Wenn die übrigen Länder nach gleichem Massstabe das Heer vergrösserten, wie dies jetzt den Böhmen zugemuthet wurde, so musste, selbst mit Ausschluss der inner- und vorderösterreichischen Länder, eine Armee von 30,000 Mann zu Stande kommen, ungerechnet jene Mannschaft, die Mathias entweder auf eigene Kosten ausrüstete oder die mit spanischem Gelde bezahlt wurde. Dies konnte eine Armee werden, wie man sie seit Menschengedenken in Oesterreich nicht gesehen hatte. Die Opposition machte sich gleich im Beginne der Verhandlungen geltend, statt auf die Berathung der königlichen Proposition einzugehen, beschlossen die Stände vorerst die Angelegenheit der vier Punkte zu erörtern. Da sich diesem oppositionellen Schritte alle Räthe des Hof- und Kammergerichtes anschlossen, so wurden sie deshalb vor den Kaiser berufen, und von diesem persönlich wegen ihrer Haltung zur Rede gestellt. Die Mehrzahl der Getadelten schwieg, einige entschuldigten sich und erklärten, sie hätten nicht die Absicht gehabt, ihrem Könige entgegenzutreten, Wenzel von Ruppa blieb aber fest und erwiederte: er sei durch sein Amt nicht bloss dem Könige, sondern auch dem Lande verpflichtet. — Jedenfalls erzielte die persönliche Intervention des Kaisers kein günstiges Resultat, denn die Stände lehnten nach wie vor die Berathung über die königliche Proposition ab und verlangten die Auflösung des Landtages, sowie die Berufung des versprochenen Generallandtages. Ihre Gereiztheit gab sich in öffentlichen und privaten Zusammenkünften in den verwegensten Reden kund. Fremde diplomatische Agenten, die die öffentliche Stimmung sorgfältig studirten, empfanden den Eindruck, als ob die Böhmen schon jetzt die Absetzung des Kaisers im Schilde führten, und berichteten in dieser Weise an ihre Herren. Die loyalen Anhänger des Erzhauses befanden sich dieser Stimmung gegenüber in grosser Verlegenheit. Jaroslaw von Martinitz entfernte sich in Budweis aus einer Versammlung seiner Standesgenossen, weil er ihre revolutionären Ausbrüche nicht länger anhören zu dürfen glaubte. *)

Mathias zögerte nicht lange mit einem zweiten Versuche zur Beschwörung des Sturmes. Er lud die Herren Wenzel von Ruppa, Wilhelm von Lobkowitz und den Grafen Andreas Schlick zu einer abermaligen Besprechung ein und suchte sie seinen Wünschen günstiger zu stimmen. Das nahezu bittweise Auftreten des Monarchen besänftigte die Häupter der Opposition und der Landtag liess darauf in seiner schroffen Haltung etwas nach. Die Stände verlangten nicht mehr die Auflösung des Landtages, zeigten sich erbötig, dem Kaiser in seinen dringendsten Bedürfnissen zu helfen und bewilligten für das laufende Jahr die Erhebung der gewöhnlichen Steuern. Aber damit hatte auch ihre Nachgiebigkeit ein Ende, weder wollten sie von einer Uebernahme der Schulden, am allerwenigsten aber von der Ausrüstung der ihnen zugemutheten 8000 Mann etwas wissen. Dafür musste Mathias den Ständen einen Revers ausstellen, dass er nunmehr sicher einen Generallandtag bis zum Monat Januar 1615 berufen und demselben die Berathung der vier Punkte vorlegen werde.

Diesen verhältnissmässig glimpflichen Abschluss sollte jedoch der budweiser Landtag nicht haben. Was die Wortführer der Opposition hier sahen und hörten, bestärkte sie in ihrer Ueberzeugung von den gewaltthätigen Absichten des Hofes und von dem wahren Zwecke der angestrebten Rüstungen; sie

---

*) Die Acten über den Budweiser Landtag theils im böhmischen Landesarchiv, theils im sächsischen Staatsarchiv (An der Buch Relationum Num. 8239, Zeidlers Berichte an den Kurfürsten von Sachsen über die böhmischen Angelegenheiten enthaltend, dd. $\frac{6. \text{Feb.}}{27. \text{Jan.}}$ und $\frac{10}{20}$. Feb. 1614). Ferner MS Bibl. Strah. Der Landtag von Budweis. — Wiener Staatsarchiv Cod. Misc. 491 und Cod. 21. und Münchner Reichsarchiv. Bodenius an H. Maximilian dd. 16. Feb. 1614.

bezweifelten nicht, dass die religiöse Frage unter solchen Umständen keine Lösung erhalten, sondern nur noch schärfer zugespitzt werden würde. Am passendsten wäre es gewesen, wenn sie durch ihren Einfluss den Landtag vermocht hätten, in einer Art von Adresse seine gesammten Beschwerden und Befürchtungen zusammenzufassen und Mathias zu überreichen. In der Abfassung derartiger Actenstücke herrschte jedoch in jener Zeit eine gewisse Schwerfälligkeit und Unaufrichtigkeit, vielleicht beschlich auch den Landtag einige Zaghaftigkeit und hielt ihn von der Berathung einer Schrift zurück, die ein Libell zu werden drohte.*) Was der Landtag nicht thun wollte oder sich nicht zu thun getraute, und wovor selbst die bewährten Mitglieder der Opposition zurückschraken, wagten schliesslich auf eigene Faust zwei Männer vom Schwerte, die in Böhmen kaum als Eingeborne, sondern als Gäste zu betrachten waren. Es waren dies Freiherr Leonhard Colonna von Fels und Graf Heinrich Mathias von Thurn.

Die Freiherren von *Fels* waren ein tiroler Geschlecht, das erst im 16. Jahrhunderte nach Böhmen gekommen war. Unter Ferdinand I zeichnete sich ein Colonna von Fels als einer der Anführer der kaiserlichen Truppen in Ungarn aus. Königliche Gnadenbezeugungen bahnten ihm und seinen Nachkommen den Weg nach Böhmen und veranlassten sie, daselbst ihren bleibenden Sitz aufzuschlagen.

Auch die Grafen von *Thurn* waren kein heimisches, sondern erst seit wenigen Jahrzehnden in Böhmen und Mähren ansässiges Geschlecht. Der Glanz, der später das Reichsfürstengeschlecht der Thurn und Taxis über diese Familie verbreitete, hatte mannigfache Forschungen über die eigentliche Heimat derselben zur Folge, deren Resultat in beleibten Foliobänden aufgespeichert ist.**) Nach diesen waren die Thurn Nachkommen Karls des Grossen, die sich am Schlusse des 10. Jahrhun-

---

*) Dass in der That die böhmischen Stände trotz aller Opposition nicht frei von Furcht waren, ersieht man aus Zeidler's Avisen aus Prag dd. 18 28 Decem. 1618.
**) Flacchio: Généalogie de la très-illustre maison de la Tour.

derts nach dem Falle des letzten karolingischen Herrschers aus Frankreich nach Italien geflüchtet hatten. Es ist indessen nicht nöthig, bei den Grafen Thurn nach so nebelhaften Ahnen zu suchen, um ihnen eine berühmte Vergangenheit zu geben; denn ihre, wie es scheint, zweifellose Abstammung von den della Torre, die im 13. Jahrhunderte in Mailand die hervorragendste Rolle spielten und bis zum Beginne des 14. Jahrhunderts, also noch vor den Visconti's, die Herrschaft inne hatten, stellt sie in gleiche Linie mit den berühmtesten Geschlechtern Italiens, deren Namen nur deshalb bekannter ist, weil ihr Ruhm ein jüngerer ist. Nach ihrem Falle in Mailand finden wir die Thurn in Aquileja, Kärnthen, Görz und den angrenzenden Gegenden begütert und sehen sie unter dem Adel dieser Länder eine bedeutende Rolle spielen. Im 16. Jahrhunderte gelangten verschiedene Zweige dieses Geschlechtes in den Besitz des Grafentitels. Graf Franz Thurn kam wahrscheinlich in Folge von Kriegsdiensten, die er den habsburgischen Herrschern in Ungarn geleistet, in den Besitz mehrerer Güter in Böhmen und Mähren und trat so in die Reihe der böhmischen Landstände ein.*) An die neue Heimat fesselten ihn bald um so stärkere Bande, als seine beiden Frauen, die er nacheinander heirathete, böhmischen Geschlechtern angehörten. Seine erste Gemahlin war Ludmilla von Berka, seine zweite Barbara Gräfin von Schlick. Aus der ersten Ehe hatte er vier Kinder, aus der zweiten eilf und unter diesen Heinrich Mathias, die Seele und den Urheber des böhmischen Aufstandes.

Aus den ersten Lebensschicksalen des jungen Heinrich Mathias hätte man wohl nicht auf seine spätere Rolle schliessen können. Er wurde nicht im Hause des Vaters, der schon im Jahre 1586 starb, erzogen, sondern in frühester Jugend nach Krain geschickt und wuchs da bei seinem Vetter, dem Landes-

---

*) Aus einem im gräflich thurn'schen Archiv in Bleiberg aufbewahrten Theilungsvertrage von 1584 zwischen den Kindern des G. Franz Thurn ist ersichtlich, dass derselbe ausser seinen kärnthner Besitzungen noch die Güter Pürschitz und Wlassatic in Mähren und Lipnice in Böhmen besass

hauptmann von Krain, Grafen Hans Ambrosius Thurn, der gleichfalls mit einer Gräfin Schlick verheirathet war, auf.*) Hans Ambrosius war ein eifriger Katholik und was noch mehr ist, einer der vertrautesten Diener und Rathgeber der Mutter Ferdinands II, der bairischen Prinzessin Maria. Im Archive von Bleiburg, dem Stammsitze der heutigen kärnthner Linie der Grafen Thurn, werden eine beträchtliche Anzahl Briefe dieser Dame an Ambrosius Thurn aufbewahrt, die in jeder Zeile ein sprechender Beweis von der hohen Achtung, dem unbegrenzten Vertrauen und der innigen Freundschaft der Erzherzogin für den genannten Grafen sind. Man darf wohl annehmen, dass in Folge dieser persönlichen und so äusserst freundlichen Beziehungen im Hause des Grafen Ambrosius von der steirischen Linie der Habsburger nur mit Achtung und Liebe gesprochen wurde und dass also die ersten Jugendeindrücke des Mathias Thurn keine für die Habsburger und speciell für Ferdinand II feindselige gewesen sein können. Auch Ferdinand erwies dem vertrauten Diener seiner Mutter eine hohe Achtung und wandte sich in seinen späteren Nöthen, selbst nach dem Ausbruche des böhmischen Aufstandes, an den bereits über 80 Jahre alten Hans Ambros mit mancherlei Bitten. — Es liegen Beweise vor, dass Mathias sich die Neigung seiner Pflegeeltern gewonnen habe. Ob er, der von seinem Vater her ein Protestant war, sich ihnen während seiner Erziehung im Glauben angeschlossen hatte, darüber liegen zwar keine Andeutungen vor, dürfte aber immerhin möglich sein. Doch kennt man ihn von seinem ersten öffentlichen Auftreten an nur als einen Protestanten. Die Erziehung ausserhalb der väterlichen Heimat machte, dass Thurn im Gegensatze zu den Brüdern und Schwestern, die in Mähren lebten und das Böhmische wie ihre Muttersprache verstanden, vorzugsweise nur deutsch sprach, von dem Böhmischen nie mehr als eine mangelhafte Kenntniss erlangte und sich desselben nur im Nothfalle bediente. Als junger Mann trat er in kaiserliche Kriegsdienste, kämpfte gegen die Türken in Ungarn

---

*) Der Grossvater des Hans Ambrosius Thurn und der Grossvater des Heinrich Mathias Thurn waren Brüder.

und befehligte schliesslich ein Reiterregiment. Nach dem Abschlusse des Friedens von Zsitva-Torok nahm er in Böhmen seinen Aufenthalt. Mit seinen Brüdern hatte er schon früher das väterliche Erbe in der Weise getheilt, dass er denselben alle Besitzungen in Mähren überliess und hiefür eine Geldentschädigung nahm. Ob ihm eines oder das andere von den böhmischen Gütern des Vaters zugefallen war, ist uns nicht weiter bekannt, doch mag er in Böhmen nicht ganz besitzlos gewesen sein, weil sonst nicht begreiflich wäre, wie er an den Landtagsverhandlungen von 1609 hätte Theil nehmen können. Sein Hauptantheil am väterlichen Erbe lag in Kärnthen, dort besass er theils pfand-, theils lehnsweise Greifenburg, Igelsdorf, Obervellach, Stall, Kleinkirchheim und die Maut im Gailthale.*) Ueber den Umfang und die Erträgnisse dieses Besitzthums sind keine näheren Daten bekannt, jedenfalls scheint aber Thurn nicht so arm gewesen zu sein, wie man gewöhnlich annimmt. Er war zweimal verheiratet, das erstemal mit Maria Rudolfsegg von Aspern und Lochorf, das zweitemal mit Isabella von Teufenbach. Aus der ersten Ehe hatte er einen Sohn, Franz Bernard, der im böhmischen Aufstand seine ersten Kriegsdienste leistete.

Seit Thurn seinen Aufenthalt in Böhmen genommen hatte, wandte er den religiösen Verhältnissen des Landes grosse Aufmerksamkeit zu, ohne gerade persönlich ein besonderes Interesse für die subtilen Glaubensstreitigkeiten zu besitzen. Auf dem Landtage von 1609, auf dem die Böhmen sich den Majestätsbrief erkämpften, war er in den vordersten Reihen der Opposition und übernahm das Commando der ständischen Truppen, als die Protestanten sich bewaffneten, um den Kaiser Rudolf II zur Nachgiebigkeit zu zwingen. Obwohl das übernommene Commando ihm keine Gelegenheit verschaffte, kriegerische Lorbeern zu pflücken, so wurde sein Namen doch in ganz Böhmen bekannt. Seine Bereitwilligkeit, sich an ihre Spitze zu stellen, verschaffte ihm unter den Protestanten ein grosses Ansehen, er

---

*) Aus einem Aufsatze des kärnthner Historikers Herrmann über den Grafen Thurn.

wurde ebenso für deren militärisches Haupt angesehen, wie
Budowec für ihr geistliches galt. In dem Kampfe zwischen
Rudolf und Mathias im Jahre 1611 erklärte sich Thurn für
den letzteren, half ihm zur Besteigung des böhmischen Thrones
und wurde dafür mit dem reich dotirten Burggrafenamte von
Karlstein, das dem durch den passauer Einfall compromittirten
Slawata genommen wurde, belohnt. Thurn war es, der bei dieser Gelegenheit am eifrigsten von dem neuen Könige die
Bewilligung der oben erwähnten vier Punkte verlangte und sich
dadurch bei den entschiedenen Protestanten neue Anrechte auf
ihre Dankbarkeit erwarb, so dass er je länger je mehr als ein
wahrer Sohn des Landes angesehen wurde. Wenn etwas die
allgemeine Sympathie, deren er sich erfreute, erhöhen konnte,
so war es die Art und Weise, wie er die Stelle eines Glaubens-
defensors, zu der er im J. 1609 von den protestantischen Ständen gewählt worden war, ausfüllte. Als sich in der braunauer
Kirchenfrage die katholische Restaurationspolitik geltend machte,
erhob er seine Stimme gegen diese Verkürzung und gehörte
überhaupt während der Jahre 1612 und 1613 zu den aufmerk-
samsten und unerschrockensten Vertretern seiner Partei. So
hatte er sich nach und nach eine Stellung geschaffen, dass seine
Stimme unter seinen Glaubensgenossen einen gewichtigen Klang
hatte und seine Meinung bei einer Krise entscheidend in die
Wagschale fallen musste. Wir dürfen indessen nicht unerwähnt
lassen, dass seine Uneigennützigkeit nicht fleckenlos dasteht. Vor
dem passauer Einfall hatte er sich gegen Mathias erboten, den
böhmischen Landtag zur Zahlung von Subsidien für die Unterhaltung der ungarischen Grenzfestungen bestimmen zu wollen
und hiefür eine Herrschaft als Belohnung verlangt.

Diese zwei Männer, Thurn und Fels, wagten es in einer
Schrift*) den Besorgnissen der Stände über die Entwicklung
der kaiserlichen Politik einen rückhaltslosen Ausdruck zu geben.
In einer geheimen Audienz, die ihnen am 26. Februar zu
Theil wurde, überreichten sie dieselbe in ihrem beiderseitigen
Namen dem Kaiser unter Versicherungen ihrer ergebensten

---

*) Die Schrift befindet sich im Archiv des k. k. Minist. des Innern.

Treue. Der Grundgedanke dieses Actenstückes enthielt die Mahnung an den Kaiser, von der Ausrüstung einer Armee abzustehen, weil dies die grössten Gefahren heraufbeschwören und möglicherweise für den Kaiser den Verlust aller Kronen zur Folge haben dürfte. Die Stände würden jedes neue Kriegsheer ebenso misstrauisch betrachten, wie ehemals das passauische Volk; sie würden befürchten, dass es die Länder bedrücken, vor allem aber, dass es die Freiheit bei der Königswahl beeinflussen solle. Mit ironischer Schmeichelei hiess es dabei: Es sei gegen das passauer Volk nur mit höchster Anstrengung des Landes das Feld behauptet und die Freiheit der Wahl, *welcher Mathias seine Krone danke*, gesichert worden. Um alle Gründe für die beabsichtigte Werbung wegzuräumen, nahmen Thurn und Fels keinen Anstand, dem Kaiser den Rath zu ertheilen, sich wegen Siebenbürgens keine Mühe zu geben, denn wegen der entfernten Lage dieses Landes habe man gar keine Hoffnung auf nachhaltige Vertheidigung desselben und überhaupt sei alles verloren, sobald man sich von der „lieben Mutter", der Donau, entferne.

Die Ueberreichung der hier erörterten Schrift hatte keinen Erfolg, wahrscheinlich wurden beiden Verfassern statt aller Antwort nur ungnädige Blicke zu Theil. Thurn hatte sich vielleicht eingebildet, dass seine Schrift auf den Kaiser einen tiefen Eindruck machen und einen völligen Wechsel des Regierungssystems herbeiführen werde. Als er sich mit seinen Freunden von der Nichtigkeit derartiger Hoffnungen überzeugte, that er auf der abschüssigen Bahn der Opposition einen entscheidenden Sprung. Er begnügte sich nicht mehr mit jenen verwegenen Reden, die selbst den auswärtigen Diplomaten an ihm und der böhmischen Opposition aufgefallen waren, sondern knüpfte geradezu mit einem fremden Fürsten Verhandlungen zur Beseitigung der habsburgischen Dynastie an. Wenige Tage nach dem Schlusse des budweiser Landtages liess er im Verein mit dem Grafen Andreas Schlick und Wenzel Kinsky dem Kurfürsten von Sachsen melden, dass die böhmische Opposition zur Absetzung der Habsburger entschlossen sei und ihm (dem Kurfürsten) die Krone antragen wolle. Der sächsische Agent Khra, dem diese

Kaiser, vermöge des in Budweis ausgestellten Reverses, genöthigt war, auf demselben zuerst die vier bekannten Punkte erörtern zu lassen; in Linz war er dagegen an seinen Revers nicht gebunden und konnte seine eigenen Wünsche den Ständen zur Berücksichtigung empfehlen.

Als die Idee wegen Berufung eines Generalconvents im kaiserlichen Cabinet auftauchte, fand dieselbe durchaus nicht die allgemeine Billigung.*) Manche Räthe schraken geradezu vor einem Generalconvent zurück und meinten, der Kaiser biete selbst Hand zu den Verschwörungen und Bündnissen der Stände, wenn er sie zusammenkommen lasse. Auch der spanische Gesandte war dieser Ansicht und glaubte, dass ein Generalconvent die Auctorität des Kaisers beeinträchtige und dass der letztere die gemeinsamen Angelegenheiten seiner Länder, so wie die Frage über Krieg und Frieden, nicht durch den Beirath der Stände, sondern allein entscheiden solle. Dennoch beschloss der Kaiser die Berufung des Generalconvents und es mag hiebei die Meinung Khlesls den Ausschlag gegeben haben. Auf alle Fälle sollte nochmals der Versuch gemacht werden, ob nicht bei den vereinten ständischen Vertretern eine vertrauensvollere Gesinnung walte, als in den einzelnen Ländern selbst. Die Gesammtheit würde vielleicht kriegslustiger, wenn sie die Lage der Dinge im künstlichen Lichte der kaiserlichen Darstellung betrachtete. Die Gefahr vor den Türken war unbestreitbar da und wenn Siebenbürgen ins Bereich ihrer Macht gezogen wurde, so konnte dies auf die Oesterreicher, Steirer, Mährer u. s. w. weder tröstlich noch beruhigend wirken. Es kam darauf an, worauf schliesslich ein höherer Werth gelegt wurde, ob auf die Sicherheit vor den Türken oder auf die Bekämpfung der habsburgischen Herrschergelüste. Wenn auf den einzelnen Landtagen vorzugsweise die letztern gefürchtet und bekämpft wurden, so konnte vielleicht auf einem Reichstage oder einem Generalconvent der Hass gegen die Türken die Gemüther beherr-

---

*) Die Acten und Nachrichten über den Generalconvent in Linz sind theils im wiener Staatsarchiv, theils in der Correspondenz Zuñiga's mit der spanischen Regierung.

schen und einen kriegerischen Beschluss hervorrufen. Auch konnten in einer zahlreicheren Versammlung mit Hilfe der kleinen Provinzen, die theilweise in Hader mit den grösseren lebten, gute Erfolge erzielt werden. Es galt also den Versuch zu machen; endete er erfolglos, so war die Lage deshalb für den Kaiser nicht schlimmer geworden.

Nach dem Schlusse des böhmischen Landtages wurden die übrigen Landtage der Monarchie schleunig berufen und ihnen gleicherweise der Wunsch des Kaisers nach einem Heere bekannt gegeben. Alle waren mehr oder weniger schwierig. An alle wurde auch das Ansuchen gestellt, Ausschüsse aus ihrer Mitte nach Linz abzuschicken, wo die Heeresfrage ihre definitive Lösung erhalten sollte. Bezüglich Böhmens befand sich der Kaiser in nicht geringer Verlegenheit, da der Landtag von Budweis jede Sendung nach Linz abgelehnt hatte. Er half sich zuletzt damit, dass er den Statthaltern, den Beisitzern des Landrechts, des Hof- und Kammergerichtes, sowie den Defensoren den Befehl ertheilte, einen Ausschuss aus ihrer Mitte zu wählen und nach Linz zu schicken. Wahr ist es, dass die genannten Räthe, sowie die Defensoren alle Häupter der katholischen und protestantischen Partei in sich vereinten und nahezu die Hälfte der gewöhnlichen Mitgliederzahl des Landtages umfassten, aber trotz ihres moralischen Ansehens und ihrer Anzahl waren sie doch nicht der Landtag. Der Kaiser erreichte indessen seinen Zweck, da auf seinen Befehl eine Deputation nach Linz abgefertigt ward; sie bestand aus sieben Personen, darunter Adam von Waldstein, Wilhelm Slawata, Thurn, Fels und Johann von Klenau. — Zu dem linzer Generalconvent wurden auch die Stände von Innerösterreich und Tirol eingeladen. Mathias galt, als der älteste Prinz der deutschen Linie, in diesen Ländern als der oberste Herr, es entstand sonach kein Zweifel darüber, dass auch aus Tirol, Steiermark u. s. w. die ständischen Ausschüsse berufen werden müssten, und dies um so mehr, als man sich auf ihre dynastische Ergebenheit verlassen konnte. Der tiroler Landtag rechtfertigte diese Vermuthung nur zu sehr, denn als er, dem Wunsche des Kaisers nachkommend, eine Deputation zum linzer Generalconvent wählte, drückte er die Besorgniss aus, ob Mathias nicht einen grossen Fehler begangen habe, dass er die Wahl der Ausschüsse den verschiedenen Landtagen überliess. Für den günstigen Verlauf der Verhandlungen würde es nämlich besser sein, wenn Mathias aus den einzelnen Ländern Vertrauenspersonen, katholische wie protestantische, berufen hätte, und einer solchen aus seiner eigenen Wahl hervorgegangenen Versammlung die Erörterung über die einzuschlagende Politik überlassen würde. Mathias hätte gern diesen wohlgemeinten, aber etwas kindischen Rath befolgt, wenn es überhaupt angegangen wäre.

Die Eröffnung des Generalconventes sollte in Linz mit dem grössten Glanze vor sich gehen. Der Kaiser berief seinen Bruder, den Erzherzog Maximilian, und seinen Vetter, den Erzherzog Ferdinand, dahin. Auch Spanien und Belgien, weil von Mitgliedern derselben Dynastie beherrscht, waren vertreten. Für Philipp III fand sich sein Gesandte Balthasar von Zuñiga, für Erzherzog Albrecht der Graf Buquoy als Stellvertreter ein. Es konnte wohl nicht besser angedeutet werden, dass die Habsburger alle ihnen unterthanen Länder, wenn auch mehrfach getheilt, für einen gemeinsamen und unantastbaren Besitz ansahen, als wenn sie diese Anschauung am stärksten da hervortreten liessen, wo sie am heftigsten angefeindet wurde. Ursprünglich war bestimmt, dass der Generalconvent schon Ende Juli zusammentreten solle, doch musste die Eröffnung verschoben werden. Theils waren die Ausschüsse später erschienen, so zum Beispiel die schlesischen erst am 9. August, theils waren unter den Erschienenen Streitigkeiten über den Vorsitz ausgebrochen, die früher geschlichtet werden mussten.

Am 11. August um ein Uhr Nachmittags fand endlich die feierliche Eröffnung des, man kann sagen, ersten österreichischen Reichstages oder, wie er officiell genannt wurde, des „*Generalconventes*" statt. Sämmtliche Gesandten, etwa 70 an der Zahl, wurden in einen Saal beschieden, wo sie den Kaiser an einen Tisch gelehnt trafen, umgeben von den beiden Erzherzogen, von Zuñiga und Buquoy und dem Reichs-Vicekanzler Ulm. Der letztere ergriff im Namen des Kaisers zuerst das Wort, erörterte in einer längeren Rede die Gründe, welche zur Berufung der

Versammlung Anlass gegeben, worauf Mathias selbst den Inhalt des Vortrages in einigen Worten wiederholte und dann die beiden Erzherzoge ersuchte, den weiteren Verhandlungen unausgesetzt beizuwohnen und den Vorsitz zu führen. Hiermit war das Ceremoniell der Eröffnung zu Ende. Der Kaiser entfernte sich und die ganze Versammlung begab sich mit ihren Präsidenten an der Spitze in den Speisesaal des Erzherzogs Maximilian, um da die Verhandlungen zu beginnen. In einem ausführlichen Vortrage wurde dem Generalconvent der Stand der türkischen Angelegenheiten mitgetheilt. Es wurde darauf hingewiesen, dass durch den gegenwärtigen Fürsten von Siebenbürgen, Bethlen Gabor, dieses Land förmlich in türkische Botmässigkeit gefallen sei, dass jedoch bei den Siebenbürgern selbst der Wunsch vorherrsche, sich an die Christenheit anzuschliessen und dass die Türken ununterbrochen durch Streifzüge den Frieden verletzten. Diesem entsprechend wurden den Ständen mehrere Fragen vorgelegt, die sich auf folgende Punkte reducirten: 1. Ob man den Türken ungestraft die Verletzung des Friedens hingehen lassen dürfe und ob nicht die Stände als dessen theilweise Garanten auch seine Aufrechthaltung auf sich nehmen wollten? 2. Wie es mit Siebenbürgen zu halten, ob dasselbe Bethlen Gabor überlassen werden solle oder nicht? Nach Ablesung dieser Propositionen endigte die erste Sitzung. Die Ausschüsse entfernten sich, um abgesondert über das abzugebende Gutachten zu berathen.

Einen entscheidenden Einfluss auf den Gang der Verhandlungen musste die Haltung der Ungarn nehmen. Hätten sich diese auf die Seite des Kaisers gestellt und den Krieg gegen die Türken und Bethlen Gabor befürwortet, so würden sie die andern Provinzen vielleicht mitgerissen haben, denn die Beschränkung der türkischen Macht und ihrer Anhänger war die unverkennbare Lebensaufgabe der österreichischen Monarchie. Allein die Ungarn waren die letzten, welche den Kaiser unterstützen wollten: die Pläne des Palatins Thurzo gingen wahrlich nach etwas ganz anderem, als nach einer Kräftigung der königlichen Macht, für ihn war Bethlen Gabor ein willkommener Bundesgenosse und kein Gegner. Die ungarische Deputation unterstützte also die Absichten des Kaisers nicht nur gar nicht, sondern sie machte sogar in Linz den Versuch seiner Macht in Ungarn den Todesstoss zu versetzen. Sie wollte nämlich mit Hilfe des Generalconvents die ungarischen Grenzfestungen dadurch in ihre eigene Gewalt bringen, dass sie die übrigen Länder zu bereden suchte, ihre Beiträge zur Unterhaltung der Besatzungen unmittelbar an Ungarn und nicht an den Kaiser abzuführen. Diesen Wünschen entsprach ihre Antwort auf die kaiserliche Proposition. In höchst blumenreicher Sprache erzählten sie zuerst alle ihre Leiden seit dem Abschlusse des Friedens von Szitva-Torok und gaben zu, dass derselbe von den Türken unablässig gebrochen werde. Nichtsdestoweniger rieten sie nicht zum Kriege, sondern nur zur Absendung einer Gesandtschaft an den Sultan behufs neuer Friedensverhandlungen. Bezüglich Siebenbürgens mahnten sie den Kaiser von jedem Schritte ab, der die Türken reizen könnte. Die Hauptsache aber war, dass sie offen erklärten, sie wollten in ihren Grenzhäusern weder deutsche Soldaten, noch deutsche Befehlshaber dulden, überhaupt keine Volks- sondern nur eine Geldhilfe haben. Es sei nicht ihre Absicht die Deutschen dadurch zu beleidigen, da sie deren Tapferkeit in vielen Schlachten, die sie vereint mit ihnen geschlagen, kennen gelernt hätten, aber gewiss sei es, dass die Unbilden arg seien, welche die Umwohner der Grenzfestungen täglich von den fremden Soldaten erfahren müssten. — Die Bitte der Ungarn fand indessen keinen Anklang bei den übrigen Ländern, da diese nicht Lust hatten, sich geradezu zu einer Tributleistung zu verpflichten und den Ungarn so leichthin zu bewilligen, was sie sich vom Kaiser nur mühsam abringen liessen.

Das Auftreten der Ungarn, welche nichts von einem Kriege wissen wollten, entschied über die Haltung des Generalconvents. Einige Provinzen zwar, wie Steiermark, Kärnthen, Krain und Tirol wollten den Kaiser unterstützen, auch die Oberlausitzer sprachen sich hiefür aus und zwar letztere unter allen am eifrigsten, indem sie zugleich versicherten, dass sie solchen „liederlichen und falschen Suspicionen", als beabsichtige der Kaiser sich des Heeres mehr gegen die Protestanten als gegen die Türken zu bedienen, nicht „nachhingen." Ein derartiger Verdacht sei gewiss vom Teufel eingegeben. — Alle übrigen Deputationen hingen jedoch diesem Verdacht nur zu sehr nach und lehnten unter verschiedenen Vorwänden jede Unterstützung des Kaisers ab, entweder weil sie nicht bevollmächtigt seien, wie namentlich die Böhmen, oder weil sie den Frieden vor allem für nöthig hielten. Am 20. August erstatteten die Erzherzoge dem Kaiser Bericht über die schriftlichen Voten des gesammten Generalconventes. Da dieselben mit sehr geringer Ausnahme alle kriegerischen Rüstungen ablehnten, so riethen die Erzherzoge selbst, Mathias möge die Erneuerung des Friedens mit dem Sultan auf Grundlage des Vertrages von Szitva-Torok weiter verhandeln und Bethlen Gabor als Fürsten von Siebenbürgen anerkennen. Fünf Tage später berief der Kaiser selbst die Ausschüsse vor sich, dankte ihnen für ihre Bemühungen und versprach, sich an die einzelnen Landtage wegen der türkischen Angelegenheiten wenden zu wollen, wenn die Verhältnisse es nöthig machten. Unmittelbar darauf reisten die Deputirten nach Hause. — Die Kosten des vierzehn Tage dauernden Reichstages beliefen sich auf 200.000 Gulden. Um diesen Preis war der Kaiser um die Einsicht reicher geworden, dass die Armee, welche er weder mit spanisch-römischer noch mit deutscher Hilfe aufstellen konnte, auch nicht dem naiven Vertrauen der ihm unterthanen Länder abzuringen sei.

III

Die nächste Sorge des Kaisers war nun der prager Generallandtag, der im Januar 1615 zusammentreten sollte. Es verging kaum eine Woche, ohne dass dieser Gegenstand in Form von Anfragen und Gutachten von Seite des kaiserlichen Cabinets erörtert worden wäre, und man sah es den Betheiligten an, wie die Angst ihre Rathlosigkeit steigerte. Der letzte Nothanker, an den man sich klammerte, war der, dass man die ersten Monate des Jahres 1615 vorübergehen liess, ohne das Versprechen einzulösen. Da aber durch diesen Kunstgriff der Generallandtag doch nicht in die Ewigkeit hinausgeschoben werden konnte, so wurde dessen Berufung ernstlich ins Auge gefasst und der Monat Juni hiezu bestimmt. Khlesl war es, der schliesslich Muth genug fühlte, um der gefürchteten Versammlung entgegenzutreten. Er hatte sich mit diesem Gegenstande vielfach beschäftigt und bei böhmischen Staatsmännern, wie Lobkowitz und dem aus der Dunkelheit hervortretenden Secretär Michna, Raths erholt und auf Grund dieser Information und seiner eigenen Einsicht dem Kaiser ein Gutachten über die einzuschlagende Politik ertheilt, das, wenn man den kaiserlichen Standpunkt als den maassgebenden ansehen würde, von seltener Klarheit und Richtigkeit der Auffassung zeigte. *)

Khlesl rieth nämlich seinem Herrn, den Stier bei den Hörnern anzufassen, den Generallandtag zu berufen und nicht durch kleinliche Maassregeln die Berathung der vier Punkte aufschieben und vereiteln zu wollen. Doch sollte sich der Kaiser nur mit einer nackten Aufzählung der Punkte begnügen und nicht den Versuch machen, die Bedingungen anzugeben, unter denen er den einen oder den anderen zu bewilligen geneigt wäre. Das Schweigen würde den Vortheil haben, dass die Stände ihr wahres Endziel entschleiern müssten, denn vergebens habe man sie bisher gedrängt, ihre Absicht bezüglich der Conföderation auseinanderzusetzen, obwohl man darüber nicht im dunkeln sein könne. Dann setzte der Bischof seinem Herrn auseinander, was er selbst von den vier Punkten halte und welche Politik bei ihrer Berathung den Ständen gegenüber zu befolgen sei. Sobald dieselben mit der Wahrheit herausrücken und erklären würden, dass die Conföderation zum Schutze ihrer Freiheiten gemeint sei, solle der Kaiser erklären, dass er dieselbe nie zugeben würde, weil derartige ständische Bündnisse, wie die Erfahrung lehre, stets zu Unruhen führten und weil er nie im Sinne gehabt, die ständischen Freiheiten anzutasten. Es sei übrigens, solle er sagen, keine Conföderation zwischen Ländern nöthig, die bereits durch das stärkste Band verbunden seien, nämlich durch die Vereinigung unter einem

---

*) Khlesls Gutachten im Archiv des k. k. Minist. des Innern.

Herrscher, dessen Nachfolger dieselbe nie zu lösen gedächten. Und wenn doch eine Conföderation abgeschlossen werden solle, so gebe sie der Kaiser nur in diesen drei Fällen zu: 1. wenn sie gegen die Türken, 2. wenn sie gegen einen äussern Feind, der irgend eines der ihm unterthanen Länder angreifen würde, und 3. wenn sie zur Unterdrückung jeder Rebellion in allen Theilen seines Gebietes abgeschlossen würde.

Khlesl hatte hiemit eine Achillesferse des österreichischen Staates berührt. Für die einzelnen Theile bestand keine Pflicht einer gemeinsamen Vertheidigung; wenn die Oesterreicher und Böhmen in Ungarn sich gegen die Türken schlugen, so thaten sie es aus gutem Willen, und ebenso wenig waren die Ungarn verpflichtet, allfällige Angriffe des Kurfürsten von Sachsen gegen Böhmen zurückzuschlagen. Ebenso war auch keines der Länder zur Hilfeleistung behufs Unterdrückung eines die habsburgischen Rechte bedrohenden Aufstandes verpflichtet. Die gemeinsame Vertheidigung gegen jeden äusseren Feind oder gegen einen die Integrität bedrohenden Aufstand wurde erst durch die pragmatische Sanction im 18. Jahrhunderte zu einem allgemein giltigen Staatsgrundgesetz erhoben. So lange dieses Gesetz fehlte, war die österreichische Monarchie nur eine Ländermasse, die durch kein organisches Band zusammengehalten war. Khlesl bewies seine staatsmännische Einsicht, indem er den Mangel entfernen und das Band knüpfen wollte. Allein mit dem politischen Scharfblick, den dieser Staatsmann bei der Definirung der für Oesterreich nöthigen Conföderation bewies, war es nicht abgethan, es stand nicht zu erwarten, dass die Stände ihrem Begriffe von Conföderation den khleslischen würden unterschieben lassen und aus einem Bündnisse zum Schutze ihrer Freiheiten ein Bündniss für die Rechte ihres Herrschers nach Aussen und Innen machen würden. Doch hatte der Kaiser eine Debatte nicht geradezu zu scheuen, wenn er auf Khlesls Meinung einging. War der Wunsch der Stände nach Sicherung ihrer Freiheiten gerechtfertigt, so war es nicht minder der des Kaisers, wenn er sich für die Zukunft gegen äussere und innere Feinde sichern wollte. Konnte der Conföderation kein solcher Inhalt gegeben werden, dass er den Kaiser und die Stände befriedigte, dann konnte es ersterer immerhin wagen, einer einseitigen Beschlussfassung der Stände seine Sanction zu versagen, dann konnte er verhüten, dass sich die Stände förmlich unter seiner Aegide gegen ihn oder seinen Nachfolger erhoben.

Im weiteren Verlauf seines Gutachtens ging Khlesl auf die zweite ständische Forderung, die Defension, ein. Unter der Voraussetzung, dass die Conföderation nur zur Abwehr des äusseren Feindes oder zur Unterdrückung etwaiger Aufstände dienen dürfe, hatte er gegen die Berathung einer neuen Defensionsordnung nichts einzuwenden. In der Skizze, die er von derselben entwarf, zeigte er auch für diesen Gegenstand ein kluges Verständniss. Die Mangelhaftigkeit und Unbehilflichkeit des bisherigen mittelalterlichen Heerwesens in allen österreichischen Ländern wohl erkennend verlangte er, dass solche Vorbereitungen getroffen würden, vermöge deren im Kriegsfalle jedes Land binnen vier Wochen sein Truppencontingent auf den Beinen hätte. Zu diesem Behufe sollte von vornherein die Grösse des gesammtösterreichischen Heeres auf etwa 40000 Mann bestimmt und das Contingent für jedes einzelne Land festgesetzt werden. Zugleich sollten die Waffen, die Munition, die Mannschaft und die Officierscadres stets in Bereitschaft und Evidenz gehalten werden, um diese Truppenzahl in der genannten kurzen Frist marschfähig zu machen. Wer merkt nicht, dass ihm das Bild einer Armeeorganisation vorschwebte, welche modernen Zeiten entspricht.

Abermals traf Khlesl in einer ausserordentlich wichtigen Sache das Rechte. Der Mangel einer vernünftigen Heeresorganisation in dem doch ziemlich umfangreichen Oesterreich war die Hauptursache, dass der Türkenjammer unsere Vorfahren so hart drückte. Wie viel Wehe wäre ihnen erspart worden, wenn sich die verschiedenen Länder über einen umfassenden und dauernden Vertheidigungsplan selbst geeint hätten, wie vielen Streitigkeiten wäre man auf den ungarischen Reichstagen entgangen, die stets mit Klagen gegen die fremden Truppen bei der Hand waren und doch ihr Land nicht vertheidigen konnten? Eine Conföderation im Sinne Khlesls und eine auf dieselbe begründete Defensionsordnung hätte den österreichischen Staat als ein Ganzes erscheinen lassen und ihm Achtung und Frieden verschafft. *) — Wohl dürfte mancher ungarische und böhmische Cavalier Khlesls Ideen gebilligt haben, wenn er sich vergegenwärtigte, dass die österreichischen Länder in ihrer Vereinigung den einzigen, wenn auch schwachen Schutz gegen das Türkenjoch abgaben. Allein wenn diese eine Aufgabe ihn mit Wünschen für den Bestand Oesterreichs beseelte und die Mittel hiezu gutheissen liess, so fühlte er sich in der Regel wegen der religiösen Zerwürfnisse diesem Staatengebilde entfremdet.

In consequenter Durchführung seiner Ansichten war Khlesl auch nicht gegen eine Erneuerung der Erbeinigungen, die er als ein Bündniss gegen äussere Feinde betrachtete. Auf ständischer Seite war man natürlich anderer Meinung, die Erbeinigungen sollten in Verbindung mit den ständischen Conföderationen treten und ihre Spitze gegen den Monarchen richten. Was endlich die Kreistage betrifft, so wusste ihnen Khlesl keine ungefährliche Wendung zu geben und deshalb rieth er dem Kaiser ihre Ablehnung an.

Mathias übergab Khlesls Gutachten einigen vertrauten Personen zur Beurtheilung. Es waren dies der Cardinal Dietrichstein, der Oberstburggraf von Böhmen, Adam von Sternberg, und mehrere andere nicht näher benannte Herren, unter denen aber offenbar der Kanzler Lobkowitz, dann Slawata und Martinitz zu vermuthen sind. Sie alle billigten Khlesls Ansichten bis auf einen Punkt. Sie verlangten nämlich, der Kaiser solle in der Aufforderung an den Generallandtag zur Berathung der vier Artikel angeben, wie er sie (in khleslischer Weise) verstehe und zu bewilligen gedenke. Diese Erklärung werde für die Gutgesinnten ein Leitstern sein, die Schlechtgesinnten aber

---

*) Im 16. Jahrhunderte wurden wiederholt auf Anregung Ferdinands I Anläufe zur Berathung einer gemeinsamen Vertheidigung zwischen Ungarn und den übrigen Besitzungen dieses Fürsten gemacht, man kam aber zu keinem Resultate, denn man hatte nur die Noth des Augenblickes vor Augen und dachte nicht daran, etwas dauerndes zu schaffen.

einschüchtern.*) Khlesl missbilligte die abweichende Meinung aus vielfachen Gründen, der wichtigste darunter war der, dass man vor allem die Absichten der Böhmen kennen müsse und deshalb möge man sie zuerst reden lassen. Es würden sich dann Mittel und Wege genug finden, sie zu bekämpfen, sei es durch die Oesterreicher und Ungarn, deren man sich versichern müsse, sei es durch das Verschleppen der Verhandlungen. Er habe letzteres Mittel mehrfach versucht und tüchtig befunden; der Adel, müde der langen Abwesenheit vom Hause und der damit verbundenen bedeutenden Auslagen, betreibe dann die Beendigung der Verhandlungen und begnüge sich mit dem ersten Beschlusse. Welche Ansicht schliesslich die Oberhand behalten, ist uns nicht bekannt. In den officiellen Acten finden sich zwei Propositionsentwürfe, der eine nach Khlesls Rathschlage abgefasst, der andere im Sinne der böhmischen Rathgeber; welcher von beiden zur Geltung kam, ist ungewiss. Nach dem Verlaufe der Verhandlungen zu urtheilen, dürfte die Meinung der letzteren durchgedrungen sein. **)

Auf Seite der böhmischen Opposition scheint man keine Vorbereitungen getroffen zu haben, um sich des Sieges auf dem Generallandtage zu versichern, namentlich wurden keine vertraulichen Verhandlungen mit den angeseheneren Personen der Nachbarländer eingeleitet, um das wechselseitige Verhalten nach einem gemeinsamen Plane zu regeln. Die uns zugänglichen Nachrichten legen die Vermuthung nahe, dass diese Saumseligkeit die Folge eines in der Opposition eingetretenen Zwiespaltes gewesen sei. Denn als der Generallandtag vor der Thüre war, erschienen von den Häuptern derselben nur Thurn, Fels, Budowec und Ruppa in Prag und beriethen sich mit den nächsten Anhängern über die einzuschlagende Politik. Dagegen hielten sich Schlick, Wilhelm von Lobkowitz und Stephan von Sternberg nicht nur jetzt, sondern auch zur Zeit der Generallandtagsverhandlungen von der Hauptstadt fern, während man sie sonst, namentlich die beiden ersten, stets in der vor-

---

*) Beide Entwürfe undatirt im Archiv des k. k. Minist. des Innern.
**) Die Correspondenz hierüber im Archiv des k. k. Minist. des Innern.

dersten Reihe der Opposition gesehen hatte. Mochten sie vielleicht nicht mehr die Wege Thurns wandeln? Wie die Abwesenheit dieser Männer jenen, welche die politische Sachlage kannten, nicht wenig auffiel, so erregte wiederum die Ankunft einer pfälzischen Gesandtschaft, die gerade in diesen Tagen am kaiserlichen Hofe eintraf und für ihren Herrn um die Belehnung mit den böhmischen Lehen ansuchte, nicht wenig Aufsehen. Man hatte sie in dem allerdings nur zu begründeten Verdacht, dass sie die Protestanten bei den kommenden Verhandlungen heimlich beeinflussen und zur Ausdauer mahnen wolle. Einigermassen günstig schien es für die Sache der Opposition zu sein, dass sich der Obersthofmeister Adam von Waldstein, obwohl er katholisch war, auf ihre Seite stellte und bei den kommenden Verhandlungen für die Gewährung der vier Punkte im Sinne der Protestanten eintreten wollte. *)

1615 Inzwischen hatte Mathias den Ständen seiner verschiedenen Länder kundgethan, dass der Generallandtag am 15. Juni eröffnet werden solle und sie aufgefordert, ihre Deputationen rechtzeitig nach Prag abzusenden. Als am 15. Juni der Generallandtag wirklich eröffnet wurde, waren ausser den böhmischen Ständen nur die Deputationen aus Mähren, Schlesien und den beiden Lausitzen anwesend. Die Vertreter aus Ober- und Niederösterreich fanden sich erst im Anfange Juli ein, von den Ungarn liess sich aber Niemand blicken, nur von Seite der königlich-ungarischen Räthe lief an die Stände in Prag ein Schreiben ein, das eine Bitte um böhmische Subsidien für die Instandhaltung der ungarischen Festungen enthielt, des Generallandtages aber mit keinem Worte gedachte. **) Bald war die Thatsache unzweifelhaft, dass die Ungarn sich an demselben nicht betheiligen würden. Ob der Kaiser dies durch schlaue Massregeln herbeigeführt oder die Ungarn ihre Betheiligung selbst für unpassend gehalten, ist nicht weiter bekannt. Die

---

*) Münchner Staatsarchiv 2.8. Dodenius an Herzog Max dd. Prag 20. Juni 4. Juli, 11. Juli, 8. und 22. Aug. 1615.
**) Der königliche ungarische Rath an die böhmischen Stände dd. 17. Juni 1615. Archiv des k. k. Minist. des Innern.

Thatsache des Ausbleibens war unbestreitbar und der Bedeutung der ständischen Zusammenkunft nicht wenig nachtheilig.

Die Berathungen des Generallandtages nahmen damit ihren Anfang, dass die böhmischen Stände zuerst mit den ihrer Krone incorporirten Ländern in Verhandlung traten, also mit der mährischen, schlesischen und lausitzer Deputation. Gleich im Anfange liessen sich dieselben sehr schlecht an; statt mit Eifer an die Feststellung der Bedingungen für die Conföderation und Defension zu gehen, regten die verschiedenen Deputationen unter einander und gegen die Böhmen alte, nie ausgetragene, aber immer mit neuem Aerger erfüllende Streitigkeiten an. Die Mährer, Schlesier und Lausitzer betonten zuerst, dass sie gar nicht verpflichtet seien, bei einem Generallandtage in Prag zu erscheinen, und liessen sich hierüber vom Kaiser einen Revers ausstellen*): in dem Augenblicke also, wo eine allgemeine Einigung berathen werden sollte, sagte man einander vorerst ins Gesicht, dass einer den anderen nichts angehe. Nach der Erledigung dieser Episode begannen die Mährer die Berathungen über die Conföderation, fast nur, um zu sagen, dass sie von ihr nichts wissen wollten. Als Grund gaben sie an, dass sie im Jahre 1608 mit den Ungarn und Oesterreichern ein Bündniss zum wechselseitigen Schutze ihrer Freiheiten abgeschlossen hätten und dass sie weder eine billige Ursache, noch eine Nothwendigkeit sähen, von diesem Bündnisse abzulassen und zu einem neuen zu schreiten. **)

Das stammverwandte Mähren führte hier eine Sprache, die

---

*) Erklärung der schlesischen Deputation vor dem Kaiser dd. 16. Juni. Ansprache der mährischen Deputation an die Böhmen dd. 26. Juni. Ansprache der schlesischen Deputation dd. 27. Juni. Ansprache der Ober- und Niederlausitzer dd. 27. Juni 1618. Ebend.

**) Bekanntlich haben die Mährer, Ungarn und Oesterreicher im Jahre 1608 zu Pressburg und Eibenschütz ein Bündniss abgeschlossen, das zur Absetzung Rudolfs führte. Dieses ursprünglich nur zur Aufrechthaltung des wiener und zsitva-toroker Friedens abgeschlossene Bündniss wurde noch im selben Jahre zu Šterbohol dahin vervollständigt, dass es zum Schutze der ständischen Freiheiten in den genannten Ländern dienen solle.

alle Rücksicht auf die böhmischen Stände bei Seite setzte. Mitglieder der mährischen Deputation waren der Cardinal Dietrichstein und Karl von Žerotin. Dass ersterer so dachte und sprach, konnte nicht Wunder nehmen, aber dass letzterer zu diesen Sätzen schwieg, wenn er vielleicht nicht sogar an ihrer Redaction betheiligt war, ist das erste Anzeichen jener merkwürdigen Entwicklung, welcher die Politik Žerotins in diesen Jahren entgegenging und über die noch vielfach hier berichtet werden wird.*) Die Schlesier **) gingen scheinbar mit Eifer auf die Conföderationsverhandlungen ein, aber der Pferdefuss trat bei ihnen noch sichtbarer hervor. Sie verlangten in einem Athem von den Böhmen die Unterstützung ihrer Ansprüche auf Troppau gegen die Mährer und eine Revision der ganzen staatsrechtlichen Stellung Schlesiens gegen Böhmen, natürlich im Sinne einer vollständigen, wechselseitigen Unabhängigkeit beider Länder, die nur in der Person des Herrschers geeint sein sollten. Wieder wurden die Kanzleistreitigkeiten aus dem Jahre 1611 aufgefrischt und dadurch der Patriotismus der böhmischen Stände auf das empfindlichste verletzt und gereizt. ***) Wenn den Schlesiern alles nach Wunsche gewährt wurde, dann waren sie geneigt, sich in die Conföderationsverhandlungen einzulassen. Einen so hohen Preis konnten die Böhmen hiefür nicht zahlen. Denn für eine unsichere und in ihren Wirkungen noch gar nicht

---

*) Ansprache der mährischen Deputation an die Böhmen dd. 26. Juni 1619. Bericht über die Verhandlungen des Generallandtages an den Kaiser dd. 5. Aug. Beide Schriftstücke im Archiv des k. k. Minist. des Innern.

**) Zuschriften und Erklärungen der schlesischen Deputation an die böhmischen Stände dd. 16. und 22. Juli und 5. Aug. 1619. Ebend.

***) Die böhmische Kanzlei war eine Art Gesammtministerium in nuce für die Länder der böhmischen Krone. Die Schlesier, die nach möglichster Selbständigkeit strebten, setzten im Jahre 1611 die Errichtung einer eigenen schlesisch-lausitzer Kanzlei durch. Die Böhmen, die einen solchen Schnitt in ihr Staatswesen nicht dulden wollten, protestirten dagegen und verlangten ununterbrochen eine restitutio in integrum. Mathias fing an, sich ihnen zuzuneigen, und deshalb suchten die Schlesier jetzt selbst die Böhmen zur Nachgiebigkeit zu stimmen. Näheres darüber in meiner Geschichte Rudolfs II, Band II im Anhange

berechenbare Conföderation konnten und wollten sie nicht den letzten Rest jener Prärogative aufgeben, die sie für ihr Land, als für die Wiege und das Centrum des böhmischen Staates, dem Rechte und der Gewohnheit gemäss in Anspruch nahmen. Mit ihrem Preisgeben würde der böhmische Staat in der That den Rest seiner organischen Gliederung eingebüsst haben. So blieben die Conföderationsverhandlungen mit Schlesien ebenso erfolglos wie die mit Mähren. Welchen Verlauf die mit der Lausitz nahmen, ist nicht weiter bekannt, ein Resultat hatten sie jedenfalls nicht.

Gleichzeitig mit der Conföderationsfrage wurden auch die Defensionsverhandlungen in Angriff genommen. In dieser Beziehung machte sich ein besseres Entgegenkommen geltend, die sämmtlichen Länder der böhmischen Krone erkannten die Pflicht der wechselseitigen Hilfeleistung gegen einen äusseren Feind an und setzten die Truppencontingente fest, mit denen sie einander unterstützen wollten. Böhmen sollte 2000 Reiter und 6000 Mann zu Fuss, Schlesien 2000 Reiter und 3000 Mann zu Fuss, Mähren 1000 Reiter und 3000 Mann zu Fuss, die beiden Lausitze zusammen 1200 Reiter und 2000 Mann zu Fuss stellen. Das gemeinsame Heer sollte also 6200 Reiter und 14000 Mann zu Fuss betragen. Mit diesen Bestimmungen endeten jedoch die Defensionsverhandlungen in einer, für die Bedürfnisse jener Zeit höchst unbefriedigenden Weise. Durch die Festsetzung der Contingente wurde nur eine Unsicherheit beseitigt, nämlich die in Betreff der Höhe des gemeinsamen Heeres. Der eigentliche Mangel lag aber darin, dass für die Ausrüstung, Einübung und rasche Aufstellung dieses Heeres im Falle des Bedarfs gar keine Vorbereitungen in Friedenszeiten getroffen wurden. Hier sollte in einer Weise reformirt werden, wie dies Khlesl in seinem Gutachten angedeutet hatte. Eine solche Reform und Vorsorge für den Kriegsfall wäre thatsächlich eine Defensionsordnung gewesen, die einfache Festsetzung einer Ziffer hatte wenig oder keinen Werth.

In den ersten Tagen des August hatten die Verhandlungen zwischen den Ländern der böhmischen Krone das geschilderte Resultat erlangt. Ueber die Defension hatte man sich dem Scheine und nicht dem Wesen nach geeinigt; über die Conföderation war keine Einigung zu hoffen. Von dem theils positiven, theils negativen Erfolge der Verhandlungen erstattete der gesammte Generallandtag am 5. August Bericht an den Kaiser. *)

Nachdem die Berathungen zwischen den Ländern der böhmischen Krone so wenig zu dem gewünschten Ziele geführt hatten, so hätte man füglich auf böhmischer Seite die Verhandlungen mit den Oesterreichern fallen lassen können. Wenn es nicht geschah, so war daran die Festigkeit der Oesterreicher Schuld. Sie neigten sich nächst den Böhmen am meisten einer revolutionären Umgestaltung der staatlichen Verhältnisse zu; sie waren mit den letzteren die eifrigsten Vertheidiger des Conföderationsgedankens und es würde ihnen also schlecht angestanden haben, wenn sie ihr eigenes Werk so rasch preisgegeben hätten. Die Niederösterreicher hatten ausdrücklich in der Instruction, die sie ihren Deputirten nach Prag gegeben hatten, dieselben ermächtigt, wegen der Conföderation und Defension zu verhandeln und sich solchergestalt, wie ihnen bemerkt wurde, jener Worte bedient, die der Kaiser von seinen Unterthanen gar nicht hören mochte, wenn er sich ihrer auch selbst bedienen musste. Auch sonst war die Vollmacht so beschaffen, dass sie das Missfallen des Hofes erregte, das wo möglich durch die Missliebigkeit einiger Mitglieder der Deputation noch erhöht wurde und sich erst dann etwas beschwichtigte, als die unliebsamen Persönlichkeiten durch besser gesinnte ersetzt wurden. Geht man jedoch auf den Inhalt der Vollmacht ein, so muss man sagen, dass die Vorwürfe gegen dieselbe, selbst wenn man den kaiserlichen Standpunkt einnimmt, ihre Begründung mehr in der Form als im Inhalt hatten, ja dass der Inhalt dem Kaiser eigentlich hätte genehm sein sollen, denn er schloss sich einigermassen der khleslischen Auffassung der Conföderation an. Die Niederösterreicher erklärten nämlich — ob sie dies alle mit gleicher Aufrichtigkeit thaten, bleibt dahingestellt — die Con-

---

*) Dieser Bericht im Archiv des k. k. Min. des Innern. Sonstige Nachrichten auch im wiener Staatsarchiv MS 491.

föderation und Defension solle die Art und Weise regeln, wie sich alle unter des Mathias Scepter stehenden Länder gegen die Türken zu vertheidigen hätten und welcher Leistung sich jedes Land zu unterziehen habe. War das nicht zum Theile der Gedanke, den Khlesl angeregt und den erst die pragmatische Sanction zum gesetzlichen Ausdruck gebracht hatte?

Obgleich sich also der Kaiser durch das Auftreten der Niederösterreicher hätte sympathisch berührt fühlen müssen, so war dies doch gar nicht der Fall, er war zu sehr gegen die Generallandtagsverhandlungen eingenommen, als dass eine theilweise Uebereinstimmung mit seinen Ansichten ihm das Unangenehme der ganzen Discussion hätte verstüssen und sein Misstranen überhaupt stillen können. In Prag angelangt spielte die niederösterreichische Deputation während der Verhandlungen zwischen den Ländern der böhmischen Krone durch mehrere Wochen nur eine Zuschauerrolle. Erst am 8. August, also drei Tage nach dem Schlusse der erwähnten Verhandlungen, wurde sie von den böhmischen Landesofficieren zu einer Conferenz eingeladen und aufgefordert, mitzutheilen, was sie den Ständen vorzubringen und von ihnen zu begehren habe. Diese Art des Empfanges setzte die Deputirten in ein nicht geringes Erstaunen. Sie machten die Böhmen darauf aufmerksam, dass im J. 1611 Mathias um die Gewährung der Conföderation, Defension u. s. w. angegangen wurde, dass damals die Verhandlung über diese Punkte aufgeschoben und bei dieser Gelegenheit die in Prag in des Königs Gefolge befindlichen Oesterreicher von den Böhmen ersucht worden seien, sich künftig an der allgemeinen Berathung zu betheiligen. Deshalb komme es ihnen sonderbar vor, wenn man sie jetzt frage, was sie vorzubringen oder zu begehren hätten. Allein auch jetzt gab ihnen der Oberstburggraf keine andere Antwort, sondern wiederholte die Frage nach ihrem Begehren. Auf Seite der den Conföderationsverhandlungen feindlich gesinnten und der kaiserlichen Politik ergebenen Böhmen billigte man diese Haltung des Oberstburggrafen; die Würde der böhmischen Krone erheische es, dass die Oesterreicher um das Bündniss ansuchten und nicht umgekehrt. Dieses Flüchten hinter die Würde der Krone war jedoch nur eine

Heuchelei, denn bei dem allgemeinen Bündnisse handelte es sich nicht um eine Gnade, welche die Oesterreicher von den Böhmen zu erbitten oder letzere zu ertheilen hatten, sondern überhaupt um ein allen gemeinsames und gleich theures Interesse. Die obersten Beamten mit dem Oberstburggrafen an der Spitze betonten aber mit einemmale eifrig die Würde der Krone, um den Oesterreichern die weiteren Verhandlungen zu verleiden.

Die niederösterreichischen Deputirten, durch die unerwartete Aufnahme verblüfft, brachen vorläufig die Verhandlung mit den Landesofficieren ab und richteten ein oder zwei Tage später eine Zuschrift an die böhmischen Stände selbst, in der sie denselben nochmals die Vorgänge von 1611 ins Gedächtniss riefen. Sie gaben zu verstehen, dass sie die böhmischen Stände um nichts zu bitten hätten, sondern mit ihnen auf Grund ihrer Vollmacht über das verhandeln wollten, was man im Jahre 1611 unvollendet gelassen habe. Als diese Zuschrift an den Landtag gelangte, traf es sich, dass einige von den ständischen Wortführern von Prag nach Postelberg zum Besuch des Herrn Stephan von Sternberg abgereist waren; es waren dies der Graf Thurn, Karl von Žerotin, und der Oberathofmeister Adam von Waldstein, der, wie erwähnt, trotz seines katholischen Glaubens sich in der Conföderationsfrage an die Protestanten angeschlossen hatte. Kaum waren diese Steine des Anstosses hinweggeräumt, als Mathias dem Oberstburggrafen befahl, im Landtage die Antwort berathen zu lassen, welche den Niederösterreichern zu ertheilen sei. Der Oberstburggraf kam dem Befehle nach und gewann die Majorität dafür, dass man den Niederösterreichern dieselbe Antwort zukommen lasse, welche ihnen schon von den Landesofficieren zu Theil geworden war, dass man nämlich zuerst anhören wolle, was ihr Ansuchen sei. Umsonst protestirte Wilhelm von Ruppa gegen diese eilige Beschlussfassung, umsonst verlangte er die Vertagung der Verhandlungen bis zur Rückkehr der obgenannten Herren. Der Oberstburggraf lehnte das Begehren ab, da die Landesordnung eine Berücksichtigung abwesender Landtagsmitglieder keineswegs vorschreibe.*)

---

*) Die Vorgänge im böhmischen Landtage nach Slawata.

Die Niederösterreicher erhielten auf Grund dieses, durch Ueberraschung und Schlauheit herbeigeführten Beschlusses von dem böhmischen Landtage eine Antwort, die ihnen die Weiterführung der Verhandlungen unmöglich machte. Zur grossen Freude des Kaisers entfernten auch sie sich unverrichteter Dinge von Prag.*)

Mittlerweile hatten auch die Verhandlungen zwischen den Böhmen und den Oberösterreichern ihren Anfang genommen. Unter den Mitgliedern ihrer Deputation befand sich Gotthard von Starhemberg, einer der bedeutendsten Vertreter jener extremen Opposition, die mit Tschernembl, Thurn und anderen frühzeitig auf eine Vertreibung der habsburgischen Dynastie hinarbeitete. Er hatte bisher mit grosser Unlust bemerkt, welchen für die Opposition beschämenden Verlauf die Conföderationsverhandlungen in Prag nahmen. In innigem Einverständnisse mit den Häuptern der böhmischen Opposition stehend suchte er heimlich und offen die Verhandlungen in einen besseren Gang zu bringen und machte daraus kein Hehl, dass das allgemeine Bündniss die ständischen Rechte gegen die Habsburger wahren solle. Als die oberösterreichische Deputation von den böhmischen Landesofficieren empfangen wurde, führte er eine so herausfordernde Sprache, dass die ihn begleitenden Prälaten das grösste Aergerniss daran nahmen und bei dem Kaiser dagegen Protest einlegten. Allerdings bedurfte es nicht viel, um die letzeren in Harnisch zu bringen; denn sie waren gekommen, um die Verhandlungen zu durchkreuzen, statt sie zu fördern. Auch der Hof nahm an Starhembergs Betragen grossen Anstoss. Khlesl, der sich endlich auch in Prag eingefunden hatte, liess ihm sagen, dass man auf sein Thun und Treiben das wachsamste Auge habe. Sollten auf seine Veranlassung hin die Länder sich von ihrem Herrscher trennen wollen, oder mit demselben in ein Zerwürfniss gerathen,

---

*) Die Correspondenz über die Verhandlungen der Niederösterreicher in Prag sammt mehrfachen Zuschriften in dieser Angelegenheit an den Kaiser während der Monate Februar bis August 1615 im Archiv des k. k. Minist. des Innern.

dann solle Starhemberg zusehen, was ihm geschehen würde. Es wäre eine „feine Sache", wenn jetzt, nachdem mit den Türken der Friede kaum geschlossen worden, „in Seiner Majestät Eigenthum und Erblanden die Unruhen anfangen sollten." Nie werde der Kaiser den Abschluss von Bündnissen dulden, die heimlich gegen ihn gerichtet seien.[*]

Starhemberg fand sich auf diese drohende Botschaft persönlich bei Khlesl ein, suchte sich zu rechtfertigen und liess es dabei an loyalen Versicherungen nicht fehlen. Der Bischof nahm die Vertheidigung ziemlich freundlich auf und erging sich in gesprächiger Weise über die Ereignisse des Tages. Speciell die Verhandlungen wegen der Conföderation berührend bemerkte er, der Kaiser wolle weder dieses Wort hören, noch von der Sache etwas wissen, wenngleich er selbst genöthigt gewesen sei, in seiner Proposition davon zu sprechen. Starhemberg gab nochmals die besten Versicherungen und versprach nur im Einverständnisse mit den Prälaten vorzugehen. Da sich jedoch ein solches nicht erzielen liess, weil die Prälaten von einer Conföderation gar nichts wissen wollten, so verging eine geraume Zeit, ohne dass es zwischen den Böhmen und den Oberösterreichern zu einer zweiten Zusammenkunft gekommen wäre.[**] Nachdem sich inzwischen auch die Verhandlungen mit den Niederösterreichern zerschlagen, berief der Kaiser die oberösterreichische Deputation vor sich und forderte sie durch den Reichsvicekanzler Ulm zur Abreise auf, da ja ohnedies alle übrigen Conföderationsverhandlungen erfolglos geblieben seien. Die Prälaten verlangten nichts besseres, als diese Aufforderung, sie erklärten sich zur Abreise bereit und erlangten hiefür die Zustimmung des Kaisers. Starhemberg und seine weltlichen Collegen waren über diesen Schluss nicht wenig verblüfft. Sie machten Anfangs Miene, als ob sie in Prag bleiben und die

---

[*] Verzeichniss, was Khlesl dem Herrn Gotthard Starhemberg sagen lassen dd. 9. Aug. 1615. Ebend.

[**] Khlesls Unterredung mit Starhemberg dd. 10. Aug. Archiv von Wittingau. — Die Berichte über die Vorgänge dd. 11., 12. und 18. August im Archiv des k. k. Minist. des Innern und im Archive von Wittingau.

Verhandlungen fortsetzen wollten, zuletzt gaben sie sich aber auch zufrieden und reisten ab, ohne von den böhmischen Ständen einen förmlichen Abschied zu nehmen. *)

Dies war das Ende der von den Böhmen mit so viel Beharrlichkeit angestrebten, von dem Kaiser so gefürchteten Conföderationsverhandlungen. In dem böhmischen Landtagsbeschlusse von 1615 wurde die Erfolglosigkeit derselben in sehr lakonischer Weise berichtet. Es heisst darin: da das Königreich Ungarn keine Gesandten nach Böhmen abgeschickt und die Gesandten aus Oesterreich weder bei seiner Majestät, noch bei den böhmischen Ständen um ein Bündniss angesucht hätten, so sei die Verhandlung über die Conföderation bei Seite gelegt worden. — In den Gemüthern der Zeitgenossen ist jedoch dieser Gegenstand nicht bei Seite gelegt worden. Die Opposition schöpfte aus ihrer totalen Niederlage nur neuen und unversöhnlichen Groll gegen ihr Herrscherhaus.

Nachdem von den oft erwähnten vier Punkten die ersten zwei durch die Abreise der verschiedenen Deputationen erledigt waren, verhandelte der Landtag über die letzten zwei, die ihn allein betrafen, nämlich über die Kreistage und Erbeinigungen. Bezüglich der Kreistage ist zu erinnern, dass die böhmischen Stände bis zum J. 1547 das Recht besassen, sich auch ohne königliche Erlaubniss versammeln zu dürfen und von diesem Rechte mannigfachen Gebrauch machten. In Folge des Aufstandes, der im Jahre 1547 ausbrach und den Ferdinand I glücklich besiegte, nahm dasselbe ein Ende und in die Landesordnung wurde der Zusatzartikel eingetragen, dass fortan jede ständische Versammlung ohne vorhergehende königliche Erlaubniss verboten sei. Thurn mit seinen Anhängern machte die grössten Anstrengungen, um wenigstens diesen Artikel die Majorität im Landtage zu sichern. Es war ein öffentliches Geheimniss, dass die Opposition durch die Kreistage ihre Zwecke im Lande fördern und nöthigenfalls selbst eine allgemeine Bewaffnung organisiren wolle. Merkwürdigerweise schlug sich auch in dieser Frage der Oberst-

---

*) Bericht über die Audienz am 21. August. Concept im Archiv des k. k. Minist. des Innern.

hofmeister Adam von Waldstein auf die Seite Thurns. Der Zwiespalt unter den Protestanten, auf den oben hingedeutet worden, scheint indessen auch hier bei den Berathungen des Landtags den Ausschlag gegeben zu haben. In Folge der allerdings grossen Anstrengungen von Seite der Regierung entschied sich die ständische Majorität für die Verwerfung der beantragten Kreistage. Als Thurn und seine Anhänger sich dieser letzten Hoffnung beraubt sahen, waren sie förmlich entsetzt und verliessen den Landtagssaal, ohne sich an der Schlussberathung zu betheiligen. *)

Das Schicksal des letzten Artikels war nach diesen Vorgängen vorauszusehen. Böhmen stand seit langer Zeit in einem Bündnisse mit den weltlichen Kurfürsten und den Königen von Polen, dessen hauptsächliche Grundlage die gegenseitige Hilfeleistung war. Durch die Wiederauffrischung dieser längst vergessenen Bündnisse wollte Thurn die fremden Fürsten zu Garanten der böhmischen Verfassungsrechte machen und dadurch namentlich den Kurfürsten einen Einfluss auf die inneren Angelegenheiten des Landes zum Nachtheile der Habsburger verschaffen. Diese Absicht wurde jedoch dadurch vereitelt, dass die Verhandlungen über die Erbeinigung wohl zugelassen wurden, sich aber nicht über den eigentlichen und ungefährlichen Inhalt des Gegenstandes erstrecken durften.

So hatte schliesslich die kaiserliche Politik über alle von Seite der Opposition versuchten Angriffe einen Sieg davon getragen. Aber diese Erfolge waren nicht die einzigen, deren sich die Regierung rühmen konnte. Nachdem die politischen Fragen erledigt waren, gelangten die königlichen Steuerforderungen an die Stände und diese zeigten sich bei denselben von einer Nachgiebigkeit beseelt, wie nie zuvor; es war, als ob sich ein goldener Regen über die königlichen Cassen ergiessen sollte. Denn die Stände entschlossen sich nicht nur durch reichliche Steuern die laufenden königlichen Bedürfnisse zu decken, sondern

---

*) Münchner Staatsarchiv 2,8. Dodenius an H. Max von Baiern dd. 17. und 29. Aug. 1615, Prag. — Simancas 2601. Zuñiga an Philipp III dd. 24. Aug. 1615, Prag.

auch einen Theil der königlichen Schuldenlast abzutragen. Das, was man eine österreichische Staatsschuld nennen kann, belief sich um diese Zeit auf etwa 14,000.000 Thaler, von denen der grösste Theil auf den einzelnen Ländern hypothecirt war, ein Theil aber nur als eine persönliche Schuld des Gesammtherrschers galt, die derselbe auf die einzelnen Länder zu repartiren sich bemühte. Die böhmischen Stände übernahmen nun eine Schuldenlast von 2,700.000 Thaler und beschlossen deren möglichst rasche Tilgung durch eine hohe und in voraus für mehrere Jahre geregelte Besteuerung. Sämmtliche Steuern wurden für die nächsten fünf Jahre in einer Höhe festgesetzt, wie sie nur von dem Kriegsjahre 1596 überboten worden war. Darnach war zu erwarten, dass sich die Steuerleistungen des Landes — ungerechnet das ordentliche Einkommen des Königs aus seinen Gütern und einigen ständigen Einnahmsquellen — jährlich auf etwa 800.000 Thaler belaufen würde. Nach dem gleichzeitig festgesetzten Tilgungsplan sollte im J. 1620 von den 2,700.000 Thalern der von Böhmen übernommenen Staatsschuld 1,633.616 Thaler getilgt sein, so dass der Rest sich auf etwa 1,100.000 Thaler belaufen haben würde. Die Opferwilligkeit der böhmischen Stände machte sich in diesem Punkte auf eine glänzende Weise geltend und übertraf alles, was Mathias von seinen übrigen Unterthanen erreichte. Solche thatsächlichen Beweise eines Entgegenkommens gegen die königlichen Bedürfnisse hätten wohl eine Annäherung zwischen dem Herrscher und den Unterthanen herbeiführen und namentlich von Seite des erstern eine grössere Berücksichtigung der Wünsche des Landes bewirken sollen, wie wenig dies jedoch der Fall war, wird die folgende Erzählung lehren.

Wir können den Bericht über die böhmischen Landtagsverhandlungen von 1615 nicht schliessen, ohne noch eines wichtigen Beschlusses desselben zu erwähnen. Mit Rücksicht auf mancherlei Gefahren, die der politischen Stellung der böhmischen Nation zu drohen schienen, wurde vom Landtage festgesetzt, dass fortan Niemand als Einwohner des Landes oder als Bürger einer Stadt angenommen werden solle, der nicht der böhmischen Sprache mächtig sei, und dass in allen Kirchen und Schulen, in denen vor 10 Jahren noch böhmisch gelehrt worden, dies auch fernerhin geschehe. Die anderen einschlägigen Bestimmungen, die noch getroffen wurden, waren die natürlichen Consequenzen dieser zwei Punkte.

Die Bedeutung und Tragweite dieser Beschlüsse ergibt sich aus einem näheren Eingehen in ihren Inhalt und in die Umstände, unter denen sie gefasst wurden. Was zunächst den ersten betrifft, so ist er nicht so klar, als es eben scheinen dürfte. Es wird in demselben verboten, dass Jemand zum Einwohner angenommen werde, der nicht der böhmischen Sprache kundig sei. Die gewöhnliche Erklärung ist wohl die, dass damit dem ersten besten Einwanderer das Heimatsrecht in Böhmen versagt wurde, allein dies ist mit nichten der Fall. Zum *Einwohner* Jemanden annehmen (oder in lateinischer Ausdrucksweise, ihm das *Incolat* ertheilen) heisst in der böhmischen Rechtsterminologie, Jemanden als Landstand, sei es als Herrn oder Ritter annehmen, ihm den Kauf und Erwerb von Herrschaften gestatten und ihn dadurch zur Theilnahme am Landtage berechtigen. Solche Fälle kamen seit der habsburgischen Herrschaft öfter und zwar zumeist dadurch vor, dass deutsche Edelleute, die sich um dies Haus verdient gemacht hatten, von den Königen Güterschenkungen in Böhmen erlangten, in deren Nutzgenuss sie erst treten konnten, wenn sie vom Landtage als Landstände angenommen und dem böhmischen Adel eingereiht wurden. Die Fälle derartiger Schenkungen waren häufig genug, wie überhaupt die Fürsten stets von einer bedeutenden Anzahl Personen umgeben sind, die diesen Weg der Bereicherung nur zu sehr lieben. Der böhmische Landtag von 1557 erhob über das Gebahren des Königs bittere Klage, theils fühlte er sich verkürzt, dass die Freigebigkeit des Monarchen, auf die er den ersten Anspruch zu haben glaubte, Fremden zu gute kam, theils bedauerte er das Verschleudern der königlichen Güter, die er mit Recht als das Eigenthum des Landes ansah. Es war schon traurig genug, wenn Ferdinand I sie um der Türken noth willen verkaufen musste, doppelt empfindlich aber, dass er sie auch verschenkte. Die Klagen und Bitten des böhmischen Landtags brachten jedoch keine radicale Hilfe und deswegen betrachtete man die Ertheilung des Incolats an Ausländer für eine Verkürzung des Landesvermögens.

Dies war jedoch nur der eine Grund, weshalb man die Aufnahme neuer „Einwohner" bedenklich fand, der andere, der im J. 1615 in den Vordergrund trat, war ein nationaler. Auch dieser erfordert einige Erklärung. Erwägt man, dass der böhmische Landtag selten von mehr als hundert Personen besucht wurde, dass zur Theilnahme an demselben jeder Incolatsbesitzer berechtigt war, so begreift man, dass die Frage entstehen konnte, ob man Personen, die aus Oesterreich, Steiermark, ja selbst aus Italien und Spanien kamen, ohne weiteres zu einer so hervorragend privilegirten Stellung zulassen solle. Denn zehn bis zwanzig Fremde, die den Landtag regelmässig besuchten, konnten auf die Beschlüsse desselben einen entscheidenden Einfluss ausüben, der durch nichts gerechtfertigt war. Die heutigen Staaten sind sehr freigebig mit Ertheilung des Bürgerrechtes, so weit geht aber bei den wenigsten der Liberalismus, dass sie Fremden auch den Zutritt in ihre parlamentarischen Körperschaften gestatten würden. Man kann Jahrzehnde in Frankreich gelebt haben, sich wie ein Franzose der Sprache dieses Landes bedienen können und doch ersetzt dies alles nicht den Mangel französischer Abstammung, wenn man sich um einen Deputirtensitz bewerben wollte.

Tiefer einschneidend war jener Beschluss des Landtages, der für die Zukunft die Aufnahme solcher Personen in den Bürgerverband verbot, die nicht die böhmische Sprache verstanden. Auch bezüglich dieses Beschlusses ist es wichtig, die Verhältnisse näher ins Auge zu fassen. Er bezog sich einzig und allein auf die königlichen Städte, deren Gesammtzahl damals 42 betrug. Nach Zählungen, die dem Beginne des 17. Jahrhunderts angehören, betrug die Gesammtsumme ihrer Häuser an 14.000, wovon etwas weniger als 4000 auf Prag kamen. Die Zahl der Bürger war kaum grösser (wenigstens nicht auf dem Lande) als die der Häuser, im Durchschnitte zählte also eine Landstadt 250 Bürger ja viele von ihnen kaum 80 bis 100. Auch durch das einfache Bürgerthum gelangte man zu grossen Rechten, hatte nicht bloss auf die städtische Verwaltung einen Einfluss, sondern auch auf das Gerichtswesen, man bestimmte die Amtssprache, gewann einen Antheil an dem bedeutenden Gemeindevermögen und erfreute sich überhaupt einer privilegirten Stellung. Nahm man bei der Aufnahme in den Bürgerverband auf die Abstammung keine Rücksicht, so konnte es bei den an Sachsen grenzenden und mit Deutschland im regsten Verkehre stehenden Städten geschehen, dass die Majorität der Bürgerschaft deutsch wurde und mit ihr auch das Stadtregiment. Es musste dies bedauerliche Gegensätze hervorrufen, wenn das ärmere Volk, das zehn- bis zwanzigmal die Bürgerschaft an Zahl übertraf, an seiner Nationalität festhielt.

Vom Standpunkt der Gegenwart erscheinen allerdings derartige Sprachengesetze theils verwerflich, theils nutzlos. Verwerflich sind sie, wenn sie nichts anderes bezwecken, als die Ausschliessung alles Fremden, die Unterbindung jedes Verkehres mit der Aussenwelt, die Isolirung des heimischen Lebens und eine künstliche Sicherstellung desselben. Sie sind auch, wie die Erfahrung lehrt, nutzlos. Denn wenn in dem Leben eines Volkes ein Umwandlungsprocess im Gange ist und eine Umstaltung seiner nationalen Verhältnisse durch innere Ursachen begründet ist, so kann dieser Process durch irgend eine gesetzliche Anordnung weder rückgängig gemacht, noch aufgehalten werden. Doch sind die Verhältnisse in der Gegenwart auch anders beschaffen: durch die Aufnahme als Einwohner und Bürger erlangt ein Fremder keine andern Rechte, als jene, deren sich die Gesammtheit der Eingebornen erfreut. Die Waffen, mit denen sich Fremde und Eingeborne heute bekämpfen, sind auf beiden Seiten gleich und letztere haben noch den Vortheil der Ueberzahl. So war es aber nicht früher; Incolat und Bürgerthum waren in Böhmen im J. 1615 nicht bedeutungslose, sondern wie ersichtlich hervorragend einflussreiche, mit einem Worte, privilegirte Stellungen. Sie konnten einen künstlichen Umstaltungsprocess hervorrufen, der vielleicht sonst nicht eingetreten wäre, und einer unverhältnissmässig kleinen Minorität zu einer Bedeutung verhelfen, die ihre natürliche Berechtigung weitaus überstieg. In diesem Umstande haben die Sprachengesetze von 1615 ihre theilweise Begründung.

Uebrigens machte sich eine ängstliche Fernhaltung Fremder vom Bürgerthume nicht allein in Böhmen geltend, wo doch gewichtigere Interessen auf dem Spiele standen, auch die deutschen Reichsstädte und die schweizer Städte waren nicht minder exclusiv in der Ertheilung von Bürgerrechten und schlossen Fremde entweder ganz davon aus oder liessen sie nur gegen Zahlung einer grossen Geldsumme zu, die als eine Art Einkauf betrachtet werden kann.

Da die Gesetze von 1615 bezüglich des Incolats und Bürgerthums vornehmlich ihre Spitze gegen Deutschland kehrten, so kann man fragen, ob sie nicht auf die deutsche Bevölkerung Böhmens einen Druck ausübten oder von ihr als ein solcher empfunden wurden. Hätten sie sich auf die schon im Beginne des 17. Jahrhunderts rein deutschen Gebiete von Eger und Elbogen bezogen, so wäre dies zweifellos der Fall gewesen und Adel und Bürgerschaft dieser Gegenden hätten dagegen Einsprache erhoben. Allein die genannten Gebiete waren in ihrer Verfassung, Verwaltung und Gerichtsorganisation nicht bloss auf deutschem Fusse eingerichtet, sondern auch von Böhmen vollständig getrennt. Die Beschlüsse von 1615 bezogen sich auf ein kleineres Gebiet, als welches heute mit dem Namen Böhmen bezeichnet wird, und galten für eine Bevölkerung, in der das slavische Element zehnmal grösser war, als das deutsche. Denn dies mag vor dem 30jährigen Kriege das Verhältniss zwischen den beiden Nationalitäten gewesen sein, die Böhmen innerhalb der Grenzen von 1615 bewohnten.

Selbst bei diesen Bevölkerungsverhältnissen unterliegt es natürlich keinem Zweifel, dass die Beschlüsse von 1615 für die Minorität die grössten Nachtheile in sich schlossen. Sie übten schon dadurch eine unverkennbare Härte aus, dass ihnen eine rückwirkende Kraft wenigstens in Bezug auf das Erbrecht gegeben wurde. Tief haben sie aber auf keinen Fall in die socialen Verhältnisse Böhmens eingeschnitten, hätten sie dies gethan und die im Lande ansässige deutsche Bevölkerung mächtig gereizt, so müssten die historischen Quellen hierüber einigen Aufschluss bieten. Die nahezu völlige Schweigsamkeit derselben deutet jedoch darauf hin, dass man den Beschluss theils für

selbstverständlich, theils für bedeutungslos gehalten habe.
Gewiss ist es, dass sich auf dem Landtage selbst auch nicht
der Schatten einer Opposition erhob. Die gleichzeitigen Berichte über die böhmischen Landtagsverhandlungen, die aus
deutscher Feder flossen und nach Wien giugen, erwähnen des
Sprachenbeschlusses gar nicht oder führen ihn in einer Weise
an, die fast eine Billigung in sich schliesst. Ebenso wenig tadelte
einer der diplomatischen Agenten, die damals von den deutschen
Fürsten in Prag unterhalten wurden und deren Correspondenzen
sich erhalten haben, das Bestreben des böhmischen Landtags,
den Schwerpunkt der politischen Herrschaft im Lande nicht verrücken zu lassen. Auch von Seite des kaiserlichen Hofes, von
Seite der benachbarten deutschen Länder und ihrer ständischen
Vertreter fand der mehr erwähnte Beschluss nicht die leiseste
Anfeindung, waren doch die deutschen Oesterreicher und Schlesier die treuesten Bundesgenossen der Böhmen in dem folgenden
Aufstande. Alles dies ist wohl begreiflich, wenn man sich die
oben erwähnten Bevölkerungsverhältnisse Böhmens vor dem
30jährigen Kriege vor Augen hält und nicht spätere Zustände
zum Massstabe nimmt.

Was die Anordnung betraf, dass in Kirchen und Schulen, in
denen der Gottesdienst noch vor zehn Jahren böhmisch gelehrt
worden, dies neuerdings stattfinden solle, so ist zu bemerken, dass
diese Bestimmung weder die Errichtung neuer deutscher Kirchen
und Schulen hinderte, noch solche, die länger als zehn Jahre
existirten, in ihrem Bestande verkümmern wollte. Wir kennen den
Grund nicht genau, weshalb in der Zeit von 1605—15 einzelne
Kirchen mit Benachtheiligung der eingepfarrten slavischen Bevölkerung in deutsche Hände kamen, doch scheint er zunächst
bei den Gutsherrn gesucht werden zu müssen. Einige von ihnen,
deren Auftreten das Sprachengesetz von 1615 ins Leben rief,
mögen es vorgezogen haben, die mit ihrem Schlosse verbundene
Pfarre mit einem deutschen statt mit einem böhmischen Geistlichen zu besetzen, ohne auf die unterthänige Bevölkerung die
mindeste Rücksicht zu nehmen. Mitunter mögen jedoch mehr
religiöse als sprachliche Gründe entschieden haben; mancher
Gutsherr fühlte sich dem Lutherthum inniger verwandt, als der

böhmischen Confession, wollte er aber einen Prediger nach der augsburger Confession, so musste er ihn aus Deutschland holen.*)

Die nächste Veranlassung zu dem Landtagsbeschlusse von 1615 dürfte übrigens ebenso die Abneigung gegen das wälsche als gegen das deutsche Wesen abgegeben haben. In den gleichzeitigen Berichten wird geklagt, dass sich manche Edelleute, die das Böhmische gut verstanden, das Wort gegeben hätten, öffentlich nur in einer andern als der böhmischen Sprache zu reden. Bei Gesellschaften und Trinkgelagen hielten sie ihr Wort und ärgerten durch diese Art von Vornehmthun die alten Herren. Es mögen das Personen gewesen sein, die dem Hofadel angehörten, der sich seit Rudolf II in Prag entwickelt hatte und die sich mehr als Italiener und Spanier und weniger als Deutsche benahmen. Sie gehörten zum Theile der strengen katholischen Richtung an und wurden deshalb im Lande doppelt scheel angesehen. In der That waren durch sie erst vor wenigen Jahren die ersten Kapuziner aus Italien nach Prag gekommen, die weder deutsch noch böhmisch verstanden und unter ihrer Mithilfe hatte sich auch das Kloster bei Maria Schnee mit italienischen Franciskanern bevölkert. **)

Während der Generallandtagsverhandlungen in Prag bequemte sich der Kaiser zum definitiven Aufgeben seiner ungarischen Pläne, indem er sich mit Bethlen Gabor und mit den Türken in Verhandlungen einliess. Mit Bethlen Gabor nahmen sie damit ein Ende, dass er ihn als Fürsten von Siebenbürgen anerkannte und ihm jene ungarischen Comitate abtrat, die früher die Bathory's inne gehabt. Doch dauerte es noch einige Zeit, bevor sich Mathias zur Erfüllung der Friedensbedingungen bequemte. Mit den Türken wurde der Friede von Szitva-Torok

---

*) Dies deutet ausdrücklich eine wiener Correspondenz an. Wiener Staatsarchiv MS 491.

**) Der Sprachenbeschluss von 1615 steht ganz unvermittelt da und hat auf die vorangegangenen und folgenden Streitigkeiten in Böhmen gar keinen Einfluss ausgeübt. Nur wegen seiner modernen Bedeutung sind wir näher auf ihn eingegangen, denn mit dem böhmischen Aufstande und seinem Verlaufe hat er nichts zu schaffen.

auf weitere 20 Jahre erneuert. Eine türkische Gesandtschaft, welche zur Begrüssung des Kaisers nach Prag kam, wurde mit reichen Geschenken, deren Kosten die böhmischen Stände trugen, entlassen.

IV

Die Protestanten Böhmens hatten die Berufung des Generallandtages für eine passende Gelegenheit angesehen, um ihre kirchlichen Beschwerden endlich in energischer Weise zur Sprache zu bringen. Es wurde beschlossen, dass nicht die Defensoren allein, sondern sämmtliche auf dem Landtage anwesenden Protestanten sich mit einer schriftlichen Vorstellung an den Kaiser wenden sollten. In dem Actenstücke, das durch gemeinsame Uebereinstimmung zu Stande kam, betonten sie, dass sie sich stets bemüht hätten, den Katholiken keinen Anlass zu einer Klage zu bieten, während ihnen selbst die bittersten Verletzungen widerfahren seien. Die gewaltsam geschlossenen Kirchen von Klostergrab und Braunau und die systematische Anstellung katholischer Priester auf allen königlichen Gütern seien die sprechendsten Beweise der verletzten religiösen Freiheit. Angesichts dieser Thatsachen sprachen sie ihre Entschlossenheit aus, sich gegen jeden Verletzer ihrer Rechte — die alleinige Person des Kaisers ausgenommen — Hilfe verschaffen und nicht länger ruhig zusehen zu wollen. *)

Der so überaus glückliche Verlauf des Generallandtages erfüllte die Regierung mit zu grosser Zuversicht, als dass sie sich durch die drohende Sprache dieser Eingabe zu einer Aenderung ihres bisherigen Verfahrens hätte bestimmen lassen. Waren doch die Verfasser der Klagschrift dieselben Männer, die so eben eine vollständige Niederlage auf dem parlamentarischen Kampfplatze erlitten hatten. Nichtsdestoweniger scheute sich die Regierung vor einer offenen Abweisung der Protestanten. Der Generallandtag ging zu Ende, die Mitglieder entfern-

---

*) Andere Apologie. Zuschrift der protest. Stände an den Kaiser 1615.

ten sich allmälig von Prag und noch war von Mathias keine Antwort erfolgt. Dass sie aber, wenn sie je ertheilt wurde, nicht nach dem Geschmacke der Kläger sein würde, darauf deuteten stets neue Anzeichen hin und unter diesen die Behandlung der Neustraschitzer. — Durch den Zuspruch der Defensoren und das feste Auftreten der protestantischen Stände überhaupt verleitet, hatten die Neustraschitzer beschlossen, auf dem Wege der That gegen die Anstellung des katholischen Priesters zu protestiren. Sie schlossen die Kirche vor denselben und hinderten ihn an der weiteren Ausübung seiner Functionen. Als sie deshalb als Störer des Landfriedens beim Kammergericht verklagt wurden, entlud sich der kaiserliche Zorn über ihren Häuptern; die Gemeinde wurde zur Bezahlung einer bedeutenden Geldbusse an den verjagten Pfarrer und zum Verluste ihrer sämmtlichen Privilegien verurtheilt. Später wurden ihr die letzteren bis auf eines, wieder zurückgestellt, dies eine war aber das kostbarste, denn es betraf die Brüugerechtigkeit. — Jene Bürger, die man für die Tonangeber in dem Städtchen ansah, wurden zum Verkauf ihrer Besitzungen genöthigt und aus der Stadt verwiesen. Gleichzeitig wurden das Bürgermeisteramt und die Rathsstellen in die Hände verlässlicher Personen gelegt. *)

Diese Massregelung bildete den Vorläufer der Antwort, mit der Mathias nicht länger zögern wollte. Im Sommer 1616, also ungefähr ein Jahr nach der ihm überreichten protestantischen Beschwerdeschrift, machte er einen Ausflug nach dem damals königlichen Jagdschlosse Brandeis an der Elbe. Als er sich zur Rückreise nach Prag anschickte, berief er nach dem genannten Schlosse eine Deputation aus der Mitte der Defensoren. Sie bestand aus dem Grafen Thurn, dem Ritter Ulrich von Gersdorf und dem Appellationsrathe Simon Kohout von Lichtenfels. Der Kaiser empfing die Genannten in Gegenwart des Kanzlers und ertheilte durch dessen Mund eine Antwort auf die ständische Eingabe, die sich bei dem Mangel aller mildernden Umschweife durch ihre ungewöhnliche Strenge und Kürze

---

*) Andere Apologie. Resolution des Kaisers bezüglich der Neustraschitzer 266.

es also in Böhmen „Katholiken", „Utraquisten" und „die Anhänger der böhmischen Confession", die sich ebenfalls Utraquisten nannten, denen wir aber die passendere Bezeichnung Protestanten beilegen, geben sollte. Die Protestanten wollten dies nicht dulden und verlangten, dass nur sie selbst und die Katholiken als Kirche organisirt sein sollten, und besiegten den Widerstand der Altgläubigen damit, dass sie es jedem Patron, der über eine utraquistische Kirche verfügte, freistellten, an dieselbe entweder einen protestantischen Geistlichen anzustellen, oder einen solchen, den der Erzbischof geweiht hatte. That ein Patron das letztere, so machte er die Pfarre thatsächlich zu einer katholischen, denn wenn auch bei derselben das Abendmal unter beiden Gestalten vertheilt wurde, so geschah dies seit dem tridentiner Concil mit Erlaubniss des Papstes und bildete keinen Gegenstand der Trennung mehr.

Auf diese Weise stand es nach dem Vergleiche in dem Belieben eines jeden Patrons, ob er trotz des Normaljahres 1609 seine utraquistischen Pfarren katholisch oder protestantisch machen wollte. Die protestantischen Stände hatten in diese Bestimmung eingewilligt, weil sie bei ihrer überaus grossen Majorität in derselben keine Gefahr sahen; war doch der mit ihnen verbundene Adel mindestens zehnmal zahlreicher, als der auf katholischer Seite stehende. Auch beschränkten sie die allgemeine Anwendung jener Bestimmung in einem wichtigen Punkte. Bezüglich der königlichen Städte wurde nämlich ausdrücklich festgesetzt, dass alle in denselben befindlichen utraquistischen Pfarren und Kirchen als protestantisches Eigenthum gelten und dem betreffenden Consistorium untergeordnet sein sollten. Fänden sich eine oder mehrere Personen in den königlichen Städten, die dem alten Utraquismus anhingen, so sollten sie für ihre geistlichen Bedürfnisse Befriedigung suchen, wo sie wollten, aber an die nunmehr protestantischen Kirchen ihrer Stadt keine Ansprüche erheben.

Da von Seite der Protestanten unmittelbar nach dem Jahre 1609 keinerlei Klagen erhoben wurden, so darf man entweder vermuthen, dass die katholischen Gutsherren sich ihres Rechtes, utraquistische Pfarren katholisch zu machen, nicht bedienten und so eine neutrale Haltung bewahrten oder dass die Protestanten ein solches Vorgehen unter dem frischen Eindrucke der von ihnen verfassten Gesetze berechtigt fanden und nicht angriffen. Wahrscheinlich ist das erstere. Von entscheidender Wichtigkeit für die Zukunft musste jedoch das Beispiel des Königs sein, auf dessen Gütern sich zahlreiche utraquistische Pfarren befanden. Unmittelbar nach dem Jahre 1609 bewahrte man gegen die Protestanten auf den königlichen Gütern eine neutrale Haltung und erkannte sie als die Rechtsnachfolger der Utraquisten an. Seit jedoch Mathias seine Patronatsrechte dem Erzbischof abgetreten hatte, war es anders geworden, der letztere benützte die ihm durch den Vergleich gebotene Gelegenheit, um alle königlichen Pfarren katholisch zu machen. Es wird nun klar sein, aus welchem Grunde der Kaiser in seiner brandeiser Antwort behaupten konnte, bei der Besetzung seiner Pfarren mit katholischen Priestern im Rechte zu sein. Wiewohl eine derartige Thatsache im Vergleiche vorbereitet war, so waren die Protestanten doch nicht wenig darüber erbittert, da sie sich von Seite des Königs einer gewissen Neutralität versehen hatten.

Erwägt man, zu welchen Streitigkeiten und Consequenzen der vielgenannte Vergleich in der kürzesten Zeit führte, so lässt sich nicht läugnen, dass die legislatorische Befähigung der Protestanten im Jahre 1609 keine glänzende Probe abgelegt hatte. Es ist schon an und für sich ein Unsinn, dass in dem genannten Jahre zwei Gesetze, die parallel neben einander laufen, über einen und denselben Gegenstand gegeben wurden. Der Majestätsbrief, anscheinend das wichtigste der Gesetze, schneidet doch keineswegs so tief in die Verhältnisse ein, wie der Vergleich, dessen Bestimmungen allein zu den folgenden harten Kämpfen zwischen dem Könige und den Protestanten Anlass gaben. Von einem systematischen, lichten, die möglichen Zwistigkeiten voraussehenden und in vorhinein entscheidenden Gesetze ist bei dem vielgenannten Vergleiche, der als ein abstruses Machwerk angesehen werden muss, keine Rede. Und so haftet an den protestantischen Führern der Vorwurf, dass sie es selbst waren, die mit unglaublicher Leichtfertigkeit die schwersten Gefahren über ihre Anhänger heraufbeschworen haben.

Die Antwort, die der Kaiser den Defensoren in Brandeis gegeben, konnte als das Regierungsprogramm der nächsten Zukunft angesehen werden. Für die Protestanten eröffnete es die Aussicht auf eine derartige Schmälerung ihrer Existenz, dass sie selbst die Zustände vor 1609 als günstigere ansehen mussten. Denn war auch vor diesem Jahre ihre Sicherheit durch kein Gesetz begründet, so erfreuten sie sich doch einer thatsächlichen Freiheit, allfällige Angriffe ermangelten damals eines festen Systems und kamen nur sporadisch vor. Jetzt war dies nicht der Fall, das Vorgehen der Regierung war ein festes und hatte das nächste Ziel klar vor Augen. Es war dies die völlige Katholicisirung des königlichen und geistlichen Besitzes, soweit dies die Kirchen und Pfarren betraf. Wenn man hiebei die Bauern im Sinne des Majestätsbriefes in ihrem Gewissen noch nicht bedrängte und ihnen den Besuch fremder protestantischer Kirchen gestattete, so war dies nur ein geringer Schutz für die Protestanten, denn der Bauer war zu sehr von seiner Obrigkeit abhängig, um nicht schliesslich ihren Wünschen in Betreff der Religion nachzukommen. Auch wurde er es auf die Dauer überdrüssig, weite Tagemärsche anzustellen, um Gottes Wort zu hören, wenn er es mit grösserer Bequemlichkeit in unmittelbarer Nähe vernehmen konnte. Aber selbst die Rücksicht auf den Majestätsbrief währte nicht allzulange; einzelne Pfarrer wagten es gegen das Ende des Jahres 1616 ihren Pfarrkindern geradezu den Besuch fremder protestantischer Kirchen zu verbieten und traten so den Majestätsbrief mit Füssen. So war man endlich auf katholischer Seite dahin gekommen, das Jahr 1609 als nicht zu Recht bestehend anzusehen.

Diese wenn auch vorläufig nur sporadisch vorkommenden pfarrherrlichen Verbote steigerten die Gährung im Lande und trieben selbst solche Protestanten, die mit der Regierung auf gutem Fusse bleiben wollten, zu einem Ausdrucke des Unwillens. Sämmtliche obersten Beamten und Räthe, die dem protestantischen Bekenntnisse anhingen, vereinten sich zur Unterzeichnung einer Eingabe *) an den Kaiser, in der sie ihn um

---

*) Archiv von Wittingau. Zuschrift an den Kaiser dd. 25. Feb. 1617.

Abhilfe ihrer notorischen Beschwerden baten, und führten als solche neben der Bedrückung der Klostergraber und Braunauer hauptsächlich die Behandlung der Unterthanen auf den königlichen Gütern an. Sie liessen sich mit dem Kaiser in keine Controverse ein, ob die geistlichen Güter als königliche anzusehen seien oder nicht, sondern setzten ersteres als eine unbezweifelbare Thatsache voraus und sahen demnach die brandeiser Erklärung als nicht gegeben an. Auch unterliessen sie es nicht, Mathias darauf aufmerksam zu machen, dass er selbst nicht stets der Meinung gewesen sei, die er nun verfechte. Denn als er im Jahre 1612 dem Erzbischof die Besetzung seiner Pfarreien mit der Bedingung übertragen habe, dass er auf den Vergleich Rücksicht nehme, habe er gewiss den Vergleich noch nicht in dem Sinne aufgefasst, wie dies jetzt der Fall sei. — Auch diese Eingabe brachte in der Regierungspolitik eben so wenig einen Umschwung hervor, wie die zur Zeit des Generallandtages überreichte ständische Beschwerde.

Während das Land in einer Aufregung ohne Gleichen sich befand und jeder Tag eine neue Zuspitzung des religiösen Streites brachte, setzten viele ihre Hoffnung auf die Zukunft. Die einen schraken vor einem Anfstande nicht zurück und glaubten mit einem Schlage alles gewinnen zu können. Die andern sehnten den Tod des Kaisers herbei und gedachten sich durch die künftige Königswahl und den gleichzeitigen Ausschluss allfälliger habsburgischer Bewerber zu sichern. Man freute sich, Mathias im Jahre 1611 das Versprechen abgenommen zu haben, dass bei seinen Lebzeiten nicht über die Wahl eines neuen Königs verhandelt werden dürfe. So glaubte man fest und sicher, dass er seinen Einfluss nicht für seinen Vetter aufbieten könne und hoffte später völlig freie Hand zu haben. Da traf die Ausschreibung des Landtages zur Bestimmung der böhmischen Nachfolge wie ein Blitz alle diese Hoffnungen. Man sah, dass das Haus Habsburg entschlossen war, vorwärts zu gehen und der Opposition einen Kampf auf Leben und Tod anzubieten.

Drittes Kapitel.

Ferdinands Erhebung auf den böhmischen Thron.

I Das Gebiet der böhmischen Krone. Die Stellung Böhmens unter den Habsburgern. Die böhmische Verfassung. Der Adel. Die königlichen Städte. Die Bauern. Die Freibauern. Die Geistlichkeit. Die Juden. Böhmische Finanz- und Bevölkerungsverhältnisse.

II Stimmung im Lande bei der Ausschreibung des Landtags von 1617. Bemühungen der Regierung, Ferdinand den Thron auf Grund des Erbrechtes zu sichern. Annahme oder Wahl? Schlick, Thurn Sieg der Regierung. Verhandlungen über die Bewilligung der Privilegien. Slawata's Opposition gegen den Majestätsbrief. Die Krönung. Das Krönungsmahl. Bestrafung der Opposition. Thurns Entfernung vom Burggrafenamte von Karlstein.

I

Das Gebiet der böhmischen Krone umfasste im Beginne des 17. Jahrhunderts ausser Böhmen selbst noch Mähren, Schlesien, die Ober- und Niederlausitz. Man pflegte die letztgenannten vier Provinzen mit der Bezeichnung: die der Krone Böhmen incorporirten Länder, zusammenzufassen. Zu Böhmen gehörten noch ausserdem die Grafschaft Glatz, die Gebiete von Eger und Elbogen, welche sich in Bezug auf Steuerverhältnisse seit dem 16. Jahrhunderte dem böhmischen Landtage fügen mussten, sonst aber einer völligen Selbständigkeit sich erfreuten und ihre Angelegenheiten auf eigenen Kreistagen besorgten. Glatz und Elbogen waren Theile von Böhmen selbst, die durch Verkauf und Verpfändung von diesem Lande getrennt worden waren. Eger dagegen gehörte zu Deutschland und war durch Verpfändung im 14. Jahrhunderte an die böhmische Krone gekommen, um seitdem nimmermehr abgezweigt zu werden. Das Verhältniss der böhmischen Nebenländer zu dem Stammlande hatte im Laufe der Zeit mancherlei Wandlungen durchgemacht. Ein eng geschlossenes Staatswesen, dessen Centrum in Böhmen lag, bildete die böhmische Krone unter Karl IV und unter Georg von Poděbrad. Unmittelbar darauf empfing dasselbe einen gefährlichen Stoss durch den Krieg gegen Mathias Corvinus, in Folge dessen Mähren, Schlesien und die Lausitze in Verbindung mit Ungarn gelangten. Obwohl dieselbe durch die Erhebung Wladislaws II auf den ungarischen Thron ein Ende nehmen sollte, so war dies doch nicht ganz und gar der Fall; nur Mähren schloss sich gern und willig an das alte Stammland an, wogegen Schlesien Miene machte, als ob es die Verbindung mit Ungarn aufrecht erhalten wollte. Die gleichzeitigen anarchischen Zustände in Böhmen vernichteten die alte Bedeutung dieses Landes, lähmten seinen Einfluss auf die Nebenländer und hinderten so die Wiederherstellung enger Beziehungen.

Mit dem Regierungsantritt der Habsburger änderten sich die Verhältnisse und das böhmische Staatsgebiet machte sich wieder als ein geschlossenes Ganze geltend. Ferdinand I wachte selbst mit Eifersucht über die Rechte der Krone Böhmen und vertheidigte sie sowohl gegen Deutschland wie gegen die Unabhängigkeitsgelüste der schlesischen Fürsten. Das Institut der Generallandtage, von denen die ältere böhmische Geschichte nur schwache Anklänge bietet, gelangte jetzt zu einer grösseren Entwickelung, die Habsburger begünstigten es und die Böhmen waren damit wohl zufrieden. Der Geschäftskreis der Generallandtage war übrigens sehr beschränkt und betraf fast ausschliesslich die Vertheidigungsfrage gegen die Türken.

Von grosser Wichtigkeit für den einheitlichen Bestand der böhmischen Krone war die unter den Habsburgern sich entwickelnde Centralisation. Die obersten böhmischen Aemter und Gerichte, wie z. B. die böhmische Kanzlei, die Kammer und das Appellationsgericht bekamen eine Wirksamkeit, die sich auf alle Länder der böhmischen Krone erstreckte, was vordem kaum bezüglich der Kanzlei der Fall war. Aber diese Centralisation war ein zweischneidiges Schwert, sie kettete wohl die böhmischen Länder enger an einander, liess Böhmen als das Haupt und am meisten berechtigte Glied erscheinen, aber sie bedrohte die böhmische Nation selbst mit den grössten Nachtheilen, denn sie fing an, eine deutsche Färbung zu bekommen, was sich insbesondere bei dem Kammerwesen geltend machte. Dazu kam noch, dass die böhmischen Centralämter in steigende Abhängigkeit von jenen Centralämtern gerieten, die von den Habsburgern für das ganze Reich organisirt worden waren. Die Hofkammer in Wien behandelte die böhmische Kammer nur wie eine untergeordnete Behörde, ertheilte ihr Befehle und beeinflusste sogar die Anstellungen bei derselben. Die böhmische Krone lief unter dieser Einwirkung Gefahr, ihre Selbständigkeit im österreichischen Staatsorganismus einzubüssen und so das, was sie auf der einen Seite an Festigkeit gewann, auf der andern Seite doppelt zu verlieren.

Den Zeitgenossen war diese letztere Gefahr merkwürdigerweise wenig deutlich und so erhob sich nur selten von Seite Böhmens eine Opposition gegen die österreichische Centralisation und wenn dies der Fall war, so zeigte dieselbe kein richtiges Verständniss des Gegenstandes, und wusste nicht die passenden Gegenmittel zu finden. Dagegen wurde die böhmische Centralisation trotz ihres halbdeutschen Gewandes von den Nebenländern ununterbrochen angefeindet. Am heftigsten geberdete sich Schlesien in der Reihe der Gegner, es wollte durchaus nicht von der böhmischen Kanzlei (einer Art Ministeriums des Inneren) abhängig sein, sondern verlangte für sich die Errichtung einer eigenen Kanzlei und setzte auch diesen Wunsch bei Mathias im J. 1611 durch. Bei dieser Gelegenheit nahm Schlesien eine absolute Gleichheit mit Böhmen in Anspruch, arbeitete auf die Auflösung des böhmischen Staates hin und behauptete, dem Kaiser nur als Herzog von Schlesien und nicht als König von Böhmen zum Gehorsam verpflichtet zu sein. Mathias fand bald, dass er sich mit seiner Nachgiebigkeit gegen die Schlesier übereilt habe und dass hinter ihrer Opposition gegen den böhmischen Staat der Wunsch nach völliger Unabhängigkeit stecke. Er lenkte deshalb auf die Bitten der Böhmen, welche von ihm die Abschaffung der neu errichteten Kanzlei verlangten, ein und berief die Schlesier zu neuen Verhandlungen nach Prag. Da in denselben keine Einigung zu erzielen war, hob der Kaiser durch

einen Machtspruch die schlesische Kanzlei wieder auf und stellte
sich so auf die Seite der Böhmen. Mit bitterem Grolle im Herzen
schieden die schlesischen Abgeordneten von Prag. Es lässt sich
nicht sagen, welche Gestaltung zuletzt das böhmische Staatswesen genommen hätte und welcher Art die Bande gewesen wären,
welche die Theile desselben zu einem Ganzen umschlungen hätten, wenn die Entwicklung eine normale geblieben wäre. Die
Niederwerfung des böhmischen Aufstandes machte allen Streitigkeiten zwischen den Ländern der böhmischen Krone über das
wechselseitige Verhältniss ein Ende, da der Kaiser fortan ihr
absoluter Herr war und dies Verhältniss nach seinem Belieben
normirte.

Die Grundzüge des böhmischen Verfassungsrechtes, so weit
es sich auf das gesammte Gebiet der Krone und auf das Land
Böhmen allein bezog, sind zuerst in der *wladislawischen Landesordnung*, die im J. 1500 veröffentlicht wurde, niedergelegt. Diese
Landesordnung enthält neben dem öffentlichen Rechte auch das
Privatrecht des Adels und die bei den Processen desselben geltende Gerichtsordnung. Die Anordnung der einzelnen Theile
entbehrt jedes Systems, lässt eine Masse der wichtigsten Fragen
des öffentlichen Rechtes unentschieden und ist kaum etwas anderes, als ein aus verschiedenen Landtagsbeschlüssen zusammengetragenes und bunt durch einander gewürfeltes historisches
Material. Neue und wichtige Beschlüsse der Landtage machten
das Bedürfniss nach einer zweiten und vollständigeren Redaction
geltend, die im J. 1530 zu Stande kam und gleichfalls durch
den Druck veröffentlicht wurde. Sie unterscheidet sich von der
ersten Ausgabe durch eine etwas lichtere Anordnung. Ein entschiedener Fortschritt ist erst in jener Ausgabe bemerkbar,
die im J. 1564 unmittelbar nach dem Tode Kaiser Ferdinands I
veröffentlicht wurde und in der sich die Spuren der habsburgischen
Herrschaft bereits in mannigfacher Weise geltend machen. Die
Bedeutung des Gegenstandes hatte zur Folge, dass bald darauf
von dieser Ausgabe eine deutsche Uebersetzung angefertigt und
wiederholt durch den Druck verbreitet wurde.

Die böhmische Verfassung ertheilte das Recht der Gesetzgebung dem Könige und dem Landtage, an dem die drei Stände:

die Herren, Ritter und die königlichen Städte Theil nahmen. Die Geistlichkeit, die sonst überall und selbst in dem benachbarten Mähren die privilegirteste Stellung einnahm und in alle gesetzgebenden Versammlungen Eingang fand, hatte in Böhmen seit den Husitenstürmen das Recht der Theilnahme an den Landtagen eingebüsst und bildete keinen eigenen Stand. Die Berufung des Landtags, ehedem nicht bloss ein Recht des Königs, sondern auch der Stände, hing seit der Herrschaft der Habsburger allein von dem ersteren ab. Der Landtag bildete bei der Entgegennahme der königlichen Proposition und bei ihrer Beantwortung nur eine Körperschaft; streng genommen bestand er jedoch aus drei gesonderten Abtheilungen, so vielen nämlich, als es Stände gab. Die einzelnen Stände beriethen getrennt über die Proposition und zwar die höheren Stände in der Burg, die Abgeordneten der Städte dagegen auf dem altstädter Rathhause, doch geschah es mitunter auch, dass manche Gegenstände von dem gesammten Landtage beriethen wurden. Die Einigung der Mitglieder eines Standes über den zu fassenden Beschluss ging auf dem Wege der Unterredung vor sich; eine Abstimmung im modernen Sinne fand nicht statt. Waren einzelne Personen anderer Meinung, so fügten sie sich der sichtlichen Mehrheit; durch die Landesordnung war übrigens bestimmt, dass die abweichende Ansicht eines oder mehrerer Mitglieder einer Curie die Giltigkeit eines Majoritätsbeschlusses nicht in Frage stellen könne. In den Gesammtsitzungen des Landtages wurde von jeder Curie ein gemeinsames Votum abgegeben. Waren dieselben übereinstimmend, so kam ein giltiger Landtagsbeschluss zu Stande, sonst nicht, denn die Majorisirung einer Curie durch die beiden anderen konnte nicht stattfinden. Ein derartiger Zwiespalt trat unter der habsburgischen Herrschaft äusserst selten ein, gewöhnlich endete er auf glimpfliche Weise durch Vertagung der Streitfrage oder die schliessliche Nachgiebigkeit jenes Standes, der sich in der Minorität befand. Das Uebergewicht, welches der Herrnstand durch seine Stellung und seinen Reichthum ausübte, bewirkte, dass er die leitende Rolle auf dem Landtage spielte.

Die Verhandlungen auf dem Landtage bezogen sich in erster Reihe auf die königlichen Propositionen. Nahmen die Stände dieselben an, so ergab sich der Landtagsbeschluss von selbst, in der Regel trat aber zwischen dem Gesammtlandtage und dem Könige ein Schriftenwechsel ein; drei bis vier Antworten und Entgegnungen wurden ausgetauscht, bevor die Einigung zu Stande kam, worauf die vereinbarten Beschlüsse in die Landtafel eingetragen wurden und dadurch Gesetzeskraft erlangten. Eine Initiative von Seite der Stände in Bezug auf die Gesetzgebung war nicht untersagt, äusserte sich aber gewöhnlich darin, dass die Stände den König baten, er möchte einen gewissen Gegenstand in die Reihe seiner Propositionen aufnehmen. Auf dem Landtage von 1609—10 wurde das Recht der Initiative von den Mitgliedern desselben entschieden in Anspruch genommen und zuletzt für die Zukunft dahin bestimmt, dass es ihnen unbenommen bleiben solle, nach der Berathung über die königlichen Propositionen ihre eigenen Anträge zu stellen. Die Dauer der Landtage, die mit seltenen Ausnahmen jährlich berufen wurden, währte im Durchschnitt ungefähr 14 Tage; bei dringenden Anlässen, wenn nämlich der Türkenkrieg in Ungarn neue Steuerforderungen von Seite des Königs erheischte, kam der Landtag zwei und selbst dreimal im Jahre zusammen.

Der *Adel* in Böhmen theilte sich in zwei Rang-Classen: in die der Herrn und Ritter. Eifersüchtig wachten sie darüber, dass keine neuen Abstufungen nach Art des deutschen Adels eingeführt würden; bezüglich der Fürsten von Plauen, die in Böhmen begütert waren, bestimmte ein eigener Landtagsbeschluss, dass sie sich zwar ihres Fürstentitels bedienen dürften, dies aber keine Vermehrung der Adelsclassen und Stände in Böhmen zur Folge haben solle. Die Herrn von Rosenberg, denen das Herkommen ausserhalb Böhmens überall fürstlichen Rang zuerkannte, führten in der Heimat keinen anderen als den Herrntitel und waren Mitglieder des Herrnstandes. Im Anfange des 17. Jahrhunderts begegnete man in den Landtagen häufig den Grafen Schlick und Thurn, auch sie waren dem Herrnstande eingereiht, doch blieb es ihnen unbenommen, den Grafentitel zu führen. Andererseits gab es auch keine geringere Adelsclasse in Böhmen als die der Ritter, sogenannte einfach Adelige gab es in Böhmen nicht. — Die Ertheilung des Adels war keineswegs alleinige Sache des

Königs. Ein Ritter, der in den Herrnstand aufgenommen werden wollte, musste sowohl bei dem Könige wie bei den Herrn um diese Standeserhöhung bitten, und nur ihre beiderseitige Zustimmung konnte ihm dieselbe verschaffen, dagegen ertheilte der König den Rittergrad selbstständig. Die neu Geadelten oder neu in den Herrnstand Aufgenommenen genossen nicht unmittelbar alle Auszeichnungen ihres Standes, sie waren gehalten den älteren Geschlechtern einen Vorrang einzuräumen, erst nach drei Generationen trat das neue Ritter- oder Herrngeschlecht in die Rechte der alten Geschlechter ein.

Die Zahl der Adelsfamilien in Böhmen war in der Zeit vor dem 30jährigen Kriege im Vergleich zum Mittelalter in Abnahme begriffen. Es scheint, dass der Adel nur von jenen behauptet wurde, die sich im Besitz von Grund und Boden befanden. Familien, deren Glücksumstände sich bedeutend verschlechterten, gingen im Volke auf. Nach einer Zählung aus dem Jahre 1605 waren 254 Familien des Herrnstandes und 1128 Familien des Ritterstandes im Besitz von Gütern, man kann darnach mit grosser Wahrscheinlichkeit behaupten, dass die Gesammtzahl der adeligen Familien in dieser Zeit nicht viel über 1400 betragen habe. Unter diesen Adelsgeschlechtern fehlen bereits viele von jenen, die im 15. und 16. Jahrhunderte ihren Namen mit Ehre oder Schmach bedeckt und so demselben eine Bedeutung in der Geschichte ihres Volkes verschafft haben; die Landsteine, die Ptáček von Pirkstain, die Krajíř von Krajek, die Kostka von Postupic, die Lew von Rožmital waren ausgestorben, die Nachkommen Georgs von Poděbrad waren nur noch in Schlesien begütert, die Křinecky's nach Polen ausgewandert, der letzte Herr von Neuhaus wurde im Jahre 1596 begraben. Der letzte Rosenberg endete in einer Art von Harem im Jahre 1611 sein Leben in einer Zurückgezogenheit, die wenig zu der geräuschvollen Thätigkeit seiner Vorfahren passte. Der letzte Sprössling aus dem Hause Pernstein, dessen Haupt sich im 16. Jahrhunderte königlicher Einkünfte erfreute,*) war in seinen Vermögensver-

---
*) Venetianische Berichterstatter berechneten dasselbe auf 160000 Thaler jährlich. Nicht viel mehr betrugen die gesammten directen Steuern von Böhmen in der ersten Hälfte des 16. Jahrhunderts.

hältnissen so herabgekommen, dass er sein armseliges Dasein nur mit Hilfe einer Pension fristete, die er von Spanien kurz vor Beginn des 30jährigen Krieges empfing. Im höchsten Glanze standen vor dem Beginne des 30jährigen Krieges die Familien Lobkowitz, Schwamberg, Smiřický, Sternberg, Waldstein, Slawata, Berka, Kolowrat und Kinsky. Hervorragend durch seinen Reichthum war das alte Rittergeschlecht der Trčka, es hatte denselben seit der Herrschaft der jagellonischen Könige ungeschmälert behauptet.

Dem Herkommen gemäss betheiligten sich nur jene Mitglieder des Adels an den Landtagsverhandlungen, welche mit Grundbesitz ausgestattet waren. Würden alle, denen es zukam, von diesem Rechte Gebrauch gemacht haben, so hätten sich im Landtage allein an 1400 Vertreter des Adels eingefunden. So viele kamen jedoch nie zusammen, in der Regel fanden sich mit Einschluss der städtischen Deputirten, nicht viel über 100 Personen in Prag ein; der Landtag von 1609, der unter einer langen Reihe von Vorgängern und Nachfolgern einzig dastand, zählte nur an 200 Mitglieder. Diese Zahlen beweisen, dass der Besuch des Landtags vor dem 30jährigen Kriege ebenso sehr als eine Last, wie als ein Vorrecht angesehen wurde. Die Ursache lag darin, dass für den Ritterstand die Kosten in die Wagschale fielen, welche mit einer Reise nach Prag und mit einem Aufenthalte von ungewisser Dauer daselbst verbunden waren. Aus diesem Grunde verfiel derselbe schon im 15. Jahrhundert auf ein Auskunftsmittel, das den böhmischen Landtag mit der Zeit zu einem repräsentativen hätte umstalten können; die Ritterschaft jedes Kreises sandte nämlich aus ihrer Mitte Vertreter nach Prag ab. Dieser Ausweg wurde während des 16. Jahrhunderts beharrlich benützt und dahin vervollkommt, dass den Kreisdeputirten von ihren Wählern eine Entschädigung für die Landtagskosten bewilligt und die Einzahlung dieser Entschädigung mit derselben Strenge wie eine Steuer betrieben wurde. Der einzelne Ritter, der kein solches Wahlmandat erhielt, verlor deshalb nicht das Recht auf dem Landtage zu erscheinen, er konnte dahin gehen, wann und wie es ihm beliebte, aber es verstand sich von selbst, dass er dies auf eigene Kosten thun musste. Der Herrnstand, der verhältnismässig über ein grösseres Vermögen gebot, griff nicht zu dem Mittel der Stellvertretung, wer von den Herrn auf dem Landtage erscheinen wollte, erschien Kraft eigenen Rechtes und nicht als Vertreter.

Was die Vermögensverhältnisse des böhmischen Adels betrifft, so war der Grossgrundbesitz in frühern Zeiten nicht in so wenigen Händen concentrirt, wie das heute der Fall ist. Gegenwärtig ist derselbe ungefähr unter 680 Besitzer vertheilt, von denen viele auch ausserhalb Böhmens begütert sind, während sich im 16. Jahrhundert der Grossgrundbesitz unter fast 1400 Familien vertheilte, von denen kaum eine oder die andere auch in der Fremde ein Besitzthum hatte. Dabei ist noch in Anschlag zu bringen, dass auch der König grosse und zahlreiche Güter besass, die vielleicht den 10. Theil des Landes ausmachten, die jetzt gleichfalls nur in Privathänden sind. Der heutige Adel ist demnach, so weit er am Grossgrundbesitz participirt, viel reicher als seine Ahnen.

Die Einkünfte, die der Adel aus seinem Besitze bezog, flossen ihm theils aus den Zahlungen und Naturallieferungen seiner Bauern, theils aus dem Ertrage seiner unmittelbaren Besitzthümer zu. Die Art und Weise, wie der Adel seinen eigenen Grundbesitz verwaltete, war verschieden, einen Theil liess er durch die Robotleistungen seiner Unterthanen bearbeiten, für den anderen Theil wurden entweder Arbeiter gedungen oder derselbe den Bauern in Pacht gegeben, der in kurzen Zwischenräumen wieder erneuert wurde. Die Administration der Güter war auf das pünktlichste geregelt und hatte das Stadium roher Empirie bereits weit hinter sich gelassen. War der Besitz eines Edelmannes umfangreich, so pflegte er einen Hauptmann an dessen Spitze zu stellen, der gewöhnlich den ärmern Adelsfamilien entnommen war. Bei minder umfangreichen Besitzungen wurde ein blosser Amtmann (ouředník) mit der Verwaltung betraut, ihnen zur Seite standen einige Unterbeamten mit verschiedenen Titeln. Für jedes Gut wurde ein eigenes Grundbuch angelegt, in dem sämmtliche Bauernansässigkeiten nach der herkömmlichen Bezeichnung angeführt und dabei die im einzelnen hundertfach verschiedenen Leistungen derselben eingetragen waren, um die Controle über deren richtige Abstattung zu ermöglichen. In der eigenen Verwaltung der Gutsobrigkeit und nicht im Pacht befanden sich stets die Teiche und Wälder. Die Teichwirthschaft wurde ehedem in Böhmen schwunghaft betrieben, es gab nicht leicht ein Gut, wo der Fischhandel nicht eine ansehnliche Rente abgeworfen hätte. Heute sind bekanntlich die Teiche aus dem mittleren und nördlichen Böhmen fast ganz verschwunden und haben einer andern Benützung des Bodens Platz gemacht.

Bei der Wichtigkeit der Verwerthung von Grund und Boden hat sich frühzeitig die Literatur dieses Gegenstandes bemächtigt. Ein dem 16. Jahrhunderte angehöriges Werk (hospodář) entwirft die Grundzüge für die Bewirthschaftung und Verwaltung grosser Landgüter und macht uns in dieser Beziehung mit den interessantesten Details bekannt. Nicht minder wichtig für die Beleuchtung der gutsherrlichen und bäuerlichen Verhältnisse und für die Kenntniss der ältern wirthschaftlichen Grundsätze sind die sogenannten „Mandate", in denen die Herrschaftsbesitzer die Pflichten und Rechte ihrer Unterthanen festsetzten und namentlich das Gerichtswesen auf ihren Gütern regelten. Solche Mandate wurden wohl überall herausgegeben, zeitweise erneuert und den Gemeinden mitgetheilt, doch haben sich von diesen interessanten Dokumenten nur äusserst wenige erhalten. In der Zeit nach dem 30jährigen Kriege wurden die Herrn schweigsamer und übten ihre Herrschaft aus, ohne es der Mühe werth zu finden, viele Worte deshalb zu machen. Doch finden sich auch aus dieser späteren Zeit einzelne Mandate vor.

Nächst dem Adel nahmen die *königlichen Städte*, deren Zahl sich auf 42 belief, im Lande die hervorragendste Stellung ein. Alle waren zur Theilnahme am Landtage berechtigt und die bedeutenderen gewöhnlich durch zwei bis drei Deputirte, die der Stadtrath wählte, vertreten. Nicht alle sandten jedoch ihre Deputirten auf den Landtag, da dieses Recht mit bedeutenderen Auslagen verbunden war. Selten erschien mehr, als ein Drittel der Berechtigten, die Ausbleibenden überliessen ihnen die Sorge für die gemeinsamen Interessen. Die Prager, die sich nach den Städten, aus denen die Hauptstadt ehedem bestand, in die Abgeordneten der Altstadt, Neustadt und Kleinseite theilten, übten auf die Verhandlungen der Städtecurie den maassgebendsten Einfluss aus.

Die königlichen Städte hatten in ihrer Entwicklung während der letzten 120 Jahre vor dem 30jährigen Kriege mancherlei Schicksale durchgemacht. Unter der Regierung Wladislaws II mussten sie mit den höhern Ständen einen harten Kampf wegen ihrer Theilnahme an den Landtagen bestehen, der Adel wandte alle Mittel an, um die Städte von denselben fern zu halten, musste aber schliesslich nachgeben und sie für die Zukunft als die dritte Curie desselben anerkennen. Unter der habsburgischen Herrschaft gingen die Städte einem neuen Aufblühen entgegen, bis das Jahr 1547 ihrer Autonomie einen gewaltigen Stoss versetzte. Von den höheren Ständen waren sie damals in einen Aufstand gegen Ferdinand I verwickelt worden und hiefür von letzterem nicht nur mit grossen Geldbussen, sondern auch mit einer Einschränkung ihrer Freiheit bestraft worden. In jeder königlichen Stadt wurde ein sogenannter Königrichter ernannt, der nicht nur die Aufsicht über die Justizpflege führte, sondern auch über die königlichen Gerechtsame wachte und dabei eine Art oberster Polizeigewalt ausübte. Zu gleicher Zeit wurde den Städten, die bisher nach Deutschland, namentlich nach Magdeburg übliche Appellation verboten und für die königlichen Städte der gesammten Krone ein Appellationsgericht in Prag errichtet, zu dessen erstem Präsidenten Ladislaw Popel von Lobkowitz ernannt wurde.

Die Grundlage der böhmischen Städteverfassungen bildeten die sogenannten Stadtrechte, die bekanntlich deutschen Ursprungs waren. Im nördlichen und nordöstlichen Böhmen gelangte das magdeburger Recht in Aufnahme, Leitmeritz bildete hier den Mittelpunkt, an dessen Schöppenstuhl andere Stadtgerichte appellirten, während dieses selbst seine Belehrungen von Magdeburg holte. Die in der Mitte und dem südöstlichen Theile des Landes gelegenen Städte schlossen sich dem prager Stadtrecht an, dessen Elemente gleichfalls deutschen Ursprungs sind. Die Appellationen dieser Städte gingen nach Prag. Den Westen des Landes beherrschte das nürnberger Stadtrecht und namentlich jene Umformung desselben, die in

Eger zur Geltung gelangt war und die sich über eine beträchtliche Anzahl von Städten, welche in dessen Nachbarschaft lagen, ausdehnte. Die Appellationen dieser Städte gingen nach Eger, während dieses selbst seine Belehrungen aus Nürnberg schöpfte. Von Seite der böhmischen Könige wurde schon frühzeitig darauf hingearbeitet, den Appellationen an die Gerichte deutscher Reichsstädte ein Ende zu machen, und namentlich befahl Wenzel IV, dass nur nach Prag und Leitmeritz appellirt werden solle. Er erreichte nicht seinen Zweck, bis Ferdinand I durch die Errichtung des Appellationsgerichtes entscheidend eingriff. Doch hörten selbst jetzt noch nicht alle Appellationen nach Nürnberg und Magdeburg auf, einzelne Fälle kommen noch nach dem Jahre 1548 vor, werden aber immer seltener, bis sie ganz aufhörten.

Seit der Errichtung des Appellationsgerichtes in Prag empfand man es übrigens als einen Uebelstand, dass in Böhmen verschiedene Stadtrechte Geltung hatten und dass dieselben nicht mit der Landesordnung im Einklange standen. Von Seite der Landtage wurde deshalb auf die Unification der Stadtrechte und ihre Uebereinstimmung mit der Landesordnung gedrungen. Mehrfache Commissionen, die zu diesem Ende von den Ständen gewählt worden waren, gingen erfolglos auseinander, bis endlich im Jahre 1610 vom Landtage angeordnet wurde, dass die prager Stadtrechte allein in Böhmen gelten sollten. Leitmeritz, der letzte Hort des magdeburger Rechtes, musste sich fügen. Eger, das in einem besondern Verhältnisse zu Böhmen stand, wurde durch diese Bestimmung nicht betroffen. Gleichzeitig wurde beschlossen, dass das nun allgemein giltige prager Stadtrecht mit der Landesordnung in vollen Einklang gebracht werden solle. Die sich überstürzenden Ereignisse der nächsten Jahre vereitelten die Durchführung dieses Beschlusses, obwohl derselbe im Jahre 1615 erneuert wurde.

Die Mitglieder des Stadtrathes, in deren Händen die Gemeindeverwaltung ruhte und die zum Theil auch als Beisitzer der Stadtgerichte fungirten, wurden seit jeher nicht von der Bürgerschaft gewählt, sondern von dem Könige durch den Landesunterkämmerer oder den Hofrichter ernannt und gewöhnlich jährlich, oft auch in längeren Zwischenräumen erneuert. Da sie stets aus den angesehensten Mitgliedern der Gemeinde gewählt wurden, so repräsentirten sie in der That die öffentliche Meinung in derselben. Es war einer der stärksten Vorwürfe, die man gegen die Regierung vor dem Ausbruche des 30jährigen Krieges erhob, dass sie die frühere Unparteilichkeit ausser Acht lasse und in die Rathsstellen politische Parteigänger und vorzugsweise Katholiken einsetze, wenn auch die Stadt überwiegend protestantisch sei. Von den königlichen Städten waren nur Pilsen und Budweis katholisch, alle übrigen waren protestantisch, doch fand sich fast in allen eine, wenn auch wenig zahlreiche katholische Partei vor. Am bedeutendsten war diese Minorität in Prag und zwar auf der Kleinseite.

Ueber die Grösse der städtischen Bevölkerung haben sich keinerlei directe Daten erhalten. Wir wissen nur, wie hoch sich die gesammte Häuserzahl in denselben belaufen habe. Aus einer Zählung von 1567 ergab sich, dass dieselbe in allen königlichen Städten 12053 Häuser betrug. Seitdem war sie im Wachsen begriffen und stieg vor dem 30jährigen Kriege auf mehr als 14000. Aus einer Zählung von 1605 ist ersichtlich, dass es in Prag (den Hradschin und Wyschehrad mit eingeschlossen) 3074 Häuser gegeben habe, wovon über 900 dem Adel gehörten. Die prager Häuser beherbergten gerade so wie heute neben dem Hausherrn zahlreiche Mieter, auf dem Lande war dies seltener der Fall, die 14000 Häuser lassen demnach auf keine besonders zahlreiche städtische Bevölkerung schliessen. Der Reichthum der königlichen Städte bestand in ihren Capitalien, den Erträgnissen ihres Handels und Gewerbfleisses und den Einkünften aus ihrem Güterbesitz, auf dem sich im Jahre 1605 5236 Bauernansässigkeiten befanden. Die Abschätzungen über das Vermögen der Städte und ihrer Insassen ergaben im Jahre 1542 eine Summe von 2,880.000 Thaler, während zur selben Zeit der Adel (Herrn und Ritter) sein Vermögen auf etwa 8,000.000 Thaler berechnete. Die Städte besassen also etwas mehr als den dritten Theil der letzteren Summe. Der Capitalienbesitz war erweislich zum grössern Theile in den Händen der städtischen Bevölkerung.

Der böhmische *Bauernstand* befand sich während des Mittelalters bis auf den 30jährigen Krieg materiell in einer weit besseren Lage, als dies in den folgenden zwei Jahrhunderten selbst unmittelbar nach der Aufhebung der Leibeigenschaft der Fall war. Vergleicht man nämlich die Summe der Abgaben und Robotleistungen, die im 16. Jahrhunderte auf einem Bauerngrund lasteten, so erschrickt man beinahe über die ungünstige Wendung, die in dieser Beziehung später eintrat. Der böhmische Bauer, dessen Besitzthum etwa 40 Strich umfasste, musste im Beginne des 17. Jahrhunderts dem Grundherrn 8—10 Tage arbeiten und in Geld und Naturalien etwa 3 Thaler zahlen, eine Summe, welche die an den Staat abzuliefernden Steuern um den dritten oder vierten Teil überstieg. Im 18. Jahrhunderte waren die an die Gutsherrn zu leistenden Geldzahlungen und Naturallieferungen in Abnahme gekommen, ein grosser Theil der Bauernschaft war davon gänzlich befreit, allein die Erleichterung, die in dieser Beziehung der ländlichen Bevölkerung zu Theil geworden, wurde durch die nahezu entsetzliche Steigerung, welche die Robot erfahren hatte, mehr als aufgewogen. Derselbe Bauer, der sonst 8—10 Tage gezwungene Arbeit geleistet hatte, wurde jetzt mindestens zu 75 Tagen angehalten, so dass man nicht fehlgehen wird, wenn man annimmt, dass seine Last allmälig fast verdoppelt wurde.

Die Naturallieferungen, zu denen die Bauern ehedem verpflichtet waren, waren von der mannigfachsten Natur, sie bestanden in Getreide (selten mehr als ein halber Metzen von einer oder der anderen Sorte), in Hühnern, Enten, Eiern, Gänsen, in der Fütterung eines Schweines bis Weihnachten, eines Ochsen während des Winters u. s. w. Letzere beiden Bestimmungen waren jedoch äusserst selten und kamen nur ab und zu bei Müllern vor. Was die Zeit für ihre Ablieferung betrifft, so war sie theils von dem Belieben des Bauers abhängig, theils an gewisse Feiertage geknüpft. Der Geldzins wurde nur zweimal im Jahre entrichtet und zwar regelmässig zu Georgi und Galli. Zwei Wochen vor dem Termin erinnerten die obrigkeitlichen Beamten an die bevorstehende Zahlung, war der betreffende Zeitpunkt herangekommen, so zogen die Bauern sammt und sondern wie eine Procession unter der Anführung der Dorfrichter in das Schloss und zahlten den Zins.

Die Leibeigenschaft drückte den böhmischen Bauernstand im 16. Jahrhunderte nicht ärger als zu der Zeit, wo sie ihrem Ende entgegenging. Die Hauptsache für ihn war, dass ihm Eigenthumsrechte nicht abgesprochen wurden. Der Grundherr wurde allerdings als eine Art Obereigenthümer aller auf seiner Herrschaft befindlichen Ansässigkeiten angesehen, in der Praxis verfügte jedoch der Bauer ziemlich frei über seinen Erwerb und Besitz. Er durfte mit Zustimmung des Herrn seine Wirthschaft verkaufen und sich anderswo ansiedeln, er konnte einen Theil seiner Aecker veräussern und verpfänden, wenn ihm irgend ein Unglücksfall diese Massregel empfahl; doch behielt die Gutsverwaltung ein sorgsames Auge darauf, dass die Bauern in ihren Vermögensumständen nicht herabkamen, und wandte dabei die dem patriarchalischen Zeitalter entsprechenden Mittel an. Sie unterstützte deshalb nur die Bezahlung jener Schulden, die ein Bauer mit ihrem Vorwissen contrahirt hatte, sie beschränkte die testamentarische Verfügung der Unterthanen über ihren Besitz in der Weise, dass sie Legate an fremde Unterthanen nicht gestattete und wachte darüber, dass der Viehstand in den Bauernwirthschaften eine entsprechende Höhe behauptete. Diese letzte Bevormundung artete hie und da so weit aus, dass es dem Bauer verwehrt wurde, sein Vieh an Fremde zu veräussern, die Gutsobrigkeit nahm das Vorkaufsrecht in Anspruch und bestimmte den Preis, wobei sie sich gewiss keinen Nachtheil zufügte.

Für die bessere Lage des böhmischen Bauernstandes vor dem 30jährigen Kriege spricht auch eine Gewohnheit, die nun beinahe gänzlich in Abnahme gekommen ist. Der Gebrauch warmer Bäder zu jeder Jahreszeit war in Böhmen ebedem ein unentbehrlicher Genuss, dem sich nicht bloss die höhern Stände, sondern auch die Bauern, ja selbst die Taglöhner hingaben. In einer Gesindeordnung vom Jahre 1549 wurde die Arbeitszeit der Taglöhner am Samstag ausdrücklich deshalb herabgesetzt, damit sie, wie es ihre Gewohnheit sei, ein Bad nehmen könnten. So kam es, dass fast jedes Dorf sein Badehaus hatte. Die Benützung desselben setzt einen gewissen Wohlstand bei der niederen Bevölkerung voraus, weil der Eigenthümer sonst nicht seine Rechnung gefunden hätte. Auch die Luxusgesetze, mit denen sich die böhmischen Landtage ab und zu beschäftigten, lassen den Bauer nicht arm erscheinen, da ihren Frauen das Tragen kostbarer Kleidungen, goldener Hauben und ähnlicher Luxusgegenstände verboten wurde. Das beste Kriterium für den Wohlstand des Bauernstandes liefern aber die Vermögensabschätzungen des 16. Jahrhunderts. Diese häufig sich wiederholenden Abschätzungen, welche sich auf alle Stände erstreckten und sich sowohl auf die Güter wie auf die Häuser bezogen, zeigen, dass der Gesammtwerth des bäuerlichen Besitzes mehr als die Hälfte von dem betrug, was die drei höheren Stände als den Gesammtwerth des ihrigen angaben. So z. B. gaben die drei Stände im Jahre 1541 den Werth ihres Besitzes mit 10,977.090 Thalern, die Bauern mit 6,220.350 Thalern an und dieses Verhältniss blieb sich auch später ziemlich gleich. Diese Zahlen beweisen deutlicher als alles andere, dass der böhmische Bauer sich einer erträglichen Lage erfreute.

Aber nicht bloss die materielle Lage des Bauernstandes war vor dem 30jährigen Kriege eine günstigere als später, seine menschliche Würde wurde auch höher geachtet. Im 18. Jahrhunderte wurde den Bauern einzig und allein von ihrer Obrigkeit und in deren Namen von den herrschaftlichen Beamten Recht gesprochen, dies war aber im 16. Jahrhunderte keineswegs der Fall. Damals befand sich die Rechtsprechung in den Händen von Bauerngerichten, deren Beisitzer theils aus den Bürgern kleiner unterthäniger Städte, theils aus Bauern bestanden. Solche Gerichte wurden zwei- bis dreimal im Jahre zu einer Zeit, in der die Feldarbeiten ruhten, abgehalten und von Seite des obrigkeitlichen Beamten mit Feierlichkeit eröffnet. Sie bestanden aus dem Vorsitzenden, der den Titel Richter (sudí) führte, und 12 Geschwornen (konšel), deren Auswahl und Ernennung von der Obrigkeit ausging. Bei den officiellen Ansprachen gab man diesen Gerichtsbeisitzern den für jene Zeiten ganz ausserordentlichen Titel „Herr". Der Beamte selbst betheiligte sich nicht an der Urtheilsfällung, seine Einwirkung beschränkte sich nur darauf, dass er den Geschwornen in schwierigen Fällen Auskunft und Belehrung ertheilte. Die Jurisdiction der Bauerngerichte erstreckte sich auf Civil- und Criminalfälle, sie hatten das Recht, Geldstrafen zu verhängen und ihre Verwendung zu bestimmen. Das schliessliche Urtheil wurde von dem Gerichtshofe selbst ausgesprochen, nur wenn den Mitgliedern die Fähigkeit mangelte, dasselbe in einem verwickelten Falle zu formuliren, durften sie mit Darlegung ihrer Ansicht den Beamten ersuchen, statt ihrer den Ausspruch zu thun. Die Jurisdiction eines solchen Bauerngerichtes dehnte sich gewöhnlich über mehrere Dörfer aus, häufig gehörten in ihren Amtssprengel auch kleinere unterthänige Städte, die dann auch unter den Geschwornen vertreten waren. Die Amtsdauer der Geschwornen dauerte ein Jahr und beschränkte sich nicht auf die eben geschilderte Thätigkeit. Sie führten während ihres Amtsjahres eine Art Sittenaufsicht in den betreffenden Dörfern, sie hatten die Faulen zum Fleisse zu mahnen, die Verschwender zur Mässigkeit anzuhalten und strafend aufzutreten, wenn die Mahnung nichts fruchtete.*)

Die Berechtigung der Bauernschaft beschränkte sich nicht auf die Theilnahme an der Rechtsprechung, sondern erstreckte sich noch auf die Verwaltung des Kirchenvermögens. Aus den zu einer Pfarre gehörigen Bauern wurden eine Anzahl (wahrscheinlich 12) Kirchenväter (kostelnici) von der Obrigkeit ernannt und denselben nicht blos die Aufsicht über die Kirchenschätze und Geräthschaften, sondern auch über das Einkommen und die Ausgaben der betreffenden Kirche anvertraut. Die Kirchenväter wurden jährlich neu ernannt, die abtretenden mussten über ihre Amtsführung Rechnung ablegen. Auch hatten sie die Verpflichtung, über den ordentlichen Kirchenbesuch zu wachen und die Strafen, die auf die Vernachlässigung dieser Pflicht festgesetzt waren, einzuheben. Nach einer Instruction, welche Herr Florian Griespeck im Jahre 1588 seiner Gutsver-

---

*) Nähere Details über die Bauerngerichte in dem 1587 gedruckten Werke „Hospodář", ausserdem in einzelnen Mandaten.

waltung ertheilte, wurde eine solche Versäumniss bei jedem Bauer mit der ungemein hohen Summe von 10 Thalern gestraft. *)

Die Zahl der Bauernansässigkeiten betrug vor dem Ausbruche des 30jährigen Krieges in Böhmen etwas über 150.000. Hievon befanden sich nach einer Zählung von 1605 auf den Gütern des Königs 14.375 Ansässigkeiten, auf denen der Herrn 67.125, auf denen der Ritter 54.413, auf den Gütern der königlichen Städte 5326, auf den geistlichen Gütern 7339, auf denen der Freisassen 72, endlich auf denen einiger nicht königlichen Städte, die trotz ihrer Unterthänigkeit mit Güterbesitz ausgestattet waren, 2282. Die furchtbare Entvölkerung, die in Folge des 30jährigen Krieges in Böhmen eintrat, und der ganze Umfang der Leiden, die dieses Land ertragen musste, zeigt sich am besten in der Abnahme der Bauernschaft. Aus den amtlichen Registern ersieht man, dass um das Jahr 1627 nur noch etwa 90.000 Bauerngründe besetzt waren, 60.000 Ansässigkeiten waren binnen 9 Jahren zu brachliegenden Feldern herabgesunken, die Niemanden nährten. Der Gräuel der Verwüstung schritt unaufhaltsam weiter, denn dieselben amtlichen Daten weisen nach, dass um das Jahr 1650 nur etwas mehr als 50.000 Bauerngründe besetzt waren. So hat die Behauptung jener, welche die Bevölkerung Böhmens in Folge des 30jährigen Krieges auf den vierten Theil ihrer ehemaligen Grösse reducirt sein lassen, viel Wahrscheinlichkeit für sich.

Eine bevorzugte Stellung unter der ackerbautreibenden Bevölkerung Böhmens nahmen die sogenannten *Freibauern* ein. In ihren Besitzverhältnissen erfreuten sie sich derselben Freiheit wie der Adel, sie hatten keine andern Zahlungen zu leisten, als jene, die ihnen vom Landtage als Beitrag zu den öffentlichen Lasten festgesetzt wurden. Man zählte in Böhmen vor dem Ausbruche des 30jährigen Krieges ungefähr 450 Freibauernoder Freisassengründe, von denen die meisten im Südwesten des Landes lagen. Im Landtage waren die Freisassen als solche nicht vertreten, denn wiewohl nicht in die Kategorie von Unterthanen gehörig, wurden sie doch auch keinem der drei berechtigten Stände beigezählt.

Die *Geistlichkeit* in Böhmen zerfiel in zwei grosse Abtheilungen, die *katholische* und die *utraquistische*, oder wie wir letztere seit dem J. 1609 nennen, die protestantische. Die Mitglieder der protestantischen Geistlichkeit waren einfache Pfarrer oder Capläne, selbst die Oberbehörde, das sogenannte „untere Consistorium", war nur ans Pfarrern zusammengesetzt, so dass also bei ihr von einer mannigfachen Abstufung, von Titeln und Würden keine Rede war. Ihr Einkommen entsprach auch dieser minder hervorragenden Stellung, es bestand theils in Erbzinsen, theils in dem Ertrage des mit einer Pfarre verbundenen Grundbesitzes, der an Ausdehnung einer oder mehreren Bauernansässigkeiten gleichkam. Nur die prager Universität, die in den Händen der Utraquisten war, erfreute sich ausgedehnter, in der Landtafel eingetragener Besitzungen, aus denen der Unterhalt der Lehrer und Stipendiaten bestritten wurde. Auf die Zusammensetzung des unteren Consistoriums nahm die Regierung keinen Einfluss, dieselbe lag nach den Gesetzen von 1609 einzig und allein in den Händen der protestantischen Stände.

Der katholische Clerus behauptete gegenüber dem utraquistischen noch immer etwas von seiner glänzenden mittelalterlichen Stellung. Der Pfarrclerus war zwar weder schlechter noch besser dotirt, als der protestantische, dagegen hatten die Klöster, die den Angriffen der Husiten glücklich entgangen waren, einen Theil ihres Reichthums gerettet. Auch die Capitel von Prag, Wyschehrad und Altbunzlau hatten sich behauptet, zu ihnen war das seit 1561 wiedererrichtete Erzbisthum getreten und seit einiger Zeit fingen die Jesuiten an, bedeutende Reichthümer zu sammeln. Aus amtlichen Angaben des Jahres 1609 ersehen wir, dass man auf dem geistlichen Grossgrundbesitz 7425 Bauernansässigkeiten zählte. Dieses Vermögen war fast ausschliesslich in den Händen der katholischen Klöster und Capitel, nur weniges ist davon für die prager Universität und einige besonders gut dotirte katholische und protestantische Pfarrkirchen abzurechnen. Die Leitung des katholischen Clerus ging von dem sogenannten obern Consistorium aus, an dessen Spitze der Erzbischof stand.

Aus amtlichen Zählungen ist die Zahl sämmtlicher Pfarrkirchen in Böhmen vor dem 30jährigen Kriege ziemlich genau bekannt und dürfte etwas mehr als 1300 betragen haben. Wüsste man, wie viele davon katholisch, wie viele protestantisch waren, so liesse sich daraus auch über das Verhältniss der beiden Glaubensparteien ein sicherer Schluss ziehen; dies ist jedoch nicht der Fall und wir können nur Vermuthungen darüber anstellen. Sicher ist, dass sich die Katholiken den Protestanten gegenüber in der entschiedensten Minorität befanden und kaum den fünften Theil, vielleicht aber auch erst den zehnten oder fünfzehnten Theil der Bevölkerung ausmachten. Die genaue Bestimmung des Verhältnisses ist von der Auffindung neuer Quellen abhängig. Würde man vom Adel auf die niedere Bevölkerung schliessen, so gäbe dies ein für die Katholiken sehr ungünstiges Resultat. Denn nach einer Zählung vom Jahre 1609 gab es unter dem Adel nur ungefähr 130 Personen männlichen Geschlechtes, die das zwanzigste Lebensjahr überschritten hatten und der katholischen Kirche angehörten. Da es im Ganzen gegen 1400 Adelsfamilien gab, so dürfte die obige, nur auf Personen (nicht Familien) bezügliche Zahl 130 vielleicht nur den zwanzigsten Theil des Adels repräsentiren.

Wenn man es versucht, sich von dem böhmischen Clerus vor dem 30jährigen Kriege ein anschauliches Bild zu machen, so ist dasselbe nicht frei von mancherlei Schatten. Grössere Tüchtigkeit und ein höheres moralisches Ansehen waren um diese Zeit auf Seite des katholischen Clerus und der Vorstände der Bruderunität. Diese Erscheinung lässt eine sehr natürliche Erklärung zu; die Katholiken und Brüder wussten, was sie wollten, die böhmischen Protestanten befanden sich dagegen in einem Umstaltungsprocesse. Auch die katholische Geistlichkeit war in der ersten Hälfte des 16. Jahrhunderts in einem solchen Umstaltungsprocesse begriffen, damals schien sie der Auflösung entgegenzugehen, da die Disciplin und Rechtgläubigkeit bei den meisten abhanden gekommen war. Jetzt war dies anders geworden, seit dem tridentiner Concil und dem Auftreten der

Jesuiten hatte sie sich zu neuem Leben aufgerafft. Der Cölibat erfuhr keine weitere Anfechtung, die Disciplin wurde strammer und im Dogma fanden keine Transactionen mit dem Lutherthume statt, da das tridentiner Concil vorgeschrieben hatte, was zu glauben war. So trat die katholische Geistlichkeit wieder mit mehr Sicherheit auf und erreichte Erfolge, die man bereits für unmöglich gehalten hatte.

Eines ebenfalls grossen Ansehens erfreuten sich die Vorsteher der Brüdergemeinde, weil in ihnen die protestantische Anschauung zum klaren und ungetrübten Ausdruck gelangt war. Die böhmische Brüderunität, die seit dem Jahre 1609 als besondere Eigenart des böhmischen Protestantismus aufhören sollte, aber trotzdem fortbestand, hatte sich seit 150 Jahren mit Bewusstsein von der katholischen Kirche getrennt und nie mit derselben über eine neue Verbindung verhandelt. Dieses stets gleiche Auftreten schloss bei ihren Vorstehern jede schwankende Haltung aus und erhöhte der Gemeinde gegenüber nicht wenig ihr Ansehen. Da ihnen das Heirathen gestattet war, so traten bei ihnen sittliche Gebrechen fast nie zu Tage, auch dies hob sie in den Augen ihrer Anhänger, die während der für den Clerus so gefährlichen Uebergangsperiode des 16. Jahrhunderts nur zu häufig Zeugen der mannigfachsten Unordnungen waren.

Der eigentliche utraquistische Clerus, der später die grosse Masse des protestantischen bildete, zeigte sich deshalb in einem minder günstigen Lichte, weil er seit fast 100 Jahren in steter Gährung begriffen war. Die neue geistige Strömung, die Deutschland überfluthete, hatte ihn von Anfang an sympathisch berührt. Er machte vielfache Anläufe, sich ihr anzuschliessen, ward aber immer daran gehindert, zur Beobachtung der basler Compactaten und zum Wiederanschluss an die katholische Kirche gedrängt. Einzelne versuchten nun auf eigene Faust, was die Gesammtheit nicht bewirken konnte, und bekämpften das alte Lehrgebäude bald in diesem, bald in jenem Punkte. Ohne Unterlass liefen Klagen bei dem unteren Consistorium ein, dass ein oder der andere Geistliche die Siebenzahl der Sacramente verwerfe, an die Transsubstantiation nicht glaube, die Messe abkürze und ähnliches mehr. Strafte man den Beklagten, so hielt

er sich einige Wochen ruhig, um dann wieder ins alte Geleise
zurückzukehren. Ein derartiger Zustand, der durch das ganze
16. Jahrhundert unmittelbar bis zum Jahre 1609 währte, musste
die Zucht und Ordnung bei dem utraquistischen Clerus auf das
äusserste gefährden. In der That wurde die Kanzel nicht blos
zu religiösen Auseinandersetzungen, sondern auch zu Angriffen
gegen geistliche Gegner benützt; es war nichts aussergewöhnliches, wenn ein Pfarrer in seiner Predigt den andern einen
Lügner schimpfte oder sonst seine Privatangelegenheiten mit
einigen derben Aeusserungen vor das Forum seiner Zuhörer
brachte. Was den Cölibat betraf, so war die Regellosigkeit an
der Tagesordnung. Eine grosse Anzahl von Geistlichen heiratete,
aber es war ungewiss, ob man ihre Ehe als eine ordentliche
ansehen solle oder als ein Concubinat, da ein anderer Theil des
Clerus sich gegen die Beweibtheit erklärte. War eine Gemeinde
dem geistlichen Ehen günstig gesinnt, so ruhte sie nicht eher,
als bis ihr Pfarrer geheirathet hatte, war die Gemeinde anders
gesinnt, so erfuhr der beweibte Priester nicht mindere Bedräng-
niss. In diesem Streite der Meinung waren vielfache Lieder-
lichkeiten an der Tagesordnung. Das Consistorium musste Jahr
aus Jahr ein zahlreiche Priester, die eine gefährliche Mitte
zwischen dem Cölibat und der Beweibtheit einhalten wollten,
wegen mannigfacher Aergernisse bestrafen. Das Jahr 1609 mit
seinen neuen Religionsgesetzen sollte den utraquistischen Clerus
aus seiner Halbheit herausreissen und geordnete Zustände bei
demselben herbeiführen. Friedliche Zeiten hätten dies wohl
zuwege gebracht, vor dem Ausbruche des 30jährigen Krieges
war dies aber noch nicht der Fall und der protestantische
Clerus litt unter den Nachwirkungen der früheren Periode.
Daher kam es auch, dass er nach der Schlacht am weissen
Berge dem Volke nicht die Kraft zu einem ausreichenden Widerstand gegen die ferdinandeische Reformation einflössen konnte.

Wenn von den verschiedenen Klassen der Bevölkerung die
Rede ist, die Böhmen beherbergte, so dürfen schliesslich die
Juden nicht übergangen werden. Mit Rücksicht auf die ausserordentlich frühe Zeit, seit der sie sich im Lande befanden, war
ihre Zahl im Anfange des 17. Jahrhunderts ziemlich gering.

Sie waren vorzugsweise in Prag und in den königlichen Städten angesiedelt, die Zahl ihrer Wohnhäuser daselbst wird in der genannten Zeit auf 242 angegeben. Auf dem Lande zählte man theils auf den Gütern des Königs, theils auf denen der Städte gleichzeitig 140 Judenhäuser, so dass also deren Gesammtzahl in ganz Böhmen nur 382 betrug. Was die Zahl ihrer Bewohner betrifft, so dürfte dieselbe mit Rücksicht auf die Erträgnisse der jüdischen Kopfsteuern kaum 4000 betragen haben. Die ausschliessliche Beschäftigung der Juden vor dem 30jährigen Kriege war der Handel. Er wurde von ihnen in so schwunghafter Weise betrieben, dass man nach den vorliegenden Daten wohl behaupten darf, der Handel mit dem Auslande sei grösstentheils in ihren Händen gewesen. Die Besteuerung, der sie unterlagen, war sehr bedeutend, mag sie aber mit Rücksicht auf ihre gewinnbringende Beschäftigung nicht unverhältnissmässig getroffen haben.

Von der Entwicklung Böhmens im Vergleich zu den andern Ländern der österreichischen Monarchie geben dessen Steuerleistungen einen Begriff. Als das Haus Habsburg in Böhmen zur Herrschaft gelangte, belief sich daselbst der Ertrag der Steuern, wenn man sie hoch anspannte, auf etwa 210000 Thaler; so gross war derselbe wenigstens im Jahre 1527. Die Einkünfte aus den königlichen Gütern und den Regalien, die dieser Summe nahe kamen oder sie überstiegen, die uns aber zu berechnen unmöglich ist, sind in dem obigen Erträgnisse nicht mit eingerechnet. Bezüglich der weiteren Entwicklung des Finanzwesens ist bekannt, dass der Steuerertrag in den ersten 30 Jahren der Regierung Ferdinands I vielfach schwankte, im Ganzen aber zunahm und jedenfalls immer mehr und mehr die Einkünfte aus den Regalien und königlichen Gütern hinter sich zurückliess. Eine grosse und zugleich dauernde Steigerung zeigte sich erst gegen den Schluss des 16. Jahrhunderts. Das ehedem noch rohe Steuersystem nahm eine complicirte Ausbildung an und suchte so viel als möglich jeglichen Besitz und Erwerb zu treffen. Ursprünglich wurde zumeist nur eine Vermögenssteuer erhoben; jedermann musste sein Vermögen abschätzen und hievon einen bestimmten Procentsatz als Steuer bezahlen. Der Abschätzung unterlagen jedweder Grundbesitz, die städtischen Häuser und die Waarenlager der Kaufleute und Handwerker. Die Einrichtungsstücke und das bare Geld wurden in das zu besteuernde Vermögen nicht eingerechnet. Aus den Schätzungslisten, die sich erhalten haben, ersieht man, dass im Jahre 1541 das Gesammtvermögen des Landes auf 17,197,990 Thaler berechnet wurde. Es ist dies kaum viel mehr, als heute eine kurze Eisenbahnstrecke kostet, und nur der kleinere Theil des Werthes, den heute allein die Häuser Prags repräsentiren. In Folge der steten Türkenkriege ergaben die folgenden Abschätzungen eine bedeutende Abnahme des Gesammtvermögens. Erst seit Maximilian II hob sich dasselbe wieder, doch lässt sich der Aufschwung nicht genau angeben, da in der spätern Zeit keine Abschätzungen mehr vorgenommen wurden.

Seit dem Jahre 1567 gaben nämlich die Stände definitiv die Besteuerung nach dem Vermögen auf und führten die sogenannte Haussteuer ein, die in den königlichen Städten von jedem Hause, auf dem Lande von jeder Bauernansässigkeit erhoben wurde. Die neue Besteuerungsart wurde vorzüglich auf Verlangen des Adels eingeführt, der sich auf diese Weise fast von jeder Steuerleistung befreite. Als jedoch unter Rudolf II der Türkenkrieg von neuem ausbrach, hörte die Begünstigung des Adels wieder auf und derselbe musste seit dem J. 1593 nach Anzahl der Bauernansässigkeiten, die sich auf seinen Gütern befanden, zu den öffentlichen Lasten beisteuern. An die Haussteuer schlossen sich theils früher, theils später Kapitalsteuern, Judensteuern, Mühlsteuern, Kaminsteuern, Erwerbsteuern bei gewissen Gewerben, Tranksteuern (namentlich beim Bier) und Zuschläge zu jenen Zollsätzen, die von den Königen seit jeher als ein Regale erhoben wurden. So entwickelte sich ein weites Steuernetz, dessen höchster Ertrag vor dem 30jährigen Kriege in das Jahr 1596 fällt, er belief sich auf mehr als 966.000 Thaler.

Diese Summe war durch eine hohe Anspannung der Steuerkräfte des Landes zu Stande gekommen, weil der herrschende Türkenkrieg ein solches Opfer nöthig machte; indessen zeigte sich bald, dass diese Leistung die Steuerfähigkeit der Einwohner nicht bedeutend übersteige. Im Jahre 1615 beschloss nämlich der Landtag auf die Bitte des Kaisers die Bezahlung eines Theiles seiner Schulden auf sich zu nehmen und setzte deshalb die gesammten Steuern für eine fünfjährige Periode fest, um mit ihrem Ertrage die übernommenen Schulden zu tilgen. Das jährliche Erträgniss belief sich auf etwa 640.000 Thaler und muss als eine ziemlich normale Belastung angesehen werden, weil die Stände sich sonst nicht so willig für fünf Jahre gebunden hätten. Zu dieser Gesammtsumme steuerte der Adel, in so`weit er mit Grundbesitz ausgestattet war, 188.000 Thaler, die königlichen Städte 81.200, die Capitalisten 28.000, die Bauern 326.000, die Freisassen 3150, die Pfarrer 4852, die Schafmeister und Schafknechte 1820, die Juden 18.000; der Ertrag der Mühlsteuer belief sich auf 8470, der Biersteuer auf etwa 120.000, der übrigen Trank- und Verkaufssteuern auf etwa 60.000 Thaler. — Der Ertrag der Regalien und königlichen Güter ist auch für die Zeit von 1615 nicht bekannt, nur von dem Zollregale wissen wir, dass der Ausfuhrzoll nach Abzug der Regiekosten jährlich etwas über 25000 Thaler betrug.*)

Für die habsburgischen Herrscher waren die böhmischen Steuerleistungen von grösster Bedeutung, denn ihre Einnahmen aus der Gesammtmonarchie betrugen nach verlässlichen Nachrichten selten mehr als 2½ Millionen Thaler**) Dass Böhmen auf diese Weise für die österreichischen Herrscher eine wahre Geldquelle war, entging auch fremden Beobachtern nicht. In einer Beschreibung, die Soranzo, der venetianische Gesandte am kaiserlichen Hofe, von Böhmen gibt, und in der er die Fruchtbarkeit des Landes nicht wenig hervorhebt, bemerkt er, dass es für den Kaiser eine wahre Goldgrube sei, aus der er mit derselben Leichtigkeit Geld schöpfe, wie aus Ungarn Rekruten.

---

*) Die hier angeführten Ziffern sind zum Theile actenmässig sichergestellt. Näheres über diesen Gegenstand in meiner „Geschichte der böhm. Finanzen von 1526—1618."

**) Soranzo berechnet um 1614 das jährliche Einkommen auf 3,400.000 Gulden, darunter 600.000 aus dem Reiche. Letztere Summe kann nur auf einer unbegründeten Vermuthung des venetianischen Berichterstatters beruhen.

Gern würden wir über die *Grösse* der *Einwohnerzahl* in Böhmen etwas sicheres berichten, doch ist dies nicht leicht möglich. In Tausenden von Berechnungen über einzelne Güter, Städte und über das Land, die durch unsere Hände gegangen sind, finden sich detaillirte und zweifellose Angaben über die Zahl der Häuser und bäuerlichen Ansässigkeiten, aber nie haben wir eine ausfindig gemacht, in der die Gesammtsumme der Bevölkerung auf einem Gute oder in einer Stadt angegeben worden wäre. Woher dieses absolute Schweigen? Den Böhmen fehlte es nicht an Sinn für statistische Daten, davon zeugen die erhaltenen Trümmer eines überaus reichen statistischen Materials. Es scheint aber, als ob man sich um Volkszählungen nie gekümmert oder deren Resultate als Geheimniss betrachtet habe, wenigstens war letzteres mit einer im Jahre 1518 in Prag angestellten Zählung der Fall.

Fehlt es nun auch an einer Angabe über die Bevölkerung einer Stadt und einer Herrschaft, so fehlt es dagegen nicht an Angaben, wie gross die gesammte Bevölkerung des Landes gewesen und in wie viel Dörfern und Städten sie untergebracht war. Die Zahl der königlichen und unterthänigen Städte und Städtchen wird auf 782 angegeben und dies hat seine volle Richtigkeit. Was die Angaben über die Zahl der Dörfer betrifft, so reichen sie in die zweite Hälfte des 15. Jahrhunderts zurück und geben als Gesammtsumme 30.367 an. In allen späteren und im 16. und 17. Jahrhunderte in zahlreichen Handschriften vorkommenden Berechnungen ist diese Ziffer noch um einige Tausend überboten. Der venetianische Gesandte Contarini gibt in seinem Berichte*), welcher dem Jahre 1548 angehört, die Zahl der böhmischen Dörfer auf 36.000 an, er findet die Grösse derselben kaum glaubwürdig, setzt aber hinzu, dass Ferdinand I selbst dies behaupte; vielleicht unterhielt sich der Gesandte einmal über diesen Gegenstand mit dem Könige. Eine auf amtliche Richtigkeit Anspruch machende Angabe von 1582 gibt die Zahl „der Dörfer und Höfe" auf 36.364 an. Diese letzte Angabe kann uns als Schlüssel dienen,

---

*) Alberi Relationen Ser. I Vol. I.

nur wenn man die Summe von 36.364 auf die Dörfer und Höfe bezieht und hiebei jeden herrschaftlichen Maierhof und alle abseits gelegenen Wirthschaftshöfe besonders rechnet, dann mag die Zahl von 36.364 richtig sein, sonst ist sie eine Uebertreibung, denn Böhmen zählt heute gewiss eine grössere Bevölkerung, als dies je der Fall war, und trotzdem befinden sich im Lande nur ungefähr 12.000 Dörfer. Wenn im Laufe des 30jährigen Krieges Tausende von Dörfern zu Grunde gegangen sind, so sind sie später wieder aufgebaut worden, oder es sind andere an ihre Stelle getreten. Man sieht dies, wenn man die Verzeichnisse der zu einer Herrschaft gehörigen Dörfer aus dem 16. Jahrhunderte mit jenen aus der Zeit vor 1848 vergleicht. Die meisten Vergleiche liefern das Resultat, dass die Zahl der Dörfer in der Gegenwart grösser ist, als vor dem 30jährigen Kriege. Die Ziffer 36.000 hat also nur dann eine annähernde Richtigkeit, wenn nicht die Dörfer im heutigen Sinne allein, sondern neben diesen die Höfe und sämmtliche Einschichten mitgezählt werden.

Die Andeutungen, welche sich über die Grösse der Gesammtbevölkerung erhalten haben, lassen leider keine vernünftige Deutung zu. Dieselben geben übereinstimmend die Zahl der Hauswirthe (hospodář) auf mehr als 3 Millionen an, die Angabe von 1502 auf 3,361.100. Wie unrichtig diese Angabe ist, ergibt sich daraus, dass die Zahl der Bauernfamilien, von denen je eine einen Bauerngrund bewohnte, vor dem 30jährigen Kriege ungefähr 150.000 betrug, eine Berechnung, die über allen Zweifel erhaben ist. Wollte man die Zahl von 3,361.100 einfach als die Gesammtzahl der Einwohner ansehen und die Angabe, dass sie sich auf Hauswirthe beziehe, als einen stets wiederkehrenden Irrthum ansehen, so ist damit nur zum Theile geholfen. Denn die Bevölkerung Böhmens erreichte vor dem 30jährigen Kriege sicherlich nicht diese Höhe, alles in allem wird sie kaum mehr als 2½ Millionen betragen haben. *) Zur Zeit Karls IV ist die Zahl gewiss weit übertroffen worden, wie

---

*) Näheres über diese Berechnung in meiner Geschichte der böhmischen Finanzen von 1526—1618.

sich überhaupt das Land damals einer höhern Blüthe erfreute. Vor dem 30jährigen Kriege waren aber die Spuren jener Kämpfe, von denen Böhmen durch das ganze 15. Jahrhundert zerfleischt wurde, noch immer nicht verwischt, wenn gleich die Wunden im Vernarben begriffen waren.

II

Die Ausschreibung des Landtags zur Bestimmung der Nachfolge erregte im Lande grosses Aufsehen und rief eine mächtige Bewegung unter den Parteien hervor. Die Katholiken legten eine unverholene Freude an den Tag und erflehten in Processionen und Gebeten, die im Monate Mai täglich wiederholt wurden, die Erhebung Ferdinands, der ihnen das Muster eines wahrhaft katholischen Königs zu werden versprach. Von den Jesuiten hiess es bereits, dass sie ein neues Collegium in unmittelbarer Nähe der Burg begründen wollten, damit die Dienerschaft des künftigen Königs, sowie deren Kinder, die insgesammt katholisch sein würden, ihre Kirche und Schule besuchen könnten. Bei der protestantischen Bevölkerung machte sich dagegen eine dumpfe Niedergeschlagenheit und bittere Ueberraschung geltend. — Was die obersten Landesbeamten und die Stände betraf, so waren dieselben in ihren Ansichten getheilt. Die obersten Beamten waren der Mehrzahl nach Katholiken und als solche die entschiedensten Anhänger Ferdinands, namentlich trat der Kanzler Zdeněk von Lobkowitz mit einem wahren Feuereifer zu seinen Gunsten auf. Desto weniger mochte die protestantische Minorität dieser obersten Würdenträger etwas von dem Erzherzoge wissen, und insbesondere war das der Fall bei Thurn, Wilhelm von Lobkowitz, Wenzel von Ruppa, Wenzel Budoweo und Colonna von Fels, denen noch überdies der in keinem Amte stehende Graf Andreas Schlick beigezählt werden muss.

Unter den Ständen war der Herrnstand, weil er verhältnissmässig die meisten Katholiken in seiner Mitte zählte und diese mit dem protestantischen Rest vielfach durch verwandtschaftliche Bande verknüpft waren, für die Uebertragung der Krone an Ferdinand ziemlich günstig, oder genauer gesagt, am wenigsten feindselig gestimmt. Dagegen war die weitaus grössere Mehrheit des Ritterstandes, in dem man den tonangebenden Theil der Bevölkerung des Landes erblicken muss, für die Nichtbesetzung des Thrones und für die Vertagung der Wahl bis nach des Mathias Tode. Hinter dieser Meinung bargen sich die Absichten jener, die eine Vertreibung der habsburgischen Dynastie im Sinne hatten. Was die Städte betraf, so waren sie mit geringer Ausnahme gleicher Gesinnung mit dem Ritterstande, aber da die Besetzung des Stadtrathes von dem Könige abhing und die Deputirten bei den Landtagen aus der Wahl des letzteren hervorgingen, so machte sich die eigentliche Stimmung der Bürgerschaft auf dem Landtage in der vorliegenden Frage nicht recht geltend, sondern folgte dem Impulse der zur Hofpartei gehörigen Landesbeamten.

Wenn man die Verhältnisse in- und ausserhalb des Landtages nüchtern beurtheilte, so konnte man nicht zweifeln, dass sich nur eine fingirte Majorität für Ferdinands Erhebung werde zusammenbringen lassen, da im Lande ein tiefes und wohlberechtigtes Misstrauen gegen ihn feste Wurzeln gefasst hatte. Auf Seite der Hofpartei musste man sich sagen, dass es einer besonders geschickten Leitung des Landtages bedürfen würde, um die Opposition, die mit rücksichtsloser Entschlossenheit aufzutreten entschlossen war, niederzuhalten. Die grösste Verlegenheit bereiteten den Kaiserlich-Gesinnten die Erinnerungen an die Jahre 1608 und 1611. Damals war Mathias zum Nachfolger seines Bruders Rudolf auf den böhmischen Thron „gewählt" worden und er hatte dies auch ausdrücklich anerkannt. Die wenigen Jahre, die seitdem verflossen waren, hatten diese Vorgänge nicht in Vergessenheit gebracht, sie bildeten eine nicht hinweg zu streitende gesetzliche Grundlage, wenn die Stände auch jetzt einer Erhebung Ferdinands nur auf Grund der Wahl ihre Zustimmung geben wollten. Der Regierungspartei war es aber nicht blos darum zu thun, Ferdinand um jeden Preis auf den Thron zu setzen und so die Nachfolge zu sichern; sie wünschte dem ständischen Wahlrecht zugleich den Todesstoss zu geben und die Erblichkeit des böhmischen Thrones in der habsburgischen Dynastie zur anerkannten Geltung zu bringen. Nicht die Vertheidigung, sondern der Angriff war sonach ihr Losungswort und dies zu einer Zeit, wo die Verhältnisse für so ungünstig als möglich standen.

Bevor man sich von Seite der Regierungspartei in den gefährlichen Landtagskampf einliess, beschloss man den Boden dadurch vorzubereiten, dass man den Versuch zur Gewinnung oder Einschüchterung der Opposition machte, wozu sich als das passendste Mittel vertraute Verhandlungen vor dem Beginne des Landtags empfahlen. Unter dem Scheine, dass eine Berathung wegen Tilgung der königlichen Schulden stattfinden solle, wurden die angesehensten Mitglieder des Adels, die ein Amt inne hatten, zu einer Besprechung in die böhmische Kanzlei eingeladen. *) Nachdem über die Schulden hin und her verhandelt worden war, wurde das Gespräch auf die bevorstehende Erhebung Ferdinands gerichtet und diese von den Freunden des Erzherzogs als eine selbstverständliche Sache hingestellt. Die Mehrzahl der Anwesenden wurde durch die mit Zuversicht ausgesprochene Erwartung, so wie durch die Rücksicht auf den Ort, wo sie sich befanden, theils gewonnen, theils eingeschüchtert. Einige jedoch, die unser Berichterstatter zwar nicht nennt, die aber unschwer zu errathen sind, liessen sich nicht überrumpeln; sie merkten jetzt wohl, was man mit ihrer Berufung beabsichtigt hatte, und lehnten es ab, ihre Meinung über einen Gegenstand abzugeben, über den nur auf dem Landtage verhandelt werden solle. Da sie in ihren Aeusserungen die Absicht durchblicken liessen, gegen Ferdinands Erhebung zu wirken, wurde ihnen von dessen Anhängern bedeutet, dass es alsdann gut für sie wäre, zwei Köpfe zu haben. **) Ein und der andere von den Opponenten liess sich durch diese starke Drohung einschüchtern und hielt sich selbst von den Landtagsverhandlungen fern, da es ihm an Muth zur Aufrechthaltung der Opposition gebrach.

Der gleich von vornherein sich geltend machende Wider-

---

*) Skala II 127.
**) Skala II 28.

stand ließ die katholischen Landesbeamten ihr Ziel nur um so eifriger verfolgen. Unter den Mitgliedern der Opposition war der Graf Andreas Schlick ebenso thätig als einflussreich; ihn zu gewinnen, schien nicht möglich, dagegen konnte er, wie man aus Erfahrung wusste, leicht eingeschüchtert werden. Er wurde deshalb auf die Kanzlei berufen und persönlich wegen seiner Haltung verwarnt. Der Kanzler bemerkte ihm drohend, dass der Kaiser noch nicht vergessen habe, welche feindselige Rolle der Graf vor vier Jahren auf dem budweiser Landtage gespielt habe. Schlick liess sich nicht einschüchtern, sondern erwiederte, dass er unter denselben Verhältnissen dieselbe Rolle spielen werde; man sei in Böhmen in einem freien Staate und die Stände keine Sklaven. Was speciell seine gegenwärtige Haltung betreffe, so gab er zu, dass er allerdings nichts von einer Bestimmung der Nachfolge wissen wolle, erinnerte aber daran, dass er vermöge der Landesordnung seine Meinung frei äussern könne. Die versuchte Einschüchterung gelang also nicht und Schlick schien gereizter als je. *)

Am fünften Juni wurde der Landtag eröffnet. Noch vor der ersten feierlichen Sitzung, bei der sich Mathias selbst einfinden sollte, wurden sämmtliche oberste Beamte und Räthe in früher Morgenstunde nach der Kanzlei beschieden und ihnen hier der Wortlaut der den Ständen vorzulegenden königlichen Proposition mitgetheilt. Mit Ausnahme Thurns waren alle Geladenen erschienen. Der Oberstburggraf Adam von Sternberg hielt an die Anwesenden eine freundliche Ansprache, die insbesondere auf die Beschwichtigung der Protestanten berechnet war. Die Feststellung der Succession, so liess er sich vernehmen, sei eine beschlossene und unvermeidliche Thatsache, es dürfte demnach wohl besser sein, dieselbe ruhig und gutwillig hinzunehmen und dadurch den künftigen König zum Danke zu verpflichten, als ihn durch eine nutzlose Opposition zu erbittern. Hierauf forderte er die Anwesenden auf, ihre Meinung über die Proposition nach Amt und Pflicht abzugeben. Der erste, der es ablehnte, dieser Aufforderung nachzukommen,

---

*) Sächs. Staatsarchiv. Zeidler an Kursachsen dd. 27. Mai / 6. Juni 1617, Prag.

war Wilhelm von Lobkowitz; er erwiederte, dass er erst im Landtage seine Meinung abgeben werde und beharrte auf seiner Weigerung, trotzdem dass der Kanzler ihm als einem Rath des Königs und des Landes zu sprechen befahl. Seinem Beispiele folgte Ruppa, der seine Verwunderung darüber ausdrückte, dass nur von der „Annahme" und nicht der „Wahl" eines Königs die Rede sei; er protestirte dagegen in seinem eigenen und mehrerer Freunde Namen. Der Oberstburggraf erwiederte hierauf: „Bewahre mich der Himmel vor der Vertretung einer solchen Ansicht, ich hätte denn zwei Köpfe." Der Oberstlandrichter, Herr von Talmberg, der zur königlichen Partei gehörte, entgegnete nichtsdestoweniger, er habe von Jugend auf gehört, dass den Ständen von Böhmen das Recht zustehe, ihren König frei zu wählen. „Es ist wohl richtig, lieber Freund, erwiederte hierauf der Kanzler, dass wir uns vor andern Völkern besonderer Privilegien rühmen und insbesondere des Rechtes, unsere Könige wählen zu dürfen, allein wenn wir dies Recht beweisen sollten, so dürften wir übel daran sein, denn es findet sich unter unseren Privilegien keines, das für unser Wahlrecht einen Beweis abgäbe."

Nach diesen Worten begann der Kanzler, der auf Ruppa's Einwendung wohl vorbereitet war, eine umständliche Erörterung der böhmischen Successionsverhältnisse. Er wies nach, dass die böhmische Krone, seit das Haus Habsburg im J. 1526 zur Regierung gelangt sei, nicht durch Wahl, sondern durch Erbrecht von einem Besitzer auf den andern übergehe und dass die Beweise hiefür in Urkunden und Vorgängen des 16. Jahrhunderts, in deren Erörterung er sich umständlich einliess, zu finden seien. Aus seiner Argumentation ergab sich die natürliche Schlussfolgerung, dass die anomalen Vorgänge und Bestimmungen der Jahre 1608 und 1611 Neuerungen gewesen seien und keine Rechtsgiltigkeit in Anspruch nehmen könnten. Die Auseinandersetzungen des Kanzlers übten eine sichtliche Wirkung aus. Herr von Talmberg war der erste, der erklärte, dass er seine Ueberzeugung geändert habe und dass man in Böhmen nur von einer Erbkrone sprechen könne; auch jene Mitglieder des Adels, die für ihre Opposition nur in Urkunden und deren zweifelhafter

Interpretation, und nicht in den Verhältnissen der Gegenwart Ursache und Nahrung gefunden hatten, wurden durch diese Argumente bedenklich gemacht und liessen von weitern Einwendungen ab. Selbst Budowec schwieg und Ruppa wiederholte nicht mehr seine frühere Behauptung.*)

Was die Beweise anbetrifft, die der Kanzler für die habsburgischen Erbrechte vorbrachte, so ist ihre Richtigkeit unangreifbar.**) Es ist Thatsache, dass die böhmischen Stände im Jahre 1526 erklärten, das für die Luxemburger in der goldenen Bulle festgesetzte Erbrecht gelte hinfort auch für das Haus Habsburg, und es ist ebenfalls Thatsache, dass Maximilian II und Rudolf II von den böhmischen Ständen nicht zu Königen *gewählt*, sondern als solche *angenommen* wurden. Die nach der damaligen Auffassung in dem Worte „annehmen" liegende Anerkennung des Erbrechtes wurde also zweimal von den böhmischen Ständen anstandslos zugegeben. Ebenso wahr ist es aber auch, dass das Jahr 1608 eine Aenderung zuwege brachte. Damals hatte Rudolf die Stände eingeladen, seinen Bruder zum Könige zu *wählen* und die Stände nahmen die Wahl vor. Wenn die Anhänger der habsburgischen Dynastie die Vorgänge in den Jahren 1608 nicht als giltig anerkennen wollten, weil sie eine Neuerung waren und nicht mit dem bis 1607 giltigen Staatsrecht in Einklang standen, so hatten sie mit ihrer Behauptung bezüglich der Neuerung Recht, ob aber die Neuerung an und für sich eine Rechtsungiltigkeit in sich schloss, ist eine andere Frage.

Kehren wir zum bessern Verständniss der Sache den Fall um. Angenommen, die böhmische Krone wäre bis zum Jahre

---

*) Alles dies nach Skala, Slawata und dem sächsischen Staatsarchiv.
**) In der Zuschrift an Ferdinand im J. 1526 verlangten die böhmischen Stände, er solle die goldene Bulle dahin bestätigen: quod post S.M^{tis} filius haeres sit et a S.M^{te} haeredes masculi procedentes, sin vero nemo masculini sexus haeredum remanserit, ex tunc filia Regis Bohemiae ultimi, quae non nupsisset et provisa cum dote fuisset debet haeres remanere. Das Erbrecht der gesammten männlichen Nachkommenschaft Ferdinands wird durch diese Stelle zweifellos festgestellt. Näheres noch in einer Abhandlung des Verfassers in den Sitzungsberichten der k. Akad. d. Wiss. 1868.

1607 eine Wahlkrone gewesen und im Jahre 1608 hätten sich
die Stände stillschweigend des Wahlrechts begeben und Mathias
als Erbkönig anerkannt. Konnte mit dieser Neuerung nicht
ein neues Rechtsverhältniss beginnen und war es deshalb un-
giltig, weil es den frühern Rechtsverhältnissen widersprach?
Dürfen der König und die Stände nicht gemeinsam das öffentliche Recht eines Landes ändern? Diese Einwendung hätte man
von Seite der Protestanten den Katholiken machen, auf diese
Weise die Rechtsgiltigkeit der Vorgänge von 1608 und 1611
behaupten und die Consequenzen daraus ziehen können. Es
geschah dies aber nicht und der Grund ist nicht schwer zu finden. Alle mittelalterlichen Verfassungen sind schliesslich auf
einer Summe von Privilegien, welche die einzelnen Stände und
namentlich der Adel sich erworben hatten, aufgebaut worden.
Den Ständen musste die Achtung vor dem Privilegium oder dem
historischen Rechte angeboren sein, sie konnten nicht bei andern
verletzen, was für sie selbst die Grundlage der Existenz war.
So kam es, dass selbst die Opposition in Böhmen im Jahre 1617
nicht wagte, die Rechtsbeständigkeit einer Neuerung zu vertheidigen, wenn sie mit dem älteren Rechte im Widerspruche stand.
Die Opposition hatte behauptet, dass das Wahlrecht das alte
Recht sei, geübt im Jahre 1608 nach einem ununterbrochenen
Herkommen. Als der Kanzler das Gegentheil bewies, war ihr
der historische Boden entzogen und sie mit ihrer Behauptung
geschlagen. Zdeněk von Lobkowitz feierte einen parlamentarischen
Triumph und zeigte sich so als jene überlegene geistige Kraft
unter den katholischen Kronbeamten, für die er seit jeher von
den fremden Diplomaten gehalten wurde. Von Seite derjenigen
Räthe, die noch nicht ihre Meinung abgegeben hatten, wurde
kein Widerstand gegen die Proposition mehr erhoben.

Mittlerweile hatten sich die Stände im Landtagssaale versammelt. Um die neunte Morgenstunde entbot ihnen der Kaiser, dass er sich in ihre Mitte begeben wolle. Auf diese Botschaft gingen ihm die obersten Beamten entgegen und führten
ihn in den Landtag ein. Mathias nahm auf dem Throne Platz,
ihm zu beiden Seiten die Erzherzoge Maximilian und Ferdinand,
während alle übrigen Anwesenden standen. Der Vicelandschrei-

ber las zuerst die königliche Proposition vor, deren Inhalt dahin ging, dass der Kaiser wegen herannahenden Alters die Nothwendigkeit fühle, die Nachfolge in Böhmen zu bestimmen, und da seine Brüder aus dem gleichen Grunde des vorgerückten Alters auf jede Erhebung Verzicht geleistet hätten, so habe er seine Aufmerksamkeit auf seinen lieben und theuern Vetter, den Erzherzog Ferdinand gelenkt, und bitte die Stände, denselben zum Könige „anzunehmen, auszurufen und zu krönen." Am Schlusse wurde die Urkunde vorgelesen, mittelst deren die Erzherzoge Maximilian und Albrecht ihren Rechten zu Gunsten ihres Vetters entsagten.*) Die feierliche Sitzung hatte damit ein Ende.

Um ein gemeinschaftliches Verfahren zu regeln, versammelten sich die Mitglieder der Opposition nach der Landtagseröffnung im Carolingebäude zur Berathung. Es wurde beschlossen, der blossen „Annahme" gegenüber „das Wahlrecht" zu vertheidigen, ausserdem aber die Vertagung der Wahl zu beantragen, „weil man zuerst mit den böhmischen Nebenländern diesen Gegenstand berathen müsse." — Zu allen Zeiten haben die verschiedenen Parteien in Böhmen das Recht, über den Thron zu verfügen, für ihr Land allein in Anspruch genommen, am lautesten geschah dies von dem Grafen Thurn selbst im Jahre 1611. Jetzt wollte die Opposition dieses Recht aufgeben und die Nebenländer zur Wahl berufen, um einen stichhaltigen Vorwand für die zu beantragende Vertagung zu besitzen. Schliesslich besprach man sich über die Wahl eines gemeinsamen Sprechers im Landtage. Wiewohl der Graf Thurn die Seele der Opposition war, berief man ihn doch nicht dazu, da er als einer der Landesbeamten ohnedies zu sprechen hatte; der Sprecher wurde unter jenen gewählt, die kein Amt bekleideten und deshalb beschlossen, dass der Graf Schlick im Namen der gleichgesinnten Mitglieder des Herrenstandes im Landtage das Wort ergreifen solle. Die fast ausschliesslich protestantisch gesinnten Ritter sollten sich seiner Meinung anschliessen und auch von den

---

*) Die Renuntiationsurkunde bei Slawata.

Städten erwartete man zum Theile dasselbe. So schmeichelte man sich mit der Hoffnung, die Majorität erringen zu können.

Allein die Hoffnung auf Schlicks mannhaftes Auftreten zeigte sich als trügerisch. Der Graf hatte sich seit dem Jahre 1609 in den Tagen der Kämpfe um den Majestätsbrief auf die politische Arena gewagt, hatte damals einigen Einfluss erlangt, aber bei dieser Gelegenheit einen eigenthümlichen Mangel an Ausdauer und ein geringes Verständniss für die Consequenzen der einmal angenommenen Haltung beurkundet. Diese Schwächen seines Charakters und Verstandes waren es, welche die Katholiken nicht an seiner Gewinnung verzweifeln liessen. Der Versuch sollte diesmal von dem Erzherzog Ferdinand ausgehen, der den Grafen zu einer eigenen Unterredung einlud. Seine Gegner hatten richtig gerechnet, dem Zauber einer derartigen Einwirkung vermochte Schlick nicht zu widerstehen, er wurde gewonnen und liess seine Opposition gegen Ferdinands Erhebung vollständig fallen.

Die entscheidenden Verhandlungen im Landtage begannen am 6. Juni damit, dass die Kronbeamten, dem Herkommen gemäss, aufgefordert wurden, ihre Ansicht über Ferdinands Erhebung auf den böhmischen Königsthron auszusprechen. Sie thaten dies in der durch die Rangordnung bestimmten Folge. Der Oberstburggraf stimmte für Ferdinands Annahme und ihm folgten sämmtliche Collegen bis auf den letzten in der Reihe, den Burggrafen von Karlstein, Grafen Thurn. In einer ausführlichen Rede protestirte dieser gemäss den Beschlüssen der gestrigen Versammlung gegen die Substituirung der „Wahl" durch die „Annahme" und gegen die Ausschliessung der Nebenländer; der Erzherzog Ferdinand, so fügte er gleichsam mildernd hinzu, werde es wohl vorziehen, dass seine künftige Regierung eine friedliche sei, und daher nicht wollen, dass durch Missachtung der Nebenländer Misstrauen und Unzufriedenheit entstehe.

Statt die Stimmenabgabe weiter fortgehen zu lassen, erhob sich der Oberstburggraf und suchte Thurns Meinung mit den Argumenten des Kanzlers zu entkräften. In schlagender Weise wies er nach, dass sich die böhmischen Stände nie um die Zustimmung der Nebenländer gekümmert hätten, wenn es sich

um die Besetzung des Thrones gehandelt habe und zum Beweise
führte er die Vorgänge bei sämmtlichen Thronerledigungen unter
dem Hause Habsburg an. Thurn entgegnete auf diese Auseinandersetzung, dass es ihm wie jedem andern freistehe, seine Meinung
abzugeben und dass er noch immer bei derselben beharre. Die
Beisitzer des Landrechtes, die nach den Landesofficieren an die
Reihe kamen, stimmten mit Ausnahme Colonna's von Fels, der
mit Thurn gleicher Meinung war, für Ferdinand. Einer derselben,
Heinrich von Kolowrat, begnügte sich nicht mit der einfachen
Zustimmung, sondern stellte an den Grafen Thurn die Frage,
wie er seine gegenwärtige Haltung mit der im J. 1611 vereinigen könne, da er doch in jenem Jahre die Schlesier am
schärfsten mit ihren Ansprüchen auf Betheiligung an der böhmischen Königswahl abgewiesen habe. — Unter den Mitgliedern
des Kammer- und Hoflehengerichtes, die darauf ihre Stimmen abgaben, befanden sich Rappa, Budowec und Wilhelm von Lobkowitz, keiner wagte es, sich der Meinung Thurns anzuschliessen,
alle gaben ihre Zustimmung für Ferdinands Erhebung; Wilhelm
von Lobkowitz that es jedoch mit der verletzenden Bemerkung,
er bedauere, dass Maximilian auf den Thron resignirt habe.

Nun folgten die Stände. Dem Herkommen gemäss pflegten
die einzelnen Curien, also die Herren, Ritter und Städte nach
vorausgegangener abgesonderter Berathung ihre Stimme gemeinschaftlich durch einen Sprecher abzugeben. Eben deshalb war
Tags vorher Schlick zum Sprecher des Herrnstandes gewählt
worden, allein diesmal forderte der Oberstburggraf die Curien
nicht in ihrer Gesammtheit zur Abstimmung auf, sondern jedes
einzelne Mitglied der Stände. Diese Massregel war darauf berechnet, die Opposition zu schwächen; man hoffte von der geringen
Redegewandtheit der meisten Mitglieder des Landtags, von der
Rücksicht, die der Einzelne gegen die herrschende Dynastie
nicht so leicht aus den Augen setzen wollte, und von dem Gewichte der zu Gunsten des Erbrechtes vorgebrachten Argumente,
dass nur wenige es wagen würden, ihre Opposition persönlich
aufrecht zu erhalten. Jene, die es dennoch thaten, liessen sich
dann leicht zusammenzählen und verloren ihrer geringeren Anzahl
wegen an Bedeutung. Diese Berechnung täuschte nicht, sämmt-

liche anwesende Mitglieder des Herrnstandes stimmten einfach für die Erhebung Ferdinands. Schlick äusserte sich, er habe ursprünglich die Absicht gehabt, auf die Berufung der Nebenländer und die Vertagung der Wahl anzutragen, nachdem er sich aber durch die hier vorgebrachten Beweise von dem Erbrechte des Hauses Habsburg überzeugt habe, fühle er sich als treuer Unterthan desselben verpflichtet, für Ferdinands Erhebung zu stimmen und die Berufung eines Generallandtages, weil dieser nur Gefahren und Unordnungen im Gefolge haben könnte, zu verwerfen. So zerrann die Opposition des Grafen in diesen, man kann sagen, hyperloyalen Worten. *)

Die Ritter und Vertreter der Städte, die ebenfalls einzeln ihre Stimme abgaben, befolgten sämmtlich das gegebene Beispiel loyaler Ergebenheit und nach wenigen Minuten der namentlichen Befragung konnte der Oberstburggraf dem Landtage verkünden, dass Ferdinand beinahe einstimmig von allen drei Ständen des Königreichs zum Könige nicht „gewählt", sondern „angenommen" worden sei. Das Erbrecht der Habsburger, von diesen selbst vor wenigen Jahren fast aufgegeben, lebte in vollem Glanze wieder auf und sein nunmehriger Repräsentant war Erzherzog Ferdinand von Graz, jetzt König von Böhmen.

Von dem Resultate der Sitzung wurde der Kaiser durch den Kanzler benachrichtigt. Zu dem Erzherzog verfügte sich eine zahlreiche Deputation, an deren Spitze sich der Oberstburggraf befand und wünschte ihm zu seiner Erhebung Glück. Ferdinand freudig überrascht und ergriffen von der Bedeutung des Momentes dankte auf das angelegentlichste für den guten

---

*) Ueber die Haltung des Grafen Schlick berichten wir nach Slawata's Aufzeichnungen, der bei dieser Scene im Landtage zugegen war. Skala erzählt nichts näheres. — Der Bericht des sächsischen Gesandten (im sächs. Staatsarchiv) aus Prag dd. $\frac{\text{m. Mai}}{\text{t. Juni}}$ 1617 gibt der Rede des Grafen keinen so loyalen Anstrich wie Slawata, sondern mehr den einer resignirten Opposition. Wir verlassen uns auf den Bericht des Ohrenzeugen Slawata um so mehr, da der Protestant Skala von keiner oppositionellen Rede des Grafen erzählt, was er sonst kaum unterlassen hätte, und da wir uns wohl vorstellen können, dass Ferdinands persönliche Einwirkung auf Schlick nicht resultatlos geblieben sei.

Willen der Stände und versprach dessen in aller Zukunft zu gedenken. Leider waren dies nur Worte, nicht einen Augenblick kam ihm in den Sinn, dass er dem ganzen Lande je ein Vater sein werde und sein wolle. Seine aufrichtigen Wünsche bezogen sich nur auf die Katholiken, für die Protestanten hatte er nur Misstrauen in seinem Herzen, das jeden Augenblick in offene Feindschaft zu übergehen bereit war. Da ihm mit gleicher Münze von den Bedrohten gezahlt wurde, so durfte man sich mit bangem Entsetzen fragen, welche Zukunft einem Lande bevorstehe, wo König und Volk einander mit heimlichen Verwünschungen entgegentraten.

Gleich die nächsten Tage lieferten die Beweise für die Entfremdung zwischen dem künftigen König und der Mehrzahl seiner neuen Unterthanen. Nach dem gesetzlichen Herkommen musste jeder König vor seiner Krönung die Rechte und Freiheiten des Landes bestätigen und versprechen, ihnen gemäss zu regieren. Da Ferdinand vorläufig nur ein „designirter" und kein regierender König sein sollte, so wurde nach dem Formalismus jener Zeit vor der Krönung von ihm nicht die unmittelbare Bestätigung der Privilegien verlangt, sondern nur das Versprechen, dass er nach dem Tode des Mathias vor dem wirklichen Regierungsantritte diese Bestätigung ertheilen werde. Der designirte König gab also ein Versprechen, künftig die Privilegien bestätigen zu wollen, der wirklich die Regierung antretende König musste sie in der That bestätigen.

Die nun folgenden Unterhandlungen des Landtags drehten sich um die Frage, wie dieses Versprechen einer künftigen Bestätigung beschaffen sein solle. In ähnlichen Präcedenzfällen hatten sich die Stände stets mit der allgemeinen Versicherung, dass alle Rechte und Freiheiten bestätigt werden würden, begnügt. Diesmal fand es die Majorität des Landtags nicht genügend; hatte sie in der Successionsfrage so kleinmüthig beigegeben, so raffte sie jetzt allen Muth zusammen und forderte die Einschiebung einer den künftigen König stärker verpflichtenden Formel. Darnach sollte sich Ferdinand anheischig machen, alle Rechte und Privilegien „in allen Punkten und Klauseln, so wie dies der gegenwärtige Kaiser und seine Vorfahren, die Könige von Böhmen, gethan haben," zu bestätigen. Ausdrücklich betonten die Protestanten, dass ihre ängstliche Fürsorge dem Majestätsbrief gelte und dass sie in diesem Zusatze eine stärkere Sicherheit sähen; namentlich thaten sich in ihrem Namen Wilhelm von Lobkowitz und der saazer Deputirte Hoštálek durch leidenschaftliche Erregtheit hervor. Bei der Stimmenabgabe erhoben sich alle Protestanten wie ein Mann für die Einrückung des Zusatzes nicht bloss in den von Ferdinand zu unterzeichnenden Revers, sondern auch in die Landtagsartikel.

Die Katholiken traten ihnen diesmal nicht entgegen, nur die Herrn Slawata und Martinitz, die keine Gelegenheit vorübergehen liessen, wo sie die Protestanten angreifen konnten, stimmten gegen den Zusatz. Slawata äusserte sich, dass ihm die Sicherstellung des Majestätsbriefes keineswegs am Herzen liege, eine Erklärung, die keinen anderen Sinn haben konnte, als den, dass der Redner das seinige zur Vernichtung desselben zu thun bereit sei. Die dreiste Herausforderung verhallte nicht unbemerkt in den Ereignissen des Tages. Mehrere von den Protestanten prägten sich Slawata's Worte tief ins Gedächtniss ein und erinnerten ihn daran einige Monate später in dem Augenblicke, als derselbe an das Fenster der Kanzlei gedrängt mit seinen Widersachern um sein Leben stritt. Ihre Wiederholung wurde die Besiegelung seines Todesurtheils, dessen thatsächlicher Durchführung er wie durch ein Wunder entging.

Es kam nun die Reihe an Ferdinand zu zeigen, ob er in der That seine Erhebung den Ständen in Gnaden gedenken und den Rechtszustand des Landes ohne Hintergedanken anerkennen wolle oder nicht. Vor einigen Jahren, noch bei Lebzeiten Rudolfs, hatte er sich einmal in einem Privatgespräch gegen den Fürsten Karl von Liechtenstein dahin geäussert, dass man vor allem auf die Annullirung des Majestätsbriefes hinarbeiten müsse. Jetzt bot sich ihm die Gelegenheit, er musste sich entscheiden, ob er schon jetzt seine Ansichten zur Geltung bringen wolle oder nicht. Noch war er kaum dazu gekommen, diese Frage in einer bestimmten Formel seinem Gewissen vorzulegen, als er sich schon zu einem den Protestanten feindlichen

Entschlusse gedrängt sah. Slawata erschien nämlich bei Khlesl und bemerkte gegen ihn, dass jetzt die Zeit gekommen sei, mit dem Majestätsbrief aufzuräumen. Erzherzog Ferdinand solle dessen künftige Bestätigung ausdrücklich verweigern, die Stände müssten nachgeben. Der Cardinal handelte diesmal als ehrlicher Mann, indem er mit dem ganzen Gewichte seines Ansehens Slawata's Rathschläge zurückwies. Wolle der Erzherzog, fügte er zur Begründung seiner abweisenden Meinung hinzu, auf die deutsche Krone Verzicht leisten, so möge er immerhin das Beispiel eines solchen Glaubenseifers geben.

Ferdinand konnte bei einer vernünftigen Erwägung der Sachlage nicht in Zweifel sein, dass der Cardinal Recht habe. Die Nichtbestätigung des Majestätsbriefes hatte von seiner Seite nur dann einen Sinn, wenn er zu gleicher Zeit eine solche religiöse Reformation in Böhmen mit Güte oder Gewalt vornehmen konnte, wie er dies in Steiermark gethan. Konnte er dies aber thun, so lange Mathias lebte und die Regierung führte? Die Nichtbestätigung des Majestätsbriefes hätte den Protestanten nur zur Warnung gedient und von vornherein einen Aufstand derselben gerechtfertigt. So thöricht konnte Ferdinand nicht handeln. Dennoch entschied er sich nicht ohne weiteres zur Ausstellung des verlangten Reverses, sondern legte im Geheimen den Vätern des prager Jesuitencollegiums die Frage vor, ob er den Majestätsbrief ohne Gewissensbisse bestätigen könne. Die Antwort war einstimmig bejahend und die Motivirung lautete dahin, dass Ferdinand den Majestätsbrief nicht hätte ertheilen dürfen, aber den ertheilten bestätigen möge, wenn er nicht anders zur Regierung gelangen könne. Das günstige Gutachten beruhigte den Erzherzog bei dem Empfange der Krone, vielleicht würde er bei einem minder günstigen die Opportunitätsgründe Khlesls noch mehr gewürdigt haben. Der Revers wurde nach dem Wunsche des Landtages ausgestellt. *)

Zur Vornahme der Krönung wurde der 19. Juni anbe-

---

*) Archiv von Neuhaus. Slawata an Martinitz dd. 24. Sept. 1648. In diesem Briefe erinnert Slawata den Martinitz ausdrücklich an die Vorgänge von 1849 und 1617.

räumt. Während des feierlichen Zuges aus dem Schlosse nach dem Dome geschah es, dass Slawata an Ferdinands Seite einherschritt. Die wenigen Augenblicke, die der kurze Weg beiden zur Unterhaltung frei liess, benützte der letztere und wandte sich an den glaubensstrengen Nachbar mit den Worten: „Ich bin doch froh, dass ich die Krone Böhmens ohne Gewissensbisse erlangt habe." Statt aller Antwort zuckte Slawata mit den Achseln. Ferdinand, der wohl wusste, dass jener die stillschweigende Bestätigung des Majestätsbriefes durch den Bevern missbillige, vertheidigte sich mit dem theologischen Gutachten. Die Conversation brach hiemit ab, denn man näherte sich der Kirche. *)

Es folgte jetzt die letzte Krönung eines böhmischen Königs, welche unter Beobachtung des alten Ceremoniels stattfand. Der Eidleistung der Stände entsprach die des Königs, beide traten zu einander in bestimmte Verpflichtungen. Wenige Jahre später und welcher Wechsel! Der königliche Eid blasste zu einer mageren Versicherung ab, die eigentlich mehr zu Gunsten des Monarchen als der Stände lautete, ja die Könige fanden die Quelle ihrer Macht in ihrem angebornen Rechte und lehnten es sogar ab, sich die Krone aufs Haupt zu setzen. — Die Krönung Ferdinands würde nichts aussergewöhnliches geboten haben, wenn die anwesenden Cardinäle Dietrichstein und Khlesl nicht etwas zur Unterhaltung der Zuschauer beigetragen hätten. Beide eifersüchtig auf den Vorsitz hatten sich dahin geeinigt, bei der Krönung mehreremal die Sitze zu wechseln, um so gegenseitig die gleiche Stellung anzuerkennen. Der Vergleich wurde pünktlich eingehalten.

Die Krönungstafel verlief mit Anstand und, wie behauptet wurde, mit Heiterkeit, wozu der Oberstburggraf als Dilettant im Fache der Komik einiges beitrug. Zum letztenmale fand man hier das alte Böhmen friedlich geeint; würde ein Seher unter die Anwesenden getreten sein, so hätte er dem fröhlichen Gelage ein schreckliches Bild von der nächsten Zukunft entrollen

---

*) Aus dem oben erwähnten Briefe Slawata's an Martinitz im Archiv von Neuhaus.

können. Es gab Niemanden unter den Gästen, der in der folgenden Tragödie nicht eine Rolle gespielt hätte. An der kaiserlichen Tafel sass Ferdinand neben Mathias, und Dietrichstein neben Khlesl. Der letztere, jetzt der eigentliche Besitzer jener Macht, von der Mathias den Titel inne hatte, wurde wenige Monate später als Gefangener von Wien weggeschleppt und für alle Zukunft auf die ihm wenig zusagenden Pflichten seines Standes beschränkt. Ferdinand selbst war bald darauf in Gefahr, seine königlichen, erzherzoglichen und sonstigen Titel mit demselben Rechte zu tragen, mit dem er sich den eines Königs von Jerusalem beilegen durfte. Die übrigen Gäste waren an zwölf Tafeln vertheilt. Kaum gab es einen unter ihnen, dem nicht harte Unfälle bevorstanden. Die Katholiken mussten beim Ausbruch des Aufstandes grösstentheils im Exil ihre Sicherheit suchen und fristeten drei Jahre lang kümmerlich ihr Dasein. Als sie nach der Niederwerfung des Aufstandes in die Heimat zurückkehrten, fanden sie dieselbe überall verwüstet, ein Drittel der Bevölkerung ausgerottet, während Verzweiflung sich des Restes bemächtigte. Ihre Gegner, an die nun die Reihe der Vergeltung kam, waren für ein gesteigertes Elend vorbehalten. Einige endeten ihr Leben durch Henkershand, die übrigen waren noch schlimmer daran, denn sie mussten sich in ein aussichtsloses Exil begeben, an das sich die Qual der Nahrungssorgen knüpfte. Und um den Kummer voll zu machen, mussten sich die Flüchtlinge, die in der Heimat für ihre Ueberzeugung gekämpft und um ihretwillen heimatlos geworden waren, in der Fremde an den ersten besten Abenteurer für Sold verdingen. Zu dieser Tragödie bildete der Krönungstag die schimmernde Eingangsscene.

Als die Tafel aufgehoben war und der Kaiser sich entfernt hatte, hielt sich der König noch einige Zeit bei den Gästen auf und theilte die allgemeine Heiterkeit. Er gewann es über sich, einem jeden der Gäste ein Weinglas zuzutrinken und lieferte, wenn der Berichterstatter nicht übertreibt, damit einen Beweis, dass selbst Männer von so notorischer Mässigkeit wie Ferdinand in der Trinkperiode des 17. Jahrhunderts etwas zu leisten wussten."[*])

---

[*]) Sächs. Staatsarchiv. Zeidler an Kursachsen dd. 20/30. Juni 1617 Prag.

Die folgenden Tage wurden durch mancherlei ritterliche Spiele verherrlicht, an die sich zuletzt die Aufführung einer Comödie im Jesuitencollegium schloss. An allen diesen Festlichkeiten nahm Ferdinand Theil und benahm sich dabei stets mit zuvorkommender Freundlichkeit. Viele Protestanten, die derartigen Aeusserlichkeiten nicht unzugänglich waren, begannen sich im Vertrauen günstiger über ihren König zu äussern, sie bedauerten die Ausbrüche der vorangegangenen Opposition: man habe sie, so hiess es, bezüglich des Erbrechtes des Hauses Habsburg getäuscht, dasselbe sei „stattlich fundirt" und nur ihre Unwissenheit habe sie verleitet daran zu zweifeln. Eine ähnliche Sprache führten die Gäste aus den böhmischen Nebenländern. Khlesl säumte nicht, die gegenwärtige Haltung Ferdinands und das etwaige Verdienst der künftigen auf seine Rechnung zu setzen. Dem sächsischen Gesandten erzählte er, er habe seit 14 Tagen dem Könige so „gute Lehren gegeben, dass, wenn sie dieser befolgen werde, man sagen müsse, Ferdinand habe sich umgekehrt".*)

Das freundliche Lächeln, welches Ferdinands Lippen in der Oeffentlichkeit umschwebte, stand jedoch keineswegs im Einklang mit seinen wahren Gefühlen. In seinem Inneren fühlte er sich durch das Auftreten der Opposition tief beleidigt und selbst die Freude über die erlangte Krone konnte die Bitterkeit aus seinem Herzen nicht verscheuchen. Bei dem Empfange, den er in diesen Tagen einer ihn beglückwünschenden Deputation, unter deren Mitgliedern er einige seiner Gegner erblickte, zu Theil werden liess, trat seine eigentliche Gesinnung offener hervor. Er wandte sich an den vor ihm stehenden Thurn und fragte ihn, weshalb er und seine Gesinnungsgenossen eine feindselige Haltung gegen ihn angenommen hätten. Es versteht sich, dass diese Frage nur mit einem trotzigen oder verlegenen Schweigen beantwortet wurde. Dabei blieb es aber nicht. Thurn, Fels, Budowec, Ruppa, Kaplir von Sulewic, der Primas von Saaz, Hošťálek und der altstädter Rathschreiber Kochan wurden

---

*) Zeidler an Kursachsen dd. Prag $\frac{25.\text{ Juni}}{5.\text{ Juli}}$ 1617.

in die königliche Kanzlei beschieden und ihnen hier eine Rüge ertheilt, an die sich die Drohung schloss, dass sie das Schicksal Georgs von Lobkowitz ereilen könnte. Dieser hatte im Jahre 1593 den Landtag zu einer oppositionellen Haltung verleitet, um Rudolf II zu nöthigen, ihm das Amt eines obersten Burggrafen zu ertheilen. Letzterer nahm die ihm gespielte Intrigue so übel, dass er gegen Lobkowitz einen Process anstrengte, ihn gefangen nehmen und nach jahrelanger Haft im J. 1606 heimlich hinrichten liess. Die Drohung mit dem Schicksale Georgs von Lobkowitz musste die Betreffenden entweder auf das Aeusserste reizen oder einschüchtern. Unmittelbar nach dieser bedeutsamen Scene wurden Holtálek und Kochan ihrer Aemter entsetzt.

Die blosse Absetzung der zwei bürgerlichen Opponenten war nicht etwa ein Beweis, dass des Königs Zorn sich damit vorläufig beruhigen wolle. Gern hätte er und die Regierung des Mathias, die mit ihm diesmal eines Sinnes war, auch den genannten Adeligen ihre Aemter entzogen, wenn dies nach der Verfassung zulässig gewesen wäre. Aber sowohl der Graf Thurn als Burggraf von Karlstein, wie die andern Herrn als Räthe bei den verschiedenen obersten Aemtern, waren unabsetzbar. Eine Ausnahme von dieser Regel trat nur in zwei Fällen ein, bei einem Thronwechsel oder einer Beförderung. Im Jahre 1611 wurde aus einem früheren, etwas zweifelhaften Vorgange von Seite der Protestanten gefolgert, dass sämmtliche obersten Beamten bei einem Thronwechsel verpflichtet seien, ihre Aemter in die Hände des neuen Königs niederzulegen. Diese Theorie sollte ihnen damals den Weg zu den fast ausschliesslich von Katholiken bekleideten höchsten Würden bahnen und in der That gelangte Graf Thurn auf diese Weise zu dem Burggrafenamte von Karlstein, aus dem Slawata verdrängt wurde. Die zweite Möglichkeit, einen Landesbeamten von seinem Posten zu entfernen, ergab sich durch die Beförderung. Unter Maximilian II war deshalb ein Streit ausgebrochen. Damals hatte der Kaiser den Oberstlandrichter Johann von Waldstein zu dem höheren Posten eines Oberstlandkämmerers befördert, um ihn von seinem Amte zu entfernen, und Waldstein musste sich gegen seinen Willen die Beförderung gefallen lassen. Seitdem galt die

Entfernung von einem Amte durch das Mittel der Beförderung für gesetzlich.

Da Ferdinands Erhebung auf den böhmischen Thron nicht als ein Regierungswechsel angesehen werden konnte, so blieb nur der zweite Ausweg übrig, wenn man die Mitglieder der Opposition von ihren gegenwärtigen Aemtern entfernen wollte. Eine derartige Bestrafung aber, die eine Begünstigung in sich geschlossen hätte, konnte natürlich nicht im Sinne der Regierung liegen und so durften die Opponenten dem königlichen Zorne gegenüber auf ihre Unabsetzbarkeit pochen. Am bittersten empfand man diese Ohnmacht bezüglich des Grafen Thurn. Derselbe hatte als Burggraf von Karlstein die Aufsicht über die Reichskleinodien und über die Privilegien zu führen. So harmlos dieses Amt in gewöhnlichen Zeiten war, so bedeutend konnte es in aussergewöhnlichen werden. Konnte nicht nach des Mathias Tode ein Thronprätendent auftreten und Thurn diesem die Krone ausliefern? Dass dies bei einem Manne wie der Graf keine eitle Befürchtung war, bewiesen die folgenden Ereignisse am besten und somit war es nicht der Wunsch allein, den Opponenten zu bestrafen, der Ferdinand die Entfernung desselben von seinem Amte ersehnen liess, sondern auch die wohl begründete Furcht vor dessen künftigen Thaten.[*]

Ein Zufall half der Regierung einige Monate später aus dieser Verlegenheit und befreite Ferdinand von seiner Furcht, indem er zugleich eine empfindliche Bestrafung Thurns herbeiführte. Obwohl das Amt der zwei Burggrafen von Karlstein in der Beamtenhierarchie sehr niedrig stand, so gehörte es dennoch zu den am reichsten dotirten, namentlich trug die Stelle eines Burggrafen aus dem Herrnstande, die Thurn versah, jährlich an 6000 Thaler ein. In der Regel blieben die Burggrafen lebenslänglich auf ihrem Posten und sehnten sich nach keiner Beförderung, da sie durch dieselbe nur verlieren konnten. Nun traf es sich, dass der Oberstkämmerer Herr Johann Sezima starb, wodurch eine der höchsten Landeswürden vacant wurde. Damit war die Gelegenheit geboten, den Grafen Thurn durch die gesetzlich

---

[*] Skala II.

zulässige Beförderung von Karlstein zu entfernen und so am empfindlichsten zu treffen. Durch die Ernennung des Oberstlandrichters zum Oberstlandkämmerer wurde die Stelle des ersteren frei und man beschloss bei Hofe, sie dem Obersthoflehnrichter Slawata zu übertragen. Die vacante Stelle eines Oberthoflehnrichters, die im Range über dem Burggrafenamte von Karlstein stand, deren Erträgniss sich jedoch im Jahre auf etwa 400 Thaler belief, sollte nun auf Thurn übergehen.

Am 5. October wurden die Inhaber sämmtlicher obersten Aemter in die Burg berufen, wo der Kaiser ihnen seinen Willen bezüglich der Besetzung derselben kund machen wollte. Thurn hatte indessen in Erfahrung gebracht, dass man etwas gegen ihn im Schilde führe und ihn unter dem Scheine einer Beförderung um seine Stelle bringen wolle. Er geriet darüber so in Wuth und Schrecken, dass er, ohne zu bedenken, was er that, sich an Slawata wandte und ihn um seine Vermittlung bei dem Oberstburggrafen bat. Wie wenig überlegt — gelinde ausgedrückt — dieser Schritt war, ergibt sich daraus, dass Thurn es war, der im J. 1611 Slawata vom karlsteiner Burggrafenamte verdrängt hatte. Letzterer liess die ihm gebotene Gelegenheit nicht vorübergehen, ohne seinen Gegner in feiner Weise zu demüthigen; er tröstete ihn mit frommen Worten, legte beim Oberstburggrafen seine Fürsprache für ihn ein, da er wohl wusste, dass diese vergeblich sein würde, und erschöpfte sich überhaupt in Beweisen des Mitgefühls für seinen Gegner. Wenn Thurn diese Scene später bei ruhigem Blute überdachte, musste er sich seiner selbst schämen und etwas anderes als Dankbarkeit für seinen christlich-milden Collegen empfinden. *)

Während Thurn von Angst und Zorn gefoltert sein Ohr bald den Tröstungen Slawata's lieh und bald sich an den Oberstburggrafen mit Bitten wandte, von diesem aber vernehmen musste, dass der Kaiser das Recht habe, Beförderungen bei den obersten Beamten auch gegen deren Willen vorzunehmen, erschien der Kanzler und befahl den Versammelten, in das kaiserliche Gemach einzutreten. Im Namen des anwesen-

---
*) Der Bericht hierüber bei Slawata II.

den Mathias eröffnete er ihnen hierauf, dass das durch den Tod Sezima's erledigte Amt eines Oberstlandkämmerers dem Oberstlandrichter Georg von Talmberg verliehen werde, dass in Folge dessen der Obersthoflehnrichter Slawata zum Oberstlandrichter, der karlsteiner Burggraf Thurn zum Obersthoflehnrichter befördert und der erledigte Burggrafenposten dem Jaroslaw von Martinitz verliehen werde. Talmberg dankte dem Kaiser in böhmischer Sprache für seine Gnade, der Kanzler übernahm hiebei das Amt eines Dolmetschers. Slawata, im Deutschen wohl bewandert, sprach seinen Dank deutsch aus.

Thurn, der nun an die Reihe kam, machte einen letzten Versuch zur Rettung seiner Stellung. „Seit jeher," so sprach er Mathias an, „war das Kriegshandwerk meine Beschäftigung und zu diesem passt das Amt eines Burggrafen von Karlstein am besten; ich habe es bisher in einer Weise verwaltet, dass Niemand eine Klage gegen mich erheben kann, und bitte daher Eure Majestät, mich in meinem Amte zu belassen, umsomehr, als ich in den Gesetzen und Rechten des Landes wenig bewandert, zu dem höhern Amte eines Obersthoflehnrichters keine Befähigung besitze." Um dem Kaiser bei seiner Entscheidung freie Hand zu lassen, trat Martinitz hervor und verzichtete auf die Beförderung zum Burggrafen, wenn Thurns Bitte berücksichtigt werden sollte. Mathias erwiederte jedoch durch den Kanzler, dass er nicht die Absicht habe, seinen Entschluss zu ändern. Jetzt war die Reihe an Thurn gekommen, eine früher ausgestossene Drohung auszuführen und auf jede amtliche Stellung zu verzichten, er besann sich jedoch eines andern und leistete den in der Landesordnung vorgeschriebenen Eid für sein neues Amt. Als er später dem Slawata begegnete, dankte er ihm für die gegebenen Rathschläge, die ihn von der übereilten Resignation zurückgehalten hätten. „Auf welche Weise er mir seinen Dank beim Fenstersturze abgetragen," bemerkte Slawata in seinen Memoiren, „mag Jeder selbst beurtheilen!" Gewiss waren die Worte: „Meine Herren, hier habt ihr den Zweiten!" mit denen Thurn nach dem Sturze des Martinitz den Slawata zur gleichen Behandlung empfahl, nicht der Ausdruck einer besondern Dankbarkeit.

Fast gleichzeitig mit dieser Absetzung bekam Thurn eine warnende Mittheilung. Khleal schrieb unter dem Scheine des Mitgefühls an eine dem Grafen befreundete Dame, die Gräfin Mansfeld und tadelte ihn in diesem Briefe, dass er als General sein Vergnügen daran finde, Prediger und Superintendenten anzustellen und zu visitiren. Er liess dabei die Warnung einfliessen, dass, wenn Thurn nicht seiner Defensorenwürde entsage, der Kaiser, der ihm sonst alles Gute erweisen möchte, plötzlich zu einem feindseligen Entschlusse getrieben werden dürfte, von dem ihn selbst der Cardinal nicht zurückhalten könnte.*) Dieses Schreiben, zur Mittheilung an Thurn bestimmt, zeigte ihm, dass er sich fortan nur des Schlimmsten zu versehen habe, wenn er sich nicht durch eine völlige Umkehr Verzeihung und neue Gnadenbezeugungen erwerben wolle. Er hatte seit Jahren den Bruch mit der Dynastie in das Bereich seiner Combinationen gezogen, seine „Beförderung" und diese Warnung konnten ihn in diesem Beschlusse nur bestärken. Das einzige, was er zu bedenken hatte, war die Art und Weise, wie er die Gesammtheit der Stände zu einem Schritte hinreissen sollte, der für sie alle einen unheilbaren Bruch mit den Habsburgern zur Folge haben konnte.

Um der Erhebung Ferdinands auf den böhmischen Thron einen formalen Abschluss zu geben, mussten auch die Landtage von Mähren, Schlesien und den Lausitzen berufen und von diesen der neue König von Böhmen als Herr der böhmischen Nebenländer anerkannt werden. Es geschah dies noch im Laufe des Sommers (1617) ohne irgend welche Schwierigkeit. Ferdinands Anwartschaft auf die böhmische Krone wurde allgemein anerkannt.

---

*) Skala II, 13—15.

Viertes Kapitel

Verhandlungen über die Erhebung Ferdinands auf den deutschen und ungarischen Thron.

I Der Kaiser in Dresden (4. Aug. 1617). Verhandlungen wegen Berufung eines Kurfürstenconventes. Bestrebungen des heidelberger Cabinets zur Benachtheiligung Ferdinands. Dohna und Camerarius in Prag (1617). Bemühungen des Kurfürsten Friedrich, neue Bewerber um die deutsche Krone aufzustellen. Haltung Maximilians von Baiern. Zusammenkunft der weltlichen Kurfürsten (Nov. 1617). Friedrich V in München (6. Feb. 1618). Das heidelberger Cabinet in seinen Bestrebungen isolirt. Khlesls Bemühungen zur Verschiebung des Kurfürstenconvents.

II Erbansprüche der Habsburger auf den ungarischen Thron. Absicht sie mit Gewalt durchzusetzen. Eröffnung des pressburger Reichstages (27. März 1618). Ansprüche der Opposition auf ein Wahlrecht. Untersuchung, ob die ungarische Krone eine Erb- oder Wahlkrone sei. Die „Erläuterung" des Reichstags. Die Diplomverhandlungen. Ablehnung des Diploms. Die neue Wahlformel. Das Krönungsdiplom. Die Wahl (16. Mai 1618). Die Reichstagsgravamina. Krönung Ferdinands.

III Neue Verzögerung betreff. der Berufung des Kurfürstentags. Mangel an Geld bei der Hofkammer. Steigende Erbitterung Maximilians gegen Khlesl. Oñate's Haltung. Bitte um spanische Subsidien. Khlesls Versuch einer Aussöhnung mit Maximilian.

1

Kaum war Ferdinands Krönung in Prag vollzogen, als der so oft besprochene und so vielfach aufgeschobene Besuch des Kaisers bei dem Kurfürsten Johann Georg von Sachsen ernstlich in Erwägung gezogen wurde. Alle Argumente, die man ehedem dafür geltend gemacht hatte, wurden wieder hervorgeholt, neu aufgeputzt und erweitert, so dass Mathias endlich keinen anderen Ausweg vor sich sah, als die Reise wirklich anzutreten. Am 4. August langte er in Begleitung seines Bruders Maximilian, des Königs Ferdinand, Khlesls und mehrerer Mitglieder des geheimen Rathes in Dresden an. Der Besuch hatte einen doppelten Zweck, er sollte zuerst eine besondere Auszeichnung für den Kurfürsten sein und ihn dadurch für die folgenden Mittheilungen freundlich stimmen, dann aber, und das war die Hauptsache, wollte man von Johann Georg eine bindende Erklärung bezüglich der deutschen Nachfolge erlangen. Mathias selbst nahm an den politischen Verhandlungen keinen Antheil und empfahl bloss mit einigen allgemeinen Lobeserhebungen dem Kurfürsten seinen Vetter Ferdinand für die deutsche Krone. Auch der König und Maximilian hielten sich in Dresden von den politischen Berathungen fern; nur entschuldigte sich letzterer nochmals wegen seines vorjährigen, den Kaiser zu Rüstungen mahnenden Gutachtens, welche Entschuldigung der Kurfürst als minder nöthig bezeichnete und sonach freundlich entgegennahm. Die politischen Fragen wurden allein zwischen dem Cardinal und den übrigen kaiserlichen Räthen einerseits und den kurfürstlichen Räthen, an deren Spitze Kaspar von Schönberg stand, andererseits besprochen.

In den Conferenzen dieser Diplomaten berichtete Khlesl, dass der Kaiser die Absicht habe, einen Kurfürstentag zur Bestimmung der deutschen Nachfolge zu berufen. Nur andeutungsweise bemerkte er, dass auf dieser Zusammenkunft noch andere Gegenstände, namentlich der Ausgleich zwischen den Protestanten und Katholiken berathen werden könnte. Khlesl ersuchte darauf um die Mittheilung, ob der Kurfürst auf die Berufung des Kurfürstentages und seinen Zweck eingehen und ihn persönlich besuchen wolle, so wie um sein Gutachten, wohin und wann man denselben berufen und auf welche Weise man die beiden anderen protestantischen Kurfüsten einladen solle. Die Antwort, welche die sächsischen Räthe im Namen ihres Herrn abgaben, lautete, dass derselbe erbötig sei den Kurfürstentag, wann und wo der Kaiser wolle, persönlich zu besuchen und sich an der Bestimmung der deutschen Nachfolge zu betheiligen. Bezüglich der Composition wünschte der Kurfürst, dass dieselbe nicht als ein nebensächlicher, sondern als ein Hauptpunkt in den Berathungen des Kurfürstentages angesehen werde, machte jedoch keineswegs seine Zustimmung zur Erhebung Ferdinands von ihrem Gelingen abhängig. Alles wohl erwogen waren sonach die sächsischen Erklärungen den habsburgischen Wünschen günstig und sie wurden auch in diesem Sinne von Ferdinand aufgefasst. Khlesl erklärte zuletzt, dass der Kaiser die Kurfürsten auf Lichtmess 1618 nach Regensburg zu berufen gedenke. *)

Ferdinand, dessen ganze Persönlichkeit, Lebens- und Ausdrucksweise man nach allem, was man über ihn weiss, für überaus gemessen, ruhig und zurückgezogen halten muss, entwickelte in Dresden mehr gesellschaftliches Talent, als man ihm zutrauen würde. Bei den Hoffestlichkeiten erwies er der Witwe des früheren Kurfürsten und Schwester des dänischen Königs Christian IV, einer noch jungen Dame, eine ungewöhnliche Aufmerksamkeit, tanzte mit ihr, so dass man von einer Neigung zwischen dem heirathsfähigen Paar munkelte. Manchen Katholiken am kaiserlichen Hofe war der Gedanke einer Vermählung Ferdinands mit einer Protestantin nicht antipathisch, da man durch eine nähere Verbindung mit dem sächsischen Fürstengeschlechte über die vielen Schwierigkeiten der gegenwärtigen Lage hinüberzukommen hoffte. Vor allem war es Khlesl selbst, welcher den Gedanken der Heirat mit gewohnter Rührigkeit auffasste und während mehrerer Monate Ferdinand zu derselben zu bereden suchte. Er wies auf das Zutrauen hin, das man bei den Protestanten gewinnen würde, wenn die Prinzessin am kaiserlichen Hofe frei ihrer Religion leben und ihren Prediger zur Seite haben dürfte. Dies war aber gerade der Grund, der Ferdinand von der Heirat abhielt, denn ihm war es nicht darum zu thun, das Zutrauen der Protestanten um den Preis zu gewinnen, dass er ihre Existenz nicht antastete. Er musste sich sagen, dass durch die Vermählung mit einer Protestantin das Werk seines Lebens — die steirische Reformation — zu einem tyrannischen Gewaltact oder einem schweren Irrthum gestempelt würde und dass er damit jedem weiteren Schritte auf der be-

---

*) Die Nachrichten über diese Verhandlungen entnehmen wir dem sächsischen Staatsarchiv: Succession im röm. Reich 10576 fol. 569—583, dann dem ehemaligen Reichsarchiv in Wien (Wahl- und Krönungsacten Fasc. 9.)

tretenen Bahn die Grundlage entziehen würde. Nicht bloss seine gesammten Erinnerungen und Wünsche, sowie seine Ueberzeugung, sondern auch die unumgänglich nothwendige Rücksicht auf seine bisherige Politik und auf das Gedeihen jener, die er in Zukunft einzuhalten gedachte, stemmten sich gebieterisch gegen diese Heirat. Um jedoch durch eine schroffe Abweisung der khleslischen Anträge in Dresden nicht allzusehr anzustossen, erklärte er, dass er eine Vermählung mit der kurfürstlichen Witwe nicht von der Hand weise, falls er die Gewissheit hätte, dass sie in kürzester Zeit katholisch würde. Da unter diesen Bedingungen eine Verhandlung mit Kursachsen nicht angebahnt werden konnte, so blieben die in Dresden ausgetauschten Complimente ohne Folgen.*)

Da die Berufung des Kurfürstentages von Khlesl auf Lichtmess (2. Febr. 1618) festgesetzt wurde, so mussten jetzt die nöthigen Verhandlungen eingeleitet werden, um von allen übrigen Kurfürsten eine formelle Zusage für ihre persönliche Theilnahme an demselben zu erlangen. Zu diesem Behufe wurde der Reichshofrath Hegenmüller gegen Ende September an den Rhein abgeschickt, damit er von den drei geistlichen Kurfürsten die betreffende Zusage erbitte. Sie wurde ihm ohne jede Schwierigkeit zu Theil, die drei Erzbischöfe tadelten nur, dass der Kaiser in dem Einladungsschreiben zum Kurfürstentage sich zu allgemein fasse und nicht ausdrücklich betone, dass auf demselben vor allem die deutsche Nachfolge bestimmt werden solle. Sie waren sonach kaiserlicher als der Kaiser selbst. Von den drei Erzbischöfen begab sich Hegenmüller in Begleitung des Bischofs von Speier, eines leidenschaftlichen Anhängers der kaiserlichen und spanischen Politik, der er später noch grosse Dienste, allerdings nicht ohne klingende Entschädigung, leisten sollte, nach Kurpfalz. Ihrer Instruction gemäss ersuchten sie den jungen Pfalzgrafen Friedrich um seine Theilnahme am Kurfürsten-Convent, weil es sich daselbst um die Beilegung der leidigen Zwistigkeiten in Deutschland handeln werde. Diese Ansprache sollte dem Kurfürsten Hoffnung machen, dass das Com-

*) Archiv von Simancas. Oñate an Philipp III dd. 7. März 1618.

positionsgeschäft der alleinige oder doch vorzügliche Gegenstand
der Berathungen sein werde. Friedrich konnte auf dies hin
nichts anderes thun, als seine Theilnahme zusagen, als aber die
Gesandten so nebenhin auch bemerkten, dass das Successionsgeschäft in Verhandlung kommen dürfte, wurde er bedenklich
und lehnte die Abgabe einer festen Zusage für sein Erscheinen ab.*) ⁹·⁽ᴼᶜᵗ·⁾
1617

Es bedurfte übrigens bei dem Kurfürsten von der Pfalz nicht
der Mittheilung des kaiserlichen Gesandten, um ihm klar zu machen,
worauf es eigentlich mit dem Kurfürstentage abgesehen sei, und
seine Bedenken gegen denselben datirten nicht erst von dem
schüchternen Geständnisse Hegenmüllers. Der pfälzische Hof
war mit jedem denkenden Politiker in Deutschland überzeugt,
dass dem Hause Habsburg nichts mehr am Herzen liegen müsse,
als die deutsche Nachfolge, und wenn die österreichische Politik
ihnen eine Ueberraschung bereitete, so war es die, dass sie
dies ihr natürliches Ziel mit einer so unerhörten Langsamkeit
und Lässigkeit betrieb. Der Kurfürst von der Pfalz und seine
Räthe waren also von der gewordenen Mittheilung nicht überrascht, weil sie dieselbe längst erwartet hatten. Was ihre eigene
Stellung zur Successionsfrage betrifft, so war sie, kurz gesagt,
die der äussersten Feindseligkeit gegen die habsburgischen
Wünsche. **)

Die ersten Aeusserungen dieser Feindschaft reichen bekanntlich in die Zeit von 1606—1611. Damals hatte sich der
Fürst Christian von Anhalt im eigenen Namen und in dem des
Kurfürsten Friedrich IV in die Streitigkeiten zwischen Rudolf II
und Mathias gemischt und dieselben zum Nutzen seiner Partei
und zum Verderben der Habsburger auszubeuten gesucht. Obwohl seine Bestrebungen ohne Erfolg geblieben waren, so hatte
er deshalb seine Pläne nicht aufgegeben, sondern nur vertagt
und hoffte entweder von dem Tode des Kaisers oder von dessen

---

*) Die Correspondenzen über Hegenmüllers Sendung an den Rhein im
Archive des k. k. Min. des Innern. Daselbst auch die pfälzische Erklärung dd. 9. October 1617.
**) Die Beweise für diese Behauptung finden sich in dem früheren Werke
des Verfassers: Rudolf II und seine Zeit.

Restaurationspolitik im Herannahen einer besseren Gelegenheit. Er pflegte mit Eifer die Bekanntschaften, die er im Jahre 1608 angeknüpft hatte, und sorgte dafür, dass die Union in steter Fühlung mit ihren Anhängern in Oesterreich, Böhmen, Mähren und Schlesien blieb. Auch auf einzelnen Unionstagen war die Art und Weise wie die Verbindung mit Böhmen warm zu halten sei, ein Gegenstand sorgfältiger Berathung.*) Man lebte in Heidelberg so wie der Ueberzeugung, dass über kurz oder lang die Krone von Böhmen dem Pfalzgrafen in den Schoos fallen würde. Dass man sich mit diesen Hoffnungen in London bei Gelegenheit der Werbung um die Hand der englischen Königstochter Drumcis brüstete, um damit den Bräutigam der Braut noch gleichzustellen. Selbst Jacob I, der später zum Ruine seines Schwiegersohnes nicht wenig beitrug, fing damals Feuer und meinte, Friedrich werde binnen wenigen Jahren König von Böhmen werden.

Als die Nachrichten aus Böhmen im Jahre 1616 nicht blos von der Haltung unter den Protestanten, sondern auch von den Bestrebungen der Regierung, die Nachfolge zu Gunsten Ferdinands sicher zu stellen, berichteten, regte dies das heidelberger Cabinet zu doppelter Thätigkeit auf und es wurde deshalb die Absendung zweier Gesandten beschlossen, die in Böhmen die Sachlage untersuchen sollten. Der erste war Christoph von Dohna, der zu Beginne des Jahres 1617 Böhmen und vielleicht auch Oesterreich bereiste und hierüber nach seiner Rückkunft in Amberg an den Fürsten von Anhalt einen umständlichen Bericht erstattete. Nach seiner Angabe war die österreichische Monarchie in voller Zersetzung, jedes einzelne Land habe seinem Präsidenten, der nur den Tod des Kaisers abwarte, um

---

* Münchner Staatsarchiv *). Nebenumstände, was zu Nürnberg zu verhandeln sei. _. Januar 1610 Heidelberg.

Simancas 2325. Der Staatsrath an Philipp III dd. 24. April 1613. El Lerma dice: Don Alonso de Velasco escribe, que haviendo entendido, que aquel Rey Jacob II desea, que se verro nombre titulo de Rey luego parecer assi, procuro desvaberse de que le mudara, y se en lo de intenno.

sein Haupt zu erheben. Ungarn sei unberechenbar. Ein Prinz, der Gold hätte und die ungarische Sprache ein wenig verstände, könnte sich mit Aussicht auf Erfolg um die ungarische Krone bewerben; sei dieselbe doch ein Gegenstand der Speculation für eine so untergeordnete Persönlichkeit, wie der Graf von Altham. (!) Uebrigens stehe ein Theil des Landes auf Seite Bethlen Gabors. Die Herrschaft über Mähren und Oesterreich wolle der Fürst von Liechtenstein an sich reissen; wenn ihm die Protestanten hierin behilflich sein würden, so werde er die Messe fahren lassen. Auch Herr von Khuen, der ein grosses Vermögen gesammelt, trage sich mit ehrgeizigen Plänen. Die Union geniesse überall ein hohes Ansehen und man sei ihr besonders deshalb gewogen, weil sie dem Kaiser auf dem Reichstage von Regensburg jede Geldunterstützung rundweg abgeschlagen habe. Man wünsche, sie möchte mit ihren Mitteln sparsam umgehen, damit, wenn sie einmal das Schwert aus der Scheide ziehe, sie es nicht eher einzustecken brauche, als bis alles gewonnen sei. Ueber die Mittel, die dem Kaiser für den Fall eines Krieges zu Gebote stünden, liess sich Dohna nur mit Verachtung aus: die Zeughäuser seien leer, die gesammten Staatsschulden beliefen sich auf 25 Millionen Gulden und häuften sich durch die Nichtzahlung der Interessen, die ungarischen Grenzfestungen seien fast ohne Besatzung.*)

Noch war Dohna von seiner Reise nicht zurückgekehrt, als der pfälzische Rath Camerarius von seinem Kurfürsten mit einer doppelten Mission nach Prag und nach Dresden betraut wurde. In Dresden sollte er den Kurfürsten von Sachsen gegen die Herrschaft der Habsburger misstrauisch machen, in Prag die Stimmung Böhmens erforschen und sich mit Thurn und dessen Genossen in Verbindung setzen, um die Bestimmung der böhmischen Nachfolge zu durchkreuzen.**) Den Deckmantel zu diesen Machinationen Angesichts des in Prag residirenden kaiserlichen Hofes sollte eine vom Camerarius mit Khlesl wegen

---

*) Münchner Staatsarchiv. Dohna's Bericht dd. Amberg 21/31 Jan. 1617.
**) Münchner Staats. Nebenpunkte zu des Camerarius Instruction dd. 10/20 Januar 1617.

des Compositionstages anzuknüpfende Verhandlung bieten. Der pfälzische Agent kam seinem Aufrage getreulich nach, frischte mit den protestantischen Häuptern in Böhmen die frühern Beziehungen auf und nahm von ihnen die Versicherung mit, dass sie zur Uebertragung der Krone an Ferdinand auf keinen Fall die Hand bieten würden. So viel vertraute er der Feder an und bestätigte auf diese Weise zunächst Dohna's Berichte bezüglich Böhmens; einige ganz besonders wichtige Besprechungen mit Thurn und seinen Freunden deutete er leider in seinen Briefen nur an und vertröstete auf den folgenden mündlichen Bericht, weil es zu gefährlich sei, mehreres der Feder zu vertrauen. Man wird wohl in der Annahme nicht irre gehen, dass diese so geheimnissvollen Mittheilungen sich auf die böhmische Krone bezogen und dass von Seite der thurnischen Partei dem Camerarius ähnliche Eröffnungen und Hoffnungen gemacht wurden, wie im Jahre 1614 dem sächsischen Agenten Khra.

Während seines Aufenthaltes in Prag machte Camerarius einen Ausflug nach Dresden und suchte den Kurfürsten in seiner allzugrossen Hinneigung zu den Habsburgern dadurch wankend zu machen, dass er ihn auf die Missstimmung unter den Böhmen aufmerksam machte und ihm mit der Aussicht auf den böhmischen Thron einen Köder hinwarf. War Camerarius zu dieser Sprache von Thurn bevollmächtigt oder war dies eine blosse diplomatische Finte? Wir glauben das letztere, denn Camerarius wollte gewiss nur für seinen eigenen Herrn ernten, was seit Jahren mit Emsigkeit von der Union und dem Fürsten von Anhalt gesäet worden war. Der Kurfürst von Sachsen schien in den dargereichten Köder beissen zu wollen, er meinte zwar, „die Böhmen seien seltsame Leute, unbeständig und hielten nicht an ihren Herrn, wenn Noth vorhanden, er selbst besitze genug und wolle das Seinige nicht hazardiren. Wenn indessen eine rechte Wahl ihn treffen sollte und es Gottes Wille wäre, so würde er auch die Mittel dazu schicken."*)

---

*) Münchner Staatsarchiv $\frac{108}{1}$ 6 Camerarius an Kurpfalz dd. 8/18. Febr. 1617 Prag. Ebenderselbe dd. 3/13 Febr. — Ebenderselbe dd. 13/23 Febr. — Ebenderselbe dd. 18/28 Febr. Prag.

Die Berichte Dohna's und Camerarius' über die Stimmung in Böhmen erfüllten das heidelberger Cabinet mit der Hoffnung, dass die böhmische Krone vorläufig dem Erzherzoge Ferdinand nicht zufallen werde. Die gute Laune der pfälzischen Politiker wurde auch durch die Nachrichten des Camerarius über die Verhältnisse am kaiserlichen Hofe bedeutend erhöht. Der Gesandte hatte seine ostensible Mission wegen des zwischen den Religionsparteien in Deutschland herzustellenden Ausgleiches mit Eifer betrieben, dem Kaiser seine Aufwartung gemacht, alle hervorragenden kaiserlichen Räthe besucht und namentlich mit Khlesl stundenlange Unterhaltungen gepflogen. Mit Genugthuung bemerkte er selbst und durch ihn das pfälzische Cabinet, welche tiefe Kluft in der kaiserlichen Familie wegen der Bestimmung der Nachfolge entstanden sei, wie der Kaiser davon nicht gerne reden höre und Khlesl mit beiden Händen dagegen arbeite. Camerarius hatte auch den Auftrag erhalten, in den Verhandlungen mit Mathias, demselben von der Wahl eines römischen Königs abzurathen; als er nun merkte, wie wenig eine solche Abmahnung nöthig sei, beobachtete er darüber sowohl gegen Mathias wie gegen Khlesl ein vollständiges Schweigen. So fing man an in Heidelberg zu hoffen, dass vorläufig nicht viel zu besorgen sei, dass die böhmische Opposition vereint mit dem persönlichen Widerwillen des Kaisers gegen einen Nachfolger einen unübersteiglichen Damm für Ferdinands Hoffnungen bilden würden.

Es ist interessant zu sehen, wie die Einsicht in die Parteiverhältnisse am kaiserlichen Hofe die pfälzischen Staatsmänner in ihrer Beurtheilung einzelner Persönlichkeiten beeinflusste. Seit sie glaubten, von Mathias und Khlesl nichts befürchten zu müssen, sondern in beiden ihre, wenn auch unfreiwilligen Bundesgenossen sahen, hatten sie für sie eine Art von Neigung. Camerarius sprach sich über beide recht anerkennend und freundlich aus, Dohna verstieg sich sogar bis zu ihrem Lobe. Er bezeichnete den Kaiser als einen guten alten Herrn, der eigentlich an allen Beschwerden seiner Unterthanen unschuldig sei, seine Schuld bestehe höchstens darin, dass er andere in tadelnswerther Weise regieren lasse. Den Cardinal Khlesl lobte er wegen seiner Arbeitsamkeit und Furchtsamkeit, wegen letzterer nämlich deshalb, weil er sich scheue, die Protestanten anzugreifen, was diesen sehr zu Statten käme. War dieses Urtheil berechtigt? Wenn die pfälzischen Staatsmänner über die religiöse Tyrannei der kaiserlichen Regierung schimpften, wenn die Böhmen durch die religiöse Restaurationspolitik in die Arme der Revolution getrieben wurden, konnte man hiefür die, wenn auch eifrigen Werkzeuge der Ausführung verantwortlicher machen, als den Kaiser und seinen Minister? Haben sich dieselben nicht, bevor der Welt noch etwas von der Richtung ihrer Politik bekannt war, nach einer Armee umgesehen, um sie zu vertheidigen? Es ist wahr, der Kaiser war ein gutmüthiger Mann, auch ruheliebend, und Khlesl furchtsam und gern mit aller Welt auf gutem Fusse, wenn man nur seine Macht nicht antastete. Trotzdem müssen sie allein für die unter ihren Auspicien sich geltend machende Regierungspolitik verantwortlich gemacht und getadelt werden, wenn etwas zu tadeln war. Die beiden Gesandten sahen aber jetzt nicht mehr auf das, was Mathias und Khlesl in der Vergangenheit verbrochen, sondern auf das, was sie in der Zukunft durch Bekämpfung Ferdinands gutes thun würden. Es war nur eine weitere Consequenz ihrer neuen Anschauung, dass sie nicht sowohl auf Ferdinand, der als drohendes Gespenst im Hintergrunde stand, ihren Hass warfen, sondern auf den Erzherzog Maximilian. An den Vorgängen in Böhmen und überhaupt an dem, was sie die Tyrannei der kaiserlichen Herrschaft nannten, war dieser Prinz so unschuldig als möglich, allein dass derselbe mit solcher Beharrlichkeit für die Erhebung Ferdinands arbeitete, verschaffte ihm von Seite Dohna's das Prädicat „des allergefährlichsten Menschen", ihn traf jetzt in erster Reihe das Misstrauen und der Hass der Pfälzer.

Man kann sich nun denken, welche bittere Enttäuschung und qualvolle Sorgen es in Heidelberg hervorrief, als Ferdinand allen Erwartungen zum Trotz den böhmischen Thron bestieg und zwar unter Umständen, die eine so gründliche Niederlage der Opposition in sich schlossen. Man sah nun den Kurfürstentag im Anzuge und mit diesem die Ordnung der deutschen

Nachfolge und so eine zweite Niederlage, die den Kurfürsten
in Böhmen um allen Credit bringen musste. Es war keine Zeit
zu versäumen, wenn die Ansprüche des Erzherzogs Ferdinand
auf die deutsche Krone vereitelt werden sollten. Lange bevor
Hegenmüller in Heidelberg sich einfand, wurde daselbst die
Aufstellung eines Gegencandidaten für die Kaiserwürde beschlossen und hiezu der Herzog von Lothringen ausersehen.
Da ein solcher Plan ohne französische Unterstützung nicht durchführbar war, so reiste der junge Kurfürst Friedrich gegen Ende
Juli zu dem alten Hugenottenführer, dem Herzog von Bouillon
nach Sedan, um die Mittel und Wege hiezu zu besprechen.
Beide einigten sich über das gemeinsame Verhalten und da ein
so grosses Werk ohne Rüstungen nicht durchführbar schien,
machten sie die einleitenden Schritte hiezu durch die vorläufige
Berufung mehrerer kriegstüchtiger Offiziere, denen später die
Werbungen anvertraut werden konnten. Darauf schickte der
Pfalzgraf einen Gesandten nach Nancy, um den Herzog von
Lothringen für seinen Plan zu gewinnen. Er hatte den Auftrag, demselben die Mithilfe der deutschen Union, der Generalstaaten, des Königs von England und des Herzogs von Savoyen
anzubieten und zu erklären, dass man im entscheidenden Augenblicke entschlossen auftreten und sich der Wahlstadt Frankfurt bemächtigen würde. Der Herzog wies jedoch alle darauf
bezüglichen Anerbietungen zurück und liess den Pfalzgrafen
von solchen Unternehmungen warnen, da ihm im Nothfall
kaum die Bundesgenossen zu Gebote stehen würden, über die
er jetzt zu verfügen glaube. *)

Friedrich und sein Rathgeber liessen sich um so weniger
in dem gefassten Beschlusse irre machen, als ihnen die Hoffnung winkte, für den Herzog von Lothringen einen viel passenderen Ersatzmann zu finden. Als sich Mathias im Jahre 1612
um den deutschen Thron bewarb, suchte ihm das heidelberger
Cabinet den Herzog Maximilian von Baiern entgegenzustellen
und scheiterte damals mit seiner Absicht nur deshalb, weil
der letztere von einer Erhebung nichts wissen wollte. Jetzt

---

*) Die betreffende Correspondenz im Archiv des k. k. Min. des Innern.

gestaltete sich die Sache anders. Friedrich bekam nämlich in den Tagen, als er vergeblich an den Ehrgeiz des Herzogs von Lothringen appellirte, von Sedan die Nachricht, dass der Kurfürst von Köln in Paris für seinen Bruder Maximilian von Baiern um die deutsche Krone werbe.*) Diese Nachricht erfüllte den Hof von Heidelberg mit der grössten Freude, denn man hatte daselbst nur deshalb nicht an Baiern gedacht, weil man von München eine neue Ablehnung befürchtet hatte. Der Kurfürst ersuchte den Fürsten von Anhalt, nach München zu reisen, um die Gelegenheit rasch zu ergreifen. Da der Fürst den Auftrag wegen Kränklichkeit ablehnte, stellte Friedrich dieselbe Bitte an den Markgrafen Joachim Ernst von Brandenburg-Anspach. **) Es scheint jedoch auch dieser abgelehnt und seinen Secretär Neu vorgeschlagen zu haben, thatsächlich unternahm der letztere die gewünschte Reise.

<small>8. Sept. 1617</small>

Von den nun angebahnten Verhandlungen hoffte man in Heidelberg einen um so besseren Erfolg, als man sich daselbst mit Wohlgefallen eines Vorfalls aus dem vorigen Jahre erinnerte. Im Jahre 1616 war nämlich der Markgraf Johann Georg von Brandenburg mit dem Kurfürsten von Köln zusammengekommen und hatte als ein Anhänger der pfälzischen Politik diese Gelegenheit benutzt, um dem Kurfürsten die günstigen Aussichten Maximilians auf die deutsche Krone anzupreisen. Er wollte, wie man zu sagen pflegt, auf den Strauch schlagen und glaubte aus den Worten und Mienen des Kurfürsten entnehmen zu können, dass demselben die dem Bruder gemachten Hoffnungen angenehm seien. Dass das etwaige Schmunzeln des Erzbischofs das Gegentheil bedeuten und seine Freude anzeigen konnte, so nebenbei die neuen Anschläge der Union kennen zu lernen, fiel dem Markgrafen nicht im Traume ein. Neu bekam nun den Auftrag, abermals den Erzbischof auszuholen und dann erst nach München zu reisen. Als der Secretär mit Ferdinand von Köln zusammentraf und vor diesem eine ähnliche, wenn auch durch die Umstände modificirte Sprache führte, wie

---

*) Bamberger Archiv, Henry de la Tour an Kurpfalz dd. 6. Aug. 1617.
**) Bamberger Archiv. Kurpfalz an Joachim Ernst von Brandenburg.

sie vor kurzem vor dem Herzoge von Lothringen geführt worden war, behielt der Angesprochene seine frühere Zurückhaltung bei; er dankte dem Gesandten für die gute Meinung seiner Auftraggeber, verwies ihn aber auf seinen Bruder, welchen die Sache zunächst angehe.*)

Neu reiste nach München, um seinem Auftrage bei dem Herzoge nachzukommen, was er aber da erfuhr, war für ihn niederschlagend und bestätigte keineswegs die Entdeckungen, welche der Herzog von Bouillon betreffs der Bemühungen von Kurköln in Paris gemacht haben wollte. Die ganze Haltung Maximilians liess keinen Zweifel darüber aufkommen, dass er jener Verhandlung in Paris ganz fernstand, und dass dieselbe, wenn sie ja von seinem Bruder ausgegangen war, von demselben ganz eigenmächtig begonnen worden. Da jedoch letzteres nicht wahrscheinlich ist, so dürfte die Annahme richtig sein, dass der Herzog von Bouillon durch eine falsche Nachricht mystificirt wurde und durch deren Mittheilung an Kurpfalz letzteren gleicherweise irreführte. Denn Maximilian erklärte zuerst dem Secretär selbst, dass er sich durchaus nicht um die deutsche Krone bewerben wolle und verwies ihn behufs weiterer Mittheilungen an seinen Rath Jocher. Neu bemühte sich, dem letzteren mit allen möglichen Gründen die Erhebung Maximilians zu empfehlen und liess sich durch keine Weigerung zurückweisen. Der Herzog, der von Jocher von dieser Beharrlichkeit in Kenntniss gesetzt wurde, verlor endlich über das, was er für Zudringlichkeit ansah, die Geduld und schickte seinem Rath ein kurzes Handbillet zu, dessen Inhalt keinem Zweifel Raum liess. Es lautete: „Lieber Jocher, ich bin je länger, je mehr der Meinung, man solle diesen Leuten die Sache etwas deutscher zu verstehen geben. Ich bin ein für allemal nicht bedacht, mich mit dem Hause Oesterreich wegen der Succession in Irrung oder gar in eine Weiterung zu begeben, auch finde ich, dass es mir und meinem Hause mehr schädlich als nützlich sein würde, mir eine so schwere Bürde (wie die deutsche Krone) aufzulasten." Mit Ausnahme des Ein-

---

*) Bamberger Archiv. Neu's Bericht über seine Reise zu Kurköln dd. 10. Oct. 1617.

gangssatzes theilte Jocher wörtlich die Meinung seines Herrn dem Secretär mit und dieser bequemte sich'endlich zur Abreise.*)

Die offene Sprache Maximilians war um so redlicher, als sie dem Pfalzgrafen keinerlei zweideutige Hoffnungen machte und ihn nicht veranlassen konnte, bei gewagten Unternehmungen auf die Hilfe Baierns zu rechnen. Von Seite Maximilians selbst war diese Erklärung nur die consequente Fortsetzung der in den deutschen Angelegenheiten seit dem Jahre 1609 eingenommenen Haltung. Ohne sich gerade für die habsburgischen Prinzen zu begeistern und seine Kräfte und seine Schätze für sie bereit zu halten, wies er doch standhaft und ohne alles Schwanken jede Gelegenheit ihren Interessen zu schaden von sich ab und war sonach in seinen Freundschaftsversicherungen für dieselben so wahr und lauter wie Gold. Seine Antwort an Kurpfalz, welche diese Gesinnung von neuem bestätigte, bekam wenige Tage später eine Bekräftigung. Da die pfälzische Partei durch geschickte Verbreitung des Gerüchtes, als ob Maximilian ein Bewerber um die deutsche Krone sei, von vornherein Misstrauen und Kälte zwischen Baiern und Oesterreich erzeugen wollte, so begegnete er demselben durch eine directe Botschaft an König Ferdinand. [7. Nov. 1617] Er schickte seinen Kanzler Donnersberg zu demselben, und liess ihm die Versicherung geben, dass er sich um die deutsche Krone nicht bewerbe und diese Sprache consequent allen pfälzischen Zumuthungen gegenüber führen werde.**) Charakteristisch ist die Bitte, welche Maximilian an diese Botschaft knüpfte. Bekanntlich hatte er mit Ferdinand einige Zeit zusammen an der Universität von Ingolstadt studirt, beide hatten daselbst trotz grösserer Verschiedenheit des Alters (Maximilian war um 5 Jahre älter) eine brüderliche Freundschaft geschlossen und sich seither geduzt. Als Ferdinand die böhmische Königskrone erlangte, liess ihm der Herzog sagen, dass das Dutzen jetzt aufhören müsse, weil er sich einem Könige gegenüber eine solche Vertraulichkeit nicht gestatten könne.

---

*) Ebendaselbst. Neu's Bericht über seine Reise dd. $\frac{3.\ Nov.}{24.\ Oct.}$ 1617. Münchner Staatsarchiv. Handbillet Maximilians an Jocher.

**) Münchner Staatsarchiv. Instruction für den Kanzler Donnersberg dd. 17. Nov. 1617.

Ferdinand verbot ihm jede Neuerung und Maximilian fügte sich mit dem Vorbehalte, dass dies nicht länger dauern dürfe, als bis zur Erhebung Ferdinands auf den erlauchtesten Thron der Christenheit, den Kaiserthron. Dann müsse er ihm die gebührende Ehre geben, bitte jedoch den künftigen Kaiser, derselbe möge ihn wie früher dutzen. Das Verlangen wurde später pünktlich erfüllt; Ferdinand dutzte den Herzog, während sich derselbe ehrfurchtsvoll vor dem Haupte der Christenheit neigte. Dieser Zug neidloser Selbstverläugnung liefert einen der wichtigsten Beiträge zur Charakteristik des merkwürdigen Mannes.

Der schlechte Erfolg von Neu's Mission nach München machte im pfälzischen Lager einen unangenehmen Eindruck, noch gab man jedoch nicht alle Hoffnung auf, weil man fest an die Verhandlungen Kölns in Paris glaubte und den Herzog Maximilian für einen heuchlerischen Schelm hielt, der erst bei einem gewissen Erfolge seine Maske fallen lassen werde. Um dem Herzog allen Grund zu weiterem Schweigen zu benehmen, wollte man ihn merken lassen, dass man um seines Bruders Schliche in Paris wisse; auch beabsichtigte Friedrich von der Pfalz selbst nach München zu gehen und dem Herzog nochmals die deutsche Krone und mit ihr die Unterstützung Englands und aller sonstigen Verbündeten anzutragen. Christian von Anhalt, um seine Meinung befragt, gab zu der Reise seine Zustimmung, doch konnte er sich banger Sorge nicht erwehren. Er meinte, man könne nur schwer auf Baierns Zustimmung rechnen, denn „thatsächlich seien doch die pfälzischen Rathschläge zum Nachtheil der Katholiken und darauf berechnet, sie unter einander uneinig zu machen." Dies werde der Herzog wohl einsehen und sich deshalb besinnen, in die gelegte Falle zu gehen. Habe doch „der alte Fuchs Villeroy" in Paris auch gemerkt, wohinaus es mit den pfälzischen Anschlägen gemeint sei und mache im Rathe des Königs gegen dieselben Opposition. Trotz allem dem müsse man jedoch die Sache versuchen, denn wenn man jetzt nicht dem Hause Habsburg die deutsche Krone entreisse, so müsse man ein für allemal „das desperate Werk aufgeben."[*]

[*] Bamberger Archiv. Anhalt an den Markgrafen Joachim Ernst von Brandenburg dd. $\frac{8.}{18.}$ Nov. 1617.

Bevor Friedrich seine münchner Reise antrat, suchte er sich über die Stimmung der weltlichen Kurfürsten zu belehren und verabredete deshalb zuerst eine Zusammenkunft mit dem Kurfürsten von Brandenburg, den der Kaiser gleicherweise zur persönlichen Betheiligung am Kurfürstenconvente eingeladen hatte. Der Pfalzgraf war mit dem Resultate der mit seinem Collegen angeknüpften Verhandlung recht zufrieden, denn er fand, dass sich ihre beiderseitigen Wünsche und Absichten begegneten und eine Allianz zwischen ihnen gegen die Habsburger leicht herzustellen sei. Beide Kurfürsten reisten nach gehabter Unterredung nach Dresden, um mit Johann Georg die Sachlage zu besprechen.

Am kaiserlichen Hofe war man rechtzeitig von diesem in Dresden beabsichtigten Besuche unterrichtet. Da man darüber nicht in Zweifel sein konnte, dass die beiden erstgenannten Kurfürsten ihren sächsischen Collegen nicht zu Gunsten der kaiserlichen Politik stimmen würden, so schickte man von Prag noch im letzten Augenblicke den Grafen Zollern an Johann Georg ab, um ihm die Haltung gegen seine hohen Gäste vorzuzeichnen. Man bat ihn, er möge dieselben erstens für die persönliche Theilnahme am Kurfürstenconvent und zweitens für die Vornahme der römischen Königswahl vor Beginn der übrigen Verhandlungen zu gewinnen suchen. Der Kurfürst würde gern den kaiserlichen Wünschen entsprochen haben, allein bei der Gesinnung seiner Besucher war dies unmöglich. Beide ^{17. Nov. 1617} waren gekommen, um Kursachsen gegen den Kaiser einzunehmen, wie liess sich erwarten, dass sie selbst ganz und gar für denselben gewonnen werden könnten? Johann Georg leistete das höchste, was unter solchen Umständen geleistet werden konnte, er liess sich nicht nur in seiner Freundschaft für den Kaiserhof nicht wankend machen, sondern bemühte sich auf das äusserste seinen Amtsbrüdern die Verpflichtung zur Theilnahme am Kurfürstenconvente klar zu machen. Er betonte, dass dort einzig und allein die Composition gelingen könne, wenn sie überhaupt je zu Stande kommen würde und hütete sich wohl zu sagen, dass der Kaiser den Convent vor allem wegen der Königswahl berufe und sobald diese vollzogen sei, für die Composition keinen besonderen Eifer entwickeln werde.

Seiner Bemühung, so wie seiner hervorragenden Stellung gelang es, die beiden Kurfürsten zu einiger Nachgiebigkeit zu bewegen. Sie versprachen zum Convente zu kommen, nur verlangte Brandenburg, dass der Termin bis zum April 1618 hinausgeschoben werde, weil seine persönlichen Verhältnisse ihm eine frühere Abreise nicht gestatteten. Der Graf Zollern konnte in seinem Berichte an den Kaiser die Bemühungen Johann Georgs nicht genug rühmen: wenn derselbe nicht alles bewirkt habe, was der Kaiser wünsche, so sei das Mehr platterdings nicht zu erreichen gewesen. *)

Wenn man indessen die von Johann Georg erlangten Erfolge näher ansieht, so kann man nicht umhin, sie sehr mässig zu nennen. Auf die mehrfachen schriftlichen Mahnungen und auf die Absendung ausserordentlicher Gesandten von Seite des Kaisers, sowie auf die inständigen Bitten Kursachsens war von den beiden anderen weltlichen Kurfürsten so viel erlangt worden, dass sie sich zu einer Berathung mit dem Kaiser einfinden wollten. Um dieses Versprechen von ihnen zu erlangen, musste aber der eigentliche Berathungsgegenstand, nämlich die Königswahl, in dem officiellen Einladungsschreiben ausgelassen und die Composition vorgeschoben werden. Dadurch behielten Pfalz und Brandenburg immer die Entscheidung in der Hand, an dem Convente theilzunehmen oder nicht, falls der Kaiser etwas anderes als die Composition aufs Tapet bringen wollte. Friedrich von der Pfalz machte wenigstens kein Hehl daraus, dass er sich alsogleich vom Convente zurückziehen werde, wenn die Succession zur Verhandlung kommen sollte, weil er sich über eine „so schwere und hochwichtige Frage" ohne genügende Vorbereitung und ohne das Studium früherer Vorgänge nicht entscheiden könne.

Die Sachlage war also so beschaffen: Lud der Kaiser den Kurfürsten von der Pfalz und von Brandenburg zum Convente ein mit der ausdrücklichen Angabe, es solle über die

---

*) Die Correspondenzen über die Zusammenkunft in Dresden im Archiv des k. k. Min. des Innern. Daselbst auch der Bericht Zollerns an den Kaiser dd. 2. Dec. 1617.

Succession verhandelt werden, so lehnten sie ihr Erscheinen
ab; lud er sie ein, ohne diesen Gegenstand speciell anzugeben,
so waren sie berechtigt, den Convent zu verlassen, falls eine
Frage zur Verhandlung kam, auf die sie sich nicht gehörig
vorbereitet hatten. So klar und scharf war übrigens nur bei
dem Pfalzgrafen die Stellung zugespitzt, bei dem Kurfürsten von
Brandenburg war ein Eingehen in die Wünsche des Kaisers
nicht absolut ausgeschlossen. — Die Erfolge Johann Georgs
reichten also nicht weit, sie waren nur dann höher anzuschlagen, wenn es gelang Pfalz und Brandenburg auf dem Convente
gewissermassen zu überrumpeln. Es blieb jedoch dem Hause
Habsburg nichts übrig, als diese Schwierigkeiten und leidigen
Verhandlungen auf sich zu nehmen, denn eine Niederlage in
der deutschen Nachfolge drohte mit dem grössten Verderben.
Mathias liess sich den von Brandenburg begehrten Aufschub
gefallen und so wurde vorläufig bestimmt, dass der Convent im
1618 April zu Regensburg zusammentreten solle. Die Absendung
der definitiven Einladungsschreiben wurde auf spätere Zeit
verschoben.

Das pfälzische Cabinet war mit dem Aufschub sehr zufrieden, weil es die Zwischenzeit zur Organisirung einer kurfürstlichen Opposition benützen wollte. Die Reise des Pfalzgrafen Friedrich nach München, die schon im November 1617
beschlossen worden, sollte gegen Ende Januar 1618 ins Werk
gesetzt werden. Der junge Mann war zwar kein besonders geschickter Unterhändler und in seiner Unerfahrenheit dem klugen und vorsichtigen Herzog nicht gewachsen, allein man mag
in Heidelberg gefühlt haben, dass sein frisches, ehrliches Gesicht wirksamer sein konnte, als die Schlauheit der alten Diplomaten, denen man in München von vornherein misstraute. Als
6. Feb. Friedrich in München ankam, suchte er gleich bei dem ersten
1618
Besuche den Herzog für die Candidatur um die deutsche
Krone zu gewinnen. Er verhiess ihm seine eigene und
die brandenburgische Stimme, bemerkte, dass ihm die kölnische
nicht fehlen könne und stellte es als leicht hin, eine vierte und
mit ihr die Majorität gewinnen zu können, denn sowohl auf
Sachsen wie auf Trier könnte einige Hoffnung gesetzt werden.

Um Maximilian noch mehr Lust zu machen, zeigte der Pfalzgraf einen Brief seines Schwiegervaters Jakobs I von England vor, in dem der letztere sich höchlich über eine etwaige Candidatur Baierns freute und seine Unterstützung, sowie seine diplomatischen Dienste in Frankreich verhiess. Der Herzog liess sich jedoch durch nichts irre machen; sowohl bei dem ersten Zusammentreffen, wie bei jedem folgenden, in dem der Pfalzgraf stets von neuem seine ungeübten Verführungskünste versuchte, lehnte er mit aller Bestimmtheit die gemachten Anträge ab und erklärte, dem Hause Habsburg die abermalige Erlangung der deutschen Krone nicht missgönnen zu wollen. So musste Friedrich unverrichteter Dinge abreisen und konnte später in seinem Unglück nie den Vorwurf gegen Maximilian erheben, dass er ihn je einen Augenblick über seine wahre Gesinnung in Zweifel gelassen habe. *)

Alle Anstrengungen des heidelberger Cabinets dem Kaiser in der Successionsfrage von vornherein eine Niederlage zu bereiten, waren sonach gescheitert. Der König von England selbst mahnte in einem späteren Schreiben seinen Schwiegersohn, zwar nichts unversucht zu lassen, um das angestrebte Ziel zu erreichen, wenn aber die Majorität der Kurfürsten nicht zu gewinnen sei, sich in das unvermeidliche zu fügen und sich seine Stimme von Ferdinand so theuer als möglich bezahlen zu lassen. **) Der Herzog von Lothringen hatte also Recht, wenn er von der thätigen Mithilfe Englands nicht viel erwartete, denn Jakobs Rathschläge lauteten sehr friedlich. Auch die Bemühungen in Frankreich liessen dem Pfalzgrafen keine Hoffnung; Villeroy war zwar gestorben, dennoch wollte man auch jetzt im französischen Cabinete die Feindschaft gegen Oesterreich nicht zum Principe der auswärtigen Politik machen. Der König selbst war den Ansprüchen Ferdinands so günstig gestimmt, als dies vernünftigerweise erwartet werden konnte. Man wird nicht irre

---

*) Münchner Staatsarchiv $\frac{400}{151}$. Summarischer Vergrif, was Pfalzgraf Kurfürst F. G. in puncto successionis mit Herzog Maximilians F. D. mündtlich tractirt und höchstgedacht F. D. sich darauf resolvirt.

**) Wiener Staatsarchiv. Jakob an Kurpfalz dd. $\frac{28.\,März}{7.\,April}$ 1618.

gehen, hiebei den Anstrengungen Pauls V einiges Verdienst zuzuerkennen; thatsächlich gab er seinem Nuncius in Paris wiederholt den Auftrag dahin zu wirken, dass sich Frankreich nicht zum Nachtheile Ferdinands in die deutschen Angelegenheiten mische. Beidemal gab Ludwig XIII die besten Versicherungen, zuletzt versprach er sogar seine guten Dienste bei Kurpfalz.*) Ist auch von der Verwirklichung dieses Versprechens in den Acten nichts zu finden und darf man gleichfalls annehmen, dass der König keinen besonderen Eifer bewiesen, so ist doch gewiss, dass er die Bestrebungen des Pfalzgrafen weder wachrief, noch sich an ihnen betheiligte.

Im Beginne des Frühjahres 1618 standen also die Sachen für Ferdinand nicht gerade ungünstig. Das Zustandekommen des Kurfürstenconvents war gesichert und bei einer Wahl waren fünf Stimmen auf seiner Seite. Ob Brandenburg und Pfalz gegen die Vornahme der Wahl protestiren und sich in diesem Falle vom Convente entfernen würden, war nicht mehr ganz gewiss, denn wenn sie keine Stütze im Auslande fanden und im Reiche selbst die überwiegende Majorität gegen sich hatten, so war es möglich, dass sie sich, wenn auch mit Widerwillen, fügten und die Wahl guthiessen. Die Schwierigkeiten, die jetzt auftauchten, kamen vom kaiserlichen Hofe selbst und von seinen ewigen Zögerungen. Khlesl hatte ursprünglich die Berufung des Kurfürstenconvents auf Lichtmess 1618, also für die ersten Februartage bestimmt; die Erklärung des Kurfürsten von Brandenburg, dass er erst im April kommen könne, hatte den kaiserlichen Hof zu einer Prorogation bis zu diesem Zeitpunkte vermocht, und als endlich die Einladungsschreiben zum Convente aus der kaiserlichen Kanzlei expedirt wurden, wurde der 28. Mai 1618 als Eröffnungstag und Regensburg als Ort der Zusammenkunft festgesetzt. Der Cardinal hatte dafür gesorgt, dass es ihm an Gründen für diesen neuen Aufschub nicht fehlte. Mit Bedacht hatte er den ungarischen Wahlreichstag erst im März 1618, statt zwei Monate früher, berufen, um in

---

*) Archiv von Simancas 1866. Der Cardinal Borja an Philipp III dd. Rom 16. Feb. 1618.

dessen voraussichtlich bis in den Monat Mai hineinreichenden Verhandlungen einen passenden Rechtfertigungsgrund für die spätere Reise des Kaisers nach Regensburg zu haben. Aber auch mit dem 28. Mai hatte er nicht sein letztes Wort gesprochen, schon suchte er nach neuen Ursachen für eine weitere Fristerstreckung, die scheinbar ausser dem Bereiche seiner Einwirkung liegen sollten. Als die Hofkammer von ihm beauftragt wurde, die Mittel für die Auslagen der kaiserlichen Reise bereit zu halten, ergoss sie sich als Antwort darauf in Klagen, dass sie wegen tausendfach verschiedener Auslagen keine grössere Summe zur Verfügung stellen könne. Von Seite Ferdinands und seiner Anhänger wurde behauptet, dass die Klagen erlogen seien und Khlesl hinter der Zahlungsunfähigkeit der Kammer stecke, und es scheint, dass diese Behauptung nicht ohne Grund war. Der Cardinal schlug jedoch durch seine Organe den Satz breit, dass ohne Geld keine Reise möglich sei und dass, wenn sie möglich gemacht werden solle, Spanien eine Aushilfe leisten müsse. Der Vicekanzler Herr von Ulm fand sich zum Besuche bei Oñate ein und stellte an ihn formell das Verlangen um eine Subvention.*)

Die theils vorgeschützte, theils nur zu wahre Armuth der Hofkammer blieb nicht die einzige Waffe Khlesl's, denn sie konnte ihm durch eine rechtzeitige Subsidienzahlung Spaniens entwunden werden. Er verfiel auch auf die Absicht, die Landtage von Ober- und Niederösterreich zu berufen, um die Nachfolge Ferdinands im Erzherzogthum festsetzen zu lassen. Da diese Landtage nicht füglich vor dem Schlusse des ungarischen Reichstages zusammentreten konnten, so war der Zeitpunkt ihrer Eröffnung unberechenbar, jedenfalls aber würden sie den Kurfürstenconvent neuerdings verzögert haben. Das war es aber, was Khlesl wollte, und deshalb trug er dem Könige Ferdinand die Huldigung des Erzherzogthums an. Dieser, von dem Wunsche beseelt, so bald als möglich alle Ansprüche auf den Besitz der österreichischen Monarchie in seiner Hand zu vereinen, war im

---

*) Archiv von Simancas $\frac{2603}{64}$. Erster Brief Oñate's an Philipp III vom 7. März 1618.

Begriffe, in die Falle zu gehen, wenn Oñate ihn nicht rechtzeitig gewarnt hätte. War einmal die Succession in Ungarn und Böhmen bestimmt, so hatte es mit der in Oesterreich keine Schwierigkeit mehr und jedenfalls war ihre unmittelbare Festsetzung nicht von so hoher Bedeutung, um deshalb den Kurfürstenconvent zu vertagen. Aber es machte sich noch ein anderer und wichtigerer Grund geltend. Liess sich Ferdinand jetzt in Oesterreich huldigen, so musste er alle jene Privilegien, die Mathias den Ständen gegeben oder bestätigt hatte, auch bestätigen und unter diesen das Glaubensprivilegium von 1609, die sogenannte Concession, die ihrem Inhalte nach Aehnlichkeit mit dem böhmischen Majestätsbriefe hatte. Nun hatte Ferdinand den letztern in Böhmen nur im Drange der Umstände bestätigt, er wollte das Gleiche in Oesterreich gern vermeiden, wenn es nur halbwegs möglich war. Oñate machte ihn darauf aufmerksam, dass er bei seinem unzweifelhaften Erbrechte im Erzherzogthum die Huldigung bis nach dem Tode des Kaisers verschieben, deren Leistung dann bedingungslos verlangen könne und die Concession nicht zu bestätigen brauche. Dieses leuchtete Ferdinand und seinem Vetter Maximilian wohl ein, beide liessen sich den Grund gefallen und ersterer lehnte darauf die österreichische Huldigung ab. Dem Cardinal war somit ein Behelf entwunden.*) Als jedoch ein Jahr nach des Mathias Tode die Oesterreicher unter verschiedenen Vorwänden Ferdinand die Huldigung verweigerten und seine Lage zu einer verzweifelten machten, hätte derselbe viel darum gegeben, wenn er diesmal weniger zuversichtlich und kühn gewesen wäre.

Die Verhandlungen wegen des Kurfürstenconvents und der Herbeischaffung des nöthigen Geldes traten jetzt in Folge der

---

*) Simancas $\frac{2603}{60}$. Oñate an Philipp III dd. 7. März 1618. Wir können nicht umhin, bei dieser Gelegenheit eine Bemerkung gegen Hammer-Purgstall zu machen. Er behauptet in Khlesl, Bd. IV S. 39, Ferdinand habe im Vereine mit Maximilian Hochverrath gegen Mathias gebraut, beide hätten ihm das Erzherzogthum Oesterreich entreissen und ihn bei dieser Gelegenheit enttbronen wollen. Diese Beschuldigung ist einfach aus der Luft gegriffen und steht zur Wirklichkeit, wie aus unserer Erzählung ersichtlich, in geradem Gegensatz.

Eröffnung des ungarischen Reichstages für einige Zeit in den Hintergrund.

II

Mit vielem Bangen hatten die Freunde Ferdinands der Berufung des ungarischen Reichstages entgegengesehen, weil sie auf demselben grossen Schwierigkeiten von Seite der Protestanten zu begegnen fürchteten. Die Absicht des Hofes und vor allem Ferdinands ging dahin, die Uebertragung der Krone von Ungarn unter ähnlichen Bedingungen zu erlangen, wie die der böhmischen Königskrone; hatte sich der Landtag in Böhmen schliesslich zur Anerkennung des Erbrechtes bequemt, so sollte dies auch in Ungarn geschehen. Da jedoch für das habsburgische Linearerbrecht in Ungarn nicht so entscheidende Gründe sprachen, wie in Böhmen und man von den Ungarn auch nicht hoffen konnte, dass sie sich durch Verhandlungen zur Nachgiebigkeit bewegen lassen würden, so dachte man am kaiserlichen Hofe schon frühzeitig daran, andere Mittel in Bewegung zu setzen. Gegen Ende des J. 1617, nachdem der Krieg zwischen Ferdinand und den Venetianern beendigt war, suchte Graf Khevenhiller um eine Audienz bei Philipp III nach, und überreichte ihm ein Memorandum, in dem er den König bat, jene Truppen, die bisher im spanischen Solde in Friaul gegen Venedig gedient hatten, noch länger im Dienste zu behalten und sie dem Kaiser für den Nothfall gegen Ungarn zur Verfügung zu stellen.[*] Man beabsichtigte also in Wien den Reichstag durch eine bedeutendere Truppenentfaltung an der ungarischen Grenze im Zaume zu halten und von demselben die Annahme Ferdinands als erblichen Königs zu erzwingen. Die Umstände waren der Durchführung dieses Planes insofern etwas günstiger,

---

[*] Archiv von Simancas. Relacion de lo que ha passado es quanto a la gente, que pidió el Emperador para la dieta de Ungria 1618. — Ebendaselbst: Zuschrift des Staatsraths an Philipp III dd. 9 Sept. 1617.

als der von Mathias ebenso gehasste wie gefürchtete Palatin Thurzo vor mehr als Jahresfrist gestorben war. Dadurch fehlte der ungarischen Opposition nicht nur der natürliche Mittelpunkt, sondern es konnte auch ein oder das andere einflussreiche Parteihaupt mit der Aussicht auf diese Würde geködert werden.*)

Die Antwort aus Spanien liess lange auf sich warten, so dass mittlerweile zur Eröffnung des Reichstages geschritten werden musste. Mathias, wie gewöhnlich von seiner Gicht geplagt, gieng nicht nach Pressburg; als seinen Stellvertreter sandte er den Throncandidaten Ferdinand selbst und als Commissäre zur Leitung der Verhandlungen mit dem Reichstage den Cardinal Khlesl, den Hofkriegsrathspräsidenten Herrn von Molart und den Reichsvicekanzler Freiherrn von Ulm. Von einflussreichen Persönlichkeiten fand sich unter andern auch der Freiherr von Eggenberg, Ferdinands Vertrauter, in Pressburg ein. In der Proposition, die dem Reichstage bei seiner Eröffnung am 23. März vorgelegt wurde, verlangte Mathias, dass, da er selbst kinderlos sei und seine Brüder, die bereits in vorgerücktem Alter ständen, „ihren Ansprüchen" auf die Krone freiwillig entsagt hätten, sein von ihm an Sohnes statt angenommener Vetter Ferdinand als König „ausgerufen, anerkannt und gekrönt werde."**) Das Wort „Wahl" war sorgfältig vermieden worden. Die ungarischen Stände waren natürlich nicht im unklaren über die Absicht, welche sich hinter dem Wortlaute der Proposition verbarg, übrigens hatte ihnen auch der Verlauf der böhmischen Verhandlungen jeden Zweifel benehmen können. Die meisten Mitglieder des Reichs-

---

*) Alles, was hier und im folgenden über die Art und Weise, wie Ferdinand auf den ungarischen Thron gelangte, erzählt wird, ist erstens dem Berichte Oñate's über die Pressburger Verhandlungen (im Archiv von Simancas) und zweitens der Originalcorrespondenz zwischen Ferdinand, Maximilian, Khlesl und dem Kaiser, die sich in ihrer Vollständigkeit im Archiv des k. k. Ministeriums des Innern in Wien erhalten hat, entnommen. Die interessanten Aufschlüsse stehen demnach im Verhältnisse zur Wichtigkeit der Quellen.

**) Im Originale heisst es: Am besten werde für Ungarn vorgesorgt werden, si.. Ferdinandus in Regem Hungariae proclametur, agnoscatur et coronetur.

tags waren in Pressburg erschienen in der Erwartung, Mathias
werde nichts anderes verlangen, als dass sein Vetter den ungarischen Thron durch Wahl besteige, wie er ja selbst durch Wahl
auf denselben berufen worden. Gegen ein derartiges Verlangen
hätte sich keine bemerkenswerthe Opposition erhoben und die
Successionsfrage wäre rasch und ohne besondere Schwierigkeit
zu Gunsten Ferdinands geregelt worden. Das völlige Umgehen
des von den Ständen unzweifelhaft, ob nun in mehr oder minder
beschränkter Weise ausgeübten Wahlrechts, wie sich dies aus den
sorgfältig gewählten Worten der Proposition kund gab, dann die
Erwähnung der von den Erzherzogen Albrecht und Maximilian
ausgestellten Verzichtleistung auf ihre Thronansprüche, welche
Verzichtleistung nur bei einer Linearerbfolge des habsburgischen
Hauses einen Sinn hatte, das alles brachte auf dem Reichstage
eine grosse Bewegung hervor und steigerte die bei den Ungarn
ohnedies stets vorhandene Neigung zur Opposition.

Der Reichstag leitete den Kampf gegen die königliche
Proposition damit ein, dass er vom Kaiser verlangte, er möge
zuvor für die Besetzung des Palatinats Sorge tragen, da die gesetzliche Frist eines Jahres seit dem Tode Thurzo's bereits lange
verstrichen sei. Diese Forderung war zu berechtigt, als dass
sie hätte abgelehnt werden können; Mathias gab daher in seiner
Antwort dem Reichstage das Versprechen, die Palatinswahl unmittelbar nach der Thronbesetzung vornehmen zu lassen, und begründete den vorläufigen Aufschub nur damit, dass „es sich nicht
schicke, den Diener dem Herrn vorangehen zu lassen." Ferdinand und die königlichen Commissäre in Pressburg hofften
damit der Opposition die Spitze abgebrochen zu haben, um so
mehr als sich die königlich gesinnte Partei im Reichstag rührig
und thätig benahm. Zu derselben gehörten sämmtliche Bischöfe
und die Mehrzahl der Magnaten; sie zeigte sich für Ferdinand
günstig gestimmt und liess wiederholt ihre Neigung durchblicken,
ihn im Sinne der königlichen Proposition als König „annehmen"
zu wollen. Die Haltung der Prälaten und Magnaten reizte aber
gerade die übrigen Mitglieder des Reichstags und trieb sie zu
einer immer schärferen Opposition; das Zugeständniss der bevorstehenden Palatinswahl fand geringe Beachtung und die De-

hatten nahmen rasch einen leidenschaftlichen Charakter an. Die Vorwürfe und Kritiken bezüglich des Wortlautes der königlichen Proposition verschafften der Opposition einen wenigstens theilweisen Sieg, denn es scheint, dass die Anhänger der Dynastie sich bereits damit zufrieden geben wollten, wenn der Reichstag ohne weiteres Zögern Ferdinand zum König in der Weise „wählen" würde, wie dies mit Mathias und anderen Habsburgern geschehen war.

So trat das von kaiserlicher Seite so sorgfältig vermiedene Wort „Wahl" in den Vordergrund und beherrschte die Debatte. Die königlichen Commissäre gelangten im Laufe der Verhandlung bald zur Einsicht, dass dasselbe nicht umgangen werden könne, und trachteten fortan nur seine Bedeutung durch passende Zusätze zu schmälern. Sie hofften von Stunde zu Stunde, dass der Reichstag sich über eine Wahlformel einigen werde, und Ferdinand selbst war dessen so gewiss, dass er in einem Schreiben an Maximilian einen der ersten Apriltage als Wahltag bezeichnete. Die königliche Partei im Reichstage hielt diese Hoffnungen aufrecht, ja die Prälaten und Magnaten verstiegen sich sogar zur Drohung einer abgesonderten Wahl, wenn der niedere Adel in seiner Opposition zu weit gehen würde.[*] Der letztere liess sich jedoch nicht einschüchtern, sondern verlangte, Mathias solle vor der Wahl ein Diplom ausstellen und in demselben anerkennen, dass den Ständen ein unbeschränkt freies Wahlrecht (mera et libera electio) bei der Besetzung des Thrones zustehe. Dieses Diplom solle nach vollzogener Wahl in die Reichstagsartikel aufgenommen werden und nicht nur das ständische Wahlrecht für alle Zukunft zu einer zweifellosen Thatsache machen, sondern auch dem Hause Habsburg die Möglichkeit abschneiden, irgend welche Erbrechte in Anspruch zu nehmen. In Betreff der Palatinswahl wollte die Opposition nachgeben und diese nach der Königswahl vornehmen, doch knüpfte sie eine Bedingung daran. Nach dem Gesetze hatte der König den Ständen bei einer Palatinswahl vier Candidaten vorzuschla-

---

[*] Archiv des Minist. des Innern. Molart an Maximilian dd. 1. April. — Ebend. Ferd. an Max dd. 1. April 1618.

gen, aus denen diese den Palatin wählten. Die Opposition verlangte nun, Mathias solle seinen Vorschlag schriftlich vor der Königswahl übergeben, damit man unmittelbar nach derselben zur Wahl des Palatins schreiten könne. *)

Aus den eben skizzirten Forderungen ergibt sich, dass die ungarische Opposition im Gegensatze zu der königlichen Proposition, in der Mathias eine Linearerbfolge für das Haus Habsburg in Anspruch nahm, nach einem absolut freien Wahlrechte strebte, welches die Krone Ungarn dem Belieben des Adels ebenso preisgeben sollte, wie dies in Polen bereits der Fall war. Es machte sich hiebei der eigenthümliche Umstand geltend, dass der König und die Reichstagsopposition ihre entgegengesetzten Ansprüche in der Geschichte begründet glaubten; was antwortet nun die Geschichte auf diese doppelte Berufung?

Die habsburgischen Prinzen oder deren Anhänger machten vor allem drei Gründe für sich geltend. Sie behaupteten erstens, dass die ungarische Krone seit Stephans Zeiten in der Primogenitur erblich gewesen, und die Erblichkeit sich zu einem durch das Herkommen geheiligten Fundamentalgesetz des Landes entwickelt habe. Wenn der Thron durch Wahl je besetzt worden, so sei dies ein Verstoss gegen die Gewohnheit gewesen, den man nicht bald genug wieder gut machen könne. Nach dieser Theorie war jede Dynastie, die einmal den Thron von Ungarn inne hatte, erbliche Besitzerin desselben. Der zweite Grund, den die Vertheidiger des Erbrechts geltend machten, lautete insbesondere zu Gunsten des Hauses Habsburg und wurde aus den Verträgen von Oedenburg (1463) und Pressburg (1491) hergeleitet, durch welche diesem Hause mit Zustimmung des Reichstags Erbansprüche auf Ungarn, im Falle des Erlöschens des Königsgeschlechtes, zugesichert wurden. Der dritte Grund wurde in einer Erklärung des ungarischen Reichstags von 1547 gesucht, auf dem die Stände von Ferdinand verlangten, er solle seinen Sohn Maximilian als seinen Statthalter nach Ungarn schicken, bei welcher Gelegenheit sie die Aeusserung thaten:

---

*) Responsum Statuum et Ordinum ad literas S. M^{tis}. Posonii 2. Apr. Archiv des k. k. Min. des Innern.

"sie hätten nicht blos Ferdinand allein zu ihrem Könige erkoren, sondern sich für alle Zukunft seinen Erben als ihren Herren unterworfen."*) So sprachen also nach der Ansicht der Kaiserlich-Gesinnten das *Herkommen*, *alle Verträge* und *neuere bindende Aeusserungen der Stände* für die Erbfolge des Hauses Habsburg überhaupt und zum Theil auch für die Primogeniturerbfolge.

Die Gegner des habsburgischen Erbrechtes, und diese bildeten die Majorität auf dem Reichstage von 1618, behaupteten dagegen, dass die Stände seit undenklichen Zeiten den Thron durch Wahl besetzt hätten und verlangten auch jetzt die Aufrechthaltung ihres Wahlrechtes.

Man sollte denken, dass es bei einem so wichtigen Gegenstande nicht schwer sein dürfte, dem eigentlichen Rechtsverhältnisse auf den Grund zu kommen. Wenn man von der grauen Vergangenheit absah, musste ja die Geschichte des Hauses Habsburg einen genügenden Aufschluss bieten, denn vier Fürsten aus dieser Familie hatten bereits den ungarischen Thron bestiegen und es konnte ja nicht unbekannt sein, unter welchen Bedingungen dies geschehen war. Die seit 100 Jahren beobachtete Ordnung musste in dem Streite den Ausschlag geben. So möchten wir allerdings vermuthen, allein gerade die Geschichte der letzten 100 Jahre war nicht darnach angethan, Klarheit in den strittigen Fall zu bringen, denn thatsächlich hatte jeder der vier ersten habsburgischen Prinzen den ungarischen Thron auf Grund eines andern Rechtstitels bestiegen. Ferdinand I war durch Wahl auf den Thron gelangt und erkannte dies auch ursprünglich an, später suchte er jedoch aus dem im Jahre 1526 vernachlässigten Erbrechte seiner Frau, aus dem ungarischen Herkommen, aus dem obengenannten ödenburger und pressburger Vertrag ein Erbrecht für sein Haus herzuleiten und machte daraus bei verschiedenen Anlässen kein

---

*) Die betreffenden Worte lauten: die Stände haben sich non solum Majestati Suae sed etiam suorum haeredum imperio in omne tempus subdiderunt.

Hebl.*) Am deutlichsten traten seine Ansprüche in dem Frieden hervor, den er im Jahre 1538 mit Johann Zapolya zu Grosswardein abschloss. In dem Friedensvertrage wurde nämlich festgesetzt, dass Johann Zapolya und seine Nachkommen erst dann zum erblichen Besitz von Ungarn gelangen sollten, wenn Ferdinands I und Karls V Nachkommenschaft erloschen sein würde. Dieser Vertrag, in dem Ferdinand für sich und seinen Bruder und ihre beiderseitige Descendenz das Erbrecht auf den ungarischen Thron festsetzt und ausserdem noch zu Gunsten eines Dritten über denselben verfügt, gelangte zur Kenntniss der Stände, sei es einzelner oder der Gesammtheit, ohne dass dagegen ein Protest erhoben worden wäre. Sie gaben im Gegentheile wenige Jahre später (1547) die für die Ansprüche der Habsburger so günstig lautende obenerwähnte Erklärung ab.

Nichtsdestoweniger beruhigte sich Ferdinand weder mit dieser Erklärung, noch mit seiner mehrfach an den Tag gelegten Ueberzeugung von dem Erbrechte seines Hauses, sondern bemühte sich sorgfältig, allen etwaigen Schwierigkeiten dadurch zu begegnen, dass er noch bei seinen Lebzeiten seinen Sohn Maximilian als König von Ungarn anerkannt wissen wollte. Er verlangte, dass dies ohne jede vorhergehende Wahl von Seite der Stände geschehe und Maximilian vermöge des ihm angeborenen Rechtes, als sein ältester Sohn, zum Könige angenommen und gekrönt werde. Die Mitglieder des königlichen Rathes, um ihre Meinung befragt, missbilligten diese Forderung und behaupteten im weiteren Verlaufe des Streites, dass bei Maximilian nicht eine einfache Annahme, sondern eine Wahl stattfinden müsse, und dass dem Reichstage das Recht zustehe,

---

*) Eine nähere Auseinandersetzung der Anlässe, bei denen Ferdinand seine Erbansprüche behauptete, ist hier nicht am Orte. Unsere Behauptungen über die verschiedene Art und Weise, wie die Habsburger in Ungarn zur Regierung gelangt sind, haben wir übrigens in einem eigenen Aufsatze erörtert, den wir unmittelbar nach der Veröffentlichung dieses Werkes zu publiciren gedenken. Auf Grund bisher unbenützter, im Archiv des k. k. Minist. des Innern befindlicher Acten wird in dem betreffenden Aufsatz dieser Gegenstand untersucht werden.

zwischen den Söhnen Ferdinands zu wählen, wobei es allerdings keinem Zweifel unterliege, dass die Stände sich dem Herkommen gemäss für den ältesten entscheiden würden. In der Entwicklung ihrer Ansichten kamen die Räthe dahin, dem Hause Habsburg in seiner Gesammtheit ein Erbrecht zuzuerkennen, dem Reichstage aber das Recht einzuräumen, unter den Erzherzogen jenen zu bezeichnen, den sie zum Könige haben wollten. Ferdinand verwarf diese Theorie und setzte es schliesslich durch, dass der Reichstag von Pressburg im Jahre 1563 Maximilians Krönung ohne vorausgegangene Wahl zuliess. Ferdinand betrachtete dies als einen Sieg nicht bloss des allgemeinen habsburgischen Erbrechtes, sondern auch der Primogeniturerbfolge; es war aber nur ein halber Sieg, denn eine ausdrückliche Anerkennung seiner Erbrechtstheorie setzte er bei dem Reichstage nicht durch.

Schon bei der Thronbesteigung Rudolfs II waren die Vorgänge etwas verschieden. Die ungarischen Stände warteten diesmal nicht ab, dass sie von Maximilian II zur Krönung seines ältesten Sohnes aufgefordert würden, sondern baten (postulaverunt) ihn schon früher, er möge ihnen denselben zum Könige geben. Diese Postulirung wurde als eine Art Wahl gedeutet und mag vielleicht in schlauer Weise von dem dem habsburgischen Erbrechte nicht geneigten Theile der Stände angeregt worden sein. Diese Partei ist es wohl auch gewesen, welche in die Reichstagsbeschlüsse über die Erhebung Rudolfs II die Worte einzufügen wusste, dass letzterer zuerst von den Ständen verlangt und gewählt (postulatus antea electusque) und dann gekrönt worden sei. So gelangte das von Ferdinand I so sehr verabscheute Wort „Wahl" in die officiellen Schriftstücke eines Reichstages und konnte in der Zukunft auf mancherlei Weise ausgebeutet werden und alle Bemühungen Ferdinands I zu nichte machen.

Bei Mathias machten sich neue Verhältnisse geltend. Er hatte durch seine, wenn auch gerechtfertigte Auflehnung gegen seinen Bruder die ungarische Krone der Gunst der Aufständischen zu danken und musste sich daher die hiebei gestellten Bedingungen gefallen lassen. So geschah es denn, dass die Stände diesmal entschieden ein Wahlrecht in Anspruch nahmen und dasselbe ausübten, ohne dass Mathias eine Einsprache erhoben oder seine Erbrechte geltend gemacht hätte.

Man sieht, dass es schwer war, die Vorgänge bei der Erhebung der genannten vier Fürsten in ein System zu bringen. Jede neue Thronbesteigung hatte neue Verhandlungen zur Folge gehabt, bei denen zwischen den Parteien keine offene Auseinandersetzung stattfand, sondern der weniger Mächtige sich stets mit einem Hintergedanken den Umständen fügte. In den hin- und herschwankenden Verhältnissen ist sonach der Grund zu suchen, weshalb man schliesslich auf kaiserlicher wie auf ungarischer Seite auf die Vorgänge seit 100 Jahren nicht mit überzeugender Sicherheit zurückweisen konnte, sondern auf eine ältere Zeit zurückging. Auf kaiserlicher Seite fand man das Primogeniturerbrecht in dem Herkommen seit der Arpadenzeit begründet und hielt die Ausnahmen für unberechtigte Unterbrechungen, die Stände sahen dagegen die von ihnen frei vorgenommenen Wahlen eines Albrecht, Wladislaw I, Mathias Corvinus, Wladislaw II und Ferdinand I, als unantastbare Beweise ihres Rechtes und des von ihnen behaupteten Herkommens an. Indem sich die Majorität des Reichstags die absolut freie Wahl durch ein königliches Diplom für die Zukunft sichern wollte, lag es in ihrer Absicht, das Ungewisse in der ungarischen Thronfolge ein für allemal und natürlich auf Kosten der Dynastie zu beseitigen.

Von der schlimmen Wendung, welche die Verhandlungen des Reichstags nahmen, wurde Khlesl von dem Erzbischof von Gran, Pazman und dem Judex Curiae Forgach, einem Katholiken benachrichtigt. Der Cardinal bemühte sich den beiden Herren das Unberechtigte in dem Auftreten der Majorität nachzuweisen und hatte damit keine grosse Mühe, da dieselben von vornherein seiner Meinung waren. Unter den vielen Gründen, die er für das Erbrecht der Habsburger vorbrachte, war einer, der zwar nicht juristischer Natur war, deshalb aber nicht minder schwer in die Wagschale fiel. Er wies nämlich auf die unermesslichen Opfer hin, die das Haus Habsburg zur Behauptung der Krone Ungarn gegen die Türken gebracht habe, und wie es die darauf begründeten Ansprüche durch die Zulassung des Wahlrechts nicht so leichten Kaufes aufgeben könne. Es war zwar nicht das Haus Habsburg, das diese Opfer gebracht hatte, sondern die Unterthanen desselben, die Krone Böhmen und die österreichischen Herzogthümer, die seit 100 Jahren in der Bekämpfung der Türken ihren ganzen Wohlstand eingebüsst hatten, aber Ungarn gegenüber waren es jedenfalls die Habsburger, die sich das Verdienst hievon zuschreiben konnten. Die in der That beispiellosen Opfer ihrer Erbländer konnten das Erzhaus berechtigen, von Ungarn die Anerkennung des Erbrechtes zu verlangen, auch wenn selbes weder in der Geschichte noch in einer Urkunde begründet war. In Erwägung dieses Sachverhalts sahen die deutschen Staatsmänner am kaiserlichen Hofe eine gewaltsame Zurechtweisung der ungarischen Wahlansprüche für eine vor Gott und Menschen gerechtfertigte Handlung an.

Am Schlusse seiner Argumente bemerkte Khlesl, dass es aus diesem Labyrinthe nur einen Weg gebe, die Prälaten und Magnaten sollten bei ihren guten Gesinnungen verharren, sich von dem niedern Adel absondern und Ferdinand als König „proclamiren." Er mied also das Wort „Wahl" und mit Recht, denn die Wahl eines Königs, die von den Prälaten und Magnaten allein ausging, entbehrte jeder rechtlichen Basis, wenn Ungarn ein Wahlreich war. War es aber ein Erbreich, so war die Proclamation des rechtmässigen Königs durch die eine Hälfte des Reichstags ein Act der Nothwehr gegen die andere gesetzbrüchige Hälfte. Pazman und Forgach schienen dem Vorschlage Khlesls beizustimmen, sie bemerkten, dass die Prälaten und Magnaten im Falle einer Trennung von den Comitatsvertretern nicht isolirt dastehen würden, sondern dass sie auf den Anschluss von etwa 36 Personen aus den Reihen derselben rechnen könnten. *) Beide stellten nur die Frage, ob der Kaiser es auch auf einen Kampf ankommen lassen wolle. Khlesl gab ihnen die tapfersten Versicherungen, seine Meinung wurde von Ulm und Molart getheilt und letzterer berichtete dem Erzherzog Maximilian, dass

---

*) Bericht über Khlesls Unterredung im Archiv des k. k. Ministeriums des Innern. — Oñate's Correspondenz in Simancas.

es in Ungarn zu einem gewaltigen Kampfe kommen werde, auf dessen glücklichen Ausgang er hoffe, da man sich auf eine Partei im Lande stützen könne.

Schon einen Tag nach dieser Conferenz bei Khlesl trat ein wichtiger Umschwung im ungarischen Reichstage ein. Am 3. April versammelten sich die Prälaten und Magnaten in einer abgesonderten Sitzung und hier entwickelte Forgach in einer mit grossem Beifall aufgenommenen Rede, dass man standhaft die bisherige Meinung verfechten und den Comitaten in nichts nachgeben dürfe. Er wurde darauf von seinen dankbaren Zuhörern ersucht, den niederen Adel durch eine ähnliche Rede doch noch zum Anschluss an die Magnaten zu vermögen. Forgach entfernte sich als Saul und kehrte als Paul zurück. Ob er früher bloss eine andere Meinung geheuchelt hatte, oder ob er sich von den Gegnern bekehren liess, wissen wir nicht, gewiss ist nur, dass er sich der Opposition anschloss. Wahrscheinlich wurden Tags vorher grosse Anstrengungen von Seite der letzteren gemacht, um die Festigkeit der Magnaten zu erschüttern, denn das Beispiel des Forgach fand so zahlreiche Nachahmer, dass man seine Absendung an die Stände für eine abgemachte Komödie ansehen darf. Als er nämlich von seiner fruchtlosen Mission zurückkehrte, stimmten die Bischöfe und die obersten Reichsbeamten definitiv über ihr weiteres Verhalten ab. Der Erzbischof Pazman und der Ban von Kroatien hielten an ihrer früheren Meinung fest und wollten trotz der Opposition zur Proclamation des Königs schreiten. Als die Reihe an Forgach kam, überraschte er die Uneingeweihten damit, dass er im Sinne der Opposition votirte, seinem Beispiele folgten viele, die entweder schon früher gewonnen, oder durch seinen Abfall wankend gemacht geworden waren, und dieselbe Versammlung, die kurz zuvor einhellig gegen die Opposition gestimmt hatte, stimmte jetzt ihrer Majorität nach für dieselbe. Selbst einzelne Bischöfe, darunter auch der Erzbischof von Kalocsa betheiligten sich an dem Meinungswechsel. Der Reichstag übersandte darauf den königlichen Commissären ein Schreiben für den Kaiser, in welchem die ungarischen Forderungen auseinandergesetzt waren.

Ohne erst eine nähere Weisung aus Wien zu erwarten,

richteten Khlesl und seine beiden Collegen eine Zuschrift an
6. April den Reichstag, in der sie dessen Haltung missbilligten und verlangten, dass man das Herkommen nicht verletze und zu einer Wahl ohne weitere Bedingungen, wie bei Mathias, Rudolf u. s. w. schreite. Im Reichstag entstand hierüber eine erregte Debatte, in der die königlich gesinnte Partei ihre rasche Verbindung mit der Opposition wieder gut zu machen und die letztere zu einiger Nachgiebigkeit zu überreden suchte. Diese Bemühungen waren von bedeutendem Erfolge gekrönt; die Opposition wollte sich zufrieden geben, dass in dem Diplom nicht von einer absolut freien Wahl (mera et libera electio), sondern bloss von einer freien Wahl (libera electio) die Rede sei. Noch mehr, die Opposition liess sich bewegen, dem Kaiser die Versicherung zu geben, dass man mit der Betonung des freien Wahlrechts keine Ausschliessung des Erzhauses beabsichtige, sondern bei der Wahl „stets auf die Mitglieder desselben die *schuldige* Rücksicht" haben werde. Mit dieser Erläuterung begaben sich am 7. April die hervorragendsten Mitglieder des Reichstags im Namen desselben zu den königlichen Commissären und baten sie, dieselbe zur Kenntniss des Kaisers zu bringen. *)

Die Vorgänge in Pressburg, die Verbindung der Magnaten und Bischöfe mit dem niedern Adel verursachten unter den Anhängern der kaiserlichen Politik eine bedeutende Bestürzung, die selbst durch die „Erläuterung" nicht gemindert wurde, denn welchen Werth konnte in der Zukunft eine flüchtige mündliche Erklärung dem bleibenden Diplome gegenüber haben? Molart schrieb an Maximilian, man müsse den Reichstag auflösen und einen Krieg wagen; Nachgiebigkeit wäre Feigheit und sicherer Untergang der habsburgischen Herrschaft. **) — Um den Kaiser von den Vorgängen in Pressburg in genaue Kenntniss zu setzen und seine Willensmeinung einzuholen, reiste der Reichsvicekanzler Ulm nach Wien. Mathias beriet sich mit den beiden

---

*) Dass diese Erklärung im Namen des Reichstages gegeben wurde, ist aus dem Concept des königlichen Diploms dd. 21. April 1618, das im Archiv des k. k. Minist. des Innern aufbewahrt wird, ersichtlich.

**) Molart an Max dd. 4. April im Archiv des k. k. Minist. des Innern.

Geheimräthen Trautson und Meggau und ersuchte auch seinen Bruder Maximilian so wie den Grafen Oñate um ihre Meinung. *) Mit Ausnahme des letzten scheuten alle genannten die Gefahr eines Bruches mit Ungarn und empfahlen eine friedliche Beilegung des Streites, wenn dies irgend wie anginge. Mathias, der ohnedies nichts anderes wollte, trug seinen Commissären auf, vorerst den Reichstag zu grösserer Nachgiebigkeit zu mahnen, wenn dies aber nichts fruchten würde, an die Ausstellung eines Diploms zu gehen, in dem der „Erläuterung" vom 7. April Erwähnung geschehen solle. **) Zugleich befahl Mathias, den Grafen Oñate von seiner Entscheidung in Kenntniss zu setzen. Ulm that dies und reiste darauf nach Pressburg ab. Oñate missbilligte die Nachgiebigkeit des Kaisers und sandte seinen Secretär unverweilt nach Pressburg, um bei Ferdinand und Eggenberg gegen die Erfüllung der ungarischen Forderungen zu wirken. Beiden warf er vor, dass sie die Successions-Angelegenheit zu leicht genommen und das in Friaul liegende Volk nicht an die ungarische Grenze verlegt hätten. Eggenberg dankte für all das Wohlwollen, das in Oñate's Rathschlägen lag, missbilligte aber das Heraufbeschwören eines Bruches mit Ungarn wegen der damit verbundenen grossen Gefahr. ***)

Khlesl berief nach Ulms Rückkunft eine Conferenz auf den 17. April, an der neben den Reichstagscommissären (Khlesl, Molart und Ulm) sämmtliche königlich-ungarische Räthe Theil nahmen. Es waren dies die Erzbischöfe von Gran und Kalocsa, die Bischöfe von Erlau, Agram, Grosswardein und Wesprim, der Judex curiae Forgach, der Personal, der Kanzler Franz von Batthyani, Andreas Docai, Georg Homonnay, Peter Reway, Paul Aponyi und Melchior Alaghy. Ulm eröffnete die Berathung mit einer Rede, in der er hervorhob, dass der Kaiser sich über die schweren Forderungen des Reichstags mit den Prinzen seines

---

*) Ebend. Gutachten Maximilians dd. 13. April.

**) Archiv des k. k. Min. des Innern. Mathias an die Commissäre beim pressburger Reichstag dd. 14. April 1618.

***) Simancas 2503. Relacion de lo, que ha passado en quanto a la gente que pidió el emperador para la dieta de Ungria.

Hauses und dem spanischen Gesandten, als Vertreter Philipps III,
berathen habe. Seine Majestät sei geneigt, das freie Wahlrecht
des Reichstags zu bestätigen, wofern auch dieser anerkennen wolle,
dass er auf die Glieder des Erzhauses die schuldige Rücksicht
zu nehmen habe. Die ungarischen Räthe verlangten hierauf,
man möchte ihnen eine separate vertraute Unterredung gestatten.

Nachdem dieselbe eine Stunde gedauert hatte, erschienen
sie wieder und der Erzbischof von Gran ergriff das Wort. Er
tadelte, dass dem spanischen Gesandten Mittheilungen gemacht
worden seien, käme dies zur Kenntniss des Reichstags, so würde
es einen Sturm verursachen, indem derselbe darin den Beweis
sehen würde, dass man Ungarn zu einem Erbreich machen
wolle. Ferner missbilligte er, dass man vor der Ausstellung
eines Diploms solche Scheu hege, die Stände hätten doch ihrerseits durch die Abgabe der „Erläuterung" und durch die Verzichtleistung auf das Wort *mera* genug guten Willen gezeigt.
Als Khlesl tadelnd bemerkte, dass die Sprache des Erzbischof
eine förmliche Furcht vor dem niederen Adel an den Tag lege,
wies Pasman diesen Vorwurf nicht von sich, sondern liess sich sogar
in eine Vertheidigung der Opposition ein und fand deren Misstrauen gerechtfertigt. Die königliche Proposition habe das
Wort „Wahl" sorgfältig vermieden, Erzherzog Maximilian habe
auf seine „Rechte" verzichtet und wenn die Vertreter des Erzhauses sich jetzt auch die Wahl gefallen liessen, so suchten
sie ihre Stütze doch nur im Erbrechte; alles dieses und noch
anderes mehr habe die Stände zu besonderer Vorsicht gemahnt.

Nach diesem Zwischenfall und nachdem die ungarischen
Räthe einstimmig erklärt hatten, dass der Reichstag sich nur
durch die Ausstellung des Diploms befriedigen lassen werde,
begaben sich die königlichen Commissäre, unterstützt von den
Erzbischöfen von Gran und Kalocsa und von dem Judex Curiae,
an die Ausarbeitung desselben. Die bezeichnendste Stelle des
Entwurfes, der auf diese Weise zu Stande kam, war jene, in
der der Kaiser erklärte: „dass er das althergebrachte Recht
„der freien Königswahl, welches die Vorfahren (der gegen-
„wärtigen ungarischen Stände) geübt und den Nachkommen hinter-
„lassen, für diese und alle folgende Zeit bestätige, bekräftige

„und für unverletzbar erkläre. Ebenso werde er nach voll-
„zogener Königswahl durch einen eigenen Reichstagsartikel be-
„kräftigen und bestätigen, dass die Königswahl von der freien
„Entscheidung der gesammten Reichsstände abhänge." Im weiteren Verlaufe des Diplomsentwurfes hiess es: Der obige und
andere Artikel des Diploms könnten vielleicht zu unrichtigen
und dem Hause Oesterreich nachtheiligen Auslegungen Veranlassung bieten. Dennoch habe der Kaiser mit der Ausstellung
desselben nicht gezögert, da die wichtigsten Mitglieder des
Reichstags am 7. April vor den königlichen Commissären mündlich die Erklärung abgegeben hätten: „es sei weder gegenwärtig
„noch je die Absicht des Reichstages gewesen, bei der Königs-
„wahl von dem erlauchten Hause Oesterreich abzufallen, noch
„die demselben schuldige Rücksicht bei Seite zu setzen, noch
„endlich den königlichen Stamm und dessen ausserordentliche
„Verdienste und Auslagen bei der Behauptung dieses König-
„reichs unbeachtet zu lassen." *)

Mit diesem Entwurfe reiste Khlesl unverzüglich nach Wien.
Mathias übergab den Gegenstand einer Conferenz zur Berathung,
an der neben dem Cardinal noch Meggau, Trautson und Hegenmüller theilnahmen. **) Sämmtliche Theilnehmer derselben sprachen sich für die Annahme des Diploms aus und der Kaiser
unterzeichnete dasselbe in der That am 21. April, nachdem er
sich zuvor die Zustimmung seines Bruders Maximilian erbeten
hatte. Mathias konnte dies auch ohne Bedenken thun, sobald
er darauf Verzicht geleistet hatte, bei dem Reichstage etwas
mehr durchzusetzen als die Anerkennung der bisherigen nicht
klar zu definirenden Rechte des Erzhauses und nachdem durch
die vorsichtige Einschaltung der Reichstagsdeclaration in den
Wortlaut des Diploms dieses selbst eher einen Beweis für die
habsburgischen Erbrechte als für die ungarischen Wahlrechte
abgeben konnte.

---

*) Der Bericht über die Verhandlung am 7. April so wie der Diploms-
entwurf im Archiv des k. k. Min. des Innern.
**) Das Conferenzprotokoll im Archiv des k. k. Min. des Innern. Eben-
daselbst Maximilians Zustimmung dd. 20. April. Wiener Neustadt.

Mit Spannung sah man indessen in Pressburg der Rückkehr des Cardinals entgegen. Jede Stunde der Verzögerung war der Reichstagsopposition willkommen; man erging sich in misstrauischen, übrigens nicht ungerechtfertigten Reden, drohte, dass man von Pressburg abreisen werde, wenn der Cardinal nicht bis zum 23. April zurückgekehrt sei. Einzelne begnügten sich mit diesem, die öffentlichen Verhandlungen gewöhnlich begleitenden Klatsch nicht mehr, sondern hatten Schlimmeres im Sinne. Aus Ofen erhielt Molart eine Warnung, dass sich einige Edelleute an den Pascha daselbst gewendet und um seinen Beistand für den Fall einer Erhebung gegen den Kaiser angesucht hatten. Andreas Doczi, der eigentliche Vertrauensmann Ferdinands unter den ungarischen Ständen, allarmirte mit diesen und ähnlichen Nachrichten ab und zu seinen hohen Gönner.*)
Alle Aufmerksamkeit des Reichstages lenkte sich jedoch wieder nach einer Seite hin, als der Cardinal am 21. April aus Wien zurückkehrte und sich die Nachricht verbreitete, dass der Kaiser das verlangte Diplom ausgestellt habe.

Am Tage nach seiner Ankunft erstattete Khlesl dem Könige seinen Bericht über die wiener Verhandlungen und fügte halb selbstgefällig halb spottend hinzu, der Erzherzog Maximilian habe ihn für seine Thätigkeit nicht wenig gelobt und zugleich gesagt, er habe sich damit eine Stufe in den Himmel verdient. Ferdinand war mit dem Diplome nicht ganz zufrieden, die Worte „libera electio" ärgerten ihn trotz der beigefügten Erläuterung, zudem hatte er von Oñate eine Nachricht erhalten, die ihn Besseres hoffen liess. Aus Spanien war endlich die Antwort eingetroffen, dass Philipp bereit sei, die Erbansprüche Ferdinands mit den Waffen zu unterstützen; der Gesandte benachrichtigte ihn davon und bot für den Anfang 6000 Mann.**) Mehr bedurfte es nicht, um den König gegen einen Ausgleich mit dem Reichstage feindselig zu stimmen, doch besann er sich

---

*) Archiv des k. k. Minist. des Innern. Arbeisel an Maximilian dd. 20. und 21. April 1618. Pressburg. — Ebend. Molart an Maximilian dd. 21. April. Pressburg.
**) Oñate's Zuschrift dd. 18. April. Archiv von Simancas.

nach einigem Schwanken doch eines bessern. Die Dinge waren in Pressburg zu weit vorgeschritten, die 6000 Mann standen sehr fern und so gab Ferdinand dem Diplomsentwurfe noch am selben Tage seine Zustimmung, worauf derselbe dem Reichstag zugeschickt wurde.

Was zu erwarten war, geschah jetzt; der Reichstag vernahm mit dem grössten Erstaunen den Inhalt des Diploms, die eingefügte Erläuterung machte sein sogenanntes freies Wahlrecht nahezu lächerlich und die Opposition fühlte wohl, dass sie durch die Annahme desselben das in Anspruch genommene Wahlrecht nicht stützen, sondern nur untergraben würde. Die Enttäuschung und Erbitterung machte sich auf mancherlei Weise Luft, darin stimmte so ziemlich der ganze Reichstag überein, das Diplom nicht anzunehmen; selbst die ungarischen Mitarbeiter an demselben scheinen sich um seine Annahme nicht besonders bemüht zu haben. So war es wieder ganz ungewiss, welche Richtung die Verhandlungen nehmen würden. Obwohl die Anhänger des Kaiserhauses sich auf alle Weise bemühten, unter den Ständen mehr Nachgiebigkeit hervorzurufen, wobei, wie es scheint, auch Geschenke nicht gespart wurden, würde es doch nicht sobald zu einem Schluss gekommen sein, wenn der erfinderische Cardinal nicht einen Ausweg gefunden hätte. Darnach sollte das Diplom fallen gelassen werden und in den Reichstagsbeschlüssen in folgender Weise über die Erhebung Ferdinands berichtet werden: Auf Unsere (des Kaisers) Empfehlung hin haben die ungarischen Stände nach mehrfachen Verhandlungen und nach ihrer alten von ihnen *stets* beobachteten Weise und Freiheit den Erzherzog Ferdinand einstimmig zu ihrem Könige erwählt. *)

Die ungarischen Stände, deren Verlangen nach einem Diplom sich merklich abgekühlt hatte, seitdem sie den Inhalt eines solchen kennen gelernt hatten, gaben, von allen Seiten

---

*) Das Original der Formel lautete: Ad nostram (sc. Mathiae) benignam requisitionem et paternam recommendationem Ser. Principem ac Dom. Ferdinandum Regem Bohemiae, Sacri Romani Imperii Electorem, Archiducem Austriae patruelem et filium nostrum charissimum ob excellentes

bearbeitet und wohl auch der langandauernden Verhandlungen über einen einzigen Gegenstand überdrüssig, nach und nahmen schon am 26. April die von Khlesl vorgeschlagene Formel an. War in derselben auch von einem freien Wahlrecht nicht die Rede, so constatirte sie doch, dass Ferdinand auf Grund einer Wahl König geworden sei und fand daher Beifall. Andrerseits waren auch die königlichen Commissäre mit ihr nicht unzufrieden, da sie ihr vorsichtsweise das Wörtchen „stets" eingeschaltet hatten, denn die „stets beobachtete Weise" war nach ihrer Meinung die Anerkennung des Erbrechts und konnte, wenn sie auch in Zukunft bewahrt wurde, den Rechten des Erzhauses nicht abträglich sein. So verstand jeder Theil die Formel in einem andern Sinne und freute sich wahrscheinlich den Gegner überlistet zu haben. *)

Nachdem man sich über die Art und Weise geeinigt hatte, wie die Erhebung Ferdinands in den Reichstagsacten eingetragen werden sollte, wurde das Concept der Formel dem Kaiser zugeschickt. Dieser erhob keine Schwierigkeit bezüglich ihrer Annahme, seine Zustimmung wurde dem Reichstag übermittelt und von diesem mit lebhaften Vivatrufen auf Mathias begrüsst. Doch bedauerten der Hof wie die mit ihm gleichgesinnten ungarischen Katholiken die gänzliche Beseitigung der „Erläuterung" jetzt doppelt und ergriffen zu ihrer Rettung den einzigen Ausweg, der ihnen übrig geblieben war. Bei dem Judex Curiae wurde von Seite der königlichen Commissäre ein Protocoll oder Instrument, wie man es nannte, aufgenommen und in diesem ausführlich der Inhalt der Erläuterung und die Art ihrer Entstehung verzeichnet. Dieses vorläufig bedeutungslose Document konnte später grossen Werth erlangen, denn es war in Gegenwart des ersten ungarischen Gerichtsbeamten und wohl

et heroicas quibus pollet animi ingeniique dotes Universi Status et Ordines *post plures tractatus juxta antiquam consuetudinem et libertatem eorundem semper observatam paribus votis et unanimi consensu* in Dominum et Regem ipsorum rite elegerunt, proclamarunt Invocatique demum Numinis divini auxilio feliciter coronaverunt.

*) Simancas. So berichtet hierüber Oñate nach Hause.

auch einiger andern königlich-ungarischen Räthe angefertigt und von ihnen unterzeichnet worden und musste wenigstens bezüglich seiner Glaubwürdigkeit in der Zukunft schwer in die Wagschale fallen. *)

Obwohl hiemit die grösste Schwierigkeit beseitigt war, so wurde deshalb die Königswahl noch nicht vorgenommen, denn die Berathungen des Reichstages wurden durch mehr als 14 Tage von dem sogenannten Krönungsdiplom in Anspruch genommen, wobei die Katholiken und Protestanten bezüglich der religiösen Punkte wieder hart an einander gerieten, da die letzteren ihre Freiheiten erweitern, die ersteren aber dies nicht zugeben wollten. Nachdem zuletzt eine solche Fassung vereinbart worden war, die beide Theile zufrieden stellte, unterzeichnete Ferdinand das Krönungsdiplom. 16. Mai.

So waren alle Schwierigkeiten geebnet und die feierliche Königswahl konnte nun stattfinden. Am Morgen des 16. Mai proklamirten die Stände im Reichstagssaale Ferdinand 1618 zum Könige von Ungarn und verfügten sich dann in seine Behausung, um ihm ihre Glückwünsche darzubringen. In Begleitung der Stände begab sich der König aus seinem Gemache in den Rittersaal, nahm daselbst vor einem offenen Fenster einen Sitz ein, so dass er von dem vor der Burg sich ausbreitenden Platze gesehen werden konnte; Khlesl stand ihm zur Seite. Zuerst hielt der Erzbischof von Gran eine Ansprache an den König, die der Reichsvicekanzler Ulm beantwortete, worauf auch Ferdinand einige Worte des Dankes hinzufügte. Während jetzt ein tausendfaches Vivat ertönte, nahten sich die Mitglieder des Reichstags, um ihrem künftigen Könige die Hand zu küssen. Als diese Ceremonie im Gange war, gab der Präsident des Hofkriegsrathes, Herr von Molart, den vor dem Schlosse aufgestellten deutschen Truppen ein Zeichen, worauf diese ihre Gewehre abschossen. Da flog plötzlich eine Kugel zwischen Khlesls und Ferdinands Kopfe vorbei und schlug in die Decke des Zimmers ein. Niemand wollte an einen Zufall

---

*) Khlesl an Trautson dd. 30. April 1618. Archiv des k. k. Minist. des Innern.

[Text largely illegible due to degraded scan] ... wenn er ... Das Wahrscheinlichste ist, dass der ... mit ... die beiden Personen ... die sich am meisten anfeindeten, waren Khlesl und Ferdinand; ... in einer Weise herbei... die dem Treiber der Türken so gefährlich werden konnten, wie dies die ... wäre und eine geringe ... erwarten ... Uebrigens haben wir hinreichende ... Ferdinand theilte noch am sieben Tage seinem vertrauten Wohlthäter, dem Erzherzog Maximilian, diesen Vorfall als ein plötzliches und unerklärliches Ereigniss mit, und Khlesl, der den durch die vorbeisausende Kugel verursachten Luftdruck an seinem Gesichte verspürt hatte, schrieb einem vertrauten Freunde, er sei über seine glückliche Rettung keineswegs „lustig", sondern eher „todesbereit." Wenn man demnach nicht auf blosse Vermuthung hin einen unzufriedenen Ungarn oder Böhmen für den Urheber eines beabsichtigten Mordes ansehen will, so muss man allein in einem Zufalle die Erklärung des tragischen Ereignisses suchen.*)

An selben Tage, an dem Ferdinand zum Könige von Ungarn proclamirt wurde, wählte der Reichstag auch den neuen Palatin. Unter den von der Regierung vorgeschlagenen Candidaten fiel die Wahl auf den Judex Curiae Forgach und somit kam diese Würde in den Besitz eines Katholiken. Die königliche Partei wünschte nun die Successionsverhandlungen zu Ende

---

*) Hurter meint, der Schuss sei am Krönungstage gefallen, allein aus Ferdinands eigenem Schreiben, sowie aus anderen Briefen ersehen wir, dass dies am Tage der Proclamation geschah. Ferdinand schreibt über den Schuss an Maximilian: „und ist unter meiner währender acclamation und Salve ein Kugell zwischen meiner und dem Kardinal Klesell Kopf zu dem Fenster herein geflogen. Ob es nun mit Viels oder Cans beschehen, kann man nicht wissen. (Orig. im Archiv des k. k. Min. des Innern. — Arbeisl, Maximilians vertrauter Secretär, schrieb über denselben Gegenstand an den Erzherzog: „unter welchem Schiessen ein Muschkhetenschuss mit der Khugel geladen Zum

zu führen und verlangte vom Reichstage die unverweilte Festsetzung des Krönungstages. Allein die Stände begannen, anstatt auf diese Forderung einzugehen, die Verhandlungen über die Reichstagsbeschwerden und brachten damit zwölf Tage zu. Am 28. Mai wurden sie Ferdinand übermittelt und ihre schleunige Abstellung verlangt. Zwei dieser Beschwerden reichten in ihrer Bedeutung weit über Ungarn hinaus und standen in engster Beziehung zu den gesammt-österreichischen Verhältnissen. Die eine betraf das Verhältnis der kaiserlichen Kriegsmacht in Ungarn, die andere die finanzielle Unterordnung dieses Landes unter die österreichische Hofkammer. Einige Andeutungen über dieselben dürften hier um so mehr am Platze sein, als sie ein grelles Licht auf die chaotischen Verhältnisse der habsburgischen Monarchie werfen.

Bezüglich des ersten Punktes klagten die Ungarn, dass der Kaiser im Widerspruche mit frühern Versprechungen in den Grenzfestungen Ausländer als Kommandanten anstelle und dass diese, sowie die fremden Truppen sich die ärgsten Bedrückungen und Gesetzesübertretungen in der Umgebung ihrer Garnisonsplätze erlaubten. Sie knüpften daran die Forderung, dass die fremden Truppen entfernt und die ausländischen Kommandanten durch Ungarn ersetzt werden möchten. Dass die Klagen der Ungarn über die Truppen ihrem vollen Inhalte nach begründet sein mochten, dürfte nicht zweifelhaft sein. Indessen waren dieselben bei dem besten Willen des Königs nicht so leicht zu beseitigen, denn diese Angelegenheit hing mit den verwickelten österreichischen Heeresverhältnissen und ihrer eigenthümlichen Entwicklung zusammen.

<small>Fenster herauf gradt dem Cardinal für die ohrn oder nasen und über des Khönigs Khopf oben in der stuben poden also geferlich gangen, das gemelter Cardinal den Windt empfunden und mennigkhlich, der in der stuben war, wie auch ich selbs mit meinen Augen den schum streben gesehen und wargenommen, sich auch Ihre Khönigliche Würden und iederman darüber nicht wenig entsetzt und entfärbt." (Arch. des k. k. Min. des Innern.) Hammer-Purgstall, der in seiner Biographie Khlesls dem König Ferdinand alle möglichen und unmöglichen Verbrechen andichtet, steht natürlich nicht an, ihn und Maximilian eines Attentates auf den Cardinal zu beschuldigen.</small>

Die *Entstehung des österreichischen Heerwesens* ging unter dem Einflusse der Türkenkriege vor sich. Ferdinand I bekämpfte die Türken theils mit den ständischen Aufgeboten der ihm unterthanen Länder, theils mit geworbenen Truppen, soweit dies seine Geldmittel gestatteten. Im Laufe des 16. Jahrhunderts machte sich die Ueberlegenheit der geworbenen, weil handwerksmässig geschulten Truppen über die gewöhnlichen Aufgebote immer mehr geltend. Der böhmische Landtag erkannte selbst im Jahre 1572 an, dass die ständischen Reiteraufgebote nichts mehr taugten und dass nur geworbene Truppen die nöthige Kampftüchtigkeit besässen. So kam es, dass Rudolf II in Ungarn sich vorzugsweise geworbener Truppen bediente und die ständischen Aufgebote nur als einen Nothbehelf zuliess. In Friedenszeiten wurden die Aufgebote ganz und gar entlassen und von den geworbenen Truppen nur so viel im Dienste belassen, als zu den Besatzungen in den Grenzfestungen nöthig waren. In diesen Besatzungen und überhaupt in den geworbenen Truppen, die ihre Befehle allein von dem gemeinsamen österreichischen Herrscher empfingen und die zu den einzelnen Ländern in keinem directen Abhängigkeitsverhältnisse standen, ist der Anfang des stehenden Heeres in Oesterreich zu suchen.

Die ersten Klagen gegen diese Entwicklung des Heerwesens ertönten von Seite der Ungarn. In Kriegszeiten erhoben sie natürlich keinen Einwand gegen die fremde Hilfe, da ihre Kräfte zu ihrer Vertheidigung nicht ausreichten; dagegen beschwerten sie sich unaufhörlich über die Friedensgarnisonen, deren Stärke sich beiläufig auf 20.000 Mann belief, und wünschten, dass dieselben nur aus Einheimischen geworben würden. Die genannte Zahl hätte sich unzweifelhaft in ihrem Lande aufbringen lassen, doch genügte dies allein nicht, denn den Ungarn fehlte es zwar nicht an Tapferkeit, wohl aber an jener Uebung, um derentwillen damals die deutschen und niederländischen Soldaten für die kriegstüchtigsten in Europa gehalten wurden. Wollte der Kaiser also erprobte Truppen haben, so musste er die Werbetrommel in seinen nichtungarischen Besitzungen oder in Deutschland ertönen lassen. Und gesetzt, die Ungarn hätten 20.000 der besten Truppen aufstellen können, so war die Schwierigkeit damit noch nicht beseitigt, da sie sie nicht zahlen konnten. Denn die übrigen habsburgischen Länder wollten die Hilfe, die sie leisten mussten, nicht in Geld, wie es die Ungarn wohl am liebsten gehabt hätten und bei dem linzer Generalconvent auch offen bekannten, sondern nur in Truppen leisten. Die verschiedenen Provinzen wollten den Kriegssold lieber der eigenen kriegslustigen Jugend zuwenden, als geradezu wegschenken und sich den Ungarn zu einem Tribut verpflichten. Der böhmische Landtag richtete im Laufe des 16. Jahrhunderts zu wiederholtenmalen die Bitte an den König, bei den Werbungen auf das Land Rücksicht zu nehmen und einzelne Regimenter aus Böhmen zusammenzustellen. Dass ähnliche Bitten auch von den österreichischen, stoirischen und anderen Landtagen an die Könige gestellt wurden, möchten wir nicht bezweifeln; einerseits wollte man die Kriegstüchtigkeit nicht einbüssen, andererseits den damals sehr bedeutenden Sold dem eigenen Lande zu Gute kommen lassen. Ferdinand I und seine Nachfolger mussten diese Bitte billig finden und so kamen deutsche und böhmische Truppen nach Ungarn. Was sollte man nun beginnen, um die Militärfrage auf eine den Ungarn zusagende Weise zu lösen? Die deutschen und böhmischen Garnisonen konnten leicht aus diesem Lande entfernt werden, wer aber sollte dann die Grenzfestungen vertheidigen, und wenn es die Ungarn selbst thaten, wer sollte sie bezahlen?

Die ganze Streitfrage liess nur dann eine befriedigende Lösung zu, wenn die Stände der einzelnen Länder die Angelegenheit ihrer Vertheidigung gegen die Türken im Einverständnisse mit den Ungarn in die Hand genommen und gelöst hätten. Ferdinand I hatte sie mehrfach dazu aufgefordert, allein fast immer ohne Erfolg. Die Stände hüteten sich, die ganze Last der Vertheidigung auf die eigenen Schultern zu wälzen und fanden es bequemer, ihre Herrscher mit dieser Sorge zu belasten und sie in halb Europa um Unterstützung herumbetteln zu lassen. Auch hätte die Bemühung der Stände um eine ausreichende gemeinsame Vertheidigung den Entschluss vorausgesetzt, den neu erstandenen österreichischen Staat für die Dauer aufrecht erhalten zu wollen; dieser Entschluss war weder vorhanden, noch durchführbar, so lange in einzelnen Theilen des Gesammtstaates der Dynastie ihre erblichen Ansprüche auf die Regierung bestritten wurden. Die Klagen der Ungarn über die fremden Garnisonen konnten demnach zu keiner befriedigenden Lösung gelangen und alle Versprechungen der Könige, ihnen abzuhelfen, mussten den Vorbehalt in sich schliessen, alles beim Alten zu lassen. So war es auch diesmal mit der Antwort, welche den Ungarn zu Theil wurde.

Die zweite wichtige Beschwerde betraf die Finanzfrage. Die Klage der Ungarn lief darauf hinaus, dass das ungarische Finanzwesen in Abhängigkeit von der wiener Hofkammer gebracht worden sei; sie verlangten, es solle unabhängig gemacht und ein Ungar an die Spitze desselben gestellt werden. Diese Forderung deckt uns bei näherem Eingehen sonderbare Seiten der österreichischen Finanzentwicklung auf.

Bekanntlich lag es den mittelalterlichen Fürsten ob, die Würde ihrer Krone, mannigfache Regierungsauslagen und theilweise auch die Vertheidigung des Landes aus den Einkünften ihres riesigen Besitzes, aus mancherlei städtischen Einnahmen und aus den sogenannten Regalien zu bestreiten; ständische Steuern waren eine Ausnahme. Wie der König seinen Besitz verwaltete, wie er die Regalien nutzbringend machte, war seine Sache, um die sich die Stände wenig oder gar nicht kümmerten und die sie selbstverständlich nicht controllirten. So war es auch, als Ferdinand I den Thron von Ungarn und Böhmen bestieg. Seine Einkünfte bestanden in beiden Ländern neben dem Ertrage der königlichen Güter in Zöllen, Monopolen, städtischen Gefällen, Bergwerken u. s. w. Für das Erträgniss derselben war es von Vortheil, wenn Ferdinand ihre Administration vereinfachte, und er that dies, indem er eine gemeinsame Verwaltung aller seiner Einkünfte aus Ungarn, Böhmen, Oesterreich, Steiermark u. s. w. in Wien organisirte, welche oberste Finanzverwaltung unter dem Titel der Hofkammer ihr Dasein in Böhmen und Ungarn täglich fühlbarer machte. Die Verwaltung seiner ordentlichen und ausserordentlichen Einkünfte, die Ausbeutung sämmtlicher Regalien in Böhmen und Ungarn, vor allem aber die Ordnung des Zollwesens wurde im Laufe des 16. Jahrhunderts auf deutschem Fusse organisirt; die für sich bestehende böhmische und ungarische Kammer bekamen ihre Befehle von der Hofkammer und führten aus, was diese Behörde ihnen auftrug. Die amtliche Correspondenz wurde in deutscher Sprache geführt, so dass z. B. böhmische Actenstücke, selbst bei der Geschäftsführung der böhmischen Kammer, seltener zu werden anfingen. So begann schon vor dem 30jährigen Kriege auf dem Gebiete der Finanzverwaltung eine factische, aber deshalb nicht minder tiefgreifende Centralisation, während staatsrechtlich die Länder nur durch das Band der Personalunion verbunden waren.

Wenn man die Eifersucht der Böhmen und Ungarn auf ihre Selbständigkeit kennt, so muss man staunen, wie sich solche Zustände ohne den Widerspruch der Stände entwickeln konnten. Erst im Beginne des 17. Jahrhunderts tauchen solche Widersprüche häufiger auf und es macht sich die Tendenz nach einer Lösung dieses Verhältnisses geltend, nie aber war die Opposition so ernst gemeint, als der Gegenstand es verdiente. Welchen unglaublichen Mangel an politischer Einsicht setzt es aber bei den Ständen voraus, wenn sie die Bedeutung einer solchen financiellen Verschmelzung nicht von vornherein begriffen und nicht einsahen, dass damit die Axt an die Wurzel ihrer Selbständigkeit gelegt war! Uebrigens gewann auch die Gesammtmonarchie nichts durch eine derartige financielle Vereinigung, weil dieselbe vorläufig nur eine chaotische Verwirrung erzeugte. Für eine gemeinsame Entwicklung wäre eine strenge Scheidung der Finanzen zuträglicher gewesen, doch hätte dies vorausgesetzt, dass die Stände dann im wechselseitigen Einverständnisse für die Bedürfnisse des Gesammtstaates vorgesorgt hätten. Allein so wenig sie in Bezug auf das Heerwesen zu einem richtigen Verständnisse der neuen Verhältnisse und der aus ihnen hervorgehenden Pflichten gelangten, so wenig war dies auf financiellem Gebiete der Fall. Die Stände kümmerten sich nie um den Gesammtstaat und glaubten damit ihre Selbständigkeit zu wahren, aber diese Sorglosigkeit trug für sie ihre bittern Früchte; denn der Gesammtstaat, der nicht durch sie existirte, fing an, gegen sie zu existiren. Wenn die der absoluten Gewalt dienende Unification des Heeres- und Finanzwesens nicht schon im 16. Jahrhundert durch die Blindheit der Stände angebahnt worden wäre, so hätten alle Gewaltmassregeln Ferdinands II niemals die Selbstständigkeit der Theile zu Grunde richten und die böhmische Entwicklung so rasch begraben können.

Welche Antwort sollte demnach die Regierung auf die Finanzbeschwerden Ungarns geben? Sollte dem Uebel von Grunde aus abgeholfen werden, so konnte dies nur in wechselseitigem Einverständnisse aller österreichischen Länder geschehen. Hiefür fehlte aber die Einsicht auf Seite der Stände und der gute Wille auf Seite der Regierung, die von einem gemeinsamen Einverständnisse nur Nachtheile besorgte. So fand auch in diesem Punkte die Beschwerde der Ungarn keine Abhilfe.

Die Verhandlungen über die Beschwerden nahmen den ganzen Monat Juni in Anspruch. Ferdinand empfand diese Verzögerung um so bitterer, als die böhmischen Angelegenheiten seine Abreise mit jedem Tage dringender erheischten, er musste sich aber die Zögerung geduldig gefallen lassen. Mittlerweile setzte der Reichstag den 1. Juli als Krönungstag fest. Es heisst, dass sich der König noch zwei Tage vor demselben mit dem Reichstage über eine neu entstandene religiöse Streitfrage nicht einigen konnte und dass die Opposition noch in der letzten Stunde mit ihrer Abreise drohte.*) Der uns nicht näher bekannte Zwist endete mit Ferdinands Nachgiebigkeit und so fand denn endlich die Krönung am 1. Juli statt. Der Reichstag wurde geschlossen und der König konnte Ungarn verlassen.

III

Während der pressburger Reichstagsverhandlungen wurde von Seite Maximilians und Ferdinands die Berufung des

---

*) So berichtet Zeidler an Kursachsen dd. $\frac{21. Juni}{3. Juli}$ 1618 im sächsischen Staatsarchiv.

Kurfürstenconventes stets im Auge behalten, damit der für den 28. Mai anberaumte Termin nicht neuerdings überschritten werde. Im Monate April gab sich Maximilian den besten Hoffnungen hin, denn der Kaiser versicherte ihn wiederholt, dass er die Reise nach Regensburg rechtzeitig antreten werde. Aber schon Anfangs Mai lauteten seine Aeusserungen anders und er sprach von der Nothwendigkeit einer weiteren Verschiebung derselben. Maximilian, der nach der Ursache forschte, erfuhr, dass es noch immer an den nothwendigen Geldmitteln fehle. Er setzte Ferdinand hievon in Kenntniss und bekam von diesem aus Pressburg die Antwort, dass Khlesl soeben ein Mahnschreiben an den Kaiser abgeschickt und ihm die baldige Abreise zum Kurfürstentage um jeden Preis trotz Leibesungelegenheit und sonstiger Beschwerden angerathen und sich selbst zur Darleihung der allenfalls nöthigen Summe erboten habe. Ferdinand wollte an die Aufrichtigkeit dieses zuckersüssen Schreibens nicht glauben und bat Maximilian, doch nachzuforschen, ob Khlesl nicht zu gleicher Zeit ein zweites Schreiben an den Kaiser abgeschickt habe, welches das Gegentheil von dem ersten besage.*) Der Erzherzog kam der Bitte nach und erfuhr in der That von einem doppelten Schreiben des Cardinals. Das erste war an den Kaiser gerichtet und entsprach in seinem Inhalte der von Ferdinand gegebenen Analyse, ja es enthielt sogar am Schlusse den kernigen Fluch: „Der Teufel hole die Kammer, dass sie die Geldmittel zu einem so heiligen Werke (wie die Uebertragung der deutschen Krone an Ferdinand) so schwer mache." Maximilian beeilte sich in Folge dieses Schreibens die Hofkammer zu mehr Eile anzuspornen und wohl auch wegen ihrer Lässigkeit zu schelten, erhielt aber von den entrüsteten Räthen die Antwort: „Der Cardinal müsse wohl selbst der Teufel sein, der in der Kammer stecke, denn er sei es gewesen, der ihr gesagt habe, das Geld recht schwer zu machen." **)

Das zweite Schreiben Khlesls war an eine vertraute Person

---

*) Maximilian an Ferdinand dd. 2. Mai. Ferdinand an Max dd. 4. Mai. Archiv des k. k. Minist. des Innern.
**) Maximilian an Ferdinand dd. 10. Mai. Ebend.

gerichtet, die dessen Inhalt zur Kenntniss des Kaisers bringen
sollte. In diesem erklärte der Cardinal jede Reise nach Deutschland vor Beendigung des pressburger Reichstages für unbedingt
verwerflich und sprach davon, dass keine Aussicht auf die baldige Beendigung der Verhandlungen sei. Khlesl hatte mit seiner
Behauptung nicht Unrecht, aber sie passte schlecht zu dem feurigen Tone, mit dem er Mathias in dem ersterwähnten Briefe
zur unmittelbaren Abreise drängte. Die einzig unzweideutige
Thatsache, zu deren Kenntniss man bei diesem ganzen Briefwechsel gelangte, war der Mangel an dem nöthigen Reisegeld.
In Folge dessen wurde den Kurfürsten Anfangs Mai die offizielle
Anzeige zugeschickt, dass der Kaiser den Convent in Regensburg um einige Wochen verschieben müsse. Die Zusammenkunft
der Kurfürsten war dadurch nicht vor Ende Juni in Aussicht
gestellt.

Niemand war so sehr über die Doppelzüngigkeit des Cardinals und die neuerliche Vertagung des Kurfürstenconventes
erzürnt als Maximilian. Seine Erbitterung sollte indessen noch
höher gesteigert werden. Durch einen vertrauten Agenten in
Venedig bekam er gerade in diesen Tagen die Nachricht von
einem Schreiben des venetianischen Gesandten am wiener Hofe
an die Signoria. In demselben bemerkte der Gesandte, man habe
bisher allgemein die Italiener und Spanier für die rachsüchtigsten Menschen gehalten, allein sie würden darin weit von den
Deutschen übertroffen. Khlesl habe, um seine Rache an Ferdinand zu kühlen, die Ungarn heimlich vor ihm als vor einem
Zöglinge der Jesuiten gewarnt und ihnen gerathen, denselben
nicht eher zum Könige zu wählen, als bis sie ihre Rechte wohl
versichert hätten. Das Misstrauen der Ungarn sei auf das
Aeusserste gereizt und könnte selbst den Sturz der Dynastie zur
Folge haben, wenn Mathias plötzlich sterbe. *) Sind die Angaben
des venetianischen Gesandten richtig, dann hat Khlesl in der
That als ein Verräther gehandelt, indessen sind nicht alle Zweifel an der Verlässlichkeit derselben ausgeschlossen. Vergeblich

---

*) Simancas 2503 Oñate an Philipp dd. 13. Mai. Als Beilage das Schreiben
des venetianischen Gesandten.

bemühte sich nämlich Maximilian durch Ferdinand, den er von 10. Mai 1618 dem Schreiben in Kenntniss setzte, zu erfahren, ob dasselbe auf Wahrheit beruhe und ob Khlesl mit der ungarischen Opposition unter einer Decke spiele. Ferdinand vermochte weder selbst noch durch seine Angehörigen der Sache auf den Grund zu kommen.*) Oñate zweifelte in Folge dessen an der Richtigkeit der Anklage und war geneigt die Schuld des Cardinals weniger in einer eigentlichen Verschwörung, wie in mehr oder weniger unbedachten aber die ungarische Opposition allerdings aufstachelnden Reden zu suchen. Unzweifelhaft hat er das Richtige getroffen, denn gewiss würde Ferdinand den Cardinal einige Jahre später nicht in Gnaden aufgenommen haben, wenn er ihn dieses Verrathes für schuldig gehalten hätte.

Maximilian neigte sich keineswegs Oñate's milderer Erklärung zu und dies um so weniger, als der Cardinal gleichzeitig von anderen Seiten her des Verrathes beschuldigt wurde. Der Obersthofmeister des Herzogs von Baiern, Graf Zollern**), warnte in einem Schreiben vor dem Cardinal, man solle vor ihm auf der Hut sein, da er mit den deutschen Kalvinisten ein Einverständniss unterhalte. Auch der päpstliche Nuncius am kaiserlichen Hofe, der in den Streitigkeiten zwischen Khlesl und Maximilian stets eine reservirte Haltung beobachtet hatte, nahm jetzt entschieden Partei gegen den ersteren und erklärte, das Haus Oesterreich habe nie einen grimmigeren Feind gehabt, als den Cardinal. Der Entschluss, den gehassten Gegner auf irgend eine Weise zu entfernen, der den Erzherzog ununterbrochen beschäftigte, reifte dadurch immer mehr der Ausführung entgegen. Schon zu Anfang des pressburger Reichstages hatte er über diesen Gegenstand einige vertrauliche Aeusserungen mit Oñate ausgetauscht, er war damals unschlüssig, ob er sich der Person des Cardinals bemächtigen und ihn gefangen nach Rom schicken, oder aber den Papst ersuchen solle, dass er dem

---

*) Ferdinand an Max dd. 14. Mai. Archiv des k. k. Ministerium des Innern.
**) Dieser Graf Zollern war ein Vetter des von Mathias mehrfach als Gesandten verwendeten Grafen Eitel Friedrich Zollern.

Cardinal die Entfernung von den Geschäften und die Reise nach Rom in einem eigenen Schreiben anbefehle.*) Der Gesandte hielt diese beiden Wege für unwirksam und empfahl später selbst einen dritten. Er riet nämlich durch Khlesl die Berufung des Kurfürstenconventes vor sich gehen zu lassen, aber seine Theilnahme an demselben zu verhindern, damit er da nicht ähnliche Intriguen wie in Ungarn anzettele. Am leichtesten liesse sich dies durch den Papst erzielen; Paul V solle ihm unter dem Vorwande, dass er seine Würde nicht compromittiren und den Kurfürsten den Vorsitz nicht gestatten dürfe, die Reise nach Regensburg verbieten. Dadurch würde weder der Kaiser beleidigt, noch dem Cardinal irgend eine Gewalt angethan werden. Maximilian wollte von diesen Winkelzügen nichts mehr wissen und theilte Oñate mit, dass er sich ohne längeres Säumen der Person des Cardinals bemächtigen und ihn nach Tirol abführen lassen wolle. Er verlangte, dass der Gesandte sich an dem Handstreich betheiligen und denselben durch die Auctorität seines Königs sanctioniren solle. Oñate wollte dies nicht auf seine eigene Gefahr hin thun, missbilligte jedoch den Entschluss des Erzherzogs nicht und riet ihm nur, im Einverständnisse mit Ferdinand zu handeln.**)

Dem Cardinal war es nicht verborgen geblieben, dass er nächst dem Erzherzog Maximilian an Oñate seinen grössten Gegner besitze. Er selbst mag wohl zuerst dem Gesandten deshalb gegrollt haben, dass dieser sich mit Ferdinand über die spanischen Erbansprüche hinter dem Rücken des Kaisers geeint hatte, so dass die böhmische Krönung nicht weiter verschoben werden konnte. Denn dass eine heimliche Einigung vor sich gegangen war, die man sorgfältig verbarg, ahnte der Cardinal ohne Zweifel. Seitdem trat Oñate stets als Parteigänger der Erzherzoge auf und wurde dadurch für Khlesl um so gefährlicher, je unabhängiger er durch seine Stellung war. Aus diesem Grunde dachte der Cardinal daran, ob er sich des

---

*) Simancas 2327 El consejo de Estado al Rey über Oñate's Schreiben, dd. 4. April.

**) Archiv von Simancas. Brief Oñate's an Philipp III. dd. 13. Mai 1618.

Gegners nicht durch dessen Rückberufung nach Spanien entledigen könnte. Er schrieb deshalb dem kaiserlichen Gesandten in Madrid, dem Grafen Khevenhiller in Betreff Oñate's: „Was $^{3.\,Mai}_{1618}$ soll ich von dem Conde de Oñate schreiben. Ich lege ihn hin und her, er bleibt seiner Natur nach schwarz; wer will einen Raben weiss machen. Schreibt, befehlet und instruirt ihn, wie ihr wollt, ich fürchte, er bleibt, wie er ist. Der König (Philipp) wird von dieser Gesandtschaft keinen Nutzen haben, denn der Kaiser mag den Grafen nicht und lässt ihn nur für kurze Zeit vor; grosses wird derselbe hier nicht bewirken." — Khlesl erreichte aber durch diesen Brief nicht, was er wollte, Oñate wurde nicht abberufen; denn auch das spanische Cabinet eignete sich über den Cardinal stets mehr und mehr das Urtheil der Erzherzoge an.

Indem Maximilian den Cardinal je eher, je lieber beseitigen wollte, bemühte er sich gleichzeitig und mit doppeltem Eifer um das Zustandekommen des Convents. Von dem Kaiser, den er wieder einmal um die Beschleunigung der regensburger Reise ersucht hatte, wurde er einfach auf die leeren Kassen gewiesen. Er liess sich dadurch nicht muthlos machen, sondern setzte um so mehr alle seine Hoffnung auf Spanien und lud deshalb Oñate zu einem Besuche ein. Als der Gesandte bei ihm erschien, bat er ihn in der dringendsten Weise um seine Vermittlung; nie habe er von dem Könige von Spanien, fügte er schliesslich hinzu, eine Gnade verlangt, jetzt zum erstenmale bitte er um eine solche und zwar um Geld für die kaiserliche Reise. Während der Gesandte sich anschickte, hierüber nach Hause zu berichten und seinem Herrn die Auszahlung der nöthigen Summe zu empfehlen, bekam er zu seiner grenzenlosen Ueberraschung von der Hofkammer eine Berechnung über 2,000.000 Thaler, die der Kaiser von Philipp zu fordern habe, mit der Bitte um deren schleunige Bezahlung. Diese respectable Summe kam dadurch zusammen, dass nach der Rechnung der Hofkammer Spanien dem Kaiser an den seit 1609 versprochenen Subsidien 200.000 Thaler, an fälligen Reichssteuern für den burgundischen Kreis aber 1,800.000 schuldete.

Die Rechnungslegung der Hofkammer konnte zu keinem

[illegible]

[illegible] Marne ein Ende nehmen dürfe. [illegible] wenn er in ihm [illegible] unterzog. Sein Mund [illegible]

[illegible] Philipp III [illegible] 17. Mai.

jetzt von süssen Worten für das Haus Oesterreich im allgemeinen und für Erzherzog Maximilian insbesondere, wobei er den Herrn von Eggenberg zum Vertrauten seiner Ergiessungen machte und durch diesen seine Gesinnungen an die rechte Adresse gelangen liess. Für den Kurfürstentag setzte er gleichzeitig einen nahen Termin fest: in drei bis vier Wochen werde der Kaiser sich auf die Reise begeben können, Geld werde sich auch finden, und sollte es nicht zur Hand sein, so werde er lieber darauf „betteln", als den Kurfürstentag länger verschieben. Als er mit seinen Versprechungen im rechten Zuge war, fasste er den Gegenstand, um den es sich ihm eigentlich handelte, direct an und fragte den Herrn von Eggenberg, ob denn eine Aussöhnung zwischen ihm und Maximilian nicht möglich sei. Er wisse eigentlich nicht recht die Ursache, weshalb ihm der letztere nicht wohl wolle, sollte es etwa die Cardinalswürde sein, die ihm einen Vorrang vor demselben zu geben scheine, so versichere er „bei Gott", dass er einen solchen nicht in Anspruch nehme, lieber wolle er den Erzherzogen seinen Kopf unter die Füsse legen, als sich über sie erheben. Und wenn sein Cardinalskäppchen sie hindern sollte, „ihren Fuss auf seinen Kopf zu setzen", wolle er es wegthun. Von Herzen wünsche er, dass Jemand die Irrungen zwischen ihm und Erzherzog Maximilian beseitige. Habe er ihn beleidigt, so wolle er ihn abbitten und ihm Genugthuung leisten.

Eggenberg, der gewiss nicht so blöde war, um in dem Sturze des Cardinals nicht die eigene künftige Grösse zu ahnen, war für den vielleicht aufrichtig gemeinten Annäherungsversuch des letzteren die am unpassendsten gewählte Persönlichkeit. Schon seine Antwort zeigte von höfischer Falschheit; er erwiderte nämlich, dass ihm von einem Hasse Maximilians gegen Khlesl nichts bekannt sei, dass letzterer sich mit eitlen Sorgen beschwere und was sonst mehr. Der Cardinal entnahm diesen Worten, dass er auf eine Aussöhnung nicht hoffen dürfe und brach das Gespräch ab, that aber, als ob ihn Eggenbergs Versicherung beruhigt hätte und zahlte so dessen Unaufrichtigkeit mit gleicher Münze heim. Es sei ihm, meinte er, ein schwerer

Stein vom Herzen gefallen und kein geringer Trost, dass seine Befürchtungen nicht begründet seien.*)

Die Verhandlungen über die Berufung des Kurfürstentages wurden übrigens jetzt vollständig abgebrochen, da der Ausbruch des böhmischen Aufstandes alle Aufmerksamkeit und alle Mittel in Anspruch nahm. Ferdinand und Maximilian sahen ein, dass es wichtiger sei, die Krone von Böhmen zu sichern, als sich von neuem um die deutsche in Bewerbung zu setzen. Ihre Hauptsorge war nicht mehr die Berufung des Kurfürstenconvents, sondern die Ausrüstung einer Armee gegen Böhmen.

---

*) Alle diese Angaben über die Zerwürfnisse Khlesls mit den Erzherzogen sind aus der Correspondenz zwischen Maximilian, Ferdinand und Arbeitsl im Monate Mai 1618 im Archiv des k. k. Minist. des Innern geschöpft.

Fünftes Kapitel.

Der Fenstersturz (23. Mai 1618).

I Schroffe Zuspitzung der Parteiverhältnisse in Böhmen. Neue Bedrückungen der Protestanten auf königlichen und geistlichen Gütern. Eingriffe in die Autonomie der prager Gemeinde. Neues Pressgesetz. Ernennung der Statthalter vor der Abreise des Kaisers nach Wien. Die braunauer Deputation in Pardubitz. Vorgänge in Braunau. Zerstörung der klostergraber Kirche.
II Die Defensoren berufen einen Protestantentag nach Prag (6. März 1618). Beschlüsse desselben. Drohschreiben des Kaisers. Entschlossene Haltung der Defensoren. Versuche der Regierung zur Trennung der königlichen Städte vom Adel. Loyalitätsadressen der Städte. Mictrna's Bestrebungen zur Wiedererweckung des alten Utraquismus. Der Streit um die Bethlehemskirche. Der Kaiser bedient sich einer beschwichtigenden Sprache.
III. Eröffnung des zweiten Protestantentages am 21. Mai. Verhandlungen desselben. Verschwörung zur Ermordung der Statthalter. Die Theilnehmer an derselben. Die Stände in der Kanzlei. Der Fenstersturz. Merkwürdige Rettung der Statthalter und des Secretärs Fabricius.

1

Die Consequenzen der Erhebung Ferdinands auf den böhmischen Thron liessen nicht lange auf sich warten und die Freude jener Protestanten, die aus dem glatten Verlaufe der Krönungsfeierlichkeiten und den dabei gewechselten freundlichen Reden und Blicken Beruhigung für die Zukunft geschöpft hatten, war kaum von längerer Dauer als das Leben einer Eintagsfliege. Die erste unangenehme Enttäuschung bereitete ihnen die Verkürzung, welche einige hervorragenden Mitglieder der Opposition in ihren amtlichen Stellungen erfahren hatten. Bald darauf konnte man nicht im Zweifel sein, dass die Regierung die Opposition nicht bloss in den Personen, sondern in der Sache selbst bekämpfe, denn von einer Beseitigung der mehr oder weniger begründeten protestantischen Beschwerden war nicht entfernt die Rede. Im Gegentheile zeigten die böhmischen Staatsmänner, welche die katholische Reaction vorzugsweise gefördert hatten, mehr Entschlossenheit und Unternehmungslust, seitdem ihnen durch die Erhebung Ferdinands die Zukunft gesichert schien. Auch Khlesl, wie gross sonst seine Differenzen mit dem Könige sein mochten, wollte keineswegs die Weiterentwicklung einer ausschliesslich katholischen Regierungsweise hemmen, da er zu ihrer Anbahnung nicht wenig beigetragen hatte. Im gesellschaftlichen Verkehre legten einzelne Katholiken bereits eine übermüthige Zuversicht an den Tag und bedienten sich gegen ihre andersgläubigen Landsleute eines herausfordernden Tones. Der Secretär der böhmischen Kanzlei, Michna, ein Mann, der den Protestanten ausserordentlich verhasst war und der auch keine Gelegenheit vorübergehen liess, ohne ihren Zorn zu reizen, äusserte: „es werde nun den Defensoren bald der Process gemacht werden. Wenn Ferdinand einmal die Regierung ergriffen hätte, so käme eine stehende Besatzung nach Prag und dann werde kein halbes Jahr darüber hingehen, ohne dass die Bürger sich zum katholischen Glauben bekennen müssten. Es sei bei den Prinzen des Hauses Habsburg eine beschlossene Sache, in ihren Ländern keinen anderen Glauben zu dulden als den katholischen u. s. w." In ähnlicher Weise liess sich auch der Hauptmann der königlichen Herrschaft Melnik, Tepenec, aus: „Sitzt nur einmal der neue König auf dem Throne, dann müssen alle einen Glauben annehmen und Petrus wird viele Nachfolger finden." Als man ihm entgegnete, der König sei durch einen Eid an einer derartigen Reformation gehindert, erwiederte Tepenec: „Hat Ferdinand seinen Erbländern den Eid nicht gehalten, so wird er es den Böhmen gegenüber auch nicht thun." — Einem Bürger, der aus Krummau nach Prag übersiedelte, weil er der Bedrükkungen müde war, die er wegen seines protestantischen Bekenntnisses erdulden musste, bemerkte ein Jesuit: wenn er keinen anderen Grund für seine Uebersiedelung gehabt habe, so hätte er ruhig in Krummau bleiben können, denn binnen kurzem werde auch in Prag nur der katholische Glaube geduldet werden.

Solche und ähnliche Reden konnte man überall in Böhmen hören, sie bildeten den Klatsch des Tages, wurden mehr oder weniger übertrieben, weiter erzählt und versetzten das Land in eine zunehmende Aufregung. Selbst hochgestellte Persönlichkeiten betheiligten sich an derartigen Prophezeiungen und gossen so Oel ins Feuer. Der oberste Münzmeister Wilhelm von Wresowic, ein katholischer Polterer, unterhielt sich gern und häufig über die Bestrafung, die den Defensoren zu Theil werden würde und bezeichnete namentlich die Grafen Thurn und Schlick, dann Wilhelm von Lobkowitz und den Ziegenbart (Budowec) als jene, denen man den Kopf abschlagen müsse, oder, wie er sich noch drastischer ausdrückte, die ihre leeren Mohnköpfe nicht von Prag fortbringen dürften. Wenn er zur Nachsicht aufgelegt war, dann begnadigte er den Grafen Thurn, „den verfluchten Deutschen, den der Teufel nach Böhmen gebracht habe," auch dem Herrn von Lobkowitz liess er Verzeihung angedeihen, aber Schlick und Budowec durften dem Henker nicht entgehen. Der Majestätsbrief hatte nach seiner Meinung keine Giltigkeit, weil er mit Gewalt erzwungen worden war, er habe, meinte er, ohnedies schon „ein Loch bekommen." — Auch der ruhige und billig denkende Oberstburggraf sprach die Befürchtung aus, dass Ruhe und Ordnung nicht eher in Böhmen einziehen würden, als bis einige am Leben gestraft worden wären. Ueberhaupt hielten tiefer denkende Katholiken, die sich vor eitlen Herausforderungen hüteten, die Lage für so ernst, dass ihnen ein Krieg auf Leben und Tod mit den Protestanten unvermeidlich schien.*) Die Frau des Kanzlers, Polixena von Lobkowitz, unter den katholischen Edelfrauen Böhmens unbestritten die erste tonangebende Dame, äusserte nach Ferdinands Erhebung, jetzt sei die Zeit gekommen, wo entweder die Katholiken von den Protestanten oder diese von jenen niedergetreten würden.**) Eine derartige Behauptung, welche die Möglichkeit einer Niederlage für beide kämpfenden Parteien zu-

---

*) Andere Apologie, Ausgabe von Schubert. S. 49, 54, 59 und folgende, 400—404.
**) Skala II, 85.

liess, hatte zwar nichts beleidigendes für die Protestanten, aber
ihre Wirkung war darum nicht geringer, denn von einer so
hochgestellten Persönlichkeit ausgehend, glich sie dem Läuten
einer Sturmglocke und war eine verschärfte Auflage der brandeiser Erklärung.

Alle eben angedeuteten Reden liessen erwarten, dass die
Regierung nicht blos ihre bisherigen Massregeln, welche auf die
Bedrückung der Protestanten hinausliefen, aufrecht erhalten, sondern noch durch strengere überbieten würde. In der That zeigte
sich dies in der neuen Behandlung der Unterthanen auf den
königlichen Gütern.

Die Gegenreformation auf den königlichen Gütern blieb nur
eine unvollkommene, so lange die Pfarrer zwar katholisch waren, die Bauern aber zum Anhören derselben nicht gezwungen
werden konnten. Der weitgehendste Angriff gegen dieselben datirte aus dem Jahre 1616 und bestand, wie erzählt worden *),
darin, dass hie und da den Bauern von ihren katholischen Pfarrern der Besuch benachbarter protestantischer Kirche verboten
wurde. Jetzt wurde beschlossen, einen Schritt vorwärts zu
thun; die Bewohner der königlichen Güter sollten geradezu entweder zur Annahme des katholischen Glaubens oder zur Auswanderung gezwungen werden. Die allgemeine Durchführung
dieser Massregel wurde vorläufig nicht versucht, denn dies hätte
ohne weiteres die Revolution herbeigeführt, sie wurde auf wenige, scheinbar zufällig gewählte Orte beschränkt. Es waren
dies Krummau, Melnik, die Umgebung von Brüx und das zum
sedlecer Kloster gehörige Malin. Aus Krummau und Melnik
wurden einzelne protestantische Bürger unter mancherlei Vorwänden zur Auswanderung gezwungen; in Brüx suchte man
durch den Druck einer harten Verwaltung zu demselben Ziele
zu gelangen. **) Die Zahl der Bürger aus den genannten Orten,
die zur Auswanderung genöthigt wurden, belief sich kaum auf
zwei Dutzend Personen, aber wie gering auch diese Zahl war,
die Thatsache der Vertreibung war von ungemessener Bedeu-

---
*) Seite 45.
**) Die beweisenden Actenstücke sind in der andern Apologie.

tung. — Es war nur eine natürliche Consequenz dieser Vorgänge, dass die Protestanten in den zu den königlichen Gütern gehörigen Städten nicht mehr in den Bürgerverband zugelassen wurden. Der Hauptmann der krummauer Herrschaft rühmte sich offen, dass seit seiner anderthalbjährigen Amtsführung kein Protestant in Krummau als Bürger aufgenommen worden sei.*) Selbstverständlich wurden auch nicht mehr Protestanten, wie früher, sondern ausschliesslich Katholiken zu Hauptleuten der königlichen Herrschaften ernannt.**) Alle diese Massregeln bildeten das Vorspiel von Angriffen, die sich schliesslich gegen die königlichen Städte selbst richteten.

Die betreffenden Angriffe begannen mit einer Reihe von Verfügungen, die zu Gunsten der Katholiken lauteten. Die königlichen Städte waren mit Ausnahme von Budweis und Pilsen fast durchaus protestantisch, von Seite der Bürgerschaften wurden die Katholiken consequent von der Erwerbung des Bürgerrechtes ausgeschlossen. Diesem an und für sich tadelnswerthen Vorgange in einem Lande wie Böhmen wurde nun durch königliche Einwirkung ein Ende gemacht und namentlich Leitmeritz und Prag zur Aufnahme von Katholiken in den Bürgerverband gezwungen. Diese Massregel sollte nicht allein dazu dienen, den Katholiken aus einer untergeordneten Stellung zu verhelfen, was nur billig gewesen wäre, sie sollte auch den Katholiken die Regierung der Städte in die Hände spielen. — Die damalige Verwaltung der königlichen Städte war ein Gemisch von Autonomie und Abhängigkeit vom Könige. Letzterer ernannte durch den Landesunterkämmerer oder den Hofrichter die Mitglieder des Stadtrathes, doch war er bei deren Auswahl an die Bürgerschaft gebunden. In der Regel wurden die angesehensten Mitglieder derselben mit der städtischen Regierung betraut und erfreuten sich des Vertrauens ihrer Mitbürger. Anders verhielt es sich aber, wenn man mit Hintansetzung der Protestanten vorzugsweise die in verschwindender Minorität sich befindenden katholischen Bürger zu den städtischen Aemtern beförderte.

*) Andere Apologie N. 36.
**) Andere Apologie S. 42.

Man gelangte dadurch zu einem Stadtregiment, das vom Hofe ganz und gar abhing und sich in vollem Gegensatz zur Gemeinde befand. Kaum war die Befürchtung laut geworden, dass die von der Regierung hie und da verordnete Aufnahme von Katholiken unter die Zahl der Bürger von wichtigen Folgen für die Verwaltung einzelner Städte begleitet sein würde, als diese Folgen schon sichtbar wurden. In Leitmeritz, Kuttenberg und Brüx fing der Stadtrath an, sich in seinen Beschlüssen auf die katholische Seite zu neigen, in den drei prager Städten war dies im Laufe des Jahres 1617 bereits so vollständig der Fall, dass man, nach dem Verhalten der prager Gemeinderäthe zu urtheilen, die Hauptstadt des Landes für katholisch halten durfte. Die katholischen Feiertage wurden regelmässig gefeiert; bei festlichen Umzügen und Processionen ordnete der kleinseitner Stadtrath an, dass während ihrer Dauer mit den Glocken der protestantischen Nicolauskirche geläutet werde; auf der Neustadt mussten bei demselben Anlasse auf Befehl des dortigen Stadtrathes die Zünfte ausrücken und die Ordnung aufrecht halten. Michna zeigte sich auch in dieser Angelegenheit besonders thätig, er bemühte sich, einzelne Bürger durch freundliche Worte zur Theilnahme an den Processionen und so zu katholischen Aeusserungen zu vermögen.*) Die steigenden Besorgnisse der Protestanten bezüglich der Städte fanden zuletzt ihre Bestätigung in einer neuen Regierungsmassregel, die alles überbot, was bisher in der einseitigen Lösung der religiösen Frage geschehen war.

Anfangs November 1617 wurde nämlich ein Decret, versehen mit der Unterschrift des Kaisers und des Kanzlers, veröffentlicht und den prager Königsrichtern zugeschickt, das unter dem unscheinbaren Namen einer „Instruction" für dieselben nichts mehr und nichts weniger als eine octroyirte Gemeindeordnung für Prag enthielt, die Autonomie dieser Stadt nahezu aufhob und die Königsrichter zu Herren derselben machte.**) Fortan sollte nämlich der Königsrichter bei allen Versammlun-

4. Nov. 1617

---

*) Andere Apologie N. 52 und 53.
**) Andere Apologie. Beilage 47.

gen der Gemeinde den Vorsitz führen, Einsicht in alle Acten derselben nehmen, nichts sollte ohne sein Vorwissen *berathen* und *entschieden* werden und keine Sitzung des Gemeinderathes ohne seine vorher eingeholte *Erlaubniss* stattfinden, schliesslich sollten auch alle Rechnungen der Gemeinde ihm zur Prüfung und Approbation vorgelegt werden. Diese Instruction für den Richter war zunächst nur für Prag bestimmt, allein es war nicht zweifelhaft, dass man sie auf alle königlichen Städte ausdehnen würde, sobald der Versuch in Prag gelang. Die gänzliche politische Unterordnung und Abhängigkeit der Städte von der Willkür des Königs musste das Resultat des Gelingens sein.

So Aufsehen erregend die erwähnte Instruction an und für sich war, so enthielt sie doch noch einen Punkt, der im Augenblicke eine noch höhere Aufmerksamkeit wachrief. Die Richter wurden nämlich angewiesen, das Verzeichniss sämmtlicher Stiftungen jeder einzelnen Kirche in Prag nachzusehen und zu untersuchen, ob dieselben genau im Sinne des Stiftsbriefes verwaltet würden. — Das gesammte Stiftungsvermögen der prager Kirchen rührte, mit geringen Ausnahmen, aus der vorhusitischen Zeit her; nach dem siegreichen Auftreten des Husitismus wurde es an der Mehrzahl der prager Kirchen für utraquistische Zwecke und seit dem Jahre 1609 für die Anhänger der böhmischen Confession verwendet. Wenn man jetzt nicht blos dem Ursprunge des prager Kirchenvermögens nachforschen, sondern dasselbe auch seinen ursprünglichen Zwecken zurückgeben wollte, so hiess das den Protestanten ihr sämmtliches Kirchenvermögen entziehen. Von dem Vermögen zu den Kirchen selbst war nur ein Schritt; denn so gut die Stiftungen ursprünglich katholisch waren, so gut waren es auch fast ausnahmslos die Kirchen. Es war wohl nur eine Consequenz der Instruction, wenn gleichzeitig von Seite der königlichen Kammer die Leistung fundirter Zahlungen an die protestantische Geistlichkeit verweigert wurde, weil diese ursprünglich nicht für die Anhänger der böhmischen Confession bestimmt waren.

Der Vergleich hatte das Jahr 1609 zum Normaljahr gemacht in der Entscheidung der Frage, welche Pfarren, Stiftungen und Nutzniessungen katholisch und welche protestantisch sein sollten. Hätte nicht schon dieser Umstand eine Schranke gegen eine willkürliche Reduction der Pfarren und des Kirchenvermögens auf den Zustand vor Hus gebildet, so konnte doch auch eine mehr als 200jährige Ersitzung nicht ohne weiteres annullirt werden. Alle diese und andere Einwürfe hatte man ohne Zweifel auch im kaiserlichen Cabinete erwogen; wenn man trotzdem die Instruction veröffentlichte, so darf man nicht zweifeln, dass man am Hofe fest entschlossen war, die königlichen Städte nach demselben Massstabe zu behandeln, wie die königlichen Güter. Was jetzt in Prag allein versucht wurde, stand gewiss allen Städten bevor, wenn es gelang.

Die Lage der Protestanten war ernst geworden; die rechtfertigenden Gründe, die für des Königs Auftreten in der Behandlung der königlichen und geistlichen Güter geltend gemacht werden konnten, die Entschuldigungen, die man hie und da für die Katholicisirung der Stadtobrigkeiten vorbrachte, fielen bei dem Angriffe auf die Hauptstadt des Landes weg. Umsonst protestirten die Prager gegen die octroyirte Gemeindeordnung, eine Zurücknahme derselben wurde nicht erreicht. Die Regierung schritt im Gegentheile auf dem einmal betretenen Wege weiter und erliess für Prag ein neues Pressgesetz. Die Religionsgesetze von 1609 hatten die Protestanten in dieser Beziehung vor einer Einflussnahme der Katholiken dadurch gesichert, dass den Defensoren die Oberaufsicht über den Druck protestantischer Bücher ertheilt wurde. Diese Einrichtung war bis jetzt in Kraft geblieben; da nun zu erwarten stand, dass die Defensoren die Massregeln der Regierung nicht schweigend hinnehmen, sondern sich in der Presse dagegen erheben würden, galt es, dieselbe mundtodt zu machen. Kurze Zeit nach der Publi-
11. Dec. 1617 cation der neuen Stadtordnung wurde den Pragern in einem Erlasse aufgetragen, jedes für den Druck bestimmte Manuscript vorerst dem Kanzler zur Durchsicht vorzulegen und von diesem die Erlaubniss zum Drucke einzuholen.*)

Alle diese Massregeln der Regierung hatten noch dadurch eine ganz besondere Bedeutung, dass sie nicht in Abwesenheit

---

*) Andere Apologie Nr. 46.

des Kaisers, sondern zur Zeit seiner Anwesenheit im Lande
getroffen wurden. So blieb den Bedrohten nicht einmal der
Trost, dass die Absichten ihres Monarchen von seinen Dienern
falsch verstanden würden. Schon seit vielen Wochen war übrigens beschlossen worden, dass der Kaiser nach Wien reisen
solle, um Pressburg, wohin der ungarische Reichstag berufen
werden musste, näher zu sein. Von Woche zu Woche verzögerte sich jedoch die Abreise, weil die Aerzte dieselbe entweder widerrieten oder Mathias, der fortwährend kränkelte,
selbst dazu nur wenig Lust hatte. Endlich gab die Prophezeiung eines mantuanischen Astrologen den Ausschlag. Derselbe
behauptete, in den Sternen gelesen zu haben, dass dem Kaiser
ein grosses Unglück bevorstehe, wenn er bis zum Februar in Prag
bleiben würde. Dieses Prognostikon kam zur Kenntniss des
Bedrohten und nun gab es kein Zögern mehr.*) Vor seiner
Abreise von Prag übergab Mathias die Leitung der Geschäfte,
soweit sie nicht selbständig von den einzelnen Landesbeamten
besorgt werden konnten, in die Hände mehrerer aus den obersten Beamten gewählten Personen, denen der Titel Statthalter
beigelegt wurde. Die Zahl dieser Statthalter, deren Titel
bald eine unvergängliche Berühmtheit erlangte, belief sich auf
zehn; es waren dies der Oberstburggraf Adam von Sternberg,
der Obersthofmeister Adam von Waldstein, der Oberstlandkämmerer Georg von Talmberg, die vielgenannten Herren Slawata
und Martinitz, die Beisitzer des Landrechtes Herr Karl von
Duba, Herr Diepolt von Lobkowitz (letzterer zugleich Grandprior des Malteserordens in Böhmen), der Oberstlandschreiber
Johann von Klenowy, der Landesunterkämmerer Burghard Točnik und Ulrich von Gerstorf. Sieben von den Statthaltern waren katholisch, drei protestantisch. Ein wichtiger Name fehlt
in der Reihe dieser kaiserlichen Vertrauenspersonen, der des
Grafen Thurn, den seine amtliche Stellung zur Theilnahme an
der Statthalterschaft berufen hätte. Allein hatte der Kaiser absichtlich einige andere hochgestellte Personen von diesem ausgezeichneten Posten ferngehalten, weil sie sich nicht seines vol-

---

*) Sächs. Staatsarchiv. 8239. Zeidler an Kursachsen dd. 6/16. Nov. 1617.

len Vertrauens erfreuten, um wie viel mehr das Haupt der sich
bildenden Verschwörung. Der Kanzler Lobkowitz war kein
Mitglied der Statthalterschaft, weil sein Dienst ihn mehr an die
Person des Monarchen fesselte.

Auf dem Wege nach Wien bekam Mathias Gelegenheit,
seine letzte Entscheidung in der braunauer Kirchenfrage zu
fällen. Es wurde erzählt, dass der Abt von Braunau im Jahre
1615 seine protestantischen Unterthanen an der Benützung ihrer
Kirche gehindert hatte. Seine Befehle hatten keine nachhaltige
Wirkung gehabt, denn er klagte neuerdings über die Bürger,
dass sie die Kirche wiederum benützten und sich weigerten,
ihm die Schlüssel derselben auszuliefern. Daraufhin erhielten
die Braunauer einen Auftrag aus der königlichen Kanzlei zur
Absendung einer Deputation nach Pardubic, die sich daselbst
zur Zeit der Durchreise des Kaisers nach Wien einfinden sollte,
um seine Befehle entgegen zu nehmen. Die Deputation fand
sich ein und erhielt vom Kanzler den Auftrag an ihre Mitbürger,
die Kirche dem Abte definitiv abzutreten. Ueber die pünktliche Erfüllung des Auftrages sollten sie sich dann vom letzteren ein Zeugniss ausstellen lassen und längstens binnen vier
Wochen dasselbe den Statthaltern in Prag durch eine Deputation überreichen. Die Statthalter bekamen gleichzeitig den Befehl, im Falle des Ungehorsams der Braunauer die Häupter der
Opposition gefänglich einziehen zu lassen.

Der Bescheid, den die braunauer Deputation nach Hause
brachte, versetzte die Gemeinde in die grösste Bestürzung, beugte
aber ihre Entschlossenheit nicht. Sie weigerte sich auch jetzt
beharrlich, dem königlichen Befehle nachzukommen und die
Kirche dem Abte abzutreten. Letzterer klagte abermals, worauf den Braunauern aus der königlichen Kanzlei selbst der
Auftrag zur Absendung einer Deputation nach Prag zugeschickt
wurde. Fünf Bürger leisteten dem Befehle Folge, ein sechster,
David Rampuš, dem schon in Pardubic aufgetragen wurde,
sich in Prag einzufinden, hielt sich wohlweislich zurück. Da
die Deputation über den Gehorsam der Gemeinde nichts günstiges berichten konnte, wurde sie dem königlichen Befehle
gemäss in den weissen Thurm eingekerkert und darauf den

Braunauern die Ueberbringung der Kirchenschlüssel nach Prag durch vier namentlich bezeichnete Bürger anbefohlen. Drei von den citirten, darunter auch Rampuš, kamen dem Befehle insofern nach, als sie sich in Prag einfanden, da aber auch sie die Schlüssel nicht mitbrachten, so wurden sie ebenfalls in den weissen Thurm geworfen. Die Gemeinde wurde trotzdem nicht nachgiebiger. Der Bürgermeister und die Rathsherren von Braunau, durch diese Strenge etwas eingeschüchtert, machten zwar Miene, als ob sie dem königlichen Befehle nachkommen und die Kirche sperren wollten, allein auf das erste Gerücht von dieser Absicht rottete sich die Bevölkerung zusammen, griff zu den Waffen und war bereit, ihr Heiligthum selbst gegen die städtische Obrigkeit zu vertheidigen. Als Mathias davon in Kenntniss gesetzt wurde, ordnete er die Absendung einer königlichen Commission nach Braunau ab, welche seine so oft 19. Feb. 1618 und so vergeblich wiederholten Befehle wegen Sperrung der Kirche durchführen sollte. *)

Um den Schein der Unparteilichkeit zu wahren, wollte man von Seite der Regierung die Commission zur Hälfte aus Katholiken, zur Hälfte aus Protestanten zusammensetzen, allein Niemand von den letzteren, auf die die Wahl gefallen war, liess sich zu der braunauer Sendung gebrauchen, trotzdem dass Michna die Widerspänstigen mit dem königlichen Missfallen bedrohte. So bekam die Commission von vornherein einen ausgesprochen katholischen Charakter. Als sie sich in Braunau einfand und die Ablieferung der Kirchenschlüssel verlangte, erklärte sich der Rath wohl zum Gehorsam bereit, wies jedoch auf die Bürgerschaft hin, ohne deren Zustimmung er nichts thun dürfe. Als darauf in einer Sitzung, die deshalb anberaumt wurde, die Commissäre von den Bürgern eine definitive Erklärung verlangten, wagte Niemand von denselben das Wort zu ergreifen. Ueber eine Viertelstunde herrschte eine tödtliche Stille im Saale, nur in den Mienen der Bürger machte sich in stummer, aber deshalb nicht minder ergreifender Weise die Sprache der Angst und

---

*) Alles dies nach Acten des wiener Staatsarchivs und nach dem MS 878 der Bibl. des F. G. Lobkowitz in Prag.

Erbitterung geltend. Endlich stand ein Bürger auf und ersuchte die Commissäre um eine kurze Vertagung der Verhandlung. Sie gaben der Bitte nach und erhielten einige Stunden später von der Bürgerschaft eine längere Auseinandersetzung der Gründe, um derentwillen es ihr nicht möglich sei, zu gehorchen. Da sich die Commissäre dadurch von ihrem Auftrage nicht für entbunden erachteten, forderten sie jetzt den Rath energisch zur Schliessung der Kirche auf. Als dieser gehorchen wollte, stürmten die Braunauer mit Weib und Kindern vor die Kirche und setzten sich da mit Waffen und Steinen zur Wehre. Obwohl sie der Rath vor den Folgen eines solchen Benehmens ernstlich verwarnte, liessen sie sich durch nichts abschrecken und blieben standhaft auf dem Platze.*)

Die Commissäre gaben sich vorläufig zufrieden und suchten auf andere Weise zum Ziele zu gelangen. Sie riefen den Prediger, in dem sie den Urheber des ganzen Widerstandes vermuthen mochten, vor sich und stellten ihm die verderblichen Folgen einer derartigen Widersetzlichkeit vor. Obwohl der Prediger, wie es heisst, bis zu Thränen gerührt war, so hatte diese Ansprache doch keine andere Wirkung auf ihn, als dass er versprach, sich in einigen Wochen von Braunau entfernen zu wollen. Damit war aber weder für den Augenblick etwas gewonnen, noch die Kirche gesperrt, und die Commissäre forderten deshalb den Rath zum letztenmale zu deren Uebergabe auf. Als dieser sich mit der Unmöglichkeit des Gehorsams entschuldigte, reisten sie unverrichteter Dinge ab. Da eine Execution gegen die Braunauer während der nächsten Wochen nicht vorgenommen wurde, so befanden sich die Braunauer bei dem Ausbruche des böhmischen Aufstandes (23. Mai 1618) thatsächlich im Besitze ihrer Kirche.

---

*) Ueber die Sendung berichtet: Wiener Staatsa. Misc. 491. Aus Prag dd. 24. März 1618. Aus diesem Berichte ist das Datum der Ankunft der Commissäre in Braunau nur sehr unbestimmt zu ersehen. — Sächs. Staatsa. 9168. Zeidler an Kursachsen dd. 11/21 März 1618. Zeidler sagt geradezu, die Abreise der Commissäre nach Braunau sei vor 14 Tagen vor sich gegangen, also den 7. oder 8.

Schneller als der braunauer Streit, der sich in der erzählten Weise durch Monate hinzog, gelangte die klostergraber Angelegenheit zu einem definitiven Abschluss. Nachdem der Erzbischof schon im Jahre 1614 die von den Klostergrabern erbaute protestantische Kirche hatte versiegeln lassen, leistete er seit dieser Zeit den Versuchen der Bürger, dieselbe wieder in ihren Besitz zu bekommen, beharrlichen Widerstand. Er wagte darauf die Verletzung des Majestätsbriefes in einer Weise, die das Verfahren auf den königlichen Gütern überbot. Jedermann wurde aufgefordert, die katholische Kirche zu besuchen, wer dies unterliess oder wer vollends in der Nachbarschaft einen protestantischen Prediger anhörte und das Abendmahl von demselben empfing, wurde mit arbiträren Strafen belegt. Protestanten wurde der Abschluss einer Ehe so lange verwehrt, als sie sich nicht als Katholiken bekannten, die Ungehorsamen wurden von dem erzbischöflichen Beamten Dr. Ponzon auf das härteste bedroht. Schritt für Schritt gaben die Klostergraber nach, weniger weil sie ihre Ueberzeugung aufgegeben hatten, als weil ihre Angst vor dem Erzbischof gestiegen war. Zuletzt stellten sie sogar einen Revers aus, in dem sie sich für alle Zukunft zum Gehorsam gegen die katholische Kirche verpflichteten. So ward gewissermassen der Majestätsbrief gehöhnt und die Bestimmung desselben, dass für *alle Zukunft* jedem Bewohner Böhmens das religiöse Bekenntniss freigestellt sein solle, lächerlich gemacht. Schliesslich krönte der Erzbischof alle seine bisherigen Bemühungen damit, dass er die für den protestantischen Gottesdienst erbaute Kirche in Klostergrab niederreissen liess. In drei Tagen (11—13. December) war das Werk der Zerstörung vollendet und so sein Befehl ohne Säumen und ohne allen Widerstand durchgeführt. *) Aber spurlos ging diese Sache deshalb nicht vorüber. Das Dröhnen der in Klostergrab stürzenden Kirchenmauern hallte in ganz Europa wieder; denn kein Ereigniss in dem böhmischen Drama ist derart zur Kenntniss der civilisirten Welt gelangt, wie dieses und keines ausser

---

*) Die Actenstücke bezüglich der Klostergraber Streitigkeiten in der andern Apologie.

dem Fenstersturze hat eine grössere Sensation wach gerufen. In der Zerstörung des Gebäudes lag so viel Bedrohung, Verletzung und Verhöhnung der Protestanten, dass sich dies durch keine gesetzlichen Scheingründe verhüllen liess. Und in der That übte in Böhmen selbst kein Kerker, keine Confiscation und keine Vertreibung von Grund und Boden eine derartige Wirkung aus, wie diese Execution gegen die todten, aber allerdings nicht bedeutungslosen Mauern. Der protestantischen Bevölkerung blieb nach dieser Thatsache kein Zweifel mehr, dass das J. 1609 nicht die erwarteten Früchte getragen habe und das Schwert zur Lösung der religiösen Frage berufen sei.

II

Der Augenblick war jetzt gekommen, von welchem an jede weitere Nachgiebigkeit für die Protestanten verhängnissvoll werden konnte. Waren sie zu einem Aufstande gegen das Haus Habsburg geneigt, so mussten sie vor allem erwägen, ob die Verschiebung desselben bis zu dem Tode des Mathias nicht eine unverhältnissmässig lange Frist in sich schliesse und sie nicht mittlerweile das Schicksal der steirischen Protestanten theilen würden. Diese Frage wollte Graf Thurn, dem es in der gewitterschwangern Luft immer unheimlicher wurde, seinen Glaubensgenossen vorlegen, er selbst war sich seines Zieles klar bewusst. Seine nächste Absicht ging vorläufig dahin, seine Freunde zu einer auffallenden Demonstration zu vermögen, durch welche dem Kaiser vielleicht ein Halt auf dem betretenen Wege geboten werden könnte. Die Mehrzahl der Defensoren, darunter Budowec, Ruppa u. s. w. theilten seine Meinung und waren entschlossen einen entscheidenden Schritt zu wagen. Eine Minderzahl war jedoch mit dem Betreten aussergewöhnlicher Wege nicht einverstanden, da sie sich vor einem Kampfe mit dem Kaiser scheute. Die Einwürfe derselben fanden bei Thurn um so weniger Beachtung, als im ganzen Lande laute Klagen über die Defensoren ertönten und denselben eine fahrlässige Führung ihres Amtes vorgeworfen wurde.

Nach den Landtagsartikeln von 1609 sollten die Defensoren im Allgemeinen die Rechte der Protestanten wahren und die Aufsicht über das Consistorium und die Universität führen. Die protestantischen Stände hatten damals noch verlangt, sich in ausserordentlichen Fällen versammeln zu dürfen; dies wurde ihnen zwar nicht gestattet, doch bewilligte Rudolf schliesslich, dass die Defensoren in wichtigen Fällen sämmtliche protestantische oberste Beamten und Räthe und je sechs Deputirte aus jedem Kreise des Landes zu einer Berathung einberufen dürften. Machten die Defensoren von dieser Befugniss Gebrauch, so kam eine Versammlung von ungefähr 100 Personen zu Stande, die man bei der Stellung ihrer Mitglieder mit Fug und Recht als eine Art protestantischen Landtags ansehen konnte. Die Beschlüsse desselben mussten besonders dann ein bedeutendes Gewicht erlangen, wenn das ganze Land auf unzweideutige Art zu erkennen gab, dass es dieselben billige. Die Majorität der Defensoren beschloss nun, eine solche Versammlung einzuberufen. An alle Kreise Böhmens wurden Schreiben abgesandt, in denen sie zur Wahl von sechs Deputirten, zwei aus jedem Stande, aufgefordert wurden. Diese Deputirten, sowie die obersten Beamten und Räthe, die in besonderen Schreiben eingeladen wurden, sollten sich am 5. März in Prag einfinden, weil es sich um die Wahrung der wichtigsten Glaubensinteressen handle.

Zur festgesetzten Zeit erschienen in der That die Vertreter sämmtlicher Kreise in Prag, bereit, über jene Gegenstände zu verhandeln, die ihnen von den Defensoren vorgelegt würden. Am 6. März versammelten sie sich mit den protestantischen Beamten und Räthen, von denen jedoch nur wenige erschienen waren, im grossen Saale des Carolinums. Vor der Eröffnung der Berathung verhandelte Thurn in einem Nebengemache mit den Defensoren, von denen auch nicht alle, wohl aber die Mehrzahl sich eingefunden hatte, über die der Versammlung zu machenden Vorschläge. Unzweifelhaft waren schon früher unter den Defensoren lange Berathungen darüber gepflogen worden und diese letzte mochte vielleicht nur Formfragen betreffen, doch zog sie sich über zwei Stunden hin, denn die entscheidende Wichtigkeit des Augenblickes blieb Niemandem verborgen und veranlasste längeres Zögern und Erwägen. Um die auf die Eröffnung der Verhandlung harrende Versammlung nicht ungeduldig werden zu lassen, unterhielt sie Graf Schlick mit einem historischen Vortrage über die Zeiten Karls IV und seiner beiden Söhne und Nachfolger: Dass dieser Vortrag, der allgemeinen Anklang fand, an Beziehungen auf die Gegenwart nicht Mangel litt, lässt sich denken. *)

Um 10 Uhr erschienen endlich die Defensoren im Saale, den Grafen Thurn an ihrer Spitze. Er dankte den Abwesenden für ihr bereitwilliges Kommen und las darauf eine längere Schrift vor, welche die Bedrückungen der Protestanten in Klostergrab und Braunau und auf den königlichen Gütern erörterte und die Vergeblichkeit der bisher von den Defensoren gemachten Versuche um Abhilfe nachwies. Die Audienz in Brandeis, die zerstörte Kirche in Klostergrab, die braunauer Bürger, die noch immer in Prag im Gefängnisse schmachteten, bildeten die hervorragenden Kraftstellen des Vortrages. **) Nach Beendigung desselben stellten die Defensoren die Frage, auf welche Weise den bisherigen Leiden ein Ende zu machen sei. Von der Versammlung wurde ihnen entgegnet, dass man ihnen als wahren Vätern und Freunden die Initiative überlasse und sie deshalb bitte einen Vorschlag zu thun. Allein die Defensoren lehnten dies ab und beharrten darauf, dass die Versammlung selbst ihre Meinung abgeben solle. Darüber entspann sich eine lebhafte Debatte, die mehrere Stunden währte und in der mehrfach auf die Unvollständigkeit der Versammlung hingewiesen wurde. Am meisten Aufsehen erregte es, dass Prag, obwohl eingeladen, gar nicht vertreten war; die städtischen Deputirten machten darauf aufmerksam, dass sie nicht gern ohne Prag, ihr Haupt, eine Meinung abgeben möchten. Schlick tadelte die Bezeichnung Prags als eines Hauptes, es gebe nur ein Haupt und das sei Christus. Schliesslich wurde auf seinen Antrag beschlossen, den Vortrag Thurns in Erwägung zu ziehen und den

---

*) Skala II, 89 und folg.
**) Skala II, 90. — Böhm. Landesarchiv. Frueweins Verhör über seine Theilnahme am Aufstand 1621.

[illegible]

[illegible] — Darauf berichteten die Deputirten, die Tags zuvor an jenen Personen abgesandt worden waren, die sich vom [illegible] fern gehalten hatten, über den Erfolg ihrer Sendung. Der [illegible], Herr [illegible], erklärte, dass er sich in keinerlei gegen den Kaiser gerichtete Berathung einlassen wolle; die Herren von [illegible], Karl [illegible] von [illegible] und [illegible] von [illegible] entschuldigten ihr Wegbleiben mit ihrer amtlichen Stellung, die ihnen die Betheiligung an derartigen Versammlungen verbiete, obwohl es nicht ihre Absicht sei, sich von ihren Glaubensgenossen in irgend einer Weise zu trennen. Was die Prager anbelangt, so lauteten ihre Erklärungen verschieden; der Bürgermeister der Altstadt, Wenzel Lew, der auf Seite der Regierung stand, erwiderte, weder er, noch die Mitglieder des Rathes dächten einen

Grund, um dementwillen sie an der Versammlung theilnehmen sollten. Die Bürgermeister der Neustadt und der Kleinseite sagten in ihrer Entschuldigung, dass sie sich nach dem Beispiele der Altstadt richten müssten und deuteten damit an, dass sie einem unliebsamen Zwange nachgegeben hätten. In der That folgten sie nur den gemessenen Weisungen, die sie von den Königsrichtern empfangen hatten.

Die Defensoren, denen die Initiative aufgedrängt worden war, riethen der Versammlung zu einer Eingabe an die Statthalter, und für den Fall, dass dieselbe fruchtlos sein sollte, zu einem gleichen Schritte bei dem Kaiser. Sie verfassten darauf den Entwurf einer Eingabe an die Statthalterei, die ihrem Inhalte nach dem oben erwähnten Vortrage Thurns ungefähr gleichkam. Sie berührte alle Beschwerden der Protestanten und schloss mit der Bitte, die Statthalter möchten wenigstens die
5. März 1618 Freilassung der Braunauer verfügen. Als der Entwurf in der vollen Versammlung vorgelesen ward, fand er allgemeine Billigung. Zur Uebergabe der Schrift wurde eine Deputation gewählt, an deren Spitze der Graf Andreas Schlick gestellt wurde, der erst nach langem Sträuben, diesen, wie er betonte, gefährlichen Auftrag übernahm. Als sich die Deputation
9. März am folgenden Morgen im Schlosse einfand, traf sie die Statthalter, gegen die Bestimmung der königlichen Amtsinstruction, nicht in der Kanzlei, sie hatten sich schon früh entfernt, um der Sitzung des Landrechts beizuwohnen. Dasselbe thaten sie
10. März auch am folgenden Tage; da sie aber bald zur Einsicht kamen, dass sie auf diese Weise die Geduld der Protestanten nicht ermüden würden, beschlossen sie, die gewünschte Audienz am folgenden Montage zu ertheilen. In derselben überreichte Schlick als Wortführer die Bittschrift mit einer passenden Ansprache, in der er die Statthalter um eine freundschaftliche Berücksichtigung der protestantischen Wünsche ersuchte. Die Antwort der letzteren war ablehnend; sie könnten sich auf die lange Auseinandersetzung über die Verletzungen des Majestätsbriefes und des Vergleiches und auf eine Auslegung dieser Gesetze in diesem Augenblick nicht einlassen und was die Braunauer betreffe, so sei es ihnen nicht möglich, da etwas zu thun, denn diese be-

finden sich nicht in ihrer, sondern in des Königs Haft. Auf die Haltung der Statthalter mag die Anwesenheit des Kanzlers, der wieder nach Prag gekommen war, von nicht geringem Einflusse gewesen sein.

Die Protestanten waren auf keine andere Antwort gefasst und hatten deshalb in den Tagen, die der Audienz vorausgegangen waren, ihr weiteres Verhalten für diesen Fall geregelt. Sie beschlossen nämlich, sich nicht bloss an den Kaiser selbst zu wenden, sondern gleichzeitig ein Gesuch an die Stände der böhmischen Nebenländer abzuschicken und dieselben um ihre Fürbitte bei dem gemeinschaftlichen Könige zu ersuchen. Gelang es ihnen, die Theilnahme der Nachbarn wachzurufen, so traten sie aus ihrer Abgeschlossenheit heraus und der Kaiser hatte es mit der ganzen Krone zu thun. Das Schreiben nach Mähren war selbstverständlich in böhmischer, das nach Schlesien und den beiden Lausitzen in deutscher Sprache verfasst. Bezüglich des Schreibens an den Kaiser entstand die Frage, ob man es bloss böhmisch, oder deutsch und böhmisch verfassen solle, wobei beide Schriftstücke als Originale zu gelten hätten? Graf Thurn und die Mehrzahl der Defensoren neigten sich der letztern Ansicht zu, „denn der Kaiser sei ein Deutscher." Graf Schlick und Radslaw Kinsky riethen jedoch, an der bisherigen Gepflogenheit festzuhalten und dem böhmischen Originale eine deutsche Uebersetzung als einfache Beilage anzuhängen; ihre Meinung fand allgemeine Billigung. Nun wurde der Weg berathen, auf dem das Schriftstück an den Kaiser gelangen sollte, ob man es den Statthaltern anvertrauen oder eine eigene Deputation zu dessen Ueberreichung absenden solle? Wirksamer und schicklicher wäre jedenfalls der letztere Weg gewesen, er wurde jedoch nicht eingeschlagen und zwar, wie aus mancherlei Anzeichen zweifellos hervorgeht, hauptsächlich durch Thurns Einwirkung. Dieser fürchtete, dass man ihn an die Spitze der etwaigen Deputation stellen würde, welchen Auftrag er nicht übernehmen mochte, da ihn eine Reise nach Wien mit gerechten Besorgnissen für seine persönliche Sicherheit erfüllte.

Alle diese Beschlüsse waren nur provisorisch gefasst worden, erlangten jedoch definitive Geltung, als die abschlägige Antwort

Die Haltung der Regierung während des Protestantentages war für die meisten Gemäßigten allgemein davon, dass sie durch ihre zweijährigen Weisungen Prag von jeder Demonstration abhielt; ging gerade in den Tagen, als die Sontinaher an der Judenen verlangt wurden, die königliche Commission nach Kommun ab, um die dortigen Protestanten zum Gehorsam zu zwingen. Unter den Häuptern der Katholiker riefen diese Vorgänge nach den vorhandenen Quellen keine Zerwürfnisse hervor, obwohl sie wohlen keinen Zweifel hegen konnten, dass ein weiteres Fortschreiten auf dem betretenen Wege zu einem gewaltsamen Zusammenstoss führen müsse. Nur einer von ihnen, der Oberstkämmerer Herr Adam von Waldstein, der in seiner Jugend utraquistisch gewesen und erst später katholisch geworden war und der schon während des Generallandtages durch seine Hinneigung zu den politischen Bestrebungen der Opposition sich bemerkbar gemacht hatte, äusserte sich tadelnd über die schroffe Behandlung der Protestanten. Veranlassung dazu boten ihm nicht sowohl die allgemeinen Massregeln als ein specieller Fall. Der neue Burggraf von Karlstein, Herr von Martinitz, hatte nämlich ein Mandat erlassen, in dem er den Bauern auf den burggräflichen Gütern befahl, in den herannahenden Ostern das Abendmahl in katholischer Weise zu empfangen, widrigenfalls sie zum Verkaufe ihrer Güter genöthigt werden würden. **)

*) Alle diese Angaben nach nach Skala II.
**) Ueber dieses Mandat wird von zwei Seiten berichtet: Siehe. Staatsarchiv Zeidler an Kevenhues dd. 11/21 März 1618 und im Wiener Staatsarchiv Misc. 401. Bericht vom 24. März.

Waldstein äusserte gegen diese directe Verletzung des Majestätsbriefes seine entschiedene Missbilligung und betheuerte feierlich, dass er auf seinen Gütern dem Glauben seiner Unterthanen nie nahe treten werde. Dies ist die einzige bekannte Meinungsverschiedenheit im katholischen Lager.

Nachdem der Protestantentag sich aufgelöst hatte, wartete man in Böhmen mit gespannter Aufmerksamkeit auf die nächsten Schritte der Regierung. Man durfte nicht zweifeln, dass Mathias alle Umstände sorgfältig erwägen und sich über die Tragweite seiner Entschlüsse nicht täuschen werde. Auf jeden Fall war nur er allein für die zu ergreifenden Massregeln verantwortlich, ob sie nun sein eigenster Entschluss waren, oder ob er fremden Rathschlägen folgte. Um ihn über die Vorgänge in Böhmen umständlich zu unterrichten, reiste der Kanzler am 10. März von Prag nach Wien zurück.*) Unzweifelhaft berieth man sich am Hofe auf das ernsteste über das gegen die Böhmen einzuschlagende Verfahren. Welche Meinungen vorgebracht wurden, ob und wie verschieden sie von einander lauteten, ist nicht näher bekannt; wir wissen nur so viel, dass die Antwort des Kaisers nach einem Gutachten des Cardinals formulirt wurde, der damit einen entscheidenderen Einfluss auf die folgende böhmische Entwicklung ausübte, als er sich wohl je hätte träumen lassen. Die den Böhmen ertheilte königliche Antwort wurde schon am 21. März von Wien abgeschickt und war an die Statthalter gerichtet. 1618 Mathias erklärte in ihr, dass er eine Wiederholung des Protestantentages nicht dulden werde, seine Langmuth sei erschöpft und er wolle dem drohenden Feuer dadurch begegnen, dass er die Urheber dieser Vorgänge vor Gericht stellen lassen werde. Den Statthaltern trug er auf, die Defensoren vorzuladen und ihnen den Befehl zur Rückgängigmachung der für den Monat Mai anberaumten Versammlung zu ertheilen, so wie jedem der Geladenen die Theilnahme an derselben zu verbieten. — Die Zuschrift führte, wie man zu sagen pflegt, eine energische Sprache, sie hielt die Rechtmässigkeit der Behandlung der Klostergraber und Braunauer aufrecht, behauptete ausdrücklich,

---

*) Wiener Staatsarchiv. Unterschiedliche Acten.

dass nicht nur der Majestätsbrief, sondern auch der ständische Vergleich nicht verletzt worden seien, verbot jede weitere Zusammenkunft der Protestanten und bedrohte sie mit schweren Processen. Sie verursachte grosse Erbitterung in Böhmen und rief tausendfache Verwünschungen auf das Haupt ihrer Urheber hervor. Man behauptete, sie sei von den Statthaltern verfasst und dem Kaiser nur zur Unterschrift zugesandt worden. Diese Vermuthung war es, die einige Wochen später den Herrn von Martinitz und Slawata das Leben kosten sollte, da man sie für die eigentlichen Verfasser des Schreibens hielt und neben ihnen nur noch den Kanzler der Urheberschaft beschuldigte; alle diese Muthmassungen waren aber irrig. Der wahre Urheber des kaiserlichen Schreibens war der Cardinal Khlesl, der es diesmal für angezeigt hielt, eine energische Sprache zu führen und, wie er sich brieflich gegen einige Vertrauenspersonen in Böhmen ausdrückte, es für zweckmässig erachtete, dass der Kaiser nicht schleichend „wie ein Fuchs," sondern gewaltsam „wie ein Löwe" auftrete. *)

Als das kaiserliche Schreiben in Prag anlangte, wurden die in der Hauptstadt anwesenden Defensoren eingeladen, sich bei den Statthaltern auf der Kanzlei einzufinden, um den Inhalt desselben kennen zu lernen. **) Die Mehrzahl erwartete keinen günstigen Bescheid und so äusserten die Drohungen desselben auf sie keinen tiefen Eindruck; wenn ja einer oder der andere des Streites bereits überdrüssig war, so schwieg er doch still. Nur bei dem prager Advokaten Fruewein über-

---

*) Die Angabe über den eigentlichen Urheber entnahmen wir auf Treu und Glauben den Memoiren Slawatas (Theil VIII), die derselbe in seinem späteren Alter verfasste. Er bemerkte in ihnen über diesen Gegenstand, dass er selbst seiner Zeit über die Härte des Tones im kaiserlichen Schreiben erstaunt gewesen sei. — Hurter Band VII S. 252 findet den Ton des kaiserlichen Schreibens durchaus nicht hart, sondern sanft und druckt es zum Beweise in der Beilage S. 592 ab. Er hätte allerdings Recht damit, wäre ihm nicht das Missgeschick begegnet, dass er ein anderes Schreiben für das Drohschreiben hielt. Das Drohschreiben findet sich in „der andern Apologie" Nr. 99 vor.
**) Skala II, 103.

wältigte die Bangigkeit vor den kommenden Ereignissen jede Zurückhaltung und er versuchte unter der Maske der Vermittlung einen Rückzug. Er bat in seinem eigenen und im Namen der königlichen Städte, deren Zustimmung er eingeholt haben mag, die anwesenden Statthalter und Defensoren, sie möchten doch vereint dahin wirken, um die Dinge nicht aufs äusserste kommen zu lassen.*) Seine Bitte fand keine Unterstützung. Die Defensoren entfernten sich darauf aus der Kanzlei mit dem Versprechen einer baldigen Antwort und gaben dieselbe in der That schon drei Tage später schriftlich ab. Sie bemerkten in dem Actenstücke, dass sie sich bisher streng innerhalb der Schranken des Gesetzes gehalten hätten und dass ihnen vermöge der sanctionirten Artikel des J. 1609 die Abhaltung der beschlossenen Versammlung gestattet sei. Auch sei es ihnen bei dem besten Willen nicht möglich, dem Befehle des Kaisers nachzukommen, da die auf den 21. Mai anberaumte Zusammenkunft zu Folge eines Beschlusses des im März abgehaltenen Protestantentages stattfinde und es nicht in der Macht der Defensoren stehe, diesen Beschluss rückgängig zu machen.**)

Mit den Drohungen und Befehlen des kaiserlichen Schreibens und mit der Vorladung der Defensoren waren die Massregeln der Regierung gegen die Protestanten nicht abgeschlos-

---

*) Böhm. Statthaltereiarchiv. Fruewein's Verhör im J. 1621.
**) In der kais. Correspondenz wird auf den Protestantentag als eine durch das Gesetz verbotene Versammlung mehrfach hingewiesen. Dieser Hinweis bezieht sich auf jenen Artikel der Landesordnung Ferdinands I, durch den alle ständischen Zusammenkünfte ohne Erlaubniss des Königs bei Strafe verboten werden. Allein dieser Artikel verlor seine umfassende Bedeutung durch die Gesetze von 1609, durch die eben ein Protestantentag von der erwähnten Zusammensetzung erlaubt wurde. Dass derartige Zusammenkünfte grosse Gefahren in sich bargen, lässt sich nicht verkennen, aber gesetzlich erlaubt waren sie. In dem Kampfe gegen den Majestätsbrief und Vergleich ignorirte Mathias auch diese Bestimmung des J. 1609 und stellte sich einfach auf den gesetzlichen Standpunkt vor 1609. Wir bemerken dies ausdrücklich, damit man nicht mit manchen Schriftstellern meine, die Protestanten hätten sich auf ungesetzlichem Boden bewegt. Sie standen auf dem legalen Boden, den das J. 1609 geschaffen hatte.

sen. Ihre Absicht ging auf die völlige Trennung der königlichen Städte vom Adel, damit, wenn der Protestantentag zu Stande kommen sollte, wenigstens Niemand aus dem Bürgerstande sich an demselben betheilige. Deshalb bekamen die Beamten, welche in den Städten die königlichen Rechte vertraten, nämlich der Landesunterkämmerer und der Hofrichter die gemessensten Instructionen, die Bürger von jeder Theilnahme an den protestantischen Zusammenkünften abzuhalten. Ja noch mehr, in Prag sollten die Königsrichter, in den Landstädten der Landeskämmerer und der Hofrichter Loyalitätsadressen ins Leben rufen, in denen sich die Bürger von den Defensoren lossagen und den Kaiser für ihren alleinigen Defensor erklären sollten. Brachte es die Regierung mit diesem letzteren Versuche zu einem nennenswerthen Erfolge, so war allerdings der Sache der Protestanten eine schwere Wunde beigebracht.

Den ersten derartigen Versuch zur Gewinnung der Städte machte man mit der Altstadt Prags. Der Secretär Michna, der jetzt eine grössere Thätigkeit als je entfaltete, entwarf eine Adresse an den Kaiser, gewann für sie die wichtigsten Mitglieder des altstädter Rathes, für dessen passende Zusammensetzung schon seit langem gesorgt worden, und liess diesen Entwurf dem Plenum des Rathes zur Annahme vorlegen. Der Versuch gelang; der altstädter Rath schickte die Adresse, ohne weitere Befragung der Gemeinde, nur mit Vorwissen einiger gleichgesinnter Bürger, an den Kaiser ab. Der Inhalt derselben war unter den bestehenden Verhältnissen von doppelter Bedeutung. Sie überfloss nicht nur von Versicherungen treuer Ergebenheit, sondern erklärte auch, dass die Stadt in dem Kaiser den alleinigen Beschützer ihres Glaubens, ihren einzigen Defensor erblicke. Energischer und deutlicher konnte sich die bedeutendste der prager Gemeinden von der durch die Defensoren repräsentirten protestantischen Gemeinsamkeit nicht lossagen.

Sowohl die Neustadt wie die Kleinseite folgten dem Beispiel der Altstadt. Auf der Neustadt setzte es der Königsrichter durch, dass der Rath eine fast gleichlautende Adresse annahm, und dieselbe, ohne Befragung der Gemeinde, ebenfalls nur mit Zustimmung einiger gleichgesinnter Bürger an den Kaiser abschickte. Der Königsrichter auf der Kleinseite übertraf noch seine Collegen, denn er gewann nicht bloss den Rath für die Annahme einer Adresse, in der gleichfalls erklärt wurde, dass man keinen anderen Defensor als den Kaiser haben wolle, sondern suchte auch die Gemeinde selbst zu einer gleichen Kundgebung ihrer Loyalität zu bewegen. Als er zu diesem Ende die Bürgerschaft auf das Rathhaus berief, bemerkten einige Bürger, nachdem sie in den Adressentwurf Einsicht genommen, dass des Majestätsbriefes in demselben gar nicht Erwähnung geschehe und tadelten dies; andere baten um einige Bedenkzeit zur vorläufigen Berathung, aber der Richter schnitt die Debatte kurz ab, indem er jeden Tadel und jede Vertagung von sich wies, hie und da einige Drohungen anbrachte und kurz und bündig eine unmittelbare Beitrittserklärung verlangte. Einer derartigen Ueberredungsgabe zu widerstehen, verstand die Versammlung nicht, alles schwieg und der Richter konnte als Resultat derselben verkünden, dass die Adresse des Rathes einstimmig von der Bürgerschaft angenommen worden sei.*) Nun blieb bezüglich 11. April Prags nur eines zu thun übrig. Da sich einige Bürger dieser Stadt unter den Defensoren befanden, so erging von Seite der Regierung die Aufforderung an sie, auf ihr Amt zu verzichten. Einige kamen derselben ungesäumt nach, andere erklärten, es sei ihnen nicht möglich, jetzt zu resigniren, da sie ihr Amt vom Landtag erhalten hätten, bei dem künftigen Zusammentritt desselben würden sie jedoch die verlangte Verzichtleistung abgeben. Die Statthalter nahmen diese Verzichtleistung als eine unbedingte an und liessen im Lande verbreiten, dass Prag sich gänzlich von der Defension losgesagt habe.**)

Minder günstig waren die Erfolge, welche der Hofrichter in den übrigen königlichen Städten zuwege brachte. In der Mehrzahl der Städte waren die Rathscollegien zu keiner Preis-

---

*) Wir berichten über die Verhandlungen in Prag: 1. nach der andern Apologie, 2. nach Skala und 3. nach Zedtlers Berichte an den Kurfürsten von Sachsen dd. 4./14 April 1618 im sächs. Staatsarchiv.

**) In dem obenerwähnten Schreiben Zedtlers.

gebung ihrer Glaubensinteressen zu bewegen. Nur in einigen Städten, wo die Katholiken, trotz ihrer Minorität, eine bedeutende Vertretung im Rathe erlangt hatten, fand das Beispiel Prags Nachahmung, so in Kolin und Taus. Am weitesten wagte sich in dieser Richtung das an der Elbe gelegene Aussig vor. In einer Adresse, welche die Bürger an den Landeskämmerer richteten, baten sie ihn, der Dolmetsch ihrer treuen, Leben und Gut nichtachtenden Hingebung an den Kaiser sein zu wollen, und dabei die Erklärung abzugeben, dass sie Niemanden als den König, dessen Wille und Wunsch ihnen stets ein unverbrüchliches Gesetz sei, als ihren Defensor ansähen.*) In Kuttenberg übernahm es der Münzmeister Wřesowec, die Bürger vor jedem Anschlusse an die Defensoren zu warnen. In lebhaften Farben schilderte er die Bestrafung derjenigen, die sich durch die Theilnahme an dem Protestantentage blossgestellt hätten; hohe Geldstrafen waren das geringste, was nach seiner Meinung ihrer harrte, einige liess er auch schon im voraus mit dem Leben büssen. Nicht alle Tage, so höhnte er, gebe es einen Landtag, wie zu Rudolfs Zeiten, als der Majestätsbrief abgetrotzt wurde. Die Defensoren hätten vom Kaiser ein Schreiben erhalten, das ihnen nicht behage, sie hätten eine lange Nase bekommen und gingen nun wie betäubt herum. In diesem Tone liess er sich noch länger hören.**)

Auf dem in Prag so wohl vorbereiteten Boden wurde noch weiter gebaut. Berauscht von den erlangten Erfolgen, wollte die Regierung jetzt auch den Versuch wagen, ob sie nicht einen Zwiespalt unter dem protestantischen Clerus der Hauptstadt herbeiführen und einen Theil desselben zur Wiederannahme des seit dem J. 1609 abgeschafften Utraquismus bewegen könnte. Wie schon wiederholt bemerkt wurde, hatten sich die Utraquisten im J. 1609 insgesammt zur böhmischen Confession bekannt, selbstverständlich war dies weder von Seite der Geistlichkeit, noch der Laienwelt mit durchwegs gleichem Eifer geschehen; unter beiden Classen gab es zahlreiche Personen,

---

*) Skala II S. 100.
**) Andere Apologie Nr. 120.

die gegen die längere Dauer des Utraquismus nichts eingewendet hätten. Das Geschlecht dieser Gleichgültigen oder gegen die Neuerungen minder günstig Gesinnten war noch nicht ausgestorben und eine geschickte Einwirkung konnte vielleicht viele von ihnen zur Lossagung von der böhmischen Confession und zur neuerlichen Aufpflanzung des alten utraquistischen, durch die Geschichte und das Andenken an Hus in den Augen der Menge noch immer ehrwürdigen Banners veranlassen. Eine passende Handhabe zur Herbeiführung einer solchen Spaltung konnte die seit dem J. 1609 geltende gottesdienstliche Ordnung bieten. Dem Volke war vom Utraquismus her die Anhänglichkeit an die feierlichen Ceremonien der katholischen Kirche geblieben, die grössere Einfachheit, die seit 1609 im Gottesdienste beobachtet wurde, verstiess gegen tief eingewurzelte Neigungen und Erinnerungen. Wenn man einige protestantische Geistliche dazu bringen konnte, sich von der neuen gottesdienstlichen Ordnung loszusagen und die utraquistische wieder in Uebung zu bringen, so fand dies vielleicht grossen Anklang beim Volke und der alte Utraquismus lebte mit Macht wieder auf. Auf alle Fälle konnte ein solcher Versuch eine grosse Verwirrung und Zersetzung im protestantischen Lager zur Folge haben.

Der Plan zu einer derartigen Zersetzung des Protestantismus scheint von Michna ausgegangen zu sein, wenigstens war er es, der die Durchführung desselben aufs eifrigste förderte. Zu diesem Zwecke lud er eine Anzahl Geistlicher, denen er Mangel an Festigkeit oder Vorliebe für die alten Verhältnisse zutraute, zu vertraulichen Besprechungen in sein Haus ein und wusste allmälig mehrere derselben dahin zu bereden, dass sie den Kaiser in einer Bittschrift um die Reactivirung des Utraquismus baten.*) Die Zahl dieser Geistlichen, zum Theil prager Pfarrer, soll sich auf 12 belaufen haben. Mit der Reactivirung des alten Utraquismus sollte ein inniger Anschluss desselben an die katholische Kirche Hand in Hand gehen und

---

*) Andere Apologie S. 19 und 20. Ausgabe von Schubert.

der Erzbischof auch als kirchliches Haupt desselben anerkannt werden. Bevor noch etwas von dieser Bittschrift und den damit im Zusammenhange stehenden Plänen verlautete, wagte der Pfarrer von St. Nicolaus auf der Altstadt, offenbar einer der Gewonnenen, öffentlich einen entscheidenden Schritt zu thun. Früher war es bei den Utraquisten üblich gewesen, dass sie das Auferstehungsfest am Charsamstag wie die Katholiken mit einer feierlichen Procession begingen. Die Anhänger der böhmischen Confession, die an die Transsubstantion nicht glaubten, schafften die Processionen ab. Als nun die Osterzeit des Jahres 1618 herannahte, wurden er und der Pfarrer an der Teinkirche von der Regierung mit Bitten und Schmeicheleien bestürmt, am Charsamstage den feierlichen Umzug mit der geweihten Hostie vorzunehmen. Anfangs schwankte auch der Pfarrer an der Teinkirche, der vielleicht ebenfalls zu den Zwölfen gehörte, ob er diesen Bitten und Schmeicheleien nachkommen solle; als der Charsamstag heranrückte, war es jedoch nur der Pfarrer von St. Nikolaus, der die Procession abhielt. Das Staunen der Protestanten und ihre Wuth war nicht grösser, als die Freude der Katholiken über die Bresche, die sie in die Festung ihrer Gegner geschossen hatten. Der Kanzler richtete ein Schreiben an jene Rathsherren der Altstadt, die an der Procession Theil genommen hatten, dankte ihnen dafür und versicherte sie der kaiserlichen Huld und Gnade. Der Pfarrer von der Teinkirche, der einen Augenblick unschlüssig gewesen war, suchte sich mit seinen Glaubensgenossen dadurch gut zu stellen, dass er am Ostersonntage eine fulminante Rede gegen die katholischen Processionen hielt.*)

Angesichts eines Ereignisses von so ungeheurer Tragweite, wie das erzählte, beachtete man es nur wenig, dass gleichzeitig auf einzelnen geistlichen und königlichen Gütern neue Uebergriffe gegen die Bestimmungen der Religionsgesetze von 1609 gewagt wurden. So wurden einige Friedhöfe, die vor dem Jahre 1609 bestanden und durch den Vergleich für gemeinschaftlich erklärt

---

*) Sächs. Staatsarchiv 9163. Zeidler an Kursachsen dd. $\frac{21.\text{April}}{1.\text{Mai}}$ 1618 Prag.

worden waren, von den Aebten von Strahow und Emaus ausschliesslich für die Katholiken in Anspruch genommen. So forderte der Erzbischof den Hauptmann der königlichen Herrschaft Pardubic geradezu auf, die böhmischen Brüder, die daselbst seit 150 Jahren angesiedelt waren, zu unterdrücken und zu vertreiben, trotzdem dass die Religionsgesetze von 1609 sie in Schutz nahmen.*) Grosses Aufsehen erregte es jedoch, als von der Regierung der Versuch gemacht wurde, sich der Bethlehemskirche zu bemächtigen, jener Kirche, in der einst Hus seine zündenden Predigten gehalten hatte und die man als die Wiege des Utraquismus und Protestantismus in Böhmen anzusehen und zu verehren gewohnt war.

<small>13. April 1618</small>

Durch eine Stiftung, deren Begründung in das 14. Jahrhundert zurückreicht, war die Besetzung der Predigerstelle an der Bethlehemskirche in die Hände der prager Universität gelegt. Bei jeder Vacanz sollten drei Magister derselben mit Zuziehung des altstädter Bürgermeisters einen neuen Prediger ernennen. Als diese Stelle im Jahre 1609 erledigt war, wurde sie dem Br. Cyrus, einem Mitgliede der Brüderunität anvertraut. Nun war Cyrus gestorben und es handelte sich zu Ostern (1618) um die Ernennung eines Nachfolgers. Von Seite des altstädter Rathes wurden die betreffenden drei Magister der Universität aufgefordert, sich ohne Säumen auf dem Rathhause einzufinden und daselbst die Wahl vorzunehmen. Die Magister weigerten sich, dem Rufe alsbald zu folgen, weil sie sich der neuen Verfassung der Universität gemäss zuvor mit den Defensoren über diesen Gegenstand berathen müssten, nahmen aber selbständig eine provisorische Besetzung der Predigerstelle vor. Darüber klagten der Bürgermeister und der altstädter Rath beim Kaiser, der den Statthaltern unverweilt den Auftrag gab, den provisorischen Prediger zu entfernen und die Universität aufzufordern, die definitive Wahl dem Stiftsbriefe gemäss ohne weitere Einmischung der Defensoren vorzunehmen. Wenn sie sich weigern sollte, zu gehorchen, so solle die Kirche geschlossen, versiegelt und die Schlüssel in der böhmischen Kanzlei niedergelegt werden.

---

*) Andere Apologie Ausgabe von Schubert S. 27 und Nr. 52 und 45.

Die Universität, die sich mittlerweile mit den Defensoren geeinigt haben mochte, zögerte nicht, dem königlichen Befehle nachzukommen und ersuchte den altstädter Bürgermeister Lošticky, an einem bestimmten Tage die Wahl in Gemeinschaft mit den drei Magistern vorzunehmen. Derselbe folgte der Aufforderung und einigte sich mit den letzteren in Bezug auf drei Candidaten für den vacanten Posten. Es waren dies der Pfarrer von St. Martin, Jakob; der Pfarrer von der Teinkirche, Georg Dycastus; und ein Mitglied der Brüderunität, Cyrillus. Als es sich nun darum handelte, welchem von diesen dreien schliesslich das Amt übertragen werden solle, verlangte der Bürgermeister, man solle die Candidaten dem Kaiser bekannt geben und dieser solle einen derselben ernennen. Dagegen verwahrten sich die Magister als gegen eine nie geübte Neuerung, entschieden sich aber auch nicht für einen Candidaten, sondern überliessen die Auswahl den Defensoren, welche darauf den Cyrillus zum Prediger an der Bethlehemskirche ernannten. Dem Kaiser blieb
<small>11. Mai 1618</small> nicht die Zeit, diese Wahl zu cassiren und eine andere zu treffen, denn wenige Tage später brach der Aufstand aus und machte seiner Auctorität ein Ende.*) Die Protestanten sahen in dem Gebahren des Bürgermeisters nichts als einen Versuch, ihnen ein seit mehr als 200 Jahren geübtes Patronatsrecht zu entreissen und die Bethlehemskirche in eine katholische zu verwandeln. Ihre Vermuthung hätte sich vielleicht als begründet erwiesen, wenn sich der Aufstand noch einige Zeit verzögert hätte.

Es ist erzählt worden, dass sich die Defensoren auf das ihnen mitgetheilte kaiserliche Schreiben geweigert hatten, den Protestantentag rückgängig zu machen. Ihre Erklärung wurde nach Wien berichtet und daselbst die Wiederholung des Verbotes beschlossen; die Statthalter bekamen die erneuerte Weisung, die Defensoren vorzuladen und ihnen aufzutragen, die anberaumte Versammlung abzubestellen, da dies in Betracht des
<small>17. Apr. 1618</small> fernen Termins recht gut möglich sei. Der Ton dieses kaiser-

---

*) Die Acten über den Streit wegen der Bethlehemskirche in der andern Apologie Nr. 133.

lichen Schreibens war gegen das vom 21. März merklich herabgestimmt. Es verbot zwar den Protestantentag noch immer, that dies aber mit Vermeidung aller Drohungen und machte auch dadurch einen milden Eindruck, dass es die Ankunft des Kaisers in Prag in Aussicht stellte. Ihrem Auftrage gemäss luden die Statthalter die in Prag anwesenden Defensoren auf das Schloss, welchem Rufe Graf Thurn, Budowec, Ruppa, der kürzlich abgesetzte altstädter Rathsschreiber Kochan, Fruewein und zwei andere nicht näher benannte Personen folgten. Nachdem sie der Vorlesung des kaiserlichen Schreibens zugehört hatten, ergriff Ruppa das Wort und erwiederte, dass es den Defensoren jetzt noch woniger möglich sei, als früher, dem eben mitgetheilten Befehle Folge zu leisten, denn abgesehen davon, dass die bevorstehende Versammlung eine gesetzliche sei und deshalb nicht verboten werden könne, so seien sie nicht befugt, einen giltigen Beschluss zu fassen. Ihre Instruction erfordere zu einem solchen die Theilnahme von mindestens zehn Mitgliedern, nun seien nur acht Defensoren in Prag anwesend und diese mithin nichts als Privatpersonen. Im Einverständnisse mit seinen Begleitern erbot er sich, den Inhalt des kaiserlichen Schreibens den abwesenden Collegen zur Kenntniss zu bringen und mit denselben reiflich zu erwägen, was zu thun sei. — Darauf nahm Fruewein das Wort, klagte über den Druck, den die Regierung auf die Prager ausübe, indem sie einen freien Ausdruck ihrer Gesinnung verhindere und diejenigen Bürger, die zu Defensoren gewählt worden, sogar nöthigen wolle, ihr Amt niederzulegen, und bat die Statthalter um eine beruhigende Erklärung. Bevor diese noch antworten konnten, hatte Ruppa abermals das Wort ergriffen, indem er sein Erstaunen über dergleichen widerrechtliche Vorgänge ausdrückte. Die Statthalter liessen sich jedoch auf keine Beschwichtigung der erhobenen Klagen ein, sondern schlossen die Audienz, indem sie das kaiserliche Schreiben den Defensoren zur weiteren Erwägung übergaben. Ihr Schweigen bewies deutlich, dass die Regierung entschlossen war, in Betreff der Städte auf dem betretenen Wege weiter zu gehen.*)

*) Bericht der Statthalter an den Kaiser dd. 2. Mai 1618. Böhm. Statthaltereiarchiv.

Obgleich die Defensoren bei ihrer Weigerung das formale Recht auf ihrer Seite hatten, so ist doch nicht zu bezweifeln, dass die protestantischen Stände auf eine Weisung der Defensoren hin von ihrer Versammlung weggeblieben wären und diese dadurch factisch rückgängig gemacht worden wäre. Allein die Defensoren selbst wollten sich um keinen Preis des Schutzes berauben, den der Protestantentag ihrer gefährlichen Position bringen musste; überdies war der Entschluss zu einem offenen Aufstande in den Gemüthern der Tonangeber, wie Thurn und Ruppa, gewiss schon jetzt zur Reife gediehen. Sie wurden in ihrer Entschlossenheit durch Zuschriften vom Lande bestärkt, in denen man ihnen eine pünktliche und zahlreiche Betheiligung an der bevorstehenden Versammlung zusagte. Bei einer Kindstaufe im Hause des Herrn von Fels versammelten sich ungewöhnlich viel Gäste vom Herrn- und Ritterstande, man sah dies für eine schon jetzt zur Schau getragene Entfaltung der protestantischen Macht an. Manchen Katholiken mag dabei wohl die Ahnung beschlichen haben, dass das bisherige Wortgeplänkel bald ernstlicheren Ereignissen Platz machen dürfte, Niemandem scheint jedoch die Möglichkeit vorgeschwebt zu haben, dass die katholische Regierung dabei zusammenstürzen könnte. Adam von Waldstein, der sich erst vor wenigen Tagen missbilligend über den Burggrafen Martinitz geäussert hatte, tadelte diesmal die Protestanten zwar wohlwollend, aber entschieden, und meinte, es dürfte bei diesem Spiele leicht um ihre Köpfe gehen. Thurn, der in einer derartigen Bemerkung den heimlichen Entschluss der Regierung witterte, suchte die Sicherheit für sich und seine nächsten Anhänger nicht im Rückzuge, sondern im entschlossenen Vorwärtsgehen.*)

III

So rückte denn der entscheidende Moment heran. Schon einige Tage vor dem bestimmten Termine waren die Urheber

---

*) Sächs. Staatsarchiv. Zeidler an Kursachsen dd. $\frac{21. April}{1. Mai}$ 1618.

der Bewegung in Prag angekommen, um den Plan der nächsten Operationen festzustellen. Sie versammelten sich am 18. Mai im Saale des Karolinums und beschlossen zunächst die Abfassung einer Ansprache an das Volk, in der sie den gegenwärtigen Streit erläuterten und die Gesetzlichkeit ihrer Schritte behaupteten. Die Ansprache wurde Tags darauf allen prager Pfarrern mit der Weisung zugeschickt, sie am folgenden Sonntage von der Kanzel vorzulesen und das Volk zum Gebete für das gedeihliche Wirken der Stände aufzufordern. Der Befehl wurde pünktlich erfüllt und verursachte unter der Bevölkerung Prags eine ungeheure Aufregung; man hatte wohl den Defensoren, aber nicht den Pfarrern eine solche Entschlossenheit zugetraut.

Auf die erste vertrauliche Sitzung, die nur die Wortführer vereinte, folgte am Montag den 21. Mai die Eröffnung des so viel besprochenen zweiten Protestantentages. Schon vor der anberaumten Stunde konnte man merken, dass, aller kaiserlichen Verbote ungeachtet, die Versammlung nicht weniger besucht sein würde, als die vom März. Zwar hatten von den Städten nur Kuttenberg, Kauřim, Chrudim, Beraun, Jungbunzlau und Schlan Deputirte geschickt; aber selbst dieses kleine Häufchen war nach den vorausgegangenen Drohungen der Regierung und nach der stummen Haltung Prags noch immer beachtenswerth. Dagegen war der Adel zahlreicher als früher vertreten. — Noch hatten sich nicht Alle, die nach Prag gekommen waren, im Karolinum zusammengefunden, als bereits zwei Beamte der Statthalterei mit einer Botschaft daselbst erschienen. Der Kaiser hatte in einem abermaligen Schreiben an die Statthalter den Befehl zur Nichtabhaltung des Protestantentages wiederholt.*) Der Ton dieses Schreibens war, wie der des vorletzten, mild und enthielt die Versicherung, dass an eine Verkürzung der ständischen Freiheit nicht gedacht werde. Am 16. Mai war dasselbe von Wien abgegangen und wahrscheinlich am 20. in Prag angekommen. Die zwei Beamten baten die im Karolinum anwesenden Personen, sie möchten sich auf das Schloss verfügen, wo ihnen eine Mittheilung gemacht werden solle. Man entgegnete ihnen, dass

---

*) Das Schreiben im böhm. Statthaltereiarchiv.

man kommen werde, sobald die Versammlung vollzählig sein würde.*)

Als letzteres der Fall war, verfügten sich sämmtliche Mitglieder des Protestantentages in den grossen Saal des Karolinums. Der Pfarrer von St. Nicolaus auf der Kleinseite eröffnete die Sitzung in feierlicher Weise durch ein Gebet, dem sich die Anwesenden durch Absingung des 91. Psalmes anschlossen, worauf der Pfarrer Rosacius in einer längeren Rede die Bedeutung des Augenblickes erörterte. Nachdem das geistliche Exordium zu Ende war, begannen die Verhandlungen im kleinen Karolinsaale damit, dass Herr Wilhelm von Lobkowitz über das Ausbleiben zweier Defensoren von der gegenwärtigen Versammlung, Fruewein und Kochan, berichtete. Beide hatten ihr Wegbleiben damit entschuldigt, dass sie hiezu unter strengen Strafandrohungen von Seite des alt- und neustädter Bürgermeisters genöthigt worden wären. Sie seien erbötig ihrem Defensorenamt zu genügen, wenn die Versammlung ihnen Schutz gegen jede Verfolgung angedeihen lassen wolle. Es versteht sich, dass die Versammlung einstimmig diesen Schutz verhiess und ausser Fruewein und Kochan auch den Defensor Magrle von Sobišek, der aus denselben Gründen wie die beiden ersten weggeblieben war, ohne sich jedoch zu entschuldigen, von dem Beschlusse in Kenntniss setzte. Darauf wurde beschlossen, der Einladung der Statthalter Folge zu leisten und sich auf das Schloss zu verfügen. Graf Schlick, dem die Aufgabe zugefallen war, sich mit den städtischen Abgeordneten ins Einvernehmen zu setzen und sie zu leiten, forderte dieselben in vertraulicher Weise auf, sich bei diesem Gange dem Adel anzuschliessen.

Kaum 100 Mann mögen es gewesen sein, die sich jetzt auf das Schloss begaben, aber lavinenartig wuchs dieser Haufe an, denn er musste fast die ganze Stadt durchziehen, um sein Ziel zu erreichen. Im Schlosse angelangt, verfügte sich Wilhelm von Lobkowitz als Sprecher zu den Statthaltern und kündigte die Ankunft der Stände an. Man liess sie in das Amtslocale ein-

---

*) Berichte der Statthaltereibeamten an die Statthalterschaft dd. 21. Mai.

treten, da jedoch nicht alle in demselben Platz hatten, musste ein Theil vor den offenen Thüren stehen bleiben. Der Oberstburggraf ergriff für die Regierung das Wort und benachrichtigte die Stände von dem Vorhandensein eines kaiserlichen Schreibens, das er darauf vorzulesen befahl. Die Fassung desselben war, wie erwähnt, eine milde und verlangte nur die Auflösung der Versammlung bis auf weitere Entschliessungen des Kaisers. Die Stände hörten die Vorlesung ohne alle Zeichen des Beifalls oder Missfallens an, baten am Schlusse nur um eine Abschrift, die ihnen zu Theil wurde, und versprachen eine baldige Antwort. Sie entfernten sich darauf und beschlossen in einer auf dem Schlosshofe improvisirten Berathung eine neue Zusammenkunft am folgenden Tage, um sich über die den Statthaltern zugesagte Antwort zu einigen.[*]

Die für den 22. Mai anberaumte Sitzung begann um 8 Uhr Morgens. Fruewein und Kochan erschienen in derselben und dankten den Ständen für den zugesicherten Schutz. Magrle fand sich auch jetzt nicht ein, sondern liess den Ständen antworten, er habe kein Zutrauen in die Wirksamkeit ihrer Versicherungen, da sie ihn auch in dem waldsteinischen Streite nicht geschützt hätten. Diese Antwort erregte Missfallen und man wehrte sich gegen die Zumuthungen Magrle's. Seine Verwickelung in den waldsteinischen Streit sei eine politische und nicht religiöse Angelegenheit gewesen und der Schaden, den er dabei genommen, habe ihn mit Recht getroffen.[**] Thurn ergriff hierauf das Wort und ersuchte die Stände, sie möchten dem, was Fruewein vortragen werde, ein aufmerksames Gehör schenken. Letzterer bat nochmals, die Versammlung möge ihm um so mehr ihren Schutz verheissen, als er im Begriffe stehe, sich zu ihrem Wortführer zu machen. Was er verlangte, wurde ihm förmlich und feierlich versprochen; jeder der Anwesenden hob zum Schwur zwei Finger empor. Fruewein las darauf eine Schrift vor, die einen

---

[*] Skala II, 118.
[**] Von diesem waldsteinischen Streite, der keinerlei politische Bedeutung hatte, gibt der Verfasser im zweiten Bande seines Werkes: Rudolf II nähere Details.

░░░░░░░ ░░░░ über die damaligen religiösen Zerwürfnisse ░░░░░░ ░░░ ░░░░ erste Veranlassung auf die Vorgänge in Klostergrab und Braunau zurückführte. Die Fruchtlosigkeit früherer ░░░░░ habe die Stände vor einigen Wochen zu einer Zusammenkunft und einer Bittschrift an den Kaiser genöthigt, doch habe ░░░░░ Schritt nicht den gewünschten Erfolg gehabt, denn statt der gehofften Berücksichtigung ihrer Klagen sei von Wien ein Handschreiben nach dem andern gekommen, in denen insbesondere jede Zusammenkunft verboten werde. Das letzte kaiserliche Schreiben sei eben zur Kenntniss der Stände gelangt und an ihnen sei es nun, zu beschliessen, was zu thun und namentlich, welche Antwort den Statthaltern zu geben sei.

Nach kurzer Berathung erklärte die Versammlung, dass sie die Meinung der Defensoren zu vernehmen wünsche. Letztere fügten sich dem Verlangen und versprachen die Ausarbeitung der Antwort, welche den Statthaltern am folgenden Morgen überreicht werden solle. Als die Debatte im Gange war, versetzte der Graf Thurn die Versammlung durch eine sorgenvolle Aeusserung in nicht geringen Schrecken. Er erwähnte eines Gerüchtes, nach dem die Statthalter einen bösen Anschlag gegen die Freiheit und Sicherheit der Stände im Sinne hätten, und rieth zu Vorsichtsmassregeln. Seine Zuhörer geriethen durch die Warnung in grosse Aufregung und beschlossen die unverweilte Absendung einer Deputation an die Statthalter, welche von ihnen zur Beseitigung jedes Misstrauens die Erlaubniss verlangte, dass die Stände sich bewaffnet in der Burg einfinden dürften. Es war nämlich gesetzliches Herkommen, dass die Stände auf der Burg nicht anders als in gewöhnlicher Kleidung mit dem üblichen Degen, nie aber in voller Rüstung erscheinen durften. Hatte die Regierung wirklich einen Anschlag gegen sie im Sinne, dann waren sie allerdings in Gefahr, von der, wenn auch nicht zahlreichen, doch wohl bewaffneten Burgwache überwältigt zu werden und dies um so leichter, wenn die Burgthore rechtzeitig abgeschlossen und jede allfällige Hilfe von Seite der Stadt abgeschnitten wurde. An die Spitze der Deputation wurde der Graf Schlick gestellt, der sich eifrig seiner Mission unterzog. Als die Statthalter von den Besorgnissen der

Stände unterrichtet wurden, beeilten sie sich, dieselben zu zerstreuen, und gaben die gewünschte Erlaubniss. Den Oberstburggrafen verliess bei dieser Gelegenheit nicht sein gewohnter Humor und den eigentlichen Urheber der ständischen Forderung richtig errathend, rief er aus: „Wie, man vermuthet, dass wir unser liebes Schwägerlein (den Grafen Thurn) festhalten wollen? Bewahre uns der Himmel davor!"

Es war indessen nicht Furcht, welche den Grafen Thurn zu einer solchen Fürsorge trieb, sondern ein wohlüberlegter Anschlag zur Zertrümmerung der kaiserlichen Herrschaft. Endlich war der Augenblick gekommen, in dem das Werk jahrelanger Erwägung zur Reife gediehen war. Die Erbitterung der böhmischen Protestanten gegen die habsburgische Regierung hatte den äussersten Grad erreicht und machte sie jeder That fähig, durch welche die bestehenden Verhältnisse gestürzt werden konnten. Thurn war deshalb entschlossen das Signal zum Ausbruche des Aufstandes zu geben und an dessen Spitze zu treten. Zu seiner eigenen Sicherheit wollte er gleich im Beginne den Bruch zu einem unheilbaren gestalten, damit den protestantischen Ständen eine Rückkehr zu der alten Ordnung ebensowenig möglich sei, wie ihm selbst. Das passendste Mittel zu einem derartigen unheilbaren Bruche war die Ermordung der Statthalter und der Plan dazu entstand im Kopfe Thurns.

Die erste Andeutung über seine dahinzielende Absicht that er während der eben erzählten Zusammenkunft im Karolinum, als die den Statthaltern zu ertheilende Antwort zur Verhandlung kam. Im Vertrauen äusserte er sich gegen einige ihm nahestehende Personen: die Bemühungen der Stände würden keinen Erfolg haben, wenn man nicht geradezu eine „Demonstration" vornehmen würde. Seine Mienen und Bewegungen liessen keinen Zweifel darüber aufkommen, was er unter der Demonstration verstehe; denn einige seiner Zuhörer riethen ihm von jeder Gewaltthat ab, da dieselbe einen schweren Krieg zur Folge haben könnte.[*] Einige Stunden später empfing er in seiner Wohnung den Besuch Frueweins und zu diesem sagte er geradezu, es

---

[*] Frueweins Verhör. Original im böhm. Statthaltereiarchiv.

bleibe nichts anderes übrig, als einige Personen zum Fenster hinauszuwerfen. Fruewein scheint kein Freund dieses radicalen Auskunftsmittels gewesen zu sein; wenigstens behauptete er später, er habe dem Grafen diese Massregel widerrathen und sei fortan allen auf die Ermordung der Statthalter abzielenden Schritten fremd geblieben.*)

Die schliessliche Entscheidung bezüglich der verhängnissvollen That wurde noch im Laufe des 22. Mai getroffen und zwar in einer Conferenz, die in dem auf der Kleinseite gelegenen Palais des reichen Albrecht Smiřický abgehalten wurde. In diesem, gegenwärtig unter dem Namen des montagschen Hauses in Prag wohlbekannten Gebäude fand in einem abseits gelegenen Thurmgemache die letzte Besprechung statt, deren Theilnehmer aus einem Berichte des Budowec näher bekannt sind. In dem Verhöre, das drei Jahre später mit ihm vorgenommen wurde, gestand er, den Beschluss zum Fenstersturze mit dem Grafen Thurn und mit Albrecht Smiřický in dem erwähnten Gemache gefasst zu haben.**) Sollten in der That nicht mehr als diese drei Personen die letzte Entscheidung getroffen haben? Man darf dies wohl bezweifeln, wenigstens liegt die Vermuthung nahe, dass Budowec bei seinem Verhöre nur jene Personen genannt hat, welche die kaiserliche Rache nicht ereilen konnte; denn Thurn war damals flüchtig und Smiřický todt. Andere Mittheilungen machen es zweifellos, dass Ulrich Kinsky gleichfalls um das Geheimniss wusste und ebenso liefern die Vorgänge am folgenden Tage den Beweis, dass auch Wenzel von Ruppa, Colonna von Fels, Paul und Litwin von Říčan und ein Bruder des Ulrich Kinsky ins Vertrauen gezogen worden sind. Von Ruppa und Fels möchten wir behaupten, dass sie mit Thurn die ersten und einzigen Urheber der folgenden Gewaltthat gewesen sind, und dass alle übrigen, selbst Budowec nicht ausgenommen, erst später gewonnen wurden. Ob nun alle hier genannten und in die Verschwörung eingeweihten Personen an der Conferenz im Thurm-

---

*) Frueweins Verhör. Ebend.
**) Eigenhändige Aufzeichnung des Kanzlers Lobkowitz im Archiv von Raudnitz.

gemache sich betheiligt haben oder ob Thurn mit den bei derselben nicht Anwesenden eine eigene Berathung gepflogen habe, bleibt sich gleich; auf jeden Fall wurde die Ermordung der Statthalter schon am 22. Mai definitiv beschlossen. Bei der Erwägung über die Todesart rieth Ulrich Kinsky zur Niederstechung der Statthalter im Locale der königlichen Kanzlei und Thurn schloss sich seiner Meinung an.*) Doch erlangte dieselbe nicht die allgemeine Zustimmung und man entschied sich für den Fenstersturz. Vielleicht wirkte auf diese Wahl die Erinnerung ein, dass der Fenstersturz in Böhmen eine gewisse historische Berechtigung geniesse; denn schon zu wiederholtenmalen hatte sich die Erbitterung der Menge gegen missliebige Personen in dieser Weise Luft gemacht. Man begreift nun, weshalb Thurn mit den Ständen auf dem Schlosse bewaffnet erscheinen wollte.

Unzweifelhaft ging Thurn in der Wahl der Vertrauensmänner äusserst vorsichtig vor. Dennoch konnte er nicht verhüten, dass die Stadt mit dunklen Gerüchten von einem ausserordentlichen Ereignisse, das bevorstehe, angefüllt war, die sogar in der Form einer nicht näher zu definirenden Warnung bis zu den Ohren der Statthalter gelangten. Doch legten ihr gerade jene Personen, die dieselbe am meisten hätten beherzigen sollen, nicht die verdiente Wichtigkeit bei. Nur Michna, der verhasste Schreiber, beurtheilte seine Gegner richtig. Das vollgerüttelte Mass des Hasses, das er sich verdient, wohl kennend, begab er sich noch am Dienstag (22. Mai) auf die Flucht nach Wien und verursachte durch diese Vorsicht seinen Gegnern, zwar nicht den letzten, aber jedenfalls den bittersten Aerger.

So brach endlich der 23. Mai an, der Schicksalstag von 1618 Böhmen, der „Anfang und die Ursache alles folgenden Wehs", wie die böhmischen Exulanten fruchtlos in der Fremde klagten.**) Die ersten Scenen der von diesem Tage an alles überfluthenden Bewegung spielten auf der Alt- und Neustadt. In Folge

---

*) So erzählte später Schlick in einem Schreiben an Liechtenstein dd. 21. März 1621. Orig. im Neuhauser Archiv.
**) Skala II, 124.

der Aufforderung, welche die Stände an die prager Gemeinden gerichtet hatten, um sie zum Anschlusse einzuladen, war sowohl der altstädter als neustädter Stadtrath in früher Morgenstunde zu einer Sitzung zusammengetreten. Da die weitaus grössere Mehrzahl der Bürger die katholischen Neigungen der Stadtbehörden verwünschte und sie als eine ihnen selbst angethane Beschimpfung betrachtete, so hatte dies eine grosse Gährung zur Folge, welche ihren Einfluss bis in die Rathsäle geltend machte. Auf der Neustadt brachen die protestantischen Stadträthe mit einem einzigen Anlaufe die Fesseln, welche die Furcht vor der Regierung bisher um sie geschlungen; trotz aller Einsprache des Königsrichters erklärten sie sich für den Anschluss an die Stände und liessen dem Beschlusse die That auf dem Fusse folgen, indem sie eine Deputation an den Protestantentag abordneten, welche den Ständen auf das Schloss folgen sollte. So reichte ein Augenblick hin, in dem das gereizte religiöse Gefühl zur Herrschaft gelangte, diesen Theil der Stadt in seiner wahren Ueberzeugung hervortreten und alle dagegen angewendeten Künste als eitle Anstrengungen erscheinen zu lassen. *)

Nicht so glatt und rasch liefen die Dinge auf der Altstadt ab. Hier hatten sich unter dem Vorsitze des Bürgermeisters die Mitglieder des Stadtrathes und die Vertreter der Zünfte zusammengefunden. Der Königsrichter Schrepl, der gleichfalls erschienen war, wollte die Sitzung eben eröffnen, als mehrere unberufene Personen in den Saal eindrangen, deren Absicht offenbar darauf hinausging, auf die Verhandlung einen Druck auszuüben. Es waren dies einige tonangebende Mitglieder unter der protestantischen Bürgerschaft, der jüngere Fruewein, Kutnauer, Weleslawin, Oršinovský, durchwegs Personen, die der Brüderunität, also der entschiedenen protestantischen Richtung, angehörten. Der Bürgermeister setzte den Gegenstand der folgenden Berathung dahin fest, dass den Ständen eine Antwort auf ihre Einladung zum Protestantentage zu ertheilen sei. Als er die übliche Umfrage zuerst an den Primas Kirchmayer richtete, schnitten die Eindringlinge dem Gefragten die Antwort mit lautem Ge-

---

*) Skala II, 126.

schrei ab und verlangten, dass sich Jedermann aus dem Rathssaale entferne, der ein Katholik sei, denn es handle sich hier um Angelegenheiten der Protestanten. Schrepl erhob sich mit einem Protest gegen die tumultuarische und ungesetzliche Forderung, erklärte aber schliesslich, dass er den Saal mit seinen Glaubensgenossen räumen wolle, wenn dies der Wille der übrigen Rathsherren sei. Der Bürgermeister, anstatt eine darauf bezügliche, nach der neuen Städteordnung überhaupt unzulässige Umfrage zu thun, erwiederte, dass von einer Entfernung des Königsrichters eben so wenig die Rede sein dürfe, als von der der übrigen Katholiken, die Berathung solle eine gemeinschaftliche sein und es sei der Wunsch der Protestanten, dass auch die Katholiken an derselben theilnehmen möchten. Diese Sprache und die gleichgiltige Haltung des protestantischen Theiles der Versammlung zeigte den Eingedrungenen, dass sie ihr Ziel nicht erreichen könnten; sie entfernten sich, nachdem sie vorher alle Protestanten aufgefordert hatten, den Saal mit ihnen zu verlassen, weil ihnen daselbst kein Recht werden könne. Auch dieser Aufruf verhallte wirkungslos. Der gesammte Rath setzte die Verhandlung fort und beschloss, mit Ausnahme eines einzigen, schüchtern widersprechenden Mitgliedes, die Einladung der Stände abzulehnen.*) Kutnauer aber und seine Genossen, nicht länger das Resultat der Sitzung abwartend, eilten auf das Schloss, wo sich bereits die Mitglieder des Protestantentages eingefunden hatten, und behaupteten da dreist, der Königsrichter schliesse die Rathsherrn ein und zwinge ihnen seine Vorschläge auf.

Während sich auf der Alt- und Neustadt die erzählten Scenen abspielten, versammelten sich die Mitglieder des Protestantentages im Karolinum und setzten sich von da aus nach dem Schlosse in Bewegung, um den Statthaltern die beschlossene Antwort zu überreichen. Thurn selbst war schon seit früher Morgenstunde in Thätigkeit, um die letzten Vorbereitungen für

---

*) Bericht des Königsrichters über die Sitzung im böhmischen Statthaltereiarchiv.

das Gelingen des Aufstandes zu treffen. — Nicht ohne einige Verwunderung wird man unter denjenigen Personen, die um die beabsichtigte Ermordung der Statthalter wussten, die Namen des Grafen Schlick und Wilhelms von Lobkowitz vermisst haben. In der That waren diese beiden Männer nicht in das Geheimniss gezogen worden; der Grund lag nicht so sehr in einem Zweifel an ihrer revolutionären Gesinnung, als an der Entschlossenheit ihres Charakters, wenigstens hatte Schlick durch sein Verhalten während der Erhebung Ferdinands auf den böhmischen Thron dazu Veranlassung gegeben. Nun zögerte aber Thurn nicht länger, den letzteren von seinen wahren Absichten in Kenntniss zu setzen, damit ihm dieser nicht etwa im entscheidenden Augenblicke unerwartete Hindernisse bereite und suchte ihn deshalb in seiner Wohnung in der siebenten Morgenstunde auf.

Ueber den Verlauf dieser Zusammenkunft berichtete Schlick drei Jahre später in einem zu seiner Rechtfertigung abgefassten Schreiben: Thurn habe ihm gleich im Beginne die furchtbare Mittheilung über das den Statthaltern bevorstehende Loos gemacht, worüber er im höchsten Grade erschrocken sei und den Grafen „um Gottes willen gebeten habe, eine solche hochvorfängliche, weitaussehende und unerhörte That nicht vorzunehmen." Thurn aber habe ihn „schnauzend und drohend" angefahren und gesagt: „Es müsste bei Gott (das Beschlossene) ausgeführt werden, und wenn sich Jemand dawidersetzen würde, so solle ihm gleiches geschehen." So arg sei der Streit zwischen den beiden Grafen geworden, dass sie sich nahezu „gerauft" hätten. Schliesslich habe Thurn den zagenden Schlick durch das Versprechen beschwichtigt, es solle den Ständen auf dem Schlosse die Entscheidung überlassen werden, ob die Statthalter zu ermorden seien oder nicht. In der Hoffnung, dass die Stände den Mord nicht billigen würden, sei er endlich auf das Schloss gegangen. „Aber der falsche ehrlose Mann", so setzte Schlick seinen Bericht fort, „hat mich und den grossen Haufen und die meisten der Anwesenden schändlich betrogen und hinters Licht geführt." Denn im Schlosse angelangt, sei von keiner Berathung die Rede gewesen, sondern Thurn sei rasch in die

Kanzlei gegangen und da habe sich die That ereignet, bei der er selbst nur eine Zuschauerrolle gespielt.*)

So ganz unscheinbar und unschuldig war jedoch die Rolle nicht, die sich Schlick in diesem Schreiben zutheilt. Unzweifelhaft wahr mag nur die Behauptung sein, dass er erst am 23. Mai in das Geheimniss des Fenstersturzes eingeweiht wurde und dass er bei der ersten Mittheilung einigen Schrecken empfand. Aber sicher ist es aus seiner folgenden wohl bekannten Haltung während der entscheidenden Stunde, dass er sich mit dem Plane des Grafen völlig befreundet hatte, denn er that nicht bloss das seinige zur Aufreizung der Stände gegen die Statthalter, sondern lobte den schlaner Deputirten gegenüber geradezu den beabsichtigten Mord. Nach dem unverwerflichen Zeugnisse des böhmischen Historikers Skala, der später ins Exil wandern musste, rief Schlick, als er auf dem Schlosse angelangt war, die genannten Deputirten bei Seite und bereitete sie auf die kommenden Ereignisse in einer Weise vor, welche den folgenden Mord völlig billigte. Von einem Zwiespalt zwischen ihm und Thurn war also wenigstens in dem entscheidenden Augenblicke keine Rede. **)

So wie Schlick nur moralisch gezwungen an dem Fenstersturze theilgenommen haben will, so behauptete auch später Wilhelm von Lobkowitz seine Unschuld an demselben. Auch er erzählte drei Jahre später, dass er erst am 23. Mai das Geheimniss des Aufstandes erfahren habe und zwar auf dem Wege der Stände nach dem Schlosse. Bei dem Gange über die Brücke trat Fels zu ihm heran und theilte ihm mit, dass heute einige Statthalter zum Fenster hinausgeworfen würden. Lobkowitz fragte, wo dies beschlossen worden, worauf Fels nur mit dem Kopfe schüttelte und an die Seite des Grafen Thurn ritt, der sich bereits bei dem Zuge eingefunden hatte. Als er auf dem Schlosse

---

*) Das Original dieses Briefes Schlicks an Liechtenstein findet sich im Neuhauser Archiv. Dieser Brief ist in Ton und Gehalt äusserst merkwürdig und wir werden auf denselben am Schlusse des Werkes vor den Executionen im J. 1621 näher eingehen.
**) Skala II, 124.

anlangte, erblickte er daselbst den Grafen Schlick und stellte an ihn die Frage, was es mit dem beabsichtigten Fenstersturze für ein Bewenden habe. Letzterer erwiederte, er wisse nichts näheres und habe nur von Thurn und Fels eine kurze Mittheilung erhalten. Wilhelm von Lobkowitz schloss diesen seinen Bericht mit der Behauptung, er habe auf dies hin gar nicht in den Sitzungssaal der Statthalter eintreten wollen, sei aber wiederholt gerufen worden und so habe er sich endlich in demselben eingefunden. *)

Sei dem nun, wie ihm wolle, mag die Theilnahme dieser zwei Herren eine mehr oder weniger freiwillige gewesen sein, so viel steht nach den gegebenen Mittheilungen fest, dass auch sie um den beabsichtigten Mord wussten, dass Thurn die veranlassende Ursache und die treibende Kraft bei dem Fenstersturze war und dass diese That nicht in einem Augenblicke überwallender Leidenschaft verübt, sondern längere Zeit vorher mit zahlreichen Personen berathen und beschlossen wurde.

Gegen die neunte Morgenstunde kam der Zug der Stände vor dem Schlosse an. Jedermann trug Waffen, die Mehrzahl war noch überdies von einem oder mehreren bewaffneten Dienern begleitet. Der Schlosshauptmann und Commandant der Burgwache Dionys Černin von Chudenic erhob keinen Anstand gegen die Einlassung der bewaffneten Menge und war hierin von den Statthaltern selbst nach Slawata's eigenem Geständnisse bestärkt worden. Nachdem die Stände Einlass in die Burg gefunden, versammelten sie sich vorläufig in den Landtagslocalitäten und liessen sich hier die von den Defensoren ausgearbeitete und für die Statthalter bestimmte Antwort vorlesen. Dieselbe war ihrem Inhalte nach eigentlich ein Protest gegen die versuchte Verhinderung ihrer Zusammenkunft, so wie gegen die angedrohte Processirung, und enthielt am Schlusse die directe Frage an die Statthalter, ob und welchen Antheil sie an der Redaction des kaiserlichen Drohschreibens vom 21. März gehabt hatten. Die

---

*) MS 56. der Bibl. des F. G. Lobkowitz in Prag. Geständniss des Wilhelm von Lobkowitz.

kraftvolle Sprache des Actenstückes fand den Beifall der Stände, sie wollten eben die improvisirte Sitzung schliessen, als der obenerwähnte Kutnauer hereinstürzte und den altstädter Königsrichter beschuldigte, dass er die Stadträthe eingeschlossen halte, um ihren Anschluss an die Stände zu verhindern. Sein Bericht, den Niemand widerlegen konnte, vermehrte, wenn möglich, die Gährung und Erbitterung. Alles erhob sich, um die Statthalter in ihrem Sitzungssaale anfzusuchen.

Wer das prager Schloss kennt, weiss, dass dasselbe hauptsächlich aus zwei Theilen besteht, dem neuern, der seine Umgestaltung und seinen Ausbau dem 17. und 18. Jahrhunderte dankt, und dem ältern, der dem 14. und 15. Jahrhunderte angehört und seine ursprüngliche Form noch beibehalten hat. Dieser alte Theil umfasst jene Räumlichkeiten, die ehedem für die Sitzungen der böhmischen Landtage bestimmt waren, darunter den berühmten Wladislawsaal, dann einige Gemächer, die zum Gebrauche der Landesämter dienten. Unter den letzteren befand sich auch der Sitzungssaal der Statthalter, ein Zimmer von den Dimensionen einer bequemen Amtsstube, dessen drei Fenster nach Ost, Süd und West gehen. In diesem Saale, der noch heute die höchst einfache Einrichtung des denkwürdigen Maitages von 1618 enthält, versammelten sich am 23. Morgens nur vier Statthalter: der Oberstburggraf Adam von Sternberg mit seinem Schwiegersohne, dem Burggrafen von Karlstein, Jaroslaw von Martinitz, der Oberstlandrichter Wilhelm von Slawata und der Grandprior des Malteserordens Diepold von Lobkowitz. Ihnen zur Seite befand sich der bis dahin nie genannte Secretär M. Philipp Fabricius. Von den nicht anwesenden sechs Statthaltern war Adam von Waldstein durch einen Podagraanfall, der ihn ans Bett fesselte, am Erscheinen verhindert, die fünf anderen Statthalter waren zwei Tage vorher von Prag abgereist und vermuthlich noch nicht zurückgekehrt.[*]) An ihrer Abwesenheit mögen vielleicht die obenerwähnten Warnungen mehr Ursache gehabt haben, als irgend welche dringenden Geschäfte.

Die vier Statthalter mochten erst wenige Minuten versam-

---

[*]) Raudnitzer MS VI. E. d. 11.

melt gewesen sein, als die Stände herangestürmt kamen. Alle
drängten sich in den Sitzungssaal, doch konnte sie das wenig
geräumige Gemach nicht fassen und so musste ein bedeutender Theil auf der Stiege Halt machen. An der Spitze der im
Saale befindlichen standen Thurn, Schlick, Ruppa, Wilhelm
von Lobkowitz, Kaplir, Ulrich Kinsky und Paul von Řičan.
Letzterer ergriff zuerst das Wort und fragte die Statthalter, was
die Aufregung in der Stadt zu bedeuten und wer die Königsrichter bezüglich ihrer jüngsten Massnahmen instruirt habe. Der
Oberstburggraf, mit den Vorgängen auf der Alt- und Neustadt
noch unbekannt, erklärte, von nichts zu wissen, und wollte einen
Boten um Einholung genauerer Nachrichten abschicken. Thurn
trat dazwischen, die Absendung, sagte er, sei nicht nöthig,
da Kutnauer über die Zwangmassregeln der Richter Bericht
erstattet habe. Nachdem so der Streit eingeleitet war, zog Řičan
die von den Defensoren ausgearbeitete und von den Ständen
eben gebilligte Schrift heraus und las sie den Statthaltern vor.
Für die letzteren war jene Stelle, in der die Frage direct an
sie gerichtet wurde, ob das kaiserliche Drohschreiben von ihnen
herrühre, jedenfalls die bedeutsamste, ihre bedenkliche Seite
wurde nicht wenig durch die am Schlusse angehängte Drohung
verstärkt, dass sich die Stände fortan gegen jeden, der ihnen
ein Unrecht zufüge, Recht verschaffen würden.*)

Die Statthalter hörten der Vorlesung schweigend zu und
besprachen sich hierauf leise mit einander. Der Oberstburggraf
ergriff zuerst das Wort und verlangte vor Ertheilung der Antwort, dass ihm die ständische Protestation überreicht werde,
damit er ihren Inhalt mit seinen Collegen nochmals erwägen
könne. Anfangs wurde dies verweigert und Thurn drang darauf, die Statthalter sollten unverweilt erklären, ob sie an dem
kaiserlichen Schreiben mitgewirkt oder nicht. Der wiederholt
gestellten Bitte wurde aber genügt und Paul von Řičan legte
die Urkunde in die Hände Sternbergs. Nachdem sich letzterer
nochmals mit seinen Amtsgenossen leise am Fenster berathen

---

*) Die ganze folgende Geschichte des Fenstersturzes erzählen wir nach
Skala und Slawata.

hatte, verweigerte er entschieden eine Antwort auf die Frage
der Stände. Es ist, sagte er, eine unerhörte Sache, dass man
je an die Räthe des Kaisers, die sich durch einen Eid zur Geheimhaltung aller Verhandlungen verpflichtet haben, eine solche
Anforderung gestellt hätte. Beliebe es den Ständen, denjenigen
zu kennen, der dem Kaiser zu jenem Schreiben gerathen, so
sei es passender und einfacher, sich mit ihrer Frage geradezu
an Seine Majestät zu wenden. — Ob eine solche Frage, sagte
Thurn, jemals an die Räthe des Kaisern gestellt wurde oder nicht,
ist eine gleichgiltige Sache; wir erklären aber, dass wir nicht
eher von hier weichen werden, bevor wir nicht eine entschiedene Antwort, ein Ja oder Nein haben. Ein Beifallssturm und
die wie zum Schwur emporgehobenen Hände der im Zimmer
Anwesenden bekräftigten die Worte und den Entschluss Thurns.
Einige Herren drängten sich zugleich an den Oberstburggrafen
und sagten, es könne ihm so wenig wie dem Grandprior schwer
fallen, eine verneinende Antwort zu geben, denn man sei von
ihrer Unschuld überzeugt.

Um Zeit zu gewinnen, verlangte jetzt Sternberg, dass ihm
und seinen Collegen erlaubt werde, sich mit den abwesenden
Statthaltern wegen einer Antwort zu berathen, da er nichts ohne
den Beirath des Obersthofmeisters, Herrn von Waldstein,
thun könne. Da der letztere krank zu Bette lag, so hätte ein
Eingehen auf die Bitte Sternbergs die Statthalter aus ihrer sichtlich bedrohten Lage befreit, und es war nicht zu erwarten,
dass sie sich ein zweitesmal in dieselbe begeben würden. Deshalb wollten die Stände nichts von einem solchen Aufschube
wissen; Thurn, Fels und Wilhelm von Lobkowitz (ein Vetter
des Statthalters Diepold von Lobkowitz) waren die lautesten Opponenten. Der letztere schnitt die Berufung auf den Obersthofmeister schliesslich damit ab, dass er erzählte, er habe denselben gestern auf seinem Krankenlager besucht und von ihm
die positive Versicherung erlangt, dass er nie zu dem kaiserlichen Schreiben gerathen. Wilhelms von Lobkowitz Haltung
war also keineswegs so zahm, als er später glauben machen
wollte, oder er hatte sich eben so rasch bekehrt wie Schlick.
Mit donnernder Stimme kehrte sich jetzt letzterer gegen Sla-

wata und Martinitz und bezeichnete sie als die Urheber alles Unglücks, das sie auf Eingebung der Jesuiten angerichtet hätten. „Habt ihr nicht den edlen und tapferen Grafen Thurn um sein Amt als Burggraf von Karlstein gebracht und hat nicht Martinitz gegen alle Gesetze des Landes sich in dies Amt eingedrängt? So viel durftet ihr, nichtswürdiges jesuitisches Gesindel! mit euern Helfershelfern, den Secretären, wagen! So mögt ihr denn wissen, dass wir keine alten Weiber sind — und er begleitete diese Worte mit einer spöttischen Bewegung der Hand nach der Nase — sondern dass ihr es mit Männern gleichen Standes wie ihr zu thun habt. So lange ein älteres Geschlecht noch in diesem Lande regierte, ging es gut, sobald aber ihr, Zöglinge der Jesuiten, zur Herrschaft gelangtet, ging alles quer, und ihr bemühtet euch aus allen Kräften, uns um unsere Privilegien zu bringen."

Wenzel von Ruppa sagte darauf, es komme hier nicht auf die Beschwerden eines einzelnen, auf die Burggrafschaft Thurns an, es handle sich einzig und allein um die religiöse Freiheit Böhmens. „Es ist allgemein bekannt," fügte er hinzu, „welche Bedrückungen die Bewohner geistlicher Güter zu erdulden haben; wenn die Defensoren sich ihre Vertheidigung angelegen sein liessen, wurden sie theils durch Drohungen, theils durch Versprechungen zum Schweigen gebracht. Zwietracht wird unter die Stände gesäet, aber es soll der ganzen Welt offenbar werden, wer im Rechte ist." Nachdem auch Thurn erklärt hatte, es handle sich hier nicht um die Kränkungen, die seiner Person widerfahren seien, und nachdem er erzählt hatte, dass er „armer Graf" nach Wien zur Verantwortung mit augenscheinlicher Gefahr für sein Leben citirt worden sei, drängte sich der jugendliche Albrecht Smificky, der bisher im Hintergrunde gestanden war, an die Statthalter heran und klagte über die Bedrückungen, die der Adel erlitten habe und die solcher Art seien, dass man sich dieselben kaum gegen Leibeigene erlauben dürfe. Es war dies eine Behauptung, für die der junge Brausekopf wohl schwerlich Beweise hätte vorbringen können und die um so weniger am Platze war, als sie mit der gegenwärtigen Streitfrage nichts zu thun hatte. Colonna von Fels sprach zuerst das entscheidende Wort

aus, das auf aller Zunge schwebte, indem er Martinitz und Slawata
als die Urheber des kaiserlichen Schreibens und als die allein
Strafwürdigen erklärte, und hinzufügte: „Mit dem Oberstburggrafen und dem Grandprior sind wir wohl zufrieden, sie haben
sich nie als Feinde unserer Religion geberdet und es liegt kein
Anzeichen vor, dass sie an jenem Schreiben mitgeholfen. Haben
sie es dennoch gethan, so thaten sie dies nur, verleitet von jenen
zwei Gegnern." Als er die anwesenden Stände befrug, ob sie
derselben Meinung seien, stimmten alle bei: Slawata und Martinitz wurden für die allein Schuldigen erklärt. In wirrer Hast
ertönten von verschiedenen Seiten her neue Anklagen gegen sie,
einzelne Vorfälle wurden erzählt, die als systematische Bedrückung der Protestanten ausgelegt und den beiden Herren
zur Last gelegt wurden.

Als darauf eine augenblickliche Erschöpfung der Stimm-
führer eintrat, benützte Slawata, der bisher einen stummen Zuschauer abgegeben hatte, diesen Moment zu seiner Vertheidigung, denn schon begann er sein Schicksal zu ahnen. Dennoch
mochte ihm, wenn er die Augen aufschlug und in der Reihe der
Gegner seinen leiblichen Bruder und sechs Vettern sah, einige
Hoffnung auf eine billige Behandlung aufleuchten, weil er nicht
annehmen konnte, dass die heiligsten Gefühle der Blutsverwandt-
schaft so an ihm verletzt würden. Er begann seine Vertheidigung mit der Behauptung, dass sein Ruf unter der Last übler
Verleumdung erliege; ehedem habe man ihn angeklagt, dass
er den passauer Einfall mitverschuldet habe, worauf er vor Gericht den Beweis seiner Unschuld geliefert habe. Ebenso wenig
habe er auch je den Majestätsbrief verletzt und bitte deshalb
die Stände, sich einer übereilten Handlung zu enthalten, sie
könnten ja, wenn es ihnen beliebe, einen Process wegen Verletzung der Landesgesetze gegen ihn anhängig machen. In
meiner Stellung als Kammerpräsident, sagte er, kann man
mir nicht ein einzigesmal nachweisen, dass auf irgend einem
Gute des Kaisers die Protestanten gewaltsam zur katholischen
Kirche gedrängt worden seien. Man sagt, aus Krummau seien
Protestanten durch mich zur Auswanderung genöthigt worden.
Allein ich gebe zu bedenken, dass dies Leute waren, welche

wegen ihrer revolutionären Haltung diesen Beschluss veranlasst haben, dass eine Commission, welche fast durchwegs aus protestantischen Kammerräthen bestand, ihn gefasst hat und dass derselbe bis jetzt noch nicht vollständig durchgeführt ist.

Nun erhob auch Martinitz seine Stimme und behauptete gleichfalls, nie den Majestätsbrief verletzt zu haben und seine Schuldlosigkeit vor Gericht darthun zu können. Wenn er vor der Ertheilung des Majestätsbriefes seine Unterthanen habe katholisch machen wollen, so habe er sich dabei nur zulässiger Mittel bedient, und übrigens gehe es Niemanden etwas an, was er auf seinem Gute thue, auch er kümmere sich um Niemandes Besitzungen. Auch Slawata wollte sein Betragen auf den ihm gehörigen Gütern rechtfertigen; kaum hatte er aber begonnen, als Litwin von Řičan, an dessen Gürtel eine Terzerole hing, hervortrat und ihn beschuldigte, dass er einen Bürger aus Neuhaus zur Auswanderung der Religion wegen genöthigt habe. Diesen Vorwurf lehnte Slawata mit der Erklärung ab, dass jener Bürger nur deshalb ausgewandert sei, weil er eine Erbschaft von mehr als 100.000 Gulden gemacht hatte und sich ein Landgut kaufen wollte, wozu ihm Slawata selbst behilflich gewesen sei.

Während der Streit durch die versuchte, wenn auch wenig erfolgreiche Widerlegung der einzelnen Vorwürfe für die Angegriffenen einen ruhigeren Verlauf zu nehmen schien, bekam er wieder alle Heftigkeit, als Wilhelm von Lobkowitz mit neuen Anklagen hervortrat, welche nicht leicht eine Widerlegung gestatteten. Er erinnerte daran, dass sich Slawata bei der Krönung Ferdinands II der namentlichen Anführung des Majestätsbriefes unter den zu bestätigenden Privilegien widersetzt habe, woraus natürlich nur zu sehr dessen feindselige Stimmung gegen die Protestanten gefolgert werden konnte. Der Beklagte konnte dies nicht in Abrede stellen, suchte aber seine Handlungsweise zu rechtfertigen. Die Aufregung der Stände war bei diesen neuen Anklagen so hoch gestiegen, dass Thurn, Fels und Wilhelm von Lobkowitz nicht weiter ihre Absichten zu verheimlichen brauchten, sondern den zwei bedrohten Statthaltern geradezu sagten, es handle sich um ihr Leben und mit diesem müssten sie für all' ihr Treiben büssen. Beide baten, man möge doch nicht so vorschnell handeln, beriefen sich auf ihren alten Adel, auf den Kaiser, auf die Gesetze des Landes, allein ihre Einwände wurden durch die Vorwürfe Ruppa's, des Grafen Schlick, Ulrich Kinsky's und Anderer, die alle gleichzeitig sprachen und nicht länger die Bestrafung verschoben wissen wollten, übertäubt. Fels überschrie endlich alle und fragte, ob es die Meinung der Anwesenden sei, dass die zwei Angeschuldigten als Feinde des Gemeinwohles und Schädiger des Majestätsbriefes anzusehen und darnach zu bestrafen seien. Ein plötzliches Grauen bemächtigte sich aller und kein bejahendes Wort unterbrach die Stille. Man bebte vor dem beabsichtigten Morde zurück.

Um der Entmuthigung keinen Raum zu geben, stellten Thurn, Fels und Wilhelm von Lobkowitz fast zu gleicher Zeit die Frage, wer also der Verfasser des kaiserlichen Schreibens sei und welchen Antheil die Statthalter an demselben hätten. Nach wenigen Augenblicken der Berathung, die unter dem Einflusse wilder Blicke, drohender Geberden und blanker Waffen stattfand, sagte der Oberstburggraf: „Da die anwesenden Herren von ihrem Vorhaben nicht ablassen wollen und uns in einer unerhörten Weise bedrängen, so erklären wir, dass wir nur unter diesem gewaltsamen Einflusse den Eid als Räthe des Kaisers verletzen. Bezüglich der Worte des kaiserlichen Schreibens, durch welche die Stände und die Defensoren sich in ihrer Sicherheit und in ihrem Leben bedroht finden, erklären wir, dass wir weder zu ihnen, noch zu dem ihnen unterlegten Sinn, noch überhaupt zu dem ganzen Schreiben irgendwie gerathen haben. Da es zu geschehen pflegt, dass denselben Worten oft der verschiedenste Sinn unterlegt wird, und nur derjenige, von dem sie ausgehen, den wahren Sinn bestimmen kann, so muss hier der Kaiser um seine eigentliche Meinung befragt werden. Soweit wir selbst hierin urtheilen können, erscheint uns die harte Auslegung der Stände ungerechtfertigt, und es würde sich dieses leicht ergeben, wenn man das Schreiben aufmerksam lesen wollte."

Es ist gegenwärtig bekannt, dass der Oberstburggraf die Wahrheit sprach und dass der Urheber des bewussten Schreibens in Wien und nicht in Prag zu suchen war. Die Stände legten indess der Aussage Sternbergs keinen Glauben bei, doch konnten sie über dieselbe nicht gleichgiltig hinausgehen. Es war Thurns Absicht, über die zwei verhassten Statthalter wegen des Schreibens eine Art Schuldig aussprechen zu lassen und dann die Execution vorzunehmen Nun konnte er die beiden Gegner doch nicht wegen eines Verbrechens strafen, zu dem sie sich nicht bekannten und das ihnen nicht erwiesen werden konnte. Als ein vorsichtiger Mann hatte er diesen Fall vorhergesehen und für die Verurtheilung eine andere Begründung vorbereitet. Diese andere Begründung boten die Amnestieverhandlungen von 1609. Als neun Jahre früher die Stände Rudolf II den Majestätsbrief dadurch abtrotzten, dass sie sich gegen ihn bewaffneten, verlangten sie, nachdem der Kaiser ihren Wünschen nachgegeben hatte, von demselben die Ertheilung einer Amnestie für alle Acte ihres revolutionären Auftretens. Rudolf fertigte das gewünschte Patent aus und alle katholischen Landesbeamten unterzeichneten es; nur Slawata und Martinitz verweigerten beharrlich ihre Unterschrift. Da protestirte damals Wenzel Budowec im Namen aller Protestanten gegen dies Benehmen und erklärte: „wenn in der Zukunft jemals der Majestätsbrief verletzt würde, so müssten sich die Stände dem Verdachte hingeben, dass die zwei Herren Ursache dieser Verletzung seien, und nichts würde sie hindern, ihr Recht gegen jeden Verletzer auf Leben und Tod zu vertheidigen."

Als nun der Streit mit dem Oberstburggrafen verneinender Antwort ein Ende hätte nehmen sollen, zog Paul von Říčan eine zweite Schrift hervor und las den Text der Protestation, welche Budowec im Jahre 1609 im Landtage niedergelegt hatte. Die eben mitgetheilte Stelle erfuhr aber eine eigenthümliche Aenderung, solcher Art nämlich, dass sie Slawata und Martinitz strafwürdig hinstellte, mochten diese den Majestätsbrief verletzt haben oder nicht. Sie lautete nämlich nach der jetzt angebrachten Correctur: „Wenn es in der Zukunft je dazu kommen sollte, dass der Majestätsbrief verletzt würde, so würde man *sich an jene Personen, welche jetzt die Unterzeichnung der Amnestie verweigert haben, als an die Feinde der Ordnung und Einigkeit halten.*" Diese Aenderung hatte die Bedeutung, dass

Slawata und Martinitz für jede Verletzung des Majestätsbriefes, mochte sie von ihnen oder von Jemandem Andern ausgehen, verantwortlich gemacht und folglich als Feinde der öffentlichen Ordnung dem Tode geweiht wurden.

Gegen die auffallende Aenderung des Textes fanden die beiden angegriffenen Herren wenig Zeit zu antworten. Slawata bemerkte dieselbe wohl, aber er getraute sich nicht mehr, dagegen zu protestiren. Am Schlusse las Řičan noch folgenden Zusatz: „Da die Stände thatsächlich überzeugt sind, dass die zwei Herren als Verletzer des Majestätsbriefes anzusehen sind, so erklären sie dieselben für ihre und des Gemeinwohles Feinde." Der Vorleser war zu Ende, als er dieses Todesurtheil sprach, und fragte seine Freunde, ob das ihre Meinung sei. Ein einstimmiger Schrei bejahte es, und war nur untermischt von den bedauernden Worten einzelner, dass man nicht auch den „Langen", d. i. den Kanzler, welcher in Wien weilte, zur Hand habe.

So waren Slawata und Martinitz für Feinde des Vaterlandes und als ausser dem Gesetze stehend erklärt; die Execution des Urtheils konnte nicht lange auf sich warten lassen. Ulrich Kinsky trat zu dem über diese Entwicklung entsetzten Grandprior und lispelte ihm ins Ohr, er möge sich nicht fürchten, ihm und dem Oberstburggrafen werde nichts geschehen, aber die zwei andern müssten zum Fenster hinaus. Auch Thurn, Fels und Wilhelm von Lobkowitz versicherten die zwei Statthalter, es werde ihnen, da man sie für Freunde halte, kein Leid widerfahren; wir haben es, hiess es, hier nur mit den beiden anderen, den Feinden unserer Religion, zu thun. Ruppa fügte hinzu: „Es ist Zeit, dass wir ein Ende mit ihnen machen; wir werden unser Betragen später schriftlich vor der Welt rechtfertigen."

Vergeblich bat der Oberstburggraf mit Thränen in den Augen, man möchte doch nichts thun, was schwere Folgen nach sich ziehen könnte. Die meisten Personen, die er anblickte, waren mit ihm verwandt; er beschwor sie bei den Banden des Blutes um ihren Beistand. Fels fasste den Oberstburggrafen am Arme und befahl ihm, sich zu entfernen, wenn er nicht das gleiche Schicksaal mit den Verurtheilten theilen wolle und Wilhelm

von Lobkowitz ergriff seinen Vetter, den Grandprior, der sich
an Sternbergs Mantel angeklammert hatte. Martinitz, der wohl
einsah, dass alles verloren sei, wenn sich der Oberstburggraf
entfernen würde, bat denselben auf das beweglichste, sich nicht
von ihm zu trennen; die Statthalter müssten gemeinsam ihr Loos
theilen, ob es auf Tod oder Leben laute. Gewiss würde Herr
von Sternberg dieser Bitte nachgegeben haben, war ja doch der
arg bedrohte sein Schwiegersohn, aber es wurde weder ihm
noch dem Grandprior eine Wahl gelassen; sie wurden aus der
Kanzlei gedrängt und gestossen, und mussten die Collegen ihrem
Schicksaale überlassen.

Nachdem Sternberg und Diepold von Lobkowitz entfernt
waren, riefen einige Herren, welche noch immer um die Absicht
der Anführer nicht wussten oder von Mitleid bewegt waren,
man möge die Angeklagten schnell in den schwarzen Thurm
schaffen; aber dieser Ruf wurde durch den übertönt, man solle
sie zum Fenster herauswerfen. Jetzt drängte sich auch Ulrich
Kinsky vor und beschuldigte die beiden Statthalter, dass sie seinen
flüchtigen Bruder Wenzel auf Tod und Leben verfolgt und einen
Preis von 10,000 Schock auf seinen Kopf gesetzt hätten. Es
war dies ein unsinniger Vorwurf, denn Wenzel Kinsky war zumeist durch den Beschluss der protestantischen Stände im J. 1615
als ein Verbrecher gebrandmarkt und darauf hin verurtheilt
worden, wogegen die Statthalter damals bei dem Kaiser die
Fürbitte einlegten, dass die verdiente Strafe den Angeklagten
nicht mit ihrer vollen Strenge treffe.

Während Slawata die Thatsachen richtig stellte und sich
so gegen Ulrich Kinsky noch zu vertheidigen suchte, trat Wilhelm von Lobkowitz hinter Martinitz, ergriff seine beiden Hände
und hielt sie auf dem Rücken fest, so dass der Angegriffene sich
nicht bewegen konnte. Lobkowitz behauptete zwar später, mit
dem Oberstburggrafen sich entfernt zu haben und nicht mehr
zurückgekehrt zu sein, allein unverdächtige Zeugen berichten
von dieser seiner weiteren Thätigkeit. Gleichzeitig hatte Thurn
den Slawata an der Hand gepackt, und beide Statthalter wurden
nun näher ans Fenster, und zwar jeder an ein anderes gezogen.
Mit den Füssen sich gegen den Boden stemmend und um Gnade

flehend, versuchten sie den äussersten Widerstand; Martinitz bat zugleich, man möge ihm, bevor man ihn tödte, einen Beichtvater holen. „Befiehl deine Seele Gott," lautete die kurze Antwort der Einen, und: „Sollen wir deine jesuitischen Schelme dir herbringen?" die höhnische der Anderen. Ausser Lobkowitz hatten ihn Ulrich Kinsky, Smiřicky, Litwin von Řičan und Paul Kaplíř gefasst; während sie ihn vom Boden hoben, bat er inständigst den Erlöser und seine heiligste Mutter um ihre Hilfe. Angethan in seinem Mantel, umgürtet mit seinem Degen und nur mit blossem Haupte wurde er kopfüber in den achtundzwanzig Ellen tiefen Graben gestürzt; man konnte hören, wie er im Falle noch die Namen: Jesus, Maria ausrief. Kinsky rief ihm spottend nach: „Wir wollen doch sehen, ob ihm seine Maria hilft;" und sich zum Fenster hinausbeugend sah er an den Bewegungen des Martinitz, dass er vom Falle kaum beschädigt sein konnte, und rief in höchster Verwunderung aus: „Bei Gott, seine Maria hat ihm geholfen!"

Schon stand auch Thurn mit Slawata am Fenster; er kehrte sich jetzt an die Herren, welche soeben Martinitz hinausgeworfen hatten, und sagte zu ihnen in deutscher Sprache: „Edle Herren, hier habt ihr den andern." Umsonst bat auch Slawata um einen Beichtvater; am Fenster stehend, bezeichnete er sich mit dem Kreuze und rief aus: „Gott sei mir armen Sünder gnädig." Fortwährend um sein Leben kämpfend, klammerte er sich an den Fensterrahmen an und zerriss, während er sich wehrte, die goldene Kette an seinem Halse. Ein Schlag, welcher mit dem Knopfe eines Degens nach seiner Hand geführt wurde, nöthigte ihn, dieselbe stark verwundet zurückzuziehen, und so flog auch er hinunter. An dem vorspringenden steinernen Gesimse eines unteren Fensters stiess er im Falle mit dem Kopfe an und schlug sich eine tiefe Wunde, fiel darauf stark auf die linke Hüfte und rollte von dem Rande des Grabens, dessen Entfernung von den Fenstern der Kanzlei achtundzwanzig Ellen mass, noch zwei Ellen tiefer.

Während diese doppelte Execution vorbereitet wurde, befand sich der Secretär M. Philipp Fabricius im Hintergrunde der Kanzlei und wagte schüchtern einige der neben ihm stehenden

Herren vor dem gefährlichen Treiben zu warnen. Als er sah, welches Schicksal seine Vorgesetzten traf, drängte er sich an den Grafen Schlick und flehte ihn um seinen Schutz an. Allein gerade dies Betragen erregte die Aufmerksamkeit und entzündete den Hass, den die Stände gegen den Secretär Michna hegten und den sie nun an dem bisher nie beachteten Fabricius kühlen wollten. Einige sprangen mit Dolchen auf ihn zu und wollten ihn niederstossen, aber die Ermahnung Anderer, man möge doch den Ort nicht mit Blut beflecken, war die Veranlassung, dass Fabricius ergriffen und ohne weitere Umstände zum Fenster hinausgeworfen wurde. Es war in der Zeit zwischen der neunten und zehnten Morgenstunde, als die Execution beendet war.

Allein der Tod, der den drei Personen zugedacht war, traf sie merkwürdiger Weise nicht. Martinitz und Fabricius fielen nieder, ohne sich zu beschädigen, und Slawata war nicht so sehr durch den Fall, als durch das Anstossen an dem Fenstergesimse beschädigt worden. Während er vom Rande des Grabens in die Tiefe desselben rollte, verwickelte sich sein Kopf in den Mantel, das aus der Kopfwunde herausströmende Blut floss ihm in den Mund und benahm ihm die Fähigkeit, leicht athmen zu können, so dass er wie ein Erstickender zu röcheln anfing. Martinitz, der am Rande des Grabens in sitzender Stellung verweilte und sich nicht zu fliehen getraute, um nicht die Leidenschaft der zu den Fenstern herausblickenden Gegner von neuem aufzuregen, konnte es trotz der augenscheinlichsten Gefahr nicht über sich bringen, seinen Schicksalsgenossen ohne Hülfe zu lassen. Er wälzte sich deshalb vom Rande des Grabens nach dem unteren Theile zu, und während der frühere Fall ihm keinen Schaden gethan hatte, reichte diese Bewegung hin, dass er sich an seinem Rapiere nicht unbedeutend verletzte. Bei Slawata angelangt, nahm er demselben den Mantel vom Kopfe, wischte ihm mit einem Sacktuche das Blut aus den Augen und dem Gesichte, zog ein Balsamfläschchen, welches er mit sich zu tragen pflegte, aus der Tasche, hielt es dem ohnmächtigen Freunde unter die Nase und brachte ihn dadurch wieder zur Besinnung. Da die Gefahr keineswegs vorüber war, so ermahnte er ihn, sich im Gebete zu stärken, und beide erwarteten unter frommen Ausrufungen die kommenden Dinge.

Das Gefühl des Secretärs, als er glücklich in der Nähe der beiden Herren zu liegen kam, war nicht so sehr das des Dankes gegen Gott, als des Aergers und Erstaunens über die gleichmässige Behandlung, die er, ein unansehnlicher Beamte, mit den zwei hochgeborenen Statthaltern erfahren hatte. Seine ersten Worte gaben diesem doppelten Gefühle Ausdruck, denn gegen Martinitz gekehrt fragte er: „Was habe ich ihnen denn gethan, dass sie mich herausgeworfen haben?" Martinitz erwiederte: „Herr Philipp, es ist jetzt nicht Zeit, solches zu fragen und die Antwort der Stunde darauf zu erwarten. Da ihr der frischeste von uns seid, wollen wir lieber aufstehen, dem Herrn Slawata helfen und ihn in das (naheliegende) Haus der Frau Kanzlerin tragen." Kaum hatte er dies gesagt, als mehrere Schüsse fielen. Mit grenzenloser Verwunderung hatten die Gegner der Statthalter von den Fenstern aus dem Schauspiele zugesehen, das sich vor ihnen im Graben entwickelte. Bei den meisten wich jetzt die frühere Aufregung einer besonneneren Haltung; allein die Anführer riefen ihren Dienern, welche mit in die Burg gekommen waren und in einiger Entfernung von dem Graben, in welchem die Herrn lagen, herumliefen, zu, sie möchten denselben vollends den Garaus machen und sie erschiessen. Sowohl aus den Fenstern der Kanzlei, wie von den Wällen fielen zahlreiche Schüsse, allein dieselbe mächtige Hand, welche bisher das Leben der Unglücklichen erhalten hatte, schützte es auch ferner. Slawata und Fabricius wurden von keinem der Schüsse getroffen. Don Martinitz traf eine Kugel an der linken Kopfseite und zerriss sein Halstuch, eine zweite Kugel durchbohrte die Kleidung oberhalb des linken Armes, eine dritte Kugel streifte und verwundete ihn ganz unbedeutend am Arme. Martinitz, durch alles dies zur höchsten Verwunderung und zum tiefsten Dankgefühl veranlasst, rief ein- über das anderemal aus: „Guter Gott, so willst du mich unverwundbar und unsterblich machen!"

Die Diener der Statthalter, mit den Räumlichkeiten der Burg wohl bekannt, liefen unmittelbar nach dem Sturze ihrer Herrn auf Umwegen in den Graben und langten glücklich daselbst an; einige wurden zwar durch die unablässigen Schüsse wieder zurückgetrieben, bei anderen steigerte sich aber der Muth und die Treue mit der Gefahr und sie liefen bis zu ihren Herrn. Zu diesen gesellten sich noch einige ebenso kühne als hochherzige Freunde, während die Gegner den Zugang zum Graben nicht finden und folglich nicht, wie sie wollten, mit blanker Waffe einhauen konnten. Bevor noch die Diener in dem Graben erschienen waren, hatte sich Fabricius, der wohl einsah, dass ein längeres Verweilen schlimme Folgen nach sich ziehen könnte, rasch erhoben, und seinen Mantel, den er im Falle angehabt, zurücklassend entfernte er sich auf ihm wohlbekannten Wegen aus dem Graben und dem Bereiche des Schlosses.

Als Martinitz den Slawata von Dienern und Freunden umgeben sah, dachte er daran, sich in Sicherheit zu bringen. Gestützt auf den Arm eines Dieners eilte er aus dem Graben nach dem Hause des obersten Kanzlers, wo er zunächst auf Schutz hoffen konnte. Auf dem Wege begegnete ihm der Domherr Ctibor Kotwa, der, benachrichtigt von der Gefahr der zwei eifrigen Katholiken, herbeigeeilt war, um, wenn möglich, ihnen den letzten Trost zu spenden. Das Haus des Kanzlers hatte gegen den Graben zu keinen Eingang; der Uebelstand wurde dadurch beseitigt, dass von den Bewohnern desselben eine Leiter herausgestellt wurde, auf der Martinitz mit seinen Begleitern hinaufstieg. Trotzdem, dass ein Gegner noch dreimal das Gewehr auf ihn anlegte, gelangte er glücklich in das Innere der Behausung. Hier erwartete ihn bereits sein Beichtvater, der Jesuit Santinus, und Martinitz benützte den ersten Augenblick, seit dem er der unmittelbaren Todesgefahr entronnen war, zur Beichte. Darauf legte er sich zu Bette, nicht als ob ihn seine Schwäche dazu genöthigt hätte, aber da er jeden Augenblick des Besuches seiner Feinde gewärtig sein musste, wollte er durch ein jämmerliches Aussehen, das seinen baldigen Tod in Aussicht stellte, ihren Rachedurst zum Stillschweigen bringen.

Nicht so leicht ging die Rettung Slawata's vor sich. Er lag auf dem Boden und konnte sich nicht erheben; es konnte ihm also auch nicht zugemuthet werden, sich auf dieselbe Weise wie sein Freund in Sicherheit zu bringen und die Leiter zu besteigen.

Seine Diener und Freunde hoben ihn von der Erde auf und trugen ihn durch das hintere Schlossthor in das Haus des Kanzlers, Niemand stellte sich ihnen entgegen. Im Hause angelangt, legte man ihn auf eine Matratze; der herbeigeeilte Arzt Thomason wandte gleich das ehedem so beliebte Heilmittel, den Aderlass, an, reichte ihm dann einen stärkenden Trank und verband seine Kopfwunde. Darauf beichtete Slawata dem Domherrn Kotwa. Kaum hatten die beiden Herren sich etwas getröstet, so hörten sie den Lärm einer grossen Truppe, die sich unter Waffengeklirr und Pferdegetrappel dem Hause näherte. Es war dies Thurn an der Spitze seiner Anhänger. Bei dem Hause angelangt, verfügte er sich mit seiner Begleitung unmittelbar zur Gemahlin des Kanzlers, Polixena von Lobkowitz, und verlangte zu wissen, wo die Statthalter untergebracht seien. Die edle Frau wehrte sich entschlossen und würdevoll gegen eine weitere Belästigung ihrer Schützlinge und wollte den Grafen nicht einmal deren Anblick gestatten. Sei es, dass ihre Worte einen mächtigen Eindruck hervorriefen, sei es, dass sie den Zustand der Statthalter mit den traurigsten Farben schilderte, um so den Sterbenden ein Mitgefühl zu sichern, das den Lebenden versagt worden war, jedenfalls bewirkte sie, dass Thurn sich mit seinem Gefolge zurückzog und die Statthalter in dem Zimmer, wo sie untergebracht waren, nicht belästigte. Slawata und Martinitz durften jetzt aufathmen, sie waren gerettet.

Während dieser Vorgänge setzte Fabricius ungehindert seine Flucht fort. Glücklicherweise begegnete er in der Nähe des Schlosses einem Freunde, der ihm Hut und Mantel lieh; so vollständig bekleidet lief er der Moldau zu, liess sich da in einem Kahne übersetzen und eilte dann in sein auf der Altstadt gelegenes Haus. Schon nach einigen Minuten verliess er dasselbe wieder und trachtete die Thore der Stadt zu gewinnen. Auf seinem Gange durch die Strassen stiess er auf kein Hinderniss, da man auf der Altstadt von den Ereignissen auf dem Schlosse noch nicht unterrichtet war. Vor der Stadt angelangt, fühlte er sich zu schwach zu einer weiteren Fortsetzung der Reise und musste in einem der Gärten, die sich damals vor dem Spittelthore befanden, etwas ausruhen. In diesem Zustande traf ihn

der ehemalige Bürgermeister und jetzige altstädter Rathsherr
Loštický, der, ohne erst fragen zu müssen, das Schicksal des
Fabricius kannte, denn er selbst floh vor einem ähnlichen.
Loštický war einer von den Eifrigsten, die diesen Morgen
auf dem altstädter Rathhause gegen jeden Anschluss der Bürger
an die Stände gestimmt hatten. Noch sassen die Rathsherren
beisammen, als bereits ein lärmender Haufen vom Schlosse die
Nachricht von den dortigen Ereignissen auf die Altstadt brachte
und schon liessen sich zahlreiche Stimmen vernehmen, dass die
Rathsherren dasselbe Schicksal verdienten, wie die Statthalter. Die
Bedrohten durften nicht zögern, wenn sie nicht Gefahr laufen
wollten, dass das niedere Volk auf eigene Faust das Beispiel
der höheren Stände nachahme. In der That flohen die rechtzeitig gewarnten Rathsherren nach allen Richtungen der Wind-
rose und unter diesen auch Loštický. Zur grösseren Sicherheit
verliess er Prag, um sich in seinem bei Wolschan — eine halbe
Stunde von der Stadt — gelegenen Maierhofe zu verbergen.
Auf dem Wege traf er nun mit Fabricius zusammen, nahm ihn
barmherzig in seine Behausung mit und pflegte ihn durch mehrere
Tage.*) Nachdem der Secretär weniger seine Kräfte als seinen
Muth wieder gestärkt hatte und sich den Anstrengungen einer
weiteren Flucht gewachsen glaubte, machte er sich heimlich auf
den Weg nach Wien, wo er am 16. Juni glücklich anlangte**)
und dem Kaiser umständlich als Augenzeuge über das Schick-
sal seiner Räthe berichten konnte. Er wurde später in den
Adelstand erhoben und bekam das verdiente Prädicat von
„Hohenfall."

Von den beiden im Hause des Kanzlers untergebrachten
Statthaltern suchte zuerst Martinitz, da seine Kräfte dies erlaubten,
seine völlige Sicherheit in der Flucht. Als der Abend herangekommen war, liess er sich den Bart scheeren, schwärzte sein
Gesicht mit Pulver, kleidete sich wie ein Mann aus dem Volke
und eilte dann zu seiner Frau, um von ihr Abschied zu nehmen.
Nachdem er sie getröstet und durch einige Luftsprünge von

---

*) Loštický's Bericht im böhm. Statthalterei-Archiv.
**) Skala II, 195.

seinem körperlichen Wohlsein überzeugt hatte, hielt er sich nicht länger auf und eilte, ohne eines seiner acht Kinder zu begrüssen, in Begleitung des Arztes Thomason und eines Dieners aus der Stadt auf den weissen Berg, wo eine Kalesche seiner harrte, mit der er in der Nacht nach seinem Gute Tachlowic fuhr. Hier nahm er frische Pferde und schlug dann den Weg über Plass und Tachau gegen die Oberpfalz ein, um von da aus nach Baiern zu gelangen. Er beschleunigte seine Reise durch Böhmen, so viel er konnte, und kehrte bloss in Klöstern ein, weil er sich auf die Verschwiegenheit der Aebte verlassen und so unerkannt weiter kommen konnte. Seine Vorsicht war sehr am Platze, denn als die Stände am andern Tage seine Flucht erfuhren, liessen sie ihm nachsetzen, es gelang ihnen jedoch nicht mehr, seiner habhaft zu werden, da sie wahrscheinlich ihre grösste Aufmerksamkeit der Strasse nach Wien zuwandten. Selbst in der Oberpfalz legte Martinitz sein Incognito nicht ab, sondern gab sich für einen Diener Thomasons aus, erst in Regensburg fühlte er sich sicher und berichtete im dortigen Jesuitencollegium den erstaunten Zuhörern von den Vorgängen in Prag. Er reiste darauf nach München, wohin ihm bereits das Gerücht von seinen Schicksalen vorausgeeilt war. Der Herzog Maximilian liess ihn auf das freundlichste begrüssen und wies ihm in dem Hause Tilly's, des später so berühmt gewordenen Generals, eine Wohnung an. Die herzoglichen Leibärzte und Chirurgen boten ihm allesammt ihre Dienste an, deren er glücklicherweise nicht bedurfte. Bald kam ihm seine Gemahlin mit ihren Kindern nachgereist, worauf er sich häuslich in München einrichtete, da er von Mathias mit diplomatischen Verhandlungen bei dem Herzoge betraut wurde.

Gern hätte auch Slawata das Beispiel seiner beiden Genossen nachgeahmt, allein sein körperlicher Zustand fesselte ihn ans Lager und so musste er sein Schicksal der Zukunft anheimstellen. Seine Frau eilte zu der Gräfin Thurn und bat sie flehentlich, sie möchte sich bei ihrem Gemahl verwenden, dass dem Verwundeten kein Leid mehr zugefügt werde. Die Gräfin Thurn empfing die angsterfüllte Dame um so freundlicher, als sie sich selbst trüber Ahnungen nicht erwehren konnte. Indem

sie der Frau von Slawata ihren Schutz zusagte, bemerkte sie
schweren Gemüthes, dass wohl dereinst die Zeit kommen dürfte,
in der sie bei ihr selbst als Bittstellerin werde erscheinen müssen.
Als die Stände am andern Tage zusammentrafen, wurde berathen,
was mit Slawata geschehen solle. Keine Stimme erhob sich, welche
ihm ein weiteres Leid zugefügt wissen wollte; einige Herren
machten bloss die höhnische Bemerkung, man müsse ihm das
Leben nach dem Grundsatze schenken, dass man einen Dieb,
mit dem der Strick am Galgen reisse, auch nicht zum zweitenmale hänge. Doch wurde er in seiner Freiheit beschränkt; als
er nach einigen Wochen gesund geworden, erlaubte man ihm
nämlich nicht, sich aus dem Bereiche der Burg zu entfernen.
Später wurde auch diese Beschränkung aufgehoben und ihm
der Aufenthalt in Teplitz gestattet. Er benützte die ihm gebotene Gelegenheit, um nach Sachsen zu entfliehen.

Die gleichzeitige Rettung dreier Personen, welche von einer
Höhe von 28 Ellen herabgestürzt wurden, konnte nicht verfehlen,
einen ausserordentlichen Eindruck auf die Zeitgenossen zu
machen und gewiss hat das Wunderbare daran die Freunde
Thurns zur schliesslichen Schonung der Geretteten vermocht.
Gleich nach dem merkwürdigen Ereignisse erklärten die Katholiken dasselbe als ein Wunder und schrieben es dem besonderen Schutze Gottes zu, der sich seiner bedrängten Kirche in
einem feierlichen Momente angenommen habe, während die
Protestanten nach einer natürlichen Erklärung des Ereignisses
suchten. Der Historiker Skala, der in dieser Zeit sich in Prag
aufhielt und wenige Jahre später im Exile die Geschichte des
Aufstandes schrieb, erklärt, die Schwere des Falles sei dadurch
gemildert worden, dass die Statthalter auf einen Kehrichthaufen
gefallen seien. Seit Jahren sei man nämlich gewohnt gewesen,
die Papier- und Federabfälle bei der Reinigung der königlichen Kanzlei unmittelbar zum Fenster hinauszuwerfen. Seinem Zeugnisse steht das des Slawata entgegen, welcher mit
Bezug auf dieses Gerücht, das ihm zu Ohren gekommen, ausdrücklich erwähnt, der Boden sei mit nichts bedeckt gewesen,
was die Schwere des Falles hätte mildern können. Als später ein
Gesandter der türkischen Pforte nach Prag wegen Abschliessung

eines Bündnisses gegen Ferdinand II kam, zeigte ihm Budowec die Stelle unter den Fenstern der Kanzlei und erklärte die Rettung der Statthalter als die Folge angewandter Zauberkünste, ohne des Kehrichthaufens weiter zu erwähnen. Der Strauch, den andere Erzähler unter den Fenstern gepflanzt wissen wollen, von dem aber die böhmischen Quellen keine Nachricht geben, gehört in das Reich der Dichtung.

Sechstes Kapitel.

Die Entwicklung des Aufstandes. Khlesls Sturz. Freunde und Feinde des Kaisers.

I Errichtung einer provisorischen Regierung durch die Wahl von 30 Directoren. Ruppa, Präsident der Directorialregierung. Thurn Generallieutenant. Die Beschlüsse des Landtags zur Organisirung der Vertheidigungsmittel. Die Apologie. Befreiungen und Rachethaten. Thurn rückt ins Feld. Financielle Schwierigkeiten. Einberufung des Landtags auf den 26. Juni 1618.

II Die Nachricht vom Fenstersturz in Wien und Pressburg. Khlesl in Prag, seine Berathungen mit den Statthaltern. Gutachten über den böhmischen Aufstand. Rüstungen des Kaisers. Kaiserliche Patente. Ihre Behandlung von Seite der Directoren. Schriftenwechsel des Kaisers mit den Ständen. Wachsendes Zerwürfniss mit Khlesl. Gefangennehmung des Cardinals (20. Juli 1618.) Des Kaisers schliessliche Billigung dieser Gewaltthat. Die spätere Schicksale Khlesls.

III Verhältniss des heidelberger Cabinets zum böhmischen Aufstande. Graf Solms in Prag. Entwicklung einer engen Allianz zwischen Böhmen und Kurpfalz. Graf Hohenlohe tritt als Generallieutenant in böhmische Dienste. Des Kaisers Versuche in Deutschland Hilfe zu erhalten. Hilfsanerbietungen von Seite des Königs von Polen und des Erzherzogs Albrecht. Frankreichs Stellung zum böhmischen Aufstande.

IV Das Verhältniss der übrigen Länder der österreichischen Monarchie zum böhmischen Streite. Jesuiten in Ungarn. Oesterreich. Mähren. Merkwürdige Haltung Karls von Zerotin. Schlesien. Der Markgraf von Jägerndorf. Die Lausitza.

I

Das Ereigniss des 23. Mai versetzte Prag in eine unerhörte Aufregung. Unmittelbar nach dem Fenstersturze waren die Räume der Burg Zeugen eines wirren Schreiens und Rennens, dessen Veranlassung in dem plötzlich verbreiteten Gerüchte lag, dass die Burg geschlossen worden sei und Soldaten zum Angriffe gegen die Stände heranrückten. Die Einen erbrachen eilig Thüren und Fenster und suchten in schleuniger Flucht ihre Rettung, während die Besonneneren zu den Thoren eilten, um sie zu besetzen.

Das Gerücht erwies sich indessen als grundlos und die Stände traten darauf den Rückweg auf die Altstadt an. Der Zug bestand aus ungefähr 400 Reitern, d. i. dem Adel und seinem Gefolge; die städtischen Deputirten gingen zu Fuss neben den Reitern einher, um bei dem übergrossen Andrange des Volkes ein Unglück zu verhüten. Mittlerweile war die Nachricht von den jüngsten Ereignissen in alle Theile der Stadt gedrungen. Das niedere Volk, aus seiner Ruhe aufgescheucht, sammelte sich auf den Strassen und zeigte gewaltige Lust, über die Katholiken, ihre Gebäude und Klöster herzufallen und was im J. 1611 beim passauer Einfall nur halb geleistet worden, zu vollenden. Dass dabei auch die Juden ihren Theil erhalten sollten, verstand sich beinahe von selbst. Thurn, derartige Excesse fürchtend, suchte sie im Keime zu ersticken; er eilte von Strasse zu Strasse, von Platz zu Platz, und mahnte das Volk zur Ruhe. „Wir führen," wiederholte er stets von neuem, „nichts gegen die Katholiken im Schilde, wir haben nur jene gestraft, die den Majestätsbrief zerreissen wollten. Deshalb geht alle, die ihr Handwerker seid, an eure Gewerbe, und die ihr Taglöhner seid, an eure Tagarbeit." Seine Mahnungen verfehlten ihre Wirkung nicht, und weder Juden noch Katholiken konnten sich über eine Gewaltthat beklagen.*)

Nachdem die Stände für die Beruhigung der Stadt genug gethan zu haben glaubten, ritten sie wieder auf das Schloss zurück, riefen den Schlosshauptmann Černín von Chudenic vor sich und verlangten, er solle sich ihnen anschliessen. Er folgte der Aufforderung und leistete mit der ihm unterstehenden Burgwache einen neuen Eid „dem Könige und den Ständen," für welche beide er fortan die alte Königsburg bewachen wollte. Der Oberstburggraf Adam von Sternberg und der Grandprior Diepold von Lobkowitz, die, seit sie aus der Kanzlei herausgeführt worden waren, in einem Zimmer des Schlosses sich aufhielten, wurden jetzt aufgesucht, freundlich begrüsst und von den gesammten Ständen in feierlicher Weise in ihre Wohnungen geleitet. Dieser auffallende Act von Höflichkeit und Unter-

---

*) Skala II, 137.

thätigkeit gegen eine Regierung, die eben durch eine Gewaltthat gestürzt worden, hatte einen wohlerwogenen Grund. Thurn und jene, die mit ihm die Urheber des Aufstandes waren, wollten ihre wahren Absichten, der Herrschaft des Hauses Habsburg formell ein Ende zu machen, noch nicht entschleiern, theils weil sie nicht sicher waren, ob ihnen das Land alsbald bis zum äussersten folgen werde, theils weil sie auf die gute Meinung ihrer unschlüssigen Nachbarn Rücksicht nehmen mussten. Auch hatten sie sich nie über den Kaiser, sondern nur über die Bedränger ihrer kirchlichen Freiheiten beklagt, stets hatten sie den ersteren von den letzteren getrennt, und selbst am Tage des Fenstersturzes keine andere Sprache geführt. Sie fürchteten, dass die unmittelbare Absetzung des Kaisers ihren religiösen Streit in einen politischen umwandeln würde, wodurch die Stärke ihrer Sache Abbruch erleiden konnte. Nach reiflicher Erwägung hielten sie es also für passender, die Auctorität ihres Königs dem Scheine nach anzuerkennen, thatsächlich aber sich der Regierungsgewalt zu bemächtigen. Die Achtung, die den Statthaltern erwiesen wurde, bildete so den ersten Anfang eines Systems von Täuschung, das so lange aufrecht erhalten werden sollte, als es sich nützlich erwies. Nachdem den zwei Statthaltern das Ehrengeleit gegeben worden, beschlossen die Stände, dass sich Niemand aus der Stadt entfernen solle, bevor nicht die wichtigsten Massregeln für die nächste Zukunft vereinbart seien. So endete der Tag, der über das Schicksal Böhmens auf Jahrhunderte entschied.

24. Mai 1618 Die nächste Zusammenkunft der Stände fand am folgenden Morgen statt und zwar in den auf dem Schlosse befindlichen Landtagslocalitäten. Diesmal erschienen auch die Deputirten der sämmtlichen prager Städte und meldeten sich gleich beim Beginne der Verhandlungen zum Worte. Sie entschuldigten ihre bisherige Absonderung mit dem Drucke, der von den Königsrichtern auf sie ausgeübt worden, und versprachen, fortan treu bei den Ständen auszuharren. Man schritt hierauf zur Berathung über die Organisation der provisorischen Regierung. Es wurde beschlossen, dieselbe einem ständischen Ausschusse von dreissig Mitgliedern, je zehn aus jedem Stande, zu übertragen, und die wechselseitige solidarische Haftung für diese entscheidende Massregel durch Unterschrift und Siegel zu bekräftigen. Unmittelbar darauf fand die Wahl des Ausschusses statt, dessen Mitglieder fortan unter dem bekannten Titel der Directoren die Regierung des Landes übernahmen.*)

Was die Persönlichkeiten der Gewählten betrifft, so waren sie im Allgemeinen nicht besonders vertrauenerweckend. Die einflussreichsten gehörten dem Herrenstande an, bei mehreren von ihnen gab nicht sowohl die Begabung, als der Reichthum oder der Name den Ausschlag, wenigstens galt dies von dem reichen Wilhelm von Lobkowitz, dem kaum zwanzigjährigen Albrecht Smiřicky und dem wenig verlässlichen und unselbständigen Grafen Andreas Schlick. Budowec konnte selbstverständlich bei einem Aufstande, der in der Religion wurzelte, keine untergeordnete Rolle spielen und wurde deshalb auch in das Directorium gewählt, eine bedeutende Capacität hatte man aber an ihm nicht gewonnen. Seine Stärke bestand in einer ungeheuchelten Frömmigkeit und einem feurigen Eifer für seine religiöse Ueberzeugung. Praktische Fähigkeiten besass er nicht viele, auch war er schon zu alt, um eine grössere Thätigkeit

---

*) *Die Directoren aus dem Herrnstande waren folgende*: Bohuchwal Berka von Duba, Wilhelm der Aeltere von Lobkowitz, Paul von Říčan, Peter Schwamberg, Wenzel Wilhelm von Ruppa, Graf Joachim Andreas Schlick, Wenzel Budowec, Graf Johann Albin Schlick, Wilhelm Kinsky (an dessen Stelle später sein Bruder Racek trat) und Albrecht Johann Smiřicky.

Die Directoren aus dem Ritterstande waren folgende: Kaspar Kaplíř von Sulewic, Prokop Dworecký von Olbramovic, Ulrich Gersdorf, Friedrich von Bíle, Christoph Vitzthum, Heinrich Ota von Los, Albrecht Pfefferkorn von Ottenbach, Humprecht d. Ä. Černín von Chudenic, Wenzel Pětipeský von Chýš, Peter Milner von Milhausen.

Die Directoren aus den Städten waren: *Von der Altstadt*: Martin Fruewein, Theodor Sixt von Ottersdorf, Daniel Skreta, Johann Oršinowsky; *von der Neustadt*: Valentin Kochan, Tobias Steffek, Wenzel Pisecký; *von der Kleinseite*: Christoph Kober; *aus Kuttenberg*: Johann Schultys; *aus Saaz*: Maximilian Hošťálek.

Als Secretär mit dem Rechte, an der Berathung der Directoren theilnehmen zu können, trat Benjamin Fruewein ein.

zu entwickeln. Unter den Directoren aus dem Ritterstande besass ein einziger eine grössere Bedeutung und tüchtige Geschäftskenntniss, dies war Peter Milner von Milhausen. Die städtischen Deputirten nahmen nur eine bescheidene Stellung ein, am meisten von ihnen machte sich der Advocat Fruewein bemerkbar, doch auch dieser in keiner hervorragenden Weise.

Man sollte denken, dass die Directoren alsbald die Nothwendigkeit gefühlt haben, wegen der formalen Erledigung der Geschäfte einen Präsidenten zu wählen oder einen gewissen Turnus im Vorsitze einzuführen. Erst nach einigen Wochen *) trugen sie einer derartigen Nothwendigkeit Rechnung und betrauten einen der Directoren aus dem Herrenstande, Wenzel Wilhelm von Ruppa, mit dem Präsidium. **) Die Wahl traf in der That den bedeutendsten Mann, den die Directorialregierung aufzuweisen hatte; seit mehreren Jahren hatte er sich in den vordersten Reihen der Opposition bemerkbar gemacht und war im Lande allgemein bekannt geworden. Für die Verhandlungen mit dem Auslande, die offenbar in der nächsten Zeit in den Vordergrund treten mussten, war er eine geeignete Persönlichkeit, denn er sprach und schrieb mit grosser Gewandtheit mehrere Sprachen; auch für die innere Verwaltung war er eine tüchtige Kraft, da er sich praktisch in derselben geschult hatte. Seine Kenntnisse und die Art und Weise seines Auftretens bewirkten, dass die pfälzischen Agenten schon vor dem Ausbruche des Aufstandes ihre Aufmerksamkeit auf ihn richteten. Auf die Entwicklung und das Schicksal des Aufstandes hatte er nach Thurn den grössten Einfluss, gleichwohl trat seine Thätigkeit äusserlich so wenig aus dem gemeinsamen Rahmen heraus, dass neuere Geschichtswerke seiner nur als eines Mitgliedes der Directorialregierung, keineswegs aber als ihres Präsidenten erwähnen.

---

*) Skala II, 196.
**) Da der genannte Director in den böhmischen Quellen Václav Vilém z Roupova heisst, so würde sein Namen im deutschen richtiger Wenzel Wilhelm von Roupov lauten. Aber da er sich selbst consequent in deutschen und französischen Briefen Ruppa unterschrieb und so auch von andern genannt wurde, so nennen wir ihn ebenfalls Ruppa statt des richtigeren böhmischen Roupov.

Für das Gelingen des Aufstandes war es jedenfalls eine missliche Sache, dass die Regierung des Landes einem Collegium von 30 Personen übertragen wurde, weil dies von vornherein jede Energie und Einheit in der Action lähmte. Zugleich tritt aus dem langen Bestande der Directorialregierung eine andere, für Böhmen nicht minder betrübende Thatsache hervor, nämlich der Mangel an hervorragenden Kräften. Im 15. Jahrhunderte hatte es nie an Männern gefehlt, welche sich das ganze Land oder eine Partei dienstbar zu machen und dieselbe einem beliebigen Ziele zuzulenken wussten. Diesmal gebrach es an solchen Persönlichkeiten: die Staatsmänner, die Parlamentsredner, die Feldherren und die Geistlichen, alle waren von einer betrübenden Mittelmässigkeit.

Was Thurn betrifft, so befand er sich nicht in der Reihe der Directoren, da er für eine hervorragende Stellung bei der Organisirung des Heerwesens ausersehen war. Wenn irgend Jemand berufen schien, an die Spitze des Landes zu treten und die Zügel der Regierung mit kräftiger Hand zu erfassen, so war das bei ihm der Fall. Er hatte seit Jahren zu dem Aufstande getrieben und durch seine Entfernung vom Burggrafenamte einen allgemein bekannten und schwer wiegenden Verlust erlitten, er hatte sich schliesslich um die Gnade oder Ungnade des Kaisers nicht bekümmert und seinen Bruch mit der Dynastie durch den Fenstersturz auf eine nimmer gut zu machende Weise besiegelt. Sein Name war in Böhmen in Aller Munde, er genoss das grösste Ansehen und schien also ausersehen, in die Fussstapfen eines Georg von Poděbrad zu treten, wohl nicht, um die Krone auf sein Haupt zu setzen, aber doch, um als Gubernator bis zu einer neuen Königswahl die Geschicke des Landes zu lenken. Eine solche Stellung ging jedoch über seine Kräfte und er selbst hat sich nie nach ihr gesehnt. In dem Augenblicke, wo die provisorische Regierung geschaffen wurde, bemühte er sich keineswegs, an ihre Spitze zu treten, sondern beschränkte sich auf das Commando der Armee. Unzweifelhaft war dieses eine ausserordentlich wichtige Aufgabe, wenn die Revolution durch einen Krieg ihre Geltung erlangen sollte, aber ihre glückliche Lösung hing von einer zweiten nicht minder wichtigen ab, die darin bestand, ausreichende Mittel zur Vertheidigung herbeizuschaffen. Diese letztere Aufgabe übernahm das vielköpfige Ungeheuer der Directorialregierung und löste sie schlecht. Ein einziger Mann hätte die Lösung beider versuchen sollen und sie wäre ihm gelungen, wenn er es verstanden hätte, der gesammten Thätigkeit des Landes dieselbe Richtung zu geben, alle Kräfte nutzbringend zu machen und der allgemeinen Begeisterung dieselbe Gluth einzuflössen. Bedeutende Heerführer haben es zu allen Zeiten verstanden, diese doppelte Aufgabe zu lösen. Thurn war nicht der Mann dazu. Konnte er, der die böhmische Sprache nur radebrechte, den Landtag durch die Gewalt des Wortes beherrschen, konnte er den grossen Haufen, dem er unbeholfen gegenüberstand, mit sich fortreissen? Um ein Volk in entscheidenden Krisen meistern zu können, muss man Fleisch von seinem Fleische sein, man muss in seinem Wesen die verwandten Saiten anzuschlagen und seiner Liebe und Bewunderung stets neue Nahrung zu geben wissen. Ein Fremder vermag nichts von allem dem. Thurn war nichts anderes und wollte auch nichts anderes sein, als das, womit er seine Laufbahn begonnen, ein um Sold dienender Truppenführer, der sein Glück versuchte. Dass er nicht der Mann war, um die vorhandenen Mittel zum Kampfe zu organisiren und das Land zur äussersten Anstrengung zu zwingen, war für das Gedeihen seines Werkes noch verhängnissvoller, als der Mangel an Feldherrngaben, der sich später bei ihm kundgab.

Die nächsten Verhandlungen des Protestantentages, der sich nun als förmlicher Landtag constituirte, betrafen die Organisation der Vertheidigungsanstalten. Die Stände versicherten zwar in verschiedenen Varianten, dass dieselben nicht gegen den Kaiser, „dessen treue und gehorsame Unterthanen sie stets seien," gemeint sein sollten, sondern nur gegen jene, die sie im Genusse ihrer Freiheiten stören wollten; in der That berechneten sie jedoch vorsichtig, über welche Kräfte der Kaiser gegen sie verfügen könne, um ihm nicht schwächer entgegenzutreten. Den Anfang ihrer Vertheidigungsmassregeln bildete die Ernennung des obersten Armeecommando's. Durch die

Wahl der Stände wurden der Graf Heinrich Mathias Thurn zu st. Mai dem Posten eines Generallieutenants, Colonna von Fels zu dem eines Feldmarschalls, Johann von Bubna zu dem eines Generalwachtmeisters und Paul Kaplíř von Sulewic zu dem eines Generalquartiermeisters berufen. Absichtlich wurden die zwei erstgenannten Personen dem Herrnstande, die zwei letzteren dem Ritterstande entnommen und damit eine Gleichberechtigung gewahrt, die bei einer so wichtigen Angelegenheit wenig am Platze war. Sämmtliche Generale bekamen als solche Sitz und Stimme im Directorium, wenn sie den Sitzungen desselben beiwohnen konnten. Da Böhmen in dieser Zeit gar keine Soldaten auf den Beinen hatte, keine festen Plätze besass, aller Zeughäuser und Kriegsvorräthe ermangelte, so war die Aufgabe, womit man die genannten Generale betraute, jedenfalls eine umfassende und erheischte eine bedeutende Thätigkeit.

Was die eigentliche Zusammenstellung des Heeres betrifft, so konnte man hiebei einen doppelten Weg einschlagen, man hatte die Wahl zwischen dem Aufgebot der im Lande vorhandenen Kräfte und zwischen Werbungen, die nicht bloss die heimische, kriegslustige Jugend, sondern auch fremde, wohl geschulte Söldner heranlocken konnten. Um den grösstmöglichen Widerstand leisten zu können, wollten die Stände ihre Vertheidigung weder auf das Aufgebot, noch auf die Werbungen allein stützen, sondern beschlossen die Anwendung beider Systeme. Demgemäss wurde in Bezug auf das Aufgebot festgesetzt, dass jeder Gutsbesitzer den zehnten Unterthan und jede Stadt den achten Mann ausrüsten und ausserdem Städte wie Gutsbesitzer von je 5000 Thaler Vermögen in Grundbesitz oder 12500 Thaler in Capitalien einen Reiter in Bereitschaft halten sollten. Hiebei sollte für den Grundbesitz die niedrige Schätzung von 1557 als Grundlage angenommen werden. Wurde der Landtagsbeschluss genau durchgeführt, so konnte das Aufgebot eine Armee von ungefähr 16800 Mann zu Fuss und 2400 Reitern liefern.[*]) Die

---

[*]) Aus dem Beschlusse des Landtags, der einige Wochen später (auf den 25. Juni 1618) berufen wurde, ist ersichtlich, dass den Städten die Stellung des achten Mannes aufgetragen wurde. Dies bemerken

betreffende Mannschaft sollte nicht alsbald in Regimenter eingetheilt, sondern vom Adel und den Städten in Bereitschaft gehalten, d. h. ausgewählt und mit den nöthigen Waffen und Pferden versehen werden, um für den Nothfall zur weitern Verfügung bereit zu stehen. Bezüglich der Werbungen setzten die Stände nichts näheres fest, sondern ertheilten nur im allgemeinen den Directoren die Vollmacht, dieselben in der Ausdehnung anzustellen, wie sie sich als nothwendig erweisen würden.

Für die Herbeischaffung der nöthigen Geldmittel sorgte der Landtag dadurch, dass er den Befehl gab, fortan die sämmtlichen im Jahre 1615 bewilligten Steuern für Rechnung der Stände zu erheben. Damals hatte sich der Landtag, wie bereits mitgetheilt wurde, zu ausserordentlich hohen Zahlungen für fünf nach einander folgende Jahre verstanden, um mit ihrem Ertrage die auf dem Lande haftenden Schulden zu tilgen. Die jährlichen Steuerleistungen erreichten in Folge dieser Bewilligung ungefähr den Betrag von 800,000 Thalern. Von dieser Summe war in dem laufenden Jahre (1618) etwas über ein Drittel für Rechnung des Kaisers bereits erhoben worden; wenn der Rest ordentlich einging und wenn, wie dies auch in der That geschah, die Rück-

---

wir, weil die betreffende Quote aus dem Beschlusse der nach dem Fenstersturze tagenden Stände nicht deutlich ersichtlich ist. Was die Aushebung des zehnten Unterthans und des achten Mannes aus den Städten betrifft, so ist sie folgendermassen zu verstehen. Die Aushebung des zehnten Unterthans bedeutete die Aushebung eines Mannes von je zehn Bauernansässigkeiten. Dies ergab also für ganz Böhmen (bei 150930 Bauernansässigkeiten) 15093 Mann. Der achte Mann der Städte wurde nach der Häuserzahl berechnet; da man in allen königlichen Städten zusammen etwas über 14000 Häuser zählte, gab dies 1750 Mann. Der Capitalienbesitz in Böhmen belief sich nach den Steuerlisten vom 1615 auf 4,780,000 Thaler, dies gab also gegen 882 Reiter. Der Grund- und Capitalienbesitz der Stände und freien Besitzer hatte im Jahre 1657 einen Werth von 11,555-826 Thalern. Davon dürften etwa 10 Millionen auf den Grundbesitz zu rechnen sein, so dass die Zahl der von demselben zu stellenden Reiter ungefähr 2000 betrug. — Die Gründe, welche den Verfasser zu diesen Zahlungen berechtigen, sind in seiner „Geschichte der böhmischen Finanzen von 1526—1618" enthalten.

zahlung der Schulden suspendirt wurde, so verfügten die Directoren über Geldmittel, die für jene Zeit nicht unbeträchtlich waren. Bedenklich war hiebei nur der Umstand, dass die bedeutenderen Steuereinzahlungen, auf die sie rechnen konnten, erst im Juli fällig waren.*)

Die schon einmal angedeutete Scheu der Stände, gleich im Anfange das letzte Wort zu sagen und die Endziele des Aufstandes kund zu thun, zeigte sich auch bei den beschlossenen Finanzmassregeln. Der Landtag zögerte selbstverständlich nicht, die Steuern, die für die Kasse des Königs bewilligt worden waren, für sich in Beschlag zu nehmen; sie waren ja in erster Linie für die Bedürfnisse des Landes bewilligt worden und den Ständen lag jetzt die Sorge für dieselben ob. Dagegen legten sie nicht auf das eigentliche königliche Einkommen Beschlag, um vor der Welt den handgreiflichen Beweis zu liefern, dass sie sich nicht gegen ihren Herrscher erhoben hätten. So machte sich die merkwürdige Anomalie geltend, dass zu einer Zeit, in der das böhmische und das kaiserliche Heer einander auf dem Schlachtfelde bekämpften, Mathias die Einkünfte von den königlichen Gütern bezog und die Verwaltung der letzteren von jenen Beamten geleitet wurde, deren Anstellung er für gut fand. Die Summe, die der Kaiser auf diese Weise aus Böhmen bezog, ist nicht weiter bekannt; allein, wie viel oder wie wenig sie auch betragen haben mag, so war sie für ihn eben so wichtig als für die Stände schwer zu vermissen. Doch trugen die letzteren vorläufig lieber den Verlust, als dass sie dem Kaiser diesen letzten Beweis ihrer Ehrerbietung entzogen hätten.**)

Eine weitere Sorge der Stände bestand darin, den Auf-

---

*) Ueber dies und die folgenden financiellen Massregeln näheres in den Beschlüssen der Stände, die ihrer Zeit durch den Druck publicirt wurden. Ein Exemplar in der Bibl. des F. G. von Lobkowitz.

**) Einige Wochen nach dem Aufstande klagte zwar der Kaiser, dass die Böhmen sich seiner Güter bemächtigt hätten, doch ist dies nicht buchstäblich zu nehmen, da er bis an sein Lebensende auf die Verwaltung der königlichen Güter Einfluss nahm. Ganz klar sehen wir übrigens in den Gegenstand nicht und können also nicht mit Sicherheit über das wirkliche Einkommen des Kaisers berichten.

stand bei Freund und Feind in das entsprechende Licht zu setzen. Zu diesem Ende wurde eine kurze Rechtfertigung der prager Execution versucht und durch den Druck veröffentlicht. Diese Rechtfertigung, die unter dem Namen „der ersten Apologie" der böhmischen Stände bekannt ist, wurde von dem bereits genannten Mitgliede der Directorialregierung Milner verfasst und schon am zweiten Tage nach dem Ausbruche des Aufstandes publicirt, eine Raschheit, welche die Vermuthung nahelegt, dass Milner an der Schrift schon vor dem Fenstersturze gearbeitet habe. Sie schildert die Bedrückungen, welche die Protestanten seit einigen Jahren erduldet hatten und schiebt die Schuld auf jene Katholiken, die im Einverständnisse mit den Jesuiten standen. Die Apologie, begleitet von einem Rechtfertigungsschreiben, wurde am 26. Mai an den Kaiser abgeschickt. Es hiess in dem letzteren: Die beigelegte Schilderung des erlittenen Unrechtes werde den Kaiser mit den Ursachen, welche die Stände zu ihrem Auftreten gegen die Statthalter gezwungen hätten, bekannt machen, sie hätten nicht anders handeln können und würden sich auch künftig gegen jeden, der ihre Freiheiten verletzen würde, gleich entschlossen verhalten. Um weiteren Angriffen zu begegnen, hätten sie auch nach dem Vorgange von 1609 eine Bewaffnung zum eigenen Schutze beschlossen und mit der Leitung derselben eine Anzahl Directoren betraut. Alles dies sei nur zur Vertheidigung gegen die Feinde und nicht gegen den Kaiser gerichtet, dessen treue und gehorsame Unterthanen sie fortwährend seien.*)

Das Schreiben an Mathias bildete die Grundlage für die böhmischen Zuschriften an die benachbarten Fürsten und ständischen Körperschaften; an alle Mittheilungen schloss sich die Bitte, man solle den Böhmen zu ihrem verkürzten Rechte beim Kaiser verhelfen. Ohne Unterlass bezeichneten sie es als ihren innigsten Wunsch, in die alten Rechtsverhältnisse zurückzukehren, wenn ihren Bedrängern für immer das Handwerk gelegt würde, denn sie seien des Kaisers getreue und gehorsame Unterthanen. Im übrigen trugen die Stände den Direc-

---

*) Skala II, 158.

toren auf, mit den benachbarten Fürsten und Ländern in freundschaftliche Verbindungen zu treten und sich deren Hilfe für den Kriegsfall zu sichern. Am 28. Mai löste sich der Landtag auf und überliess den Directoren im Verein mit den Generalen die Sorge für das allgemeine Wohl.

Die Beschlüsse des Protestantentages, der kühn dem Kriege entgegensah, sind ein Beweis, dass die durch den Fenstersturz begonnene Revolution, wenn auch nicht von allen beabsichtigt, doch von sämmtlichen Häuptern der protestantischen Bewegung nachträglich gebilligt wurde. Aber nicht bloss auf diese allein übte das Ereigniss des 23. Mai einen nachhaltigen und bewältigenden Eindruck aus, die böhmischen Protestanten insgesammt acceptirten dasselbe als den Ausgangspunkt ihrer weitern politischen Haltung. Von allen königlichen Städten mit Ausnahme des katholischen Pilsen und Budweis liefen Ende Mai oder Anfangs Juni zustimmende Erklärungen bei dem Landtage oder den Directoren ein und so zerflossen die Hoffnungen, die auf königlicher Seite bezüglich eines Zwiespaltes zwischen Adel und Bürgerthum gehegt worden waren, in nichts. Die allgemeine Uebereinstimmung unter den Protestanten war jedoch nicht die einzige Thatsache, welche die letzteren als ein günstiges Vorzeichen für das Gedeihen ihres Werkes ansehen durften. Auch jene unentschiedenen Personen, die in dem mehrjährigen heissen Kampfe zwischen der katholischen Regierung und der protestantischen Bevölkerung eine vermittelnde oder vielmehr nichtssagende Stellung einzunehmen gesucht hatten, gaben die Sache der ersteren verloren und suchten sich bei den Ständen zu rehabilitiren. Es waren dies namentlich Mitglieder einiger älteren utraquistischen Adelsgeschlechter, denen der neue Protestantismus nicht zusagte, wie Stephan von Sternberg, der reiche Rudolf Trčka u. a.*) Noch bedeutsamer aber war, dass auch die Katholiken mit wenigen Ausnahmen, zu denen die oben genannten zwei Städte gehörten, eine freundliche Sprache gegen die Protestanten führten und sie ob ihres Beginnens nicht tadelten. Der Landtag hatte vor seiner Auflösung die Hoffnung ausgesprochen,

---

*) Näheres hierüber im ersten Bande meines Werkes über Rudolf II.

dass die Katholiken die Lasten der Landesvertheidigung nicht gezwungen, sondern aus Patriotismus würden mittragen helfen und hatte bei dieser Annahme mindestens insofern Recht, als die Masse derselben ohne Widerstreben ihre Beiträge leistete. Es war nur die Frage, ob diese Stimmung auch die Flitterwochen der Revolution überdauern werde.

Der Umschwung, den der Aufstand in der Lage des Landes hervorgebracht hatte, äusserte seine nächste Wirkung auf die religiösen Verhältnisse und auf das Schicksal jener Personen, die eng mit demselben verflochten waren. Zunächst verfügten die Directoren die Befreiung der Braunauer, die sich ungehindert in ihre Heimat entfernen und nunmehr ungestört ihrer Kirche erfreuen konnten, während der Abt seine Sicherheit in eiliger Flucht suchte. An die Befreiung der Braunauer schloss sich eine andere an, die zwar weniger Aufsehen erregte, aber nicht ohne Bedeutung war, nämlich die des Theobald Hock von Zweibrücken. Dieser Mann war vor einigen Jahren der Secretär und vertraute Rathgeber des letzten Herrn von Rosenberg und als solcher tief in die Umtriebe eingeweiht, mittelst deren der Fürst Christian von Anhalt im Jahre 1608—1611 den Habsburgern ihr Erbe entreissen wollte. Dem kaiserlichen Hofe mag es nicht unbekannt gewesen sein, dass Hock nicht bloss ein Mitwisser, sondern auch ein thätiger Beförderer dieser Bestrebungen gewesen, doch liess sich nichts gegen ihn thun, da er nur im Dienste seines Herrn gehandelt hatte.*)

Da stellte sich mit einemmale heraus, dass Hock, der von dem letzten Rosenberg mit der Aufzeichnung seines Testamentes betraut worden war, dasselbe gefälscht, einige Blätter nämlich daraus entfernt und durch andere ihm günstige ersetzt habe. Die weitere Untersuchung brachte, wie das bei solchen Fällen zu geschehen pflegt, noch ein anderes Vergehen zu Tage, das damals ganz besonders schwer wog. Im Jahre 1606 hatte es Hock durch die Verwendung Rosenbergs bei dem Landtage dahin gebracht, dass er um seines Adels willen als Ritter von Zweibrücken in den böhmischen Ritterstand aufgenommen wurde;

---

*) Skala II, 144.

jetzt stellte sich heraus, dass Hock durch ein gefälschtes Diplom seinen Adel nachgewiesen habe und nur bürgerlichen Herkommens sei. Dies alles zusammengenommen hatte zur Folge, dass der doppelte Fälscher zum Tode verurtheilt wurde, die Execution sollte in derselben Woche stattfinden, in der der Aufstand ausbrach. Dieser ausserordentliche Zwischenfall rettete den Verurtheilten; denn wiewohl seine Verbrechen derartige waren, dass sie in den Augen der neuen Gewalthaber nicht minder strafwürdig erschienen, als in denen seiner früheren Richter, so wurde das Urtheil doch nicht vollzogen, weil Hock für einen Vertrauten Anhalts galt. Thurn und seine Freunde, die sich der Mithilfe des Fürsten versichern wollten, hinderten nicht bloss die Ausführung des Urtheils, sondern gaben dem Verurtheilten sogar die Freiheit. *)

An diese Befreiungen schlossen sich einige Racheacte. Dr. Ponzon, nach dem eifrig gefahndet ward, wurde endlich in dem Kapuzinerkloster am Hradschin, wohin er sich geflüchtet, ausfindig gemacht und darauf eingekerkert. In den klostergraber Angelegenheiten hatte er sich als Vertreter des Erzbischofs und Bedränger der Protestanten bemerkbar gemacht, doch würde dies nicht so sehr den Hass der Stände heraufbeschworen haben, als seine Betheiligung an dem Processe Hocks. Er hatte bei demselben als eine Art Untersuchungsrichter fungirt und hiebei hauptsächlich nach den Verbindungen zwischen dem böhmischen Adel und dem Fürsten von Anhalt geforscht, worüber allerdings Hock die besten Auskünfte ertheilen konnte. **) Dies war zur Kenntniss der Bedrohten gekommen und sie nahmen jetzt an ihm persönliche Rache. Wer weiss übrigens, ob nicht der Process Hocks und die Angst, die Thurn vor dessen Aussagen hatte, die Katastrophe des Fenstersturzes beschleunigt hat.

Der Einkerkerung Ponzons folgte einige Tage später die Ausweisung der Jesuiten. Am 2. Juni erschien eine ständische Deputation im Jesuitencollegium und kündigte den Bewohnern desselben an, dass sie sich nach den Pfingst-

---

*) Die Beweisacten in der böhmischen Landtafel.

**) Die Beweise hiefür in gleichzeitigen böhmischen Acten.

feiertagen aus Prag und Böhmen entfernen müssten. Alle Bitten, diesen Termin zu verlängern, halfen nichts und so entschlossen 3. Juni sich die Väter, dem Befehle mit möglichster Würde zu folgen. Am Pfingstsonntag nahmen sie durch einen ihrer ausgezeichneten Prediger feierlich von der Kanzel herab Abschied von ihrer Gemeinde. Die Kirche war gedrängt voll und als die eifrigen Katholiken hörten, dass sie sich von ihren Rathgebern trennen müssten, übertäubte das Jammern und Wehklagen derselben die Stimme des Predigers. Nicht heimlich und vereinzelt, son-
9. Juni dern feierlich und bei hellem Tage traten darauf die Jesuiten ihren Abzug aus Prag an. Voraus fuhren die gebrechlicheren und älteren, die übrigen zogen hinter einem schwarzen Kreuze in feierlicher Procession durch die Strassen der Stadt zum Thore hinaus, genau jene Wege wählend, auf denen einst ihre Vorgänger unter Ferdinand I im Jahre 1555 ihren Einzug in Prag gehalten hatten. Für die Katholiken hatte dieser Auszug fast die Bedeutung der Entfernung der ersten Christen aus Jerusalem, als diese Stadt der Zerstörung durch die Römer entgegeneilte. Wieder folgten ihnen die theilnahmvollen und klagenden Blicke ihrer Freunde, während die Masse der protestantischen Bevölkerung ihre Schadenfreude bei Seite setzend nicht ohne Bewegung den Zug sich entfernen sah. Einige kranke Jesuiten, die zurückbleiben mussten, folgten mehrere Tage später; selbstverständlich theilten auch die ausserhalb Prags weilenden Mitglieder dieses Ordens in Kommotau, Krummau, Neuhaus und Budweis das Schicksal des prager Collegiums.

Im Ganzen begann für jene Personen, welche die religiöse Politik des Hofes in hervorragender Weise unterstützt hatten, keine erfreuliche Zeit. Wie der Abt von Braunau, so suchten auch der Erzbischof von Prag und der Abt von Strahow ihr Heil in der Flucht. Für die beiden letzteren war sie nicht so leicht zu bewerkstelligen, da die Stände sie bewachen liessen, doch gelang es ihnen, deren Aufmerksamkeit durch List zu täuschen; so zog z. B. der Abt von Strahow Bauernkleider an und entrann in dieser Verkleidung glücklich der Verfolgung. Michna, der sich rechtzeitig aus Prag entfernt hatte, brauchte jetzt die Gefahren einer Flucht nicht zu bestehen; deshalb entging er der ständischen Rache doch nicht vollständig, denn sein Vermögen, das meist in Capitalien bestand, die in Prag angelegt waren, wurde mit Beschlag belegt und damit die erste Confiscation, die im böhmischen Aufstande verhängt wurde, vollzogen. — Dagegen wurde den klostergraber Protestanten eine entsprechende Genugthuung zu Theil. Sie wurden für ihre zerstörte Kirche dadurch entschädigt, dass sie zur Mitbenützung der katholischen von den Directoren auf so lange bevollmächtigt wurden, bis ihnen vom Erzbischof oder von den Katholiken eine neue aufgebaut würde.*)

Die grösste Aufmerksamkeit der Directorialregierung sowie der ihnen zur Seite stehenden Generale wurde während aller dieser Vorgänge auf die Organisation der Streitkräfte verwendet. Man erinnert sich, dass der Landtag sowohl zu einem Aufgebot der heimischen Kräfte, wie zu Werbungen den Directoren die Vollmacht ertheilte. Obwohl die letzteren bei verschiedenen Anlässen von der Aufbietung des gesammten Landes als einem sichern Mittel, bedeutende Truppenmassen auf wohlfeile Weise ins Feld zu stellen, sprachen, thaten sie in Wirklichkeit keinen Schritt zur Organisation einer derartigen Armee, sondern suchten von vornherein durch blosse Werbungen die nöthigen Streitkräfte zusammenzubringen. Seit Ende Mai wurde die Werbetrommel im Lande gerührt und trieb eine Masse beschäftigungslosen Volkes, und ehemaliger Soldaten nach Prag. Ehe noch der halbe Junimonat verstrichen war, waren 3000 Mann zu Fuss und 1100 Reiter aus denselben geworben, ausgerüstet und gemustert. Schon am 16. Juni marschirte Thurn an ihrer Spitze aus Prag der österreichischen Grenze zu. Die Werbungen wurden indessen in der Hauptstadt weiter betrieben und sollten sich auf weitere 3000 Mann zu Fuss und 900 Reiter erstrecken. Man wollte also im Ganzen über eine Armee von 8000 Mann verfügen.

Thurn bewegte sich in eiligen Märschen gegen Budweis

---

*) Böhmisches Statthaltereiarchiv. Decret der Directorialregierung dd. 13. Juni 1618.

und Krummau, in welche beiden Städte mittlerweile eine kaiserliche Besatzung Eingang gefunden hatte. Es war von nicht zu unterschätzender Wichtigkeit, dass das ganze Land den Geboten der Directoren folge und kein Punkt desselben den feindlichen Kriegsoperationen zur Basis diene, und deshalb handelte Thurn im wohlverstandenen Interesse des Aufstandes, wenn er sich ohne Säumen der beiden genannten Städte zu bemächtigen suchte. Pilsen, das sich auch auf die Seite des Kaisers geschlagen hatte, musste vorläufig unberücksichtigt gelassen werden. Die Art und Weise, wie der böhmische Truppenführer sein Ziel zu erreichen suchte, war bezeichnend und konnte über die Unheilbarkeit des Zwiespaltes zwischen dem Kaiser und den Leitern des Aufstandes keinem Zweifel mehr Raum lassen. Thurn eröffnete seine Operationen damit, dass er den Städten Budweis und Krummau drohte, „das Kind im Mutterleibe nicht verschonen zu wollen", falls er sich genöthigt sehen würde, Waffengewalt gegen sie anzuwenden. Um diese Zeit versicherten die Directoren den Kaiser noch immer ihrer Treue und Ergebenheit; letzterer hatte noch keinen einzigen Gewaltact gegen die Böhmen begangen, die Hand zu Unterhandlungen geboten und schon bedrohte man seine Anhänger mit Gräueln aller Art. — Krummau liess sich durch die Sprache Thurns einschüchtern und nöthigte die kaiserlichen Truppen zum Abzuge. Budweis beharrte dagegen in der Opposition.

Diese Stadt war der erste Stein des Anstosses für die böhmische Revolution Thurn fühlte sich mit seinen Streitkräften zu schwach, um eine regelrechte Belagerung unternehmen zu können und musste ausserdem fürchten, dass der Kaiser alle seine Kräfte anstrengen werde, um den Platz zu entsetzen. Erweiterte Rüstungen waren für das Gelingen des Aufstandes ein Gebot dringender Nothwendigkeit und deshalb beeilte man die Vervollständigung der Werbungen auf die angedeuteten 6000 Mann. Nun machte sich aber die Finanzfrage schon peinlicher geltend, als dies Ende Mai der Fall war. Der Landtag hatte sich damals mit den gewöhnlichen Steuerleistungen, die im Durchschnitte über 60,000 Thaler monatlich betragen konnten, behelfen zu können geglaubt, allein diese Summe kam weder ordentlich ein, noch entsprach sie auch nur entfernt dem wirklichen Bedürfnisse. Die Stände waren wohl auf grössere Auslagen gefasst und hatten den Directoren die Vollmacht zur Contrahirung eines Anlehens gegeben. Der Versuch, der in dieser Beziehung gemacht wurde, lief jedoch unglücklich ab.

Anfangs Juni hatten nämlich die meisten Städte Abgeordnete nach Prag abgeschickt, um den Directoren ihren Beitritt zur gemeinschaftlichen Sache zu erklären. Man lud sie zu einer Berathung ein, in der sie Wilhelm von Lobkowitz, der Obersteuereinnehmer der neuen Regierung, in einer geschickten Weise zu haranguiren suchte und darauf mit der Mittheilung überraschte, dass sich die Stände genöthigt sähen, in Anbetracht der gesteigerten Bedürfnisse des Landes, bei ihnen ein Anlehen zu contrahiren. Es verstehe sich von selbst, dass dasselbe wohl versichert und die Interessen gehörig ausbezahlt werden würden, man ersuche demnach die Städte, die gewöhnlichen Ausflüchte wegen Unmöglichkeit fallen zu lassen und mit einer gehörigen Summe dem allgemeinen Bedürfnisse unter die Arme zu greifen. Allein die Angesprochenen führten nicht umsonst in ihrer mittelalterlichen Titulatur den Titel „fürsichtiger und weiser Leute". Sie sahen nicht ein, weshalb die Städte anstatt der gesammten Stände ihr Geld für eine gefährliche Sache verwenden sollten und erklärten, ohne Befragung der Gemeinden nichts thun zu können. Ihr wisst, sagte der Vertreter von Königgrätz, Dentalin, was für ein wildes Thier eine Gemeinde ist. Als sie darauf treulich ihren verschiedenen Mandanten berichteten, zeigte sich das erwartete Resultat, die Städte verstanden sich zu keinem Darlehen.*)

Die abweisende Haltung der königlichen Städte nöthigte die Directoren zu dem einzigen Auswege, der ihnen übrig blieb, zur Wiederberufung des Landtages für den 25. Juni, damit dieser die nöthigen Mittel schaffe. Viel Freude verursachte im protestantischen Lager die grössere Vollzähligkeit desselben

---

*) Kolíner Stadtarchiv. Bericht der koliner Deputirten dd. 9. Juni 1618. — Skala II, 178.

und namentlich der Umstand, dass sich auch mehrere katholische
Edelleute bei demselben einfanden, um dem allgemeinen Bündnisse ihre Siegel beizudrücken. Noch hielt der erste Zauber
des Aufstandes an; vielen Katholiken schien es recht und billig,
den Protestanten die Hand zum Schutze zu bieten, da man über
deren bisherige Verkürzung nicht im Zweifel sein konnte.
Hinter den katholischen Mitgliedern des Adels blieben auch
die Bürger nicht zurück. Auf der Neustadt Prags spielte sich
vor der Landtagseröffnung in voller Rathsversammlung eine
Scene ab, welche vergessen machen konnte, dass Böhmen bereits über 200 Jahre unter dem religiösen Zwiespalte litt. Der
Rathsherr, Johann Sferyn, erklärte feierlich, er sei ehedem ein
Utraquist gewesen, seit jedoch mit dem Utraquismus im Jahre
1609 jene Veränderung vorgegangen, dass seine Priester nicht
mehr die bischöfliche Weihe hätten, sei er Katholik geworden.
„Aber komme es denn auf den Unterschied in der Communion
unter einer oder beiden Gestalten an und liege nicht vielmehr
alles an der wechselseitigen Liebe?" Die Nutzanwendung war,
dass er sein Schicksal nicht von dem der Andersgläubigen trennen
wolle. Das Beispiel des Greises eiferte andere katholische
Rathsmitglieder zu ähnlichen Kundgebungen an und so schien der
innere Friede den äussern Sieg zu verbürgen. — Von nicht zu
unterschätzender Bedeutung war es, dass auch die Statthalter
Sternberg und Waldstein dem Landtage die Erklärung zukommen liessen, dass sie sich den ständischen Wünschen und Interessen mit vollem Herzen anschlössen, so weit durch dieselben
nicht eine Verkürzung der königlichen Rechte angestrebt werde.
Die Aeusserung Waldsteins klang besonders warm und herzlich.*)

Am 25. Juni eröffnete Wenzel von Ruppa als Präsident
des Directoriums den Landtag in der Weise, wie sie im Jahre
1609 üblich geworden war, nämlich mit der Aufforderung zum
Gebete, welches von allen knieend verrichtet wurde, worauf ein
Schreiber der Directorialregierung ein Lied nach dem 80. Psalm
anstimmte, das stürmischen Anklang fand. Als es zu Ende gesungen war, intonirte ein zweiter Schreiber das deutsche Lied:

---

*) Skala II, 201. — Bibl. des F. G. Lobkowitz MS. 97B.

„Allein Gott in der Höhe sei Ehr", welches nicht bloss von den wenigen Deutschen im Landtage, sondern auch von den Böhmen, die deutsch verstanden, mitgesungen wurde. Diesen frommen Uebungen folgte der Geschäftsbericht. Er enthielt zumeist eine Schilderung der Gefahren, von denen Böhmen rings umher bedroht sei und die zu den grössten Anstrengungen nöthigten. Mit Rücksicht darauf stellten die Directoren die Forderung, dass es ihnen gestattet werde, noch 6000 Mann zu Fuss und 2000 Reiter zu werben, im ganzen gedachten sie also die Armee auf 12000 Fussknechte und 4000 Reiter zu erhöhen. Von der Benützung des allgemeinen Aufgebots wollten sie ganz ablassen, verlangten aber dessen Ablösung in Geld. Der Landtag erklärte sich mit den weiteren Werbungen einverstanden und bewilligte auch den Directoren die unter dem Titel einer Ablösungssumme gewünschten Geldmittel und zwar in der Höhe von ungefähr 385000 Thaler.*) Dabei verstand es sich von selbst, dass die im Jahre 1615 votirten Steuern weiter bezahlt werden sollten. Mit Rücksicht auf die bisherige Gepflogenheit beschloss der Landtag, die Gebiete von Glas, Eger und Elbogen zu den Steuerleistungen heranzuziehen und die betreffenden ständischen Körperschaften um die Uebernahme einer verhältnissmässigen Quote zu ersuchen.

Die ausserordentlichen Verhältnisse bewogen die Stände bei dieser Gelegenheit zur Festsetzung eines Zahlungsmoratoriums und zur Einstellung aller Executionen bis auf weiteres. Dieser Beschluss, der besonders den höheren Ständen genehm war und sie ihrem Vermuthen nach, von den ärgsten Folgen allzugrosser Auslagen schützen sollte, schlug dem Handel und Wandel in Böhmen augenblicklich eine unheilbare Wunde und man

---

*) Die Summe von 385.000 Thaler kam auf die Weise zusammen, dass den höhern Ständen, die nach Massgabe ihres Vermögens zur Stellung von Reitern verpflichtet waren, diese Verpflichtung für je 48 Thaler abgelöst wurde. Die Stellung des zehnten und achten Mannes musste von den Unterthanen selbst und zwar von je einem angesessenen Unterthan mit 1½ Thaler reluirt werden. Den Juden wurde eine Kopf- und Haussteuer auferlegt, deren Ertrag ungefähr 20.000 Thaler gewesen sein mag. Alle diese Steuersätze gaben die Summe von etwa 385.000 Thaler.

kann sich leicht denken, in wie progressiver Weise sich fortan die Verhältnisse verschlechterten, wenn Gesetzen, die kaum während einiger Wochen erträglich sind, eine unbestimmt lange Dauer gegeben wurde.*)

Der zweite und wichtigste Gegenstand, mit dem sich der Landtag befasste, betraf die Antwort, die man dem Kaiser auf seine schriftlichen Mahnungen, von denen mehrere im Laufe des Monats Juni eingelaufen waren, geben solle. Die Stände mussten eine Entscheidung treffen, ob sie zu allfälligen Verhandlungen wegen eines Ausgleichs die Hand bieten oder consequent auf der betretenen Bahn vorwärts gehen wollten. Damit trat das Verhältniss zum Kaiser in den Vordergrund.

II

Zur Zeit des Fenstersturzes befand sich Mathias in Wien und Ferdinand bei dem Reichstage in Pressburg. Am 27. Mai leistete Ferdinand einer Einladung des Erzbischofs von Gran Folge und ass bei ihm zu Mittag. Bei der Mahlzeit ging es munter her, zahlreiche Toaste wurden ausgebracht, während auf der Strasse prächtig gekleidete Heiduken Freudensalven abfeuerten. In diesem Momente allgemeiner Freude würde ein Todtenkopf unter die Versammlung geworfen, kaum mehr Entsetzen verursacht haben, als die Nachricht von dem Fenstersturze, die eben anlangte. Die lärmende Fröhlichkeit machte einer bedenklichen Stille Platz und die Tafel wurde frühzeitig aufgehoben.**)

Da Ferdinand gleichzeitig mit den prager Nachrichten von Mathias um ein Gutachten in der böhmischen Frage ersucht

---

*) Münchner Reichsarchiv. Böhm. Landtagsbericht vom 25. Juni 1618. Auch Skala II, 219.

**) Arbeisels an E. Maximilian dd. 29. Mai 1618. Archiv des k. k. Minist. des Innern. — Correspondenz Žerotins. Žerotín an Stietten dd. 10. Juni 1618. Skala II, 174, der über diese Scene berichtet, verlegt sie fälschlich nach Wien.

wurde, so trat er am folgenden Tage mit Khlesl, Molart, 2. Mai Ulm und wohl auch Eggenberg zu einer Berathung zusammen. Nach mehrstündiger Verhandlung wurde der Beschluss gefasst, dass man vor allem genauere Informationen über den Aufstand einholen müsse. Die Conferenz schlug deshalb dem Kaiser drei Personen vor, von denen eine nach Prag abgesendet werden sollte, um an Ort und Stelle Nachrichten zu schöpfen. Habe man den nöthigen Bericht, so solle eine eigene Regierungscommission zur Herstellung der Ordnung nach Böhmen abgeschickt werden, an deren Spitze ein Erzherzog oder sonst ein Fürst, etwa der Cardinal von Dietrichstein, gestellt, und dem zur Seite Karl von Žerotin gegeben werden könnte. Von diesen Rathschlägen war vorläufig nur der einzige praktisch, der die Absendung eines Vertrauensmannes nach Prag empfahl.

Während sich der Kaiser anschickte, dem gegebenen Rathe zu folgen und den Freiherrn von Khuen für die Sendung nach Prag ausersah, bekam er weitere Nachrichten, die ihn über den Umfang und die Gefahr des Aufstandes keineswegs im Dunkeln liessen. Sie kamen von den drei Statthaltern Adam von Sternberg, Adam von Waldstein und Diepold von Lobkowitz, die in ihrer Freiheit nicht beschränkt wurden und an dem Interesse des Hofes unverrückt festhielten. Sie täuschten sich nicht im mindesten über den Umfang der neuen Bewegung, beinahe täglich schrieben sie dem Kaiser über die wichtigsten Vorgänge seit dem 23. Mai und verhehlten ihm nicht, dass nach ihrer Ueberzeugung der Aufstand sich wie ein Hochwasser über das ganze Land verbreite. Sie waren von der Allgewalt desselben so überzeugt, dass sie seine Bewältigung gar nicht für möglich hielten und dem Kaiser von vornherein zu einem friedlichen Ausgleiche riethen. Ihr Rathschlag enthielt die naive Bemerkung, dass sich der Ausgleich nicht anders werde erreichen lassen, als wenn der Kaiser nach Böhmen kommen und die Behandlung der Protestanten- und Kirchengüterfrage „nach dem Gesetze" schlichten werde. *) Diese Worte sagen mehr als ganze Bände, und sind

---

*) Wiener Staatsarchiv. Zuschriften der Statthalter an den Kaiser dd. 2. und 6. Juni 1618.

das beredteste Eingeständniss, dass, nach der Ueberzeugung der Katholiken selbst, in den jahrelangen religiösen Streitigkeiten nicht nach dem Gesetze vorgegangen wurde.

Adam von Waldstein, der seit jeher für eine billige Behandlung der Protestanten aufgetreten war, sah die Dinge in Böhmen noch schwärzer an als seine Collegen; in zahlreichen besonderen Schreiben, die er zum Theil an den Kanzler Lobkowitz richtete, rieth er unbedingt zu einem eiligen Ausgleiche und sprach auf das dringendste den Wunsch aus, dass der Kaiser sich von friedfertigen und nicht von leidenschaftlichen Rathgebern leiten lasse. Als das beste Mittel zur Anbahnung des Friedens sah er die Absendung des Erzherzogs Maximilian nach Böhmen an, dieser sollte sich den Kurfürsten von Sachsen zur Seite nehmen und beide könnten rasch das Ausgleichswerk beendigen.*) Bei diesem gutgemeinten Rathschlage muss man sich nur über die mangelhafte Personenkenntniss des Herrn von Waldstein wundern, der in dem Erzherzoge Maximilian den Mann zu sehen glaubte, der zu einem vorläufig nur im protestantischen Sinne möglichen Ausgleiche ohne weiteres die Hand bieten würde.

Als Khuen von dem Kaiser für die Reise nach Prag ausersehen wurde, frug er bei Thurn brieflich an, ob ihm der Weg nach Böhmen freistehe.**) Auf die beruhigende Antwort des Grafen trat er denselben an und traf am 6. Juni in Prag ein. In der sicheren Ueberzeugung, dass die Directoren sich beeilen würden, mit ihm als einem Specialcommissär des Kaisers in Verbindung zu treten, theilte er ihnen seine Ankunft mit und ersuchte sie um die Absendung einer Deputation, mit der er sich besprechen könnte. Die Directoren lehnten jedoch seine Aufforderung ab und liessen ihm sagen, falls er sich mit ihnen besprechen wolle oder ihnen eine Botschaft mitzutheilen habe, so könne er sie selbst aufsuchen.***) Diese trotzige Antwort, die

---

*) MS. 873 der Bibl. des F. G. Lobkowitz. Waldstein an den Kanzler dd. 2. Juni 1618.
**) Wiener Staatsarchiv. Thurn an Khuen dd. 2. Juni 1618.
***) Skala II, 180.

Mittheilungen der Statthalter und die aus allem sich ihm aufdrängende Ueberzeugung, dass die Böhmen entschlossen seien, es auf einen Kampf auf Leben und Tod ankommen zu lassen, machten Khuen um so besorgter für den Kaiser, je besser er wusste, über wie geringe Mittel derselbe für den Kriegsfall gebieten könne. Schon von Prag aus rieth er ihm deshalb im Einverständnisse mit den Statthaltern dringend zu einem Ausgleiche, den er in den Hauptzügen zu skizziren suchte. Darnach sollte Mathias erstens in einem Patente feierlich die Haltung des Majestätsbriefes und die Beobachtung des Vergleiches (natürlich 8. Juni 1618 im Sinne der Protestanten) versprechen, *dabei aber nicht behaupten, dass er beide Gesetze stets beobachtet habe*, weil dies den Widerspruch zu sehr erwecken würde, zweitens seine Ankunft in Böhmen verheissen, und drittens sich zur Einstellung aller Rüstungen verpflichten, falls auch die Böhmen solches thäten. Die Statthalter, die dem Kaiser gleichlautende Vorschläge machten, baten inständigst, derselbe möge, wenn er diesen friedlichen Weg betreten wolle, nicht mit der Publication des Manifestes 9. Juni zögern.*) Herr von Waldstein, der in seinem Friedenseifer stets die andern überholte, beklagte sich in einem Briefe an den Kanzler bitter über die Saumseligkeit des wiener Hofes, der es seit so vielen Tagen zu keinem versöhnlichen Entschlusse gebracht habe, und liess hiebei durchblicken, dass er den Kanzler nicht von aller Schuld frei spreche.**)

Der Kaiser kam jetzt zur Einsicht, dass die Gefahren, die er seit Jahren von Seite der Protestanten befürchtet hatte, nunmehr wirklich über ihn hereingebrochen seien und dass seine Restaurationspolitik, statt sie zu beschwören, dieselben nur vergrössert habe. Da er die religiöse Restauration weniger aus Herrschsucht und reifer Ueberlegung, als aus Furcht und gedankenloser Lässigkeit betrieben hatte, da ferner seine zu-

---

*) Wiener Staatsarchiv. Khuen an den Kaiser dd. 8. Juni Prag mit einem Postscript vom 9. Juni. — Böhm. Landesarchiv. Die Statthalter an den Kaiser dd. 10. Juni.

**) MS. 878. Bibl. des F. G. Lobkowitz. Waldstein an den Kanzler dd. 9. Juni 1618.

nehmende Kränklichkeit ihn den Frieden um jeden Preis herbeiwünschen liess, so neigte er sich mit vollem Herzen der Annahme der ihm von Prag zukommenden Rathschläge zu, ja er hatte dieselben schon anticipirt. Die Nachrichten aus Böhmen hatten ihn so erschreckt, dass er sogar zu einem Vergleiche mit — Thurn (!) erbötig war und an Ferdinand das Ansuchen stellte, mit dem Grafen eine vertrauliche Unterhandlung anzuknüpfen. Ferdinand wies jedoch diesen Vorschlag zurück und drängte zu einem entschlossenen Widerstande. So machte sich die eiserne Hand, die fortan auf dem Schicksale Böhmens lasten sollte, schon jetzt in ihrer wuchtigen Schwere geltend.*)

Die Meinung Ferdinands, der eine gewaltsame Niederwerfung des Aufstandes empfahl, war der Gesinnungsausdruck und das Glaubensbekenntniss der einen von den zwei Parteien, in die sich der Hof bezüglich der böhmischen Verhältnisse zu theilen begann. Die eine Partei, an deren Spitze der Kaiser stand, wünschte den Frieden und nahm den Krieg nur ungern in Aussicht, wiewohl sie sich auf denselben gefasst machte, während die andere den böhmischen Aufstand mit Freuden begrüsste, weil sie nach seiner Bewältigung nur noch rücksichtsloser auftreten wollte. Die Stimmung und die Absichten dieser kriegslustigen Partei können nicht besser beleuchtet werden, als durch eine Denkschrift, die sich im wiener Staatsarchiv erhalten hat und die das Verhalten der Regierung gegenüber dem Aufstande zu normiren sucht. Sie wurde gleich in den ersten Tagen nach dem Fenstersturze verfasst und kann als der wahre und consequent festgehaltene Standpunkt der Anhänger Ferdinands gelten, als dessen energischeste Vertreter der Kanzler Lobkowitz, Oñate und Michna anzusehen sind. Die Denkschrift gipfelt in dem Satze, dass man den Aufstand als eine Wohlthat ansehen müsse, denn dadurch sei man der Nothwendigkeit enthoben, die frühern Palliativmittel gegen den böhmischen Krebsschaden, den beständigen Ungehorsam der Stände, anzuwenden. Verlieren könne der Kaiser in keinem Falle etwas, denn sollte der Krieg auch

---

*) Wiener Staatsarchiv. Mathias an Ferdinand dd. 4. Juni 1618. — Ebendaselbst Ferdinand an Mathias dd. 7. Juni 1618.

gegen ihn ausfallen, so habe er nur mit Ehren verloren, was
des Besitzes längst nicht mehr werth gewesen sei. Gewinne er
aber, so könne er der „Sklaverei," in der er bis jetzt gestanden,
für immer ein Ende machen und sich für die Kosten an den
Gütern der Rebellen schadlos halten. Ein kurzer Ueberblick
über die böhmische Geschichte, der diese Behauptungen und
Rathschläge illustrirte, zeigt allerdings, dass der Rathgeber in
jeder Aeusserung des ständischen Lebens eine Beleidigung der
Majestät sah, vor der alles verstummen sollte.

Die von Ferdinand empfohlene gewaltsame Bekämpfung
der Böhmen und die Aufbringung der hiezu nöthigen Mittel
bildeten übrigens schon seit Anfang Juni, also zur Zeit, als
Khuen nach Prag abgeschickt wurde, den Gegenstand eingehen-
der Berathungen in Wien. Man berechnete am kaiserlichen
Hofe, dass, wenn man die eigenen Kräfte auf das äusserste anstrengen würde, eine Armee von 11600 zu Fuss und 2600 Reitern aufgebracht werden könnte. Von dieser Zahl waren einige
Tausend Mann, die wegen des kurz zuvor mit Venedig geführten
Krieges noch in Friaul standen, schlagfertig, der Rest musste
erst geworben werden, und in der That wurden die Werbe-
patente hiefür in der ersten Juniwoche ertheilt. Ausserdem hoffte
man über 6000 ungarische leichte Truppen verfügen zu können,
woran sich später die Contingente der Bundesgenossen, die man
in Deutschland zu gewinnen hoffte, schliessen sollten. An den
Erzbischof von Salzburg wurde ohne Säumen ein Gesandter abgeschickt, der ihn um die Ausrüstung und Unterhaltung von
1000 Mann ersuchen sollte.*)

Dies waren die ersten Massnahmen, die man unter dem
unmittelbaren Eindrucke der Schreckensnachrichten aus Böhmen
ergriffen hatte. Noch hatte man sich Spaniens nicht versichert,
an dem doch das meiste gelegen war. Zu den betreffenden Verhandlungen mit Oñate wurden nun Trautson und Zdenk von
Lobkowitz abgeordnet. Sie hatten den Gesandten nicht nur um
die Hilfe seines Herrn, sondern auch um seinen Rath in den

---

*) Wien. Staatsar. Boh. IV. Verzeichniss der puncten, so von Ihr May.
in Bohemicis abgeordnet worden dd. 9. Juni.

böhmischen Angelegenheiten zu ersuchen. Der Rath eines loyalen Spaniers konnte in einem so flagranten Falle von Rebellion nicht zweifelhaft sein, er empfahl einerseits die möglichste Behutsamkeit, aber andererseits auch die Ergreifung der energischesten Mittel. Wenn der Kaiser, meinte er, eine friedliche Verhandlung nicht mit entschiedenem Vortheile zu Ende bringen könne, so müsse er zu den Waffen greifen, denn die Sachlage dulde keine weitere Schwächung seiner Auctorität. Da nun gewiss nicht zu erwarten war, dass sich die Böhmen auf friedliche Weise in eine schlechtere Position würden drängen lassen, als die sie vor dem Aufstande inne hatten, so war Oñate's Meinung gleichbedeutend mit Krieg. Er unterschätzte die Schwierigkeit desselben nicht, sondern gab von vornherein zu, sein Herr müsse den Kaiser mindestens mit einer Armee von 10 bis 12000 Mann unterstützen und versprach hiefür seine Verwendung bei Philipp III. In dem vertrauten Briefe nach Hause bat er seinen König nicht nur um die Ausrüstung der angedeuteten Streitkräfte, sondern um eine Unterstützung des Kaisers „mit allem Gelde," das ihm zu Gebote stände.*) Oñate fasste den Kampf mit den Böhmen als das auf, was er war, als einen Kampf auf Leben und Tod.

Mittlerweile berieth sich Ferdinand mit Eggenberg, Khlesl, Molart und Trautmansdorf in Pressburg in einer zweiten Conferenz über die böhmischen Angelegenheiten. Alle waren darin eines Sinnes, dass die Rüstungen energisch betrieben werden müssten und erwogen dann die Bedingungen, unter denen ein friedlicher Ausgleich mit den Böhmen eingegangen werden dürfte. Bezeichnend für die Gesinnung der Versammlung war es, dass sie dem Kaiser um keinen Preis die gänzliche und vollkommene Einhaltung des Majestätsbriefes und des Vergleichs empfehlen wollte, weil sie die bisherige Behandlung der Kirchengüterfrage nicht aufgeben mochte.**) Der Kaiser, von dem

9. Juni 1618

---

*) Archiv von Simancas. Parecer del Conde de Oñate sobre lo, que se le propuso de parte del Emperador tocante a los movimientos de Bohemia.

**) Wiener Staatsarchiv. Vorschläge über die böhm. Angelegenheiten dd. 9. Juni.

Resultate der Berathung in Kenntniss gesetzt, eignete sich deren
Beschlüsse an und erliess, ohne Khuens Rückkehr und seine
oben erwähnten schriftlichen Rathschläge abzuwarten, und ohne
auch derjenigen Stimmung, die ihn zur Anknüpfung von Verhandlungen
mit Thurn getrieben hatte, weiter nachzuhängen,
ein Manifest an die Böhmen. Er verhiess in demselben die[11. Juni 1618]
Beobachtung aller böhmischen Privilegien (also auch des Majestätsbriefes
und Vergleichs), aber er bot dieselbe in der Weise
an, wie sie bisher gehandhabt worden war. Eine solche
Beobachtung entsprach nicht dem, ihm übrigens noch unbekannten,
Rathschlage Khuens und konnte in Böhmen nur einen
erbitternden Eindruck machen. Dem Schlusse des Manifestes
waren Strafandrohungen beigefügt, falls sich die Böhmen nicht
zur Ruhe begeben würden.*) Noch war das Patent in Prag
nicht angelangt, als Khuen diese Stadt bereits verlassen hatte.

Fast zur selben Zeit, in der der kaiserliche Commissär sich
auf den Rückweg nach Wien begab, entschlossen sich die Directoren
zu einer Maassregel, die keineswegs von einer Abnahme
ihrer feindseligen Gesinnung gegen den Kaiser zeugte und sonach
keine besonders freundliche Aufnahme des Patentes hoffen liess, auch
wenn der Inhalt desselben mehr verheissen hätte. Die Directoren
beschlossen nämlich, die freie Bewegung der Statthalter
auf das engste zu beschränken. Am 14. Juni schickten sie dem
Oberstburggrafen und dem Grandprior den Befehl zu, für die
Zukunft weder ihr Haus noch die Stadt ohne Erlaubniss zu
verlassen. Der auf diese Weise über die beiden Herren verhängte
Hausarrest wurde jedoch Tags darauf dahin gemildert,
dass ihnen der Besuch der Domkirche und des Schlossgartens
gestattet wurde. Gegen Adam von Waldstein, der sich stets den
Protestanten freundlich gezeigt, beobachteten auch die Directoren
eine grössere Rücksicht; ihm wurde die freie Bewegung in der
ganzen Stadt eingeräumt. Allen drei Statthaltern wurde aber
gleichmässig jede weitere Thätigkeit im Dienste des Kaisers
untersagt und so dem Scheine ein Ende gemacht, der bezüglich
der obersten Landesbeamten Anfangs gewahrt worden, als ob

---
*) Bibl. des F. G. von Lobkowitz. Kais. Patent im MS. 373.

weder ihre Freiheit noch ihre amtliche Stellung eine Schmälerung erfahren solle.*) Als nun das kaiserliche Patent vom 11. Juni und, wie es scheint, auch einige andere Schriftstücke

21. Juni späteren Datums in Prag anlangten, wurden sie von dem betreffenden Curier dem Obersthofmeister Adam von Waldstein zugestellt. Waldstein lud einige Directoren zu sich ein, theilte ihnen den Inhalt des Briefpackets mit und verlangte, dass seiner Veröffentlichung und Verbreitung kein Hinderniss entgegengestellt werde. Ruppa, Fels und Wilhelm von Lobkowitz, die sich bei ihm eingefunden hatten, wollten selbstverständlich die Publication des Patents nicht zugeben und verlangten dessen einfache Auslieferung zu Handen der Directoren. Der Obersthofmeister wehrte sich gegen diese Missachtung der kaiserlichen Meinungsäusserung, musste aber schliesslich nachgeben.**)

Als Khuen nach seiner Ankunft in Wien über das Wachsen des Aufstandes und über die feindselige Haltung der Directoren eingehend Bericht erstattet hatte, richtete Mathias eine neue

18. Juni Zuschrift an die Böhmen. In der Hauptsache stimmte sie mit der vom 11. Juni überein und nahm folglich auf die Rathschläge, die Khuen von Prag aus gegeben, auch jetzt keine Rücksicht, denn der Kaiser verpflichtete sich zwar feierlich zur ungeschmälerten Einhaltung des Majestätsbriefes, behauptete aber zugleich, dass derselbe nie von ihm verletzt worden sei. Den Schluss des Manifestes bildete abermals das Verbot weiterer Rüstungen. Dass dies Patent eine Aenderung in der Sachlage herbeiführen könnte, durfte vernünftiger Weise nicht erwartet werden. Als dasselbe in Prag anlangte, wurde es von den Directoren ebenfalls mit Beschlag belegt und die Publication verhindert.

Nun trat der böhmische Landtag am 25. Juni zusammen, und diesem mussten die Directoren über die Zuschriften des Kaisers Bericht erstatten. Wie wenig günstig für den letzteren die Stimmung der Stände war, zeigte sich schon aus der Billigung der über die Statthalter verhängten Internirungsmassregel, welche die Directoren zur Kenntniss brachten. Bezüglich des

---

*) Das Actenstück im MS. 373 der Bibl. des F. G. Lobkowitz.
**) Ebend. Waldsteins Bericht dd. 21. und 22. Juni.

Patentes vom 11. Juni theilten sie dem Landtage mit, dass dasselbe bei der Landtafel hinterlegt worden, ein gleiches sei auch bezüglich eines später eingelangten geschehen. Um die Wirkung abzuschwächen, welche diese angenirte Behandlung der kaiserlichen Zuschriften vielleicht auf einige Personen haben konnte, wurde die Behauptung aufgestellt, dass das zweite Patent nur eine gefälschte Unterschrift des Kaisers an sich trage und dasselbe ein Fabricat des Kanzlers Lobkowitz und seines Secretärs Michna sei, eine Unwahrheit, die der Landtag zum Scheine gläubig hinnahm. Mitten in diesen Verhandlungen traf eine neue Zuschrift des Kaisers vom 23. Juni aus Wien ein. Sie war von nicht zu unterschätzender Bedeutung, zum ersten Male führte der Kaiser eine nachgiebige Sprache; er erkannte an, dass die Böhmen Grund zu Beschwerden hätten, und forderte die Stände in väterlicher Weise zur Angabe derselben auf, indem er ihre Untersuchung im Sinne der Landtagsbeschlüsse von 1609, also in einer Weise anbot, die den Protestanten günstig war. Von diesem Patente konnte füglich nicht behauptet werden, dass es gefälscht sei, eine Wirkung äusserte es deshalb doch nicht, denn es kam um die ganze Zeit, die seit dem Fenstersturze verflossen war, zu spät. Doch hüllten sich die Stände nicht länger in das bisher beobachtete Schweigen, in einer Zuschrift an den Kaiser suchten sie ihre bisherigen Rüstungen als eine durch die Nothwendigkeit ihnen abgedrungene Massregel zu rechtfertigen, deuteten aber mit keinem Worte den Wunsch nach einem Ausgleiche an.*)   27. Juni 1618

Diese vom Landtage selbst ausgehende Erklärung gab dem Kaiser keinen Trost, und bewies ihm, dass weder Drohungen noch milde Worte in Böhmen etwas fruchteten, alle Hoffnungen auf einen baldigen Frieden musste er aber vollends aufgeben, wenn er ein ihm gleichzeitig zugeschicktes Schreiben der Directoren überlas. Er hatte sich gegen die letzteren über die Proclamation Thurns an die Budweiser beschwert; die Directoren, statt den Wortlaut derselben zu entschuldigen, nahmen die Ver-   20. Juni 1618

---

*) MS. 372. Bibl. des F. G. Lobkowitz.

antwortung auf sich und erklärten, *) dass Thurn nur auf ihren Befehl so gehandelt habe, da sie ihm den Auftrag gegeben hätten, alles fremde Kriegsvolk aus dem Lande zu vertreiben. Habe ihr General hiebei eine etwas derbere Sprache geführt, so müsse man sie den Verhältnissen zu Gute halten. Am Schlusse sprachen sie sogar die Drohung aus, dass sie sich an ihre Nachbarn um Hilfe wenden würden, falls ihre Sicherheit durch den Einfall fremder Kriegsschaaren bedroht werden sollte; die Directoren zeigten sich somit in ihren Aeusserungen an den Kaiser nicht blos ebenso unnachgiebig, wie die Stände, sondern auch noch bitterer. Ihrer wahren Stimmung gaben sie wenige Tage später einen neuen Ausdruck, indem sie die bisherige Rücksicht gegen den Oberstburggrafen völlig bei Seite setzten und ihn in strengen Gewahrsam nahmen. Zwölf Soldaten wurden in seine Wohnung gestellt, um jedweden Fluchtversuch zu hindern und sein ganzes Thun zu überwachen.**) Die dem Kaiser feindselige Bedeutung dieser Massregel wurde noch dadurch erhöht, dass auch Polixena von Lobkowitz, die Frau des Kanzlers, mit ihrem Sohne, dem später durch seinen geheimnissvollen Sturz so berühmt gewordenen Minister Leopolds I, in Prag gewaltsam zurückgehalten wurde und nicht nach Wien zu ihrem Gemahl abreisen durfte. Der Vermittlung des Kurfürsten von Sachsen, um die Ferdinand selbst ersuchte, gelang es später, wenigstens dieser letzten Internirungsmassregel bald ein Ende zu machen.***)

Mittlerweile langten die Zuschriften der böhmischen Stände und der Directoren in Wien an. Als der Kaiser von ihrem Inhalte in Kenntniss gesetzt wurde, fühlte er sich um so gereizter, je weniger er diese Antwort auf seine letzte Erklärung verdient zu haben glaubte. Mit Heftigkeit wies er die böhmische Heuchelei der Directoren, mit der sie von seinem Kriegsvolke als einem fremden sprachen, zurück, und erwiederte auf ihre Drohung, dass sie bei fortgesetzten Angriffen des Kaisers sich

---

*) Skala II, 227. Das Datum (30. Juni) geht aus der Antwort des Kaisers im MS. 573 der Bibl. des F. G. Lobkowitz hervor.

**) Wiener Staatsarchiv. Unterschiedliche Acten. Nachricht aus Prag dd. 12. Juli 1618.

***) Sächs. Staatsarchiv. Ferdinand an Kursachsen dd. 9. Juli 1618.

genöthigt sehen würden, bei allen christlichen Fürsten um Hilfe
nachzusuchen, dass sie dies ohnedies, hoffentlich aber vergeblich, gethan hätten.*) Ueberhaupt behielt das Schreiben einen
derben Ton bei, indem es die Heuchelei der Phrase bei Seite
setzte und die Dinge mehr bei ihrem Namen nannte. Die Directoren waren ihrerseits um die Antwort nicht verlegen, und [10. Juni 1618]
suchten in einer staatsrechtlichen Abhandlung nachzuweisen,
dass der Kaiser kein Recht habe, ohne Zustimmung des Landtages Truppen im Lande zu werben oder daselbst einzuquartieren.
Dies war wohl richtig, nur verschwiegen sie die Kleinigkeit, dass
auch die Stände ohne Erlaubniss des Königs zu keinen Rüstungen
berechtigt waren, und dass ihr eigener revolutionärer Vorgang
den gesetzlichen Mangel in den kaiserlichen Rüstungen ersetzte
oder wenigstens genügend rechtfertigte. Indem sie ihre alten
und, wie hier hinreichend auseinandergesetzt wurde, wohlbegründeten Klagen über die Haltung des Kaisers in den religiösen
Angelegenheiten wiederholten und dadurch zu bitteren Vorwürfen
gegen die ganze Umgebung des Kaisers sich hinreissen liessen,
gaben sie am Schlusse zum erstenmale die Erklärung ab, dass
sie einen ihnen von Mathias angebotenen Ausgleich annehmen
würden, wenn die Kurfürsten des Reiches (selbstverständlich die
protestantischen) ihn feststellen und garantiren würden.**)

Während dieser zwischen Wien und Prag gewechselten
Zuschriften, welche die Sache des Friedens nicht im mindesten
förderten, sollten nach dem Wunsche Ferdinands und seiner Anhänger die Rüstungen, die Anfangs Juni beschlossen worden
waren, eifrig betrieben werden. Letzteres geschah jedoch nicht
und war bei der Friedenssehnsucht des Kaisers um so erklärlicher, da Ferdinand noch immer in Pressburg zurückgehalten
wurde und seine Abwesenheit nicht anfeuernd wirken konnte.
Als jedoch die Böhmen schon Mitte Juni mit ihren Werbungen
so weit vorgeschritten waren, dass Thurn an der Spitze von
4000 Mann gegen Budweis aufbrechen konnte, wurde die Lässigkeit des Kaisers seinen Anhängern im höchsten Grade bedenk-

---

*) MS. 378 der Bibl. des F. G. Lobkowitz.
**) Skala II, S. 302—310.

lich. Noch am 21. Juni war fast gar nichts geschehen, was für die beschlossenen Rüstungen nöthig schien, kein Mann war zum Kriegsschauplatze abgeordnet und es war mit Gewissheit zu erwarten, dass die Böhmen die österreichische Grenze ohne Hinderniss überschreiten würden. Die Manifeste des Kaisers an die Böhmen hatten also wenigstens die aufrichtige Seite, dass sie nicht zur Hülle für gewaltsame Hintergedanken dienten, sondern der wenn auch ungeschickte Ausdruck einer wirklichen Friedensliebe waren.

Um so unruhiger sah Ferdinand dieser Lässigkeit zu, die ein baldiges, aber für seinen Ehrgeiz trauriges Ende aller Kämpfe zur Folge haben konnte. Bevor er noch seinen Besorgnissen Worte geliehen hatte, wandte sich Oñate, ob nun selbständig oder im Einverständnisse mit ihm, an den Kaiser mit einem Promemoria, in dem er sein Staunen über die unbegreifliche Säumniss in den Rüstungen in ungeschminkter Weise aussprach, und zum Schlusse hinzufügte, dass er sich dasselbe nur aus einem geheimen Abkommen mit den Häuptern der böhmischen Rebellion, die wahrscheinlich wieder zum Gehorsam zurückkehren würden, erklären könne. Wenn dieses Abkommen auch ein Geheimniss bleiben solle, so müsse doch mindestens der König von Spanien davon in Kenntniss gesetzt werden, da er im Begriffe stehe, sich für den Kaiser in die grössten Auslagen zu stürzen.*)

Es zeigte sich nicht, dass die geschickt stilisirte Denkschrift des Gesandten den Kaiser zu einer grösseren Energie in den Rüstungen angespornt hätte, im Gegentheile correspondirte dieser in den folgenden Tagen eifriger als sonst mit Böhmen. Oñate konnte sich in seinem Eifer für die Bewältigung derjenigen, die ihm als Rebellen und Ketzer doppelt verhasst waren, nicht länger bändigen und reiste nach Pressburg, um bei Ferdinand Klage über Mathias zu führen. Der König empfand alles doppelt, was Oñate ihm sagen mochte, aber er konnte sich nicht helfen, da er durch den ungarischen Reichstag noch immer

---

*) Simancas $\frac{2603}{130}$ Memorial que dió le Conde de Oñate a S. M. Ces. en 21. de Junio 1618.

in Pressburg zurückgehalten wurde. Er theilte dem Gesandten nur so viel zum Troste mit, dass er sich unmittelbar nach seiner Krönung der böhmischen Angelegenheiten energisch annehmen werde; das erste aber, was er betreiben würde, sei die Entfernung Khlesls, mit dem er nichts mehr zu thun haben wolle. *)

Der ungarische Reichstag wurde Anfangs Juli geschlossen und Ferdinand gewann endlich freie Hand. Seine Anwesenheit in Wien beschleunigte wohl in etwas die Rüstungen, doch keineswegs in dem Grade, wie er dies gewünscht hätte. Das Misstrauen, mit dem sich der von Khlesl gelenkte Mathias und die Erzherzoge wechselseitig beobachteten, machte sich täglich geltend und liess keine einheitliche Action aufkommen. Da beschlossen Maximilian und Ferdinand, den Plan, den sie schon seit mehreren Jahren im Sinne gehabt, durchzuführen und sich der Person des Cardinals zu bemächtigen, um ihn für immer unschädlich zu machen.

Bevor sie ihre Absicht ins Werk setzten, beriethen sie sich nochmals, ob sie nicht vielleicht einen letzten Versuch bei dem Kaiser machen und die Entlassung Khlesls von ihm erbitten sollten. Da sie jedoch nicht im Zweifel sein konnten, dass diese Bitte vergeblich sein und ihrem Gegner nur zur Warnung dienen würde, entschlossen sie sich auf eigene Gefahr hin vorzugehen. Oñate, von ihrem Vorhaben in Kenntniss gesetzt, munterte sie auf, lehnte aber seine persönliche Theilnahme an einer Gewaltthat gegen den Cardinal ab, weil er sich dem Kaiser gegenüber nicht compromittiren wollte. So beschlossen Maximilian und Ferdinand allein zu handeln, sich der Person ihres Gegners zu bemächtigen, ihn gefangen nach Tirol abzuschicken und daselbst in einer Burg einzuschliessen.

Es handelte sich nun darum, den Cardinal an einen Ort zu locken, wo man sich seiner heimlich versichern konnte. Maximilian leitete dies damit ein, dass er demselben einen Besuch machte und bei dieser Gelegenheit den Wunsch nach einem Gegenbesuche ausdrückte. Khlesl wollte an A........ nicht zurückstehen und liess am folgenden Tage b.... ....

10. Juli 1618

---

*) Simancas 2508 Oñate an Philipp. dd. 26. J....

anfragen, wann er sich am gelegensten bei ihm einfinden könnte. Die Antwort lautete, da es gerade Freitag sei und an diesem Tage weniger Geschäfte ihrer Erledigung harrten, so sei der Erzherzog um zwei Uhr Nachmittags am bequemsten zu sprechen. Khlesl machte sich rechtzeitig auf den Weg, traf auf demselben mit dem Nuncius zusammen und lud ihn ein, in seinen Wagen einzusteigen. Zwischen beiden entspann sich ein ernstes Gespräch, so dass sie noch über eine Viertelstunde bei einander sitzen blieben, nachdem sie in der Burg angelangt waren. Der Nuncius empfahl sich endlich und Khlesl ging in niedergeschlagener Stimmung, wie man zu bemerken glaubte, in die Wohnung des Erzherzogs, bei dem sich Ferdinand und Oñate befanden. Auf der Stiege kam ihm ein Kammerherr entgegen und brachte im Namen Maximilians die Entschuldigung vor, dass er wegen Unwohlseins dem Gaste nicht entgegen gehen könne. Khlesl ging darauf weiter in das Vorzimmer, wo sich die Herrn von Stadion und Breuner und die Grafen Dampierre, Colalto und Montecuculi befanden. Stadion verschloss alsbald den Ausgang der Thür, während die andern den Cardinal mit dem Bemerken am Weitergehen hinderten: König Ferdinand habe befohlen, dass er an diesem Orte warten solle. Als Khlesl erstaunt frug, was dies zu bedeuten habe, erklärte Breuner ihn für einen Gefangenen des gesammten Hauses Oesterreich, befahl ihm seine Cardinalskleidung abzulegen und mit einer gewöhnlichen Priesterkleidung zu vertauschen.

Khlesl, vor dessen erstaunten Augen sich nun plötzlich der Abgrund öffnete, in den man ihn stürzen wollte, weigerte sich dies zu thun, berief sich auf die Privilegien seines Standes, wurde aber von Dampierre unterbrochen, der ihn roh anfuhr, einen ehrvergessenen losen Buben schalt, und mit einem schlimmeren Schicksale bedrohte, wenn er nicht gehorchen würde. Noch liess der Cardinal sich nicht einschüchtern und verlangte zum Kaiser geführt zu werden; erst als ihm auch dies rundweg abgeschlagen wurde, sah er sein Verderben besiegelt, so wie das Vergebliche des weiteren Widerstandes und ergab sich in sein Schicksal. Nachdem er den rothen Mantel und das Käppchen gegen Mantel und Hut von schwarzer Farbe vertauscht hatte, wurde er durch einen verdeckten Gang aus der Burg auf die Bastei gebracht, über die der Erzherzog vier Tage zuvor einen besonderen Fahrweg zum Schottenthore hatte herrichten lassen. Hier wurde er in einen sechsspännigen Wagen gesetzt und darauf in Begleitung einer Reiterabtheilung unter Dampierre's Commando in aller Eile weitergeführt. Nachdem er zwei Meilen gefahren war, traf er auf einen zweiten Wagen mit sechs frischen Pferden, der seiner harrte, und in den er übersteigen musste. Die Fahrt ging mit stets gleicher Eile vor sich und nahm ihre Richtung gegen Wiener-Neustadt. Als der Cardinal bei dieser Stadt, seiner bischöflichen Residenz, anlangte, fing er an einige Hoffnung zu schöpfen und glaubte, dass seine Reise ein Ende nehmen und er daselbst in Haft gehalten werden dürfte. Als er aber ohne Aufenthalt weiter geführt wurde und sich so in seiner letzten Hoffnung getäuscht sah, entstürzten Thränen seinen Augen und er sprach hinfort mit seiner Begleitung kein Wort mehr. Die Reiterescorte unter Dampierre begleitete ihn bloss bis Schottwien. Hier liess man ihn aus dem Wagen steigen, hob ihn in eine Sänfte und setzte die Reise durch das Gebirge fort. Der Weg ging über Steiermark und Kärnthen nach Tirol; ausser den Trägern und Dienern und einem Kaplan begleiteten ihn jetzt nur noch die Herrn von Breuner und Wolkenstein. Erst im Schlosse Ambras bei Innsbruck, wo er am achten Tage nach seiner Entführung von Wien ankam, wurde Halt gemacht und seine erzwungene Reise verwandelte sich in eine enge Haft. *)

Die Gefangennehmung des Cardinals war glücklich bewerkstelligt, und noch mehrere Stunden nach der Abfahrt des-

---

*) Die Erzählung über Khlesls Gefangennehmung und die folgenden Scenen am kaiserlichen Hofe schöpfen wir 1. aus drei Berichten im sächs. Staatsarchiv 8168 fol. 48, 100 und 107, von denen die zwei ersten Schriftstücke Briefe Zeidlers dd. 11/21 und 18/28 Juli sind, — 2. aus Oñates Brief an Philipp III dd. 1. Aug. Simancas 2503, — 3. aus Hammer-Purgstalls Urkunden Khlesl Bd. IV, — 4. aus Žerotins Brief an Hartwich von Stletten dd. 26. Juli. Žerotin befand sich zur Zeit der Gefangennehmung in Wien und spielte seit dieser Zeit, wie bald berichtet werden wird, eine merkwürdige Rolle in den böhm. Wirren.

selben ahnte kein Uneingeweihter, was mit ihm vorgegangen war. Die Diener, die ihn nach der Burg begleitet hatten, wurden in einer Stube mit Wein bewirthet und glaubten ihren Herrn mit wichtigen Verhandlungen beschäftigt. An die Erzherzoge trat nun der schwierigste Theil ihrer Aufgabe heran, sie mussten den Kaiser von ihrem Gewaltstreiche in Kenntniss setzen und die Billigung desselben erwirken. Etwa eine Stunde nach der Verhaftung des Cardinals begaben sie sich in die kaiserlichen Gemächer und liessen sich bei Mathias, der krank zu Bette lag, anmelden. Dieser, geschäftliche Verhandlungen oder Klagen vermuthend, liess ihnen zurücksagen, sie möchten sich nur in Begleitung Khlesls bei ihm einfinden; Anfangs suchten die Erzherzoge den Kaiser von diesem Wunsche unter einem Vorwande abzubringen, und baten neuerdings für sich um eine Audienz, da dies jedoch zu keinem Ziele führte, liessen sie die weitere Verstellung fallen, traten entschlossen in das kaiserliche Gemach ein und berichteten über das Geschehene. Mathias erschrak auf das heftigste, sprach Anfangs kein Wort und biss in seiner Ohnmacht in das Betttuch. Später ermannte er sich etwas, nannte das Verfahren Maximilians, der die Hauptschuld auf sich nahm, ein rohes und verlangte die augenblickliche Zurückführung des Cardinals. Seine Entschlossenheit war jedoch nicht von langer Dauer, bald liess er sich so weit beschwichtigen, dass er die Entschuldigungs- und Rechtfertigungsgründe der beiden Erzherzoge anhörte. Obwohl ihn dieselben nicht im mindesten überzeugten und sein ganzer Stolz durch die rücksichtslose Behandlung des Cardinals auf das tiefste empört war, so hatte doch sein an ein Gängelband gewöhnter Geist keine Kraft zu einem energischen Entschlusse. Die Erzherzoge verliessen ihn unversöhnt, aber die gegen Khlesl verfügte Maassregel wurde nicht zurückgenommen.

Die Parteien am Hofe geriethen in eine gewaltige Gährung. Khlesls treue Anhänger, Khuen und der Obersthofmeister der Kaiserin, Trautmannsdorf, wollten die Sache ihres Meisters nicht gleich verloren geben, sondern nahmen sich seiner auf das eifrigste an und suchten den Kaiser und seine Gemahlin zu einem entschlossenen Schritte zu bewegen, allein beiden mangelte es an Energie. Mathias fürchtete für seine eigene Person und liess sein Schlafgemach sorgfältig verriegeln; eilig verstärkte er auch die Burgwache und sprach sogar davon, sich in den Schutz der Böhmen oder Oberösterreicher begeben zu wollen, während die Kaiserin durch Thränen ihrem Schmerze Luft machte. Am anderen Tage fanden sich Ferdinand und Maximilian auch bei ihr ein, um sie zu besänftigen, allein der Anblick der beiden Schuldigen reizte ihren Unwillen nur noch mehr. Gegen Ferdinand gewendet, fragte sie ihn, ob das wohl der Dank für die zwei Kronen sei, die ihr Gemahl ihm gegeben; sie sehe wohl, der Kaiser lebe ihm zu lange. Kniefällig flehten beide Erzherzoge um ihre Verzeihung, allein ihr ohnmächtiger Zorn fühlte sich dadurch nur noch mehr gereizt, so dass sie ihrer Zunge in scharfen Angriffen freien Lauf liess. Ferdinand, obwohl in seinem Benehmen stets nachgiebiger, erklärte auf ihre beharrliche Forderung um Rückberufung des Cardinals, dass er lieber beide Kronen niederlegen, als darein willigen werde.

Mittlerweile bemühten sich die Anhänger Ferdinands, die sich in diesen Tagen rasch mehrten und in ihm ihren künftigen Herrn sahen, das kaiserliche Ehepaar zu besänftigen. Auf Ansuchen der Erzherzoge begaben sich der Cardinal Dietrichstein und der Fürst von Liechtenstein zu dem Kaiser, vertheidigten die gegen Khlesl ergriffene Massregel und behaupteten deren Nothwendigkeit. Die hervorragendsten Mitglieder des Hofes, mit Ausnahme von Khuen und Trautmannsdorf, führten eine ähnliche Sprache, und selbst Karl von Žerotin, der in Wien weilte, billigte die Entfernung des Cardinals, wenngleich er die Art und Weise nicht ganz gutbiess. Um die allmälig ins Schwanken gekommene Ueberzeugung des Kaisers vollends nach dem gewünschten Ziele zu lenken, wurde auch Oñate ins Treffen geführt. Als er zur Audienz vorgelassen wurde, erging er sich in den schärfsten Beschuldigungen gegen Khlesls politische und persönliche Haltung und übergab dem Kaiser ein Memorial zur weiteren Bekräftigung seiner Behauptungen. Mathias hörte aufmerksam zu, schien von dem Gewichte des Vorgebrachten überzeugt zu sein, und stellte zuletzt die Frage, ob der König von Spanien in voraus von dem Anschlage unterrichtet worden sei, was Oñate verneinte. — Der Gesandte beschränkte seine Thätigkeit nicht auf dies allein; da er wohl wusste, wie sehr Mathias von seiner Umgebung abhing, besuchte er alle seine Räthe, eiferte die für Ferdinand gewonnenen an, energisch bei dem Kaiser für ihn einzustehen und schüchterte die Gegner durch Drohungen ein.

Da die Feinde Khlesls nicht müde wurden, dessen Winkelzüge ins grellste Licht zu stellen, den abwesenden wegen seiner Habsucht und Herrschsucht anzuklagen und des Kaisers Empfindlichkeit geschickt gegen ihn zu reizen, begann dieser allmällig einer anderen Anschauung Raum zu geben. „Sollte unser vertrautester und geheimster Rath," so liess er sich zuletzt vernehmen, „dergleichen wirklich wider uns gethan haben, dann habt ihr dem losen Lecker sein Recht widerfahren lassen." Er zeigte sich auch zur Aussöhnung mit den Erzherzogen geneigt, falls ihm eine Abbitte geleistet würde, was diese gern zu thun erbötig waren. Die Formel der Abbitte wurde entworfen und fand allseitige Zustimmung. Dem Versöhnungsprogramme gemäss fanden sich am 29. Juli Maximilian und Ferdinand bei Mathias ein. Der König ergriff das Wort, versicherte, dass er und sein Vetter nie etwas anderes, als des Kaisers Bestes gesucht hätten, und wollte darauf, ebenfalls dem Programme gemäss, mit Maximilian knieend seine Verzeihung erbitten. Mathias hinderte sie daran, umarmte beide, zeigte sich völlig zufriedengestellt und befahl die aufgezeichnete Entschuldigungsformel zu verbrennen. Die einzige Rücksicht, die der Kaiser für seinen früheren Minister hatte, beschränkte sich darauf, dass er sich dessen Leben garantiren liess und die weitere Behandlung dem Papste anheimstellte. Damit hatte der Zwist in der kaiserlichen Familie ein Ende, selbst die Kaiserin wurde friedlicher gestimmt und nahm ihre früheren Anschuldigungen zurück. — Es war ein Zug kindischer Schwäche, dass der Kaiser, nachdem er den Urhebern der ihm angethanen Beleidigung verziehen hatte, an einem untergeordneten Gehilfen derselben Rache nahm. Auf seinen Wunsch sollte Breuner, weil er bei Khlesls Verhaftung eine so hervorragende Rolle gespielt, weder die Grenzen des Erzherzogthums, noch Wien betreten, und ebenso wenig sollte Dampierre, wegen seiner Theilnahme bei der Eskortirung, in der Zukunft mit seinen Reitern durch die Burg ziehen dürfen. Die Erzherzoge mussten sich diese ungefährliche Bestrafung ihrer Werkzeuge gefallen lassen.

Von dem Augenblicke seiner Gefangennehmung an gehörte Cardinal Khlesl zu den politisch Todten, wiewohl er sich Anfangs mit diesem Gedanken nicht befreunden mochte. Er wusste, wie unentbehrlich er dem Kaiser gewesen und durfte daher hoffen, dass sich dieser bei der ihm gewordenen schmählichen Beleidigung aufraffen und den Günstling befreien würde. Die Schnelligkeit, mit der er auf der Landstrasse dahinfuhr und die die Entfernung von Wien immer mehr vergrösserte, mag ihn deshalb am meisten geschmerzt haben, weil der Eilbote, der vielleicht schon beordert war, ihn zurückzurufen, ihn nicht so bald erreichen konnte. Als er in Ambras angelangt war und da Halt machte, schwand mit jeder Stunde vergeblichen Harrens diese Hoffnung mehr und mehr. In seinem lebhaften und thatkräftigen Geiste erwog er die Mittel, die ihm in seiner Lage helfen konnten und er entschloss sich zuletzt zu einem Schreiben. Nicht an den Kaiser richtete er dasselbe, denn wer bürgte ihm für die Beförderung desselben und konnte er etwas von einem Herrn hoffen, der ihn so ohne Widerstand geopfert hatte? Er schrieb an Ferdinand und bat diesen um die verlorene Freiheit, damit er sich fortan nur geistlichen Beschäftigungen hingeben könne. So demüthig und gottergeben dies Schreiben war, so fehlte es doch nicht an einigen bittern Sarkasmen in demselben, der einzigen Waffe, die dem Gefangenen geblieben war. Seine Absicht, so liess er sich vernehmen, sei es längst gewesen, den weltlichen Beschäftigungen zu entsagen und nur der Kirche zu dienen, der Papst allein habe ihn daran gehindert. Nun aber, seit er für die Durchführung dieses frommen Wunsches in Ferdinand und Maximilian solche Beschützer (!) gefunden, treibe es ihn doppelt an, sein Leben demgemäss einzurichten. Er wolle den Bischofshof in Wien erbauen, das Himmelpfortkloster ausstatten, ein Armenhaus gründen u. s. w. Er beschwor darauf den König bei den Verdiensten, die er sich um ihn und sein Haus erworben habe, ihn an dieser Thätigkeit nicht zu hindern: in die Welt wolle er nimmer zurückkehren, da er deren „Gottlosigkeit und Falschheit" erkannt und gefunden habe, was sie für „ein Pech" sei.

Das Schreiben brachte dem Cardinal keine Hilfe, denn diejenigen, die sich seiner eben entledigt hatten, spürten nicht die mindeste Lust, ihn wieder an ihre Seite zu rufen. Mehr Hoffnungen durfte der Gefangene auf die Intervention des päpstlichen Stuhles setzen, da derselbe eine so gewaltsame Behandlung eines der ersten kirchlichen Würdenträger nicht leicht gutheissen konnte. In der That sprach Paul V sein Bedauern über diesen Vorgang aus, als er die Nachricht davon erhielt und ordnete eine Commission von Cardinälen zur Untersuchung des Gegenstandes an. Ein Theil derselben missbilligte die Behandlung Khlesls und wollte gegen die Urheber des Gewaltactes mit kirchlichen Censuren vorgehen, sie wurden aber durch die Auctorität des Cardinals Bellarmin zurückgehalten, der den Satz verfocht, dass es gestattet sei, einen Cardinal gefangen zu nehmen, wenn er den Staat einer grossen Gefahr aussetze.*) Der Papst, der von Khlesls politischem Gebahren selbst keine gute Meinung hatte, benahm sich mit grosser Rücksicht gegen Ferdinand, auf dem zuletzt allein die Verantwortung für das Geschehene lastete, da Maximilian noch im Laufe des Jahres 1618 starb. Paul V verlangte von dem Könige nur eine formelle Genugthuung, die darin bestehen sollte, dass er für sich und seine Gehilfen bei der Gefangennahme um die Lossprechung vom Kirchenbanne ansuche, ausserdem aber die Gründe angebe, die ihn bei dem Gewaltact geleitet hatten. Letzterem wollte der König bereitwillig nachkommen, dagegen lehnte er es entschieden ab, um die Absolution in einem Falle nachzusuchen, bei dem er vollkommen im Rechte zu sein glaubte; später gab er jedoch auch in diesem Punkte nach. Wie wenig übrigens Paul V einen ernstlich gemeinten Einwand gegen die Entfernung des Cardinals von den Geschäften erheben wollte, falls nur sein Leben nicht weiter gefährdet wurde, zeigte sich am besten im Laufe der Verhandlungen; denn von dem Papste selbst lief später eine

---

*) Kerschbaumer, Cardinal Khlesl S. 301.

Warnung bei Ferdinand ein, er möchte ja seinen Gefangenen in sicherem Gewahrsam halten, da von Seite der Venetianer der Versuch gemacht werde, denselben entweder zu befreien oder gar zu vergiften;*) das letztere wohl nur deshalb, um dann Ferdinand das Verbrechen in die Schuhe zu schieben.

Khlesl wurde im Schlosse Ambras, wohin er zuerst abgeführt worden war, nur ganz kurze Zeit verwahrt; schon am 30. Juli 1618 wurde er nach der Burg von Innsbruck gebracht und hier bis zum Herbste 1619 in Haft gehalten. Mittlerweile begann der Nuncius Verospi die Untersuchung der gegen ihn von Seite Ferdinands erhobenen Anklagen wegen Hochverraths und Schädigung der kirchlichen Interessen. Als Verospi mit dem Cardinal ein gerichtliches Verhör vornehmen wollte, lehnte dieser dasselbe, so wie jedwede Vertheidigung ab und unterwarf sich der Gnade des römischen Stuhles. Die päpstliche Intervention brachte in sein Schicksal vorläufig die Aenderung, dass er nach dem Kloster St. Georgenberg bei Schwaz abgeführt und daselbst nicht mehr als Gefangener des Hauses Oesterreich, sondern des Papstes verwahrt wurde. Eine Milderung seiner Haft hatte dies aber keineswegs zur Folge; er blieb auf sein Zimmer beschränkt und musste sich selbst jeder Correspondenz enthalten. Es schien auch, dass er sein Leben in diesen Räumen beschliessen würde, denn der Papst traf darauf die Entscheidung, dass er in lebenslänglicher Haft gehalten werden solle.

Was die Anklagen betrifft, die gegen Khlesl erhoben wurden, so lauteten sie zu verschiedenen Zeiten verschieden. Unmittelbar nach seiner Verhaftung beschuldigten ihn die Erzherzoge in einer Schrift, für deren Verbreitung sie sorgten, dass er das kaiserliche Ansehen verkleinert, die Festsetzung der Erbfolge gehindert, Staatsgeheimnisse verrathen habe und Bestechungen zugänglich gewesen sei.**) Als nun im Auftrage

---

*) Simancas. Oñate an Philipp II dd. 30 Sept. 1618.
**) Die betreffende Anklageschrift wurde bald nach dem Sturze des Cardinals durch den Druck verbreitet. Sie rührt nicht von Oñate her, wie Hammer vermuthete, sondern ging von den Erzherzogen und ihren Räthen aus.

der päpstlichen Curie Verospi mit der Untersuchung des Streitfalles beauftragt wurde und zu wissen begehrte, wessen man den Cardinal beschuldige, wurde ihm von Seite des kaiserlichen Geheimrathes eine Anklageschrift zugestellt, welche von den früheren Anklagen abwich. Khlesl wurde beschuldigt, dass er seiner Zeit den Streit zwischen Mathias und Rudolf geschürt, dadurch aber die Macht der Protestanten in der Monarchie erhöht und so zur Ertheilung des Majestätsbriefes die veranlassende Ursache gewesen sei. In ähnlich indirecter Weise wurde ihm die Entstehung des böhmischen Aufstandes und die Begünstigung der Türken in Ungarn zur Last gelegt. Direct wurde er beschuldigt, dass er die Bestimmung der Nachfolge verhindert, für Geldgeschenke die Protestanten zum Nachtheile der Katholiken begünstigt und sich der Simonie schuldig gemacht habe. So wurde der Cardinal theils des Hochverrathes, theils der schnöden Verletzung des kirchlichen Interesses angeklagt.

Was von allen diesen Beschuldigungen zu halten sei, ergibt sich hinreichend aus der bisherigen Erzählung. Dem Cardinal den Majestätsbrief, den böhmischen Aufstand oder die Begünstigung der Protestanten zur Last zu legen, war reine Heuchelei. Wenn man der Sache auf den Grund gehen wollte, so könnte man ihn allerdings anklagen, dass er durch seine Politik den Aufstand in Böhmen veranlasst habe: allein nicht wegen seiner religiösen Restauration beschuldigte man ihn in Wien, sondern deshalb, dass er nach der Abreise des Kaisers aus Prag im Jahre 1617 nicht Ferdinand oder Maximilian zum Statthalter in Böhmen ernannt und so die Revolution im Keime erstickt habe. Volle Wahrheit liegt nur in der Beschuldigung, dass er die Nachfolge nicht gefördert, sondern gehindert habe, und hierin allerdings hat er sich eines Treubruches an den Interessen des Hauses, dem er zu dienen vorgab, schuldig gemacht. Es war nicht Rücksicht auf den Vortheil der einzelnen Länder oder der Gesammtmonarchie, welche ihm diese Haltung empfahl, sondern sein eigener Ehrgeiz, der ihn antrieb, um jeden Preis die gewonnene Macht festzuhalten.

Was die Anklagen wegen Annahme von Geldgeschenken von Seite der Protestanten und ihre Begünstigung, so wie die

Beschuldigung wegen Simonie betrifft, so ergibt sich aus ihrer näheren Untersuchung nur so viel, dass Khlesl von einer unersättlichen und schmutzigen Geldgier beherrscht wurde. Die reichen Einkünfte seiner zwei Bisthümer und der Dompropstei von Wien genügten ihm schon frühzeitig nicht, er bat den Kaiser angelegentlich um Anweisung eines Gehaltes als Geheimrath und behauptete dabei, dass er seine Ersparnisse anzugreifen genöthigt sei, während das Gegentheil der Fall war. Er benützte fortan seine Stellung in der zudringlichsten Weise, um seine Kasse zu füllen und wusste hiefür nach einander alle Stände der verschiedenen seinem Herrn unterthanen Länder in Contribution zu setzen. So zahlten ihm Böhmen, Mähren, Schlesien, Oesterreich u. s. w. unter verschiedenen Titeln ansehnliche Summen; zugleich gab er unverholen allen Gesandten fremder Mächte zu erkennen, dass ihre Verhandlungen nur dann einen guten Verlauf nehmen würden, wenn sie dieselben mit Geschenken fördern wollten. Der schlimmste Ruf verbreitete sich in Folge dessen über seine Habsucht und gefährdete in gleicher Weise sein eigenes Ansehen und das seines Herrn, des Kaisers. Selbst Spanien wusste er auszubeuten; er bezog von dort aus eine Jahrespension von 3000 Scudi, um deren Vermehrung er ohne Unterlass anhielt, bis sich das spanische Kabinet zu einer Erhöhung derselben auf 10000 Scudi entschloss.*) So wuchs sein Vermögen immer mehr an und doch klagte er, dass er den Aufwand, der mit seiner Stellung verbunden sei, nicht länger bestreiten könne und sich, falls er sich nicht in Schulden stürzen oder „zum Bettler" werden wolle, von seinem Posten zurückziehen müsse. Der Hinweis auf den ihm drohenden Bettelstab war es, mit dem er hauptsächlich seine Zudringlichkeit in Spanien zu rechtfertigen suchte. — Nach seiner Verhaftung wurde sein Vermögen confiscirt und kam dem Kaiser trefflich bei seinen Rüstungen gegen Böhmen zu statten. Wie hoch dasselbe sich belaufen hat, ist nicht sichergestellt, einige sprachen von 400.000 Ducaten, während der venetianische Ge-

---

*) Simancas 2327 Oñate's Brief dd. 7. und 14. März 1618. Beschluss des spanischen Staatsrathes dd. 24. April.

sandte in einem Berichte nach Hause dasselbe auf 200.000 Scudi schätzte. Auf alle Fälle betrug es mehr als 300.000 Gulden, weil ihm solche später als Schadenersatz zuerkannt wurden.

Indem Khlesl sich auf eine Vertheidigung der ihm zur Last gelegten Verbrechen nicht einliess, sondern sich ganz und gar der Gnade des Papstes anheimstellte, hoffte er gewiss auf ein milderes Urtheil, als das, welches ihn zur lebenslänglichen Haft verdammte. Dennoch beugte dieser Schlag seine Lebenskraft nicht, er wartete günstigere Zeiten ab und diese blieben nicht aus. Durch treue Freunde wusste er die Cardinäle, sowie den Nachfolger Pauls V, Gregor XV, für sein Schicksal zu interessiren, so dass der letztere an Ferdinand II die Bitte richtete, ihm den Gefangenen zur unmittelbaren Ueberwachung in Rom auszuliefern. Der Kaiser kam nach einigen Zögerungen der Bitte nach und liess den Cardinal nach Rom abziehen, wo derselbe am 27. November 1622 eintraf und vorläufig in der Engelsburg untergebracht wurde. Von hier aus schrieb Khlesl an Ferdinand, beglückwünschte ihn wegen seiner erfochtenen Siege und bat ihn demüthig und mit Berufung auf sein hohes Alter von 71 Jahren um die Gewährung völliger Freiheit. Da sich auch der Papst dieser Bitte anschloss und Ferdinand füglich nichts mehr von dem Cardinal zu fürchten hatte, so gestattete er seine Freigebung unter der Bedingung, dass er in Rom bleibe, nie nach Oesterreich zurückkehre und auf sein bei der Gefangennehmung confiscirtes Vermögen Verzicht leiste. Khlesl willigte gern in diese Forderungen ein und genoss dafür fortan ungeschmälert die Einkünfte seiner Bisthümer Wien und Wiener-Neustadt.

So vergingen einige Jahre, die Khlesl dazu benützte, um durch mancherlei Verbindungen sein verlorenes Ansehen wiederzugewinnen und durch einzelne Dienstleistungen sich Ferdinands fernerer Huld zu empfehlen; denn an dieser lag ihm vor allem, da die Rückkehr in die Heimat sein steter Wunsch war. Zuletzt erreichte er auch dieses Ziel; der Kaiser gewährte ihm im Jahre 1627 die Erlaubniss zur Rückkehr. So kam Khlesl nach einer Abwesenheit von neun und einem halben Jahre in seiner Heimat wieder an, um sich fortan nur mit den

Functionen seines geistlichen Amtes zu befassen. Doch liess er den Geldpunkt nicht ganz aus den Augen. Schon von Rom aus hatte er sich in der letzten Zeit, trotz der ausgestellten Verzichtleistung, um eine Restitution seines ihm im Jahre 1618 entrissenen Vermögens bemüht. Er betrieb nun diese Angelegenheit energischer, als zuvor und brachte es in der That zuwege, dass ihm von Ferdinand Schuldverschreibungen im Betrage von 300,000 Gulden ausgestellt und mit 18,000 Gulden verinteressirt wurden, was allerdings nicht den ganzen Werth des ihm entrissenen Vermögens repräsentirt. Im Vereine mit seinen bischöflichen Einkünften, deren Erhöhung er ebenfalls durchsetzte, genoss er am Ende seines Lebens das namhafte Jahreseinkommen von 48,000 Gulden.*) Er starb am 18. September 1630 im Alter von 77 Jahren, nachdem er bis zum letzten Augenblicke als Bischof eine eben so eifrige Thätigkeit entwickelt hatte, wie früher als Staatsmann. Von seinem Vermögen, das bei seinem Tode bereits auf eine halbe Million Gulden angewachsen war, vermachte er etwa 46.000 Gulden seinen Verwandten, den Rest bestimmte er ausschliesslich für kirchliche Zwecke.

Cardinal Khlesl hat unter den österreichischen Staatsmännern seiner grossen Macht und seines merkwürdigen Schicksals wegen seit jeher eine ausgezeichnete Stellung eingenommen. Zeitgenossen und spätere Geschichtschreiber rühmten mit Recht sein Talent, seinen ausserordentlichen Fleiss und seine grosse Geschmeidigkeit in allen Verhältnissen, so dass man schliesslich zu der Frage berechtigt ist, ob er eine hervorragende Stellung als Staatsmann einnimmt. Selbst wenn man von seinem Geize und der egoistischen Grundlage seines Zwistes mit den Erzherzogen als von Charakterschwächen absieht und nur seine staatsmännische Thätigkeit in Betracht zieht, so lautet die Antwort dennoch nicht günstig. Muss man denjenigen für einen wahren Staatsmann ansehen, der nicht nur die innere Ordnung aufrechterhalten, gefahrdrohende Gegensätze auszugleichen und dem Gemeinwesen nach Aussen hin eine geachtete Stellung

---

*) Näheres bei Kerschbaumer, Horter und Hammer.

zu verschaffen, sondern auch in entscheidenden Krisen, in denen die alten Regierungsmaximen nicht mehr ausreichen, die richtige Politik einzuschlagen weiss, so ist der Cardinal kein Staatsmann, denn er hat nichts von allem dem geleistet.

Bei der Lage der Dinge, wie sie sich im Beginne des 17. Jahrhunderts in Oesterreich entwickelt hatte, führten nur zwei Wege zu einem sicheren Ziele. Der eine bestand in einer rückhaltslosen und ehrlichen Anerkennung der kirchlichen Verhältnisse, so wie in dem Aufgeben jedes weiteren Versuches, die Protestanten niederzuwerfen und den Katholiken die Oberherrschaft zu erhalten. Durch eine solche Politik wäre die ergiebigste Quelle der inneren Zwistigkeiten verstopft und damit auch die Möglichkeit gegeben worden, die grossen Schwierigkeiten, die sich einer organischen Gliederung Oesterreichs zu allen Zeiten entgegenstellten, zu bewältigen. Je früher aber die letzteren bewältigt wurden, desto leichter konnten gefährliche Experimente vermieden und die Verfassungskämpfe ihrer acuten Schärfe entkleidet werden.

Diese günstige Perspective lag allerdings nur im Bereiche der Möglichkeit, ohne dass ihre Wahrscheinlichkeit verbürgt werden kann, denn in den Zeiten vor dem 30jährigen Kriege standen die Anhänger der verschiedenen Confessionen zu einander fast durchwegs in einem feindlichen Gegensatze, dem sie eine permanente Dauer zu geben suchten, während solche Männer, die für eine in kirchlicher und staatlicher Beziehung neugestaltende und für Oesterreich am allermeisten nöthige Politik Verständniss hatten, überaus dünn gesäet waren. Karl von Žerotín kann als ihr Repräsentant gelten, denn bei aller Anhänglichkeit an die Brüderunität, der er angehörte, verläugnete er nie die billige Rücksicht gegen Andersgläubige, beschränkte lieber die eigenen und wohlbegründeten Forderungen, als dass er das fremde Recht verletzt hätte; er wusste auch das staatliche Moment von dem religiösen zu trennen und hatte bei der treuesten Anhänglichkeit für die eigene Heimat ein Verständniss für das Interesse des Gesammtstaates. Indessen wenn ein radicaler Bruch mit den bisherigen Regierungsmaximen vom Throne selbst ausgegangen wäre, würden sich die

Anhänger der neuen Politik rasch vermehrt haben. Eine solche Politik hätte den Katholiken die Oberherrschaft entwunden, aber immerhin ihren Bestand sichern können, weil kein weiterer Grund zu ihrer Anfeindung vorlag; auch wäre ihr Andenken nicht mit dem Vorwurfe der späteren Gewaltthaten belastet. Brauchen wir zu sagen, dass Cardinal Khlesl diese Politik nicht zur Geltung brachte?

Die andere, der Politik Žerotins entgegengesetzte Bahn war die, welche Ferdinand II einschlug. Der durch den Zwiespalt der Meinungen hervorgebrachten Zersetzung des Staatswesens suchte dieser ein Ende zu machen, indem er die Ursachen dieser Zersetzung mit eiserner Hand beseitigte. Der Unterschied zwischen den beiden Wegen liegt auf der Hand. Misslang die Politik Žerotins, so nahm der österreichische Staat ein Ende; die Türkengefahr nahm wieder riesige Dimensionen an und bedrohte die Donauländer mit dem Schicksale der Balkanhalbinsel. Diese und mancherlei andere traurige Eventualitäten lagen im Bereiche der Möglichkeit. Bei der Politik Ferdinands war dagegen Gelingen und Misslingen gleich furchtbar; ihr Misslingen hatte nicht bloss dieselben Folgen, wie das Misslingen der Politik Žerotins, sondern beschwor noch ausserdem einen Vernichtungskampf über die Katholiken, während ihr Erfolg mit einem unsäglichen Elende für ganze Länder verbunden war und im gesammten Oesterreich jede innere Entwicklung für lange Zeit unmöglich machte. Denn nur ein dauernder Absolutismus konnte dasjenige am Leben erhalten, was der rücksichtsloseste Absolutismus geschaffen hatte. — Khlesl stand mit seiner Ueberzeugung auf Seite Ferdinands; er strebte mit ihm dasselbe Ziel an, aber da er weder den Muth noch die Consequenz besass, um dem damit verbundenen Kampfe kühn entgegenzugehen, gefährdeten seine kleinlichen Auskunftsmittel mehr die Sache, die er vertrat, als dass sie dieselbe gefördert hätten. Er beschleunigte nur den Ausbruch des Entscheidungskampfes und schuf damit die unerträglichsten Zustände, denn als solche muss man allemal jene ansehen, die dem letzten Kampfe vorangehen.

III

Von Seite des Kaisers und der Böhmen wurde die zwischen ihnen entstandene Streitfrage von Anfang an als eine Angelegenheit aufgefasst, deren Bedeutung weit über die Grenzen der böhmischen Krone hinausreiche. Das Resultat des Kampfes musste nicht nur die religiösen Verhältnisse Mitteleuropa's in eine neue Ordnung bringen, sondern auch auf die weitere Entwickelung der ständischen Freiheiten oder die Macht der Habsburger entscheidend einwirken, und eines oder das andere zum Falle bringen. So war es von vornherein wahrscheinlich, dass der ursprünglich religiöse Kampf eine ungeheure politische Bedeutung erlangen würde. Bei einer so naheliegenden Möglichkeit war das Interesse aller deutschen Fürsten, Hollands, Italiens, Frankreichs, kurz des civilisirten Europa, auf das nachhaltigste berührt; am meisten war dies jedoch der Fall bei jenen Ländern, die unter dem Scepter der deutschen Habsburger vereint waren. Weder im In- noch im Auslande konnte man also dem Kampfe in Böhmen gleichgiltig zusehen, man musste im Gegentheil von dem Wunsche erfüllt sein, rathend und helfend mitzuwirken. Auf diese Stimmung gründeten sowohl der Kaiser wie die Böhmen die Hoffnung zur Gewinnung in- und ausländischer Bundesgenossen.

In Bezug auf das Ausland war die Hoffnung der Böhmen von Anfang her auf das heidelberger Cabinet gerichtet und hierin wurden sie nicht getäuscht. Wie Spanien durch seinen Gesandten in Wien gleich im Beginne des Aufstandes unaufgefordert seine Hilfe anbot, so war man auch am pfälzischen Hofe bereit, das zu thun. Der prager Fenstersturz berührte die heidelberger Kreise auf das freudigste; der Mangel an Entschlossenheit, den Camerarius den böhmischen Ständen ein Jahr zuvor vorgeworfen hatte, war in das glänzendste Gegentheil umgeschlagen. Ohne erst eine Botschaft von den böhmischen Ständen abzuwarten, gleich auf die erste Nachricht von den Vorgängen in Prag, schickte der Kurfürst Friedrich V einen untergeord-

neten, aber vertrauten Agenten, Konrad Pawel,*) dahin ab, um
über die Tragweite und den Umfang der böhmischen Erhebung
einen genauen Bericht zu erhalten. Was der Gesandte nach
Hause schrieb, lautete im höchsten Grade ermunternd und liess
nicht bezweifeln, dass es sich um einen furchtbaren Kampf gegen
die habsburgische Herrschaft handle. Gegen Mitte Juni kam
von Seite der Directoren ein Gesandter in Heidelberg an, welcher
auf das inständigste um die Anknüpfung freundlicher Beziehungen mit den Böhmen bat. Da der betreffende, ein gewisser
Herr von Schlammersdorf, nur eine untergeordnete Stellung einnahm, wusste man auf kurfürstlicher Seite nicht, wie weit er
als ein Vertrauensmann anzusehen sei, und entschloss sich deshalb zur Absendung einer hochgestellten Persönlichkeit nach
Prag, von der man annehmen konnte, dass ihr die Stände mit
Vertrauen entgegenkommen würden, und die ebenfalls an Ort
und Stelle die Sachlage studieren konnte.

Christian von Anhalt würde für diese Mission am besten
gepasst haben, aber bei seiner schon seit zehn Jahren prononc-
cirten Haltung war füglich nicht an ihn zu denken, wenn man
nicht den Kaiser von vornherein allarmiren wollte. Die Wahl
traf deshalb den Grafen Albrecht von Solms, der als Obersthofmeister des Kurfürsten im Dienste desselben eine hervorragende Stellung einnahm. Da die Anwesenheit auch dieser Persönlichkeit in Prag nicht leicht verheimlicht werden konnte, und
einiges Aufsehen am kaiserlichen Hofe verursachen musste, beeilte sich der Kurfürst in einem Schreiben an Mathias diese
Absendung selbst zuzugestehen, hiebei aber hinzuzufügen, sie
sei geschehen, um die Böhmen zum Gehorsam und Respect
gegen den Kaiser zu mahnen. Man wird sehen, wie Solms dieser
angeblichen Mission nachkam.

Am 8. Juli Abends langte der Graf in Prag an. Schon
am nächsten Morgen empfing er einen Besuch von dem Grafen

---

*) Der Name deutet auf böhmische Abstammung, indessen ergibt sich
nichts dergleichen aus den Acten und Pawel dürfte pfälzischen Ur-
sprunges gewesen sein, jedenfalls befand er sich mit seinem Bruder
seit vielen Jahren in pfälzischen Diensten.

Hohenlohe, der sich in dieser Stadt zufolge einer Einladung der Directoren eingefunden hatte. Die letzteren bemühten sich nämlich seit dem Beginne der Rüstungen, für das Commando der Truppen neben dem Grafen Thurn noch einen zweiten Generallieutenant zu gewinnen, und richteten ihr Augenmerk auf Hohenlohe, der zur Zeit des türkischen Krieges in Ungarn nicht unrühmlich gekämpft hatte. Sie machten ihm deshalb den Antrag, in ihre Dienste zu treten, und er war auch bereit, dem Rufe zu folgen, doch machte ihm die Rücksicht auf die ausgezeichnete Stellung, die er im kaiserlichen Dienste eingenommen hatte, noch einige Skrupeln. Der Kurfürst von der Pfalz und der Fürst von Anhalt, die mit den Verhandlungen zwischen den Böhmen und Hohenlohe bekannt waren, hatten dem Grafen Solms den Auftrag gegeben, seine Bedenklichkeiten zu beschwichtigen.

Diesem Auftrage kam nun der Gesandte zuerst nach, indem er sich bei seinem Besucher über den Stand der Verhandlungen wegen Uebernahme des Commando's erkundigte. Hohenlohe erzählte, die Directoren hätten ihm neben Thurn die Stelle eines Generallieutenants angeboten unter der Bedingung, dass beide einander gleichgestellt seien und einer nach dem anderen von zwei zu zwei Monaten das höchste Commando führen solle. Er fand diesen Wechsel in der Leitung sehr bedenklich und meinte, das beste wäre, wenn ihnen beiden ein Dritter als Obergeneral vorgesetzt würde. Dies war jedoch nicht seine aufrichtige Meinung, er wollte selbst das oberste Commando haben, und nur weil Thurn wegen seiner hervorragenden politischen Stellung nicht auf die zweite Stelle verwiesen werden konnte, getraute er sich nicht, mit seinem Wunsche hervorzutreten, sondern wollte, dass ein Anderer der Dolmetscher desselben sein möchte. Sorgenvoll bemerkte auch Hohenlohe, dass ihn der Mangel an ausreichenden Kriegsvorbereitungen, namentlich in Betreff der Artillerie, stutzig mache, und er deshalb Anstand nehme, sein Loos an das der Böhmen zu knüpfen. Solms suchte alle seine Bedenken zu beschwichtigen und verwies ihn auf weitere Verhandlungen. Hierauf liess er die Directoren von seiner Ankunft in Prag in Kenntniss setzen und sie um eine Unterredung ersuchen.

Auf die Anzeige Solms erschien in seiner Wohnung eine
Deputation der Directoren, bestehend aus dem Präsidenten derselben, Wilhelm von Ruppa, in Begleitung der Herrn von Berka,
Budowec, Dworecký, Michalowic und zweier nicht näher bekannten Mitglieder. Sie zeigten sich aufs höchste erfreut, dass
der Kurfürst von der Pfalz den Grafen an sie abgeschickt habe,
weil ihnen ein solcher Gesandte die Bürgschaft eines freundschaftlichen Bündnisses sei. Nach dieser officiellen Begrüssung
entfernten sich die Directoren, bald aber kehrten Ruppa und
Budowec allein zurück und nun erfolgte zwischen ihnen und
dem Grafen ein vertraulicher Ideenaustausch über die Ursachen
des letzten Aufstandes und die Nothwendigkeit von Rüstungen.
Beide Herrn baten Solms auf das inständigste, er möge dem
Grafen Hohenlohe alle ferneren Bedenken wegen Uebernahme
des Commando's neben Thurn ausreden. Solms versprach dies,
meinte aber, es wäre wohl das Beste, wenn zur Vermeidung
der unvermeidlichen Uebelstände beiden ein Obergeneral
vorgesetzt würde. Budowec und Ruppa gaben dies zu, bemerkten aber, dass dies nach der Verfassung nicht möglich sei; das höchste Commando hätten nur der König oder
der Oberstburggraf zu führen. Solms lachte über diese Bedenken und meinte, wenn man den gewiss nicht in der Verfassung vorgesehenen Fenstersturz gewagt habe und noch mehreres andere, so könne man wohl auch noch einen General en
chef ernennen.

Am folgenden Tage wurde Solms von sämmtlichen Directoren in feierlicher Audienz empfangen. In seiner Ansprache
betonte der Gesandte, dass seinem Herrn, dem Kurfürsten, nichts
mehr am Herzen liege, als das Wohl der Böhmen. Graf
Albin Schlick, der im Namen der Directoren das Wort führte,
erörterte die Gründe, welche die Böhmen bei ihren bisherigen
Unternehmungen geleitet hätten, und dankte für die guten Absichten des Kurfürsten. Solms benützte nun die freie Zeit, die
ihm nach Beendigung der officiellen Begrüssung vergönnt war,
und suchte sich über die Stimmung in Prag genau zu unterrichten
und zu erfahren, wie weit die Kriegslust um sich gegriffen habe.
Die Nachrichten, die ihm Albin Schlick in einer Privatunterre-

dung gab, waren nicht die erfreulichsten. Letzterer berichtete, dass selbst ein Theil von jenen Directoren, die den Aufstand herbeigeführt hätten, einer Aussöhnung mit dem Kaiser nicht abgeneigt sei, wofern nur einigermassen billige Bedingungen geboten würden. Man habe zum Kriege im allgemeinen keine besondere Lust und das sei auch die Ursache, weshalb man zögere, direct von der Union Hilfe zu begehren. Als Schlammersdorf an Kurpfalz abgeschickt wurde, habe man ihm nur heimlich und ohne dass alle Directoren darum gewusst hätten, aufgetragen Hilfe bei der Union und Aufnahme in dieselbe anzusuchen und in dem Berichte, den er nach seiner Rückkehr erstattete, habe er deshalb diesen Theil seiner Verhandlungen auslassen müssen. Da Solms einen Tag vorher ersucht hatte, ihm jene Directoren zu bezeichnen, mit denen er sich ohne Rückhalt besprechen könnte, erwiederte ihm Schlick, dass sich von den Directoren kaum Jemand darauf einlassen würde, weil sie solidarisch für alles hafteten.

Man sieht, eine Partei unter den Directoren und nach den Andeutungen Schlicks fast die Mehrzahl hatte Bedenken, sich kopfüber in die Revolution zu stürzen und alle Brücken eines Ausgleiches abzubrechen. Dagegen war ein anderer Theil derselben und unter diesen namentlich Ruppa, Budowec und Smiřický, nur für den Krieg und sonach für den vollen und unheilbaren Bruch. Die Weigerung des Gesandten sich mit allen Directoren über wichtigere Angelegenheiten zu besprechen, hatte zur Folge, dass sich eine Deputation derselben bei ihm einfand, die sich bereit erklärte, allfällige Mittheilungen entgegenzunehmen. Es waren dies vornehmlich die Herren Ruppa, Smiřický, Michalowic und Dworecký.

Solms hatte bisher die Directoren nur im Allgemeinen der Sympathien des Kurfürsten versichert, das Versprechen einer bestimmten Hilfe aber nicht abgegeben. Jetzt liess er alle Zurückhaltung fallen und erklärte im Namen seines Herrn, dass derselbe der Sache der Böhmen jeglichen Beistand angedeihen lassen wolle. Schon habe er in der Voraussetzung, dass die Stände sich durch energische Rüstungen in einen gehörigen Vertheidigungszustand setzen würden, mit einigen Fürsten der Union über ihre allfällige Unterstützung verhandelt. Der gefasste Beschluss laute dahin, dem Kaiser keine Werbungen und Truppendurchzüge durch ihr Gebiet zu gestatten und zu verhindern, dass irgend Jemand demselben Hilfe leiste. Sollte also Spanien von Belgien aus oder ein und der andere deutsche Fürst, namentlich der Herzog von Baiern, Mathias unterstützen wollen, so werde die Union alle ihre Kräfte dagegen aufbieten, um den Böhmen in ihrem Kampfe freie Hand zu lassen. Sein Herr erbiete sich zugleich, die Sache der Böhmen bei Savoyen und Venedig zu vertreten, um ihnen von da aus eine etwaige Geldhilfe zu vermitteln. Damit wolle sich der Kurfürst selbst keineswegs von einer directen Unterstützung der Böhmen ausschliessen, sondern mache diese nur von weiteren Verhandlungen abhängig. Er wünsche vor allem zu wissen, was das eigentliche Ziel der böhmischen Bewegung sei, ob sie zur *Vertheidigung* oder zum *Angriff* gegen den Kaiser gerichtet sei.

Eine raschere und umfassendere Unterstützung, als sie der Pfalzgraf hier anbot, konnten die Böhmen füglich nicht erwarten. Ruppa, der, nachdem Solms seine Rede beendigt hatte, für seine Collegen das Wort angriff, ergoss sich in den feurigsten Dankesversicherungen für die pfälzischen Anerbietungen und versprach, dass das Geheimniss treu in der Brust der Directoren bewahrt bleiben würde. Er versicherte, dass die Stände sich gegen den Kaiser mit den Waffen zu wehren gedächten und hiebei auf ein Bündniss mit der Union das grösste Gewicht legten, weitere Erklärungen könne er jedoch ohne die Zustimmung des Landtags nicht abgeben. Indem er hierauf einen Blick auf die Stimmung in Schlesien, Mähren und Oberösterreich warf, sprach er auf Grund einzelner Daten die Ueberzeugung aus, dass die Böhmen von dort aus nur eine freundliche Neutralität, wo nicht positive Unterstützung zu erwarten hätten. Die Deputation theilte darauf den Inhalt der gehabten Unterredung den übrigen Directoren mit, die ohne Ausnahme freudig durch die pfälzischen Anträge berührt wurden, selbst bei den friedfertigeren wuchs die Beherztheit, wenn sie ihre Hilfsmittel mit denen des Kaisers verglichen. Von dem Wunsche beseelt, das angebotene pfälzische Bündniss so früh als möglich zu verwerthen, stellten die Directoren bereits die Bitte an Solms, die Union möge zur Einschüchterung Baierns eine starke Besatzung in die Oberpfalz legen und die Stände so bald als möglich mit einem Darlehen in Geld unterstützen. Diese Bitten, so wie die sonstigen Aeusserungen der Directoren, liessen es nicht zweifelhaft, dass sie zum Kampfe gegen den Kaiser entschlossen seien; aber weder eine der Deputationen, noch die Gesammtheit des Directoriums sprach sich darüber aus, wem sie nach etwaiger Besiegung des Kaisers die Krone des Landes aufs Haupt zu setzen wünschten. Und doch war es des Pfalzgrafen und seines Gesandten feurigster Wunsch, dass die Böhmen auch in dieser Beziehung ihr Herz öffnen möchten.

Die Mission des Grafen Solms war hiemit zu Ende, doch blieb er auf die Bitten der Directoren noch einige Tage, um ihre Verhandlungen mit Hohenlohe zu unterstützen. Um diesem zur Uebernahme des betreffenden Commando's Muth zu machen, versprachen ihm die Directoren die möglichste Beschleunigung der Werbungen, die Anfangs rasch vor sich gegangen waren, seit einiger Zeit aber nur wenig vorwärts schritten. Die nöthigen Geldmittel wollten sie durch ein Anlehen herbeischaffen und bemerkten auf seinen Einwurf, dass es an Artillerie und Munition fehle, es sei eben Hohenlohe's Sache, durch seinen Rath und seine Thätigkeit diesen Mangel zu beseitigen und die zerstreuten Vertheidigungsmittel zu sammeln. So liess sich der Graf endlich von den Directoren gewinnen und trat als Generallieutenant in böhmische Dienste. Seine nächste Aufgabe wurde ihm dahin zugemessen, dass er als eine Art Kriegsminister in Prag seinen Sitz nehmen und die Werbungen, so wie die Beschaffung des Kriegsmaterials leiten solle. Wenn dann die sämmtlichen Kräfte kriegsbereit sein und mit Hohenlohe ins Feld rücken würden, werde von Seite der Directoren in Betreff des obersten Commando's die nöthige Verfügung getroffen werden; für jetzt wurde diese Entscheidung noch vertagt, so dass dem Grafen Hohenlohe die Hoffnung auf die erste Stelle nicht ganz benommen wurde. Solms hatte bei den Verhandlungen die besten Dienste geleistet und alle Anstände zu beseitigen gesucht. Am 20. Juli begab er sich auf den Rückweg, nachdem er von den Directoren den freundlichsten Abschied genommen hatte. *)

Während Solms noch in Prag weilte, kam Colonna von Fels von einer Reise nach Dresden zurück, wohin er zur Anknüpfung freundschaftlicher Beziehungen abgeschickt worden war. Die Antwort, die er zurück brachte, klang nicht gerade feindlich. Der Kurfürst riet zwar den Böhmen, sie sollten einen friedlichen Ausgleich mit dem Kaiser suchen, aber er billigte ihren Entschluss, den Majestätsbrief zu vertheidigen. Noch freundlicher liess sich der kurfürstliche Geheimrath, Herr von Schönberg, aus, er bat förmlich um Entschuldigung, dass Sachsen den Böhmen keine Hilfe leiste und erklärte dies damit, dass der Kurfürst vor allem einen friedlichen Ausgleich herbeiwünsche, der das Gewissen der Böhmen beruhigen könnte. Würden die letzteren gewusst haben, wie sehr Johann Georg bei aller Rücksicht auf ihr Glaubensbekenntniss einer Schmälerung der kaiserlichen Herrschaft abhold war, so würde der Bericht ihres Gesandten sie weniger befriedigt haben. So aber waren sie um so zufriedener, da der Graf Thurn um dieselbe Zeit von dem Kurfürsten sogar ein Pferd zum Geschenke erhielt. Thurn hatte um dies Pferd gebeten, um vor der Welt den Schein vertraulicher Verhältnisse mit Sachsen zu erwecken und Johann Georg, gewiss nicht in Zweifel über die allfällige Auslegung des erbetenen Geschenkes, willfahrte der Bitte.

Während die Böhmen sich der Hilfe der Union zu versichern und sonach das Ausland in ihren Streit zu verwickeln suchten, begnügte sich auch der Kaiser nicht mit der Unterstützung, auf die er von Seite Spaniens rechnen konnte, sondern bemühte sich um die Anknüpfung neuer Allianzen. Fast unmittelbar nach dem Ausbruche des Aufstandes wandte er sich an alle Fürsten des deutschen Reiches und mehrere Reichsstädte und verlangte von ihnen entweder eine directe Unterstützung oder wenigstens das Versprechen, seinen rebellischen Unterthanen keine Werbungen gestatten zu wollen. Das Resultat seiner Bemühungen war nicht besonders glänzend, kein einziger

---

*) Der Schlussbericht über Solms Mission in Prag im berburger Archiv.

der katholischen Bischöfe und Fürsten verstand sich auf seine dringenden Bitten zu einer Geldhilfe. Alle Schreiben, die von ihnen in Wien einliefen, lauteten wie nach einem Muster dahin, dass sie dem Kaiser vorläufig nichts geben könnten. Doch wollten sie sich einem Beitrage nicht entziehen, wenn hiezu eine eigene Versammlung berufen und von dieser ein solcher beschlossen werden würde; auch gestatteten mehrere derselben, wo nicht alle, dass der Kaiser in ihrem Gebiete Soldaten werben dürfe.*) Der Erzbischof von Salzburg, als unmittelbarer Nachbar zweimal nach einander um Hilfe ersucht, antwortete beidemal ablehnend. Maximilian von Baiern, den Mathias nur um ein Darlehen von 100.000 Gulden angegangen hatte, lehnte dasselbe ab und wir wissen nicht, ob er sich schliesslich weicher stimmen liess, als ihn Ferdinand selbst darum ersuchte und versprach, es „Zeit seines Lebens um ihn verdienen zu wollen".**) Die Reichsstadt Augsburg und der wetterauische Reichsadel waren die einzigen, die einen lindernden Tropfen in die Gluth der kaiserlichen Noth herabträufeln liessen. Die Stadt verehrte dem Kaiser 400 Centner Pulver und Munition für 1500 Mann, wahrscheinlich für die Dauer eines Feldzuges. Die wetterauischen Grafen bewilligten dem Kaiser eine Contribution, deren Ertrag auf 96.000 Gulden berechnet wurde. Nürnberg schlug ein kaiserliches Gesuch um Hilfe ab und suchte strenge Neutralität einzuhalten, indem es seinen Offizieren nicht gestattete, in böhmische Dienste zu treten.***)

Von den protestantischen Kurfürsten erwartete der Kaiser selbstverständlich keine Hilfe; er hatte sie nur allesammt ersucht, den Böhmen in ihrem Gebiete keine Werbungen zu gestatten. Der Kurfürst von Brandenburg versprach dieser Bitte nachzukommen, hütete sich aber in seinem Schreiben ein missbilligendes Wort über die böhmische Bewegung auszusprechen,

---

*) Die einschlägige Correspondenz in verschiedenen Archiven.
**) Münchner Staatsarchiv. Ferd. an Max. dd. 8. Juli 1618.
***) Sächs. Staatsarchiv 9168 Buch, fol. 412. Nachrichten aus Wien dd. 1/11 Juli 1618 — Wiener Staatsarchiv Boh. IV. Nürnberg an Mathias, dd. $\frac{29.\ Juni}{8.\ Juli}$.

denn er sei nicht genug unterrichtet, um ein Urtheil über den
Aufstand abgeben zu können.*) Von Sachsen langten am kaiserlichen Hofe nur freundliche Versicherungen an, der Kurfürst
war gern erbötig, sich zur Dämpfung der böhmischen Unruhen
als Vermittler gebrauchen zu lassen und schlug hiezu auch den
Kurfürsten von der Pfalz vor. In seinem Wunsche nach einem
baldigen Ausgleiche liess sich Mathias diesen wiewohl gefährlichen
Vorschlag gefallen und bat den Pfalzgrafen um seine Theilnahme an der Vermittlung. Die Schreiben, die von Heidelberg am kaiserlichen Hofe einliefen, deuteten die Rolle hinreichend an, die Friedrich bei derselben spielen würde. In dem
ersten schimpfte er über die kaiserlichen Räthe als die Ursache
alles Unglücks, zeigte sich aber zur Vermittlung erbötig;**) kaum
14 Tage später liess er sich noch deutlicher aus, indem er die
Hoffnung aussprach, dass die Ruhe durch die Nachgiebigkeit
des Kaisers wieder hergestellt werden würde. Er fand daran
nichts Bedenkliches, dass die Böhmen Rüstungen anstellten und
die kaiserlichen Truppen aus dem Lande vertrieben, oder, wie
er sich euphemistisch ausdrückte, dass sie sich „assecurirten";
damit könne Mathias nur zufrieden sein, denn die Ruhe werde
um so früher zurückkehren, je weniger Macht hitzigen Rathgebern gelassen würde. Diese Sprache war dem Kaiser gegenüber offener Spott.

Viel günstigere Aussichten eröffneten sich dem Kaiser von
Seite Polens und Belgiens. Der König von Polen, Sigmund III,
der nach einander zwei Schwestern Ferdinands II geheirathet
hatte, stand zu dem Kaiserhause in nahen Beziehungen; die
Bitte um Hilfe, die bald nach dem Ausbruche des Aufstandes
an ihn gelangte, fand demnach eine freundliche Aufnahme
und Mathias konnte mit Sicherheit auf den baldigen Zuzug einiger Tausend polnischer Reiter rechnen, wenn er ihre
Besoldung bestreiten und, was noch wichtiger war, ihnen den
Weg durch Schlesien nach Böhmen bahnen konnte. — Was

---

*) Wiener Staatsarchiv. Boh. IV. Kur-Brandenburg an den Kaiser dd.
m. Juni
2. Juli; ebendaselbst Kursachsen an den Kaiser dd. 2/12 Juli 1618.
**) Wiener Staatsarchiv. Boh. IV. Kurpfalz an Math. dd. 25. Juni a. St.

den Erzherzog Albrecht in Brüssel betraf, so langte schon Mitte Juli die Zusage einer reellen Hilfe von ihm an; er versprach, den Kaiser mit 500 Reitern unterstützen und deren Unterhaltung für einen Feldzug auf sich nehmen zu wollen.*) Minder tröstliche Nachrichten kamen aus Italien. An den Papst richtete nicht bloss Mathias sondern auch Ferdinand seine Bitten; Paul V hatte viel Mitleid mit ihnen, er war auch mit Versprechungen nicht karg, aber ob und wann dieselben bei ihm zu einer That reifen würden, war eine nicht leicht zu beantwortende Frage. Indessen waren seine Dienste nicht zu unterschätzen, wenn er sein ganzes Ansehen geltend machte, um Frankreich im Zaume zu halten.

Frankreich, das war der wunde Fleck und der Gegenstand der ängstlichsten Sorge für den Kaiser. Sass ein Fürst wie Heinrich IV auf dem französischen Throne, so durfte man sich in Wien den ärgsten Befürchtungen hingeben. Zum unberechenbaren Glücke für die Habsburger war zur Zeit weder Ludwig XIII noch irgend einer seiner bedeutenden Rathgeber von einer feindseligen Stimmung gegen die deutsche Linie dieses Hauses beseelt, und keiner erfasste auch die günstige Bedeutung des Momentes für eine nachhaltige Begründung der französischen Präponderanz. Zudem hatte der böhmische Aufstand in Frankreich einen ungünstigen Eindruck gemacht. Aus zahlreichen Kundgebungen im Laufe der folgenden drei Jahre tönt immer und immer wieder das Missfallen an dem Fenstersturze heraus. Hätte man in Böhmen einfach revoltirt, so hätte man nur gethan, was tausendmal geschehen war und man würde in Frankreich keinen so grossen Anstoss daran genommen haben; aber die Behandlung der Statthalter sah Ludwig XIII wie eine gemeinsame Beleidigung aller Fürsten an und seine Minister hatten kein Interesse, ihm zu widersprechen. An seinen Schwiegervater Philipp III schrieb er, wenn man den „böhmischen Frevel ungestraft liesse, so würde dies solche Consequenzen nach sich ziehen, dass ihm und anderen Potentaten täglich ein gleiches

---

*) Wiener Staatsarchiv Boh. IV. Albrecht an Mathias, dd. 15. Juli 1618

geschehen könnte.**) Diese Versicherungen waren aufrichtig gemeint, denn an die französischen Diplomaten in Deutschland, namentlich an St. Catherine, erging die Weisung, ernstlich für den Frieden und Ausgleich zu wirken, und was vor allem viel galt, auch der Pfalzgraf wurde von dem französischen Kabinet ermahnt, die Unruhen in Böhmen nicht zu unterstützen, sondern sein Ansehen zur Stillung derselben zu verwenden.**)

In dieser Stimmung befand sich der französische Hof, als der Kaiser die Bitte an denselben richtete, keine Werbungen zu Gunsten der Böhmen gestatten zu wollen. Die Gewährung dieses Gesuchs war um so zuversichtlicher zu erwarten, als auch der Papst mittlerweile sein ganzes Ansehen und seinen Einfluss durch den Nuncius in Paris geltend gemacht hatte. Des Mathias diplomatischer Agent in Frankreich, Malcot, gab seinem Herrn die positivsten Versicherungen, dass Ludwig XIII nicht gesonnen sei, die Böhmen zu unterstützen, sondern sogar zu ihrer Bekämpfung in seinem Reiche Werbungen gestatten wolle.***) Wenige Tage später benachrichtigte der Staatsrath Puisieux den französischen Gesandten in Heidelberg, der König wolle sich in der Beilegung der böhmischen Unruhen neben Sachsen als Vermittler gebrauchen lassen und wünsche, dass der Kurfürst von der Pfalz diesem Werke seine Unterstützung nicht versagen möge. Zusehends neigte man sich also in Frankreich dahin, in dem böhmischen Aufstande nur den Angriff gegen die katholische Religion und gegen das gemeinsame Recht der Könige zu sehen. Schon wallte in einigen katholischen Mitgliedern des hohen französischen Adels die Lust auf, für den Glauben zu streiten, und Mathias bekam neben den immer trostreicheren Nachrichten über die Richtung der französischen Politik auch von dem Herzog von Nevers das Anerbieten, sich in dem beginnenden Kriege verwenden lassen zu

---

*) Wiener Staatsarch. $\frac{Spanien}{1618}$ Khevenhüller an Math. dd. 16. Juli 1618.
**) Bibl. Imp. in Paris MS. $\frac{9791}{11}$ 4191. Puisieux an St. Catherine dd. 23. und 26. Juli Paris.
***) Wiener Staatsarchiv. $\frac{Frankreich}{1618}$ Malcot an Mathias dd. 20. Aug. 1618.

wollen.*) Welch ein Unterschied zwischen den Zeiten Heinrichs IV und den gegenwärtigen!

Die auswärtigen Verhältnisse standen also unmittelbar nach dem Aufstande besser für den Kaiser als für die Böhmen: von Spanien und dem Erzherzoge Albrecht hatte er sichere Hilfe zu erwarten und von dem gefährlichen Frankreich eine günstige Neutralität. Dies wog reichlich die Hilfe auf, welche die Aufständischen heimlich von dem Pfalzgrafen und vielleicht auch von den Generalstaaten oder von Savoyen bekommen konnten. Dabei winkte dem Kaiser noch die Hoffnung, dass wenn die genannten Mächte offen mit ihrer Hilfeleistung gegen ihn auftraten und namentlich die Union sich auf dem Kampfplatze zeigte, auch die deutschen Katholiken aus ihrer Zurückhaltung heraustreten würden. Die Wagschale, die sich so zu Gunsten des Kaisers neigte, konnte nur dann eine andere Richtung bekommen, wenn die Länder, die unter seinem Scepter vereint waren, sich an dem Streite zu Gunsten Böhmens betheiligten. Dahin zielten nun auf das eifrigste die Bestrebungen der Directoren ab und in der That lag in dem Erfolge dieser Bestrebungen die nächste Entscheidung.

IV

Die hier schon mehrmals angedeutete Zusammenhanglosigkeit der österreichischen Monarchie zeigte sich durch die Vorgänge nach dem Ausbruche des Aufstandes in der bemerkenswerthesten Weise. Das Auftreten der Böhmen liess füglich keinen Zweifel über ihr letztes Ziel, die Absetzung der Habsburger, aufkommen, gleichwohl sah man in den übrigen Theilen dieser Monarchie den böhmischen Aufstand wie einen Gegenstand an, der nur die streitenden Theile berührte, und den sie unter einander auszumachen hatten. Diese ruhige und zusehende

---

*) Paris. kais. Bibl. MS. $\frac{\text{fr.}}{11}$ 4121 Puisieux an St. Catherine dd. 6. Sept. 1618 Paris. Ebendaselbst Mathias an den Herzog von Nevers dd. 14. Aug. 1618 Wien.

Haltung war jedoch kein Beweis von Theilnahmlosigkeit, denn die Sache der Böhmen begegnete überall den wärmsten Sympathien. Für die letzteren war es nun das dringendste Gebot, diese Sympathien zu einer thatkräftigen Hilfe heranreifen zu lassen. Kurz nach ihrer Erhebung sandten sie deshalb vertraute Agenten nach den verschiedenen Ländern der Monarchie, um die ständischen Wortführer zu einem Anschlusse zu bewegen. Dem Kaiser blieben diese Werbungen nicht unbekannt und er bot alle seine Macht und seinen Einfluss auf, um ihre Wirkung zu paralysiren und die übrigen Theile seines Reiches desto enger an sich zu knüpfen. So ging dem Kampfe auf dem Schlachtfelde ein Kampf auf dem Gebiete der Diplomatie zwischen dem Kaiser und den Böhmen voraus.

Die ersten Anstrengungen der Böhmen, die übrigen Länder mit ihrem Schicksale zu verketten, erstreckten sich auf *Ungarn*. Bald nach dem Ausbruche des Aufstandes schickten die Directoren den damaligen Rector der prager Universität, Dr. Jessenius, einen berühmten Arzt und medicinischen Schriftsteller seiner Zeit, nach Pressburg, damit er mit den ungarischen Ständen in Unterhandlungen trete und sie zu einem Anschlusse an ihre Sache bewege. Jessenius langte am 26. Juni in Pressburg an, fast unmittelbar vor Beendigung des Reichstages, auf dem Ferdinand die ungarische Krone erlangt hatte. Er theilte den Inhalt seiner Botschaft einem hochgestellten nicht näher bekannten Mitgliede des ungarischen Adels mit, der ihn zwar freundlich empfing, aber einigermassen stutzig wurde und ihm nicht viel Hoffnung auf das Gelingen seiner Mission machte. Mittlerweile verbreitete sich die Nachricht von der Ankunft des Gesandten in Pressburg und zahlreiche Mitglieder des Reichstages fanden sich zu seinem Besuche in dem Gasthause ein, in dem er abgestiegen war und erfreuten ihn durch ihre theilnehmenden Worte. *)

Am folgenden Tage wurde Jessenius zu einem Besuche bei dem Palatin Forgach eingeladen, der ihn über den Zweck seiner Reise genau ausfragte und namentlich wissen wollte, ob

---

*) Der ganze Bericht über Jessenius nach Skala II.

er gekommen sei, um einen Ausgleich über die böhmischen
Streitigkeiten anzubahnen. Seine Haltung war nicht besonders
aufmunternd für den Gesandten, der sich bemühte, die Sache
der Böhmen auf das eifrigste zu vertreten, und schliesslich den
Palatin bat, ihm bei dem Reichstage Gehör zu verschaffen.
Forgach entschuldigte sich, dass er dies nicht ohne Erlaubniss
des Kaisers thun dürfe, versprach ihm aber binnen einigen
Tagen eine definitive Antwort. Während Jessenius auf dieselbe
wartete, erweiterten sich seine privaten Beziehungen zu den
Mitgliedern des Reichstages. Die protestantischen Mitglieder
desselben besuchten ihn in grosser Anzahl und sprachen ihr
inniges Bedauern aus, dass er nicht schon früher gekommen sei;
sie gaben zu, dass ihre Interessen mit denen der Böhmen solidarisch verbunden seien und tadelten ihre Landsleute, die sich
vom Kaiser bei seinen Rüstungen gegen die Böhmen anwerben
liessen.

Die böhmischen Directoren hatten gehofft, dass die Ankunft ihres Gesandten in Pressburg auf den Reichstag den nach-
haltigsten Eindruck ausüben und die Krönung Ferdinands zum
Könige von Ungarn, trotz der bereits vollzogenen Wahl, vereiteln werde. Diese Hoffnung erfüllte sich nicht, denn die Krönung ging am 1. Juli ohne Anstand vor sich. Jessenius, der an
einem günstigen Resultate seiner Mission zu verzweifeln begann,
weil der Reichstag unmittelbar darauf geschlossen wurde, suchte
auf gute Weise fortzukommen und hielt bei Ferdinand um
eine Audienz an, angeblich um ihm seine Glückwünsche darzubringen. Die Audienz wurde ihm nicht bewilligt, dafür wurde
er vor den Oberstkämmerer des Königs berufen und von diesem
über die Vorgänge in Prag befragt. In dem Zwiegespräche
erhob der Oberstkämmerer mancherlei Vorwürfe gegen die
Stände, die Jessenius zu widerlegen suchte, ohne dass dabei
seine Art sehr verbindlich gewesen wäre. So trennte man sich in
wechselseitiger Unzufriedenheit. Der Gesandte nahm von dieser
Unterredung den Eindruck nach Hause, dass es besser wäre,
an eine schleunige Abreise zu denken und wurde darin durch
den Rath einiger Freunde bestärkt, die ihn geradezu zu einer
raschen und heimlichen Flucht aufforderten, da Forgach nicht

in den Fussstapfen Thurzo's wandle. Er glaubte sich indessen nicht so gefährdet und wollte auch nicht einen derartigen, eines Gesandten unwürdigen Rückzug antreten. Doch beschloss er nicht länger zu säumen und suchte deshalb bei dem Palatin um eine Abschiedsaudienz nach, bei der er ihn um freies Geleite ³·ᴶᵘˡⁱ ₁₆₁₉ bat. Statt aller Antwort zeigte ihm Forgach ein Decret vor, in dem er für einen Gefangenen des Kaisers erklärt wurde. Während Jessenius die verhängnissvolle Schrift anstarrte und zu entziffern suchte, entfernte sich der Palatin aus dem Zimmer und an seiner Stelle trat der Commandant des königlichen Schlosses von Pressburg ein und nahm ihn in Haft. Jessenius musste seinen Degen, mit dem er umgürtet war, ablegen, worauf er selbst und seine im Wirthshause aufbewahrten Effecten auf das sorgfältigste untersucht wurden. Ein gleiches Schicksal traf seinen Bruder, der ihm nachgereist war, und vier junge Leute, die an der prager Universität studierten und den berühmten Arzt auf seiner Reise nach Pressburg begleitet hatten. Zwei Tage später wurde ihnen mitgetheilt, dass man sie nach Wien überführen werde, worüber sich Jessenius, der sich in Ungarn doch einigen Schutz von Seite der Magnaten versprach, nicht wenig entsetzte. Am 6. Juli traf er mit seinen Genossen in Wien ein und wurde in demselben Thurme untergebracht, in dem einst König Wenzel IV gefangen gehalten wurde. *)

Die Hoffnungen, die man in Böhmen an die Sendung des Jessenius geknüpft hatte, erfüllten sich also nicht. Der ungarische Reichstag entschied sich weder in seiner Gesammtheit noch zum Theile zu einer wirksamen Bethätigung seiner Sympathien. Doch liess er die böhmische Botschaft nicht ganz unbeantwortet, unmittelbar vor seinem Schlusse richtete er ein Schreiben an die Stände in Prag, in dem er sie seiner besten Wünsche versicherte, aber zugleich ermahnte, die Hand zum Frieden zu bieten.**) Ebenso ablehnend verhielten sich die Ungarn aber auch gegen den Kaiser, der sie entweder noch während des Reichstages, oder später um Hilfe gegen die Böhmen ersuchte. Eine Depu-

---

*) Der ganze Bericht über Jessenius nach Skala II.
**) Sächs. Staatsarchiv 9166. Bericht aus Wien.

tation des ungarischen Adels, die sich in Wien am 27. Juli einfand, schlug diese Bitte ab und wollte von einer Betheiligung an dem böhmischen Streite nichts wissen. *) Einzelne protestantisch gesinnte Magnaten sprachen sich sogar dahin aus, dass sie dem Kaiser keine Werbungen gegen die Böhmen gestatten würden, doch hielten sie nicht Wort, denn unter den ersten Truppen, von denen die Aufständischen bekämpft wurden, befanden sich Husaren, deren Unterhalt allerdings vom Kaiser und nicht von den Ungarn bestritten wurde. Für letzteren war dies trotzdem ein nicht zu unterschätzender Vortheil, da es oft nicht minder schwierig war, die nöthige Truppenzahl zu finden, als sie zu besolden. Factisch nahm also Ungarn gegen die Böhmen eine feindliche Stellung ein, aber es war fraglich, wie lange diese Verletzung der Neutralität dauern würde, da sie unverkennbar gegen die Sympathien des Landes verstiess.

Viel kam auf das Erzherzogthum Oesterreich an, denn bei seiner Lage an der Grenze von Böhmen war es, trotz seiner geringen Ausdehnung, von doppelter Wichtigkeit. Dieses alte und unbestrittene Besitzthum der Habsburger, Jahrhunderte lang ein vielfach treuer Helfer in der Noth, war seit dem Jahre 1608 wie umgewandelt. Die religiöse Frage und die Wirksamkeit eines eifrigen Kalviners, wie des Freiherrn von Tschernembl, hatten daselbst so viel Bitterkeit angehäuft, dass die Stände von Ober- und Niederösterreich ihrer Mehrzahl nach nur Misstrauen und Abneigung gegen den Herrscher empfanden. Die Oberösterreicher, die gegen Ende Juni in Linz zu einem Landtage versammelt waren, riethen dem Kaiser auf das dringendste zum Frieden mit Böhmen. War dieser Rath, der bei der Lage der Dinge nur schwere Nachtheile für den letzteren zur Folge haben musste, an und für sich bedenklich, so waren es noch mehr ihre Argumente, in denen sie darauf hinwiesen, wie schlecht es dem Kaiser anstände, wenn er Christen statt der Türken bekämpfen wolle.**) Dass sie bei dieser Gesinnung nichts davon wissen wollten, dem Kaiser zu helfen, ist begreiflich, aber sie be-

---

*) Skala II, 825.
**) Zuschrift der oberösterr. Stände an den Kaiser dd. 30 Juni 1618.

gnügten sich damit nicht, sondern wollten dem Kaiser geradezu die
Möglichkeit des Kampfes abschneiden. Denn als Ferdinand bei
ihnen um die Erlaubniss nachsuchte, dass sie ihm für das in
Friaul stationirte Kriegsvolk den Durchzug an die böhmische
Grenze gestatten möchten, schlugen sie dies nicht nur ab, sondern
besetzten eilig einige Pässe mit frisch geworbenem Volke und
sperrten sogar, wenn die Nachricht richtig ist, die Donau bei
Linz durch eine Kette.*) Dieses Uebermass von Feindseligkeit
wich einige Tage später andern Einflüssen, denn die Stände
liessen sich schliesslich doch zu einer kleinen Geld- und Muni-
tionsleistung herbei; Werbungen aber und Einquartirungen verweigerten sie beharrlich. Auch den Durchzug, auf dem der
Kaiser unbedingt bestand, weil er sonst die Böhmen gar nicht
angreifen konnte, gestatteten sie endlich, doch nur unter der
Bedingung eines rottenweisen Vormarsches der einzelnen Regimenter. Wie Diebe und Schleichhändler sollten also die Truppen
ihres Fürsten das Land durchziehen.

Was die niederösterreichischen Stände betrifft, so durfte
sich der Kaiser von ihnen einer nur noch feindseligeren Haltung
versehen, da er gerade mit ihnen in einen schweren Streit verwickelt war. Am 22. Mai, also gerade einen Tag vor dem
Fenstersturze, hatten ihm die protestantischen Mitglieder des
niederösterreichischen Adels eine Beschwerdeschrift überreicht,
in der sie über die Behandlung der landesfürstlichen Städte bezüglich der religiösen Angelegenheiten Klage führten. Mathias,
der in Oesterreich nicht nachgiebiger sein wollte, als in Böhmen,
ertheilte den Bittstellern keine Antwort. Ob er trotzdem einen
Landtag nach Wien berief und die niederösterreichischen Stände
um eine Unterstützung gegen Böhmen bat, ist uns nicht weiter
bekannt, jedenfalls können die Beschlüsse desselben keine freundlichen gewesen sein, da ihm die Stände die Ausfolgung von
Waffen und Munition aus ihrem Zeughause in Wien verweigerten
und um einen Ueberfall zu verhüten, dasselbe bei Tag und Nacht
bewachen liessen.**) Wien allein war etwas nachgiebiger, die

*) Skala II 199.
**) Skala II 820.

Stadt schenkte dem Kaiser 14,000 Gulden als Beitrag zu den Kriegskosten, und verstand sich noch nebenbei zu einem Darlehen von 30000 Gulden. Damit erschöpften sich die Leistungen der Wiener, eine spätere Bitte des Kaisers um ein zweites Darlehen liessen sie unberücksichtigt.*)

Wenn Ungarn und Oesterreich dem Kaiser so wenig trostreiche Aussichten boten, um wie viel mehr musste er besorgen, dass die Nebenländer der böhmischen Krone sich dem Aufstande geradezu anschliessen würden. Indessen zeigte sich bald, dass die Erwartungen und Befürchtungen, die man in dieser Beziehung in Prag und Wien hegte, durch die Ereignisse nicht ganz gerechtfertigt wurden.

Was Mähren betrifft, so erwartete man in Böhmen mit Zuversicht, dass die Stände dieses Nachbarlandes der Sache des Aufstandes ihre wärmsten Sympathien und bald auch ihre Mithilfe entgegenbringen würden. Wenn Karl von Žerotin, der hochgeachtete Führer der protestantischen Stände daselbst, seine Stimme für diesen Anschluss erhoben hätte, fürwahr die kaiserliche Herrschaft würde in Mähren im Handumdrehen ein Ende genommen haben. Allein dieser merkwürdige Mann gab im Widerspruche zu seinen sonstigen Wünschen, aber im theilweisen Einklange mit seiner Vergangenheit nicht dieses Signal und betrat ganz eigene Wege.

Es ist bekannt, dass Žerotin unter Kaiser Rudolf II jahrelange Bedrückungen von Seite der Regierung wegen seiner protestantischen Gesinnung und seiner oppositionellen Haltung erdulden musste. Er hatte mannhaft alle Unbilden ertragen, für seine Partei durch seine Standhaftigkeit und seine hohe Bildung eine mächtige Stütze abgegeben und ihr endlich durch seinen Anschluss an Mathias im J. 1608 und den Sturz der rudolfinischen Regierung zum Siege verholfen. Von Mathias zum Lohne für die geleisteten Dienste zum Landeshauptmann von Mähren ernannt, verwaltete er dies Amt in der Weise, dass er den ständischen Freiheiten ihre volle und unverkümmerte Entwickelung gönnte, wodurch er das Misstrauen des Kaisers, wie wir gesehen

---

*) Sächs. Staatsarchiv.

haben, im höchsten Grade wachrief. Doch war es insofern unberechtigt, als Žerotín dem Kaiserhause treu anhing, den Plänen des Fürsten von Anhalt auf den Untergang desselben keinen Vorschub leistete und sich so von einigen seiner Gesinnungsgenossen vollständig trennte. Im J. 1615, nach dem Ablaufe des prager Generallandtages, schied er aus seinem Amte, ohne dass sich die Ursache sicherstellen lässt; vielleicht war es Ermüdung, vielleicht auch Ueberdruss an dem Gange der kaiserlichen Politik. Bezeichnend war es, dass durch das Zuthun der kaiserlichen Partei Ladislaus Popel von Lobkowitz, der Bruder des böhmischen Kanzlers, an seine Stelle trat.

Von seiner amtlichen Stellung befreit, zog sich Žerotín keineswegs in die Ruhe des Privatlebens zurück, sondern nahm an den öffentlichen Vorgängen nach wie vor den lebendigsten Antheil und unterhielt mit seinen politischen Freunden, die durchwegs unter den Protestanten zu suchen waren, einen lebhaften Briefwechsel. Seinem Urtheil wurde das grösste Gewicht beigelegt und alle jene, die sich nach einer Veränderung sehnten, waren begierig, seine Ansichten zu vernehmen. Der Markgraf von Jägerndorf, dessen der Kaiser in jenem Briefe an den Erzherzog Ferdinand im J. 1613*) ebenfalls nicht besonders freundlich erwähnte, und der in der That schlimmes gegen die Habsburger im Schilde führte, trachtete begierig nach seiner Freundschaft. Im Beginne des J. 1618 traf er mit Žerotín zusammen und besprach sich mit ihm über die öffentlichen Verhältnisse; der Markgraf schied von dieser Unterredung nicht wenig zufriedengestellt und glaubte mit Sicherheit auf seine Dienste rechnen zu können.**) Wenige Tage vor dem Fenstersturze hatte sich Žerotín auch in Prag aufgehalten, daselbst seine religiösen und politischen Freunde aufgesucht und den Verhältnissen in Böhmen überhaupt seine grösste Aufmerksamkeit zugewendet. So hatte er keinen Augenblick seine politische Thätigkeit eingestellt und war berufen, bei jeder Krise, die herankam, eine entscheidende Rolle zu spielen, wenn er dies wollte.

*) Seite 78.
**) Corr. Žerotíns an Slletten dd. 18. Apr. 1619.

Was ihm überaus förderlich war, war die hohe Achtung, die man überall vor seinem Charakter und seinen Kenntnissen hatte.

In der That überall, denn auch auf Seite der Katholiken und der Regierung wurde ihm schliesslich diese in vollem Masse zu Theil. Als der Aufstand in Böhmen ausbrach, dachte man in Wien und Pressburg zu gleicher Zeit daran, sich seiner bei einer allfälligen Vermittlung zu bedienen und bewies damit ein grosses Vertrauen in seine Ehrlichkeit. Schon in den ersten Tagen des Juni forderte ihn der Kaiser auf, nach Wien zu kommen, um an den Berathungen bezüglich des Aufstandes Theil zu nehmen. Žerotin zögerte nicht, dem Rufe zu folgen und reiste am 14. Juni von Trebitsch nach Wien. Mit dieser Reise schloss er die erste vielbewunderte Hälfte seines Lebens ab, die zweite bisher noch wenig oder gar nicht bekannte nahm damit ihren Anfang.

Trotz des Vertrauens, das man im Allgemeinen zu Žerotins Ehrlichkeit in Wien hatte, verhehlte man sich daselbst doch nicht, dass die Ereignisse diesem Manne selbst gegen seine persönlichen Neigungen seinen Platz anwiesen. Der Kampf in Böhmen hatte in dem Gegensatze zwischen Katholiken und Protestanten seine Wurzeln, wer auf die eine oder die andere Seite gehörte, musste sich dieser anschliessen, unbekümmert um die Folgen eines Sieges oder einer Niederlage, die vielleicht über das eigentliche Streitobject weit hinausgingen. Auch von Žerotin meinte man, dass er nicht werde umhin können, sich an seine Glaubensgenossen anzuschliessen, ja dies vielleicht schon gethan habe und mit den Böhmen unter einer Decke spiele. Seine Berufung nach Wien entsprang ebenso sehr dem Misstrauen als dem Vertrauen, man erwartete, dass er dem Rufe, falls er sich schuldig fühle, gar nicht folgen werde, und dann wusste man doch wenigstens, woran man mit ihm war. Die Misstrauischen, und das war diesmal Khlesl, riethen sogar, man solle sich Žerotins, wenn er nach Wien kommen würde, bemächtigen, denn seine schliessliche Verbindung mit den Protestanten sei doch gewiss, habe man ihn aber festgenommen, so befinde sich Mähren ohne Haupt und werde nicht revoltiren. *)

---

*) Corr. Žer. Žerotin an Stietten dd. Prerau 26. Juni 1618.

In Wien angelangt, wurde Žerotin bei dem Kaiser nicht[17. Juni 1618] vorgelassen, dagegen besuchten ihn die hervorragenden Staatsmänner und unter diesen der böhmische Kanzler und der Secretär Michna, berichteten ihm über die Vorgänge in Böhmen und ersuchten ihn um seinen Rath. Žerotin empfahl die Anwendung friedlicher Mittel zur Stillung des Aufstandes und als ein solches insbesondere die baldige Abreise des Erzherzogs Maximilian nach Böhmen in der Stellung eines Vermittlers. Sein Benehmen, seine Rathschläge und sein sichtbares Interesse für das Beste des Kaiserhauses verscheuchten alles Misstrauen gegen ihn; der Kaiser empfing ihn endlich selbst, lobte seine[19. Juni] Rathschläge und gab auch seinerseits dem Wunsche nach Frieden einen unverhüllten Ausdruck. Angenommen wurde jedoch Žerotins Meinung nicht, denn statt den Böhmen die Anzeige zu machen, dass Maximilian als Vermittler an sie abgeschickt werden würde, war ihnen schon Tags zuvor jenes Patent zugesandt worden, welches ihre Rüstungen verbot und von den Directoren mit Beschlag belegt wurde. Es war übrigens auch nicht die Absicht der Regierung, in Böhmen nach Žerotins Rathschlägen vorzugeben, ihr eigentlicher Wunsch war, sich seiner in Mähren zu bedienen. Denn nachdem man einiges Zutrauen zu ihm gefasst hatte, ersuchte ihn der Kaiser in einer zweiten Au-[21. Juni] dienz um seine guten Dienste bei dem nächsten Landtage in Olmütz und um die Unterstützung der königlichen Propositionen. Žerotin sagte zu und reiste darauf nach Hause zurück. Er kam gerade zu rechter Zeit an, um der ständischen Zusammenkunft, die in Olmütz am 26. Juni eröffnet wurde, beizuwohnen.

Es war dies die erste Versammlung der mährischen Stände nach dem Ausbruche des Aufstandes. Von Seite der Böhmen fand sich bei derselben eine Gesandtschaft ein, an deren Spitze Heinrich Slawata stand, welche die Mährer zum Anschlusse an die gemeinsame Sache aufforderte. Konnte es wohl anders sein, als dass diese Aufforderung einen mächtigen Widerhall fand? Diejenigen, welche den Böhmen wohlwollten, beantragten die Wahl einer Gesandtschaft, die nach Prag gehen und an Ort und Stelle die Verhältnisse prüfen sollte; auf diese Weise sollte nach der Meinung der Antragsteller der Anschluss an den Aufstand vorbereitet werden. Die Majorität verwarf aber den Vorschlag und beschloss die Absendung einer Deputation nach Wien, welche dem Kaiser zur Wahl friedlicher Massregeln bei der Bekämpfung des böhmischen Aufstandes rathen sollte. Der Beschluss kam nur dadurch zu Stande, dass sich die Thätigkeit Žerotins bereits im Interesse der Regierung geltend machte. Gleichzeitig wurde die Werbung von 2000 Reitern und 3000 Mann zu Fuss zur Sicherung des Landes beschlossen.*)

Die hervorragendsten Mitglieder der Deputation, welche nach Wien abgeordnet wurde, waren der Cardinal Dietrichstein, Fürst Karl von Liechtenstein und Žerotin. Als sie sich auf den Weg begaben, rüsteten sich bereits die kaiserlichen Truppen zu dem Marsche durch Mähren nach Böhmen. Der mährische Adel wurde darüber nicht wenig stutzig, theils fürchtete er die unvermeidlichen Unannehmlichkeiten eines derartigen Durchzuges, theils war er entrüstet, dass das benachbarte Böhmen von der Markgrafschaft aus angegriffen werden solle; überall im Lande erhob sich der Wunsch nach der Berufung eines neuen Landtages, um diese Angelegenheiten in Ordnung zu bringen. Die mährische Deputation machte sich in Wien zum Dolmetscher dieser Klagen und Wünsche, begnügte sich aber mit der Antwort, dass der Kaiser Mähren mit dem Durchzuge nicht verschonen könne. Die Hauptaufgabe der Deputation bestand nun darin, die Ausgleichsberathungen in Gang zu bringen. Dietrichstein und Liechtenstein waren aber nicht die Männer, die sich darum besonders bemüht hätten, da sie mit ihrer Gesinnung ohnedies auf kaiserlicher Seite standen. Žerotin allein suchte seinem Auftrage mit Ernst nachzukommen und beharrte auf der Meinung, die er bei seiner früheren Anwesenheit in Wien abgegeben. Der Boden für seine Wirksamkeit war aber diesmal noch ungünstiger als früher. Man vertröstete ihn, dass die Zeit zur Verhandlung erst kommen werde, wenn die Truppen des Kaisers in Böhmen angelangt sein würden und Mathias so mit mehr Reputation auftreten könnte. Žerotin liess sich durch diese Vertröstung um so

---

*) Brünner Landesarchiv. Ständische Zusammenkunft in Olmütz.

weniger täuschen, je mehr er sich überzeugte, dass die Meinung des Hofes mit wenigen Ausnahmen dahin ging, man solle die Gelegenheit benützen, den Böhmen einen Denkzettel zu geben, die Güter der Aufständischen zu confisciren und sich so für alle Kosten schadlos zu halten. In seiner bisher nur leise sich geltend machenden Hinneigung zur kaiserlichen Sache wurde er aber trotzdem nicht wankend gemacht, denn anderseits war er ebenso gewiss, dass auch die Böhmen von einem Ausgleiche nichts wissen und ihre Sache mit den Waffen durchfechten wollten. Indem er so beiden Theilen eine gleiche Schuld an dem drohenden Ausbruche des Krieges beilegte, wurde er durch die neugewonnene Ueberzeugung nicht in einen Zustand völliger Unentschlossenheit hineingeworfen, sondern noch stärker und vielleicht ihm selbst unbewusst zur kaiserlichen Partei hingezogen.*) Nach Hause brachte er das Versprechen mit, dass der Landtag auf den 13. August nach Brünn berufen werden solle. **)

Zur Eröffnung des Landtags erschien Ferdinand als Stellvertreter des Kaisers in Brünn. Mathias verlangte in seiner Proposition, Mähren solle sich seinen Truppen öffnen und von den für das Land geworbenen 5000 Mann ihm die Hälfte zum Angriffe gegen Böhmen überlassen. Beide Forderungen waren bei der Haltung von Ungarn und Oesterreich ganz exorbitant zu nennen und ihre Annahme fast für eine Chimäre zu halten. Nach mehrtägigen Verhandlungen gewährte der Landtag die erste Forderung und öffnete so das Land für den Durchmarsch

---

*) Corr. Žer. Žerotin an Stietten dd. Rossitz 26. Juli 1618.
**) Archiv des k. k. Minist. des Inn. Ferdinand an Mathias dd. 14. Aug. Brünn 1618. — Wiener Staatsarchiv. Unterschied. Acten IV. Aus Brünn dd. 24. Aug. — Skala II 825. Letzterer ist in Bezug auf den brünner Landtag nicht gut informirt. Er gibt unrichtig das Datum der Eröffnung auf den 8. Aug. an und behauptet auch, die Stände hätten beide Propositionen des Kaisers angenommen und ihm die Hälfte ihrer geworbenen Truppen überlassen. Abgesehen davon, dass dies nicht mit dem stimmt, was wir aus der Angabe des wiener Staats-Archivs (Untersch. Acten IV. Aus Brünn dd. 24. Aug.) wissen, ist auch nichts davon bekannt, dass bei dem folgenden Feldzuge in Böhmen mährische Truppen verwendet worden wären.

der kaiserlichen Truppen zum Angriffe auf Böhmen. Die zweite Forderung wurde nicht gewährt, aber doch nicht für alle Zukunft abgelehnt. Die Stände beschlossen nämlich die Wahl einer Deputation, welche die Herstellung des Friedens in Böhmen vermitteln und zu diesem Ende abermals nach Wien reisen sollte, um die nöthige Instruction in Empfang zu nehmen. Von Wien sollte die Deputation nach Prag reisen, die Böhmen auf glimpfliche Bedingungen hin zum Frieden mahnen und ihnen drohen, dass sich Mähren im Falle ihrer beharrlichen Widersetzlichkeit dem Kaiser anschliessen werde. So wurde die Markgrafschaft immer mehr in die Kreise der kaiserlichen Politik hineingezogen. — Welchen Antheil Carl von Žerotín an diesen Beschlüssen hatte, ist nicht näher bekannt, jedenfalls sind sie nur durch seine Zustimmung zu Stande gekommen. In die Deputation, welche nach Wien reisen sollte, wurden der Fürst von Liechtenstein und Žerotín gewählt.

Einen Ersatz für Mähren erhielten die Böhmen gleichsam an *Schlesien*. Noch vor den Ereignissen des 23. Mai hatten die böhmischen Protestanten den Schlesiern ihr Leid geklagt und für ihre Beschwerden eine sehr günstige Aufnahme bei' dem Fürstentage — so hiessen die Landtage in Schlesien — gefunden, denn derselbe versprach ihnen in seiner Antwort thatsächliche Mithilfe. Bevor das Schreiben noch abgeschickt wurde, traf aus Prag die Nachricht von dem Fenstersturze ein und nun entstanden in Breslau einige Zweifel, ob dasselbe in der beschlossenen Fassung abzusenden sei, oder nicht, denn das Versprechen einer thatsächlichen Hilfe konnte von den Böhmen buchstäblich genommen und die Schlesier gleich im Beginne in den Streit verwickelt werden. Es scheint, dass diese Erwägungen die Absendung des Schreibens vereitelten, ohne dass jedoch die Stimmung der Schlesier dem Aufstande minder günstig geworden wäre. Zu ihrer Bethätigung bot sich ihnen eine neue Gelegenheit dar, als sich zu Anfang Juni Gesandte aus Prag bei ihnen einfanden, welche auf Grund des zwischen Böhmen und Schlesien im Jahre 1609 zum gegenseitigen Schutze ihrer religiösen Freiheiten geschlossenen Bündnisses Hilfe verlangten, im Falle ihr Land vom Kaiser angegriffen würde. Da der Fürstentag nicht mehr versammelt war, so erwiederten die in der Zwischenzeit mit der Vertretung desselben betrauten sogenannten „nächstangesessenen Stände", dass sie für sich keinen Beschluss fassen, wohl aber den Fürstentag alsogleich einberufen würden.*) Dass diese Antwort nicht ungünstig zu deuten war, bewiesen dieselben nächstangesessenen Stände einige Tage später. Denn da der Kaiser sich in seinen Nöthen auch an sie wandte und von ihnen theils die Erlaubniss zu Werbungen, theils zu Durchzügen für Truppen, die er in Polen in seinen Sold genommen, verlangte, schlugen sie ihm beides ab und sicherten die Böhmen dadurch an ihrer nordöstlichen Grenze.

[15. Juni 1618]

Zu dem Fürstentage, der am 3. Juli zusammentrat, schickte der Kaiser den Reichshofrath Strahlendorf als seinen Commissär ab. Er sollte in Breslau das Unrecht der Böhmen auseinandersetzen, von ihrer Unterstützung abmahnen und die Stände um Hilfe gegen sie ersuchen. Die Gesinnungen, die am Fürstentage vorwalteten, waren keineswegs für die Gewährung der Bitte, sondern für eine vorläufige Neutralität, die jedoch eine für Böhmen günstige Färbung hatte. Denn ausser der Werbung von 2000 Reitern und 4000 Mann zu Fuss, deren Aufgabe zunächst die Bewachung der polnischen Grenze sein sollte, damit von da keine Truppen dem Kaiser zu Hilfe zögen, wurde die Absendung zweier Gesandtschaften nach Wien und nach Prag, beschlossen, die beide eine Vertheidigung des Aufstandes bezweckten. Die nach Wien bestimmte Gesandtschaft sollte dem Kaiser Vorwürfe machen, dass er durch seine Politik nicht nur die Böhmen zur Verzweiflung getrieben, sondern auch den schlesischen Majestätsbrief in zahlreichen Fällen verletzt habe, und ihn bitten, einem friedlichen Ausgleiche die Hand zu bieten, sowie die gerechten Beschwerden zu entfernen. An die Spitze dieser Gesandtschaft wurde der junge Herzog von Brieg gestellt. Die nach Prag abgeordnete Gesandtschaft sollte sich an Ort und Stelle über die Verhältnisse aufklären und zum Frieden mahnen, wenn den Böhmen passende Bedingungen zur Aussöhnung angeboten würden. Nähmen die Böhmen solche Bedingungen an,

---

*) Verhandlungen der schles. Fürsten und Stände von Palm S. 74.

so stehe Schlesien auf ihrer Seite, wolle man aber in Prag nur den Krieg, so fühle sich Schlesien an das Bündniss von 1609 nicht gebunden.*)

Es kam bei dieser Botschaft alles darauf an, ob die Böhmen und die Schlesier in der Beurtheilung dessen, was man als eine passende Friedensbedingung ansehen könne oder nicht, einerlei Meinung sein würden. Und in dieser Beziehung war die Uebereinstimmung beider Länder von Anfang an nicht zweifelhaft. Wenn sie vorläufig noch nicht einig im Handeln auftraten, so konnte doch vorausgesehen werden, dass sie sich früher oder später die Hand bieten würden. Unter den Tonangebern in Schlesien, welche auf den Bruch mit dem Kaiserhause lossteuerten, war der mehrerwähnte Markgraf Johann Georg von Jägerndorf aus dem Hause Brandenburg unbedingt der erste. Schon im Jahre 1609 arbeitete er an einer Verbindung Schlesiens mit der Union zum Verderben der Habsburger und liess seitdem dieses Ziel nie aus den Augen. Er war es, der später in dem Streite der Schlesier gegen die böhmische Kanzlei und in ihrem Begehren nach einer selbstständigen Stellung die hervorragendste Rolle spielte, weil er darin eine Quelle grosser Verlegenheiten für Mathias voraussah und die Lockerung des böhmischen Staatsverbandes den schlesischen Fürsten zum Vortheile gereichte. Handelte er in diesem Streite gegen das böhmische Interesse, so trat er nach dem Fenstersturze wieder entschieden für den Aufstand ein, denn er sah in der Begünstigung desselben nicht nur eine noch viel ergiebigere Quelle für die Schwächung der Habsburger, sondern auch den geeignetsten Weg zur glücklichen Lösung eines Processes, in den er eben verwickelt war. In böhmischen Kreisen und im Kabinete des Kurfürsten von der Pfalz wurde seine Genossenschaft von Anfang nicht nur vorausgesetzt, sondern auch durch frühzeitige Verhandlungen sichergestellt. An der schlesischen Gesandtschaft nach Prag betheiligte er sich zwar nicht, da ihr jedoch Hartwig

---

*) Verhandlungen der schles. Fürsten von Palm. Instruction für die Gesandten nach Wien dd. 14. Juli S. 132, für die Gesandten nach Prag S. 187.

von Stietten, sein Rath und Oberhauptmann von Jägerndorf, angehörte, so war er durch diesen vertrauten Diener auf das beste vertreten. In der That war der genannte Edelmann das wichtigste Glied der nach Prag abgeordneten Gesandtschaft.

Von den Lausitzern liegen für diese Zeit keine näheren Nachrichten vor, wahrscheinlich ist nur so viel, dass sie weder den Böhmen noch dem Kaiser eine Unterstützung angedeihen liessen, also in vollkommener Neutralität verharrten.

So war der Stand der Dinge in den dem Kaiser unterworfenen Ländern. In Ungarn, Oesterreich und der Lausitz eine ungewisse Neutralität der ständischen Körperschaften, welche wenig tröstliches an sich hatte, Mähren nach der Anschauung der meisten Zeitgenossen in einem unnatürlichen und deshalb wenig verlässlichen Bündnisse mit dem Kaiser, Schlesien aber im Begriffe, sich den Böhmen anzuschliessen. Sonach waren nur jene Länder, die von König Ferdinand und von Erzherzog Maximilian beherrscht wurden, also Steiermark, Kärnthen, Krain, Istrien, Tirol und Vorderösterreich, die einzig sicheren Anhaltspunkte für die kaiserliche Politik. Die Lage des Kaisers war indessen vorläufig dadurch noch günstiger, dass er aus allen seinen Ländern, selbst Böhmen nicht ausgenommen, ungeschmälert die Einkünfte der Krongüter bezog. Dieselben waren zwar grösstentheils von den Interessenzahlungen für die kaiserlichen Schulden in Anspruch genommen und hätten also für Rüstungen nicht verwendet werden können; aber auch der Kaiser nahm für sich nach dem Muster des böhmischen Landtags ein Moratorium in Anspruch und verschob die Befriedigung seiner Gläubiger grösstentheils auf die Zukunft.

Siebentes Kapitel.

Der Ausbruch des Krieges.

I Buquoy Oberbefehlshaber des kaiserlichen Heeres. Hoffnungen in Wien in Bezug auf rasche Beendigung des Feldzugs. Dampierre bricht in Böhmen ein. Böhmischer Landtag vom 28. August. Adam von Waldstein. Versuch einer Gegenrevolution im Landtage. Allgemeines Aufgebot. Mansfeld. Karl Emanuel von Savoyen. Buquoy in Böhmen.

II Die mährische Deputation in Wien. Ihre Reise nach Prag. Unfreundlicher Empfang derselben in Böhmen. Žerotins Wirksamkeit. Ruppa's Benehmen. Fehlschlagen der auf Schlesien begründeten Hoffnungen. Bescheid an die Mährer. Verhandlungen des sächsischen Gesandten in Wien. Der schlesische Fürstentag beschliesst die Unterstützung der Böhmen. Wirkung dieses Beschlusses in Wien. Entlassung des allgemeinen Aufgebots. Missliche Seiten desselben. Böhmische Finanzschwierigkeiten.

III Buquoy in grosser Gefahr. Dampierre in Wien. Grosse Verlegenheiten des Hofes. Vergebliche Hilfegesuche in Salzburg und München. Erzherzog Maximilian † (2. Nov. 1618). Niederlage der kaiserlichen Truppen in Böhmen. Eroberung Pilsens durch Mansfeld.

IV Thurn in Oesterreich. Zerwürfnisse des Kaisers mit den Niederösterreichern. Thonradl. Haltung der Oberösterreicher. Žerotin. Der Landtag in Brünn. Der Stand der Kriegsangelegenheiten in den Wintermonaten.

I

Die Vorbereitungen des Kaisers zum Kriege gegen die Böhmen hatten Anfangs Juni begonnen, doch nahmen sie längere Zeit keinen besonders raschen Verlauf. Erst nach Ferdinands Rückkehr von Pressburg und nach dem Sturze Khlesls wurde dies anders und die frühere Lässigkeit machte einer grösseren Rührigkeit Platz, wobei insbesondere der Umstand massgebend war, dass der Kaiser die Leitung sämmtlicher Angelegenheiten, die sich auf den böhmischen Aufstand bezogen, dem Könige übertrug. Jetzt wurden die Rüstungen so viel als möglich beschleunigt und als der Monat August herankam, beliefen sich die kaiserlichen Streitkräfte auf 3200 Reiter und 9600 Fussknechte, durchwegs sogenannte deutsche, d. h. in deutscher Weise einexercirte Truppen, an die sich noch 1100 Husaren und 300 Heiduken, die in Ungarn geworben waren, anschlossen. Im Ganzen zählte also die Armee etwa 14000 Mann. Um das oberste Commando dürften sich ursprünglich Dampierre und Khuen nicht wenig beworben haben, allein da der eine dem Kaiser, der andere dem Könige weniger angenehm war, so mussten sie sich mit der zweiten Stelle begnügen, während der Graf Buquoy an die erste berufen wurde. Auf diesen General war man schon vor einigen Jahren von kaiserlicher Seite aufmerksam geworden, und gedachte ihn an die Spitze jenes Heeres zu stellen, wegen dessen Aufstellung so lange und so vergeblich verhandelt worden war. Jetzt erinnerte man sich seiner wieder und da er sich in Flandern aufhielt, wurde Erzherzog Albrecht ersucht, ihn zum Uebertritte in die kaiserlichen Dienste zu bewegen. Der Erzherzog kam der Bitte bereitwillig nach, bewog Buquoy zur Uebernahme des Commando's und stellte die Bedingungen mit ihm dahin fest, dass sich der Kaiser verpflichtete, seinem neuen General einen monatlichen Sold von 3000 Gulden rheinisch und ausserdem noch 6000 Thaler für die erste Ausrüstung zu zahlen. Da sich Buquoy damit nicht ganz zufrieden zeigte, so legte der Erzherzog aus eigenem 15000 Gulden rheinisch hinzu.*) Nun säumte der Graf nicht länger und reiste Ende Juli nach Wien ab, um sich dem Kaiser zur Verfügung zu stellen. Der Erfolg zeigte, dass der Preis seiner Anwerbung im Verhältnisse zu den Diensten stand, die er seinem Herrn leistete.

Bevor Buquoy noch in Wien angelangt war, wurde der Krieg in Böhmen durch Dampierre eröffnet. Er brach mit 6000 Mann, theils Reitern, theils Fussvolk, in der Nähe des Städtchens Bystric, im Südosten von Böhmen, ein, bemächtigte sich des gleichnamigen dem Wilhelm von Slawata gehörigen Schlosses, rückte darauf weiter gegen Landstein vor und gelangte am 14. August

---

*) Wiener Staatsarchiv. Bohem. IV. Erzh. Albrecht an den Kaiser dd. 23. Juli 1618.

Abends bis vor die Thore von Neuhaus, welche Stadt gleichfalls dem ehemaligen Statthalter gehörte. Er verlangte von der darin liegenden ständischen Besatzung die unmittelbare Uebergabe, erhielt aber eine abschlägige Antwort. Da sich seinem Angriffe nicht nur die Besatzung, sondern auch die Bewohner der Vorstadt widersetzten, liess er diese, wie auch mehrere Dörfer der Umgebung niederbrennen und begann so nach Art jener Zeiten einen förmlichen Verwüstungskrieg. Hierauf zog er sich nach Bystric zurück, um sich hier zu verschanzen und von diesem festen Punkte aus die weiteren Unternehmungen vorzubereiten.*)

Während dem war Buquoy in Wien angelangt und traf da die letzten Vorbereitungen zur weiteren Führung des Feldzuges, den er rasch beendigen zu können hoffte. Man stellte ihm nämlich vor, dass das kaiserliche Heer zahlreicher sei als das böhmische, dass ersteres aus tüchtigen und erprobten Soldaten, letzteres aber nur aus zusammengelaufenem heimischen Volke bestehe. Diese Angaben enthielten wenigstens in Bezug auf das kaiserliche Heer eine arge Uebertreibung. Denn Buquoy überzeugte sich später zu seinem Schaden, dass zwei Drittel desselben ungeübte Rekruten waren. Aber wie man sich in dieser Beziehung am Hofe der Selbsttäuschung hingab, so auch bezüglich der Widerstandskraft der Gegner. Denn die allfälligen Skrupel des Generals wurden mit der Behauptung widerlegt, es werde, sobald er in Böhmen einrücke, daselbst eine Gegenrevolution ausbrechen: der dem Kaiser ergebene Adel werde sich erheben und das Land schnell zum Gehorsam zurückkehren. Diesen Mittheilungen entsprach der Kriegsplan Buquoy's. Er wollte die kaiserlichen Truppen an einem Punkte vereinen, von der Grenze rasch gegen die Hauptstadt vorrücken und sich um die dazwischenliegenden festen Plätze nicht weiter kümmern. Man hoffte in Wien, dass der Feldzug mehr einer militärischen Promenade als einem ernsten Kriege gleichen werde.

Derjenige Theil des kaiserlichen Heeres, der nicht mit Dampierre in Böhmen eingerückt war, stand unter Khuens

---

*) Skala II, 629.

Commando an der österreichisch-mährischen Grenze und harrte der Erlaubniss, seinen Weg durch die Markgrafschaft einschlagen zu dürfen. Als der brünner Landtag dieselbe gegeben hatte, rückte Khuen rasch vor, richtete seinen Marsch nach Iglau zu und drang bei Polna in Böhmen ein. Jetzt beeilte Buquoy seine Abreise von Wien; am 28. August machte er sich auf den Weg und traf am 2. September in Polna ein. Er hielt sich daselbst vier Tage auf, weil er noch weitere Truppenzuzüge erwartete und rückte darauf am 6. gegen Deutschbrod vor, wo er abermals drei Tage zubrachte, weil er sich mit Dampierre, der von Neuhaus herangezogen kam, vereinen wollte. Als die Vereinigung stattgefunden hatte, brach er gegen Časlau auf, das nur acht Meilen von Prag entfernt liegt.*) Gleich in den ersten Tagen des Feldzuges machte er die unliebsame Erfahrung, dass die Verpflegung grossen Schwierigkeiten unterliege. Pferde und Menschen litten Mangel an den nöthigen Nahrungsmitteln.

Die Böhmen hatten mittlerweile unter Hohenlohe's Leitung die Rüstungen eifrig fortgesetzt. Die vom Landtage beschlossene Zahl von 16000 Mann war zwar noch nicht auf den Beinen, aber jedenfalls geboten sie über eine Armee von 10—12000 Mann, so dass sie den Kaiserlichen an Zahl ziemlich gleich kamen. Thurn, der sich seit dem Monate Juni vergeblich bemüht hatte, Budweis in seine Gewalt zu bekommen, beeilte sich jetzt, sein Lager daselbst abzubrechen und sich gegen Nordost zu wenden. Da die kaiserlichen Truppen die mährische Grenze noch nicht überschritten hatten, und ihm sonach ein unmittelbarer Angriff nicht drohte, verliess er während des Marsches die Armee auf einige Tage, um nach Prag zu eilen, wo der von neuem berufene Landtag seine Anwesenheit dringend erforderte.

Als die Nachricht von dem Einbruche Dampierre's an die Directoren gelangte, erfasste sie nämlich die Furcht, dass ihre bisherigen Rüstungen nicht ausreichen könnten und sie verfielen

---

*) Innsbrucker Statthaltereiarchiv. Buquoys Bericht über seinen Feldzug. — Sächs. Staatsarchiv 9169 IV, 45. Aus Wien an Herrn von Schönberg dd. 29. Aug. 1618.

wieder auf das mittelalterliche Hilfsmittel eines allgemeinen Aufgebotes. Da sie dies jedoch nicht für sich allein ausschreiben konnten, beriefen sie einen neuen Landtag auf den 27. August und verbanden damit die Aufforderung, die Stände sollten sich mit einem zahlreichen bewaffneten Gefolge einfinden, um sich mit diesem dann auf den Kriegsschauplatz zu begeben.

Die Stände fanden sich zur bestimmten Zeit ein und der 28. Aug. Landtag wurde darauf am anderen Tage eröffnet; anwesend waren einzig und allein die Protestanten. Da nun zur Vertheidigung des Landes alle Mittel aufgeboten werden mussten, und in den Händen des katholischen Adels ein sehr beträchtlicher Theil des Grundbesitzes lag, so war es begreiflich, dass man denselben bei den Steuerausschreibungen nicht auslassen konnte. Um ihm diese nicht zwangsweise auflegen zu müssen, wünschten die Directoren, dass sich auch die katholischen Stände am Landtage betheiligen und so dem Auslande gegenüber den Beweis liefern möchten, dass der Kampf in Böhmen nicht bloss für die religiöse, sondern auch für die politische Freiheit geführt werde, weil beide gleichmässig von den Herrschern beeinträchtigt wurden. Als demnach die Landtagsverhandlungen begannen, stellte Paul von Říčan die Frage, ob nicht auch die katholischen Stände zur Theilnahme an der gemeinsamen Berathung und an der Vertheidigung ihrer Freiheiten eingeladen werden sollten. Dieser Antrag wurde natürlich angenommen und beschlossen, dass die vornehmsten Katholiken durch eine eigene Deputation zum Anschlusse aufgefordert werden sollten. Der Oberstburggraf erwiederte der Deputation, als sie bei ihm erschien, dass er als ein von den Ständen im Arrest gehaltener Mann auf dem Landtage nicht erscheinen könne, übrigens auch nicht erscheinen werde, falls es ihm der Kaiser nicht befehlen würde. Diepold von Lobkowitz und der Schlosshauptmann Černín, der etwas ängstlich geworden war, schlossen sich der Erklärung des Oberstburggrafen in ihrem zweiten Theile an. Dagegen versprach der Obersthofmeister Adam von Waldstein, der Einladung am andern Tage zu folgen.

Von Seite der Directoren wurde nun den Ständen über die Kriegsangelegenheiten Bericht erstattet und von ihnen Angesichts der drohenden Gefahr eine neue Anspannung ihrer Kräfte verlangt. Die betreffenden Vorschläge nahmen die energischeste Vertheidigung des Landes in Aussicht und erstreckten sich sowohl auf die Beischaffung neuer Geldmittel, wie auf die Erhöhung der Streitkräfte.*) In Bezug auf erstere verlangten die Directoren die Verkürzung der Termine bei Einzahlung der im Jahre 1615 auf die folgenden fünf Jahre bewilligten Steuern und eine abermalige Auszahlung der statt der Aushebung des zehnten Mannes bewilligten Summe. Doch wollten sie deshalb auf das allgemeine Aufgebot nicht verzichten, sondern verlangten zur Ergänzung des geworbenen Heeres die Aushebung und Ausrüstung des fünften Mannes auf allen Gütern und des vierten Mannes in allen Städten; ausserdem sollte sich der Adel mit seiner Dienerschaft beritten machen und mit derselben die Reiterei vermehren. Diese Anordnungen, wenn sie in allen Theilen des Landes pünktlich befolgt wurden, hätten die geworbenen Truppen um etwa 33000 Mann zu Fuss und einige tausend Reiter vermehrt.

Am Schlusse machten die Directoren den Landtag mit den mittlerweile an den Kaiser abgeschickten und von ihm eingelangten Schriftstücken bekannt. Durch die eben eingelaufene Nachricht von dem Einbruche Khuens in Böhmen wurde die Mehrzahl der Stände doch etwas besorgt und sie beschlossen deshalb eine versöhnliche Zuschrift an den Kaiser. Graf Andreas Schlick verfasste den Entwurf, der darauf angenommen und am folgenden Tage nach Wien abgeschickt wurde. Sowohl Inhalt wie Wortlaut waren ziemlich demüthig, sprachen den Wunsch nach einem Ausgleiche aus und liessen auch bezüglich der jüngsten Vergangenheit einige Entschuldigungen einfliessen.**) Diese einlenkende Sprache war jedoch keineswegs die Folge geänderter Entschlüsse, sondern nur die vorübergehende Anstimmung eines andern Tones in der Correspondenz mit dem

---

*) Ueber die Landtagsverhandlungen berichten 1. Skala II; 2. der betreffende Landtagsbeschluss, befindlich in der Bibl. des F. Georg Lobkowitz, endlich 3) Wiener Staatsarchiv. Unterschiedliche Acten IV. dd. 2. und 5. Sept. 1618 Prag.

**) Skala II, 864.

Kaiser, die sich füglich noch nicht abbrechen liess. Die Häupter der Bewegung hatten um so weniger Grund, vor dem einfachen Heranrücken des kaiserlichen Heeres allzusehr bestürzt zu sein, da sie sich hinreichend gerüstet hatten und eben jetzt die Gewissheit erlangten, dass die Versprechungen des Kurfürsten von der Pfalz zur That heranreiften. Einige Tausend Mann unter Mansfelds Commando waren nämlich im Begriffe, ihnen zu Hilfe zu kommen.

Obwohl auch die weitaus grössere Mehrzahl der Stände trotz des scheinbar einlenkenden Schreibens an den Kaiser die Entschlossenheit der Directoren theilte und dem unvermeidlichen Kampfe nicht kleinmüthig ausweichen wollte, so machten sich doch in den privaten Aeusserungen der Einzelnen vielfache Besorgnisse geltend, seitdem das feindliche Heer die Grenze des Landes überschritten hatte und die Schrecknisse des Krieges unmittelbar im Anzuge waren. Man konnte sich nicht verhehlen, dass eine Niederlage für den Besitz des Adels die schrecklichsten Folgen haben würde. Bei dieser etwas gedrückten öffentlichen Stimmung fassten die Gegner des Aufstandes, die sich bisher zum Schweigen verurtheilt sahen, Muth und gaben ihrer Gesinnung einen unverhüllten Ausdruck, indem sie die drohenden Gefahren auf das schwärzeste ausmalten.

Auf diese Verhältnisse begründete der Oberathofmeister Adam von Waldstein, der sich am 29. August im Landtage einfand, den Plan, die Stände wankend zu machen, ihr Vertrauen zu den Directoren zu untergraben und so jene Gegenrevolution anzubahnen, auf die man dem Grafen Buqnoy Hoffnung gemacht hatte. Waldstein hatte sich hierüber mit allen Freunden der kaiserlichen Regierung, namentlich mit Stephan von Sternberg und Rudolf Trčka, die beide als Anhänger des alten Utraquismus der neuen protestantischen Entwicklung gram waren, verständigt. Die Häupter der Bewegung liessen es ihrerseits auch an nichts ermangeln, um die Verhandlungen des Landtages in ihrem Sinne zu lenken und dieser Vorsicht, so wie einer allfälligen Kenntniss von Waldsteins Vorhaben mag es zuzuschreiben sein, dass Thurn sich bei dem Landtage einfand, obwohl er auf dem Kriegsschauplatze schwer zu vermissen war.

Die Verhandlungen über die von den Directoren dem Landtage vorgelegten Propositionen sollten am 29. August in voller Sitzung von allen drei Ständen vorgenommen werden. Da die Regierungscommissäre sich an derartigen Berathungen nicht betheiligten, wenn sie nicht ausdrücklich um ihre Anwesenheit ersucht wurden, fanden sich auch die Directoren an diesem Tage nicht im Landtagssaale ein, erwarteten aber in einem Seitengemache, dass man sie um ihr Erscheinen ersuchen würde. Noch vor Eröffnung der Sitzung zeigte sich die Physiognomie der Versammlung ungewöhnlich erregt, die Mehrzahl der Anwesenden war sichtlich auf bedeutsame Vorgänge gespannt. Auf der Bank, wo die Directoren sonst zu sitzen pflegten, liessen sich an diesem Tage der Oberstlandkämmerer Sezima von Oustí, Rudolf Trčka und Stephan von Sternberg nieder, ihnen zur Seite setzten sich die Repräsentanten der Adelsgeschlechter nach der sonst beobachteten Rangordnung, so dass die Plätze der Directoren eingenommen waren. Bald erschien auch Adam von Waldstein mit einem grossen Convolut von Papieren, begleitet von zahlreichen Personen, wie ein Fürst von Höflingen. Er nahm den ersten Platz im Sitzungssaale als selbstverständlich ihm gehörig ein und blätterte in den mitgebrachten Schriften herum, während er im Geiste den Angriff, den er im Sinne hatte, erwog. Auch die Grafen Thurn und Hohenlohe liessen sich im Saale blicken, die Conversation der Stände unter einander belebte sich immer mehr, denn alle hatten eine mehr oder weniger klare Einsicht in die Wichtigkeit des Augenblicks. Da kehrte sich mit einemmale Thurn zu Rudolf Trčka und machte ihm Vorwürfe, dass er nichts von der Vertheidigung des Landes wissen wolle und froh wäre, wenn der Kaiser dessen wieder Herr sein würde. So unversehens gefasst wurde Trčka verlegen und läugnete die ihm zugemuthete Absicht, aber Thurn liess seine Vertheidigung nicht gelten, sondern berief sich auf unverdächtige Zeugen für seine Anklage. In Wahrheit konnte man gegen Trčka die Beschuldigung erheben, dass er den kaiserlichen Feldherrn bei seinem Vorrücken in Böhmen mit Proviant unterstützt habe, wobei es jedoch zweifelhaft war, ob er es aus freien Willen oder gezwungen that.

Jetzt erhob sich Adam von Waldstein, entschuldigte seine bisherige Abwesenheit und ersuchte, da ihm die gestern gemachten Propositionen nicht bekannt seien, um deren Mittheilung. Nachdem seiner Bitte willfahrt worden, verlangte er, dass man von den Directoren die gesammte mit dem Kaiser und den Reichsfürsten geführte Correspondenz abfordere und sie zum Gegenstande einer genauen Erwägung am Landtage mache. Dieser Vorschlag war den Anhängern des Aufstandes doppelt unbequem, denn er konnte unübersehbar lange Debatten veranlassen, während die von dem kaiserlichen Heere drohende Gefahr nicht Worte, sondern Rüstungen erheischte. Thurn und Hohenlohe protestirten deshalb auf das energischeste gegen den Vorschlag: „Soldaten brauchen wir und nicht Schriften," rief der letztere, „um den eingedrungenen Feind zurückzuwerfen." Ihre Ansprache begegnete einem solchen Beifalle, dass die Anhänger Waldsteins stumm blieben und die sofortige Berathung der Directorialpropositionen beschlossen wurde. Waldstein hatte sonach eine Niederlage erlitten. Doch gab er seine Sache noch nicht verloren, denn als man zur Berathung der Propositionen schreiten wollte und Wenzel Štampach den Antrag stellte, man solle die Directoren zur Mitberathung herbeirufen, widersetzte er sich dem und diesmal schlossen sich ihm auch seine Gesinnungsgenossen offen an. Während im Landtage darüber gestritten wurde, ob die Directoren zur Theilnahme an den Berathungen zuzulassen seien oder nicht, erschien von ihrer Seite eine Deputation mit der Anfrage, ob die Stände sie nicht in ihre Mitte berufen wollten. Dies machte der Debatte ein Ende, die weitaus grössere Mehrzahl bejahte es und nur Waldstein mit wenigen Anhängern verneinte es auch jetzt.

Kaum war die Zustimmung der Majorität den Directoren hinterbracht worden, so eilten sie in den Landtagssaal; die meisten in leidenschaftlicher Aufregung über die Kühnheit ihrer Gegner, die im Landtage selbst einen Angriff gewagt hatten. Sie stellten sich vor dieselben hin, und ihre wilden Blicke und Bewegungen liessen einen schlimmen Auftritt befürchten. Štampach reizte die Directoren noch mehr, indem er ihnen zurief: „Seht doch, Euer Gnaden, wie man mit Euch aufrichtig umzugehen gedenkt," wozu der Graf Thurn hinzufügte: „Höret doch, was diese Herrn (Waldstein und sein Anhang) für Reden führen!" Der Präsident der Directorialregierung, Ruppa, schrie dem Obersthofmeister ins Angesicht: „Wer sind diejenigen Männer, die uns den Zutritt in den Landtag wehren wollen?" Diese und andere mit Leidenschaft gesprochenen und allgemein mit Beifall aufgenommenen Worte zeigten zur Genüge, dass der Landtag nicht mehr der Ort für eine Demonstration zu Gunsten des Kaisers sei. Da die Versammlung auf die heftigen Angriffe des Präsidenten eine Antwort von Seite der Angegriffenen erwartete, wurde es plötzlich stille im Saale und athemlos strengte Jedermann sein Gehör an. Niemand ergriff jedoch das Wort, und so beschwichtigte sich die Aufregung wieder allmälig. Die Directoren nahmen jetzt ihre gewohnten Plätze ein, die bisherigen Inhaber derselben, Waldstein wahrscheinlich ausgenommen, hatten es vorgezogen, sie zu räumen.

Als nun die Debatte über die Propositionen begann, ergriff der Obersthofmeister nochmals das Wort und protestirte gegen jede Verhandlung, denn nach der Landesordnung dürfe der König allein dem Landtage Propositionen machen, sonst sei Niemand, also auch nicht die Directoren, dazu berechtigt. Auch solle man aufhören, über etwaige Rüstungen zu verhandeln, sich vielmehr der Gnade des Kaisers empfehlen und reuig um seine Verzeihung flehen. Der Oberstkämmerer Sezima, der nach ihm das Wort ergriff, rückte mit keiner so deutlichen Sprache heraus, aber seine Rede kam zu denselben Schlussfolgerungen. Trčka erklärte, dass er dem Obersthofmeister ganz und gar beistimme und sich in keinem Punkte von ihm trennen könne. Stephan von Sternberg billigte zwar die Rüstungen, wollte aber, dass man dem Kaiser in demüthiger Sprache die Bereitwilligkeit zur Unterwerfung anzeige. Mit diesen Rednern schloss die Reihe der kaiserlich Gesinnten, wer sonst sprach, wollte nichts von Unterwerfung wissen. Thurn und Hohenlohe wiederholten die nunmehr in Schwung gekommene Behauptung, dass der Kampf nicht dem Kaiser, sondern den bewaffneten Banden, die in Böhmen eingedrungen seien, gelte; der Kaiser selbst wisse nichts von dem begonnenen Kriege, wie er auch nichts

von Khlesls Verhaftung gewusst habe. Auch Budowec erhob
seine gewichtige Stimme und meinte, dass, so lange die Katholiken regierten, an einen Frieden nicht zu denken sei.*) So
erlangte die zur Weiterführung des Aufstandes entschlossene
Partei zuletzt einen vollständigen Sieg. Die Directorialproposition
bezüglich der Aushebung des fünften und vierten Mannes wurde
ungeschmälert angenommen und ausserdem noch beschlossen,
dass sich der Adel mit seinen Dienstmannen beritten mache und
dem Landesaufgebot anschliesse. Die Mannschaft eines jeden
Kreises sollte sich in der Kreishauptstadt einfinden, daselbst
ihre Bewaffnung vervollständigen und die weitere Bestimmung
gewärtigen.

Anders gestaltete sich jedoch die Steuerfrage. Obwohl die
Forderungen der Directoren nur ein Gebot dringender Nothwendigkeit waren, fanden sie doch keinen Anklang, und das
Benehmen der Stände glich hiebei dem thörichter Kinder. Sie
hatten nicht den Muth, in eine Untersuchung der öffentlichen
Bedürfnisse einzugehen, denn mit dieser Untersuchung hätten
sie die Nothwendigkeit weiterer Zahlungen erkannt. Am 29. August beschlossen sie zwar, die Verhandlungen über die Finanzfrage am folgenden Tage zu eröffnen, als aber dies geschehen
sollte, war die Mehrzahl der Stände verreist und der Landtag
konnte keine weiteren Beschlüsse fassen.

Die Entschlossenheit, mit der die Directoren auf dem Landtage jene Partei niederhielten, die einen Ausgleich mit dem
Kaiser um jeden Preis herbeisehnte, hatte, wie schon oben bemerkt wurde, auch ihren Grund in glänzenden Aussichten, die
sich ihnen in Bezug auf äussere Unterstützung eröffneten. Die
Hoffnungen, die sie von Anfang an auf den Kurfürsten von der
Pfalz gesetzt hatten, und die durch Solms Mission nicht wenig
belebt worden waren, gingen jetzt in Erfüllung. Der Kurfürst von
der Pfalz liess ihnen die Nachricht zukommen, dass er auf seine

---

*) Skala II, 360 und flg. — Wiener Staatsarch. Unterschiedliche Acten
IV. aus Prag den 2. Sept. Ebendaselbst aus Prag den 5. Sept. —
Sächs. Staatsarchiv 9169 IV. fol. 267 Grünthal an die sächs. geh.
Räthe, dd. Prag den 4/14 Sept. 1618.

Kosten einige Tausend Mann unter dem Commando des Grafen Ernst von Mansfeld den Ständen zu Hilfe schicken wolle. Die betreffenden Truppen lagen bereits in der Nähe der böhmischen Grenzen und es bedurfte von Seite der Directoren nur einer Annahme dieses Anbotes, um über sie nach Belieben zu verfügen. Die letzteren griffen selbstverständlich mit leidenschaftlicher Hast nach der dargebotenen Hilfe und nahmen am 30. August den Grafen Mansfeld unter dem Titel eines Generals der Artillerie in ihre Dienste. So gelangte dieser merkwürdige Vorläufer Waldsteins nach Böhmen.

Ueber Ernst von Mansfeld, sein Geburtsjahr, seine Mutter und die Legitimität oder Illegitimität seiner Geburt, sind die Nachrichten gleich von Anfang an verworren. Gründliche historische Untersuchungen der Neuzeit*) liefern den Nachweis, dass er ein natürlicher Sohn des Fürsten Peter Ernst von Mansfeld und einer gewissen Anna von Benzrath war. Der genannte Fürst, einer der angesehensten belgischen Edelleute, war zweimal verheirathet; aus der ersten Ehe hatte er drei Söhne und eine Tochter, aus der zweiten acht Söhne, alle elf Söhne starben aber noch vor dem Vater ohne Hinterlassung von Erben. Mit Anna von Benzrath hatte Mansfeld drei Kinder, den berühmten Ernst, dann Karl und Anna. Die gewöhnliche Angabe lässt Ernst im J. 1580 geboren werden; gibt es auch hiefür keinen ausreichenden Beweis, so kann der allfällige Irrthum nicht bedeutend sein. Der frühzeitige Tod der meisten legitimen Erben liess den alten Fürsten von Mansfeld wünschen, eintretenden Falls Titel und Güter seiner illegitimen Nachkommenschaft zu hinterlassen und er wandte sich deshalb gegen Ende des J. 1590 oder Anfang 1591 an Philipp II von Spanien mit der Bitte um die Legitimation der drei obengenannten Kinder Anna's von Benzrath. Diese Bitte wurde erfüllt, Philipp II erklärte dieselben für fähig, den Titel und den Besitz ihres Vaters zu erben, doch unter der Bedingung, dass an die königliche Finanzverwaltung eine gewisse Taxe gezahlt werde.

Es tritt nun der eigenthümliche Umstand ein, dass diese

---

*) Villermont: Ernest de Mansfeldt.

scheinbar nicht schwer zu erfüllende Bedingung nicht eingehalten und somit die ganze Legitimation nicht rechtsgiltig wurde. Denn anders lässt sich nicht erklären, weshalb der Vater in seinem Testamente vom J. 1602 seine Güter Mansfeld, Heldrungen u. s. w. „seinen nächsten Verwandten aus dem altberühmten Hause der Mansfeld," ferner sein bewegliches Hab und Gut der Nachkommenschaft seiner ehelichen Tochter Polixena, seinen natürlichen Kindern, Ernst, Karl und Anna, aber nur eine mässige Summe für ihren Unterhalt anwies und im übrigen sie der Gnade des Erzherzogs Albrecht und seiner Gemahlin empfahl. Macht der Wortlaut des Testamentes, welches von Ernst und seinen Geschwistern nie anders als von natürlichen Kindern spricht, und die darin enthaltenen Verfügungen die Giltigkeit der Legitimation zweifelhaft, so wird dies noch mehr der Fall, wenn man bedenkt, dass sich Ernst von Mansfeld, dessen Eigenschaft wahrlich Bescheidenheit nicht war, nie den fürstlichen Titel seines Vaters beigelegt hat. Nach dem Tode desselben nannte er sich Anfangs nur Ernst von Mansfeld, und diese Bezeichnung wurde ihm auch in den officiellen Acten beigelegt. Seit dem J. 1607 erscheint aber sein Name ab und zu mit dem Grafentitel verbunden, ohne dass man die Ursache kennt; dieser Titel wurde allmälig von Ernst festgehalten und blieb mit seinem Namen ungetrennt in der Geschichte. Der jüngere Bruder Karl nahm nie den Grafentitel, geschweige denn einen höheren in Anspruch, wiewohl er am Hofe von Brüssel und als Dechant des Gudulacapitels eine geachtete Stellung behauptete. Sein Amt zeigt, dass er sich dem geistlichen Stande widmete; in der That hatte er sich mit Eifer dem Studium der Theologie hingegeben und mehrere in diese Wissenschaft einschlagenden Werke verfasst. Seine von der des Bruders so verschiedene Laufbahn endete durch einen friedlichen Tod im J. 1647. Ihre Schwester Anna scheint in früher Jugend gestorben zu sein.

Die erste Bekanntschaft mit den Waffen machte Ernst in Ungarn, wo er im J. 1603 selbst in nähere Beziehungen zu dem Erzherzoge Mathias trat, der ihn mit dem Commando über eine Leibcompagnie betraute. Aus dieser ehrenvollen Stellung musste Mansfeld wegen einer schmutzigen Spiel- und Duellgeschichte

scheiden; man beschuldigte ihn, dass er eine Schuld abgeleugnet
habe, weil er wusste, dass dem Gläubiger sein Schuldschein
abhanden gekommen sei. Als er nach Belgien zurückkam,
lebte sein Vater noch und empfahl ihn dem Erzherzoge
Albrecht auf das wärmste, der zufolge dieser Bitte dem jungen
Manne das Commando über ein Reiterregiment übertrug, das
er früher werben sollte. Zahlreiche Beweise tauchen jetzt in
den belgischen Archiven auf, dass sich das mansfeldische Regiment durch Mangel an Disciplin, Räubereien und Gewaltthätigkeiten aller Art vor anderen hervorthat. Die Art und
Weise, wie Mansfeld später den Krieg führte, machte sich also
schon jetzt geltend. Der Abschluss eines Waffenstillstandes
zwischen Belgien und Holland setzte seiner Laufbahn ein frühes
Ziel, doch blieb er nicht lange müssig, sondern trat in die
Dienste des Erzherzogs Leopold, als dieser seine jülicher Werbungen anstellte. Er wurde mit dem Commando einer Reiterschaar von 200 Mann betraut und fand jetzt noch reichlicher
Gelegenheit, sein angeborenes Talent, Truppen durch Brandschatzungen zu erhalten, auszubilden, denn von Zahlungen war
bei Leopold wenig die Rede.

So erhielt Mansfeld seine Soldaten, indem er sie bald jülicher, bald luxemburger und trierer Gebiet brandschatzen liess.
Bei diesem Treiben fiel er in die Hände des Grafen von Solms,
der im Auftrage des Kurfürsten von Brandenburg und des Pfalzgrafen von Neuburg, der beiden Prätendenten auf die jülicher
Erbschaft, Düren besetzt hielt. Er erwartete nun, dass ihn
Leopold aus der Gefangenschaft auslösen werde; da dieser aber
bei seinem steten Geldmangel ihn nur mit Versprechungen hinhalten konnte, wurde Mansfeld seiner Lage überdrüssig und
beschloss, sich selbst zu helfen, allerdings, wie es scheint, auf
ehrlose Weise. Es heisst nämlich, dass er sich dem Grafen von
Solms und dessen Dienstgehern gegenüber zu einem Verrath
an seinem Herrn verpflichtet habe. In der That wurde Mansfeld in Freiheit gesetzt, worauf er neuerdings im Dienste des
Erzherzogs 1000 Mann zu Fuss und 500 Reiter warb. Nachdem
er lange vergeblich um deren Musterung gebeten, wurde ihm
dieselbe bewilligt und ihm ein Theil seiner neu aufgelaufenen

Forderungen bezahlt. Kaum hatte er das Geld in Händen, so brachte er seine Truppen in eine solche Lage, dass sie sich der Union ergeben mussten. Mansfeld selbst suchte jeden Kampf zu verhüten und forderte die Soldaten auf, in die Dienste der Union zu treten, indem er mit seinem eigenen Beispiele voranging. Ein guter Theil folgte dem Anführer, der erst vor einigen Tagen dem Erzherzoge den Treueid geschworen hatte.

Wie sehr auch Mansfeld durch den Erzherzog wegen des verweigerten Lösegeldes verletzt worden sein mag, sein gegenwärtiges Auftreten war und blieb nichtsdestoweniger ein gemeiner Treubruch, der selbst in jenen Zeiten nicht häufig wiederkehrte und demgemäss auch verurtheilt wurde. Mansfeld fand bei dem Uebertritte nicht die gehoffte Rechnung. Der Krieg nahm ein baldiges Ende und er wäre in arge Bedrängnisse gerathen, wenn ihm nicht die Union in Erwartung künftiger Dienste ein Wartegeld von 1000 Gulden jährlich, das sie später verdoppelte, bewilligt hätte. Vier Jahre brachte der kriegslustige Mann in erzwungener Ruhe und Unthätigkeit an dem Hofe des Markgrafen von Anspach zu, als der Herzog von Savoyen ihm Aussicht auf Beschäftigung eröffnete. Derselbe gerieth nämlich wegen des Marquisats von Montferrat, dessen er sich zum Nachtheile der rechten Erbin bemächtigen wollte, in Krieg mit Spanien, der Anfangs durch den Vertrag von Asti (1615) beschwichtigt wurde, bald aber von neuem ausbrach und erst im J. 1617 (Ende September) durch den Frieden von Madrid ein Ende nahm. Mansfeld trat während dieses Krieges in die Dienste des Herzogs und diente ihm auch als Mittelglied bei den Verhandlungen mit der Union, zu der Karl Emanuel in innige Beziehungen trat.

Selbst nach dem Frieden von Madrid verabschiedete der Herzog noch nicht seine sämmtlichen Truppen, weil er den Spaniern nicht traute und weil eine der Friedensbedingungen, die Räumung von Vercelli, von ihnen längere Zeit nicht erfüllt wurde. Da dies, wie es scheint im Juni 1618, endlich geschah, sollten die mansfeldischen Truppen entlassen werden und ihren Rückweg nach Deutschland durch die Schweiz antreten. Schon waren sie im Kanton Bern, als Karl Emanuel die Nachricht vom Ausbruche des böhmischen Aufstandes erhielt.*) Der vorsichtige Fürst bewies diesmal durch einen raschen Entschluss seine ausserordentliche Voraussicht und Klugheit. Er erblickte in dem böhmischen Aufstande kein vorübergehendes Ereigniss, sondern den gefährlichsten Angriff gegen die Habsburger. Sein Sinnen und Trachten, das sich durch Jahrzehnde in der Bekämpfung dieses Hauses abgemüht hatte, ersah in den böhmischen Vorgängen die beste Gelegenheit zur Erreichung seines Zieles und er entschluss sich zu einem für seine Finanzen empfindlichen Opfer. Ohne erst gefragt oder gebeten zu werden, theilte er dem Grafen Mansfeld den Entschluss mit, dass er von den 4000 Mann, die derselbe unter seinem Commando hatte, die Hälfte weiter unterhalten und den Böhmen zu Hilfe schicken wolle unter der Bedingung, dass das Geheimniss dieser Unterstützung nur drei Personen: dem Kurfürsten von der Pfalz, dem Fürsten von Anhalt und dem Markgrafen von Anspach bekannt gegeben werde.**) Den Kurfürsten von der Pfalz unterrichtete er von seinem Entschlusse durch den in Turin residirenden englischen Gesandten Sir Isaac Wake, an dem die böhmische Sache einen eifrigen Vertheidiger gefunden hatte. Am Hofe von Heidelberg verursachten diese Nachrichten ausserordentliche Freude und erweckten die Hoffnung auf weitere Leistungen. Anhalt verwerthete gleichzeitig das Geheimniss im Interesse der pfälzischen Politik, denn er beschloss auch die Böhmen über

---

*) Die Meinung, als ob die Mansfeldischen Truppen seit ihrer Werbung (1617) im Anspachischen gestanden wären, ist nicht richtig. Ausdrücklich schreibt Wake an Jakob I: It doth fall out very happely, that these troopes are at this present within three days jorny of the Palatinate, as having marched out of the state of Berne shortly after the restitution of Vercelli, with purpose to retire unto theyr howses after the 24 July by this acconnt, at which time theyr month did expire; and they were to receave their last pay. But uppon the newes of the troubles threatened in Germany the Duke of Savoy hath retayned these troopes for a longer time ... Gardiner, Letters and other documents illustrating the relations between England and Germany. Wake to James I Turin $\frac{18}{28}$ July 1618.

**) Münchner Staatsarchiv. Mansfeld an Anhalt im Juli und Anfang Aug. 1618.

die wahre Quelle dieser Hilfe im Dunkeln zu lassen und das Verdienst dem Kurfürsten allein zuzuschreiben. *)

Da Karl Emanuel angedeutet hatte, dass Venedig sich auf die böhmische Seite stellen könnte, so traten der Fürst von Anhalt und der Markgraf von Anspach in Schwabach zu einer Conferenz zusammen, um alle Vortheile der angebotenen savoyischen Allianz zu erwägen und sie fester zu knüpfen. Die unerwartete Vorschubleistung ihrer Pläne machte, dass sie sich den überspanntesten Hoffnungen hingaben und gern die Kosten für den Kampf in Böhmen auf italienische Schultern gewälzt hätten; auch wurden sie in diesen Anschauungen durch den Grafen Mansfeld, der die zu hoffenden Vortheile der savoyischen Allianz mit den glänzendsten Farben ausmalte, nicht wenig bestärkt. **) Sie beschlossen deshalb den Grafen von Mansfeld und den Burggrafen Christoph von Dohna nach Turin abzusenden, um von dem Herzoge eine Erhöhung der Hilfe auf 4000 Mann zu Fuss und 500 Reiter zu erwirken und durch seine Vermittlung von Venedig eine jährliche Unterstützung von 300.000 Dukaten oder wenigstens der halben Summe zu erlangen. Die Gesandten sollten dem Herzoge sagen, dass der prager Aufstand für die Erhebung des Pfalzgrafen auf den böhmischen Thron, für die Befriedigung der protestantischen Ansprüche in Deutschland und zur Demüthigung des Hauses Habsburg ausgenützt werden solle. Zum Danke für die geleistete Hilfe wollten sie dem neuen Bundesgenossen die deutsche Krone versprechen, da sich die Mehrzahl der Kurstimmen vermittelst pfälzischer und französischer Hilfe hiefür gewinnen lassen werde. Der Kurfürst von der Pfalz, dem die den Gesandten zu ertheilende Instruction zur Genehmigung unterbreitet wurde, war im ganzen mit derselben einverstanden, wollte aber nur Dohna nach Turin abschicken, da Mansfeld sich vor allem rasch auf den Weg nach Böhmen begeben solle. ***)

---

*) Münchner Staatsarchiv. Anhalt an den Kanzler Grün dd. $\frac{24. Aug.}{8. Sept.}$ 1618.
Archiv Unito-Prot. Anspach an Anhalt dd. $\frac{31. Juli}{10. Aug.}$ 1618.
**) Münchner Staatsarchiv. Dohna an Anhalt dd. Turin 8/18 Oct. 1618.
***) Die Nachweise über diese Angaben in den Beilagen des Arch. U. P.

Dieser Vorschlag wurde gebilligt und Mansfeld nach Böhmen geschickt, während dem Burggrafen Dohna die Mission nach Turin übertragen wurde. Schon am 30. August wurde Mansfeld von den böhmischen Ständen in Dienst genommen, zum Artilleriegeneral ernannt und ihm das Commando über eine Anzahl im Reiche zu werbender Truppen übertragen. Durch diese ostensible Bedienstung und den damit verbundenen Auftrag zu Werbungen, die längst vollendet waren, sollte dem Kaiser gegenüber der Schein gewahrt bleiben und sowohl von Savoyen als von der Union der allfällige Verdacht entfernt werden. Mansfeld rückte darauf mit seinen Truppen in Böhmen ein und nahm Anfangs September sein Quartier zwischen Klattau und Pilsen.*) Dem wiener Hofe blieb diese Bewegung nicht verborgen und der Kaiser beschwerte sich gegen den Markgrafen von Anspach, dass er den feindlichen Truppen Vorschub geleistet habe. Der Markgraf wies den Vorwurf von sich und erklärte die mansfeldischen Rüstungen auf die allerunschuldigste Weise. Der Graf habe nämlich einige Zahlungen des Herzogs von Savoyen, bei dem er in Diensten gestanden, in Nürnberg einkassirt und seine früheren Truppen in die Nähe dieser Stadt bestellt, um auch ihnen den rückständigen Sold auszuzahlen; als sie nun da versammelt gewesen, sei ihnen von den böhmischen Ständen ein Dienstantrag gemacht worden. Da Mansfeld nicht ungeneigt gewesen, sein Glück wieder zu versuchen, habe er den Antrag angenommen und sei nach Böhmen gerückt; der Markgraf aber habe sich gefreut, der lästigen Gäste los geworden zu sein. **)

Nachdem Thurn bei seiner Anwesenheit in Prag während des Augustlandtages auch die auf die Verwendung der Mansfeldischen Truppen bezüglichen Anordnungen getroffen hatte, verliess er die Hauptstadt und eilte nach Čáslau, dem voraussichtlichen Schauplatze der nächsten Kriegsereignisse, wo sich mittlerweile seine Truppen auf dem Rückmarsche von Budweis concentrirt und mit neuen Zuzügen verstärkt hatten. Das kai-

---

*) Skala II, 891.
**) Wiener Staatsarchiv, Bohem. V. Der Markgraf an den Kaiser dd. 8/18 Sept. 1618.

serliche Heer, dessen zwei Hauptabtheilungen sich am 9. September in Deutschbrod vereint hatten, rückte über Habern und Goltsch-Jenikau gegen Čáslau vor. Buquoy erwartete, dass ihm der Feind entgegen gehen und eine Schlacht anbieten werde; allein Thurn blieb ruhig in einer festen Position bei Čáslau und beschränkte sich auf die Beobachtung der Kaiserlichen. Es kam nur zu Scharmützeln, die keine besondern Folgen hatten und höchstens zur Verwüstung des Kriegsschauplatzes beitrugen. Graf Thurn liess zu seiner Sicherheit mehrere Dörfer in Asche legen und die Kaiserlichen blieben hinter dem Beispiele nicht zurück, man beschuldigte sie 24 Dörfer binnen wenigen Tagen eingeäschert zu haben. *) Auch legte man ihnen die mannigfachsten Frevel zur Last, man behauptete, dass sie den Pfarrer von Goltsch-Jenikau lebendig gebraten, Frauen und Mädchen geschändet und zuletzt an die Schwänze ihrer Pferde angebunden und fortgeschleppt hätten. So barbarisch zeigte sich also der Krieg schon im Beginne und wenn auch nicht alle Angaben sich als richtig erweisen dürften, so ging es jedenfalls arg her. Nach Buquoy's Andeutung trieben es die ungarischen Truppen am schlimmsten.

Buquoy geriet durch die beharrliche Weigerung Thurns, eine Schlacht anzunehmen, in nicht geringe Verlegenheit, da die Verpflegung seiner Truppen von Tag zu Tag schwerer wurde. Schon vor dem 16. September trat ein solcher Mangel an Lebensmitteln ein, dass manche Soldaten durch mehrere Tage keinen Bissen Brod bekamen. Wollten sie sich die nöthige Nahrung durch Requisition verschaffen, so liefen sie grosse Gefahr, denn das gesammte Landvolk zeigte sich der Sache des Aufstandes auf das innigste ergeben. In starken Haufen umschwärmten sie das Lager von allen Seiten, hieben die Kaiserlichen nieder, wenn sie sich irgendwo vereinzelt blicken liessen, und fielen selbst über die Fouragewägen her, wenn sie nicht von einer starken

---

*) Skala II. 330 und 386. — Innsbrucker Statthaltereiarchiv, Buquoy's Bericht. — Skala behauptet, dass Thurn nur ein Dorf habe in Brand legen lassen. Buquoy gibt aber ausdrücklich an, es seien mehrere gewesen.

Escorte begleitet wurden. Auch beobachteten sie von den Kirchthürmen aus unablässig die Bewegungen derselben und läuteten zum Sturme, so oft sich eine Abtheilung in Marsch setzte. Unter der steigenden Noth wurde die Disciplin der Kaiserlichen lockerer und Buquoy gestand selbst, dass er Ausschreitungen hingehen lassen müsse, die er sonst nicht geduldet hätte. Dem Kaiser berichtete er zu seiner Ernüchterung, dass sich die Gesammtheit der Eingebornen mit Enthusiasmus an der Vertheidigung des Landes betheilige und er dadurch in die schwierigste Lage gerathe.

Am 17. September kam Graf Hohenlohe aus Prag mit frischen Streitkräften und namentlich mit einem Artilleriepark an und verband sich mit Thurn, der aber auch jetzt nicht aus seiner passiven Rolle heraustrat. Buquoy sah sich in Folge dessen genöthigt, seine ausgesaugten Quartiere zu wechseln und sich südlich gegen Ledeč zurückzuziehen. Auf Seite der Böhmen bewunderte man seine zahlreichen und wohlangelegten Manöver, seine unerwarteten Märsche und ähnliche Kunststücke und scheute sich, ihm die Möglichkeit zu geben, die Vortheile seiner überlegenen Erfahrung und Geschicklichkeit geltend zu machen.*) Man wartete noch auf den Anschluss der Schlesier, mit denen deshalb wichtige Verhandlungen im Zuge waren, um dann mit überlegener Macht über ihn herzufallen und ihn zu erdrücken. So schleppte sich der Krieg durch den ganzen September resultatlos hin und beschränkte sich auf die angedeuteten Gegenden. Das wichtigste Interesse nahmen indessen die betreffenden Verhandlungen mit Schlesien, die durch einen gleichzeitigen Vermittlungsversuch der Mährer durchkreuzt wurden, in Anspruch.

II

Man erinnert sich, dass die mährischen Stände auf dem brünner Landtage ihre guten Dienste bei den etwaigen Aus-

---

*) Skala II. 360. 407.

gleichsverhandlungen zwischen dem Kaiser und den Böhmen
angeboten hatten. Eine Deputation, zu deren Mitgliedern der
Fürst von Liechtenstein und Karl von Žerotin gehörten, reiste
nach dem Schlusse des Landtages nach Wien, um daselbst diese
Angelegenheit weiter zu betreiben. In den Verhandlungen, die
mit ihnen von kaiserlicher Seite gepflogen wurden, einigte man
sich über die Vorbedingungen eines allfälligen Ausgleiches.
Darnach sollten 1. die Böhmen den Kaiser um Verzeihung bitten,
2. in Domuth einen Ausgleich ansuchen und 3. den König
Ferdinand bitten, denselben bei Mathias zu befürworten. Man
sieht, dass durch diese Punkte eigentlich gar nichts festgesetzt
und namentlich der religiöse Zwist in keinem der strittigen
Fälle geordnet wurde, alles sollte erst der eigentlichen Verhandlung überlassen werden. Was diese selbst betrifft, so sollte
sie in die Hände einiger Fürsten gelegt werden, die deshalb
von Mathias seit einigen Wochen um ihre guten Dienste ersucht wurden. Es waren dies die Kurfürsten von Mainz und
Sachsen, der Pfalzgraf Friedrich und der Herzog von Baiern,
zwei Katholiken also, und zwei Protestanten. Man konnte jedoch
sehr bezweifeln, ob die mährische Vermittlung die Anbahnung
des Ausgleiches beschleunigen werde. Denn wie aus der ihr
mitgetheilten Instruction ersichtlich ist, war darin über einen
vorläufigen Waffenstillstand nichts bestimmt. Dies geschah von
Seite des Hofes nicht aus Versehen, sondern mit gutem Grunde,
denn der Kaiser setzte als selbstverständlich voraus, dass die
Böhmen ihre Truppen entlassen müssten, sobald er ihnen die
Hoffnung auf einen Ausgleich eröffnete. Dass er oder Ferdinand
den Böhmen eine derartige Nachgiebigkeit zumuthete, mag nicht
Wunder nehmen, dass aber die Mährer und mit ihnen Karl von
Žerotin unter solchen Umständen hoffen konnten, etwas frucht-
bringendes in Prag auszurichten, kann allerdings unser Staunen
erregen. — Als sich die mährische Deputation von Mathias verabschiedete, traf sie den päpstlichen Nuncius im kaiserlichen
Vorzimmer. Dieser, dem die Instruction, welche sie erhalten
hatte, nicht unbekannt war, gab ihr die Mahnung auf den Weg,
sich nicht bloss mit den allgemeinen Weisungen derselben zu
begnügen, sondern gleichzeitig einige Personen in Prag festzu-

nehmen. Lachend erwiederte Liechtenstein, dass die Böhmen nicht des Papstes Unterthanen oder Sklaven seien, und Žerotin fügte hinzu: „Warum befiehlt man uns nicht, dass wir ihnen gleich den Kopf abschlagen?"*)

Gleichzeitig mit der Abreise der mährischen Deputation von Wien oder wenige Tage zuvor richteten sowohl der Kaiser wie Ferdinand und Maximilian eigene Schreiben an die böhmischen Stände, die offenbar die Absicht hatten, die bevorstehenden Verhandlungen der Mährer zu fördern. Der Kaiser schrieb, dass er die böhmischen Beschwerden Vermittlern zur Untersuchung übergeben wolle und von den Ständen dafür die Rückkehr zum Gehorsam erwarte. Im Falle weiterer Widersetzlichkeit hätten sich die Stände selbst die traurigen Folgen zuzuschreiben. Auch Ferdinand schrieb an die Stände — es war das erstemal der Fall -- und bot ihnen seine ergebenen Dienste bei dem Kaiser an, indem er ihnen die Annahme eines Ausgleiches empfahl, aber zugleich die vorläufige Niederlegung der Waffen verlangte. In ähnlicher Weise liess sich auch Erzherzog Maximilian vernehmen. Die Directoren, denen diese Schreiben zukamen, theilten ihren Inhalt ohne weitere Bemerkung dem ständischen Ausschusse mit, den ihnen der Landtag wenige Tage zuvor für die Verhandlungen mit der mährischen Deputation an die Seite gestellt hatte. **) ·

Die mährische Deputation schlug auf ihrer Reise nach Prag ihren Weg mitten durch die beiden feindlichen Heere ein und bekam somit den Kriegsschauplatz unmittelbar zu Gesicht. Es war dies gerade Mitte September, also zur Zeit, als Buquoy bei Goltsch-Jenikau und Thurn bei Čáslau standen. Žerotin entsetzte sich über das Resultat der vierzehntägigen Kriegführung. Er fand bei seinem Eintritte in Böhmen das Land „ausserhalb der Städte und eines Theiles der Märkte öde und

---

*) Wiener Staatsarchiv. Boh V. Kursachsen an Mathias dd. 21. Sept. A. St. Torgau. — Sächs. Staatsarchiv 9169, IV. Zeidler an Kursachsen dd. 15/25 Sept. 1618. Wien. — Ebend. Grünthal an die sächs. geheimen Räthe dd. 4/14 Sept. Prag. — Ebendaselbst, derselbe an Kursachsen dd. 4/14 Sept. Prag. — Ebend. 7169 IV. Zeidler an Kursachsen dd. 2/12 Sept. Wien.

**) Skala II, 376.

unbewohnt, voller Brand und Raub, dass wohl ein steinernes Herz
darüber hätte aufseufzen und weinen mögen."**) Als er mit
seinen Begleitern im kaiserlichen Lager anlangte, wurde ihnen
von Buquoy die grösste Aufmerksamkeit zu Theil und sie mit
Auszeichnung an die feindlichen Vorposten geleitet. Ganz anders
wurden sie jedoch auf böhmischer Seite begrüsst. Graf Thurn
empfing sie an der Spitze seiner Truppen und rief, als er
der Deputirten ansichtig wurde, statt eines freundlichen Grusses
ihnen die bitteren Worte zu: „Wir danken euch, meine
Herrn und Freunde, dass ihr uns den Feind ins Land gelassen
habt, ihr werdet es noch sehr zu gedenken haben." Er wies
dabei von einer Anhöhe auf die abgebrannten Dörfer der Umgebung und schlug die Bitte der Mährer, die Weiterreise durch
und nicht um das Lager anstellen zu dürfen, ab, weil er für
ihre Sicherheit nicht einstehen könne. Am 16. September trafen
sie in Prag ein.

Der Empfang in der Hauptstadt war noch unfreundlicher
als derjenige, der ihnen bei Thurn zu Theil geworden war.
Das Volk hatte kein Urtheil über die mannigfachen, berechtigten
und unberechtigten Triebfedern des Aufstandes, es räsonnirte
nur, wie es ihm das Herz eingab, und so empfand es Jedermann
bitter, dass das Nachbarland Mähren, die eigenen Stammver-
wandten, feindseliger verfuhren, als der deutsche Oesterreicher
und Schlesier und selbst als der ferne Ungar. Als die Gesandten
durch die Strassen der Stadt in ihre Wohnung fuhren, begegnete ihnen kein Zeichen eines freundlichen Empfanges, desto
häufiger trafen aber Schimpfworte ihr Ohr, die keinen Zweifel
über die öffentliche Stimmung übrig liessen.**)

Vom böhmischen Landtage waren, wie erzählt wurde, den
Directoren eine Anzahl Vertrauensmänner für die bevorstehenden
Verhandlungen mit den Mährern zugeordnet worden. Als letz-
17. Sept. tere am folgenden Tage auf dem Schlosse erschienen, wurden
sie von den Abgeordneten des Landtags und den Directoren
in der Gerichtsstube des Landrechtes feierlich empfangen und

---

*) Corr. Žer. Žerotín an Sileiten dd. 27. Oct. 1618.
**) So berichtet nicht nur Skala, sondern auch Žerotín a. a. O.

auf bereits vorbereitete Sitze zur linken Seite des daselbst befindlichen Thrones geleitet. Karl von Žerotin ergriff zuerst das Wort, das er so oft in meisterhafter Weise zu führen wusste. Er entschuldigte die mährischen Stände, dass sie erst jetzt in Verbindung mit den böhmischen träten, bedauerte die vorgefallenen Ereignisse, bat die Anwesenden, von den Waffen abzulassen und den Kaiser durch ein demüthiges Entgegenkommen zu versöhnen, da er ja noch immer von ihnen als ihr Herr und König anerkannt werde. Die Mährer selbst seien von dem heissen Wunsche nach Herstellung des Friedens beseelt und hätten den Kaiser ersucht, einen Ausgleich durch Vermittlung einiger fürstlichen Personen anbahnen zu wollen. Sie hätten zwar vom Kaiser keine (!) bindende Zusage erhalten, dass er dies thun wolle, aber es sei Hoffnung dazu vorhanden, wenn die Böhmen ein entgegenkommendes Benehmen beobachten und die Mährer ihre Fürbitten fortsetzen würden. Im entgegengesetzten Falle sei nichts als Krieg und Verderben zu erwarten, dessen Verantwortung die Urheber treffen würde. Er schilderte darauf beredt die üblen Folgen des erst kurze Zeit währenden Krieges, die Verwüstung im Lande, die Sistirung aller Gerichtshandlungen, die Unterbrechung von Handel und Wandel. Angesichts dieser und anderer Dinge könne man wohl zweifeln, ob das begonnene Werk von Gott sei.

Žerotins Ansprache machte auf die Häupter der Bewegung einen üblen Eindruck. Je eindringlicher seine Vorstellungen und Schilderungen waren und je sichtlicher die Wirkung auf einen Theil der Zuhörer, desto grösser wurde der Unwille der Directoren und ihrer Anhänger. Sie legten ihm zur Last, dass er zwischen die Stände und die Directoren Zwiespalt säen wolle, und beargwöhnten ihn, dass er das zuwege bringen wolle, was dem Obersthofmeister Waldstein erst vor wenigen Tagen misslungen war. Der alte Glanz seines Namens war befleckt, das Vertrauen in die Lauterkeit seiner Gesinnungen fing an zu schwinden und man begann ihn für einen Parteigänger des Hofes anzusehen. Und in der That war seine Rede darnach angethan, dieses Misstrauen zu wecken, denn wie konnte er von den Böhmen die Niederlegung der Waffen verlangen, während der Kaiser gerüstet bleiben durfte und wenn es, wie aus Žerotins Rede hervorging, noch nicht einmal sichergestellt war, dass sich Mathias überhaupt in Ausgleichsverhandlungen einlassen werde.*)

Am Abende desselben Tages fanden sich Ruppa und Budowec zu einem vertrauten Besuche bei Žerotin ein. Bei dieser Gelegenheit liess sich letzterer deutlicher und herzlicher aus. Er bemerkte, dass die Mährer nicht die Vermittlung zwischen dem Kaiser und den Böhmen in die Hand nehmen wollten, diese solle den deutschen Fürsten vorbehalten bleiben, doch müsse man hiezu die Wege ebnen und deshalb verlangte er abermals, dass die Böhmen die Waffen zuvor niederlegen möchten, weil sie zuerst nach ihnen gegriffen. Sie könnten einen Revers verlangen, dass, wenn künftig ihre Religionsfreiheiten verletzt würden, sie den Angriff mit Gewalt zurückweisen dürften. In diesem Falle erböten sich die Mährer und Schlesier zu Bürgen des Reverses und zur gemeinschaftlichen Hintanhaltung jeder ferneren Verletzung. Die Anerbietungen Žerotins bedurften nur einer näheren Auseinandersetzung und der Versicherung, dass Niemand für den Aufstand gestraft werden dürfe, um für die Böhmen eine annehmbare Grundlage des Ausgleiches zu sein, falls ihnen gleichzeitig auch ein Waffenstillstand zugestanden und nicht ihre einseitige Entwaffnung verlangt wurde.

Aber im selben Masse, als es fraglich war, ob sich der wiener Hof zu diesem unerlässlichen Zugeständnisse bequemen werde, ebenso wenig wollte sich auch Ruppa und mit ihm die Actionspartei in Vergleichsverhandlungen einlassen, selbst wenn von ihnen nicht die Entwaffnung verlangt worden wäre. Statt die entgegenkommende Sprache des mährischen Unterhändlers in gleicher Weise zu beantworten, erwiederte der Präsident der Directorialregierung, dass die alleinige Basis einer künftigen Unterhandlung nicht in einem vorläufigen Waffenstillstande, sondern in dem völligen Zurückziehen der kaiserlichen Truppen aus Böhmen gesucht werden müsse. Es war dies eine Bedingung, die wiederum für den Kaiser unannehmbar war und des-

---

*) Corr Žerot. Žerotin an Sletten dd. 27. Oct. 1618.

halb jede Hoffnung auf einen Ausgleich abschneiden musste. Ueber das eigentliche Friedensmittel Žerotins, den Revers, machte sich Ruppa nur lustig und ebensowenig wollte er einen Werth auf die angebotene mährische Hilfe setzen. Bei diesen Auseinandersetzungen übermannte ihn derart die Bitterkeit, dass er in die Worte ausbrach: „Es sei klar wie die Sonne, dass die Mährer nur deshalb nach Prag gekommen seien, um sich später wie Pilatus die Hände in Unschuld waschen zu können. Wären sie aufrichtig gegen die Böhmen, so würden sie dem Kaiser keine Werbungen bei sich gestattet und nicht ihr Land zum Passe für die feindlichen Angriffe hergegeben haben." Dass dieses Zwiegespräch keine bessere Stimmung zwischen den böhmischen Führern und der mährischen Deputation herbeiführte, ist begreiflich.

Die Directoren hielten nun mit den ihnen beigegebenen ständischen Vertrauensmännern eine eingehende Berathung, bei 14. Sept. der ebenfalls Ruppa das Wort führte. Die tiefe Entfremdung, die das Zwiegespräch mit Žerotin zur Folge hatte, machte sich bereits geltend; denn Ruppa brachte es dahin, dass man auf die den Mährern zu ertheilende Antwort bezüglich der etwaigen Bedingungen eines Ausgleiches gar nicht einging, sondern sich hauptsächlich mit der Rechtfertigung des Aufstandes befasste. Man versagte sich nicht einmal die Freude, die jetzige Loyalität der Mährer zu bespötteln, indem man sie daran erinnerte, dass sie sich im J. 1608 um weit geringerer Ursachen willen gegen Rudolf II erhoben hätten. Zuletzt wurde die Absendung einer Deputation an die Mährer beschlossen, um von ihnen fernere Mittheilungen entgegenzunehmen. — Ruppa leitete die Verhandlungen in einer Weise, die keinen Zweifel übrig liess, dass er nur ihren Abbruch im Sinne habe, denn er schrak selbst vor einer persönlichen Verletzung Žerotins nicht zurück. Letzterer war von Ladislav von Schleinitz zur Erhebung von 6000 Schock Groschen, die in Prag für seine Rechnung zur Zahlung bereit lagen, bevollmächtigt worden. Auf Ruppa's Antrag wurde die Beschlagnahme der Gelder beschlossen, doch erkannten die Directoren noch im Laufe des Tages das Verkehrte dieser Massregel und nahmen sie zurück.

Die böhmische Deputation fand sich ihrem Auftrage gemäss bei den mährischen Gesandten ein und ersuchte um allfällige weitere Mittheilungen. Nachdem letztere erklärt hatten, dass sie keine solchen mehr zu machen hätten, entspann sich eine ungezwungene Conversation, in deren Verlauf Žerotín von einem der böhmischen Herrn um seine Privatmeinung über die Mittel zur Herstellung des Friedens befragt wurde. Letzterer sprach sich ungefähr in derselben Weise aus, wie Tags vorher gegen Ruppa. Seine Antwort befriedigte nicht im geringsten, die Böhmen liessen sich in eine lange Aufzählung der erlittenen Unbilden ein, wiesen auf die Sperrung und Zerstörung der Kirchen hin und fragten, wie man zweifeln könne, ob ihr Beginnen von Gott sei. Wenn es wahr ist, was die einzige Quelle von dieser Unterredung berichtet, so erwiederte Žerotín: er sehe allerdings ein, dass die Sache der Böhmen von Gott sei, er habe die ihnen widerfahrenen Kränkungen nicht gekannt, denn der Kanzler und Michna führten eine ganz andere Sprache, nach der die Stände durchaus im Unrechte seien. Nun da er anders belehrt worden, werde er auch in Wien anders reden.*) Indessen lässt sich diese Antwort weder mit der folgenden Haltung Žerotíns in Einklang bringen, noch kann man vernünftiger Weise glauben, dass die notorischen Vorgänge in Böhmen bei ihm bis dahin nicht die richtige juristische Interpretation gefunden hätten.

Die Reihe war nun an den Böhmen, eine definitive Antwort auf die mährischen Vermittlungsversuche zu geben, sie sögerten jedoch absichtlich durch mehrere Tage, weil sie wichtige Nachrichten aus Schlesien erwarteten, welche für ihre weitere Haltung massgebend sein mussten.

Es ist erzählt worden, dass der schlesische Fürstentag zu den Böhmen hinneigte und in Folge dessen im Juli die Abordnung einer doppelten Gesandtschaft nach Wien und Prag beschlossen hatte. Die erstere vertrat in Wien aufrichtig und entschlossen die Politik des Ausgleiches, doch erlangte sie kein nennenswerthes Resultat. Das Haupt der Gesandtschaft, der Herzog Christian von Brieg, wurde durch seine Ernennung zum

---

*) Skala II. 892.

Landeshauptmann von Schlesien wenn nicht für den Kaiser
gewonnen, so doch von einem feindlichen Auftreten zurückgehalten.
Als demnach die Deputation von Wien wegreiste, konnte Mathias 3. Sept.
hoffen, dass Schlesien seine zurückhaltende Stellung nicht aufgeben werde. Wenig fehlte indess, so wäre diese Hoffnung noch
vor der Rückkehr der schlesischen Gesandtschaft in die Heimat
zu Wasser geworden, denn die Berichte, die aus Prag über den
Beginn des Krieges nach Schlesien gelangten, regten die öffentliche Meinung daselbst immer mehr auf und steigerten täglich
den Wunsch nach einem Anschlusse an den Aufstand. Mitten
in dieser Gährung trat am 23. August, also zur Zeit, als der 1618
Landeshauptmann noch in Wien weilte, ein neuer Fürstentag
in Breslau zusammen, bei dem sich von Seite der böhmischen
Stände Ulrich von Gersdorf und Georg Hauenschild als Gesandte
einfanden, die in der dringlichsten Weise an die Verpflichtungen
des im J. 1609 abgeschlossenen Bündnisses mahnten. Der Fürstentag erwiederte, dass man vorläufig auf den Bericht der in Wien
weilenden Deputation warten müsse: sollte der Kaiser den Re-
ligionsbeschwerden nicht abhelfen wollen und der Krieg unvermeidlich sein, so werde Schlesien gewiss auf die Seite
Böhmens treten. Die Truppen seien an der Grenze aufgestellt
und könnten rasch auf den Kriegsschauplatz rücken.

Die böhmischen Deputirten waren mit dieser Antwort noch
nicht nach Prag zurückgekehrt, als neue Schreiben von den
Directoren in Breslau anlangten, welche bei der stets wachsen-
den Kriegsnoth abermals um Hilfe ansuchten. Eine deshalb
berufene Zusammenkunft der „nächstangesessenen Stände" ver- 12. Sept.
handelte ernstlich die Bitte, wagte aber nicht, sich für ihre
Gewährung zu entscheiden, sondern beschloss, einem neuen
Fürstentage, der für den 1. October ausgeschrieben wurde, die
Entscheidung zu überlassen. Bevor die Böhmen von diesem,
für sie niederschlagenden Beschlusse Nachricht erhalten konnten,
waren auch die Hoffnungen, die sie auf den Markgrafen von
Jägerndorf gesetzt hatten, vereitelt worden. Die Schlesier hatten
den letzteren zum Feldobersten über ihre gesammte Macht erwählt und dieser selbst wünschte nichts feuriger als den Anschluss an den Aufstand, da seine allfälligen Zweifel, ob er sich für

oder gegen den Kaiser erklären solle, durch ungünstige Nachrichten aus Wien behoben wurden. Er hatte einen Process verloren und deshalb vor einigen Wochen durch einen Gesandten in Wien unverblümt seine Dienste antragen lassen, falls ihm die zwei Herrschaften, um die es sich bei diesem Processe handelte, dennoch zugesprochen würden. Sein Gesuch wurde in höflicher Weise abgelehnt und er dadurch in seiner Feindschaft gegen das Herrscherhaus bestärkt.

Alter Hass und frischer Aerger erfüllten demnach die Seele des Markgrafen, als von Seite der Generale Thurn, Fels und Hohenlohe die dringende Bitte an ihn gelangte, er möchte sich ihnen kurzweg mit seinen Truppen anschliessen. Da er hart an der Grafschaft Glaz stand, so konnte er nach vier bis fünf Tagemärschen auf dem Kriegsschauplatze sein, das kaiserliche Heer in der Flanke fassen und dessen völlige Niederlage im Verein mit Thurn herbeiführen. Der Markgraf, der nichts so eifrig ersehnte als eben diese Niederlage, beschloss auf eigene Verantwortung vorzugehen und meldete 13. Sept. dem Landeshauptmanne, dass er am folgenden Tage in Glaz einrücken werde, um von dort aus nach Böhmen aufzubrechen. Der Herzog von Brieg duldete jedoch diese Eigenmächtigkeit nicht und verbot ihm, der Entscheidung des Fürstentages vorzugreifen. Der Markgraf weinte vor Wuth,*) als er den Bescheid erhielt, aber er getraute sich doch nicht weiter zu gehen, sondern zog sich mit seinen Truppen, die er bereits nahe an der böhmischen Grenze postirt hatte, wieder zurück. Seinen Zorn kühlte er etwas an dem Bischof von Breslau, dem Erzherzoge Karl, einem Bruder Ferdinands, indem er den Gütern desselben durch Truppendurchzüge absichtlich den grössten Schaden zufügte, ein Vorgehen, das man nicht bloss als eine Verhöhnung des Bischofs, sondern auch des Kaisers ansehen konnte.**) Den Böhmen half dies jedoch nichts, ihre Hoffnung auf die schlesische Hilfe war vereitelt und vor dem 1. October keine Aenderung

---

*) Skala II, 599.
**) Wiener Staatsarchiv. Boh. V. Erzherzog Karl an Ferdinand dd. 21. Sept. 1618 Neisse.

zu erwarten. Christian von Anhalt machte, als er von diesen Ereignissen Nachricht erhielt, dem schlesischen Landeshauptmanne Vorwürfe, dass er die Unterstützung der Böhmen verhindert habe und bekam von diesem die merkwürdige Antwort, dass er nichts dawider gethan hätte, wenn der Markgraf ohne weitere Anfrage in Böhmen eingerückt wäre, dass er aber, als Landeshauptmann um seine Erlaubniss gefragt, nicht anders habe handeln können.*)

Die sympathische Haltung, so wie die vertraulichen Zusagen des Markgrafen von Jägerndorf müssen in Prag die festeste Zuversicht auf eine unmittelbare Hilfeleistung erweckt haben, denn man hatte bereits Marschcommissäre zur Führung der befreundeten Truppen an die schlesische Grenze abgeschickt.**) Als die Nachricht von der vereitelten Hoffnung nach Prag kam, waren die Directoren ganz entsetzt und befahlen deren Geheimhaltung, um die Bevölkerung der Hauptstadt nicht stutzig zu machen. Auch beschlossen sie zugleich, die Schlesier in derben Worten an ihre Verpflichtung zu mahnen. Da jedoch damit die schlesische Hilfe nicht herbeigezaubert war, so musste den Mährern ein Bescheid ertheilt werden, der die Verhandlungen mit dem Kaiser nicht abbrach, wie das vielleicht sonst geschehen wäre. Die Bitterkeit gegen die Mährer machte sich selbst in der nur durch Noth hervorgerufenen Antwort so geltend, dass die Anbahnung des Friedens nur noch mehr erschwert wurde. Denn nachdem die Böhmen zuerst eine Rechtfertigung ihres Aufstandes versucht hatten, versetzten sie dem jetzigen Friedenseifer und der frischen Loyalität der Mährer durch die abermalige Hinweisung auf das Jahr 1608 einen neuen Hieb und klagten sie an, dass ihre Haltung nur dem Hofe zum Nutzen gereiche. Die Hauptsache aber war, dass sie die Entlassung ihrer Truppen ablehnten, so lange ihnen nicht hinlängliche Bürgschaft für die Erhaltung ihrer politischen und religiösen Freiheiten geboten sei. — Die Grundbedingung jeder Ver-

---

*) Palm: Verhalten der m[...] Stände, dann die bereits angeführten Acten d[...]
**) Skala II, 393.

handlung mit dem Kaiser, die von den Mährern selbst in Wien zugestanden und in Prag verfochten wurde, dass die Böhmen zuerst die Waffen niederlegen sollten, wurde demnach abgelehnt. Es unterliegt keinem Zweifel, dass die letzteren nicht anders handeln konnten, und es zeigte entweder von Kurzsichtigkeit oder Perfidie, wenn man das Gegentheil von ihnen verlangte.

Als Žerotin die Antwort zu Gesicht bekam, protestirte er dagegen, dass man den mährischen Aufstand von 1608 dem böhmischen von 1618 gleichstelle und unterzog sich der undankbaren Sophisterei, die Rechtmässigkeit des ersteren und die Unrechtmässigkeit des letzteren nachzuweisen. Die Böhmen gaben seinen Einwänden nach und entfernten aus ihrer Antwort den verletzenden Stachel; im übrigen aber blieben sie bei ihren früheren Beschlüssen. Unter den Directoren und den ihnen zur Seite gesetzten Vertrauensmännern fanden indessen weitere Berathungen statt, ob nicht dennoch ein Ausgleich mit dem Kaiser anzubahnen sei. Die Meinungen waren sehr verschieden, alle empfanden noch den lähmenden Eindruck der auf Schlesien gebauten und eben vereitelten Hoffnung und so wagte es keiner, absolut jede Verhandlung von sich zu weisen. Zuletzt wurde Ruppa's Vorschlag angenommen, dass man sich nur dann, wenn formell ein Waffenstillstand vom Kaiser gewährt würde, in Verhandlungen einlassen könne; unter allen Umständen wurde also die vorläufige Niederlegung der Waffen abgelehnt. — Gegen Ende September reiste die mährische Deputation nach Wien ab, um über den geringen Erfolg ihrer Thätigkeit zu berichten.*) Mit Ausnahme Karls von Žerotin hatte kein Mitglied derselben eine grössere Thätigkeit in Prag entwickelt; der Fürst Karl von Liechtenstein verhielt sich so passiv, dass man fast an seiner Anwesenheit zweifeln könnte, wenn sie nicht sichergestellt wäre.**)

*) Die Darstellung über die Verhandlungen der Mährer mit den Böhmen entnehmen wir meist Skala und den Correspondenzen des sächs. Staatsarchivs.
**) Münchner Staatsarchiv 416, 16. Extract eines Schreibens aus Prag dd 11. Oct. 1618.

So wenig es der mährischen Gesandtschaft in Prag gelang, die Sache des Friedens um einen Schritt weiter zu bringen, so wenig glückte es dem sächsischen Gesandten Grünthal in Wien. Da letzterer nicht umhin konnte, auf die Nothwendigkeit eines Waffenstillstandes aufmerksam zu machen, so bewirkte er, dass diese Angelegenheit im geheimen Rathe unter Ferdinands Vorsitz nochmals erwogen wurde. Schon schien es, als wollte man den Einwürfen der Gegner und Freunde Rechnung tragen, denn man beschloss, nicht mehr die Entwaffnung der Böhmen zu verlangen, sondern nur die Forderung an sie zu stellen, ihre Truppen in die einzelnen Kreise zu vertheilen, während der Kaiser die seinigen auf den königlichen Gütern unterbringen wollte. Aber schon einige Tage später wurde dieses Zugeständniss wieder zurückgenommen, denn als dem sächsischen Gesandten eine Antwort auf die Dienstzuerbietungen seines Herrn zu Theil wurde, verlangte Mathias abermals vor dem Beginne der Ausgleichsverhandlungen die Niederlegung der Waffen von Seiten der Böhmen. Der Kurfürst von Sachsen wurde ersucht, auf dieser Grundlage die Verhandlungen mit den Directoren anzubahnen.*) Ging aus dem Verhalten der letzteren gegen die Mährer hervor, dass es ihnen nicht sonderlich um den Frieden zu thun war, so zeigte auch die Forderung des Kaisers das gerade Gegentheil von Friedenssehnsucht.

Der erste October, an dem sich der schlesische Fürstentag versammeln sollte und der den Directoren ein unerträglich ferner Termin schien, kam eilig genug heran. Da von den Entschliessungen Schlesiens unendlich viel abhing, schickte der Kaiser eine eigene Gesandtschaft nach Breslau ab, an deren Spitze sich Gundakar von Liechtenstein befand. Auch die Böhmen ordneten eine Deputation ab und die Wahl ihrer Mitglieder zeugte von der Wichtigkeit, die sie der Sendung beilegten; es waren dies Graf Andreas Schlick, Friedrich von Bile und Martin Fruewein. Während Mathias durch seine Boten erklären liess, dass es sich in Böhmen um keine Verletzung der Religionsprivilegien handle, und d.. . . . . zu friedlichen Mitteln

---

*) Sächs. Staatsarchiv. Z... . . . . Sept. Wien 1618.

greifen könne, als bis seine Unterthanen die Waffen niedergelegt hätten, behaupteten die Böhmen, dass eine Verletzung der Religionsgesetze stattgefunden habe, und verlangten die Hilfe Schlesiens vermöge des Bündnisses von 1609, das zum wechselseitigen Schutze der Glaubensfreiheiten abgeschlossen worden war. Die Botschaft des Kaisers fand eine schlechte Aufnahme, denn die Auffassung der böhmischen Frage als einer politischen und nicht auch religiösen widerstrebte den schlesischen Ständen um so mehr, als auch sie mittlerweile ein langes Sündenregister über die Verletzung ihres Majestätsbriefes zusammengestellt, dem Kaiser zugeschickt und stets nur ausweichende Antworten erhalten hatten. Um so besser war dagegen die Aufnahme, deren sich die böhmische Gesandtschaft zu erfreuen hatte, ihre Bitten und Vorstellungen brachten die Anhänger der kaiserlichen Sache zum Schweigen und rissen den Fürstentag zu einem entscheidenden und für den Kaiser furchtbaren Beschluss hin. Schlesien erklärte sich den Böhmen zur Hilfe bereit und der Markgraf von Jägerndorf bekam den heissersehnten Auftrag, an der Spitze seiner Truppen vorzurücken. Er that dies mit 1000 Reitern und 2000 Mann zu Fuss, während eine gleiche Zahl an die polnische Grenze gelegt wurde, um jenen Reitern, die der König Sigismund von Polen dem Kaiser zur Hilfe schicken wollte, den Weg zu verlegen.*)

Als die Nachricht von dem Beschlusse des schlesischen Fürstentages nach Wien kam, sah man wohl ein, dass man in der Waffenstillstandsfrage den Bogen etwas zu straff gespannt hatte. Man beeilte sich deshalb, dem böhmischen Appellationspräsidenten Herrn von Talmberg, der nach Dresden abreisen sollte, eine den Umständen entsprechende Instruction zu geben. Anfangs sollte zwar der Gesandte nach wie vor verlangen, dass die Böhmen vor den Ausgleichsverhandlungen entwaffnen möchten und sogar die Directorialregierung aufgelöst werde; diese Bedingungen waren jedoch kein Ultimatum mehr, denn Talmberg wurde bevollmächtigt, schliesslich nichts anderes als die Dislocation der böhmischen Truppen zu verlangen und auf diese Bedingung hin

---

*) Skala II, 408. — Palm a. a. O.

den Waffenstillstand zuzugeben.*) Schon meinten aber die Freunde des Kaisers, dass es viel zu spät sei, wenn man den Böhmen nur bedingungsweise einen solchen zugestehen und mit ihnen nicht auf dem Fusse der Gleichheit verhandeln wolle. Der Kurfürst von Mainz sprach in seinen Zuschriften an Mathias und Ferdinand dieser Ansicht mit einer Entschiedenheit das Wort, die an Klarheit nichts zu wünschen übrig liess und gab Ferdinand die Folgen zu bedenken, im Falle der Kaiser vor Beendigung des böhmischen Zwistes sterben würde.**)

In Böhmen riefen dagegen die schlesischen Beschlüsse eine überschwengliche Freude hervor. So lange die schlesische Hilfe nicht sicher war, bangten die Directoren jeden Tag vor irgend einem Misserfolge auf dem Kriegsschauplatze. Sie befürchteten, dass in diesem Falle Prag selbst einem Angriffe ausgesetzt sein könnte und bemühten sich deshalb die Befestigungen der Hauptstadt zu vervollständigen.***) Schon begann daselbst die unvermeidliche Spionenriecherei ihr Unwesen zu treiben. Nachdem ursprünglich nur einzelne Personen der Spionage verdächtigt und demgemäss auch hingerichtet worden waren, fing man an in Bausch und Bogen die Katholiken mit scheelen Augen anzusehen. Da man ihnen keinen positiven Vorwurf machen konnte, so behauptete man, dass ihr Benehmen deutlich die Freude über das Vorrücken des Feindes verrathe, und es wurde zur Dämpfung derselben beschlossen, die städtischen Truppen zu 10 bis 15 Mann bei ihnen einzuquartiren. Mit diesem Hilfsmittel trieb man allerdings den Katholiken gründlich jede vermuthete Freude aus, ob man sie aber damit für die Sache des Aufstandes günstiger stimmte, kann billig bezweifelt werden. Der Anschluss der Schlesier besserte wieder die Verhältnisse, und erhöhte das allgemeine Vertrauen.

---

*) Wiener Staatsarchiv. Boh. V. Nebeninstruction für Herrn von Talmberg 1618. dd. 11. Oct.
**) Wiener Staatsarchiv. Boh. V. Kurmainz an Mathias dd. 21. Oct. und ebend. Kurmainz an Ferdinand dd. 21. Oct. 1618.
***) Skala II, 360, 407.

III

Während der Markgraf von Jägerndorf sich in Eilmärschen dem Kriegsschauplatze näherte und den Böhmen eine Verstärkung von 3000 Mann zubrachte, die diesen eine entschiedene Ueberlegenheit über ihre Feinde verschaffte, war die kaiserliche Regierung nicht im Stande, ihrem Feldherrn frische Truppen und Kriegsvorräthe zukommen zu lassen, so dringend er deren auch bedurfte. Seitdem sich Buquoy nach Ledeč zurückgezogen hatte, was um die Mitte September der Fall war, wurde seine Position mit jedem Tage schwieriger, es gebrach ihm nicht bloss an den nöthigen Lebensmitteln, sondern auch an Munition und sonstigem Kriegsbedarf. Nicht minder schwierig gestaltete sich die Lage der kaiserlichen Besatzung in Budweis. Obwohl dieselbe seit dem Abzuge Thurns gegen Čáslau keinem unmittelbaren Angriffe ausgesetzt war, litt sie doch vielfach unter der feindseligen Stimmung der Umwohner, so dass der Commandant Aulner dringend um Hilfe bat.*) Aber sowohl er, wie Buquoy warteten vergeblich auf dieselbe; von Wien langten weder frische Truppenzuzüge noch sonstige Sendungen an und der Monat October kam sonach unter den ungünstigsten Auspicien für die kaiserliche Sache heran. In seiner Verlegenheit schickte Buquoy den Grafen Dampierre selbst nach Wien, damit dieser als unmittelbarer Augenzeuge der Verhältnisse auf dem Kriegsschauplatze seinen Bitten mehr Nachdruck gebe.

In Wien hatte man nicht erst die Ankunft Dampierres erwartet, um von der Nothwendigkeit neuer Anstrengungen überzeugt zu sein, denn schon als Buquoy in dem angehofften Parademarsche gegen Prag plötzlich Halt machte und seinen ersten Bericht über die Schwierigkeiten des weiteren Vorrückens **) einschickte, bestürmte man durch eigene Gesandte abermals einige deutsche Fürsten um Unterstützung. Jaroslaw von Martinitz, der seit

---

*) Innsbrucker Statthaltereiarchiv. Aulner an Erzh. Leopold dd. 17. Sept. 1618 Budweis.
**) Um den 20. Sept. 1618. Der Bericht im innsbrucker Statthaltereiarchiv.

seiner Flucht aus Prag in München wohnte, bekam den Auftrag, den Herzog von Baiern um den Entsatz Pilsens, dessen Belagerung mittlerweile von Mansfeld unternommen worden war, zu ersuchen. *) In der That wäre Maximilian wohl stark genug gewesen, Pilsen von der Belagerung zu befreien, allein er hätte sich dadurch in alle Schwierigkeiten des böhmischen Krieges hineingestürzt, die Union gegen sich entfesselt und alles dies ohne genügende Vorbereitung und ohne sich einen Lohn für seine Anstrengung gesichert zu haben. Er erwiederte deshalb dem Herrn von Martinitz, dass er von dem einmal gefassten Beschlusse nicht abgehen und keine Hilfe leisten könne.

Mit diesem erneuerten Ansuchen bei Maximilian stand eine Reihe anderer Gesandtschaften zu gleichem Zwecke in Verbindung. An den Erzbischof von Salzburg, der schon zweimal vergeblich um Hilfe gebeten war, wurde Arnoldinus von Clarstein neuerdings als dritter Bote abgeordnet. Er sollte den Kirchenfürsten um eine Hilfe von 60—100.000 Gulden und einige Hundert Centner Pulver ersuchen; aber alle Künste der Dialektik, alle Beschwörungen und Betheuerungen prallten wirkungslos an diesem Prälaten ab. Arnoldinus bat, derselbe möge die 60.000 Gulden auf Abschlag einer Hilfe zahlen, welche dem Kaiser sicherlich von den demnächst zu berufenden Kreistagen votirt werden würde, aber der Erzbischof wollte weder von einer Abschlagszahlung auf eine noch nicht bewilligte Hilfe etwas wissen, noch das Gold auch nur leihen. Der Gesandte wollte sich darauf mit einer Bürgschaft begnügen, auf welche hin sein Herr anderswo ein Anlehen auftreiben könnte, und da ihm auch diese von dem Prälaten verweigert wurde, verlangte er zuletzt nur eine heimliche Bürgschaft zu demselben Zwecke, aber mit gleicher Erfolglosigkeit. Als Arnoldinus sich darauf in bittern Klagen ergoss und bemerkte, dass nach einem solchen schlechten Bei-

---

*) Münchner Staatsarchiv. $\frac{16}{20}$ Ernennung des Martinitz zum Gesandten dd. 25. Sept. 1618. — Wiener Staatsa. Boh. V. Instruction für Martinitz dd. 25. Sept. — Ebendaselbst. Mathias an Max von Baiern dd. 27. Sept. 1618. — Antwort des Herzogs Max dem Herrn von Martinitz 9. Oct. 1618. Ebend. Ferdinand an Max dd. 16. Oct 1618.

spiele kein deutscher Bischof dem Kaiser etwas werde geben wollen, brach der Starrsinn des Erzbischofs zusammen und in sich selbst übertreffendem Edelmuthe erlaubte er dem Gesandten, überall — die fromme Lüge zu verbreiten, dass er dem Kaiser geholfen habe. So zerflossen die Hoffnungen auf die Hilfe Salzburgs zum drittenmale in nichts.*)

So wenig der Kaiser seinem bedrängten Feldherrn mit deutscher Hilfe unter die Arme greifen konnte, so wenig vermochte er dies mit derjenigen zu thun, die ihm von seinem Vetter Philipp III endlich dargeboten wurde, weil sie in vorhinein verbraucht worden war. Von Spanien lief gerade in den Tagen der steigenden Gefahr die Nachricht ein, dass der König den Kaiser mit einer Summe von 300.000 Dukaten und mit derselben Truppenzahl unterstützen wolle, mit der er Ferdinand im venetianischen Kriege geholfen hatte. An diese an und für sich bedeutende Unterstützung schloss sich das Versprechen, dass, wenn die Noth grösser sein sollte, Philipp seinem Vetter aus Italien Truppen zu Hilfe schicken werde.**) Da wie bemerkt, die spanische Hilfe schon in vorhinein verwerthet worden war, so blieb dem Kaiser nichts anderes übrig, als Philipp III schon jetzt um weitere Unterstützung zu ersuchen. Mit dieser Bitte wurde ein eigener Gesandte in der Person eines Italieners, Cesare Gallo, nach Madrid abgeschickt, der als Augenzeuge der in Wien herrschenden Noth den König zu den grössten Opfern bewegen sollte.***)

Da aus München und Salzburg keine Hilfe kam und die Sendung Gallo's eine solche erst nach vielen Wochen in Aussicht stellte, Dampierre aber auf jeden Fall eine unmittelbare Unterstützung begehrte, so beschloss die kaiserliche Regierung, die Vorräthe des städtischen Zeughauses in Wien in Anspruch zu nehmen und machte davon der Bürgerschaft die nöthige Anzeige. Schon begann aber auch bei letzterer die protestantische

---

*) Wiener Staatsarchiv. Boh. V. Arnoldinus an den Kaiser dd. 2. Nov. 1618.
**) Wiener Staatsarchiv, Khevenhiller an Mathias dd. 14. August 1618. Madrid.
***) Ebendas. Boh. V. Sendung Caesare Gallo's nach Spanien.

Gesinnung die Oberhand zu gewinnen, sie verweigerte entschlossen ihre Zustimmung und setzte den Kaiser in einer Art von Sturmpetition von ihrem Entschlusse in Kenntniss. Als Mathias nämlich des Morgens aus der Augustinerkirche, wo er seine Andacht zu verrichten pflegte, in die Burg zurückkehrte, überreichten ihm die Rathsherrn, umgeben von einer dichtgedrängten Volksmenge, auf der Strasse eine Bittschrift, in der sie ihn ersuchten, sie im Besitze ihrer Kriegsvorräthe zu lassen. Es heisst, dass sich der Kaiser über diesen Vorgang nicht wenig entsetzte und sich eilig entfernen wollte. Auf die dringenden Vorstellungen der Bittsteller habe er jedoch das Gesuch entgegengenommen, sich vorlesen lassen, und darauf den Wünschen der Gemeinde entsprochen.*)

Diese und ähnliche Vorgänge, sowie die ungünstigen Nachrichten vom Kriegsschauplatze verfehlten nicht auf die wiener Staatsmänner einen grossen Eindruck zu äussern; die Anhänger des Friedens erhoben kühner ihr Haupt und wagten es sogar, sich in missbilligender Weise über die Leiter der böhmischen Restaurationspolitik zu äussern. Die beste Beleuchtung dieses beginnenden Umschwunges lieferte folgender Vorfall. Ein österreichischer Edelmann bewirthete am Allerheiligenfeste in seinem ¹·ᴺᵒᵛ· ₁₆₁₈ Hause einige der angesehensten Mitglieder der Regierung: die meisten geheimen Räthe, den Kanzler Lobkowitz, den Obersthofmeister Adam von Waldstein, der mittlerweile von Prag nach Wien übersiedelt war, und den Secretär Michna. Während der Tafelfreuden nahm die Unterhaltung eine politische Richtung, die Mehrzahl der geheimen Räthe, von bangen Ahnungen beherrscht, sprach sich für eine baldige und friedliche Beilegung des böhmischen Streites aus und wünschte, dass man in dieser Richtung bei dem Kaiser thätig sein möchte. Hie und da fiel auch ein Wort gegen die Friedensstörer, womit man die übereifrigen Katholiken bezeichnete. Michna, der sich getroffen fühlte, gerieth in Eifer und meinte, der Kaiser wisse wohl am besten, was er zu thun habe, und brauche keinerlei Vorschriften, wie man sie ihm hier geben wolle. Diese Sprache empörte den Oberst-

*) Skala II.

hofmeister, der seiner Friedenssehnsucht treu geblieben war; zornig kehrte er sich gegen den Redner, schalt ihn einen Schelm, der den böhmischen Jammer verursacht habe und schlug ihn zuletzt ins Angesicht, dass Michna an Mund und Nase blutete. Keiner von den Anwesenden ergriff die Partei des Misshandelten, so dass sich dieser eilig entfernte, um sich vor weitern Beleidigungen zu retten. Die versammelten Staatsmänner, von denen die Mehrzahl ihren reichlichen Antheil an den böhmischen Wirren hatte, fanden es jetzt in ihrer Verlegenheit bequemer, die gemeinsame Schuld einem Sündenbocke aufzuhalsen.*)

Da Dampierre schliesslich mit ziemlich leeren Händen nach Böhmen zurückkehrte, so konnte die kaiserliche Armee die frühere Stellung nicht mehr behaupten, sondern musste Ende October den Rückzug antreten. Buquoy bewegte sich mit den Truppen, die unmittelbar unter seinem Commando standen, gegen Neuhaus und Budweis zu, während Dampierre sich vorläufig noch bei Pilgram hielt, aber den Rückzug nach Mähren vorbereitete. Da ersah Thurn die Gelegenheit zu einem glücklichen Angriffe auf das Lager bei Pilgram, brachte den Kaiserlichen eine tüchtige Schlappe bei und zwang sie zu einem eiligen Rückzuge theils nach Iglau, theils nach Neuhaus. Bei dieser Gelegenheit wurde bereits die schlesische Mithilfe verwerthet. Die Niederlage Dampierre's verursachte in Mähren eine bedeutende Aufregung und steigerte daselbst die Neigung zu einer Verbindung mit Böhmen, je mehr die Kriegsgefahr die Landesgrenze zu überschreiten drohte. Zunächst zeigte sich diese Stimmung darin, dass den kaiserlichen Truppen, die sich gegen Iglau zurückgezogen, der Eintritt in die Stadt verwehrt wurde. Da die Nächte so kalt waren, dass das Campiren im Freien täglich einige Opfer forderte, riss unter den Truppen eine solche Demoralisation ein, dass sie sich in Gruppen von 10—30 Personen auflösten und über Mähren zerstreuten.

Bevor Buquoy noch von diesem Missgeschicke erfuhr, versuchte er sich der Stadt Neuhaus durch Sturm zu bemächtigen;

---

*) Sächs. Staatsarchiv. 9109 V. Zeitungen aus Wien dd. 3. Nov. 1618.

da dies aber keinen Erfolg hatte, so zog er sich gegen Budweis zurück. Thurn, der seine Aufgabe gegenüber Dampierre erfüllt hatte, lenkte jetzt seine Schritte gegen Buquoy und ereilte ihn auf seinem Rückzuge zwischen Weseli und Lomnic, etwa drei Meilen ostwärts von Budweis. Hier kam es zu einem bedeutenden Gefechte, in dem die Kaiserlichen einen Verlust von 1500—1800 Mann an Todten, Verwundeten und Gefangenen erlitten. Buquoy selbst wurde an der Hand und am Arme verwundet und musste eilig mit seinem Heere hinter den Mauern von Budweis Schutz suchen. Den böhmischen Verlust berechneten die höchsten Angaben kaum auf 100 Mann, die reichlich dadurch ersetzt wurden, dass einige hundert Gefangene alsbald in ständische Dienste traten. Die zersprengten Marodeure von Buquoy's Heere fielen grösstentheils in die Hände der Landleute, die an ihnen Rache für frühere Misshandlungen nahmen und sie meist einen qualvollen Tod erleiden liessen.*) Graf Thurn zog darauf gegen Budweis und bot dem Gegner eine Schlacht an, doch wartete er vergeblich auf deren Annahme. In Folge der Truppenanhäufung in Budweis stieg daselbst der Mangel an Lebensmitteln auf eine bedenkliche Höhe, Buquoy dachte bereits an einen weitern Rückzug und bemächtigte sich deshalb Krummau's, um sich den Weg nach Oesterreich zu sichern. In einem Schreiben an den Kaiser schilderte er die ganze Schwierigkeit seiner Lage und empfahl demselben das Betreten friedlicher Wege, weil seine Hilfsmittel unzureichend seien. Die Mahnung dieses Briefes machte sich in Wien um so eindringlicher geltend, als Dampierre, der sich mittlerweile durch neue Zuzüge verstärkt hatte und von Oesterreich aus gegen Böhmen vorrücken wollte, bei Neuhof geschlagen und nach Krems zurückgeworfen wurde.**)

Derjenige, der vielleicht von der Niederlage der kaiserlichen Waffen und der steigenden Gefahr noch schmerzlicher berührt worden wäre, als Ferdinand selbst, der Erzherzog Maximilian nämlich, erlebte nicht mehr diesen raschen Umschwung

---

*) Skala II, 439.
**) Skala II, 411.

des Kriegsglückes. Die Gefangennehmung Khlesls war die letzte
That, bei der er mit dem gewohnten Eifer aufgetreten war, bald
darauf erkrankte er ernstlich und obwohl wiederholt eine Besserung in seinem Befinden eintrat, war dieselbe doch nicht dauernd,
so dass die Aerzte am 1. November alle Hoffnung auf sein Leben
aufgaben. An diesem Tage fand sich Oñate im Vorzimmer
des Kranken ein, um seine Theilnahme auszudrücken. Als der
Erzherzog, bei dem Ferdinand gerade zum Besuche erschienen
war, von der Anwesenheit des Gesandten hörte, vergass er die
eigenen Leiden, um noch einmal der Sorge für das Wohl seines
Hauses, das ihm so sehr am Herzen gelegen, Ausdruck zu geben.
Er liess Oñate ersuchen, an sein Bett zu kommen und wollte
in italienischer Sprache eine Bitte an ihn richten; da ihm aber
doch in den Todesstunden diese Sprache minder geläufig wurde,
als die Muttersprache, so gab er den Versuch auf und bat
Ferdinand, dem Grafen das zu verdolmetschen, was sein letzter
Wunsch sei. Dieser letzte Wunsch war ein Gruss an den König
von Spanien mit der Bitte, er möge seinen Schutz dem gemeinsamen Hause nicht entziehen. Wenige Stunden darauf, am
Morgen des zweiten Novembers, war er verschieden.*)

Die Mahnung, welche der obenerwähnte Brief Buquoy's
enthielt, machte in Wien einen um so grösseren Eindruck als
ihm zwei neue Hiobsposten auf dem Fusse folgten. Die erste
kam aus Breslau, wohin der Kaiser zu dem Fürstentage, der
am 21. November zusammentrat, eine Botschaft abgeordnet hatte,
um die Schlesier zur Rückberufung ihres Contingents aus Böhmen zu vermögen. Der Fürstentag wies nicht nur die Bitte ab,
sondern spottete auch der Noth des Kaisers, indem er in seiner

---

*) Simancas $\frac{2509}{2517}$. Oñate an Philipp III. Oñate gibt ausdrücklich den
2. November als Todestag Maximilians an und erzählt, wie seine
Krankheit am 31. Oct. sich verschlimmert habe und am 1. Nov. bereits
der Tod im Anzuge gewesen sei. Wir führen dies an, weil Hammer
den 19. Nov. als Todestag angibt und Maximilian in Innspruck sterben
lässt, während Oñate ausdrücklich erzählt, dass er in Wien den Erzherzog am Todtenbette besucht habe. — Hurter gibt den Todestag
Maximilians richtig an, lässt aber den Erzherzog Maximilian in Wiener-Neustadt sterben.

Antwort das bereits oft vorgebrachte Argument abermals wiederholte, dass der Kampf nicht gegen ihn sondern gegen die katholischen Friedensstörer gerichtet sei. Der Kaiser solle sich nicht grämen, wenn die letzteren eine Niederlage erlitten hätten, denn sein wahrer Ruhm bestehe nicht in einem Siege über die Böhmen, sondern in der friedlichen Beilegung der Streitigkeiten, und so lange diese letztere nicht eingetreten sei, könne von einer Rückberufung der schlesischen Hilfe nicht die Rede sein. *) Man begreift, dass sich der Kaiser nicht nach einer solchen Siegespalme sehnte, wie sie die Schlesier für ihn bereit hielten.

Die andere Hiobspost betraf den Verlust von Pilsen, das am 21. November in die Gewalt des Grafen Mansfeld fiel. Es ist erzählt worden, unter welchen Umständen Mansfeld nach Böhmen kam und wie er die Bestallung als Artilleriegeneral erhielt. Seine erste ihm zugetheilte Aufgabe bestand darin, dass er mit den Truppen, die er aus Deutschland mitgebracht, Pilsen nehmen sollte. Gleich im Beginne des Aufstandes hatten die Pilsner eine unfreundliche Stellung zu den Ständen eingenommen, doch war diese fern von offener Feindseligkeit. Als sie aber ihre Betheiligung an dem Junilandtage ablehnten und ihre Stadt in Vertheidigungszustand zu setzen begannen, sandten die Directoren den Herrn Dionys Markwart von Hrádek zu ihnen, um sie wo möglich mit guten oder bösen Worten zum Anschlusse an die Stände und zur Abstellung ihrer Rüstungen zu bewegen. Die Pilsner wiesen die Aufforderung zurück und rechtfertigten ihr Vorgehen mit einem vom Kaiser an sie erlassenen Befehle, der ihnen gleichzeitig in der Person eines gewissen Felix Dornheim einen tüchtigen Stadtcommandanten zuschickte. Die weiteren Vorgänge in der Stadt dehnten nun Tag für Tag die Kluft zwischen derselben und dem übrigen Lande aus. Nicht nur, dass unter Dornheims Leitung die Wider-

---

*) Die kaiserliche Instruction für den Gesandten in Breslau und die Antwort der Schlesier ist in verschiedenen Werken abgedruckt. — Im wiener Staatsarchiv Boh. V. Bericht der Gesandten des Erzh. Karl an ihren Herrn über den breslauer Fürstentag dd. 28. Nov. 1618. Erzh. Karl an den Kaiser dd. 2. Dec. 1618. Wiener Staatsarchiv. Boh. V.

standsfähigkeit Pilsens gehoben wurde, es gestaltete sich auch zu einem Sammelplatz für die dem Aufstande feindlichen Elemente des pilsner Kreises. Die Prälaten und katholischen Herrn, die in demselben ansässig waren, steuerten aus Ihrem Säckel zu den Kriegsbedürfnissen bei und so konnte eintretenden Falls von Pilsen aus eine nicht unwichtige Diversion gegen die Stände versucht werden.

Die rasche Bezwingung der widerspänstigen Bürger war demnach für die Directoren ein dringendes Gebot der Vorsicht und deshalb traf Mansfeld unmittelbar nach seinem Eintritte in die ständischen Dienste die nöthigen Vorbereitungen zur Belagerung der feindlichen Stadt, brach dieselben aber wieder ab, da er von den Directoren den Befehl erhielt, nach Budweis zu marschiren. Noch hatte er sich kaum auf zwei Meilen entfernt, als der Befehl widerrufen wurde, worauf er zurückkehrte, Pilsen von drei Seiten einschloss und die Belagerung mit allem Ernste begann. Dornheim versäumte keine Massregel, um die Bemühungen des Gegners zu vereiteln; er zündete die Vorstädte an und beschränkte sich auf die Vertheidigung der in mittelalterlicher Weise durch Wälle und Wassergräben, keineswegs aber durch eine natürliche Lage beschützten Stadt. Die Directoren hofften, dass der Ernst einer Belagerung ernüchternd auf die Pilsner wirken dürfte, und schickten deshalb nochmals eine Gesandtschaft an sie ab, die ihnen den Frieden anbot, falls sie sich ihrer Besatzung entledigen wollten. Das Anerbieten wurde abgeschlagen, doch dauerte es noch geraume Zeit, bis Mansfeld hinlänglich mit Belagerungsgeschütz versehen war und an ein wirksames Beschiessen der Wälle gehen konnte. Zu den geworbenen Truppen, die er befehligte und deren Zahl sich auf 3800—4000 Mann belief, stiess mittlerweile auch ein Theil des vom Augustlandtage beschlossenen Aufgebotes in einer Anzahl, die der der geworbenen Truppen ziemlich gleich kam. Erhöhte dieser Zuzug auch nicht bedeutend seine Kraft, so machte er doch die Einschliessung der Stadt wirksamer und konnte bei den Belagerungsarbeiten verwendet werden.

Schon am 20. October hatte Mansfeld eine so weite Bresche geschossen, dass er einen Sturm wagte; doch erreichte er keinen Erfolg, sondern büsste nur an 300 Soldaten ein. Der Kaiser gab sich indessen alle Mühe, die Befreiung der Stadt zu bewirken. Da er über kein Entsatzungsheer verfügte, versuchte er es auf diplomatischem Wege, indem er den Kurfürsten von Sachsen bat, die Directoren von dem Angriffe auf eine ihm treue Stadt abzumahnen. Als die Belagerung trotzdem vorwärts schritt und die Vermittlung des Kurfürsten nichts fruchtete, wollte er, dass die Verhandlungen über den Ausgleich mit den Böhmen in Pilsen vorgenommen werden sollten, um die Stadt dadurch zu einem neutralen Orte zu erklären. Aber alle diese diplomatischen Fallstricke verfingen nicht bei den Directoren, sondern veranlassten sie nur, dem Grafen Mansfeld den Befehl zu energischer Fortsetzung der Belagerung zu geben. Der General versuchte nun durch nächtliche Ueberrumpelung die Stadt zu nehmen, er erreichte zwar nicht das gewünschte Ziel, aber er legte dabei die von den Pilsnern noch immer behaupteten Mühlen in Asche und vernichtete damit einen bedeutenden Theil ihrer Getreidevorräthe.

In dem Schrecken, den dieser Schlag den Belagerten verursachte, versuchten die Directoren nochmals deren friedliche Unterwerfung, allerdings unter Bedingungen, die von den früheren sehr verschieden waren. Sie verlangten jetzt nicht bloss die Entfernung der kaiserlichen Garnison, sondern auch die Aufnahme einer ständischen und die Bezahlung von 60.000 Gulden als Sold für das Belagerungsheer. Die Pilsner wiesen die angebotenen Verhandlungen nicht unbedingt ab, aber aus ihren ausweichenden Antworten war ersichtlich, dass es sich ihnen nur um einen Waffenstillstand und um Gewinnung von Zeit handelte. Als sie schliesslich die Unterwerfung ablehnten, selbst als ihnen der Nachlass der 60.000 Gulden angeboten wurde, begann der Kampf von neuem. Dornheims Stelle, der mittlerweile im Kampfe gefallen war, vertrat jetzt Thomas Selender, ein Bruder oder Vetter des braunauer Abtes, der sich nicht minder eifrig der Vertheidigung annahm. Die Beschiessung der Stadtmauern wurde von den Belagerern mit solcher Energie in Angriff genommen, dass sie allmälig zu einem Schutthaufen zusammensanken, so dass Mansfeld am 21. November den Befehl geben konnte, die Stadt

an mehreren Seiten zugleich zu stürmen. Der Angriff gelang
diesmal besser; die Angreifer bemächtigten sich einzelner wichtiger Punkte innerhalb der Stadtmauern und trieben die Vertheidiger von Haus zu Haus bis gegen den Hauptplatz zu. Die
pilsner Besatzung, welche sich tapfer gewehrt hatte, sah sich
schliesslich zum Rückzuge nach dem Kloster der Barfüssermönche
genöthigt und eröffnete von da aus Verhandlungen wegen der
Uebergabe. Ein vorläufiger Waffenstillstand, der ihnen bewilligt
wurde, machte allem Kampfe ein Ende.*)

Zwei Tage darauf stellte sich die ganze Besatzung, die
theils aus geworbenen Soldaten, theils aus Bürgern, theils aus
Bauern und Adeligen der Umgebung bestand, vor dem Grafen
von Solms auf dem Hauptplatze auf. Die Behandlung, welche
die verschiedenen Abtheilungen erfuhren, war sehr verschieden.
Den geworbenen Soldaten wurde freier Abzug mit ihren Waffen gestattet, eine Grossmuth, die mit kluger Voraussicht angebracht war,
da die wenigsten von dieser Erlaubniss Gebrauch machten und in
die Dienste des Grafen Mansfeld traten. Was die Bürger betraf, so
mussten diese ihre sämmtlichen Waffen und Kriegsvorräthe abliefern. Die Bauern, die aus der Umgebung aufgeboten waren,
wurden nach Hause entlassen und erhielten statt der Waffen
weisse Stäbe auf den Weg. Schlimmer erging es den adeligen
Vertheidigern Pilsens, die Sieger vergriffen sich zwar nicht an
ihrer Person, liessen ihnen aber eine verächtliche Behandlung
zu Theil werden. Das herbste Loos traf den pilsner Nachrichter. Er hatte sich an der Vertheidigung der Stadt betheiligt
und als ein tüchtiger Schütze wirksame Dienste geleistet. Dass
ein Nachrichter es gewagt hatte, so ehrliche und unbescholtene
Leute, wie die mansfeldischen Truppen und vor allem ihr General
war, anzugreifen, das konnte nach damaligem Brauch nicht geduldet werden und forderte Genugthuung. Der Nachrichter wurde
zum Tode verurtheilt und auf einem eigens hergerichteten Galgen
aufgehängt, da der alte, der den Namen Žižka's Küche führte,

---

*) Ueber die Geschichte der Einnahme Pilsens berichten ausser Skala II
493 und flg. mehrere andere gleichzeitig durch den Druck veröffentlichten Schriften. Erschöpfend hat Rouss diesen Gegenstand behandelt.

auf Mansfelds Befehl abgebrochen wurde. Der alte Galgen war nämlich der Sage nach dem berühmten Taboritenführer zum Spotte an der Stelle errichtet worden, von wo aus derselbe vergeblich die Belagerung Pilsens versucht hatte.

Die Besiegten traf nun ein hartes Loos. Zunächst wurden die Bürger verhalten, eidlich ihre Anhänglichkeit an die ständische Sache zu geloben; eine Contribution von 120.000 Gulden, die gleichzeitig über sie verhängt wurde, mag diese Anhänglichkeit in selbstverständlicher Weise gekräftigt haben. 50.000 Gulden erlegten die Bürger gleich, theils im baren, theils in Silber- und Goldgeräthschaften, mehr konnten sie aber nicht leisten. Alle Bitten, sie mit weiteren Forderungen zu verschonen, blieben unerhört; die einzige Erleichterung, die man ihnen gewähren wollte, bestand darin, dass ihnen gestattet wurde, den Rest in wöchentlichen Raten von 1000 Gulden zu erlegen. Da sie dies nicht zu thun vermochten, boten sie die Stadtgüter an Zahlungsstatt an, doch vergeblich, denn Mansfeld verlangte bares Geld. Da die Stadt nebenbei auch die Besatzung unterhalten musste, sahen die Bürger bei dem gleichzeitig gänzlichen Darniederliegen der Gewerbe nur Elend vor sich. Viele wanderten deshalb bei Zeiten aus, so dass die Stadt im Monate Januar nur noch 150 Bürger zählte, auf denen noch immer die Bezahlung der grösseren Contributionshälfte lastete. In ihrer Verzweiflung wandten sich die Uebriggebliebenen an den Kurfürsten von Sachsen und baten um seine Fürsprache bei Mansfeld und bei den Directoren. Wir wissen nicht, ob und welche Wirkung ihr Gesuch hatte.*)

Was das Corps betrifft, mit dem Mansfeld die Belagerung von Pilsen unternommen hatte, so wurde es nach der Einnahme dieser Stadt aufgelöst. Ein Theil der geworbenen Truppen blieb daselbst als Besatzung zurück, der Rest wurde nach dem südlichen Böhmen zur Verstärkung der gegen Budweis operirenden Armee geschickt, während jener Theil des allgemeinen Aufgebotes, der bei den Belagerungsarbeiten mitgeholfen hatte, einfach nach Hause entlassen wurde. Es war dies die erste und

---

*) Sächs. Staatsarchiv 9170 VIII. Pf   Januar 1619.

einzige Verwendung, welche die vom Augustlandtag beschlossene Bewaffnung der heimischen Bevölkerung gefunden hatte.

Die schreienden Uebelstände, welche mit dieser Massregel verbunden waren, nöthigten die Directoren so frühzeitig zu ihrer Zurücknahme. Schon im September, also zu einer Zeit, in der das Aufgebot eine greifbare Gestalt bekam, zeigten sich die auf dasselbe gesetzten Hoffnungen als eitel. Allerdings wenn Jedermann seiner Pflicht mit demselben Enthusiasmus nachgekommen wäre, wie der reiche Albrecht Smiřický, dann wäre das Resultat ein glänzendes gewesen. Mit bewunderungswürdiger Schnelligkeit hob der junge Mann auf seinen Gütern an 1200 Mann aus, 90 von ihnen rüstete er als Reiter aus, die andern bewaffnete er wie das geworbene Fussvolk, versah sie mit allen Kriegsbedürfnissen, sorgte pünktlich für ihre ordentliche Verpflegung und zog mit ihnen selbst in das Lager, um unter Thurns Commando am Kampfe theilzunehmen.*) So wie Smiřický, so kamen unzweifelhaft noch einige andere Edelleute den Beschlüssen des Landtages nach und fanden sich mit ihren Dienstleuten und dem auf sie entfallenden Truppencontingente am Kriegsschauplatze ein. Die Mehrzahl handelte jedoch anders. Die Directoren klagten in einem Patente, dass der Adel des Landes statt sich am Sammelplatze mit seinem Gefolge einzustellen, nur Stellvertreter abschicke, armselige Knechte, die keinen Begriff von der Handhabung der Waffen hätten; selten komme ein oder der andere Recrut zu Pferde an, während doch die Reiterei so nothwendig sei.

Hatte schon die persönliche Theilnahmlosigkeit des Adels ihre bedenkliche Seite, so bekamen die Directoren bald noch mehr Grund zu Klagen. Nach dem Landtagsbeschlusse sollte das Landesaufgebot gehörig bewaffnet am Sammelplatze erscheinen; bei den ersten Zuzügen war dies der Fall, bei den späteren nahm es immer mehr ab und so fanden zuletzt in den Kreisstädten nur Ansammlungen von Menschen statt, von denen sich die Mehrzahl als unbrauchbar erwies, weil sie nicht im mindesten für den Krieg ausgerüstet war. Allein auch bei diesem

---

*) Skala II.

Mangel blieb es nicht. Für den Unterhalt des allgemeinen Aufgebotes waren von der Regierung keine Anstalten getroffen worden, da nach dem Landtagsbeschlusse jeder einzelne Herrschaftsbesitzer und jede Stadt selbst für ihre Mannschaft sorgen sollte. Angenommen jeder Herr hätte seine Pflicht gethan; welche heillose Unordnung musste trotzdem eintreten, wenn eine Truppenabtheilung mit Proviant, eine andere aber mit Geld versehen war und nicht wusste, wie sich die nöthigen Nahrungsmittel zu verschaffen. Aber dieser Fall einer vielleicht noch zu bewältigenden Verwirrung trat gar nicht ein; schon im Monate October erhoben die Directoren bittere Klage darüber, dass viele Edelleute ihr Contingent nicht nur ohne Waffen und Munition, sondern auch ohne Geld oder andere Hilfsmittel auf den Musterplatz abgeschickt hätten. Die Folge war, dass die allen Entbehrungen ausgesetzte Mannschaft wieder ausriss, sich in die dem Sammelplatze nahe gelegenen Orte plündernd verbreitete und von militärischem Gehorsam nicht viel wissen wollte. Die Directoren drohten die Güter der säumigen Zahler mit Execution zu belegen, eine jedenfalls unerwartete Verwendung der Mannschaft, die ursprünglich gegen den Feind bestimmt war.*)

So zeigte sich bald, dass die böhmischen Stände in dem Versuche, die Vertheidigung des Landes mit Hilfe des allgemeinen Aufgebotes zu fördern, einen unverzeihlichen Irrthum begangen hatten. In den kleineren Fehden des Mittelalters konnte ein Edelmann seine Vasallen aufbieten, sich mit mehreren Standesgenossen vereinen und rasch einen Streit ausfechten, ohne dass für die Verpflegung und Besoldung der Kämpfenden besonders grosse oder einheitliche Vorbereitungen nöthig waren. Die Concentration grösserer Truppenmassen forderte aber auch im Mittelalter umfassende Maassregeln, die von einem Mittelpunkte ausgehen mussten und nicht den kleineren Truppenabtheilungen überlassen werden durften. Noch weit mehr war dies im 17. Jahrhunderte der Fall, seit die Entwicklung der Feuerwaffen auch

---

*) Nähere Daten hierüber bei Skala und in den Acten des sächsischen Staatsarchivs.

einen eigenen Artilleriepark, Munitionsvorräthe u. s. w. in Anspruch nahm. Konnte ein vernünftiger Mensch glauben, dass die Bewaffnung, Verpflegung und Besoldung von etwa 30.000 Mann — auf diese Summe sollte sich das Aufgebot belaufen — der Zahlungsfähigkeit und Pünktlichkeit von 1400 Gutsherren und 42 königlichen Städten überlassen werden und dieser ganze Versuch anders als kläglich enden könne? Die ungeregelte Aufbietung der heimischen Kräfte hatte nur einen Sinn, wenn man einen Guerillakrieg führen wollte, allein das war vorläufig nicht die Absicht der Regierung.

Was sonach zu erwarten war, trat ein. Nachdem sich im Laufe des Monates September an den Sammelplätzen statt der erwarteten 30.000 Mann vielleicht nur 15—18000 eingestellt hatten und bei diesen binnen kurzer Zeit jegliche Unordnung und Noth ausgebrochen war, so dass sie sich zu einer Landplage entwickelten, fing man an zu begreifen, dass die rasche Entlassung des Aufgebotes das klügste sei, was man thun könne. Durch die schlesische Hilfe trat ohnedies eine entscheidende Vermehrung des böhmischen Heeres ein und so wurde im Laufe des October die Auflösung des Aufgebots verfügt. Nur jener Theil, der sich bei Pilsen angesammelt hatte, wurde länger beisammen gehalten und bei der Belagerung dieser Stadt verwendet. Mit Ausnahme der Dienste, welche diese Abtheilung leistete, bestand das Gesammtresultat des verunglückten Aufgebotes darin, dass viele Tausende kräftiger Arbeiter durch mehrere Wochen ihrer nützlichen Thätigkeit entzogen wurden und sich theilweise an ein zügelloses Leben gewöhnten.

Es ist wohl nicht zu bezweifeln, dass die meisten Directoren einen Theil der Schwierigkeiten, die mit dem Landesaufgebote im Zusammenhange standen, voraussahen und lieber zu einer Vermehrung der geworbenen Truppen gerathen hätten. Diesem stemmten sich jedoch die immer schwierigeren finanziellen Verhältnisse entgegen. Mit Ende August war man nicht mehr im Stande, den Truppen, die im Felde standen, den Sold rechtzeitig auszuzahlen; weder die über Michna verhängte Confiscation noch die Steuern, selbst wenn sie regelmässiger eingelaufen wären, reichten für die gesteigerten Bedürfnisse aus. Da man trotzdem eine Vermehrung der bewaffneten Mannschaft für nöthig hielt, weil man der schlesischen Hilfe noch nicht gewiss war, so hütete man sich, die Schwierigkeiten ins unendliche zu steigern und die Bezahlung des Landesaufgebotes auf die öffentlichen Cassen zu übernehmen. Es war das aber eine kurzsichtige Politik, die da glauben konnte, ein günstigeres Resultat zu erzielen, wenn man die Sorge für die Organisirung des Vertheidigungswesens dem guten Willen und der Pünktlichkeit von Tausenden überliess, anstatt die Regierung damit zu belasten.

Der Credit, der allein die grossen, augenblicklich nöthigen Summen herbeigeschafft hätte, war damals noch gar nicht ausgebildet und selbst für jene Zeiten stand Böhmen hinter andern Ländern zurück, da der Handel hier nur eine untergeordnete Rolle spielte. Die Directoren hatten von dem Landtage, der am 28. August zusammengetreten war, die Bewilligung neuer Steuern zur Befriedigung der geworbenen Truppen verlangt, wir wissen jedoch, dass die Stände diesen Gegenstand nicht einmal in Erwägung nahmen, sondern sich eilig aus Prag entfernten. Die Directoren geriethen in die grösste Verlegenheit und verfielen in derselben auf ein eben so sonderbares als armseliges Auskunftsmittel. Da sie die Städte erfolglos um ein Anlehen ersucht hatten, machten sie den Versuch, ob es ihnen nicht gelingen würde, bei der Bauernschaft ein besseres Resultat zu erzielen. Eine grössere Anzahl von Bauern, die im Rufe besonders günstiger Vermögensverhältnisse standen, wurden um ein Darlehen angesucht, aber vergeblich, denn die meisten schützten Armuth vor und so zeigte sich diese Maassregel nicht nur erfolglos, sondern diente auch dazu, den Credit der Stände auf das äusserste bloss zu stellen. Die steigende Geldnoth bewirkte, dass die Directoren zuletzt ihre Linderung durch Mittel versuchten, die einen türkischen Beigeschmack bekamen. Das erste Opfer dieser neuen Finanzpolitik war Adam Hrzan von Harasov. Da man wusste, dass er auf seinen Schlössern einige Capitalien erliegen habe, wurden dieselben gleichzeitig überfallen und das in ihnen aufbewahrte Geld mit Beschlag belegt. Die reichste Beute machte man auf dem Schlosse Rothenhaus, woselbst 118,000 Schock meissner Groschen gefunden wurden, für welche dem Eigenthümer eine Schuldurkunde ausgestellt wurde. Ein ähnlicher Streich wurde einem andern Edelmanne gespielt und ihm mehrere Tausend Dukaten auf gleiche Weise weggenommen. Von dem erbeuteten Gelde wurden 80,000 Thaler in das Lager zur Bezahlung des rückständigen Soldes abgeschickt.*) Der momentane Erfolg dieser Maassregel zog selbstverständlich den überwiegenden Nachtheil nach sich, dass jetzt Jedermann seine Ersparnisse ängstlich hütete und verläugnete.

IV

Nach dem Falle von Pilsen stand es in der Macht Thurns, Böhmen völlig von der Gegenwart der feindlichen Truppen zu befreien, wenn er sich mit allen seinen Streitkräften auf Buquoy warf. Statt jedoch dies zu thun und die bisherigen Erfolge zu vervollständigen, beschloss er, Hohenlohe mit einem Theile des Heeres bei Budweis zurückzulassen, ihm die Beobachtung Buquoy's zu übertragen und mit dem andern Theile nach Oesterreich vorzudringen. Am 25. November überschritt Graf Heinrich Schlick an der Spitze von 4000 Mann die österreichische Grenze, bemächtigte sich Zwettels und war so glücklich, einen Theil der von Dampierre in Böhmen gemachten Beute wiederzugewinnen. Des letzteren Truppen wurden überall zurückgeworfen, die Böhmen rückten unaufhaltsam bis Weitra vor und sandten von da zahlreiche Abtheilungen aus, welche die Gegend nach Proviant durchstreiften. Obwohl diese Abtheilungen nur bis auf einige Meilen von Wien vordrangen, so fing man schon an, in dieser Stadt einen Handstreich von Seite der Böhmen zu befürchten und geriet in grossen Schrecken. Die Bewohner der Umgegend und der Vorstädte flüchteten mit ihrer Habe in die innere Stadt, zwei Thore derselben wurden verschlossen gehalten und die Donaubrücke sorgfältig bewacht.**) Dampierre konnte nur wenig Schutz gewähren, denn seine Streitkräfte, die ein verlässlicher Bericht auf

---

*) Skala II.
**) Innsb. Statth.-Archiv. Arbeisless Schreiben dd. Wien 10. Dec. 1618.

2500 Mann angibt, reichten gegen die fast doppelte Stärke des Feindes nicht aus und so musste sich der auf den erworbenen Kriegsruhm nicht wenig stolze General zu seinem Grame auf die Defensive beschränken. Als Mathias die Nachricht von dem feindlichen Einbruche in Oesterreich vernahm, sagte er ohne besondere Gemüthsbewegung zu Ferdinand: „Ich höre, meine Böhmen spazieren mir gar ins Land herein." Wenig erbaut von dem Tone, mit dem der Kaiser diese Worte aussprach, erwiederte der König: „Sie kommen nur zu nahe herbei." *)

Als Thurn den Einfall in Oesterreich wagte, leitete ihn dabei nicht blos der Wunsch, dem Kaiser den grössten Schaden zuzufügen, sondern auch die Hoffnung, die österreichischen Stände zum Anschlusse an Böhmen zu bewegen, eine Annahme zu der ihn die Lage der Dinge im Erzherzogthum vollkommen berechtigte. Die feindliche Stimmung der österreichischen Protestanten gegen Mathias, die sich gleich im Beginne des Aufstandes geltend gemacht hatte, war seitdem nicht gewichen, sondern nur gewachsen und hatte namentlich bei den Niederösterreichern eine bedenkliche Höhe erreicht. Da auf die im Monate Mai**) überreichte Beschwerdeschrift durch vier Monate keine Antwort erfolgt war, beschlossen gegen Ende September 66 Mitglieder des Herrn- und Ritterstandes, dieselbe zu erzwingen, begaben sich deshalb nach Eberstorf, wo sich Mathias gerade aufhielt und bestürmten ihn so lange um eine Audienz, bis sie ihnen bewilligt wurde. Freiherr Christoph Andreas von Thonradel, der ^{25. Sept.}₁₆₁₈ hiebei das Wort führte, ermüdete den Kaiser durch seine lange Auseinandersetzungen so, dass ihn dieser bat, sich kurz zu fassen, da er krank sei und das Mittagmal seiner harre.***) Die Bittsteller entfernten sich und überreichten darauf ein Gesuch, das ihre Beschwerden erörterte.

Abermals vergingen vierzehn Tage, ohne dass eine Antwort auf das Gesuch erfolgt wäre. Die Bittsteller suchten neuerdings um eine Audienz an, da ihnen dieselbe aber wiederholt

---

*) Sächs. Staatsa. 9170, VII. Zeidler an Kursachsen dd. 9/19 Dec. 1618.
**) Seite 365.
***) Hurter, Ferdinand II, VII. 426.

abgeschlagen wurde, drohten sie, vor der Burg so lange knieen zu wollen, bis ihr Begehren erfüllt würde. Auf dies hin ertheilte der Kaiser die verlangte Audienz, wobei Thonradel wieder das Wort führte. Er klagte zuerst, dass die Concession vom Jahre 1609 vielfach verletzt worden sei und wollte sich darauf in eine detaillirte Begründung seiner Behauptung einlassen, als er abermals unterbrochen und im Auftrage des Kaisers von Herrn Paul Jakob von Stahremberg aufgefordert wurde, inne zu halten, weil er (Mathias) nicht wohl sei und nicht weiter zuhören könne. Mathias war von der Scene so aufgeregt und über die Heftigkeit Thonradels so erbittert, dass er sich noch am folgenden Tage gegen Žerotin, der sich gerade in Wien befand, darüber beschwerte. Wiederum verstrichen mehrere Wochen, bis endlich eine Erledigung der vorgebrachten Beschwerden erfolgte, die jedoch die Bittsteller nicht im mindesten befriedigte.*) Da nöthigte Ende November, also gerade in den Tagen des drohenden böhmischen Einfalles, die steigende Noth an Geld und Mannschaft den Kaiser zur Berufung des Landtages nach Wien. Was vorauszusehen war, erfolgte, die protestantischen Stände fanden sich zwar in Wien ein, weigerten sich aber, den Landtagssaal zu betreten, ehe ihren Beschwerden abgeholfen sein würde. Der Streit dauerte über 14 Tage und da die Protestanten nicht zur Nachgiebigkeit zu bewegen waren, sah sich der Kaiser, der ebenfalls nicht nachgeben wollte, zur Auflösung des Landtages genöthigt.**)

So war die Stimmung der Gemüther in Niederösterreich, als Thurn den Kriegsschauplatz dahin verlegte, und fast noch schlimmer für den Kaiser standen die Verhältnisse in Oberösterreich. Gotthard von Stahremberg, der sich bei dem prager Generallandtage so eifrig der Conföderation angenommen und dadurch den Zorn des Hofes auf sich geladen hatte, fand sich im böhmischen Lager ein, als Thurn die österreichische Grenze kaum überschritten hatte. Man deutete das Resultat der vertraulichen Ver-

---
*) Corr. Žer. Žerotin an Sletten dd. 9. Nov. 1618. — Londorp I, 643.
**) Sächs. Staatsarchiv. 9170, VII. Zeitung aus Wien dd. 30. Nov. — Ebend. Zeitung aus Wien dd. 5., 12. und 19. Dec. 1618.

handlungen zwischen Thurn und Stahremberg dahin, dass es eigentlich der letztere war, der über die Dislocation der böhmischen Truppen im Lande entschied.*) Die Directoren richteten gleichzeitig ein Schreiben an die oberösterreichischen Stände, in dem sie um ihre Allianz ansuchten und damit um die Vollendung jenes Werkes, das im Jahre 1615 bei dem Generallandtage vereitelt worden war. Einer von den Grafen Schlick ging, wie es scheint, nach Linz, um durch seine persönliche Fürsprache der Bitte mehr Nachdruck zu geben. Es bedurfte nicht allzugrosser Anstrengung, um die bei den Ständen nur zu sehr vorhandene Neigung zu einer entsprechenden Aeusserung zu bringen. Denn trotzdem ihnen vom Kaiser jeder directe schriftliche Verkehr mit den Böhmen verboten worden war, beachteten sie das Verbot so wenig, als wenn es gar nicht gegeben worden wäre. Unter dem Vorwande, dass sie die Kriegsgefahr von ihrem Lande abwenden müssten, beschlossen sie, die gleich nach dem Ausbruche des böhmischen Aufstandes geworbenen Truppen um weitere Tausend Mann zu vermehren und legten einen Verhau bei Freiwald an, durch den nicht sowohl den Böhmen das Eindringen nach Oesterreich erschwert, sondern Buquoy auf seiner Rückzugslinie bedroht wurde. Dass dies letztere allein die Absicht der Oberösterreicher war, zeigte auch noch die Anlage einer Schanze an der Donau bei Engelhartszell, durch welche allfällige Truppenzüge aus Baiern, die für den Kaiser bestimmt sein konnten, am Weitermarsche gehindert werden sollten.

Als sich nun ungefähr in der Mitte December der Ausschuss der oberösterreichischen Stände wieder in Linz versammelte, schickte Mathias einen eigenen Gesandten an denselben, um die Stände zur Rücknahme aller dieser gegen ihn gerichteten Massregeln zu bewegen. Allein der Ausschuss wollte weder von der Entfernung des betreffenden Verhaus, noch von der Abtragung der Schanze etwas wissen und lehnte auch jede Unterstützung des Kaisers mit Geld und Truppen ab.**) Eine Deputation, die

---

*) Sächs. Staatsarchiv 9170. Lebzelter an Schönberg dd. 1/11. Dec. 1618 Prag.

**) Sächs. Staatsarchiv 9170, VII. Zeidler an Knrsschsen dd. 9/19. Dec. 1618.

eigens nach Wien deshalb abgeschickt wurde, setzte den Hof
in Kenntniss von den gefassten Beschlüssen. Gleichzeitig wurde
von den Oberösterreichern eine zweite Deputation nach Horn abgesendet, wo dieselbe mit einem Theile der niederösterreichischen
Stände, so wie mit einer ungarischen Deputation, an deren Spitze
sich der Palatin Forgach selbst befand, zusammentraf. Ueber das
Detail der zu Horn gepflogenen Berathungen sind wir nicht hinreichend unterrichtet, wir wissen nur so viel, dass man über ein
Bündniss zur Vertheidigung der protestantischen Interessen unter-
handelte, was, wenn es zu Stande kam, gleichbedeutend mit dem
Anschlusse an Böhmen war. So traten auch bereits die Ungarn
aus ihrer Passivität heraus. *)

Ein entscheidender Entschluss ist jedoch in Horn nicht gefasst worden und die Stimmung der Gemüther in Oesterreich,
die fast stündlich einen offenen Anschluss an den Aufstand erwarten liess, reifte noch zu keiner That. Die Ursache lag wohl
daran, weil man den letzten Anstoss von Mähren erwartete. Dahin
war gegen Ende November Tschernembl, nach Gotthard von Starhemberg der bewährteste Führer der Oberösterreicher gereist, um
sich mit Žerotin zu besprechen; der Landtag selbst sollte am 15. December in Brünn zusammentreten, um wegen der böhmischen
Angelegenheit einen Beschluss zu fassen. Vielfache Anzeichen
deuteten darauf hin, dass sich in der bisherigen Haltung der
Markgrafschaft ein Umschwung vorbereite. In Erwartung desselben begnügten sich die Oesterreicher noch mit der blossen
Zuschauerrolle und dies um so mehr, als Thurn selbst das Erzherzogthum verliess, um sich in Brünn bei der Eröffnung des
Landtages einzufinden und durch seine Gegenwart die Entscheidung herbeizuführen.

In der That war ein bedeutender Umschwung in Mähren
im Anzuge. Schon als die mit Žerotin im Monate September
nach Prag abgeschickten Gesandten nach Hause zurückkehrten
und über ihre Sendung vor einer zahlreichen ständischen Zusammenkunft in Brünn Bericht erstatteten, wehte daselbst ein
für den Hof ungünstiger Wind; denn die Versammlung beschloss,

---

*) Sächs. Staatsa. 9170, VII. Zeitung aus Wien.

den Kaiser zu ersuchen, alle ihm von den Böhmen zugefügten Beleidigungen zu vergessen und was die Hauptsache war, ihn um die Verschonung des Landes mit weiteren Truppendurchzügen zu bitten.*) Da die Versammlung keine weiteren Beschlüsse, 8. Nov. wie sie wohl gerne gewollt hätte, fassen durfte, weil diese in die alleinige Competenz des Landtages gehörten, so baten die Mitglieder um eine baldige Berufung desselben. Die Bitte wurde erfüllt und der Landtag auf den 15. December einberufen. Am Hofe war man auf das äusserste besorgt, dass derselbe einen üblen Verlauf nehmen und Mähren, das Beispiel der Schlesier befolgend, sich endlich auch den Böhmen anschliessen werde.

Der allgemeinen Ueberzeugung gemäss hing auch diessmal die Haltung des mährischen Landtages von Žerotin ab. Hatte man ihn schon früher von Seite des kaiserlichen Hofes mit ausgezeichneter Rücksicht behandelt, so war dies jetzt noch mehr der Fall; man wurde nicht müde, ihn um Rath zu fragen: was dem Landtage für Propositionen zu machen, wie die Verhandlungen zu leiten seien und ob Ferdinand sich in Brünn als Stellvertreter des Kaisers einfinden solle oder nicht. Andererseits wurde Žerotin auch von der gegnerischen Seite nicht vernachlässigt, es wurden im Gegentheile alle Hebel in Bewegung gesetzt, um ihn von seiner, wie man allgemein annahm, unnatürlichen Verbindung zu trennen. Tschernembl eröffnete den Reigen, indem er sich Ende November bei Žerotin in Trebitsch zum Besuche einfand, und man kann sich denken, wie sehr er sich angestrengt haben mag, um seinen Wirth für die böhmische Sache zu gewinnen. Die Rathschläge Tschernembls fanden gleichzeitig eine Unterstützung durch den Markgrafen von Jägerndorf und durch den Grafen Thurn,**) die beide Žerotin brieflich ersuchten, er möchte doch endlich durch seinen Einfluss die Verbindung zwischen Böhmen und Mähren herbeiführen. Hartwig von Stietten, des Markgrafen vertrauter Rath, erinnerte auf Befehl seines Herrn noch überdies den vielumworbenen Mann an eine Aeusserung, die er vor einigen Monaten in Wien

---

*) Brünner Landesarchiv. Landtagsverhandlungen.
**) Corr. Žer. Žerotin an Stietten dd. Rossitz den 8. Dec. 1618.

gethan hatte und die dahin lautete, dass, wenn sich Schlesien den Böhmen anschliessen würde, dies auch auf die Mährer bestimmend einwirken würde. Der Anschluss sei erfolgt und sonach möge Mähren nicht länger zögern, dem gegebenen Beispiele zu folgen.

Allein Zerotin blieb allen diesen mündlichen und schriftlichen Mahnungen von Seite der Freunde des Aufstandes unzugänglich; der Entschluss, für den Frieden zu arbeiten und dem Hause Habsburg keinen Nachtheil zuzufügen, wurde in ihm nicht wankend gemacht und es scheint, dass die Tiefe und Lauterkeit seiner Ueberzeugung selbst auf Tschernembl einen momentanen Eindruck ausgeübt habe, wenigstens behauptete Zerotin, dass sein Gast in Trebitsch seiner Haltung die alte Achtung nicht versagt habe.*) Dem Markgrafen von Jägerndorf erörterte er in einem umständlichen Schreiben die mannigfachen Gründe für sein Verhalten, die allesammt darauf hinausgingen, dass ein Anschluss Mährens an Böhmen den Frieden nur verzögern würde. Von grossem Interesse ist dabei eine Bemerkung, die Zerotin bezüglich der Katholiken machte. Er meinte, man solle nicht glauben, dass sich „der Kaiser und die Katholiken durch den Anschluss Mährens an Böhmen schrecken und zu einem solchen Ausgleiche, wie man ihn begehren möchte, zwingen lassen würden," im Gegentheile würden sie dadurch „in eine solche Desperation oder besser davon zu reden, in eine so grimmige Entschlossenheit gerathen, dass nicht allein dieses Land, sondern alle umliegenden Länder, ja das ganze Reich zu ihrem letzten Ende und völligen Untergange gebracht werden müssten."**)
— An Hartwig von Stietten aber schrieb er, dass er sich der ihm in den Mund gelegten Aeusserung nicht erinnere; wenn er sie ja gethan habe, so könne sie nur den Sinn gehabt haben, dass, wenn Schlesien sich den Böhmen anschlösse, dies auf Mähren insofern bestimmend einwirken würde, als es dann mit doppeltem Eifer für den Frieden wirken müsste. ***)

*) Corr. Žer. Žerotín an Tiefenbach dd. 26. Nov. 1618, Trebitsch.
**) Corr. Žer. Žerotín an Stietten dd. 4. Jan. 1619, Trebitsch.
***) Corr. Žer. Žerotín an den Markgrafen von Jägerndorf dd. 29. Nov. 1618, Trebitsch.

Dieser beharrliche Friedenseifer Žerotins hatte zur Folge, dass jene, die sich vergeblich um seinen Anschluss bewarben, die Lauterkeit seiner Gesinnungen anzuzweifeln begannen. Herr von Tiefenbach berichtete ihm, dass im protestantischen Lager sonderbare Gerüchte über ihn herumgingen. In der That rümpfte man über ihn die Nase, dass der Hof ihn stets früher in Kenntniss von den Propositionen setze, die am Landtage verhandelt werden sollten und ihn um seine Meinung befrage, und dass so übel berüchtigte Personen, wie Michna, zu ihm reisten und mit ihm Berathungen pflogen; man spottete seiner Kurzsichtigkeit, dass er sich wie ein Vogel fangen lasse und ähnliches mehr. Žerotin empfand diese Nadelstiche und Seitenhiebe bitter und wie hätte es auch anders sein können, da er die Achtung jener, die ihm bisher auf seiner Laufbahn am nächsten gestanden waren, schwinden sah und die ehrenrührigsten Beschuldigungen gegen ihn erhoben wurden. Doch machte ihn auch dies nicht wankend. In seiner Antwort an Herrn von Tiefenbach bemerkte er: „Es ist eine wunderseltsame Sache, dass man mit mir so übel zufrieden ist, da ich doch bisher nichts anderes gethan, als zum Frieden gerathen, denselben mit allem Fleisse und Ernste gesucht und befördert und weder in Werken noch in Worten etwas verbrochen habe. So habe ich mich auch gegen die Böhmen nie erklärt, nie als Gegner erzeigt, nie gesetzt, ihnen in ihrer Sache nie unrecht gegeben; die Art, wie sie dieselbe verfechten, zwar nicht gebilligt, aber sie auch deswegen nie angefeindet." *)

Weder kränkende Anschuldigungen, noch freundschaftliche Bitten bewogen also Herrn von Žerotin, von dem betretenen Wege abzuweichen. Seine Aufmerksamkeit war in den folgenden Tagen auf den bevorstehenden brünner Landtag gerichtet, damit sich derselbe nicht von der Bewegung hinreissen lasse. In Wien war man, wie oben angedeutet wurde, sehr besorgt und hielt es deshalb für das beste, wenn Ferdinand neuerdings als Stellvertreter des Kaisers in Brünn erscheine. Žerotin, um seinen Rath befragt, schrieb an den König, dass nichts besonderes zu

---

*) Corr. Žer. Žerotin an Herrn Friedrich von Tieffenbach dd. Trebitsch den 26. Nov. 1618.

befürchten sei, und dass es ein allerdings zu billigendes Uebermass von Klugheit sei, wenn er sich bei dem Landtage einfinden würde.*) Der Cardinal Dietrichstein war gleicher Meinung und so begab sich Ferdinand, der es an einer selbst überflüssigen Vorsicht nicht mangeln lassen wollte, auf den Weg. Allein er war noch nicht weit gekommen, als ihn ein Warnungsschreiben des Cardinals traf, das ihn von der Fortsetzung der Reise abmahnte. Zerotin hatte mittlerweile von der Sachlage eine andere Anschauung gewonnen und begann zu fürchten, dass die Böhmen einen Handstreich gegen Ferdinand auf seiner Hin- oder Rückreise von Brünn versuchen könnten, sei es durch einen heimlichen Ueberfall, sei es durch einen plötzlichen Einfall in Mähren. Er verständigte den Cardinal von seinen Befürchtungen und dieser wieder den König, welcher sich darauf zur Rückkehr nach Wien entschloss.**)

In der That war mehr als ein Grund vorhanden, um dessentwillen Ferdinand nicht umhin konnte, Brünn zu meiden, denn abgesehen von der Gefahr eines Handstreiches gegen seine Sicherheit stand auch noch zu bedenken, ob er an einem und demselben Orte mit Thurn zusammenkommen könne. Von böhmischer Seite hatte man sich entschlossen, eine Deputation nach Brünn abzuordnen, um die Stände auf das ernsteste um den Anschluss zu ersuchen. Die Personen, die für diese Sendung auserwählt wurden, waren Paul von Říčan, Ulrich von Gersdorf und Smil von Michalowic. Ihnen auf dem Fusse folgte aber auch Graf Thurn, der sich in Begleitung einer Reiterescorte plötzlich aus Oesterreich nach Mähren begab, um durch sein persönliches Erscheinen die Stände mit sich fortzureissen. Die Aufregung, welche das Erscheinen des Grafen in Brünn verursachte, war ausserordentlich und löste die Zungen des protestantischen Theiles der Stände in einer Weise, dass die Katho-

---

*) Wiener Staatsarchiv. Boh. V. Žerotin an Ferdinand dd. Rosslts den 29. Nov. 1618. — Ebendaselbst. Cardinal Dietrichstein an Ferdinand dd. 6. Dec. 1618.

**) Corr. Žer. Žerotin an Dietrichstein dd. 6. Dec. 1618. Rosslts. — Sächs. Staats. 0170, VII. Zeitung aus Wien dd. 19. Dec. 1618. — Skala II, 552.

liken vor Schrecken wie gelähmt waren und schon einer Wiederholung des prager Fenstersturzes entgegen zu gehen glaubten. Fabricius, der sich seit einigen Wochen in Brünn häuslich niedergelassen hatte, wollte nicht zum zweitenmale Gefahr laufen und floh aus der Stadt. Michna, der gut wusste, dass man seinen Collegen im Secretariat nur deshalb aus dem Fenster geworfen hatte, weil er selbst nicht zur Hand war, folgte seinem Beispiele und stellte zur grösseren Sicherheit seine Flucht in geistlicher Kleidung an.*)

Als königliche Commissäre fanden sich bei der Eröffnung des brünner Landtages die Herren Heinrich von Kolowrat und Friedrich von Talmberg ein, von hervorragenden Katholiken und Häuptern der kaiserlichen Partei waren der Fürst von Liechtenstein, der Kanzler Lobkowitz und der Cardinal Dietrichstein zugegen, selbstverständlich fehlte auch Žerotín nicht. Die Verhandlungen nahmen gleich im Beginne eine stürmische Wendung, da die Protestanten von nichts anderem hören wollten, als von einem raschen Anschlusse an die Böhmen, deshalb die Gemeinschaft mit den Katholiken abbrachen und eigene Berathungen hielten. Žerotín wurde Anfangs in die Versammlung seiner Glaubensgenossen nicht einmal zugelassen, zwei Tage lang währte seine Ausschliessung. Als man ihn endlich doch in den Kreis jener berief, die ihn früher als ihr Orakel betrachtet hatten, blieb er sich unbeugsam treu und bot seine ganze Beredsamkeit auf, um den Anschluss an Böhmen zu verhindern. Abermals entschied sein Wort, die Protestanten liessen sich von seinen Argumenten so weit besänftigen, dass sie sich wieder ihren katholischen Standesgenossen anschlossen und damit begnügten, dem Kaiser energisch einen friedlichen Ausgleich mit Böhmen anzurathen. So erlitt trotz Thurns Anwesenheit, der übrigens nur ganz kurze Zeit in Brünn weilte, die böhmische Sache zuletzt eine Niederlage.**)

Die Katholiken befreite die glimpfliche Beendigung des

---

*) Sächs. Staatsa. 9170, VII. Zeidler an Kursachsen dd. 16/18. Dec. 1618 Wien.
**) Corr. Žer. Žerotín an Stielten dd. 4. Jan. 1619, Trebitsch.

Landtags von einer Centnerlast; selbst Žerotin, der Anfangs keine Gefahr für seine Politik befürchtet hatte, bis er sich zuletzt gar sehr vom Gegentheile überzeugte, freute sich des schwer erkämpften Sieges und beglückwünschte Ferdinand über den Ausgang der Verhandlungen. Der Kaiser und sein Nachfolger dankten in eigenen Schreiben dem Manne auf das angelegentlichste, von dem sie ehedem solche Dienste nicht im Traume erwartet hatten und bezeugten ihre Dankbarkeit in einem Geschenke. Welcher Art dasselbe gewesen, ist nicht weiter bekannt, es dürfte indessen kaum etwas anderes, als ein kostbares Kunstwerk gewesen sein, dessen Hauptwerth nicht so sehr in Gold oder Juwelen, sondern in der besonders gnädigen Weise bestand, mit der es Žerotin von seinem Monarchen zugeschickt wurde. Auf letzteren machte diese Aufmerksamkeit und der überaus freundliche Ton der Begleitschreiben einen für uns überraschenden Eindruck, denn seine Antwort an Mathias und Ferdinand überschritt in ihren Versicherungen das Maß gewöhnlicher Ergebenheit und ergoss sich in den feurigsten Dienstesanerbietungen für die Zukunft. An Ferdinand insbesondere schrieb er: „Die mir erwiesene hohe Gnade überhöhet nicht allein meine Verdienste, wofern einige vorhanden, sondern auch alle Hoffnung, die ich mir jemals hätte machen können, etwas dergleichen bei Euer Majestät zu erlangen. Denn was meine Augen darin ersehen, ist mir Gnad und über Gnade und eine Gnade über die andere, also dass ich weder Worte noch Gestalt finde, Euer Majestät genugsam zu danken ... Gott, der in E. M. königliches Herz eingegeben, dass sie ihr diesen meinen Dienst, wie schlecht er auch gewesen, gefallen haben lassen, wolle dasselbe hinfüro also leiten und regieren, dass nicht weniger die künftigen (Dienste), die ich noch verhoffe mit seiner Hilfe und Gnade E. M. zu thun, von ihr in Gnaden aufgenommen werden mögen."*)

---

*) Wiener Staatsa. Žerotin an Ferdinand dd. 22. Dec. 1618. — Corr. Žer. Žerotin an Meggau dd. 10. und 18. Jan. 1619. — Žerotin an Mathias dd. 10. Jan. — Žerotin an Eggenberg dd. 10. Jan. — Žerotin an Ferdinand dd. 10. Jan. 1619 Olmütz.

Die Entscheidung in Brünn war für das Gelingen des böhmischen Aufstandes der grösste Schlag, weil sie offenbar für die Haltung der Oesterreicher massgebend war. Hätten sich die mährischen und oberösterreichischen Truppen mit Thurn verbunden, so wäre der Kaiser in seiner Residenz eingeschlossen und verloren gewesen, denn er hätte der feindlichen Armee, die in ihrer Vereinigung etwa 10.000 Mann gezählt hätte, kaum mehr als die 2000 Mann Dampierre's entgegenstellen können, da Buquoy durch Hohenlohe's Truppen in Schach gehalten wurde. Alle Hilfe, die ihm von Deutschland, Italien, Spanien, Flandern und sonstwo zu Theil werden konnte und seinem Nachfolger wirklich zu Theil wurde, kam dann zu spät. Die fortdauernde Neutralität Oesterreichs und Mährens bewirkte dagegen, dass Thurn im Erzherzogthum an keine grosse Unternehmung, namentlich nicht an eine Ueberschreitung der Donau oder einen Angriff gegen Wien denken konnte und sich auf die Besetzung von Zwettel beschränken musste. Auch trat die schlechte Jahreszeit allen Kriegsoperationen hemmend entgegen, so dass Mathias auf alle Fälle keine Gefahr zu befürchten hatte, solange die Mährer und Oesterreicher in ihrer Unentschlossenheit verharrten. Die grösste Sorge verursachten dem Hofe jetzt die Truppen Buquoy's, da deren vollständige Vernichtung im Bereiche der Möglichkeit lag. Die allgemeine Aufmerksamkeit richtete sich wieder auf den Kriegsschauplatz im südlichen Böhmen.

Als Thurn Ende November mit einem Theile seines Heeres nach Oesterreich abrückte, hatte es Buquoy nicht mehr wie früher mit einem überlegenen Feinde zu thun, doch besserte sich seine Lage deshalb nicht. Der Mangel an Proviant, an dem er schon seit dem Beginne des Feldzuges gelitten hatte, machte sich bei ihm jetzt um so fühlbarer, da er auf einen engeren Raum beschränkt war und ihm die Zuzüge aus Oesterreich abgeschnitten wurden. Buquoy wollte sich deshalb gegen die Donau zurückziehen, weil er seine Lage für zu gefährdet ansah und begann mit Hohenlohe, der ihm gegenüber stand, Verhandlungen, in denen er für einen . . . . die Räumung des Landes und die Uebergabe . . . . anbot. Da ein Uebereinkommen

nicht erzielt wurde, weil Hohenlohe den Feind ganz vernichten
zu können hoffte, wollte sich Buquoy durch eine Kriegslist
retten, wurde aber bei dem Versuche geschlagen, erlitt einen
weiteren Verlust von 1000 Mann und wurde noch enger als früher
in Budweis eingeschlossen. Hohenlohe wollte den Erfolg durch
einen Angriff auf Krummau vervollständigen, aber er erlitt
dabei selbst eine Schlappe. Buquoy benützte diesen kleinen Sieg
nicht weiter, sondern gab den Versuch auf, sich nach Oesterreich zurückzuziehen, doch hielt er sich nicht ruhig, sondern
ermüdete den Feind durch tägliche Ausfälle, indem er sich
zugleich durch Streifzüge in mehr oder weniger weite Entfer-
nungen die nöthigen Lebensmittel verschaffte.

So war das Jahr 1619 herangekommen und damit die
Gefahr einer vollständigen Niederlage für Buquoy in grössere
Ferne gerückt, denn über das böhmische Heer brachen jetzt so
verheerende Krankheiten ein, dass seine numerische und
moralische Ueberlegenheit beträchtlich zusammenschrumpfte.
Schon im December 1618 litt es nicht wenig in Folge der
schlechten Witterung und der Anstrengungen des Feldzugs,
noch weit schlimmer gestalteten sich aber die Verhältnisse
im Januar, obwohl das Heer nicht auf einem engen Raume
concentrirt war, sondern der leichteren Verpflegung wegen
über eine weite Strecke zerstreut wurde. Der grösste Theil
lag zwischen Zwettel und Budweis, während einzelne Abtheilungen in Neuhaus, Soběslau, Tabor und Böhmischbrod
untergebracht waren. Das Hauptquartier selbst war in Rudolf-
stadt.*) Man berechnete den Verlust, den die Böhmen hauptsächlich durch Krankheiten bis Mitte Januar 1619 erlitten hatten,
auf 5000 Mann, während der Verlust der Schlesier auf 500
Mann angegeben wurde. Was die Krankheit betrifft, unter der
die überlegene Kraft der Böhmen dahingerafft wurde, so war
sie nach der Beschreibung der Quellen ein überaus rasch ver-
laufendes Nervenfieber; die davon Betroffenen bekamen heftige
Kopfschmerzen, Ohrensausen, die Glieder schwollen ihnen an,

---

*) Wiener Staatsarchiv. Untersch. Acten V. Aus dem böhmischen Win-
terlager.

Zunge und Gaumen waren entzündet und trocken. Auch die folgenden Wochen brachten keine Erleichterung, die Sterblichkeit dauerte bis zum Frühjahre mit gleicher Heftigkeit fort, so dass der böhmische Verlust gegen Ende Februar schon auf 8000 Mann veranschlagt wurde, zwei Drittel der Armee waren also zu Grunde gegangen. Graf Thurn war in Verzweiflung über diesen unsäglichen Jammer, für den er keine Hilfe wusste. Von den schlesischen Hilfstruppen trugen gegen Ende März nur noch 500 Mann die Waffen, der Rest war gestorben oder lang krank darnieder. Manche Compagnien waren auf den zwanzigsten Theil ihres früheren Bestandes reducirt. Soldaten und Officiere verliessen aus Furcht vor dem pestartig um sich greifenden Uebel ihre Lagerplätze und eilten nach Prag, um da für wirkliche oder vorgeschützte Krankheiten Heilung zu suchen, so dass es in den Strassen der Hauptstadt bald kriegerischer aussah als in der Nähe des Feindes.*) Durch strenge Strafbestimmungen von Seite der Directoren musste ihnen wieder die Rückkehr zu ihren Fahnen anbefohlen werden. Kann es Wunder nehmen, wenn die böhmischen Truppen unter solchen Verhältnissen ihre Kriegslust einbüssten, und meinten, ihre Generale verständen nicht das Handwerk, da sie nach so glücklichen Erfolgen und nachdem sie dem Grafen Buquoy solche Schläge beigebracht hatten, seiner nicht Herr werden könnten.

Was das kaiserliche Heer betrifft, so waltete über demselben Anfangs ein günstigeres Schicksal, noch im Januar wurde die Stärke Buquoy's auf 5000 Mann angegeben, eine Ziffer welche beweist, dass er mit den Seinigen durch Krankheiten nur unbedeutend heimgesucht worden war. Im Februar verschlechterten sich jedoch die Verhältnisse auch für ihn und die Sterblichkeit erreichte in Budweis, wo sich das Gros seiner Armee befand, eine erschreckende Höhe, die unter den Sol-

---

*) Die Acten im .... Grünthal an Kursachsen dd. 16 26. Febr. Prag .... Briefe. Ferner Münchner Reichsarchiv 40, ... Bruder dd. 9. Febr. 1619. — Münchner .... aus einem Schreiben aus Linz. —

daten, noch mehr aber unter den Bürgern aufräumte. Dennoch scheint es, als ob die Verluste Buquoys im Verhältnisse zu den böhmischen minder schwer gewesen seien, worauf vielleicht die besseren Quartiere, wie sie in Budweis und Krummau zu finden waren, einigen Einfluss ausgeübt haben. Jedenfalls büsste er keinen Augenblick den moralischen Muth ein, denn er quälte die Böhmen mit unablässigen Angriffen. Zu gleicher Zeit war er darauf bedacht, frische Kräfte an sich heranzuziehen und suchte, da er auf solche von Oberösterreich her nicht hoffen konnte, sich einen Weg durch den Böhmerwald nach Passau zu eröffnen. Er bemächtigte sich zu diesem Ende der alten Handelsstrasse, des goldenen Steigs, räumte die furchtbaren Hindernisse, welche die Natur jedem Verkehre im Winter daselbst entgegensetzt, glücklich weg und eröffnete dadurch 2000 Fussknechten, die der Kaiser mittlerweile in Vorderösterreich geworben hatte, den Weg nach Krummau.*) Damit ersetzte er hinreichend alle Verluste, die er durch Krankheit erlitten haben mochte und behauptete sich in der Stärke, die er im Januar innegehabt. Die Böhmen, die mittlerweile durch neue Werbungen ebenfalls ihre Lücken zu füllen versuchten, wehrten nur mühsam seine Angriffe ab und konnten nicht einmal hindern, dass Dampierre über die österreichische Grenze hervorbrach und seine Streifzüge bis tief in das Land ausdehnte.

Die Leiden, welche über das beiderseitige Kriegsheer im Winter hereinbrachen, sind jedoch kaum ein Schatten von jenen, unter denen die südlichen Gegenden des Landes seufzten. Thurn und Hohenlohe deckten ihren Bedarf an Proviant zu einem guten Theile durch Requisitionen, da aber von den Gutsbesitzern am Kriegsschauplatze kaum ein Drittel des Geforderten abgeliefert werden konnte, so wurde der Rest des Bedarfes regelmässig durch Plünderungen aufgebracht. Die Bauern verloren entweder ihr gesammtes Hab und Gut und gingen im Elend zu Grunde oder sie flüchteten mit dem Reste ihres Besitzes in die entfernteren Theile des Böhmerwaldes, und liessen ihre Hütten leer stehen, die dann von den Soldaten niedergerissen

---

*) Skala III, 25.

und als Brennmaterial verwendet wurden. Und was der Freund nicht verdarb, das richtete der Feind zu Grunde. Denn während die böhmischen Truppen nur ihre Bedürfnisse zu decken suchten, brachte Buquoy die Verödung des Kriegsschauplatzes in ein förmliches System. Die Orte, welche von den kaiserlichen Soldaten ausgeplündert worden waren, wurden von ihnen absichtlich niedergebrannt und die bäurische Bevölkerung schutz- und hilflos in die Welt hinausgetrieben. Man berechnet, dass im prachiner Kreise allein über 200 Dörfer bis zum März 1619 auf diese Weise vernichtet worden sind. *) Der furchtbare Jammer, der so das südliche Böhmen traf und es in eine Wüste zu verwandeln drohte, rief in Prag die grösste Bestürzung hervor und verursachte sogar die Directoren zur Absendung einer Klagschrift an den Kaiser. Man mag in Wien keine geringe Genugthuung empfunden haben, als das Schreiben der Directoren ankam; doch fand es scheinbar Beachtung, denn Buquoy erhielt den Befehl, mit mehr Mässigung aufzutreten; selbstverständlich blieb aber alles beim alten. **) Der eigentliche Krieg hatte jedoch seit dem Beginne des J. 1619 aufgehört und Verhandlungen aller Art nahmen die ersten Monate dieses Jahres in Anspruch, bevor der zweite Waffengang sie wieder zum Abschluss brachte.

---

*) Skala III, 52.
**) Sächs. Staatsa. 9170, VIII. Zeidler an Karrschaen dd. 18/28. Januar Wien 1619. Ebend. Lebzelter an Schönberg dd. 11/21. Jan. 1619 Prag. Amsterdam Skala III und zahlreiche Acten verschiedener Archive.

Achtes Kapitel.

Die letzten Ausgleichsversuche. Des Kaisers Tod.

I Christoph von Dohna in Turin (Oct. 1618). Der Herzog von Savoyen wünscht den Abschluss einer umfassenden Allianz. Versammlung der pfälzischen Staatsmänner in Krailsheim. Dem Pfalzgrafen wird die böhmische Krone angeboten. Mansfeld und Neu in Turin. Plan zur Zertrümmerung der österreichischen Monarchie. Christoph von Dohna in England. Jakob I im Schleppzug der spanischen Politik.

II Waldstein in Prag und Dresden. Widerstand Maximilians von Baiern gegen jeden Antheil an der Interposition. Seine endliche Zusage. Bedingungen derselben. Verhandlungen Kuraschems mit Böhmen wegen des Waffenstillstandes. Stimmung in Prag. Verschiebung des Waffenstillstandes bis zum Beginn der Ausgleichsverhandlungen zu Eger am 14. April.

III Landtag in Prag (18. März 1619). Erneuerte Anordnung des Aufgebots. Steuerbewilligungen. Das Confiscations- und Aemterdecret. Verhalten des Landtags gegenüber der Interposition. Mathias und die Niederösterreicher. Des Kaisers Tod (20. März 1619).

I

Man erinnert sich, in welcher Weise der Herzog von Savoyen den Böhmen seine Hilfe durch pfälzische Vermittlung zu Theil werden liess. Das kurfürstliche Kabinet hatte die dargebotene Hand mit Freuden ergriffen, den Marsch Mansfelds nach Böhmen vermittelt und darauf die Absendung eines eigenen Gesandten nach Turin beschlossen,*) der die Allianz mit dem Herzog von Savoyen noch enger knüpfen und auf Venedig erweitern sollte. Mit dieser Mission wurde der Burggraf Christoph von Dohna betraut, der mit seinem Bruder Achatz schon seit mehreren Jahren dem pfälzischen Hofe in diplomatischen Angelegenheiten

---

*) Bernburger Archiv. Reg. VI. B. IV. Vol. XXV. Anhalts Schreiben dd. 25 Aug., 26. Aug., 1. Sept. und 11. Oct. A. St.

gute Dienste geleistet hatte. Christoph von Dohna kam Anfangs October in Turin an und sollte seinem Auftrage gemäss den Herzog Karl Emanuel um eine Vermehrung der mansfeldischen Truppen ersuchen, sowie mit seiner Unterstützung Verhandlungen mit Venedig einleiten, auf dass letzteres sich zu einer Geldhilfe von etwa 300.000 Dukaten verstehe. Insoweit es auf die persönliche Stimmung des Herzogs ankam, war Dohna mit der ihm zu Theil gewordenen Aufnahme sehr zufrieden. In wiederholten Audienzen, die Karl Emanuel dem Gesandten zu Theil werden liess, gab er seinem Hass gegen die Habsburger einen unverhüllten Ausdruck und betonte mehr als einmal, dass er nur in der Aussicht auf die Vernichtung der habsburgischen Macht in Böhmen und Deutschland sich zu einem Opfer entschliessen könne, aber um dieses Zieles willen nicht geizen wolle und sollte er „sein Hemd vom Leibe zusetzen."*) Dabei zeigte er sich für die Pläne des Pfalzgrafen sehr günstig gestimmt und sprach den Wunsch aus, dass ihm die Krone von Böhmen zufallen möge; da er jedoch die Schwierigkeiten des Kampfes nicht unterschätzte, wollte er ihn nicht auf seine eigenen Schultern und die einiger wenig vermögenden Verbündeten wälzen, sondern einen wahren Kreuzzug gegen den gemeinsamen Gegner organisiren. Zu diesem Behufe verlangte er die Betheiligung Englands, Frankreichs, Hollands und Venedigs, berechnete die allfällige Beitragsleistung eines jeden dieser Staaten auf 25 bis 30.000 Dukaten monatlich und erbot sich selbst zu dem halben Betrage. Wie ernst er es mit diesem Vorschlag meinte, zeigte sein Verlangen, dass Sir Isaac Wake, der sich an den Verhandlungen zwischen dem Herzoge und Dohna mit aufrichtiger Hingebung für die pfälzische Sache betheiligte, nach Hause reise und bei Jakob I den Anschluss an das gemeinsame Bündniss vermittle. Von den Entschliessungen dieses Königs machte er dann seine fernere Hilfeleistung sowie die weitere Bezahlung der mansfeldischen Truppen abhängig.

Als Dohna's Bericht über die Anschauungen und Forde-

---

*) Münchner Staatsarchiv 548/9 Dohna an Kurpfalz dd. 5/15 Oct., an Anhalt dd. 5/15 Oct. Turin. — Relation Dohna's dd. 2/12 Nov. Ebend. $\frac{115}{4}$ Wake an Kurpfalz dd. 21/31 Oct. Turin.

rungen des Herzogs in Heidelberg anlangte, ärgerte man sich
daselbst und glaubte, dass der letztere alles auf die lange Bank
schieben wolle, da er seine dauernde Theilnahme an der Bekämpfung der Habsburger von dem Zustandekommen einer grossen
Liga abhängig mache. Die folgenden Ereignisse bewiesen jedoch nur zu sehr, dass des Herzogs Vorsicht begründet war und
eine Macht, wie die habsburgische, sich nicht wie ein Kar-
tenhaus umblasen liess. Zudem hatte das heidelberger Kabinet
stets den Mund voll genommen, wenn es sich darum handelte,
Jemanden gegen den Kaiser aufzureizen, und auf halb Europa
als einen sicheren Bundesgenossen gewiesen. Der Herzog von
Savoyen war also im Rechte, wenn er diese in der Perspective
gezeigten Bundesgenossen näher beschen und wissen wollte, ob sie
zur That ebenso bereit seien, wie zu Versprechungen oder ob
das heidelberger Kabinet ihm nicht bloss ein Schattenspiel vor-
mache. — Die Folge von des Herzogs Vorsicht war auch, dass
er sich bei dem beginnenden Kampfe nicht über seine Kräfte
anstrengen wollte. Er lehnte deshalb die Bitte Dohna's ab, dass
er die Unterhaltung von doppelt soviel Truppen, als Mansfeld jetzt commandirte, übernehmen möge; kämpfte er doch
schon jetzt mit Schwierigkeiten in der Erfüllung der eingegangenen Verpflichtungen. Das mansfeldische Guthaben betrug am
28. October 80.000 Dukaten, mit Mühe konnte Karl Emanuel
dem Gesandten Wechsel für 20.000 Dukaten ausstellen und
musste ihn wegen des Restes auf die Zukunft vertrösten. Bezüglich des Abschlusses einer Allianz mit Venedig wies er den
Burggrafen zur directen Verhandlung an den Gesandten der
Republik in Turin, Renieri Zeno. Letzterer schnitt jedoch
gleich im Beginne alle Hoffnungen ab und so erwiesen sich
die Erwartungen bezüglich Venedigs vorläufig als eine Chimaere.

Was die Hoffnung auf die deutsche Krone betrifft, mit der
Dohna den Herzog ködern sollte, so liess sich dieser schlaue
und auf reelle Vortheile nur zu sehr bedachte Staatsmann nicht
durch den wenig leckern Bissen fangen. Doch wollte er sich
jedenfalls in Deutschland einen greifbaren Vortheil zuwenden
und dieser bestand in der Erwerbung einer geistlichen Kur für
seinen Sohn, den Cardinal von Savoyen, wobei sich wohl auch

Mittel und Wege zu einer allfälligen Saecularisirung derselben gefunden hätten. Im ganzen liess sich aber Karl Emanuel nicht zu sehr in Planmacherei ein, so lange die Mittel zum Kampfe nicht besser geordnet waren; nur das eine wiederholte er stets, dass sich die deutschen Fürsten die jetzige glänzende Gelegenheit zur Niederwerfung des mächtigen Erzhauses nicht entschlüpfen lassen sollten. — Alle diese Nachrichten stimmten den heidelberger Hof etwas herab, man hatte sich daselbst allzugrossen Hoffnungen auf des Herzogs Eifer, noch mehr aber auf das venetianische Geld hingegeben und mit Hilfe desselben hatte die geschäftige Phantasie schon ein gewaltiges Heer aufgestellt. Man sah ein, dass man die Last des Kampfes nicht auf andere Schultern wälzen könne, wie man dies gern gewollt hätte.*) Andererseits drängte die Zeit zu raschen Entschlüssen; wurden die Böhmen nicht rechtzeitig und ausgiebig unterstützt, so konnten alle auf den Aufstand gesetzten Hoffnungen zu Wasser werden.

Zur Feststellung der einzuhaltenden Politik wurde deshalb eine Berathung zwischen den Häuptern des pfälzischen Kabinets anberaumt, die nicht in Heidelberg, sondern in Krailsheim stattfinden sollte. Es fanden sich daselbst, neben dem Fürsten von Anhalt und dem Markgrafen von Anspach, auch der Graf von Solms und Camerarius ein. Der erste Gegenstand der Berathung 23. Nov. 1618. war das künftige Verhältniss zu Böhmen, bezüglich dessen in Folge wichtiger Nachrichten aus Prag ein entscheidender Beschluss gefasst werden musste. Im Monate October oder Anfangs November war Achatius von Dohna nach dieser Stadt geschickt worden, um im pfälzischen Interesse die Stände zum Widerstande aufzumuntern. Bei dieser Gelegenheit erklärte ihm Ruppa, dass Klarheit in die Situation kommen müsse, er und seine Freunde seien entschlossen, mit dem Kaiser für immer zu brechen und dem Kurfürsten von der Pfalz die Krone anzutragen. Achas wurde deshalb ersucht, sich auf den Heimweg zu begeben und den Kurfürsten zu einer Entscheidung aufzufordern.**) Der Ge-

---

*) Münchner Staatsarchiv 425/4 Solms an Anhalt dd. 3/13. Nov. 1618.
**) Münchner Staatsarchiv 348/9 Friedrich an Anhalt dd. 8/18. Dec. 1618.

sandte lenkte seine Schritte nach Krailsheim und theilte den dort Versammelten seinen Auftrag mit. Wie sehr auch die Wünsche aller Anwesenden für ein rasches Ergreifen des Anbotes sein mochten, so konnten sie nichts weiter thun, als dem abwesenden Kurfürsten die letzte Entscheidung zu überlassen.

Bei der darauffolgenden Berathung über das Verhältniss zu Savoyen wurde die Absendung einer neuen Gesandtschaft nach Turin beschlossen. Da Christoph von Dohna in den nächsten Tagen nach England reisen sollte, so musste Jemand Anderer mit dieser Mission betraut werden; am passendsten erschien hiefür der Graf von Mansfeld, der nach der Einnahme von Pilsen für einige Zeit verfügbar wurde. Man berieth sich nun über die Instruction, die ihm mitgegeben werden sollte und entschied sich dahin, ihm so ziemlich dieselben Aufträge zu geben, wie jene, welche Christoph von Dohna zu vertreten hatte. Mansfeld sollte also den Herzog von Savoyen zu höheren Leistungen vermögen, von Venedig Geld verlangen und wenn nöthig, selbst dahin reisen. Ueber den künftigen Lohn Savoyens wurde nichts anderes stipulirt, als dass man dem Herzoge Hoffnung auf das kaiserliche Vicariat in Italien machen wollte; indess wären die pfälzischen Politiker in keine geringe Verlegenheit gerathen, wenn sie die damit verbundenen reellen Vortheile hätten präcisiren sollen.

Als der junge Kurfürst von den krailsheimer Beschlüssen verständigt und zu einer entscheidenden Erklärung gegen Böhmen gedrängt wurde, sah er zum erstenmale das Gefährliche des bisherigen diplomatischen Spieles ein. Die Möglichkeit all' der traurigen Folgen, die später für ihn eintraten, mag seinem Geiste lebhaft vorgeschwebt haben, auch beschäftigte jetzt sein Gewissen die Frage, ob er als ein Fürst von Gottes Gnaden einem Unternehmen die Hand reichen dürfe, bei dem verbriefte Fürstenrechte angegriffen wurden. Mit seinen Räthen konnte er die Sachlage nicht so recht nach Herzenslust und Bedürfniss durchsprechen, es waren dies alle viel ältere Männer, gegen die der unerfahrene und gutmüthige Jüngling kaum eine eigene Meinung aufzustellen wagte und deren Aussprüche er, da sie sich im Dienste seines Vaters bewährt hatten, gläubig hinnahm. So äusserte sich denn alle seine Angst und Besorgniss nicht in grösserer Vorsicht oder verdoppelter Thätigkeit, sondern in unfruchtbaren Seelenkämpfen, von denen seine Umgebung Zeuge war. Sein Grosshofmeister Albrecht von Solms berichtete von „furchtbaren Zweifeln," von denen der junge Kurfürst gequält wurde und aus denen, wie der Graf hoffte, ihm Gott durch die Weisung des rechten Weges helfen werde.*)

Nach mancherlei Zögern ging endlich der Pfalzgraf auf das böhmische Anerbieten ein, doch nicht ohne durch die Aufwerfung einiger Fragen die definitive Entscheidung um einige Wochen aufzuschieben. Achaz von Dohna wurde nach Prag geschickt und sollte mit Ruppa und den übrigen in das Geheimniss Eingeweihten die Verhandlungen zum Abschlusse bringen. Vor allem solle er an Ruppa die Frage richten, ob die Stände zum Aufstande berechtigt seien und das Recht zur Absetzung der regierenden Dynastie und zur Wahl eines neuen Königs besässen? Für den Fall einer befriedigenden Lösung dieser, für die Naivität des Kurfürsten zeugenden Gewissensfrage, sollte Dohna die Schwierigkeiten und Gefahren erörtern, in die sich Friedrich mit der Annahme der Krone verwickeln würde, und zu verstehen geben, dass eine einfache Uebertragung derselben auf seine Person ohne gleichzeitige Festsetzung eines gewissen Erbrechtes für seine Nachkommen nicht im Verhältnisse zu den unvermeidlichen Auslagen stehen würde. Im übrigen versprach der Pfalzgraf den Böhmen seine diplomatische Vermittlung bei allen Höfen und bot ihnen, neben der weiteren Unterhaltung der Mansfeldischen Truppen, die noch immer als sein Verdienst galt, ein Darlehen von 100000 Gulden an.**)

Mansfeld, der entsprechend den krailsheimer Beschlüssen die Verhandlungen mit dem Herzoge von Savoyen weiter führen sollte, trat in Begleitung des Secretärs Neu Anfangs 1619 die Reise nach Italien an. Beide trafen am 28. Januar in Turin ein und traten ohne Zeitverlust mit dem Herzoge in Ver-

---

*) Münchner Staatsarchiv $\frac{425}{1}$ Solms an Anhalt dd. 21. Nov. a. St.

**) Münchner Staatsarchiv $\frac{441}{1}$ Geheimes Memorial für Achatius von Dohna.

handlung. Die Geneigtheit des letzteren, sich in die böhmischen
Angelegenheiten einzumischen, hatte sich nicht vermindert, seine
Ziele hatten aber eine so merkwürdige Umgestaltung erfahren,
dass sie das Interesse des Pfalzgrafen in erster Linie berührten.
Der Herzog von Savoyen hatte nämlich beschlossen, sich selbst
um die Krone von Böhmen zu bewerben und mit ihr die kaiserliche
zu verbinden. Da er ganz wohl einsah, dass auch der
Pfalzgraf nach einem Lohne verlange, so verwies er ihn auf
den Gewinn des Elsasses und der vorderösterreichischen Lande,
die allerdings für die Arrondirung der Pfalz gut gelegen waren,
ausserdem wollte er ihm aber noch zum Besitze von Oesterreich
und selbst der Krone von Ungarn verhelfen. Karl Emanuel
hatte also einen vollständigen Theilungsplan über den Besitz
der deutschen Habsburger ausgearbeitet. Für den Fall, dass das
heidelberger Kabinet auf denselben eingehen würde, war er zu
den äussersten Anstrengungen erbötig; er wollte nicht nur zur
Bekämpfung des Erzhauses 6—7000 Mann unter dem Commando
des Grafen Mansfeld unterhalten, sondern auch Subsidien im
Betrage von 1¼ Millionen Dukaten, sei es von Venedig, sei
es aus der eigenen Casse garantiren. Die Venetianer sollten, im
Falle sie sich dem Bündnisse anschlössen, mit Istrien und Friaul
belohnt werden. Der Herzog gab ferner zu verstehen, dass wenn
das heidelberger Kabinet einen Schlag gegen den geistlichen
Besitz in Deutschland führen wolle, dies sobald als möglich
geschehen möge, damit er dies dem Papste gegenüber nicht zu
verantworten hätte. In richtiger Würdigung, dass Anhalt die
Seele der heidelberger Politik sei, beschenkte er den Sohn desselben
aus freiem Antriebe mit der beträchtlichen Jahrespension
von 10.000 Gulden, was einer Bestechung des Vaters
ziemlich ähnlich sah.*) Er sprach zugleich den Wunsch nach
einer persönlichen Zusammenkunft mit dem letzteren aus und
schlug hiefür einen Ort in der Nähe von Genf vor.

---

*) Die Beweisstücke dieser Unterhandlung sind im Archiv U. P. Ferner
Münchner Reichsarchiv 40/2. Neu an Anhalt dd. Feb. 1619. — Bernburger
Archiv Reg. VI. B. IV. Vol. XXIII. Karl Emanuels Pensionsversprechen.

Um Venedig für den weitaussehenden Plan zu gewinnen, wünschte der Herzog, dass sich von Seite des Pfalzgrafen ein Gesandter dahin begebe. Neu zögerte um so weniger diese Reise zu unternehmen, als dieselbe ohnedies im Plane des pfälzischen Kabinets lag und Mansfeld selbst, wenn dies nöthig sein sollte, hiezu bevollmächtigt war. Vor dem wirklichen Antritte der Reise schien es zweckmässig, sich mit dem Gesandten der Signoria in Turin zu besprechen. Man setzte ihn von dem projectirten Theilungsplane in Kenntniss und zeigte ihm, dass auch Venedig nicht leer ausgehen würde, wenn es sich zu einer entsprechenden Hilfeleistung verstehen wollte. Zeno war durch diese Mittheilung sichtlich aufgeregt und machte jetzt grössere Hoffnungen auf eine Unterstützung, ersuchte aber den venetianischen Gewinn in dem Allianzgesuche etwas mehr arrondiren zu wollen und fügte deshalb auf der geduldigen Karte noch Görz, Gradiska, einige ungarische Seeplätze und endlich jenen Theil von Tirol, der sich zwischen die Besitzungen der Republik einschob und der allenfalls auf Trient und Botzen gedeutet werden könnte, zu dem für die Republik bestimmten Beutenantheile hinzu. Neu fand gegen die Billigkeit dieser Ansprüche nichts einzuwenden und begab sich darauf auf den Weg nach Venedig; der Empfang war jedoch nicht der erwartete, denn der Doge vermied die Abgabe eines bestimmten Versprechens.*)

Da der Herzog von Savoyen seine Mithilfe zu dem völligen Sturze der deutschen Habsburger von dem Anschlusse Venedigs nicht abhängig machte, sondern an seinem Plane mit äusserster Kraftanstrengung festhalten wollte, falls nur das heidelberger Kabinet sich demselben anschliessen würde, so war es jetzt an letzterem eine Entscheidung zu treffen. Der Markgraf von Anspach bekam von seinem Sekretär die erste Nachricht von den Absichten Karl Emanuels und war auf das höchste darüber erstaunt. Die Kühnheit der savoyischen Conceptionen sowie die Grossartigkeit des beabsichtigten Umsturzes bezauberten ihn und er verlangte, dass man den angedeuteten Theilungsplan in ernste Erwägung ziehe; auch Camerarius, von dem eine Meinungs-

---

*) Die Acten im Archiv U. P. und im münchner Staatsarchiv.

äusserung vorliegt, verwarf die savoyischen Vorschläge nicht und wünschte seinem Herrn den Muth zu grossen Entschlüssen, also offenbar zur Annahme des Theilungsplanes. Die Wichtigkeit des Gegenstandes erheischte die eingehendste Berathung und zu diesem Zwecke eine abermalige Zusammenkunft aller Häupter des pfälzischen Kabinets. Diese Zusammenkunft war auch deshalb nothwendig, weil das böhmische Triumvirat, mit welchem Namen man jetzt Thurn, Hohenlohe und Ruppa zu bezeichnen pflegte, eine Gelegenheit herbeiwünschte, um endgiltige Vereinbarungen mit dem Kurfürsten von der Pfalz zu treffen.*) Es unterlag keinem Zweifel, dass die genannten Herren hiebei auf eine definitive Entscheidung bezüglich der Annahme oder Ablehnung der böhmischen Krone dringen würden; man musste also auch in dieser Beziehung einen bestimmten Entschluss fassen, und dies um so mehr, da ja in dem Herzoge von Savoyen ein neuer Prätendent für die betreffende Krone aufgetreten war. Zur Berathung über alle diese Gegenstände wurde eine Zusammenkunft in Krailsheim festgesetzt, an der sich auch der Kurfürst von der Pfalz betheiligen sollte. Neben ihm wollten sich noch Christian von Anhalt, der Markgraf von Anspach, Solms und Camerarius einfinden.

Die Zusammenkunft fand in der That in den letzten Tagen des März statt, und die genannten Fürsten und Staatsmänner entschieden sich definitiv über die gegen Savoyen und Böhmen einzuhaltende Politik, deren Grundzüge dadurch bestimmt wurden, dass der savoyische Theilungsplan Annahme fand. Da sich eben auch in Ungarn eine antihabsburgische Bewegung zu entwickeln begann, so erschien die Möglichkeit seiner Durchführung nicht als eine eitle Chimäre, zudem war die Krone von Ungarn für den Pfalzgrafen nicht minder werthvoll, als die von Böhmen, und der Tausch der einen gegen die andere um so weniger schmerzlich und schwierig, als er noch keine von beiden besass. Uebrigens raunten sich seine Rathgeber ins Ohr, dass die Verzichtleistung auf Böhmen nur eine vorübergehende sein dürfte,

---

*) Bernburger Archiv P. N. 83. Hohenlohe an Anhalt dd. 28. März 1619. Auch das Archiv U. P.

denn nach des Herzogs Tode könnte der Pfalzgraf wieder die Wahl auf seine Person lenken und so den Lohn für seine unbestreitbaren Verdienste um diese Krone erlangen. Nachdem man alles dies erwogen und selbst eine künftige Uebervortheilung des jetzigen Verbündeten in Rechnung gezogen hatte, wurde beschlossen, den Fürsten von Anhalt nach Turin abzuschicken und dem Herzoge die Bereitwilligkeit zur Annahme seiner Vorschläge auszudrücken, falls er genügende Sicherheit für die Einhaltung der gemachten Versprechungen bieten würde. Der Pfalzgraf erbot sich für diesen Fall die günstige Meinung, die für ihn selbst in Böhmen herrsche, auf den Herzog hinzulenken und zeigte sich damit mehr auf die Erhebung des letztern, als auf die eigene bedacht.

Durch diese Beschlüsse wurde das künftige Verhältniss zu Böhmen normirt und es trat damit die Nothwendigkeit ein, die Directoren von dem savoyischen Theilungsplane, wenigstens was die Krone ihres Landes betraf, in Kenntniss zu setzen. Der Fürst von Anhalt schrieb deshalb noch am selben Tage, an dem die Grundzüge der gegen den Herzog von Savoyen einzuhaltenden Politik bestimmt wurden, an Hohenlohe, dass er in die gewünschte Conferenz einwillige, und verlangte nur bei der ausserordentlichen Wichtigkeit des Gegenstandes, um den es sich handelte, dass sich neben Hohenlohe auch Thurn und Ruppa mit Gewissheit einfinden möchten. Als Ort der Zusammenkunft bestimmte er die an der Grenze Böhmens liegende Stadt Taus und als Zeitpunkt den 10. April. Die Conferenz kam aber nicht zu Stande, denn der Tod des Kaisers, der mittlerweile eingetreten war, hinderte die Leiter des böhmischen Aufstandes an der Abreise nach Taus und nöthigte sie, ihre alleinige Aufmerksamkeit auf die Gewinnung von Mähren zu richten. Die weiteren Verhandlungen und Beschlüsse erfolgten unter der Einwirkung der neuen Situation, die der Tod des Kaisers geschaffen hatte.

Man sieht, dass der Herzog von Savoyen bei dem Empfange der zweiten pfälzischen Gesandtschaft nicht mehr den früheren Abschluss jener grossen Liga zur Bedingung machte, um sich noch ferner in die böhmischen Händel einzumengen. Die Herrschaft der deutschen Habsburger schien ihm so ganz und gar auf morscher

Grundlage zu ruhen, dass er, selbst ohne die sichergestellte Hilfe einer oder zweier Grossmächte, mit Bundesgenossen untergeordneten Ranges den Kampf wagen wollte. Hätte er indessen gewusst, wie wenig die Hoffnungen, die von Seite des Pfalzgrafen stets auf England gebaut worden waren, und die er jedenfalls auch theilte, sich realisiren sollten, so wäre er gewiss bedenklicher geworden. Die Nachrichten, die von England in Heidelberg seit Monaten anlangten, waren voll bitterer Enttäuschungen für die Erwartungen, denen man sich daselbst hingegeben.

Als Karl Emanuel seine Mithilfe von dem Abschlusse einer Allianz mit England, den Generalstaaten u. s. w. abhängig machte, beschloss der Pfalzgraf, den Burggrafen Christoph von Dohna unmittelbar nach seiner Rückkunft aus Italien nach England zu schicken, um diese Allianz anzubahnen.*) Es war dies übrigens nicht das erstemal, dass der gelehrte König Jakob I bezüglich der böhmischen Angelegenheit zu einer Meinungsäusserung vermocht werden sollte. Schon im Monate September benachrichtigte ihn sein Schwiegersohn in einem von Friedensliebe überströmenden Schreiben von dem Aufstande in Böhmen und von seinen aufrichtigen Bemühungen, diesen Brand zu löschen. Hiezu erbat sich Friedrich die weisen Rathschläge seines theuren Schwiegervaters und wollte seine Dankbarkeit in ihrer genauesten Befolgung beweisen. Während Jakob darauf keine besondere Antwort gegeben zu haben scheint und durch dieses Schweigen den Schwiegersohn wenig aufmunterte, erwiederte er in auffallend verbindlicher Weise eine spanische Zuschrift bezüglich des böhmischen Aufstandes; er gelobte dem Könige von Spanien, dass er seinen Schwiegersohn von der Unterstützung der Böhmen abmahnen werde, falls sich dieselben als hartnäckige Rebellen erweisen sollten, und wünschte nur, der Kaiser möge billige Friedensbedingungen stellen.**) Diese ihrem Wortlaute und Inhalte nach besonders freundliche Aeusserung Jakobs gegen

---

*) Münchner Staatsarchiv 548. Christoph von Dohna dd. 5/15. Dec. 1618.
**) Gardiner. Friedrich an Jakob dd. 10/20 Sept. Buckingham an den Conde de Gondomar dd. 30. Sept. 1618. A. St.

Philipp wird, abgesehen von den legitimistischen Tendenzen des erstern noch dadurch erklärlich, dass in dieser Zeit die Verhandlungen wegen einer Vermählung des Prinzen von Wales mit der Infantin Maria in lebhaftem Gange waren.

Als sich darauf die Union wegen der böhmischen Angelegenheiten zu Rothenburg versammelte, benachrichtigte Friedrich seinen Schwiegervater abermals hievon und erbat sich wiederum seine weisen Rathschläge. Gleichzeitig richteten auch die böhmischen Stände an Jakob ein Schreiben, dessen besonders gewählte und salbungsvolle Sprache dem Geschmacke und der Eitelkeit des Königs angepasst war, denn es überfloss von Lobeserhebungen bezüglich seiner Weisheit, Grösse, Begabung u. s. w. und bat am Schlusse so ganz nebenbei um ein Darlehen. Obwohl der Pfalzgraf das böhmische Gesuch empfahl, verfingen weder diese Empfehlung, noch jene Schmeicheleien bei Jakob, der sich in seiner Hinneigung zu Spanien immer mehr bestärkte; denn auch Philipp III nährte seine Eitelkeit mit süssen Brocken und gab sogar unter der Hand zu verstehen, dass er der passendste Mann sein dürfte, um den Streit in Böhmen als Vermittler zu schlichten. Obwohl diese Bemerkung nur indirect gemacht worden war, so griff sie Jakob doch mit Eifer auf und erklärte seine entschiedene Bereitwilligkeit zur Vermittlung; auch rühmte er sich zum Beweise seiner Unparteilichkeit, dass er den Böhmen auf ihr Schreiben gar nicht geantwortet habe (!) und sprach sein Entzücken über die Aufrichtigkeit aus, mit der der spanische Hof in der böhmischen Sache gegen ihn aufgetreten sei.*) Da er von vornherein sich verpflichtete, bei den Verhandlungen auf die Rückkehr der Böhmen unter die Herrschaft des Hauses Habsburg zu dringen, wofern ihren als gerecht befundenen Beschwerden entsprochen würde, so fand seine angetragene Vermittlung in Spanien Anklang und es wurde ihm der Wunsch ausgesprochen, dass er deshalb eine Gesandtschaft nach Deutschland abordnen möge.**) Noch bevor Jakob wissen konnte, welche

---

*) Gardiner: Buckingham an Cottington dd. (?) Nov. 1618.
**) Ebendaselbst: Consulta über das Schreiben Buckinghams an Cottington dd. 11. Jan. 1619.

Aufnahme seine von ihm selbst mehr in Anspruch genommene, als ihm übertragene Vermittlerrolle finden werde, verwies er im stolzen Gefühle seiner eingebildeten Grösse dem Kurfürsten von der Pfalz, dass er das Gesuch der Böhmen um ein Darlehen unterstützt habe. „Ihr wisst, mein theurer Sohn," schrieb er ihm, „dass wir der einzige König in Europa sind, der von Freund und Feind um seine Vermittlung ersucht wird; es würde unserer erhabenen Rolle deshalb schlecht anstehen, wenn wir eine Partei unterstützen wollten. Euren Rathschlag, dass wir die Böhmen insgeheim unterstützen könnten, müssen wir vollends verwerfen, denn es ist nicht unsere Art, etwas zu thun, wozu wir uns vor der ganzen Welt nicht bekennen wollten." *)

[2/12. Dec. 1618]

Bevor dieses wenig aufmunternde Schreiben in des Kurfürsten Hände gelangte, war Christoph von Dohna nach England abgereist. Die äussere Veranlassung für seine Absendung bot die Erneuerung des zwischen Jakob I und der Union bestehenden Bündnisses. Im J. 1612 war zwischen diesen beiden Contrahenten eine Allianz auf 6 Jahre geschlossen worden, durch welche sie sich im Kriegsfalle zu wechselseitiger Hilfeleistung verpflichteten. Da nun diese Frist abgelaufen war, so sollte Dohna im Namen seines Herrn um die Erneuerung des Bündnisses auf weitere sechs oder wenigstens auf vier Jahre ansuchen.**) Die Verhandlungen über diesen Gegenstand boten keine Schwierigkeit; Jakob war bereit, auf die Wünsche seines Schwiegersohnes einzugehen und so kam der neue Vertrag mit der Union auf weitere vier Jahre bald zu Stande. Dabei kamen aber auch die eigentlichen Absichten des Pfalzgrafen zur Sprache. In der Schilderung über die Sachlage in Böhmen liess Dohna einfliessen, dass sein Herr Hoffnung habe, auf den böhmischen Thron zu gelangen, denn die Stimmung sei daselbst für ihn sehr günstig. Jakob erwiederte auf diese Insinuationen, dass er gegen die Erhebung seines Schwiegersohnes nach dem Tode des Kaisers nichts einzuwenden hätte, wofern die Wahl

---

*) Münchner Staatsarchiv 348/9 Jakob an Friedrich dd. 2/12. Dec. 1618.
**) Wiener Staatsarchiv. Extract aus Dohna's Instruction zu seiner Reise nach England dd. 2/12. Dec. 1618.

eine berechtigte (legitima) sein würde, d. h. wofern die Böhmen ein Wahlrecht hätten. Doch warnte er den Kurfürsten durch seinen Gesandten vor aller Uebereilung und kleidete diesen seinen Rath in eine klassische Form, indem er aus der Aeneide einige einschlägige Verse citirte.*)

Friedrich beherzigte jedoch die weisen Rathschläge des Schwiegervaters keineswegs, sondern drängte denselben durch ein neues Schreiben zu günstigeren Entschlüssen. Es schilderte die Nothwendigkeit energischer Rüstungen, damit die Böhmen 1. Feb. 1619 bei allfälligen Verhandlungen nicht zu sehr im Nachtheile seien und wies mit mehr erkünsteltem, als wirklichem Bangen auf die damals noch sehr wenig merkbare Verbindung der geistlichen Kurfürsten zu Gunsten des Kaisers.**) Auf Jakob machte dieses Begehren keinen nennenswerthen Eindruck; das einzige, worin er eine gewisse Parteilichkeit für seinen Schwiegersohn an den Tag legte, bestand darin, dass er den Generalstaaten die Unterstützung desselben empfahl, damit Friedrich, im Falle der kaiserliche Thron vacant würde, die Rechte eines Reichsvicars mit mehr Ehren versehen könnte, als dies seine beschränkten Mittel gestatten würden.***) Aus seiner eigenen Tasche gab er jedoch keinen Heller her und war dabei ehrlich genug, auch nicht einen Augenblick falsche Hoffnungen zu erregen, obgleich die immer häufiger einlaufenden Schreiben des Schwiegersohnes ihm zeigten, dass sich dieser tiefer und tiefer mit den böhmischen Ständen einlasse. Jakobs Haltung fand zuletzt ihren Lohn in einer von Spanien in der schmeichelhaftesten Weise an ihn gestellten directen Aufforderung, die Vermittlung in Böhmen ernstlich in die Hand zu nehmen.

---

*) Raumer: Hof- und Gesandtschaftsleben Christophs von Dohna. Die Verse sind:
„O praestans animi juvenis, quantum ipse feroci
Virtute exsuperat, tanto me impensius aequum est
Prospicere atque omnes volventem expendere casus."
Die Vergleichung dieser Verse mit dem Originale zeigt übrigens, dass Jakob nicht ganz richtig citirte.

**) Gardiner: Friedrich an Jakob dd. 22. Januar 1619. A. St.

***) Ebendaselbst: Naunton an Sir Dudley Carleton dd. 21/31 1619.

Philipp III versprach dem englischen Botschafter in der Person des Grafen Oñate einen Collegen zu geben, die beide dann ernst und rasch das Geschäft in die Hand nehmen sollten. Jakob beeilte sich einer Bitte nachzukommen, deren Erfüllung ihm selbst am meisten am Herzen lag und ernannte gegen Ende Februar den Lord Doncaster zu seinem Gesandten am Kaiserhofe und bei den böhmischen Ständen.*) Letzterer begab sich erst auf die Reise, als der Kaiser bereits todt war. Eine solche, nicht im mindesten aufmunternde Haltung nahm also Jakob ein, als die pfälzischen Staatsmänner zu Ende März jene entscheidenden Beschlüsse fassten.

II

Gleichzeitig mit den eben erzählten Verhandlungen in Italien und England fanden die letzten Versuche zur Herbeiführung eines Ausgleiches zwischen dem Kaiser und den Böhmen statt. Es wurde erzählt, dass sich der Kaiser ursprünglich nur dann in Ausgleichsverhandlungen mit den Böhmen einlassen wollte, wenn sich dieselben zur Niederlegung der Waffen entschliessen würden. Der Anschluss der Schlesier an den Aufstand stimmte seine Forderungen etwas herab und bewirkte, dass er von den Böhmen nicht mehr die völlige Niederlegung der Waffen, sondern die blosse Dislocation ihrer Truppen verlangte. Herr von Talmberg, der wegen Anbahnung von Verhandlungen an den Kurfürsten von Sachsen abgeordnet wurde, bekam die Weisung, seine Forderungen in dieser Weise zu formuliren.

Während die Instruction Talmbergs der Hoffnung Raum liess, dass sich der Kurfürst von Sachsen nun mit aller Entschiedenheit des Ausgleiches annehmen und die Böhmen zu den bezüglichen Verhandlungen drängen werde, gestalteten sich andererseits die Aussichten für das Gedeihen derselben dadurch ungünstiger, dass einer von den Fürsten, die nach dem Wunsche

---

*) Gardiner: Juan de Ciriça an Cottington dd. 1. Feb. 1619. — Jacob an die böhm. Stände dd. 20/30 März 1619.

des Kaisers an den Berathungen theilnehmen sollten, je länger
desto entschiedener seine Abneigung dagegen an den Tag legte.
Es war dies der Herzog Maximilian von Baiern. Ferdinand
bemühte sich auf das angelegentlichste, seine religiösen Skrupel
— denn das war es, was den Herzog ängstlich machte — zu
beschwichtigen; er versicherte ihn, dass der Kaiser gewiss in
keine Vermittlung eingewilligt haben würde, wenn die äusserste
Noth ihn nicht dazu zwänge und wenn er an jenen Orten Unterstützung gefunden hätte, wo er berechtigt war, sie zu erwarten.*) Trotzdem also, dass Ferdinand die Vermittlung als die
Folge zwingender Verhältnisse und keineswegs leichtsinniger
Gleichgiltigkeit gegen die katholischen Glaubensinteressen hinstellte, liess sich Maximilian doch nicht für dieselbe gewinnen.
Damit er keinem Zweifel über seine Gesinnung Raum lasse,
schickte er zur selben Zeit, in der Talmberg nach Dresden
reiste, seinen Kanzler Brugglacher nach Wien, um die Theilnahme an den Ausgleichsverhandlungen (oder der *Interposition*,
wie man dies stets nannte) definitiv abzulehnen und die Gründe
hiefür auseinanderzusetzen.

Was diese Gründe anbelangt, so bewegten sie sich auf dem
exclusivsten kirchlichen Standpunkte, standen aber im vollsten
Einklange zu der ganzen Denk- und Regierungsweise des Herzogs.
Er ging bei denselben von der Voraussetzung aus, dass,
wenn man einen friedlichen Ausgleich mit den Böhmen abschliessen wolle, dies eine Erweiterung ihrer bisherigen religiösen
Freiheiten, wenigstens in den strittigen Punkten zur Folge haben
müsste. Maximilian wollte jedoch weder zu einer Sicherstellung
der protestantischen Freiheiten, noch weniger aber zu ihrer Erweiterung etwas beitragen. Er wiederholte, so oft man es hören
wollte, dass ihm sein Gewissen verbiete, an einer Verhandlung
über die Bekräftigung oder gar Erweiterung des böhmischen
Majestätsbriefes theilzunehmen, er würde damit seine Seele „nur
besudeln und beschmutzen und an einer fremden Sünde theilnehmen." Er wolle sich, sagte er, in keinen Disput darüber
einlassen, ob man den Majestätsbrief habe geben, oder ob man,

---

*) Münchner Staatsarchiv. Ferdinand an Max dd. 30. Sept. 1618.

nachdem er einmal gegeben, ihn auch hätte einhalten sollen, er halte sich aber fern von diesem Gegenstande, weil derselbe nur die Gewissen der Katholiken beschwere. Wenn dann gar bei den Verhandlungen von den Böhmen eine Erweiterung des Majestätsbriefes in Bezug auf die Kirchengüter verlangt würde, so würde der Herzog, falls er einen derartigen Angriff auf das Kirchengut nicht billigen möchte, als der eigentliche Störefried, als die Ursache weitern Kampfes verschrieen werden, welchen Vorwurf er nicht leichtfertig auf sich laden wolle. Im entgegengesetzten Falle müsste er in Böhmen eine andere Politik befolgen, als in Deutschland und dagegen verwahrte er sich auf das entschiedenste. Seit Jahren habe er sich den Forderungen der protestantischen Reichsstände hartnäckig entgegengestellt, sei nicht auf ihre Compositionsbedingungen eingegangen und nun solle er in Böhmen seine bisherigen Grundsätze verläugnen?

Vergeblich bemühte sich Brugglacher in Wien, den hier auseinandergesetzten Gründen seines Herrn die beabsichtigte Geltung zu verschaffen und demselben die Dispens von der Theilnahme an der Interposition zu erwirken. Die Gründe Maximilians hatten gerade das entgegengesetzte Resultat; denn je schroffer sich in ihnen der katholische Standpunkt geltend machte, desto feuriger wurde seine Mithilfe von Ferdinand, Eggenberg, Lobkowitz, Oñate, dem Nuncius und überhaupt von allen jenen ersehnt, in denen sich der Gedanke des Widerstandes gegen die Böhmen verkörpert hatte und die die entscheidende Rolle am Hofe spielten. Gerade ein solcher Mann, wie Maximilian, war bei der Vermittlung nöthig, wenn dieselbe überhaupt einen einigermassen annehmbaren Erfolg haben sollte. Man machte Brugglacher bemerklich, dass der guten Sache damit wenig geholfen sei, wenn man in Unthätigkeit verharre, und dass die Gefahr, sein Gewissen bei diesen Verhandlungen zu besudeln, lange nicht so gross sei, als die Sünde, die man durch ferneres Gehenlassen wirklich auf sich lade. Der päpstliche Nuncius schloss eine lange Audienz, die er dem baierischen Gesandten ertheilte, mit den Worten: wenn sich der Herzog durch eine Bitte zur Nachgiebigkeit umstimmen lassen könne, so stelle er

im eigenen und des Papstes Namen diese Bitte an ihn. Oñate
tröstete den Gesandten mit der Versicherung, dass weder der
Kaiser, noch Ferdinand im entferntesten geneigt seien, eine Erweiterung des Majestätsbriefes zuzugeben; habe die Ertheilung
desselben keine Consequenzen im Reiche gehabt, so werde auch
die jetzige Verhandlung keine haben. Die Erklärung Oñate's,
die als die unverfälschte Anschauung der leitenden Kreise angesehen werden muss, ist jedenfalls bemerkenswerth und zeigt,
dass die Vermittlung, wenn sie je zu Stande gekommen wäre,
wohl noch an anderen Klippen als an der Waffenstillstandsfrage
gescheitert wäre. Aber alle die Widerlegungen, welche Brugglacher im Austausch für seine Gründe nach Hause berichtete,
stimmten den Herzog nicht um und ebensowenig that es der
herzliche und klagende Ton eines Schreibens, in dem Ferdinand [5. Nov. 1618]
seinen Schwager anderen Sinnes zu machen trachtete. Auch
Erzherzog Leopold und Graf Eitel von Hohenzollern, die beide
im Laufe des Monates November nach München kamen und den
Herzog mit alten und neuen Gründen um die Theilnahme an
der Interposition baten, scheiterten an der Festigkeit seines Entschlusses. Er zeigte sich sogar eher geneigt, dem Kaiser mit
Geld und Truppen zu helfen, wie er auch in der That jetzt
einige Hoffnung dazu machte; aber von einer Betheiligung an
den Ausgleichsverhandlungen wollte er nichts wissen,[*]) und betonte immer und immer von neuem, sein Gewissen verbiete es ihm,
sich mit dieser Ketzergeschichte zu befassen.[**]) Da der Kurfürst
von Mainz wiederholt und zuletzt auch gegen Erzherzog Leopold
erklärt hatte, dass er nur an der Seite Maximilians an der Interposition theilnehmen werde, so war des letzteren Nichtbe-
theiligung fast gleichbedeutend mit dem Nichtzustandekommen
derselben.

---

[*]) Simancas 2604. Lo negociado por Bruneau en los meses de Noviembre
y Diciembre 1618.

[**]) Die Acten dieser Verhandlungen mit Maximilian: Münchner Staatsarchiv, Brugglachers Berichte. — Ebend. 50/25 Ferdinand an Max dd.
Wien 5. Nov. — Wien St. A. Boh. V. Extract eines Schreibens des
Grafen Eitel von Zollern dd. 28. Nov. 1618 — Simancas 2604/17. Leopolds Bericht dd. 9. Nov. 1618.

Die Unwahrscheinlichkeit, dass Baiern an der Vermittlung theilnehmen würde, wurde durch neue Beschlüsse des kaiserlichen Kabinets nur noch verstärkt. Ferdinand und Oñate konnten von dem festesten Willen beseelt sein, dem böhmischen Aufstande in nichts nachzugeben, gegenüber den Consequenzen der Thatsachen hielt auch der festeste Wille nicht Stand. Der erste Waffengang endete mit der Vertreibung Buquoy's aus dem östlichen Böhmen nach dem Süden und brachte das kaiserliche Heer an den Rand des Abgrundes. Je mehr die Wahrscheinlichkeit des Sieges schwand, desto mehr bekam die Friedenspartei in Wien die Oberhand und desto mehr suchte man die Vermittlung zu beschleunigen. Der Einfall Thurns in Oesterreich machte die Gemüther vollends mürbe. Da mittlerweile auch die Sendung Talmbergs erfolglos geblieben war, weil die Böhmen von einer Dislocation ihrer Truppen nichts wissen wollten, so berieth man in einer Sitzung des geheimen Rathes, die in Ferdinands Gegenwart stattfand, und an der Karl von Liechtenstein, der Kanzler Lobkowitz, Adam von Waldstein, Harrach, der Reichsvicekanzler Ulm u. s. w. theilnahmen, ob man diese Bedingung nicht fallen lassen solle.*) Da sich die Nothwendigkeit einer Nachgiebigkeit Jedermann selbst wider Willen aufdrängte und von den Böhmen die vorläufige Niederlegung der Waffen vernünftiger Weise nicht erwartet werden konnte, so biss man endlich geduldig in den sauren Apfel. Adam von Waldstein erschien bei seinem bekannten Friedenseifer als die passendste Person, um auf dieser veränderten Grundlage die Verhandlungen einzuleiten und namentlich den Kurfürsten von Sachsen zum Abschlusse des Waffenstillstandes mit den Böhmen zu bevollmächtigen.**)

Waldstein nahm seinen Weg über Prag, hielt sich daselbst zwei Tage auf und machte dabei den Versuch, ob er mit den

---

*) Wiener Staatsarchiv Boh. V. Geheime Rathssitzung apud regiam Majestatem behufs der dem H. Adam von Waldstein zu ertheilenden Instruction.

**) Münchner Staatsarchiv 60/25 Instruction für Adam von Waldstein dd. 8. Dec. 1618 Wien.

Directoren nicht kurzweg zu einer Verständigung gelangen könnte. Auf sein Ansuchen besuchte ihn ein Ausschuss aus ihrer Mitte und diesem bot er im Namen des Kaisers einen Waffenstillstand in der Dauer von zwei Monaten an, wofür er verlangte, dass die Böhmen den König Ferdinand um seine Vermittlung bei dem Kaiser ersuchen und den Dr. Ponson sammt dem melniker Hauptmanne Jakob von Tepenec freigeben möchten. Die letzte Forderung wurde nicht beanstandet, da er den Böhmen dafür die Freilassung des Dr. Jessenius anbieten durfte. Grösseren Schwierigkeiten unterlag der Abschluss des Waffenstillstandes selbst, denn die Directoren erklärten, dass sie ohne Zustimmung der Generale nichts thun könnten, auch war ihnen ein zweimonatlicher Waffenstillstand zu lang, höchstens wollten sie sich zu einem Monate verstehen und dies nur unter der Bedingung, dass die Feindseligkeiten alsobald beginnen sollten, wenn binnen dieser Frist der Ausgleich nicht zu Stande käme. Da der Kaiser vorzugsweise den Kurfürsten von Sachsen als Vermittler im Auge hatte, so erklärten sie wiederholt, dass sie den Kurfürsten von der Pfalz nicht bei Seite geschoben wissen wollten und in der That war ihnen um so mehr an ihm gelegen, je sicherer sie waren, mit seiner Hilfe die Verhandlungen zu jeder beliebigen Zeit abbrechen zu können.*) Das Resultat der Verhandlungen Waldsteins in Prag blieb auf den hier auseinandergesetzten Meinungsaustausch beschränkt.

Der Obersthofmeister reiste jetzt weiter nach Dresden, um den Kurfürsten im Namen des Kaisers für den Abschluss des Waffenstillstandes zu bevollmächtigen und für die kommende Vermittlung günstig zu stimmen. Es war jedoch nicht abzusehen, wie dem Kurfürsten das gelingen sollte, was dem Herrn von Waldstein nicht gelungen war, da er den Böhmen keine besseren Bedingungen zu bieten hatte. Auch liessen ihn die prager Berichte seines Agenten Lebzelter darüber nicht im Zweifel, dass die Zeit für eine Friedensverhandlung eigentlich vorbei sei und die Böhmen ohne Hehl nur nach völliger

---

*) Wiener Staatsarchiv Boh. V. Waldstein an den Kaiser dd. 11. Dec. 1618 — Skala II 552.

Unabhängigkeit begehrten. Nach der Meinung Lebzelters handelte es sich nicht mehr darum, ob Böhmen unter den Gehorsam der Habsburger zurückkehren werde oder nicht, sondern ob überhaupt die deutschen Habsburger etwas von ihrem Besitzthume retten würden.*) Trotz dieser für einen Anhänger der Vermittlung sehr betrübenden Sachlage entschlug sich Johann Georg nicht des ihm vom Kaiser gewordenen Auftrages und schickte den Herrn Jakob von Grünthal als Gesandten nach Prag ab, auf dass dieser mit den Directoren ernstlich die Waffenstillstandsfrage erörtere.

24. Dec. 1618. Grünthal begann die Verhandlungen in Prag damit, dass er den Directoren mittheilte, der Kaiser sei bereit, einen Waffenstillstand auf zwei und selbst auf einen Monat einzugehen und mittlerweile keine Truppen aus Spanien oder Italien gegen Böhmen in Bewegung zu setzen. Die Ausgleichsverhandlungen sollten den 20. Januar 1619 in Eger beginnen und zu denselben neben Sachsen auch Pfalz, Baiern und Mainz zugezogen werden, und alsbald ihren Anfang nehmen, wenn sich auch nur die zwei erstgenannten Kurfürsten in der bezeichneten Stadt einfinden würden. Dabei wollte es der Kaiser den Böhmen freistellen, auch die Schlesier an dem Tage von Eger theilnehmen zu lassen und für die Ordnung der militärischen Angelegenheiten sich des Beirathes des Grafen Hohenlohe zu bedienen und verlangte nur dafür, dass es ihm nicht verwehrt werde, sich in Eger durch geborene Böhmen vertreten zu lassen.**)

Diese Bedingungen hätten vielleicht im Beginne des Aufstandes einen Eindruck gemacht, jetzt hatten sie nicht die gehoffte Wirkung. Diejenigen Männer, welche mit reiflicher Erwägung und in der Ueberzeugung, dass der Hof auf nichts anderes, als ihre Unterdrückung im Kriege wie im Frieden sinne, erst vor einigen Wochen dem Kurfürsten von der Pfalz die Krone angetragen hatten, liessen sich durch die Anerbietungen des Kaisers von dem betretenen Wege nicht ablenken. Die Schwierigkeit

---

*) Sächsische Staatsarchiv 9170 VII. Lebzelter an Schönberg dd. Prag 1/11. Dec. 1618.
**) Skala II 554.

für sie bestand jetzt nur darin, auf geschickte Weise die dargebotene Hand des Kaisers abzulehnen, ohne dass ihnen deshalb ein Vorwurf gemacht oder sie als die eigentlichen Kriegsurheber angesehen werden konnten. Die pfälzischen Rathschläge wiesen ihnen den besten Weg dazu. Das heidelberger Kabinet, beständig von der Besorgniss erfüllt, dass ein Ausgleich zu Stande kommen könnte, unterliess es nicht, die Böhmen vor demselben zu warnen und sie aufzufordern, den Waffenstillstand nur unter besonders günstigen Bedingungen einzugehen. Dieselben waren theils derart, dass der Kaiser sie platterdings nicht bewilligen konnte, theils sollte durch sie schon vor dem Abschlusse des Waffenstillstandes entschieden werden, was erst auf dem egerer Tage zur Verhandlung kommen konnte.

Und wenn trotz allem dem der Waffenstillstand abgeschlossen worden wäre und die Vermittler sich in Eger eingefunden hätten, so hatten die pfälzischen Rathgeber auch für diesen Fall ein bewährtes Mittel den Ausgleich zu hindern. Sie empfahlen den Böhmen, den Friedensschluss mit dem Kaiser davon abhängig zu machen, dass das Nachfolgerecht Ferdinands nicht weiter als giltig angesehen werde. So lauteten namentlich die Rathschläge des Camerarius und seine Meinung fand so viel Anklang, dass Achaz von Dohna, als er nach Prag abgeschickt wurde, um die Erklärung des Pfalzgrafen über die ihm angebotene böhmische Krone zu überbringen, zugleich den Auftrag bekam, bei Ruppa im Sinne der eben auseinandergesetzten Rathschläge zu wirken. Christian von Anhalt selbst hätte es am liebsten gesehen, wenn man einen geraden Weg gegangen und überhaupt die Verhandlungen mit dem Kaiser abgebrochen hätte; doch fand seine Meinung diessmal in Heidelberg nicht die sonstige Beachtung. Um die Reise Dohna's nach Böhmen vor dem Kaiser einigermassen zu rechtfertigen, schrieb der Kurfürst an den letzteren, er habe den Burggrafen deshalb nach Prag geschickt, um sich von dort aus über das bevorstehende Ausgleichswerk zu unterrichten, da er sich ja dabei auf den Wunsch des Kaisers gebrauchen lassen solle. So lautete die diplomatische Beschönigung für die Reise Dohna's, der in Wahrheit das Ausgleichswerk mit allen Kräften hindern und den Directoren erklären sollte, unter welchen Bedingungen sein Herr die böhmische Krone annehmen wolle, wenn sie den bisherigen Besitzern entrissen würde.*)

Die pfälzischen Rathschläge stimmten zu sehr mit den Anschauungen des böhmischen Triumvirats überein, als dass sie nicht genau befolgt worden wären. Es zeigte sich dies zunächst darin, dass Grünthals Verhandlungen zu keinem Abschlusse gediehen und der für den Beginn der Interposition bestimmte 20. Januar sich näherte, ohne dass einer von den Betheiligten die Reise nach Eger auch nur in Aussicht genommen hätte. Dagegen bereitete eine Flugschrift die öffentliche Meinung auf die Fortsetzung des Krieges vor, denn auch sie empfahl, auf den Waffenstillstand und den Beginn der egerer Verhandlungen nur unter Bedingungen einzugehen, deren einfache Anführung zeigt, dass sie den Ausgleich unmöglich machten. Sie verlangte die Cassirung aller Thronrechte des Hauses Habsburg, die Confiscation aller den Gegnern des Aufstandes gehörigen Güter, die Bestrafung der im Anschlusse an den Aufstand Säumigen und überhaupt der Verdächtigen, die Beschlagnahme eines Theiles des königlichen und geistlichen Besitzes, die Besetzung der wichtigsten Aemter im Lande mit Personen protestantischen Glaubensbekenntnisses, die Ablassung vom gregorianischen Kalender und ähnliches mehr. Da der an der Spitze stehende Artikel jede Verhandlung in Eger von vornherein überflüssig machte, so meinte der Verfasser der Flugschrift, dass wenn gerade dieser oder ein anderer Artikel nicht durchzusetzen sei, wenigstens die Mehrzahl der übrigen behauptet werden müsse. Diese Schrift wurde von den Zeitgenossen keineswegs für das Werk einer extremen Anschauung, sondern für das Product der Directoren selbst, die sich in ihren Berathungen über die einzelnen Artikel geeint hätten, gehalten.**) Jedenfalls stand Ruppa ihrer Abfassung nicht fern und ihr Inhalt zeigte dem pfälzischen Kabinete

---

*) Münchner Staatsarchiv. Camerarius an den Kanzler von Grün dd. 11. Dec. — Ebendaselbst Anhalt an den Kanzler von Grün dd. 15/25. Dec. — Ebendaselbst Anhalt an? dd. 19/29 Dec. — Wiener Staatsarchiv Rob. V. Kurpfalz an Mathias dd. 14/24. Dec. 1618.

**) Skala III, 6.

zur Genüge, dass es eine leichtgläubige Friedfertigkeit bei den
Böhmen nicht zu fürchten habe.

Auf seiner Rückreise von Dresden nach Wien hielt sich
Adam von Waldstein nochmals in Prag auf. Er benützte seinen 11. Jan. 1619
Aufenthalt in dieser Stadt zur abermaligen Anknüpfung vertraulicher
Verhandlungen über den vor wenigen Tagen von
Grünthal vorgeschlagenen Waffenstillstand. Was er zu hören
bekam, zeigte ihm, dass die Gemüther noch weniger zum Frieden
geneigt waren als früher, denn die Directoren verlangten
jetzt, dass der Waffenstillstand erst beginne, wenn die Verhandlungen
in Eger thatsächlich ihren Anfang genommen hätten.
Da Mainz und Baiern keine Lust zur Reise hatten, der Pfalzgraf
dieselbe gewiss aufschob, wenn er den Ausgleich hindern
konnte, so war gar nicht abzusehen, wann die Waffen überhaupt
ruhen sollten. Auch forderten die Directoren eine definitive
Vertagung der egerer Vermittlung, weil der auf den 20. Januar
angesetzte Termin zu kurz sei, worin sie allerdings Recht hatten.
Doch wünschten sie die Vertagung hauptsächlich deshalb, weil
sie durch neue Erfolge auf dem Schlachtfelde jede Verhandlung
unnöthig zu machen hofften. Wer noch einige Zweifel über
ihre wahre Absicht hegen konnte, wurde durch ihr Schlussbedenken
gründlich belehrt. Sie äusserten nämlich die Sorge,
ob sie überhaupt dem kaiserlichen Versprechen eines Waffenstillstandes
trauen könnten, und ob Buquoy auf des Mathias
Befehl die Waffen ruhen lassen werde.*)

Gleichzeitig mit der Absendung Waldsteins nach Dresden
ging von Wien ein neuer Mahnruf an Maximilian von Baiern
ab, sich trotz aller Gegengründe an der Interposition zu betheiligen.
Martinitz, der Ueberbringer dieser Bitte, erreichte eben
so wenig seinen Zweck, wie alle früheren Gesandten, obwohl sich
auch der Kurfürst von Sachsen den kaiserlichen Vorstellungen
und Bitten anschloss.**) Alles dies vermochte jedoch nicht den

---

*) Wiener Staatsarchiv. Boh. VI. Adam von Waldstein an Mathias dd.
11. Januar 1619 Prag. — Sächs. Staatsarchiv 8170, VIII. Lebzelter
an Kursachsen dd. Prag. 26. Jan. A. St.

**) Münchner Staatsarchiv 50/25 Kais. Instruction für Martinitz dd. 2. Dec.
1618. Ebend. 50/27 Kursachsen an Baiern dd. 14. Dec. 1618 Ebend. 50/25

wiener Hof zu bewegen, in seinen Bitten innezuhalten; jede Weigerung des Herzogs war nur ein Anlass zur Absendung eines neuen Boten. Am Neujahrstage 1619 wurde der Reichshofrath Hegenmüller nach München abgeordnet, um die Skrupel des Herzogs abermals zu bekämpfen und ihn an die kaiserliche Politik zu ketten.*) Zur Unterstützung dieses neuen Gesandten schrieb Ferdinand einige Tage später selbst an seinen Schwager**) und deutete in dem Briefe an, dass die Welt an Maximilians Nachgiebigkeit und nicht an seiner Hartnäckigkeit erkennen werde, wie sehr ihm das Wohl der katholischen Kirche am Herzen liege. Auch bemerkte er, dass er nur in der Theilnahme Maximilians an der Interposition den wahren Beweis sehen würde, ob und wie sehr ihm an der Wohlfahrt des habsburgischen Hauses gelegen sei. Ohne die Beihilfe des Herzogs sei es dem sicheren Untergange geweiht, nur solle der letztere überzeugt sein, dass dem Ruine desselben bald sein eigener folgen werde. Nie überreich an Versprechungen hielt Ferdinand auch diesmal mit denselben zurück, aber er versicherte doch „bei Gott", dass sich Gelegenheit bieten würde, Maximilian für seine Dienste mit Dankbarkeit zu lohnen.

Jetzt brach endlich der Widerstand des Herzogs. Am 17. Januar gab er dem kaiserlichen Gesandten Hegenmüller die Versicherung, dass er nochmals erwägen wolle, ob er an der Interposition Theil nehmen solle oder nicht. Dieselbe noch ungewisse Zusage wiederholte er Tags darauf in einem Schreiben an Ferdinand. Im Eingange desselben deutete er wiederum die Gründe seiner bisherigen Weigerung an und bemerkte namentlich, dass er von der Interposition nicht die Beilegung des Streites, sondern nur das Gegentheil erwarte. Da jedoch Ferdinand auf seine Theilnahme ein solches Gewicht lege und von ihr sogar die Wohlfahrt des habsburgischen Hauses abhängig mache, so wolle er die Sache

---

Max an Mathias dd. 26. Dec. 1618. Wiener Staatsarchiv. Boh. V. Max. an Mathias dd. 31. Dec. 1618.

*) Wiener Staatsarchiv. Boh. VI. Instruction für Hegenmüller dd. 1. Jan. 1619.

**) Münchner Staatsarchiv 50/29 Ferdinand an Maximilian dd. 7. Jan. 1619.

noch einmal reiflich überlegen.*) Schon in den nächsten Tagen sprach er seinen Entschluss aus, an der Interposition theilzunehmen, jedoch nicht ohne dies von gewissen Bedingungen abhängig zu machen. Die erste und wichtigste war die, dass ihm bei den Verhandlungen nichts zugemuthet werde, was der katholischen Kirche zum Abbruche gereichen könnte. Da der Herzog nicht etwa eine den Katholiken zugefügte Kränkung, sondern schon die erweiterte Berechtigung der Protestanten als einen solchen Abbruch ansah, so hatte er völlig Recht, wenn er seit jeher von seiner Theilnahme an der Interposition keinen friedlichen Ausgang erwartete. Es war deshalb eine ganz richtige Vorsorge, wenn er zur zweiten Bedingung machte, dass man ihn für das allfällige Scheitern der Verhandlungen nicht verantwortlich mache. Seine dritte Bedingung war nur eine weitere logische Consequenz der ersten, denn da er nicht den Frieden, sondern nur einen erweiterten Krieg und seine eigene Verwicklung in denselben als das Resultat der Verhandlungen ansah, so verlangte er zur Sicherung des Sieges, dass das Haus Habsburg seine Rüstungen nicht einstelle, sondern mit unausgesetztem Eifer betreibe. Seine letzte Bedingung war nebensächlicher Art, er wollte nämlich der Interposition nicht gleich in ihrem Beginne beiwohnen, sondern für den Anfang nur seine Räthe absenden.

Wenn etwas die Freundschaft Ferdinands für den Herzog erhöhen konnte, so waren es diese Bedingungen, die ihn fortan von allen Sorgen bezüglich der Interposition befreiten. Der König konnte sich jetzt zehnfach beglückwünschen, dass er Maximilian endlich gewonnen hatte, denn in ihm hatte er den Vermittler gefunden, wie er ihn haben wollte. Mit der Nachricht von seinem Entschlusse schickte Maximilian den Herrn von Preising Ende Januar nach Wien ab. Seine Bedingungen begegneten selbstverständlich auch von Seite des Kaisers keinem Widerstande und so war Maximilian definitiv für die Vermitt-

---

*) Wiener Staatsarchiv. Boh. VI. Maximilians Erklärung an Hegenmüller dd. 17. Jan. 1619. — Münchner Staatsarchiv. Max an Ferdinand dd. 18. Jan. 1619.

lung gewonnen. Ferdinand liess bei dieser Gelegenheit seinem Schwager sagen, er sei mit der ersten Bedingung völlig einverstanden, denn er selbst wolle „eher sterben und verderben", als den Böhmen etwas über den Majestätsbrief hinaus bewilligen."*)

Hegenmüller hatte den Auftrag erhalten, von München nach Heidelberg und Aschaffenburg zu reisen, um die dort residirenden Kurfürsten zur Theilnahme an der Interposition auf den 20. Januar nach Eger einzuladen. Der Pfalzgraf, welcher sich sonst immer zu derselben bereit erklärt hatte, machte jetzt mancherlei Schwierigkeiten geltend, deren Grund und Inhalt bei seinen sonstigen Beziehungen leicht vermuthet werden kann. Dem Kurfürsten von Mainz war der 20. Januar ein zu naher Termin, Eger lag ihm zu fern und so ging der genannte Tag vorüber, ohne dass die Friedensverhandlungen ihren Anfang genommen hätten.**) Die endliche Zusage Baierns änderte die Sachlage in so fern, dass der Kurfürst von Sachsen mit grösserer Sicherheit als früher einen neuen Tag ansetzen konnte; er bestimmte für den Beginn der Verhandlungen den 14. April und suchte auf diese Weise allen Einwendungen wegen Kürze der Zeit zu begegnen.***)

Durch alle diese Verhandlungen waren jedoch nur die Schwierigkeiten, die von den Vermittlern erhoben wurden, beseitigt, nicht aber die von den Böhmen herrührenden; denn noch immer waren die Bedingungen nicht festgesetzt, unter denen die letzteren an den Verhandlungen theilzunehmen bereit waren. Um endlich auch nach dieser Seite zu einem Resultate zu gelangen, hatte der Kurfürst von Sachsen abermals den Herrn Jakob von Grünthal nach Prag abgeschickt, und nochmals den Abschluss eines Waffenstillstandes betrieben. Bei einem Besuche, den der Gesandte von Ruppa, Budowec und Berka empfing, sprachen sich alle drei Directoren für den Waffenstillstand aus und stellten Bedingungen, deren Erfüllung keinerlei Schwierig-

---

*) Wiener Staatsarchiv. Boh. VI, 6 Kursachsen an Mathias dd. 12/22. Feb. 1619.

**) Wolf: Geschichte Maximilians I Bd. IV. 161. — Münchner Sth. 9/19. Preisings Bericht über seine Sendung nach Wien.

***) Wiener Staatsarchiv Boh. VII. die Antwort dd. 31. Jan. 1619.

keiten mehr unterlag. Allein diese Erklärungen wurden in keiner bindenden Form abgegeben und eine definitive Antwort von der Erledigung immer neu auftauchender Vorfragen abhängig gemacht.*) Trotz allem dem ermüdete der Kurfürst nicht in seinen redlichen Bemühungen und sann unverdrossen auf Mittel und Wege, den Frieden zu fördern. Mehrere Wochen erwartete er geduldig von den Directoren eine Antwort auf die Mittheilungen Grünthals und auf eine spätere (24. Jan.) von ihm direct ihnen zugegangene Aufforderung bezüglich des Waffenstillstandes. Nach langem Harren erhielt er dieselbe am 21. Februar in einer so verschwommenen und verklausulirten Weise, dass er sich nicht um einen Schritt weiter gefördert sah. Denn nachdem ihm die Directoren auseinandergesetzt hatten, weshalb sie mit ihrer Erklärung so lange gezögert hatten und dass sie nun dem Kurfürsten ihr Herz bezüglich des Waffenstillstandes öffnen wollten, sprachen sie die Besorgniss aus, ob man wohl den Grafen Buquoy und Dampierre trauen könne, dass sie einen Waffenstillstand wirklich halten würden und verlangten zuletzt von dem Kurfürsten, dass er die Garantie hiefür leiste. Der Kurfürst erwiederte ohne Zögern, dass die Besorgnisse der Böhmen zu weit gingen. Auch hätten sie ja für den Fall, dass der Waffenstillstand verletzt würde, die Waffen in der Hand und könnten sich leicht vertheidigen, die Hauptsache sei der endliche Abschluss desselben. Da er jedoch von der Wirkungslosigkeit seiner Argumente sich allmälig überzeugte, schlug er zuletzt vor, dass man diese Frage vertagen und erst in Eger wieder aufnehmen solle. Dort, wo beide Parteien ihre Vertreter haben würden, solle man zuerst den Waffenstillstand verhandeln und abschliessen.**) Das war also das Re-

---

*) Müller a. a. O. S. 98. Sächs. Staatsarchiv. 9170 VIII. Extract aus des Herrn Oberaufsehers Schreiben dd. 8/18. Feb. Ebendaselbst die Directoren an Kursachsen d. 12. Feb. 1619.

**) Die Acten bei Skala III. und im Wiener Staatsarchiv Boh. VI. Kursachsen an die böhm. Directoren dd. 14./24. Feb. 1619. Die böhmischen Directoren an Kursachsen dd. 12. März 1619. — Nach-Instruction für Strahlendorf nach Dresden 11. März 1619. Matthias an die böhm. Stände dd. 11. März. — Münchner Reichsarchiv, Conrad Pawel an seinen Bruder dd. 19. Feb. 1619, Prag.

sultat der mehr als sechsmonatlichen Bemühungen des Kurfürsten, dass er nicht einmal einen Waffenstillstand herbeiführen konnte; gewiss das schlimmste Auspicium für die egerer Verhandlungen.

III

Der böhmische Landtag war bisher nicht in die Lage gekommen, über die Interposition und Waffenstillstandsfrage eine Meinung abzugeben, da er seit dem Monate August 1618 nicht mehr zusammengetreten war. Die grossen Verluste, welche das böhmische Heer mittlerweile durch Krankheiten erlitten hatte, und deren Ersetzung der Gegenstand der dringendsten Sorge war, nöthigten die Directoren jetzt zur Berufung eines Landtages auf den 18. März, dem nicht nur die Frage wegen der Bewaffnung, sondern auch wegen der Verhandlungen mit dem Kaiser vorgelegt werden musste.*)

Gleich beim Beginne der Landtagssitzungen liefen Briefe von Thurn und Fels ein, in denen über das unmenschliche Wüthen des Feindes geklagt, der Sieg aber in Aussicht gestellt wurde, wenn die Stände in ihrem Eifer nicht erkalten und neue Rüstungen anstellen würden. Ruppa stellte im Namen der Directoren den Antrag zur Erweiterung der Rüstungen, wobei die erwähnten Briefe und sonstigen Nachrichten vom Kriegsschauplatze zur Stütze dienten. Graf Hohenlohe, der eigens nach Prag gekommen war, um den Landtag zu grössern Anstrengungen zu vermögen, wies in deutscher Rede das Bedürfniss einer erhöhten Truppenzahl nach. Von den Ständen sprachen nur Radslaw Kinsky und Graf Albin Schlick, indem sie sich den Auseinandersetzungen Hohenlohe's anschlossen und sie je nach ihrem Standpunkte unterstützten. Da sonach kein Zwiespalt über die Nothwendigkeit neuer Rüstungen bestand, wurde über das Mass der-

---

*) Die Berichte über die folgenden Landtagsverhandlungen an verschiedenen Orten. Wichtig insbesondere Conrad Pawels Bericht an Karl Pawel. Münchner Reichsarchiv 40/2. Wiener Staatsarchiv. Unterschiedl. Act. V. Bericht aus Prag; endlich die Berichte im sächs. Staatsa.

selben und die dazu nöthigen Mittel verhandelt. Die Forderung der Directoren in dieser Beziehung war eine dreifache; sie verlangten 1. die abermalige Ausrüstung eines allgemeinen Aufgebots, 2. die Ausschreibung neuer Steuern zur Bezahlung der geworbenen und noch zu werbenden Truppen und 3. eine Naturallieferung in Getreide zur Erleichterung der Truppenverpflegung.

Trotzdem dass die Aushebung des fünften und vierten Mannes im Wege des allgemeinen Aufgebotes erst vor wenigen Monaten so überaus schlechte Resultate geliefert hatte, betrat die Directorialregierung mit unbegreiflicher Kurzsichtigkeit wieder diesen Weg. Doch gedachte man diesmal insofern klüger vorzugehen, als man dem Aufgebote keine solche Ausdehnung geben wollte, wie früher; auf dem Lande sollte bloss der zwanzigste, in den Städten der sechzehnte Mann ausgehoben werden, was ungefähr der vierte Theil jener Leistung war, die bei dem früheren verunglückten Aufgebote angeordnet wurde. Daneben wurde auch jetzt bestimmt, dass der grundbesitzende Adel mit seinen Dienstleuten sich beritten mache und Reiterdienste leiste. Kapitalisten, Handelsleute, Freibauern, Geistliche und die Städte (für ihren Besitz an Gütern) sollten, da sie von der persönlichen Leistung, die dem Adel mit seinen Dienstleuten auferlegt wurde, frei waren, eine Geldentschädigung zahlen, die zur Erhöhung des Truppenstandes verwendet werden sollte. That Jedermann seine Pflicht, so konnten etwa 12.000 Mann, wovon ein Viertel beritten, dem Feinde entgegengestellt werden. Nicht zufrieden mit dieser ohnedies nur auf dem Papier vorhandenen Truppenzahl, machten die Directoren noch den Vorschlag, dass die ganze waffenfähige Bevölkerung in Bereitschaft gehalten werde, um nach Bedarf verwendet zu werden.*)

Bei den Berathungen über diesen Gegenstand beschwerten sich die Städte, dass man sie unverhältnissmässig belaste und ihre Auseinandersetzungen bewiesen dies unwiderleglich. Trotzdem verlangten die höheren Stände von ihnen noch eine be-

---

*) Skala II. und Sächs. Staatsarchiv. Lebzelter an Schönberg 7160, X. dd. 9/19 und 14/24 März 1619. Prag.

sondere Leistung, nämlich die Ausrüstung von 400 Reitern; die Städte lehnten jedoch diese Zumuthung entschieden ab und beharrten auch dabei, als von ihnen nur die halbe Leistung verlangt wurde. Dass sich eine andere als die städtische Opposition in der Frage wegen der weiteren Rüstungen nicht geltend machte, dafür wurde übrigens von Seite der Directoren rechtzeitig vorgesorgt. Da sie fürchteten, dass Trčka und Stephan von Sternberg, die schon auf dem Augustlandtage 1618 im Vereine mit Waldstein eine Gegenrevolution versucht hatten, sich auch diesmal nicht ruhig verhalten würden, und da in der That Stephan von Sternberg sich bemühte eine Verschleppung der Verhandlungen herbeizuführen, so suchte ihn Hohenlohe persönlich auf und schüchterte ihn dermassen ein, dass ihm die Lust zur weiteren Opposition verging. Gleich wirksam erwies sich die Beredsamkeit des Generals auch bei Trčka. Um bei den Ständen selbst keine Lauheit und Besorgniss aufkommen zu lassen, ritt 10. März Ruppa am Morgen vor der entscheidenden Abstimmung zu einer erklecklichen Anzahl derselben und theilte ihnen im Vertrauen mit, dass eben die günstigsten Berichte aus Oesterreich eingelaufen und die Erhebung der dortigen Stände so gut wie gewiss sei. Unter dem Einflusse dieser Nachricht schwand bei den Ständen jegliches Misstrauen, die allgemeine Aushebung wurde in der verlangten Grösse bewilligt, und als Termin für die Ansammlung der Mannschaft in den einzelnen Kreisstädten der 8. April festgesetzt.*) Im Landtage erhoben bei dieser Gelegenheit einige greise Edelleute ihre Stimme und mahnten ihre Standesgenossen, dem böhmischen Namen Ehre zu machen und sammt und sonders zu den Waffen zu greifen.**) Momentan bemächtigte sich des reichern Adels eine erhöhte patriotische Stimmung und viele versprachen, ein drei- und vierfach grösseres Contingent zu stellen, als sie gesetzlich treffen würde, mit der enthusiastischen Stimmung des Augenblickes schwand jedoch bei den meisten auch der Wille, die gegebenen Ver-

---

*) Bernburger Archiv Reg. VI. B. IV. Vol. XII. Brief an Anhalt dd. 10/31. März 1619. — Sächs. Staatsarchiv, Lebzelter an Schönberg dd. 9/19 März. Prag.

**) Wiener Staatsarchiv. Unterschiedl. Acten V aus Prag. 20. März.

sprechungen einzulösen. Wenig fehlte übrigens und die Debatte
hätte eine zweite Auflage des Fenstersturzes veranlasst. Man
hatte auf dem Landtage zu viel von Verräthern gesprochen und
diese nach der Sitte des Bürgerkrieges als die Ursache des noch
nicht vollständigen Triumphes bezeichnet. Junge Leute vom
Adel, die sich zahlreich und müssig in Prag herumtrieben, statt
auf den Kampfplatz zu eilen, wollten auf eine äusserst wohlfeile Weise ihren Patriotismus kundgeben und über eine Anzahl missliebiger oder verdächtiger Personen herfallen, um sie
in der nun historisch berechtigten Weise aus dem Fenster zu
stürzen. Es bedurfte einiger Mühe, diese Kampflust zur Ruhe
zu bringen.

Bei den Verhandlungen über das allgemeine Aufgebot bestimmten die Stände, dass diese Leistung Jedermann treffen
solle, und forderten deshalb zu grösserer Sicherheit die katholischen Standesgenossen zu einer ausdrücklichen Zustimmung auf.
An die noch immer in Prag anwesenden ehemaligen Statthalter
Sternberg, Slawata und den Grandprior Diepold von Lobkowitz,
sowie an den Schlosshauptmann Černin wurde von den Ständen
eine eigene Deputation abgeschickt, die sie um ihre Zustimmung
zu den verschiedenen Massregeln der Landesvertheidigung ersuchen sollte. Die Antwort der genannten zeigte, wie sehr ihr
Vertrauen auf den Erfolg der kaiserlichen Waffen gesunken
war. Der Oberstburggraf wollte sich zur Vertheidigung der
Freiheiten des Landes anheischig machen und allen darauf bezüglichen Massregeln seine Zustimmung geben, nur bezüglich
des allgemeinen Aufgebotes verweigerte er dieselbe. Slawata
machte keinerlei Einschränkungen und erklärte, mit seinen
Standesgenossen um so mehr an allen Massregeln zur Vertheidigung des Landes Theil nehmen zu wollen, da er sehe, dass
der Feind weder Katholiken noch Protestanten schone. Diepold
von Lobkowitz und Černin stimmten einfach den Erklärungen
Slawata's bei und billigten demnach gleich diesem die Massregel des allgemeinen Aufgebotes.

Die zweite Proposition der Directoren betraf die Bewilligung neuer Geldmittel. Sie verlangten neben der Erhebung der
schon im Jahre 1615 festgesetzten Steuern noch einige besondere

Zahlungen, deren Erträgniss sich auf die Summe von etwa 100.000 Thaler belaufen konnte. Belastet wurden durch diese Zuschläge nur die höheren Stände und freien Besitzer, während der Bauernstand geschont werden sollte. Der Landtag nahm die Proposition an.

An diese Geldforderung knüpften die Directoren die Bitte um eine Naturalleistung. Zur Erleichterung der Truppenverpflegung beabsichtigten sie die Anlegung von Getreidemagazinen und stellten deshalb an die Stände das Ansuchen wegen Lieferung eines bestimmten Getreidequantums. Da die Gründe, die sie zu dieser Bitte berechtigten, nur zu augenfällig waren, so gingen die Stände auf die Verhandlung ein, und betrauten einen Ausschuss mit der Ausarbeitung eines passenden Entwurfes. Die Berathungen desselben nahmen bald eine stürmische Richtung, denn die höheren Stände zeigten nicht übel Lust, auch hierin den Städten die grösste Last aufzubalsen. Der Adel wollte von jeder Bauernansässigkeit auf seinen Gütern ein Viertel Strich Korn und einen halben Strich Haber oder Gerste geben; für die Maierhöfe aber, die er in eigener Bewirthschaftung hatte, machte er kein Anbot. Von den Städten verlangte er dagegen eine gleiche Leistung bezüglich der Bauernansässigkeiten auf ihren Gütern und ausserdem von jeder Stadt eigens 200 Strich Korn und 200 Strich Haber, und schliesslich von allen Städten zusammen eine Gabe von 500 Strich Gerste. Die Bürger erschracken über diese Zumuthung und einer ihrer Vertreter, Jezbera, wies in der Landtagssitzung mit mehreren und theilweise schlagenden Gründen die Unbilligkeit derselben nach. Dessenungeachtet suchte Paul von Říčan die Städte zu der Ihnen zugemutheten Leistung zu bewegen; allein er erlangte keinen anderen Erfolg, als dass es zwischen den Ständen zu einer stürmischen Scene kam, bis die Städte dem Streite damit ein Ende machten, dass sie versprachen, den Gegenstand nochmals abgesondert berathen zu wollen. In dieser abgesonderten Berathung erklärten sich die Prager zu einer besonderen Leistung bereit, und zwar zur Erlegung von 500 Strich Haber und 250 Strich Korn, und mahnten auch die übrigen Städte zu einem gleichen Opfer für das Vaterland. Die Appellation an den Patriotismus verfehlte nicht ihre Wirkung und trotz mancherlei Nöthen erklärten sich schliesslich alle Städte, die nicht durch den Krieg gelitten hatten, zu einer Leistung von 20 Strich Korn und 50 Strich Haber bereit. Als in der darauffolgenden Landtagssitzung hierüber Bericht erstattet wurde, lehnten die höheren Stände dies Anerbieten ab, weil es eher einem Almosen, als einer Steuerleistung ähnlich sah, und begnügten sich mit dem alleinigen Beitrage von Prag.

Das unausreichende aller dieser Geld- und Naturallieferungen unterlag jedoch weder für die Directoren, noch für die Stände einem Zweifel und deshalb suchte der Landtag durch zwei, wie man wohl allgemein meinte, energische Beschlüsse das Fehlende zu ersetzen. Der eine belegte alle jene Gutsbesitzer, welche bei dem vorigen Aufgebote nicht die bestimmte Anzahl an Reiterei und Fussvolk gestellt hatten, mit einer Strafe von 120 Thaler für jeden fehlenden Reiter und 60 Thaler für jeden fehlenden Fussknecht. Die Summe dieser Strafgelder, wenn sie richtig eingezahlt worden wären, würde eine erkleckliche Höhe, mindestens 2—300.000 Thaler betragen haben; allein man kann bezweifeln, ob überhaupt der hundertste Theil einging. Eine weit ergiebigere Quelle des Einkommens versprach der zweite Beschluss, der die Güterconfiscation über eine Anzahl notorischer Gegner des Aufstandes verhängte. Es waren dies unter andern der Kanzler Lobkowitz, Jaroslaw von Martinitz, Zdenĕk von Kolowrat, der Oberstmünzmeister Wenzel Wřesowec, Albrecht von Leskowec, der Oberstlandschreiber Johann Klenowý von Janowic und 27 andere namentlich angeführte Personen. Von den sechs obengenannten unterliegt es keinem Zweifel, dass sie mehr oder weniger bedeutende Güter besassen, deren Verkauf unter normalen Verhältnissen einige hunderttausend Gulden eingetragen hätte; bei der gegenwärtigen Sachlage war zu bezweifeln, ob sich ein Käufer finden würde. Unter den übrigen Proscribirten befanden sich die entflohenen Aebte von Strahov und Braunau und der Erzbischof von Prag, die wohl schwerlich ein nennenswerthes Vermögen im Lande zurückgelassen hatten, ferner Michna, dessen Kapitalien schon längst von den Directoren verbraucht worden waren. Den Schluss der Proscriptionsliste bildeten 28 Namen, deren Träger theils Hauptleute königlicher Güter, theils städtische Rathsschreiber und sonst unbedeutende Personen waren. Slawata's Vermögen wurde nicht confiscirt, da er seit dem Fenstersturze jeder Thätigkeit entsagt hatte und sich durch sein ruhiges und abgeschiedenes Leben in Prag diese gnädige Berücksichtigung gewissermassen verdient hatte. Auch der Oberstburggraf Adam von Sternberg wurde durch diese Massregel nicht berührt.

Der Beschluss wegen der Güterconfiscation wurde im weiteren Verlaufe der Verhandlungen dahin vervollständigt, dass der Landtag 83 namentlich angeführte Katholiken und Protestanten, die sich durch ihre Dienstleistungen als Anhänger der früheren Regierung hervorgethan hatten, fortan für unfähig zur Bekleidung eines Amtes erklärte. In dieser Liste fanden sich die Namen der bei der Confiscation gnädig übergangenen Statthalter Sternberg und Slawata, dann der des Appellationspräsidenten Herrn von Talmberg und des Landesunterkämmerers Burghard Točnik vor. Nach einer kurzen Reihe glänzender Namen und höherer Würdenträger füllten den Rest der Liste meist kaum erwähnenswerthe Persönlichkeiten aus, einige Rathsherrn, Rathsschreiber, Bürger, Registratoren bei der Landtafel, Secretäre u. s. w.

Ein weiterer und wohl der wichtigste Gegenstand der Verhandlung betraf die Interposition. Da letztere am 14. April ihren Anfang nehmen sollte, gleichviel ob es zum Abschlusse eines Waffenstillstandes kam oder nicht, so musste der Landtag die Stellung, die er ihr gegenüber einnehmen wollte, bestimmen. Von Seite der Stände glaubte ein Theil noch immer aufrichtig an dieselbe und hoffte auf den Frieden, ohne zu merken, dass die Landtagsbeschlüsse durch ihre Zustimmung eine Richtung genommen hatten, die den Frieden unmöglich machte. Denn als einen solchen Beschluss muss man vor allem jenen, der die Güterconfiscation über die Anhänger des Kaisers verhängte, ansehen, da er eine Thatsache schuf, die jede Aussöhnung platterdings unmöglich machte.

Als die Directoren die Stände aufforderten, die Grundlage, auf der die Vermittlung angenommen werden sollte, zu be-

stimmen, leitete Ernfried von Berbisdorf, Thurns Vertrauter, die
Verhandlung in einer verbitternden Weise ein. Die Stände
hatten dem Oberstburggrafen auf seine ausweichende Antwort
wegen des allgemeinen Aufgebots den Bescheid zukommen lassen,
dass er von dieser Verpflichtung nicht befreit werden könne.
Sternberg entgegnete darauf, dass für ihn, als den Stellvertreter
des Königs, um so weniger ein gegen Mathias feindlicher Act
zieme, als er von letzterem auch zum Vertreter bei den egerer
Verhandlungen ernannt worden sei. Berbisdorf wollte diese
Entschuldigung nicht gelten lassen und bat die Stände, zu erwägen, ob man eine Person, die durch Landtagsbeschluss für
unfähig zur Bekleidung eines Amtes erklärt worden sei, an der
Interposition Theil nehmen lassen dürfe. Ruppa griff diesen
vielleicht vorher verabredeten Einwurf auf und empfahl den
Ständen die Annahme des Berbisdorfschen Vorschlages in der
Weise, dass dem Oberstburggrafen jede Abreise aus Prag ver-
boten werden solle. Der Vorschlag wurde angenommen und der
Oberstburggraf von dem ständischen Beschlusse in Kenntniss
gesetzt; seine Einwendungen wurden nicht weiter gehört und
ihm nur bedeutet, dass er dem Landtage zu gehorchen habe.
So schafften sich die Stände einen Vermittler vom Halse.

Der Landtag schritt hierauf zur Wahl der nach Eger ab-
zuschickenden Gesandten. Im ganzen wurden neunzehn Personen
gewählt, von denen zwölf den Directoren und sieben dem Landtage angehörten, durchwegs Männer, die an der bisherigen Bewegung einen hervorragenden Antheil genommen hatten. Für
wichtige Zwischenfälle wurden ihnen noch die übrigen Directoren und neun besonders gewählte Landtagsmitglieder zugeordnet.
Hierauf wurden die Bedingungen festgesetzt, deren Annahme
von Seite des Kaisers für unerlässlich bezeichnet wurde. Den
ersten Platz nahm die Streitfrage über die Kirchengüter ein,
die im Sinne der ständischen Ansprüche gelöst werden sollte.
Der zweite Punkt betraf die Verbannung der Jesuiten, die für
ewige Zeiten zu gelten hatte. Der dritte Punkt bezog sich auf
die vier Artikel, deren Gewährung die Böhmen bei dem Generallandtage von 1615 vergeblich betrieben hatten und unter denen,
wie man sich erinnern wird, das Bündniss sämmtlicher öster-

reichischen Länder zur gemeinschaftlichen Vertheidigung ihrer Freiheiten obenan stand. Diese vier Artikel sollten nun im Sinne der Stände ihre Erledigung finden. Eine weitere Bedingung war die, dass die von dem Landtage verhängte Güterconfiscation bezüglich der obenerwähnten Personen als rechtsgiltig anerkannt werde, und die letzte Bedingung, dass die vom Landtage zur Bekleidung eines Amtes für unfähig erklärten Personen für alle Zukunft keine öffentliche Stellung einnehmen sollten.

Diese besonders angeführten Bedingungen umfassten jedoch nicht alle Gegenstände, welche man in Eger zur Verhandlung bringen wollte. Den Directoren wurde ausdrücklich aufgetragen, im Einverständnisse mit dem ihnen beigegebenen Landtagsausschusse für die nach Eger abzusendenden Commissäre eine Instruction zu entwerfen, welche sich nicht allein auf die eben beschlossenen Ausgleichsbedingungen beschränken, sondern auch andere Artikel, deren Gewährung für das Beste des Landes nothwendig sein dürfte, enthalten sollte. Aus den Verhandlungen ergibt sich, dass diese Artikel die besonderen Interessen der einzelnen Stände betrafen. Da es indessen nie zur Vermittlung kam, so kam es auch nie zur Formulirung derselben. Nur die Städte, welche die Interposition ernstlich nahmen, beeilten sich, ein Verzeichniss ihrer Forderungen zu entwerfen, deren Gewährung sie in Eger betreiben wollten. Die Mehrzahl derselben bezog sich auf die Beseitigung der in ihre Autonomie gemachten Eingriffe oder auf die Abschaffung von Missbräuchen und Steuerbefreiungen, die in mittelalterlichen Privilegien ihren Grund hatten und sich mit geordneten bürgerlichen Verhältnissen schlecht vertrugen. Andere dagegen zeigen von einer gewissen Engherzigkeit, die in den Ereignissen der letzten Jahre einigermassen ihre Erklärung findet.

Schliesslich kam noch ein eigenthümlicher Gegenstand zur Verhandlung, nämlich das künftige Schicksal Pilsens. Der Widerstand dieser Stadt hatte bei den Führern des Aufstandes eine überaus grosse Erbitterung erzeugt und diese theilte sich dem Adel des Landes mit. Obwohl die Stadt ihre Gegnerschaft nunmehr theuer zu büssen hatte und unter unerschwinglichen Zahlungen dem Elende entgegen ging, genügte dies doch dem Hasse der Sieger nicht. Die meisten waren toll genug, den völligen Untergang Pilsens zu verlangen und in der That wurde auf dem Landtage der Antrag gestellt, dass die Stadt für ihre Rebellion dem Erdboden gleich gemacht und die Einwohner derselben aus dem Lande verwiesen werden sollten. Der Adel schloss sich diesem Antrage an, nur die Städte widersprachen. Den gewerbefleissigen Bürgern schien es ein Unsinn, dass man einen Ort, der wegen seines reichlichen Wasserzuflusses zur Anlage einer Stadt wie geschaffen war, zu einem Acker- oder Weideland umgestalten wollte und noch mehr dauerte sie die Zerstörung dessen, was Bürgerfleiss in Jahrhunderten geschaffen hatte. Sie waren damit einverstanden, dass man die Katholiken aus der Stadt vertreibe, verlangten aber, dass man den Ort Protestanten zur Ansiedelung überlasse und so in seiner Bedeutung und Blüthe erhalte. Ihre Opposition kühlte den allzu grossen Hass des Adels etwas ab und die Rücksicht auf Budweis verursachte zuletzt die Vertagung der ganzen Verhandlung. Denn da Budweis sich gerade so wie Pilsen benommen hatte, verdiente es dieselbe Strafe; eine solche Misshandlung Pilsens wie die angedrohte musste aber die Budweiser zu einem verzweifelten Widerstande zwingen, der die Stände selbst mit dem grössten Schaden bedrohte. Im Landtage wurde der Witz gemacht, man solle das Fell des budweiser Bären nicht verkaufen, so lange man ihn nicht habe, und diese Erwägung bewirkte, dass man schliesslich auch bezüglich der Zerstörung von Pilsen etwas nüchterner dachte. Am 23. März wurde der Landtag geschlossen.

Während der böhmische Landtag noch tagte, erreichte die irdische Laufbahn des Kaisers ihr Ende. In den letzten Wochen seines Lebens musste er im vollgerüttelten Masse alle die Beängstigungen durchmachen, die der Ausbruch des Aufstandes im Gefolge hatte. Denn abgesehen von seinen vergeblichen Bemühungen um den Abschluss des Waffenstillstandes und von seiner Sorge um das unsichere Schicksal Buquoy's bestürmten ihn die niederösterreichischen Protestanten neuerdings mit ihren Forderungen. Obwohl er im December 1618 den Landtag in Wien aufgelöst hatte, um sich von ihnen Ruhe zu verschaffen, so half ihm dies doch nichts; die ständischen Wortführer verliessen die

Residenz keinen Augenblick und ermüdeten nicht, ihm ihre Unzufriedenheit ins Gedächtniss zurückzurufen. Als während dieser Zeit jene 2000 Mann, die das Fuggerische Regiment bildeten und sich schliesslich durch den Böhmerwald den Weg zu Buquoy bahnten, ihren Marsch durch Oberösterreich anstellen wollten, thaten die Niederösterreicher das ihrige, um ihnen den Weg durch das Erzherzogthum zu verlegen. Die Oberösterreicher zeigten sich zuletzt erbötig, den Truppen die Passage zu gestatten, falls sie unmittelbar nach Niederösterreich abrücken würden, und verlangten deshalb eine Zusage dieser Aufnahme. Die Niederösterreicher nahmen von dieser Mittheilung Anlass, dem Kaiser eine Friedenshymne vorzusingen und in allen Tonarten den Satz zu variiren, „dass die Güte der Schärfe, der Friede dem Kriege vorzuziehen sei" und die Böhmen durch weitere Rüstungen nur immer mehr gereizt würden. Die Schlussfolgerung dieser für den Kaiser so wenig erbaulichen Argumentation war natürlich die, dass dem Fuggerischen Regimente die Passage nach Niederösterreich nicht verstattet werden könne. Es half wenig, dass die katholischen Stände sich dem Kaiser zu Willen erklärten; ihre Minderzahl benahm ihrer Erklärung alle Bedeutung.*)

Dieses Auftreten der Niederösterreicher musste den Kaiser stets von neuem mit der Sorge erfüllen, dass dieselben sich dem Aufstande anschliessen würden, ohne auf die Mährer zu warten, wenn er ihnen gar keine Hoffnung auf Befriedigung ihrer religiösen Wünsche machen würde. Die Anknüpfung neuer Verhandlungen mit ihnen war somit ein Gebot der Klugheit, gleichgiltig, ob er oder Ferdinand aufrichtig dabei zu Werke gehen wollten oder nicht. Zum mindesten gewannen sie Zeit, um die Allianz, die sich eben mit dem Herzoge Maximilian von Baiern und den deutschen Bischöfen anzubahnen begann, zu verwerthen. Gegen Ende Februar wurde deshalb vom Kaiser eine Commission zusammengestellt, welche mit den protestantischen Ständen neue Verhandlungen anknüpfen und ihr Verhältniss zu den katholischen Standesgenossen für die Zukunft regeln sollte. Zu Mitgliedern dieser Commission wurden Maximilian von Trautmans-

---

*) Sächs. Staatsa. 9170, VIII. Zeidler an Kursachsen dd. 13/23. Feb. 1818.

dorf, Otto von Nostitz und Johann Čejka von Olbramowic ernannt. Das wichtigste Mitglied derselben war aber Karl von Žerotin, der eigens vom Kaiser ersucht wurde, an der Vermittlung theilzunehmen und diesem Rufe auch nachkam.*)

Die Verhandlungen begannen damit, dass die Commissäre die Anfrage an die Protestanten stellten, worin ihre Beschwerden bestünden. Die letzteren erwiederten, dass diese längst zu Papier gebracht worden seien, und sie deren Abstellung wiederholt bei ihren katholischen Standesgenossen angesucht hätten; sie begehrten nun, dass ihnen endlich eine kategorische Antwort ertheilt werde. Geht man auf die Beschwerden näher ein, so ergibt sich aus denselben, dass die Protestanten vor allem die religiöse Freiheit auf die gesammten Einwohner des Landes ausgedehnt wissen und nicht zugeben wollten, dass die landesfürstlichen Städte und die Unterthanen katholischer Herren in Bezug auf ihren Glauben einem Drucke ausgesetzt sein sollten. An diese mit den böhmischen Streitigkeiten innig verwandte Forderung schlossen sich noch zahlreiche andere an, von denen die wichtigsten dahin lauteten, dass auf die Protestanten bei Besetzung von Landes- und städtischen Aemtern so wie von Gerichtsstellen gleiche Rücksicht wie auf die Katholiken genommen und dass sie gleichfalls zur Erlangung akademischer Grade an der Universität zugelassen werden möchten. Die Katholiken, um eine Erklärung ersucht, erwiederten, dass es ihnen nicht möglich sei, dem Wunsche ihrer Standesgenossen nachzukommen, da die Gewährung eines grösseren Theiles der protestantischen Forderungen nicht von ihnen, sondern vom Kaiser abhänge.

Die Antwort der Katholiken, die mehr einer Ausflucht als einem ernsten Eingehen in den strittigen Gegenstand ähnlich sah, war die Folge des Misstrauens, das sie selbst gegen die Protestanten empfanden. Sie waren überzeugt, dass die letzteren

---

*) Sächs. Staatsarchiv 9170, IX. Zeidler an Kursachsen dd. Wien 17/27. Feb. 1619. — Corr. Žer. Žerotin an den Cardinal Dietrichstein dd. 25. Feb. 1619 Wien — Ebend. Žerotin an Maximilian von Trautmansdorf dd. 25. Febr. 1619.

eine paritätische Stellung nur zu ihrer Unterdrückung ausbeuten würden und brachten für diese Behauptung zahlreiche Beweise vor. Der bedeutendste war eine Beschwerdeschrift, die sie im J. 1618 verfasst und den protestantischen Klagen entgegengestellt hatten und deren Inhalt allerdings bis zur Evidenz den Beweis liefert, dass die Katholiken in ihrem Bestreben nach der Oberherrschaft zugleich ihre Haut wehrten. Sie wiesen darin nach, dass auch die protestantischen Stände von allen Aemtern, deren Besetzung von ihnen abhänge, die Katholiken fern zu halten suchten, und dass die Lage der letzteren unter protestantischen Gutsherren eine wahre Marterlage sei. Ueberall versuche man Prädicanten an die Stelle katholischer Pfarrer einzusetzen und wo dies nicht gelinge, quäle man die letzteren auf alle erdenkliche Weise. Man schmälere ihnen die Einkünfte oder entziehe sie ihnen ganz, man bemächtige sich der Kirche und verschliesse sie, so dass mancher Pfarrer genöthigt sei, den Gottesdienst unter freiem Himmel abzuhalten; man beraube katholische Kirchen des inneren Schmuckes, bestehle die Opferkästen und ähnliches mehr. Mancher Geistliche sei seines Lebens nicht sicher, ein Ordensbruder sei erst im J. 1617 nach verrichtetem Gottesdienste auf dem Heimwege ermordet und die Bestrafung der Mörder durch die sträfliche Gleichgiltigkeit des Gutsherrn vereitelt worden. Katholische Unterthanen würden von ihren protestantischen Herren auf alle Weise zum Abfalle gezwungen, man verbiete ihnen die Beichte und Communion, hindere ihre Trauungen und Taufen, nöthige sie zu Zahlungen an Prädicanten u. s. w. *) — Man sieht hieraus, dass, wenn sich die Protestanten über einen gesetzlichen Druck beklagen konnten, die factische Lage der Katholiken dort, wo sie dem Einflusse ihrer Gegner preisgegeben war, um nichts besser war.

Als den Protestanten die ablehnende Antwort der Katholiken von Seite der vermittelnden Commission mitgetheilt wurde, begnügten sie sich selbstverständlich nicht mit ihr, sondern verlangten nur noch heftiger, dass man ihre gesammten Beschwerden

---

*) Hurter a. a. O. VII, 454.

von vornherein als begründet anerkenne, bevor überhaupt die Berathung über ihre Abbestellung ihren Anfang nehme. Eine solche theoretische Anerkennung war den Katholiken wiederum nicht abzuringen und so bewegten sich die Verhandlungen in Widersprüchen, aus denen kein Ausgang zu hoffen war. Žerotin erkannte wohl das fehlerhafte in der ganzen Verhandlung und suchte sie dadurch in das rechte Geleise zu bringen, dass er die protestantischen Beschwerden ihrem Inhalte nach in drei Kategorien theilte. In die erste verwies er jene, deren Abstellung in den Händen des Kaisers lag, wie die bezüglich der Zulassung zu den akademischen Graden oder die betreffs der paritätischen Besetzung der Landesämter und Gerichtsstellen. In die zweite Kategorie reihte er die Beschwerden privater Natur ein, Streitigkeiten z. B. zwischen einzelnen Gutsherrn, deren Entscheidung er den gewöhnlichen Gerichten überweisen wollte. In die dritte Kategorie endlich versetzte er jene Beschwerden, deren Abstellung in der Hand der katholischen Stände lag. Žerotins Ansichten wurden von den übrigen Commissionsmitgliedern gutgeheissen; alle verlangten auch, dass zur Beschleunigung der Verhandlungen Ausschüsse der katholischen und protestantischen Stände zusammentreten und in Gegenwart der Commissäre die streitigen Punkte mündlich erörtern möchten.

Die Protestanten gingen jedoch auf keine dieser an und für sich ganz billigen Forderungen ein und wollten insbesondere von einer Sonderung ihrer Beschwerden nach Kategorien nichts wissen. Sie behaupteten und trafen damit allerdings das Rechte, dass sie durch eine Theilung ihrer Beschwerden mit den wichtigsten derselben an den Hof gewiesen würden; mit diesem wollten sie aber auf keinen Fall etwas zu thun haben. Ueberdrüssig der abweislichen Bescheide, die sie wiederholt vom Kaiser erhalten hatten, verlangten sie jetzt von den Katholiken, was diese eigentlich nicht bewilligen konnten. Da aber die letzteren es hauptsächlich waren, welche Mathias zu seinen abweislichen Bescheiden aufgemuntert und aufgefordert hatten, so war es doch nicht so ganz verkehrt, wenn sich die Protestanten vorzugsweise an die geistigen Urheber der kaiserlichen Beschlüsse hielten. Žerotin protestirte zwar dagegen, dass durch eine Theilung der protestantischen Beschwerden ihre Verschleppung beabsichtigt werde oder dass man sie neuerdings an den Hof ziehen wolle, allein seine Worte fanden keinen Glauben und machten keinen Eindruck, denn er hatte den letzten Rest seines früheren Ansehens eingebüsst. Eben so wenig brachte er es zuwege, dass man in eine Erörterung der einzelnen Punkte einging, damit sich die Differenzen klar herausstellten möchten und so ein Verständniss leichter angebahnt werden könnte. Die Protestanten wiesen stets auf die Gesammtheit ihrer Beschwerden und verlangten deren ungetrennte und vollständige Beseitigung.*)

Aus dem Detail der Verhandlungen geht hervor, dass die Protestanten durch ihr Betragen dieselben nicht erleichterten, sondern durch eine schroffe Haltung nur noch mehr erschwerten. Indessen wenn sie auch zuvorkommender aufgetreten wären, ein befriedigendes Resultat wäre doch nicht erzielt worden, da die Katholiken entschlossen waren, die allgemeine Glaubensfreiheit, welche die Protestanten zur Grundlage ihrer Forderungen machten, nicht zuzugeben und namentlich ihren eigenen Unterthanen die freie Wahl zwischen dem katholischen und protestantischen Bekenntnisse nicht zu gestatten. Es blieb sich also gleich, ob die Unterhandlungen aus einem formellen Grunde abgebrochen wurden oder ob sich bei der Erörterung der einzelnen Beschwerden ein unheilbarer Zwiespalt zwischen den Parteien ergeben hätte. Die schroffe Haltung der Protestanten und die Unnachgiebigkeit der Katholiken zeigten gleichmässig, dass beide der Verhandlungen überdrüssig waren und den Knoten durch das Schwert lösen wollten.**)

Da auf diese Weise die Verhandlungen nicht vorwärts kamen, so ersuchten die Commissionsmitglieder den Kaiser, sie von ihrem Amte entheben zu wollen. Am 19. März übergaben

---

*) Corr. Žer. Žerotin an Dietrichstein dd. 6. März 1619, Wien.
**) Corr. Žer. Žerotin an den Cardinal Dietrichstein dd. 12. März 1619. — Ebend. Žerotin an Hartwig von Stietten dd. 29. März 1619, Namiest. — Wiener Staatsa. Unterschied. Acten V. Extract eines Schreiben dd. 28. Feb. 1619.

sie dies Gesuch und erwarteten die gewünschte Antwort.*) Von Mathias wurde sie ihnen jedoch nicht mehr zu Theil, denn dieser verschied plötzlich am folgenden Morgen.

In den letzten Monaten seines Lebens war der Kaiser meistentheils an das Krankenlager gefesselt und dabei mehr als je vom Podagra geplagt und so schwach, dass man ihm öfters wie einem Kinde die Nahrung reichen musste. Zu den körperlichen Leiden gesellten sich auch Gemüthsleiden, die seinen Zustand nicht wenig verschlimmerten. Den moralischen Schlag, der ihn durch Khlesls Verhaftung traf, überwand er nie mehr, wenn er sich gleich in denselben fügte, bald gesellte sich noch ein zweiter nicht minder schmerzlicher Verlust hinzu, nämlich der Tod seiner Gemahlin. In Folge ihrer Esslust, die sie nicht bezähmen konnte, war sie unförmlich dick geworden und hatte sich Leiden zugezogen, die am 14. December 1618 ihrem Leben ein frühes Ende setzten. Die gleichzeitigen Niederlagen auf dem Kriegsschauplatze, die Hinneigung aller seiner Unterthanen zum Anschlusse an Böhmen mehrten Tag für Tag die Sorgen des Kaisers in unerträglicher Weise und so mögen die Qualen seiner letzten Lebenswochen nicht geringer gewesen sein, als jene, die er einst seinem Bruder Rudolf bereitet hatte.

Obwohl des Mathias baldiges Lebensende seit Monaten erwartet wurde, so überraschte doch der Eintritt dieses Ereignisses, da sein Befinden in den letzten Tagen vor seinem Tode so befriedigend war, dass er selbst das Bett verlassen konnte. Noch am 17. März hielt er seine gewöhnliche Tafel ab und liess sich dann von einem Zimmer in das andere tragen, um sich an den Kunstschätzen Rudolfs II zu erfreuen. Er besichtigte hiebei einige Kroninsignien, die sein Bruder hatte anfertigen lassen und befahl darauf, dieselben mit einem Schwerte zu vervollständigen, dessen Scheide er mit den kostbarsten Juwelen zieren wollte. Montag den 18. klagte er über grosse Traurigkeit, wie er dies seit Khlesls Entfernung fast täglich zu thun pflegte; am Dienstag war er wieder wohl auf, ass

---

*) Sächs. Staatsarchiv 9170 X. Verhandlungen der österr. Stände im wiener Landhause 1—7. März A. St. — Ebend. Bericht vom 5/15. März.

und trank mit Lust, war wohlgemuther als seit langer Zeit und
ertheilte dem Gesandten des Herzogs von Lothringen eine Audienz. Vor dem Schlafe liess er sich noch einige Kapitel aus
der Bibel vorlesen. Als Mittwoch um 6 Uhr Morgens Dr. Mingonius in das Schlafzimmer trat, war der Kaiser wach und
fühlte sich so wohl, dass er aufstehen und sich ankleiden wollte.
Bald darauf brachte ihm der Kammerdiener die Morgensuppe,
die er mit einem eigens construirten Röhrchen zu sich zu nehmen pflegte. Als er dasselbe zum Munde führte, klagte er, dass
etwas daran fehle und als der Kammerdiener dies verneinte,
erwiederte der Kaiser plötzlich: „Was geschieht mir, ich sehe
meine rechte Hand nicht." Dies waren seine letzten Worte,
unmittelbar darauf „stiess ihn der Frais an", wie es in dem
Krankenberichte heisst. In convulsivischen Zuckungen krümmte
er sich durch längere Zeit und warf sich auch auf dem Bette
mit einer Kraft herum, die die Anwesenden in Staunen versetzte. Mingonius und Dr. Freiwald, die schnell herbeigekommen
waren, „rieben, brannten und schmierten ihn am Haupte und
Halse", um ihm zu einem Erbrechen zu verhelfen, von dem man
einige Erleichterung hoffte, aber alles vergeblich. Bei diesem Todeskampfe, der ziemlich lange währte, büsste Mathias das Bewusstsein nicht ganz ein, sondern deutete ab und zu durch Bewegungen
mit der rechten Hand das Verständniss des Gehörten an.

Im Krankenzimmer fanden sich unterdessen König Ferdinand, der Nuncius, die Mehrzahl der geheimen Räthe und
Kämmerer so wie Žerotin ein. Auch der Beichtvater des Kaisers, ein Franziskanermönch, erschien und suchte durch frommen
Zuspruch den Sterbenden aufzurichten, während der Nuncius die
Messe las. Nachdem Mathias im Zustande der Bewusstlosigkeit
noch die letzte Oelung erhalten hatte, verschied er vor 9 Uhr
Morgens am 20. März 1619.*) König Ferdinand verliess jetzt
das Sterbezimmer, in seine Hände war fortan die alleinige Entscheidung des böhmischen Streites gelegt.

*) Ueber des Mathias Tod berichten: Münchner Reichsarchiv 40 2. Bericht an den Kurfürsten von der Pfalz. — Simancas. Oñate an Philipp
III dd. 22. März 1619. — Corr. Žer. Žerotin an Stietzna dd. 29. März
1619, Namiest. — Berichte im sächs. Staatsarchiv.

www.ingramcontent.com/pod-product-compliance
Lightning Source LLC
Chambersburg PA
CBHW021421300426
44114CB00010B/587